शंकर-शास्त्रार्थ (उत्तरार्द्ध)

(जगद्गुरु शंकराचार्य)
द्वितीय संस्करण

पं. जनार्दन राय नागर

INDIA • SINGAPORE • MALAYSIA

विजिया मां की पावन स्मृति को सप्रणाम अर्पित

तुम, विजिया मां! विशिष्ठा नहीं थीं और मैं इस भव का तुम्हारा पुत्र बाल शङ्कर नहीं हूं।

किन्तु तुम विशिष्ठा, सती, के समान ही प्रकाश की महान प्रेरणा थीं और मैं श्रीमद् शङ्कराचार्य के दिव्य श्रीचरणों का विनीत दूराऽरूढ़ गृहस्थ सेवक हूं। तुम तो श्रीमद् शंकर की शिष्या सन्यासिनी ही थीं।

85-86 वर्षों का इस भव का पार्थिव देह त्यागते समय तुमने ही समाधि-भाषा में मुझे, जब मैंने तुम्हारे महा-प्रयाण की काल-घड़ी में तुम्हें प्रणाम किया था, तब कहा थाः "देख, मैं सच्चिदानंद स्वरूपा हूं और यह देह जड़ है। समझ ले-देख ले।" तुम तो अपना पार्थिव देह त्याग कर सदैव के लिये अपने दिव्य धाम की दिव्य यात्रा को चल दीं, किन्तु मेरे भव की बुद्धि का कलिमल ही जैसे दूर कर गईं। अब मेरी बुद्धि को विश्वास हो चला है कि जगद्गुरु शंकराचार्य ने सत्य का ही शान्त और ज्योतिर्मय निदर्शन किया है- वेदान्त द्वारा।

सच, विजिया मां! तब जन्मजन्मान्तरों की बुद्धि की यह संक्रामक शंका दूर हो गई और मुझे जैसे अन्तरात्मा कह उठाः "ब्रहम सत्यम् जगन्मिथ्या।"

और तुम्हारी पावन दिव्य स्मृति को क्या अर्पित करूँ; यह "बाल शंकर-सन्यास उपन्यास" समर्पित कर मैं इस भव से ही नहीं, भव-भव के अपने अपराधों के लिये तुमसे क्षमा मांगता हूं और यदि मैंने पुण्य किये हैं तो उनको प्राणी मात्र के कल्याण के लिये तुम्हारी दिव्य स्मृति की साक्षी से परमेश्वरी सच्चिदानन्द-विग्रहा शिवा के जगद् वंद्यचरणारविन्दों में समर्पित करता हूं।

इस भव का तुम्हारा पुत्र
जनार्दनराय नागर

भूमिका

शंकर-शास्त्रार्थ प्रसंग लेखक के विभिन्न दर्शनों के गहन आत्मसातीकरण का द्योतक है। शास्त्रार्थ के बीच में श्रोताओं की अधीरता, अध्यक्षा के निर्देश, बीच-बीच में मंडन की स्तब्धतता, दर्शन के चिंतनभार को हल्का करती है। शास्त्रार्थ प्रसंग सर्वाधिक मर्मस्पर्शी मंथन है, मंडन और भारती का। शास्त्रार्थ के बीच शंकर के सहज विकीर्णित संप्रेषण का मंडन पर पड़ता प्रभाव, तत्परिणाम जन्य मंडन की मानसिक स्थिति एवं मंडन के बदलते परिप्रेक्ष्य से चिंतित भारती की मनोव्यथा हृदय को छू जाती है। लेखक ने चेतन एवं अचेतन मस्तिष्क को साथ मनोविज्ञान का गहन परिचय दिया है।

मंडन शास्त्रार्थ से छुट्टी चाहते हैं। उनके उदासीन चित्ताकाश में प्रतिच्छंद उठता है "आचार्य शंकर!" मंडन अरभराकर खड़े हो जाते हैं "भारती!" घुटा हुआ उल्लास फूट पड़ता है "तब क्या यती का आत्मतत्त्व ही ज्ञान है?" - धीरे-धीरे मण्डन के दार्शनिक चिन्तन में परिवर्तन आता है।

स्वयम्, स्वयम् से ही पूछने लगे" "तब यह जगत् कालरात्रि का स्वप्न है? सुखद मंगलमय भव संसार स्मृति मात्र है? काल थमता क्यों नहीं?

मंडन के अन्तर्दर्शन पूर्व की व्याकुलता में हो रहे परिवर्तन का सजीव सरस वेदना पूर्ण वर्णन हृदय को छू जाता है। मंडन को भय लग रहा है, "इस प्रेत से, अन्धकार के भूत से मुझे बचा, भारती! यह जगत् स्वयम् उद्भासित है, स्वयम् स्थित है, जड़ है, अन्धकारमय है और मैं प्रकाश हूं"।

भारती चकित है, मण्डन में हो रहे परिवर्तन से।

मण्डन के हारते ही द्रष्टा के अन्तरतम की नारी अपने पुरुष को बचाने पुकार उठती है-

"मण्डन! तुम अभी पूरे नहीं हारे हो। आचार्य श्री! यह ब्रह्म-सूत्र की जय नहीं है, शाप की जय है। आपश्री ने हराया है तो अर्धांग को ही। मैं अभी अविजित हूं। सृष्टि जब हारेगी तभी ब्रह्म जीतेगा। मुझे जीतकर ही आप मेरे प्राणप्रिय पति को सन्यासी बना सकते हैं।"

"क्या इस जगत् का वाग्बीज सौंदर्य रूप बीज नहीं है?

इस सृष्टि का माया बीज क्या है? काम बीज क्या है? ऐं ह्रीं क्लीं बीजों में काम बीज क्लीं क्या है? नारी क्या है? यतीवर्य!"

शंकर ने स्वीकार किया कि वह केवल जननी रूप में ही नारी को जानता है। लेकिन नारी जननी बनने से पहले कामिनी रमणी नहीं रहती? जननी बनने के बाद भी क्या रमणीय नारी बुझ जाती है? सर्वज्ञ सन्यासी इस प्रश्न का जवाब क्या दे? "कामकला क्या है?" शास्त्रार्थ के नियमानुसार शंकर ने एक माह की अवधि मांग ली।

यही माया है जिसके लिये उभय भारती ने शंकर से शास्त्रार्थ किया और शंकर को परकाया प्रवेश करना पड़ा। "राजा अमरूक। वत्स, चलो। रानी कलावती काम की जीती जागती मूर्ति है। वह मायाविनी, रति सुन्दरी, मैथुनप्रिया तथा कामेश्वरी माया का रूप है। चलो वत्स! तुम्हारे इस ब्रह्मविद् आचार्य को भी रमणी के कटाक्षों का काव्य रचना होगा।"

कितना असंग मधुर व्यंग है विधि वैषम्य पर

राजा अमरूक के देह को निवास देह बनाकर शंकर सहस्रा में प्रविष्ट हो गये। अमरूक पुनर्जीवित हो उठा। यहीं से हमें लेखक की त्रिकोणात्मक चरित्र-चित्रण की सूक्ष्म आलेखन शक्ति का परिचय मिलता है। देह अमरूक की, व्यवहार शंकर का, पिपासा कलावती की। शंकर, सन्यासी और प्रणयी। यहीं लेखक की रंगमंचीय अभिनय स्थिति की सृजन दक्षता के दर्शन होते हैं।

कैसा विषम संयोग है? कलावती को राजा अमरूक (शंकर) खो न जाय उसकी चिंता है।

कैसी है दो नारियों के हृदयों की भवेच्छा की वंदना? आत्मानुभूति में कैसी समानता? भारती मंडन के लिये और कलावती शंकर (अमरूक) के लिये एक से ही उद्गार निकालती हैं "तुमको क्या हो गया है?" भोगानुभव में भी शंकर (अमरूक) की निर्लिप्तता कलावती के हृदय को चीर देती है।

शंकर (अमरूक) ने काल रात्रि के सरल सम्मोहन को भेद कर निर्मल अनन्त गगन में देखा और पुकारा "भारती! यही तुम जानना चाहती थी? यह पंचभूतों का गूढ़ उद्वेलन! यह घर्षण! यह तथाकथित काम? यही काम है? यही क्या काम की कला है? नहीं भारती! देवी! नहीं। काम ज्ञान की आनन्द ऊर्मि

है। काम परात्पर परमेश्वरी का सृजनशील है। काम काल के भवों का दुहन है। सुना! भारती! तुम स्वयम् इसी जीवन रति से स्वयम् मूर्छित मंडन मिश्र के शरीरों में आसक्त हो। जागो, भारती! अपने विराट दिव्य तम में जागो।"

भारती को अनन्त से आभास हो गया। मंडन से कहा "हम हार गईं, मंडन मिश्र! आचार्य शंकर संसार को जीत कर, जीवन के विषों का अमृत बनाकर हमें मुक्त करने आ रहे हैं। हमें इस देह की कारा से छुड़ाने और तुमको मोक्षमार्ग बताने... अब सदैव के लिये मैं शान्त हो जाऊँगी।" भारती ने मुक्ता के समान आंसुओं से भरे अपने अरविन्द नयन अपने पद्मपाणियों से ढक लिये।

शंकर संदेश शास्त्रार्थ समाप्ति के साथ ही युगधर्म का शाश्वत संदेश बन गया है। उपन्यास जीव और जगत् के मर्मस्पर्शी और नियामक चिरंतन शाश्वत तत्वों से संपन्न हो रहा है। ये तत्व उदात्त साहित्य के अनायास तथा तेजोद्दीप्त करने वाले प्रेरक तत्व बनकर साहित्य की नैसर्गिक आभा को निखारते हैं। कुण्ठाओं से मुक्त साहित्य साधना के आधार बन रहे हैं। यह उपन्यास केवल लोक विरत आदर्शवादिता या कोरी प्रचारात्मकता नहीं है। यह रचना प्रकृति के अनुरागात्मक चित्रण, मानवीकरण, दैवीकरण तथा कल्पना समृद्धि लेखक के सहज प्रकृति अनुराग को अभिव्यक्त करती है। रचना का दार्शनिक स्वर उसे महाकाव्य का सा गांभीर्य प्रदान करता है। मंडन का मानस परिवर्तन एक उद्वेलित उदात्त मानस का स्फोट है जो दिग्दिगन्त में प्रसरता है। लेखक का ऋजुकुंचित रेखाक्रम भारत के तत्कालीन जीवन का ही रूपांकन करता है। श्री सत्येन्द्र चतुर्वेदी के शब्दों में "जीवन की अमर वीणा का सरस स्वर साधक साहित्य कार" मूर्त तत्वों की संगठित रूप में झांकी प्रस्तुत करता है। आधुनिक युग के उपन्यासों की तुलना में इस रचना में नया स्वच्छन्द भावबोध है, नया वस्तुचित्रण है, जिसमें कहीं-कहीं अंग्रेजी रोमान्टिक साहित्य की स्वतंत्रता और व्यक्ति व्यथा की अभिव्यक्ति तथा प्रकृति का अनुरागमय चित्रण एवम् परंपरागत रूढियों की प्रतिक्रिया में विद्रोहात्मक आदर्शवाद के दर्शन होते हैं।

पाठकगण इस उपन्यास में भारत में प्रचलित तात्कालिन विभिन्न सम्प्रदाय, दार्शनिक चिन्तन एवं व्यक्ति का मनोवैज्ञानिक विश्लेषण पायेंगे। इस "शंकर-शास्त्रार्थ उपन्यास को एक बार पढ़ कर बार-बार पढ़ने की स्वाभाविक जिज्ञासा बनी ही रहेगी।

<u>आभार</u>

- डॉ. शंकर लाल त्रिवेदी

आभार

मनीषी पण्डित श्री जनार्दन राय नागर द्वारा
रचित साहित्य के पुनर्प्रकाशन के लिए
श्री प्रशान्त देवव्रत नागर परिवार द्वारा
प्रोत्साहन एवं सहयोग हेतु
जनार्दन राय नागर
एज्युकेशनल डवलमेन्ट चेरिटेबल ट्रस्ट,
उदयपुर (राजस्थान)
की ओर
से हार्दिक आभार!

सम्पादक मण्डल
दिव्या नागर, पुरूषोत्तम शर्मा, प्रफुल्ल नागर,
16 जून, 2022

19

चन्द्रिका के मन्द ज्योति-सागर में तैरते हुए जगत, अपने आस-पास को मण्डन मिश्र उद्यान के एक नीरव कुञ्ज के बाहर स्फटिक शिला के साथ पाषाण-वेदी पर बैठे हुए देखने लगे। दिवस भर के शास्त्रार्थ के स्थगन के पश्चात् आज मण्डन मिश्र मानो हतोत्साह होने लगे- एक विचित्र व्याकुलता से उनका अन्तःकरण भर गया। वह जैसे शास्त्रार्थ से छुट्टी चाहते थे। उसका एकाएक अन्त-तत्काल समाप्ति चाहते थे। यह यती, आचार्य जगत की चैतन्य की दृष्टि से देखता है; चैतन्य स्पर्श से जगत तथा जीव को भांपता और तौलता है। यह युवा मतिमान जीवात्म भाव तक को जड़-अन्धकार-मानता है। प्रकाश, चैतन्य! बस, इस एक शब्द को ही वह सत्य मानता है। तब जीवात्मा भाव उसका ब्रहम-चैतन्य नहीं है? रहस्य है यह यती, देदीप्यमान, शान्त, गम्भीर, असंग किन्तु जैसे जगत के रूप-रूप को अपनी अपलक पलकों में पिरोये हुए। आम ज्ञान के लिये यह नव युवा सन्यासी मुझ प्रौढ़ से वार्ता कर रहा है-गुरु की भांति शिष्य से! तब क्या यह यती शंकर गुरु है- गुरुदेव भट्टपाद है क्या और मैं मण्डन मिश्र एक अबूझ कातर शिष्य हूं! नहीं, मैं केवल एक ही गुरु का शिष्य था- कुमारिल्ल भट्ट का-भट्टपाद का। अब मैं अपना ही गुरु और अपना ही शिष्य हूं। यती शंकर, मैं हार गया तो सन्यास प्रतिज्ञानुसार लूंगा; किन्तु क्या आपका शिष्य बनूंगा? नहीं। सन्यास लेकर मैं इस जगत का शिष्य हूंगा; अनादि शाश्वत जीवन का विद्यार्थी हूंगा- मैं धर्म-कर्म का त्याग कर एक चिर शान्त, अथाह अनन्त-सम दृष्टा मात्र रहूंगा। सन्यास! क्या? शरीरी जीवित ही स्वयं को मृत्य मान ले; देह को शव मान कर किसी अज्ञात चैतन्य की उपासना किया करे। पंख काट कर पक्षी आकाश में उड़ना चाहता है। उड़ सकता

है? नहीं! यह शिष्य मूंडने वाले सभी गुरु तत्व जगत के जैसे सम्राट हों; राजा-महाराजा-राजेश्वर हों। सुधन्वा हो जैसे। पदार्थ विज्ञान वेत्ता स्वयं को क्या मान बैठता है? जगत को देखना जितना आवश्यक है; उतना ही जगत में उदात्त कर्म करते हुए जीना भी अनिवार्य है। जगत में आत्मा नहीं, धर्म महत्वपूर्ण है। आत्मा-परमात्मा-बुद्धि से मान लेने पर सृष्टि के अविराम गूढ़ गहन काल-प्रवाह में क्या अन्तर आ जाता है? अनन्त कोटि ब्रह्माण्ड क्या समाप्त हो जाते हैं? आत्म ज्ञान? क्या? क्या आत्म ज्ञान होने पर जगत नहीं रहता? भव-संसार नहीं रहता? देश अदृश्य और काल लुप्त हो जाता है? भट्टपाद कहा करते थे, शास्त्री अनन्त कोटि ब्रह्माण्ड का दर्शक है; तब यह वेदान्ती अपने स्वप्न-संसार के भी दृष्टा नहीं होते। यह ठोस वास्तविक अचूक रहस्यमय किन्तु बुद्धि गम्य और अत्यंत स्पष्ट जगत है; फिर भी मानो कि यह जगत नहीं है; कोटि-कोटि योनियों का यह भव संसार है; परन्तु मानो कि भव-संसार जीव का दुःखद मोह है। जो है उसको नहीं है, यह मानो-यही है क्या इन यतियों का वेदान्त, ज्ञान का अन्त?" अवश्य!" मण्डन मिश्र ने स्वयं से ही तनिक हंस कर कहा- "यह सब अज्ञान है और अज्ञान का अध्यास भव है, तब फिर यह अज्ञान ही सत्य है- अध्यास सत्य का विज्ञान है। क्या मानव-चेतना अथाह आत्यंतिक विलय चाहती है? क्या जीव अन्त में समाप्त हो जाना चाहता है? मोक्ष? क्या?" मण्डन मिश्र ने झुंझला कर स्वयं से पुनः पूछा- "क्या मैं जगत से एक पल के लिये भी विलग होना चाहता हूं? क्या मैं जीवन की एक भी अनुभूति से, स्पर्श से, सुख के आस्वाद से छूटना चाहता हूं? नहीं-नहीं; कदापि नहीं। मैं शाश्वत अविराम चिरन्तन अथाह अगाध भवेच्छा हूं; मैं सृष्ट मंगलमय कर्म-गति-विधि की अनुभूत चेतना हूं। मैं हूं; होना चाहता हूं- होता रहता हूं। मैं जगत और उसके भवों में ही हूं और रहूंगा। आत्म-चैतन्य भव-चैतन्य नहीं है, तो फिर क्या है? यती शंकर! अपने अगाध गहन नयनों में डुबो कर आप मेरी भव-चेतना को मूर्च्छित ही तब करना चाहते हो। आप चाहते हो, मैं भव-योनियों में जन्म लेते हुए घबरा जाऊँ-थक जाऊँ और अन्ततोगत्वा निराश हो जाऊँ। यह कैसे हो सकता है, यती! जीवात्मा भव-भवों की अनन्त चिरन्तन आशा है- अभिलाषा। भव जीव की नित्य सुखमयी कामना है; जीवन आकांक्षाओं की छटपटाहट, मनोरथों की यात्रा तथा रिद्धि सिद्धियों की सन्तोष जन्य प्राप्ति है। मृत्यु? है तो-परन्तु क्या मृत्यु की स्थिति क्षणिक विराम नहीं है? कौन मरता है, यती! शास्त्रों ने सिद्ध किया है, पंचभूतों का यह पुतला खज कर नष्ट हो जाता है। कोटि-कोटि जन्म जीकर मैं मरण को प्राप्त होता गया हूं; किन्तु क्या मैं नहीं

हूं? समाप्त हो गया? मैं हूं-उतना ही सम मैं हूं; उतना ही गतिशील, उतना ही पुरुषार्थ-प्रेरित, उतना ही आशावान और उतना ही द्वन्द्वशील मैं जीवात्मा हूं। यदि यह आत्म तत्व नहीं है, तब फिर आपकी वह अथाह शून्य दृष्टि की ज्योति ही आत्म तत्व है क्या? यती! आत्मा की यह रहस्यमय भावनाशील धारणा जगत-विज्ञान और जीव-तत्व से क्या एक लव के लिये भी मेल खाती है? जीव जगत में संघटित, गुम्फित, मिश्रित, प्रपंचित चेतना-तत्व है-शरीरी ही जगत का और अपना सत्य है, आचार्य शंकर!"

एक प्रतिच्छंद 'आचार्य शंकर!' मण्डन मिश्र के उदासीन चित्ताऽकाश में उठा और जीवन की समस्त समूची चेतना के असीम अथाह क्षितिजों में झूम गया। मण्डन मिश्र ने रोम-रोम में हहर कर आकाश के चन्द्र-मण्डल को देखा-पूर्णिमा है क्या? पूर्णिमा? नहीं तो यह तो मन्द हुलसित चन्द्रमा है जो क्षितिज के अंधेरों के अथाह में मन्द मन्द तैर रही है? ज्योति की यह शान्त मन्द-मन्द लहर अपने अपार में कितनी उदासीन है? अपने असीम में यह कितनी क्षण-शान्त है? यह चन्द्रमा क्या है, मण्डन! मण्डन मिश्र जैसे सहसा मुग्ध होकर प्रति रात्रि की अपनी एक और कला में विकसित होते हुए चन्द्रमा को देखने लगे। ऐसा लगता है, यह कुछ कलाओं का ज्योतिर्मय चन्द्रमा अनंत ज्योतिर्मयता से भरा है। ज्योति? चन्द्रमा की, तारों की, तारों की नीहारिकाओं की? सूर्य का तेजस्वी प्रकाश और चन्द्रमा का प्रभा-मण्डल-जगत के गहन गूढ़ अन्धकार में यह विभा का मुह्यमान उद्भास है? तब यह पदार्थ उसके द्रव्य, गुण और गति-विधि के धर्म सब इसी विभा से आविर्भूत होते हैं? मण्डन, तब तम का यह रंगीन जगत, भावनाओं के यह भव, कर्म के पुरुषार्थ और उसके भोग-यह समस्त, समग्र जिसको सृष्टि, विश्व, जगत, भव-संसार कहते हैं- क्या जीव का अपराजित अनन्य निश्चिन्त, अटूट अगाध विश्वास मात्र है? क्या यही यती शंकर का अज्ञान तथा अज्ञान का अध्यास है? तब यह जीव और जगत किसी अनन्य अन्धकार की रंगीन प्रदीप्त दीपाऽवलि मात्र है? क्या यह आत्मा का मन्थर मूढ़ स्वप्न मात्र है? तब क्या अज्ञान ही विज्ञान है? और यह विज्ञान सत्य का रहस्यमय दिव्य भव्य शिव संकल्प है? तब मैं, जीवात्मा स्वयं के शाश्वत ज्ञान का अनेकान्त भास मात्र है? मण्डन अरभरा कर खड़े हो गये- "भारती!" एक घुटा हुआ उच्छ्वास फूट पड़ा। भारती, तब क्या यती शंकर का आत्म तत्व ही ज्ञान है। क्या, भारती! मण्डन को लगा, चन्द्र मण्डल रिमझिमा उठा है। एक स्फूर्त शान्ति अपनी अगाध आकुलता में लहर उठी है- तनिक ज्योति में विहंसता हुआ आकाश जैसे स्तब्ध हो गया है। भारती! प्रिये!!

मण्डन मिश्र की पुकार मन्दिर के गुम्बद में जैसे जा टकराई। सौलहों श्रृंगार किये हुए ध्यान-लीढ़ भारती की कोमल कान्तिवान अंगुलियां वीणा के तारों पर स्वयं ही कांपी और एक सीदती हुई झन्कार उठी-वीणा जैसे अधीर, आकुल और व्याकुल हो उठी। मन्दिर के प्रस्तर को-प्राचीर को भेद कर बावरी बेसुध झन्कार चन्द्र-मण्डल को हहरा गई और मण्डन के अवाक् कर्ण-कुहारों में भर गई। वीणा बज रही थी- झन्कारों की शब्द-तरंगें अनन्त आकाश में शाश्वत चित्त के विषादों का मन्थन कर एक उदासीन अपराजित मृत्युञ्जय आशा ही व्यक्त कर रही थी। भारती स्वयं को भुला कर वीणा के तारों में समा रही थी- भारती स्मृति से दूर एक असंग जाग्रति मानो जाग जाना चाहती थी। मण्डन खड़े-खड़े इस उरझीली, मरझीली बेसुध सुधि से ओत-प्रोत झन्कार को सुनते रहे। भारती! एक मूक चीत्कार मण्डन के चित्ताऽकाश को भेद कर हृदय के अथाह में विद्युत की भांति गिरा। भारती! सुनो तो? सुनती हो? मण्डन ने मन ही मन पुकारा- मैं विजन, एकाकी, मूढ़, अवाक् और संदिग्ध खड़ा हूं- तब क्या यह सब सघन अपार तम है, भारती! विज्ञान तमान्धकार है? जीवन मोहान्धकार है, तब? भारती! मैं तुम्हारा मण्डन, इस नीरव चन्द्रिमा के शून्य में निरीह सा कांप रहा हूं- भारती! भारती!!

भारती अपने ध्यानस्थ सरोज नयनों में तनिक काँपी और पुनः अपने चित्त के गहन में बेसुध होकर सो गई। पिरोजी कान्तिवान अगुंलियां अपने शब्द-संस्कार के वश वीणा के तारों पर चलती रहीं; ऐं, हीं, रीं, क्लीं-क्लीं, श्री हीं ऐं ओम झन्कार उठती रही। भारती का पद्म पाणि वीणा के तारों को जैसे पुचकारता; जैसे सुलहाता; जैसे ताड़ता; जैसे रिझाता; मनाता-तोड़ता तथा जैसे जोड़ता। उभय भारती सरस्वती की वीणा बजा रही थी, स्वयं से उपरत, इन्द्रियों से उपरान्त, स्वयं की चेतना के अथाह में डूबी भारती सृष्टि के काल-संगीत को बीज मंत्रों में बजा रही थी।

उस मन्द ज्योतिर्मय नीरव आलोक में अवाक् से मण्डन मिश्र को झीमती-झूमती माझम रिमझिम वीणा-झन्कार की सूक्ष्मातिसूक्ष्म नाद तरंग मानो सहसा स्पर्श करने लगी- उनके प्रति रोम को हहरा कर वह शान्त घनीभूत दिव्य नाद-तरंग पौरों में घुसने लगी। मण्डन रोम-रोम में नाद से सिहरते हुए जैसे नीरव क्षितिज की ओर अनायास उठने लगे। आशंकित आकुल मन मानों बेसुध होकर सो गया और पारदर्शी बुद्धि अपनी तीव्र छटपटाहट त्याग कर अपने ही असीम को देखने लगी। व्याकुल किन्तु बोध से भरा हुआ चित्त अपने सभी संवेग समेट कर अपने ही अथाह के मौन में विरमने लगा। मण्डन जैसे ऐं की

झीम के साथ ही अतल उभारों को पैर कर एक विराट प्रकम्पन में लीन होने लगे, हीं। हींकार की ऐंकार के अन्तराल से उठी झूम मण्डन के रोम-रोम को कंपाने लगी; थिरकन-एक नृत्य-एक लास जैसे मण्डन के देह में होने लगा। मूलाऽधार स्वाधिष्ठान पर प्रहार कर मानो उसके दिव्य रस में समाने लगा और स्वाधिष्ठान का षट्दल कमल मणिपुर के दस दल अरविन्द में एक तेजोमय राशि होकर खो गया। गन्ध रस बन गई; रस अग्नि बन कर क्लीं में विसर्जित होने लगा- एक लीन, लवलीन मीड़ मण्डन मिश्र की रीढ़ में उठी और उनकी इड़ा जाग कर अपने सौम्य विराट में लोहित अग्नि को उद्बुदाने लगी- पिंगला चौक कर जागी और पुनः किसी दिव्याऽति दिव्य रसमय शान्ति में फिसल गई क्लीं, क्लीं क्लीं-श्रीं, हीं ऐं ओम। उभय भारती के प्राण मानो विरम गये; स्वयं में ही लीन होकर एक अनहद निनाद में थिरकने लगे- ऐं ऐं ऐं हीं हीं हीं हीं- श्रीं श्रीं श्रीं- क्रीं-क्लीं, क्लीं, क्लीं ओम उभय भारती मन के पार, चित्त के परे और बुद्धि के संकोच-विकोच के बाहर अपने ही झूमते हुए स्वयं का विपुल विकल तरंग-संकुल होकर भेदने लगी। उभय भारती ऐं के ऊर्ध्व स्वयं जाग्रत बीज-नाद में औचक होकर अपने ही अनादि विकल्प में विमर्श में झूम उठी। ओम क्रीं, क्रीं, क्रीं हीं हीं श्रीं रीं हुं हुं हीं हीं हीं हीं। हींकार के अनन्त सूक्ष्म दिव्य नाद-तरंग मानो मन्दिर के केन्द्र में घूमती हुई समूचे उद्यान में प्रसर गई। मण्डन मिश्र मानो अपहृत चित्त होकर मन्दिर की ओर स्वयं ही निद्राऽधीन से चलने लगे। भारती अपने चित्ताऽकाश के उभरते और घहरते हुए आयामों में जैसे अपने समस्त प्राणों को रोम-रोम में समेट कर अपने नाभि कमल पर उपविष्ठ हो गई और जन्म-जन्मों के नयन उन्मीलित कर अपने ही महापद्म के मकरन्द-मध्य जैसे रजत-सुवर्ण ज्योति शिखा सी जलहलने लगी। भारती जैसे पद्मासन स्थित पद्मश्री की भांति अपने पद्म पाणि युगल में मन की, चित्त की, प्राण की और अपने शाश्वत अहम् की वीणा थामे हुए अनन्त कोटि नीहारिकाओं के विस्तृत सूक्ष्म दिव्य भव्य शान्त कुञ्जों में नाद-ब्रह्म को ही खोजने लगी। वह जैसे अपने महापद्म के मकरन्द मध्य एक गूंजती हुई रागिनी ही हो गई थी। हीं! हीं! हीं!!! हींकार के दिव्योत्तम नाद-संकुलों से मानो मूंगा और मोती की अथाह मिश्रित कान्ति व्यक्त होने लगी और दिव्य शान्त ओजस से वह विराट महा पद्म भर गया! भारती जैसे हींकार के साथ एक दिव्य विमान में उड़ने लगी- अन्धकार के समुद्रों को पार कर, लोहित क्षितिजों के परे ऐं हीं की शब्द-तरंगें मानो उस यान को बहाये ले जा रही थी। भारती के पद्म पाणि स्वयं ही सभी स्वरों को अपने आरक्त पौरों में भरे सभी मीड़ों को अपलक उन्मीलित बन्द

नयनों में समेटे, सभी गमकों को अपने स्थिर शान्त उन्मन स्वांसों में भरे वीणा के तारों से अनन्त संगीत की धुनों की क्रीड़ा कर रहे थे। उभय भारती जैसे रूपहीन नामहीन होकर अपने अनादि अथाह अन्तरात्मा में किसी को खोज रही थी; पुकार रही थी, मूक निमंत्रण दे रही थी। मन्दिर के मण्डप की सीढ़ियों पर दिग्मूढ़ से खड़े मण्डन मिश्र ने देखा, भारती! मानो परम्परागत ध्यान चित्रित सरस्वती की मूर्ति थी। 'भारती! भारती!!" मण्डन ने जैसे मन ही मन पुकारा। भारती मानो वीणा में समा गई थी।

मण्डप के द्वार पर स्थिर दिग्मूढ़ से खड़े हुए मण्डन मिश्र ने देखा भारती श्वेत-परिधान में तन्मय लवलीन बैठी हुई अपनी अद्वितीय वीणा बजा रही थी। उसकी कज्जल घनी कवरी शिथिलाक्त मुख-मण्डल पर छितरते हुए घनश्याम मेघों की भांति भर-भर उभर रही थी और तीक्ष्ण तीव्र भुर भुरी पुष्प् धन्वा के समान भौंहे सृष्टि के स्वप्न-भारों में दब कर मानो लरच रही थी। सलोना, सुहावना, रम्य, कान्तिवान मुख मण्डल मानों स्वर्गीय चन्द्रमा की भांति वीणा की प्रति गमक, प्रति झमक अपनी खोई हुई एक कला प्राप्त कर रहा था- भारती वीणा के तारों पर अपने सधे हुए विश्वस्त आघातों से मानो अनन्त के अनजान किन्तु मानो सम्पूर्ण ज्ञान क्षितिजों को एक चिरन्तन अपार क्षितिज के रूप में बांध रही थी- गुंथ रही थी। मण्डन ने देखा, उसका पसरा हुआ घेरदार घाघरा सहस्त्र दल कमल की भांति वेपथु बिखरा-सुथरा था और उनकी सुमध्यमा कटि मानो पराग के बन्धन से बंधी हुई प्रति झनक तनिक ऐंच रही थी। पिरोजी-गुलाबी तनिक रक्तिम त्रिवली अपनी नाभि के स्वर्ण कमल के साथ प्रति गमक टकरा रही थी। उदर प्रति मीड़ हिल्लौलित हो रहा था और स्तन-मण्डल रह रह कर विकम्पित होता जाता था। माणिक्य कुम्भ से उसके काम दुधा स्तन मानो अपूर्व श्री के श्रीफल थे- तनिक खुली हुई बैंगनी कञ्चुकी से झांकते हुए कल्प वृक्ष के फल के समान गहरे गुलाबी, गहरे पिरोजी, सुवर्ण तथा घनीभूत दीप-ज्योति की सुनहली प्रभा से कान्तिवान, सुष्ठ और पुष्ट पीन पयोधर ऐं की झनकार के साथ तनिक ऊर्ध्व होकर हुंकार के साथ विकम्पित हो, क्लीं की लवलीन मीड़ के स्पर्श से स्तम्भित हो जाते थे। दोनों हस्त-लाघव एक वीणा के नितम्ब पर तनिक थपकियां देता हुआ और दूसरा तारों को जगाता, सुल्हाता, सुलाता, झकझोरता तथा मीड़ता हुआ भारती के अन्तरात्मा के गहन से मानो कोई अपराजित सुख-स्वप्न बटोर लाना चाहता था। भारती के पृथु नितम्ब से भारी, मध्यमा कटि से अवलम्बित तथा पीन पयोधरों से सम देह मानो एक अनन्य वीणा था-

"कौन बजा रहा है यह वीणा, मण्डन!" मानो किसी ने कहा। मण्डन मिश्र ने बिब्बोक से जागते हुए पुकारा- "भारती, प्रिये!"

भारती ने सुना और नहीं सुना। स्थिर लय में गमकती हुई अंगुलियां तनिक अस्थिर उद्वेलित हुई-झमकीं- "ह्रीं श्रीं क्लीं-क्लीं ह्रीं श्रीं.... श्रीं ह्रीं क्लीं-ऐं ह्रीं श्रीं क्लीं...."

"भारती! सुनती हो- यह मैं हूं, मण्डन!" मण्डन मिश्र ने पुनः पुकारा।

भारती ने अपने ही गहनातिगहन में और गहरा गोता लगाया। रोम-रोम से ध्यान बटोरते हुए भारती ने वीणा पर प्रहार आरंभ किया- गुदगुदाता, गुड़मुड़ाता, कुनमुनाता, ऐंचता और इतराता हुआ प्रहार भारती ने वीणा पर आरंभ किया। वीणा के एक कोमल-कठोर नितम्ब पर थाप मारते हुए भारती मानो अपनी सजल सीत्कार करती हुई रति-विव्हलता में डूबने लगी। मण्डन मिश्र ने प्लुत स्वर में पुकारा- "भारती!" मन्दिर के गुम्बज से मण्डन का जलद गंभीर प्लुत स्वर जा टकराया, प्रतिघोष उठा-"भारती!"

मण्डन मिश्र खड़े रहे; भारती अपने ही गहन में गहरे डूबती गई; वीणा स्वयं ही सजीव होकर बजने लगी। उस मुंहजोही सी चन्द्रिका में डूबा उद्यान अपने ही आलोकमय मौन में थक कर सोने लगा। एकान्त-दिग् दिगन्त में गहन मौन जैसे छाया था। केवल वीणा की शत-सहस्र मुखी झनकारें अपने दिव्य उभारों में, अपनी तल्लीन मीड़ों की ऐंचती हुई मरोड़ों में अपनी बौराई हुई उन्मद गमकों की मदीली विस्फारितों में, अनन्त का मन्थन कर किसी अज्ञात पर चिर ज्ञात के श्रीचरण सुल्हा रही थी...

कि सुदूर से कोई मधुर स्वर लहरी उठी- "मनो बुद्धियहंकारचित्तानि नाहं, न कर्ण न जिव्हा, न च घ्राण नेत्रे। न च व्योम भूमि न तेजो न वायु, चिदाऽनंद रूपःशिवोऽहं शिवोऽहम्।"

उभय भारती ने अपने गहनातिगहन में सुना; मण्डन मिश्र ने तनिक चमक कर सुना- "न च प्राण संज्ञो न वै पञ्च वायुर्नवा सप्त धातुर्न पञ्च कोशः। न वाक् पाणि-पादौ न चोपस्थ पायू; चिदाऽनन्द रूपः शिवोऽहम् शिवोऽहम्।"

मण्डन मिश्र मानो आघात खाकर जाग उठा। रोम-रोम से एकाग्रता बटोरते हुए उन्होंने उद्यान के सघन एकान्त को भेद कर शान्त गति में विहरती हुई उस वाणी को सुना- "न मे द्वेष रागौ न मे लोभ मोहौ, मदो नैव मे नैव मात्सर्य भावः न धर्मो न चार्थो न काम न मोक्ष-श्चिदाऽनंद रूपः शिवोऽहं 'शिवोऽहम्।"

मण्डन मानो रोम-रोम में हिले; रग-रग में उद्वेलित हुए। तीव्र झुंझलाहट की समस्त तीव्रता को पीते हुए उन्होंने न चाहते हुए भी सुना, "न पुण्यं न पापं,

न सौख्यं न दुःखं न मन्त्रो न तीर्थं न वेदा न यज्ञाः। अहं भोजनं नैव भोज्यं न भोक्ता; चिदाऽनन्द रूपः शिवोऽहम् शिवोऽहम्।"

मण्डन ने अचकचा कर उद्यान की आलोकित सघन दिशाओं से सहसा पूछा- "कौन?"

मन्द शान्त कोमल अपृहत् चित् करने वाली सुमधुर ध्वनि विहंसती हुई आई; "न मृत्यु र्न शंका न में जाति भेद; पिता नैव मे नैव माता च जन्मः। न बन्धुर्नमित्रं, गुरुर्नेव शिष्यः चिदाऽनन्द रूपः शिवोऽहं शिवोऽहम्।"

मण्डन ने पूर्णतः जाग्रति में आते हुए पूछा- "कौन हो?"

उस अनहद अनन्त ओमकार स्वर ने कहा- "अहम् निर्विकल्पो निराकार रूपो, विभुत्वाच्च सर्वत्र सर्वेन्द्रियाणाम्। न चा संगतं नैव मुक्ति र्न बन्ध, चिदाऽनन्द रूपः शिवोऽहम् शिवोऽहम्।"

"कौन है? कौन?" मण्डन स्वयं से ही चिल्लाये- "तुम! यती तुम! निर्विकल्प निराकार तुम सर्वत्र! ठहरो! मैं तुमको पकड़ कर बताता हूं कि तुम साकार हो- सविकल्प! यती शंकर!!"

मण्डन मिश्र बेतहाश से उस ओर लपके जिस ओर से यह अथाह शाश्वत वाक् ध्वनि आ रही थी- प्रसरी शान्त, घनीभूत, भेदती और मर्म को स्पर्श करती हुई धुनि आ रही थी। मण्डन मिश्र लपकते हुए सभा-मण्डप की दिशा की ओर मानो भागे। उभय भारती की वीणा झनकारों ने सहसा उनको घेर लिया। ऐं। मण्डन मिश्र तनिक खिंच कर धरती पर सहज ठाढ़ गये। ऐं, ऐं, ऐं, हीं। मण्डन मिश्र जैसे एक-एक कर अपने प्राणों में विकल ही सही आने लगे। सुदूर से आती हुई वह शान्त धीमान ध्वनि जैसे उनके मन में उमड़ कर चित्त के अनन्त में नाचने लगी। मण्डन जैसे प्रथम वार अपने भूताऽकाश में छटपटा कर चित्ताऽकाश में सहसा आ पड़े। एक ऊर्ध्व निसास छूटा और मण्डन ने अपने ही गहन में सुनाः "असंगोऽहम संगोऽहम संगोऽहम्। पुनः पुनः। सच्चिदाऽनन्द रूपोऽहम् हमेवाहमव्यय।" स्तब्ध और अवाक् से मण्डन ने स्वयं से पूछा- "मैं असंग? मैं सच्चिदाऽनन्द।" सुदूर की ध्वनि ने मानो अधिक प्रशान्त स्वर में कहा- "नित्य शुद्ध विमुक्तोऽहम् निराकारोऽहमव्ययः। भूमाऽनन्द स्वरूपोऽहम् हमेवाहमव्ययः। नित्योहम्निरवधोऽहम् निराकारोऽहमच्युतः। परमाऽनन्द स्वरूपोऽहम् हमेवाहमव्ययः।" मण्डन मिश्र के कमल नयन स्वयं ही बन्द होकर उन्मीलित होने लगे। चित्त के अनन्त में उन्होंने सुदूर मन्द आलोक का एक शान्त अच्युत वर्तुल देखा। टक वह उस दिव्य वर्तुल को देखते रहे। एक ज्योतिर्मय बिन्दु प्रति निमिष मानो भव्य दिव्य वर्तुल हो

रहा था और एक निनाद उसी से प्रसर रहा था-कोई अरूप किन्तु स्वरूप सिद्ध मुख बोल रहा थाः "शुद्ध चैतन्य रूपोऽहम् माता शमोऽहमेव च। अखण्डानंद स्वरूपोऽहं हमे-वाहमव्ययः। प्रत्येक चैतन्य रूपोऽहम् शान्तोऽहम् प्रकृतेः परः। शाश्वतानन्द स्वरूपोऽहम् हमेवाहमव्ययः।" मण्डन मिश्र उस दिव्य वर्तुल को देखते हुए अपने मन के चित्ताऽलोक में दिग्मूढ़ से खड़े रहे। मन्दिर की सीढ़ियों पर जैसे लपक कर वह अन्तिम सीढ़ी पर आ खड़े हुए थे और सहसा विजड़ित से वह मन्दिर के चबूतरे से अड़े-टिके खड़े थे। सुधिहीन मण्डन उस प्रशान्त प्रकाश को देखते रहे। उनको लगा, देह के परे वह एक उन्मन उलोल है- एक विकल हिल्लौल। अनन्य सघन तम की एक सजीव आकृति है और समक्ष अव्यय अनंत मन्द किन्तु पारदर्शी आलोक है- दिग्दिशाओं को स्वयं के अथाह में डुबोये हुए अनाहत कोटि सूर्य की ब्राह्म मुहूर्ती विभा आभा-भासमान दिव्यता छाई हुई है। मण्डन जैसे प्राणों से उपरत, मन से एकाग्र, चित्त से चिर-जाग्रत और बुद्धि से रहित एक चिरन्तन आकांक्षा थे- आकांक्षा जो प्रत्येक पल को स्थायी, शाश्वत और चिरन्तन करना चाहती थी। आकांक्षा, जो जगत के रूप-रूप् को मिला कर चिर व्यापक स्वरूप करना चाहती थी। जो दुःखों को त्याग कर प्रत्येक पलक भर के सुख को बटोर कर चिर सौन्दर्य का स्पर्श कर देना चाहती थी। मण्डन ने जैसे उस दिव्य वर्तुल में और एकाग्र होकर देखाः यती! यती शंकर!! अपने शान्त सरोज नयनों से शंकर जैसे मण्डन को अनन्त स्नेह से देख रहे थे। सस्मित मौन वह सुवर्ण कान्ति का बना तेजोमय मुख-मण्डल मानो मुस्करा रहा था। यती शंकर अद्वितीय सुन्दर आकृति में रिमझिमा रहे थे और एक अथाह अपने अनादि दिव्य आलोक में उनके आस-पास उभर रहा था। मण्डन मानो निनिमेष इस सुवर्ण-दिव्य विग्रह को देखते रहे-मानो कोई अविराम दाह थम गया था; और सभी रूप इसी एक स्वरूप में, दिव्य विग्रह में समा रहे थे। सभी ध्वनियां एक निनादित धुनि होकर उस मृद्यमान मुख से निकल रही थीं; "नाना रूप व्यतीतोऽहम् चिदाकारोऽहमच्युतः। सुख स्वरूपोऽहम् हमेवाहमव्ययः।" मण्डन मानो स्वयं के उपरान्त, स्वयं के परे एक लवलीन एकाग्रता हो गये। मानो उन्हीं के अथाह चित्त के अन्तराल से वह स्वयं ही बोल रहे हों, यों मण्डन ने स्वयं को सुनाः "मायातत्कार्य देहामि मम नास्त्येव सर्वदा। स्वप्रकाशैक रूपोऽहम् हमेवाहमव्ययः। द्वन्द्वाऽपि साक्षि रूपोऽहम् चलोऽहम् सनातनः सर्व साक्षि स्वरूपोऽहम् हमेवाहमव्ययः।" मण्डन अनन्य बेसुध सुधि में लीन वहीं पाषाण मूर्ति से खड़े रहे।

सहसा भारती मानो चौंक कर जागी; तारों पर नृत्य करती हुई अंगुलियां सहसा विजड़ित सी हो गईं। अचकचा कर मन्दिर के बाहर देखते हुए भारती अरभरा कर उठी- "कौन? कौन खड़ा है?"

भारती मानो लपक कर मन्दिर की सीढ़ियां उतर आई; उसके रत्न जड़ित नूपुर रणझणा कर झुंझला उठे; और उसके चरण मानो चिर-ज्ञात सीढ़ियों पर स्वयं से अज्ञात हो उठे। भारती ने अपने तनिक उभरते हुए वक्षस्थल को पद्मपाणि में संभालते हुए कहा- "तुम, आर्य पुत्र?"

मण्डन अपने चित्ताऽकाश में मानो और जाग्रत हुए। भारती ने मण्डन के कन्धे को तनिक झकझोरते हुए कहा- "सुनते हो? मण्डन"

"ऐं?" एक हठात् ध्वनि मण्डन के कण्ठ से निकली-"हैं?"

भारती ने मण्डन के दोनों कन्धे अपने दोनों हाथों से पकड़े और झकझोरते हुए कहा- "क्या हो गया है तुमको? यों क्या खड़े हो?"

मण्डन सहसा चित्ताऽकाश की आलोक-भांवरियों में डूब गये और जाग्रताऽवस्था में जागते हुए बोले- "वह यती! यती शंकर, भारती! हां!"

"क्या यती शंकर? सुनूं तो?" भारती ने मण्डन को चबूतरे पर बिठाते हुए कहा- "दिन भर शास्त्रार्थ; रात्रि को यह उन्मन व्यवहार। तुमको हो क्या गया है? यह यती शंकर क्या कोई ब्रह्म-राक्षश है, जो तुम्हारे सिर पर सवार है- आरूढ़? क्या है यह युवा यती? एक प्रोज्ज्वल सन्यासी है, और क्या?"

मण्डन मिश्र ने चारों ओर देखा; फुसफुसाते हुए कहा- "यह यती एक संभ्रम है; ऐन्द्रजाल! अन्तःकरण के गहन में आ उठता है; दिखता है- चित्त की सीमाओं के परे यह यती शंकर एक ज्योतिर्मय आकृति है; भारती!"

"सभी आकृति हैं- स्थूल का अर्थ ही यह है।" भारती ने कहा- "यह संसार क्या ऐन्द्र जाल नहीं कहा जा सकता? एक गहन रहस्य है, यह जीवनः एक अगाध आश्चर्य है यह जगत! तुम में क्या अनन्य आश्चर्य नहीं है? है।"

"मैं आश्चर्य? तू आश्चर्य?" मण्डन मिश्र ने पूर्णतः जागते हुए कहा- "यथार्थ आश्चर्य कैसे होगा, प्रिये! तुम एक ठोस यथार्थ हो; मैं एक शाश्वत वास्तविकता हूं। मैं हूं; तुम हो। हम हैं; यह जगत है; भव संसार है और धर्म-कर्म है। मैं कहता हूं, जीव को आत्मा की आवश्यकता कब हुई? निराकार ही सत्य होता तो आकार उठता ही कैसे? निर्गुण ही यथार्थ होता, तो यह सगुण संसार उद्भवित होता ही क्यों? हमें सत्य का लक्षण ही परिवर्तित करना होगा। जो परिवर्तनशील है और अविराम है, वही सत्य है। यती शंकर परिवर्तनशील रूप को असत्य, विस्मृति जन्य नाम को असत्य, क्षणिक को असद्- यह सब, इदम् मात्र को

आचार्य शंकर अज्ञान का अध्यास मात्र मानते हैं। यती शंकर ने अभी-अभी मेरे गहन में आविर्भूत होकर कहा है- मैं कुछ भी नहीं हूं- न मैं हूं और नहीं तुम हो। है केवल सच्चिदाऽनंद, शाश्वताऽनंद-अखण्डाऽनंद! कितना विलक्षण है यह युवा यती, प्रिये! भूताऽकाश के परे व्याप्त अनन्त चित्ताऽकाश में आलोकमय वर्तुल-बिन्दु-प्रगट हुआ और यती शंकर का सुवर्ण-दिव्य मुख मण्डल व्यक्त हुआ- मौन ही वह जैसे मुझको वेदान्त का प्रथम पाठ सिखा रहा हो। मुझे, भारती!"

भारती मन ही मन सिहरी- "तब तुम हारने लगे हो क्या?"

"नहीं।" मण्डन मिश्र ने सिर धुन कर कहा- "मैं वेदान्त के ब्रह्म को अकाट्य प्रमाण के बिना कभी स्वीकार नहीं कर सकता न्याय-वैशेषिक तक जगत का पदार्थ प्रमाण है; किन्तु मीमांसा जगत के अचूक विज्ञान घन दिव्य-भव्य अनन्य प्रमाणों के अन्तराल में गुण ही नहीं, धर्म भी देखती है। यह जगत क्या रहस्यमय दिव्य भव्य अणुओं का ऐन्द्रजाल मात्र है? जड़ ऐन्द्रजाल? क्या जगत आश्चर्यमयी परात्पर शक्ति की भौतिक अभिव्यक्ति मात्र है? क्या मैं, तुम पार्थिव रचना, भौतिक संगठन तथा मानसिक द्वन्द्वशील अनुभूति मात्र हैं? नहीं, भारती! यह जगत सृष्टि मंगल तथा जीवन के शाश्वत धर्म की अभिव्यक्ति है; यह भव-संसार धर्म की कर्म भूमि तथा धर्म धारण की रंग भूमि है। वेदान्त का निराकाम, निरुपर अव्यय अनन्त ब्रह्म ही सत्य वस्तु होता, तो यह विलक्षण विचित्र आश्चर्यमय जीवन-धर्म निभता ही कैसे? जीवात्माओं के भव-संसार की यह रंग भूमि होती ही क्यों? तब इच्छा, ज्ञान और क्रिया से संभृत अपूर्व कर्म का उदय होता ही क्यों? तब मानव-जीवन की कर्म विधि अन्ततोगत्वा धर्म-धारण तथा पालन होती ही क्यों? यदि वेदान्त का ब्रह्म ही सत्य है तो यह मिथ्या जगत आविर्भूत होता ही क्यों? अवश्य, यह यती मुझको 'क्षणिकता' का मिस इंगित कर प्रमाण की अनन्य अचूक नित्यता में शंकित कर देता है...."

भारती ने मण्डन मिश्र की अंधकार से भरी स्थिर आंखों में देखा। भारती को लगा तारों की ज्योतियां उन सरोज नयनों में बुझ गई हैं। भारती पुनः पुनः सिहर उठी। अपने नर, अपने प्रिय, अपने पति-अपने इस चिर ज्ञात पुरुष के नयन वह जैसे अनादि से जानती थी। भारती को लगता, मानो वह इन अनन्य बड़रे, गहरे, अगाध नयनों में एक रूपहली-सुनहली मछली की भांति तैरती रही है और अपने भव-भव के किनारे खोजती रही है। प्रत्येक भव में इन अतल मौन किन्तु सजीव दिव्य-भव्य नयनों के पलक-पांवड़े त्याग कर वह मानो भव के किनार को स्पर्श कर पुनः लौट आती थी- वह डूबना चाहती

थी, मण्डन के इन पारदर्शी अथाह नयनों में। वह मण्डन के इन कमल नयनों की ध्यानस्थ एकाग्र पुतलियों में भर जाना चाहती थी। वह अपने प्राण प्रिय के सदैव स्नेह से भरे, अनुराग-लीढ़ नयनों के द्वारा जीवन के प्रेम-समुद्र के अतल को स्पर्श करती रहना चाहती थी। भारती को लगता, भव-भव की इच्छा इन्हीं अगाध नयनों की अतीन्द्रिय दृष्टि थी, जो जगत को, अनन्त कोटि ब्रह्माण्डों को देख कर जीवन के शाश्वत अनुराग में लीन रहना चाहती थी। मण्डन मिश्र की वह पारदर्शी अपार दृष्टि मानो उसके भव-भव के श्रृंगारों की अभिराम उमंग से भरी थी; जन्म-जन्म के वसन्त मानो उस एक रस घनीभूत प्रेम-दृष्टि के स्पर्श मात्र से खिल उठते थे। भारती अपने प्राण प्रिय नर को इसी दृष्टि से जानती थी- पहिचानती थी। भारती को लगा, वह चिर-परिचित स्नेह-दृष्टि अपने सभी वसन्तों के साथ बुझ रही है- जन्म-जन्मों के पतझार मानो चुपचाप इस असीम दृष्टि में उभर आये हैं। एक एकान्त, ऐकाकीपन, एक गूढ़ उदासीनता से मण्डन के नयन भर गये हैं। एक विलक्षण नीलिमा उन अणियारे बड़रे नयनों में छा रही है। मण्डन मानो जगत से अन्धे होते जा रहे हैं। भारती पुनः सिहरी; बोली- "चित्त की व्याकुलता को थामो, प्रिय! बुद्धि के सिद्ध विवेक को और जाग्रत करो। यती शंकर के पास आत्मा के लिये प्रमाण नहीं है- ऋषि-मुनियों का अनुभूत कथन, श्रुति मात्र है। इस गहन श्रुति को जगत में सिद्ध तथा जीवन में रिद्ध बुद्धिबल से परास्त कर दो। अन्यथा हारना भारी पड़ेगा, प्रिय मेरे!"

मण्डन ने निसास रखते हुए कहा- "क्या यह जगत, यह जीवन मृत्यु से हारा हुआ नहीं है? जीतना क्या, हारना क्या, भारती! काल को जब तक अपरिवर्तनशील नहीं किया जाता, तब तक क्या जगत अपने अनन्त कोटि रूपों के सौन्दर्य-बल से जीत सकता है? यह स्वप्नों और स्मृतियों की गुह्य कातरता से भरा भव-संसार जब तक मृत्यु को नहीं जीता जाता, तब तक क्या अपने कोटि-कोटि जन्म-मरणों की तपस्या से जीत सकता है? यती शंकर परिवर्तन को एक तथ्य मानता है, प्रमाण नहीं।"

भारती ने तनिक उन्मीलित उन भेदते हुए नयनों में मानो सावधान होकर देखा; कहा- "तुम्हारा अपराजित शास्त्र विश्वास, मण्डन!"

"है; जहां का तहां है, प्रिये!" मण्डन ने उसांस भरते हुए कहा- तब क्या मैं मर कर और पुनः जन्म नहीं लेकर ही सत्य को जान सकता हूं- पा सकता हूं। भारती, सत्य तो मैं हूं; तुम हो- यह जगत है; फिर यह सत्य को जानना क्यों? सत्य को पाना क्यों? यह संक्रामक चिरन्तन आंशका क्यों? सन्देह क्यों?

यह भय-भीति क्यों? मैं मृत्यु से क्यों भय खाता हूं, भारती! तुम हो तो पल का जीवन विश्वास जैसे अनन्त हो जाता है; स्वयं मैं जैसे प्रतिपल की शंका हूं। बुद्धि-बल? है तो? परन्तु शास्त्र के प्रमाण यती शंकर अपनी दृष्टि से जैसे जला देता है। मैं जगत के प्रमाणों का प्रमाण कहां से लाऊँ? प्रमाण तो जगत से-जीवन से ही मिलेंगे।....”

भारती ने कहा- “यती शंकर के श्रुति-प्रमाण को काट कर फेंक दो। मत स्वीकार करो इस श्रुति को।”

मण्डन मिश्र ने सहसा उत्साह पूर्वक कहा- “अच्छी बात है। ऋषि-मुनियों का कथन अन्तिम आत्यंतिक प्रमाण हो भी कैसे सकता है! प्रमाण बुद्धि विवेक से आविर्भूत होता है। प्रमाण जगत में संगत, अकाट्य, अचूक तथा अनन्य विज्ञान घन सत्य होता है। तुमने ठीक कहा। मैं यती शंकर की दृष्टि से मानो पराभूत सा हो जाता हूं।”

“मत देखो, उस मायावी यती की ओर, मण्डन!” भारती ने मानो खीझ कर कहा- “जगत का अन्धकार अपनी ही दृष्टि से दिखता और अपनी ही बुद्धि से जाना जाता है। भव-संसार स्वयं के मोह से ही जीया जाता है- मण्डन! चिरन्तन शाश्वत जीवनेच्छा को अधिक अगाध करो- मैं सदैव तुम्हारे साथ हूं; रहूंगी। प्रिय मेरे, एक मौन भीति से मैं भरती जा रही हूं। जगत के तुम्हारे अटूट विश्वास तथा जीवन की अनन्य प्रीति की तुम्हारी भावना से ही जैसे मेरा प्रत्येक सांस भरा है- मैं तुम्हारे महा प्राण में बसती हूं। यह जगत तुम्हारे लिये मेरे कारण है; मेरे लिये है- मैं तुम्हारा अनादि शाश्वत जीवात्म भाव हूं, प्राण मेरे!”

मण्डन मिश्र ने सहसा खड़े होकर भारती को अपने आजाऽनुभुजों में बांध लिया- जकड़ लिया। भारती के गंड-स्थल को अपने कपोल से रगड़ते हुए मण्डन मिश्र ने कहा- “ठीक कहा- यथार्थ, प्रिये। यह जगत तुम हो तो जैसे सुन्दरतम है; सरस है; रोमाञ्च कारक और जीवन के आस्वादों में लीन करने वाला सुख का ऐन्द्र जाल है। तुम हो, मेरे प्राण, मेरी रति, मेरी जीवनेच्छा, सुखाऽभिलाषा तुम, प्राणेश्वरी तुम्हारी यह अनुभूति, यह स्पर्श, यह आस्वाद-यह संभोग, क्या जड़ है? अन्धकारपूर्ण और आत्म चैतन्य से रहित है? इन्द्रियों की अनुभूतियां क्या कोरी हैं- चैतन्य हीन हैं? नहीं। हमें जगत को सृष्टि विज्ञान और विश्व कल्याण की दृष्टि से ही देखना तथा परखना होगा; भव-संसार को शाश्वत जीवात्मा की अविराम सुखाऽभिलाषा की दृष्टि से, भावना से नापना तथा तौलना होगा। मैं सिद्ध कर दूंगा, अकाट्य प्रमाण हीन श्रुति एक काव्य मात्र है- मनोविनोद भर, भारती!”

भारती ने मण्डन के विशाल वक्ष-स्थल में अपना मेघों से बुना मुख-मण्डल भर लिया; सिहर कर बोली- "हारने पर सन्यास लेने की प्रतिज्ञा तुमने क्यों की, प्राण मेरे?"

मण्डन मिश्र सहसा अज्ञात आगम-आशंका से भर गये; बोले "क्यों की? कर दी। यह युवा सन्यासी हमें क्या हरायगा, प्रिये! मीमांसा की अथातो धर्म जिज्ञासा में ही यह यती बह जायगा; यह सांख्य की सूक्ष्मातिसूक्ष्म गणना में उलझ कर टूट जायगा। शास्त्र क्या यह नहीं कहते कि संसार असार है, क्षणिक है- माया है? कहते हैं; परन्तु जगत को अनिवार्य अविराम मानते हैं। जगत के दिव्यतयम विज्ञान को स्वीकार कर अनन्त कोटि ब्रह्माण्डों में अभिव्यक्त इस गहन काल-सृष्टि को देखते, स्पर्श करते, नापते तथा तौलते हैं। ज्ञान तो ज्ञेय का; अतः शास्त्र का प्रमाण भी शास्त्र का, प्रिये! तुम निश्चिन्त हो जाओ।"

भारती ने अपने हस्त लाघव में मण्डन का कटि प्रदेश जैसे भरा; कांपती हुई बोली- "यह सब अगाध रहस्य है, प्रिय! यह सब काल की अगम लीला है- क्रीड़ा। मुझे रह-रह कर यह लग रहा है, अपना चिर-वियोग निकटस्थ है, मण्डन! प्राण!...."

"मुझे यम भी तुझसे नहीं ले जा सकता, प्राण!" मण्डन ने भारती की पीठ सुल्हाते हुए कहा- "हम-तुम रूप बदलते आये हैं; परन्तु प्रत्येक जन्म में तुमने मुझे पहिचान लिया है; जान लिया है और पाया है। भव-योनियों में अपनी जन्म-जन्मों की संततियां-फल-फूल रही हैं। इस मानव-योनि में हम दोनों ने स्वयं को काल के विस्मृति से उबार कर स्वयं को पुनः पाया है। हम-तुम मानव योनि में घूमेंगे; और फिर लोक-लोकान्तरों में जन्म लेंगे। हम सृष्टि का विविध विचित्र सुखद तथा स्वर्गिक जीवन यापन करते रहेंगे- और अन्त में स्वर्ग में जा बसेंगे। मैं कहता हूं स्वर्ग से हम तुम पुनः मृत्युलोक में नहीं अवतरेंगे। हम तुम ब्रह्म लोक जायेंगे; शिव लोक जायेंगे- गौ लोक में नित्य निवास करेंगे। मैं अनादि जीवन-वैभव चाहता हूं- शून्य की गहन विस्मृति में मरना नहीं चाहता, भारती।"

"तो यती को हराना ही होगा।" भारती ने हिचक कर कहा।

"यह युवा सन्यासी अवश्यमेव हारेगा, प्राण मेरी। इस जगत को सहसा बिना तर्क और विवेक के मिथ्या कहना इतना ही सरल नहीं है। इस जीवन को मोह बताना सहज है; किन्तु क्या यह यती जीवन के मोह को काट सकता है? काट सकता है? नहीं। जी रहा है यह यती शंकर, मानव-शरीर में-योगी है; योग बल

से शरीर त्याग क्यों नहीं देता। जो वह नहीं है, उसको ओढ़े रखने से लाभ? आत्म-ज्ञान विद्वत्ता की कविता मात्र है, प्रिये!"

भारती ने मण्डन के वक्षस्थल में अपना सघन मेघों के उभार में पूर्णिमा के चन्द्रमा सा मुख-मण्डल धुनते हुए कहा- "मुझको रह-रह कर यही लग रहा है, यह विधि का विधान कदाचित् नहीं हो। ज्योतिषियों ने कह दिया था...."

'क्या?" मण्डन मिश्र ने औचक अचकचा कर पूछा।

"यही कि विवाह के पश्चात् तुम सन्यास लोगे।" भारती ने सहसा सिसकते हुए कहा- "कह दिया था, प्राण मेरे! भविष्य वेत्ता अपने कथन में दृढ़ थे। उन्होंने मेरी मातुश्री से कहा था, इस भारती का विवाह पूर्व-जन्मों के संस्कार के वश महान धुरन्धर मनीषी से होगा; किन्तु विवाह के पश्चात् कुछ काल बीतने पर वह सन्यास ले लेगा। तुम धुरन्धर मनीषी हो, तुम मण्डन तब सन्यासी होंगे क्या?"

मण्डन मिश्र को लगा, उनका रोम-रोम थिजता जा रहा है, रग-रग में कांप कर उन्होंने भारती को प्रगाढ़ आलिंगन में बांधते हुए कहा- "मैं सन्यासी? नहीं, नहीं, प्रिये! मैं सृष्टि-मंगल तथा प्राणी कल्याण के शाश्वत लक्ष्य की सम्पूर्ति के लिये उदात्त वर्णाऽश्रम धर्म की पुनर्रचना करूंगा। मैं कर्म का व्याख्याता तथा शाश्वत अनादि सनातन वर्णाऽश्रम धर्म का आचार्य हूं। मैं मनुष्य को पुण्य की शिक्षा दूंगा; मंगल कर्म की दीक्षा दूंगा। मैं मनुष्य को मृत्यु लोक का यह सुख-दुःख भरा भव-संसार तर कर स्वर्ग-प्राप्ति की विद्या दूंगा। मैं इस मरणाऽधीन लोकाऽलय में प्राणी मात्र के सुख तथा मानव के स्वर्गिक लाभ के लिये शास्त्र का द्रष्टा और विधाता का कर्म दान सा हूँ। मैं सन्यासी? नहीं, प्रिये। मैं मण्डन मिश्र हूं; भट्टपाद कुमारिल्ल का पट्ट शिष्य-शास्त्रार्थ में अपराजित, विद्या वारिधि और जगत तथा जीवन का धर्म-व्यवस्थापक हूं। माहिष्मती अपराजेय है; उसका शीर्ष कर्मकाण्डी आचार्य मैं मण्डन मिश्र भी वाक्-युद्ध में अपराजित हूं। मैं अज्ञान के अन्धकार का मन्थन कर प्रकाश प्राप्त कर सकता हूं- तुम जो मेरे साथ हो, मेरा प्राण हो- मेरा हृदय सर्वस्व हो। भारती तुम हो तब तक मैं सन्यासी हो ही कैसे सकता हूं- तेरी अथाह शाश्वत प्रीति मुझे विद्यावान जीवात्मा ही रखेगी।"

भारती झुंझला कर मण्डन के वक्षस्थल से तनिक दूर हुई और बोली- "अपने गहन अन्तःकरण में देखो; तब यह सब कहो। विवाह के पश्चात् क्या तुमने मुझे पूर्णतः प्राप्त किया है? क्या मैंने तुम्हारा आत्मसात् किया है? तुम, तुम मण्डन! न जाने मेरे क्या हो? मैं तो जन्म जन्मों से तुम्हें ही भजती आई हूं; परन्तु तुम क्या मुझे भज सके हो? क्या तुम इस रहस्यमय जगत् के परे

और पार, मुझसे उपरान्त कोई अनन्य सत्य देखना नहीं चाहते? तुम सत्य के शोधक हो और विद्या के विषयी हो। स्त्री क्या तुम्हारी अच्युत आसक्ति है? क्या मेरी प्रीति तुम्हारी पिपासा रही है? मुझको देखते भर हो; स्पर्श भर करते और न जाने कहां अनजान में तुम खो जाते हो।"

मण्डन ने प्लुत स्वर में पुकारते हुए कहा- "भारती, फिर वही दोषाssरोपण? मैं तुमको स्पर्श भर करता हूं- बस? तुम मेरे प्राणों में, मेरे चित्त में, मेरी अस्मिता में जीवन का विश्वास तथा भव-संसार का समूचा लक्ष्य हो। तुम मेरी प्रिया, सखी, पत्नी और पूर्ण शीला नारी हो।...."

"और तुम अन्ततोगत्वा स्त्री को त्याग देने वाले हृदयहीन पुरुष ही हो- है न!" भारती ने सजल नयनों से सिसक कर कहा।

"मैं तुम्हारा प्रिय, प्राणेश्वर, तुम्हारा सखा, तुम्हारा पुरुष हूं।" मण्डन ने पुनः विश्वास बटोरते हुए कहा- "देखोगी, मैं उस अगाध रहस्यमय युवा यती को परास्त करता हूं; तुम देखोगी, उसके कण्ठ में तुम्हारे द्वारा डाली हुई माला कुम्हला जायगी। मेरे कण्ठ की तुम्हारी माला प्रेम के पारिजात के पुष्पों की माला है, वह सदैव प्रफुल्लित ही रहेगी। मिथ्या कभी नहीं जीतता। सत्यमेव जयते।" "सत्यमेव जयते।" भारती ने मानो हार कर कहा।

20

आचार्य शंकर ने सस्मित कहा- "मिश्र जी, केवल तर्क से प्रमाण सिद्ध नहीं होता; विवेक से होता है। बुद्धि जड़ निश्चयाऽत्मिका वृत्ति मात्र है। एक चेतना, जीवात्मा के अहम् की बुद्धि को सजीव करती है- बुद्धि को बोध नहीं होता, जीवात्मा को होता है अतः पदार्थ, उनके द्रव्य तथा गुण धर्मों की विज्ञान जन्य, विज्ञान गम्य प्रतिष्ठा आत्म तत्व के लिये प्रमाण क्या, अनुमान भी नहीं हो सकती। जड़-चैतन्य के विषय में क्या प्रमाणित कर सकता है? यह जड़ जगत, यह समस्त सृष्टि, उसकी स्थिति और विनाश परात्पर चैतन्य चिति का ही व्यापार है; प्रपंच! शास्त्र विद्याओं के लिये प्रमाण एकत्रित करते; उनका सम्पादन कर उनको विद्याओं के विकास के लिये सन्नद्ध तथा संगत करते हैं। शास्त्र जगत तथा जीवन के लिये अचूक मार्ग-दर्शक गमन एवं आवागमन तथा जीवन-यापन के लिये प्रमाण हैं, चैतन्य आत्मा के लिये नहीं।"

"क्या है यह चैतन्य आत्मा? यती शंकर!" मण्डन मिश्र ने भारती की ओर देख कर पूछा।

"सच्चिदाऽनंद!" आचार्य शंकर ने हंसते हुए कहा।

"सच्चिदाऽनंद!" मण्डन मिश्र ने सव्यंग हंस कर कहा- "मीमांसा जगत के सुखद् सुख जन्य मंगल प्रवाह को तथा कल्याण-सृजन को, निर्विघ्न स्थिति तथा कर्माऽनुसार संहार को मानती है और इसीलिये सृष्टि-प्रपंच के अमोघ दिव्य विज्ञान की समूची स्फूर्ति में मीमांसक को एक अजेय, अपरिहार्य, अनिवार्य धर्म-चेतना दिखी। यह जगत, उसका अणु-अणु, परमाणु, उसका प्रत्येक स्वरूप एक अनादि न्याय-नियम से संयोजित है। भव का प्रत्येक संयोग और वियोग धर्म पूर्वक है और विधाता के न्याय पर अवलम्बित है। ऐसे जगत में भव-

संसार काटकर स्वर्ग की अन्तिम कामना करने और करते रहने वाले जीवात्मा को तब मैं आत्मा क्यों न मानूं? चैतन्य? चिति! आचार्य, आप जो कुछ धारें, यह शाश्वत जीवात्मा ही वह है। जीवात्मा प्रमाण्य है; शास्त्र विहित तथा धर्म पूर्वक है, यती!"

आचार्य शंकर- "जो चाहता है, कामना करता है और उसके लिये इच्छाऽनुसार क्रिया करता है, कर्म करता है- वह अहम्-चेतना है- अन्न, प्राण, इन्द्रियां, मन, बुद्धि, चित्त और अहम्- यह तत्त्व मात्र जड़ हैं; अन्धकार। अज्ञान-शुद्ध विज्ञान, मिश्र जी! आत्मा स्वयं स्वयमेव सच्चिदाऽनंद चिति है, जिसका प्रतिबिम्ब यह जगत है; जिसकी यह नाट्य-लीला भव-संसार है। आत्मा जाना नहीं जाता, आत्मा ज्ञेय और ज्ञान नहीं है। आत्मा शास्त्रीय अथवा शास्त्रोक्त निर्णय नहीं है; आत्मा संवेदनों का घुटता, उमड़ता अथवा उभरता हुआ काल प्रवाह नहीं है। जो होता है, हो रहा है, जो हो सकता तथा जाना, माना तथा सिद्ध किया जा सकता है, वह सच्चिदाऽनंद आत्म तत्व नहीं है। जो जाना जाता है, स्वीकार किया जा सकता है, जो प्रमाणित और सिद्ध किया जा सकता है, जो प्राप्त किया और भोगा जा सकता है वह जीव का जगत के साथ स्वयं कौतुक है- आत्म ज्ञान नहीं, महाशय मण्डन! शास्त्रों के कृत्रिम प्रकाश के ऊपर उठो और घन तिमिर की सीमाओं को लांघ कर शान्त स्थिर अन्तःकरण के गहन में देखो।....."

"क्या मिलेगा, यती शंकर हृदय में?" मण्डन मिश्र ने मानो पुकार कर कहा- "हृदय में जगत के सुखों की कामनायें सोई हुई हैं; स्त्री कामिनी के अनन्त स्वरूप बीजवत् वहां डूबे हुए हैं। काल के कम्प से कांपता तथा पलों के सांसों से चलता हुआ हृदय अभिलाषा के लिये आशा की अनवरत धड़कन है, आचार्य! आपश्री का सच्चिदाऽनंद आत्मतत्व तब न अन्न में है, न प्राणों में है, न मन में, न बुद्धि में, न चित्त में और नहीं अहम् में- महतत्व में भी नहीं है- तब सृष्टि के परे कालाऽतीत वह आत्म तत्व जीवात्मा की बुद्धि में आ ही कैसे सकता है? जो अगम्य है, वह मेरे मत से नहीं है। जो गम्य है, जन्य है वही धर्म पूर्वक स्थित है। सत्य विश्व-प्रपंच तथा भव-संसार का सर्वतोमुखी धर्म है- धर्म ही सत्य है; धर्म धारण ही जीवन-यापन है तथा स्वर्ग की अपनी परम अभिलाषा को पृथिवी पर मंगल कर्म करते हुए प्राप्त करने के लिये जन्म धारण करने वाला जीवात्मा ही सगुण आत्मा है। मैं सुख को जानता हूं; दुःख का अनुभव करता हूं- मैं, जीवात्मा, स्वयं अमोघ, ज्ञानमय, ज्ञाता तथा ज्ञेय का निष्णात भोक्ता हूं। सत्य, शिव, सुन्दर, यती शंकर!"

आचार्य शंकर ने कहा- "यदि जीवात्मा ही आत्म वस्तु है तो उसको जगत में जीवन-यापन के लिये धर्म-धारण और धर्म-पालन की अनिवार्य आवश्यकता क्यों है? जीवात्मा के समक्ष उचित-अनुचित, पाप-पुण्य, इष्ट-अनिष्ट तथा अरिष्ट क्यों है? यह धर्म की जिज्ञासा ही क्यों है? ज्ञानी को धर्म की आवश्यकता कब अनुभव होती है? फिर जीवन में धर्म पालन का अन्तिम परिणाम क्या निश्चित स्वर्ग प्राप्ति में ही होता है? कर्म-फल, सुख-दुःख, जन्म-मरण देता है किन्तु क्या निश्चित स्वर्ग प्रदान करता है? क्या स्वर्ग-सुख अन्तिम है? आत्यंतिक है? अमोघ है? नित्य है, चिरन्तन है? नहीं, मिश्र जी! आपश्री यह भली भांति जानते हैं। मीमांसा का सारा कर्म-विपाक और विवेक स्वर्ग में जाकर मानो मौन हो गया है- एक दिव्य विवाद से भरा जीवात्मा स्वर्ग में क्या पुण्य-क्षय की संक्रामक चिंता से कांपता नहीं रहता?"

मण्डन मिश्र- "आवागमन सृष्टि का स्वभाव है, आचार्य!"

आचार्य शंकर ने कहा- "आवागमन तथा भव-संसार और प्रति लव, काष्टा अविराम यह काल सृष्टि यही सिद्ध करती है कि यह सब प्रातिभासिक और व्यावहारिक क्षणिक सत्ता है- नित्य सद वस्तु-आत्म तत्व नहीं। अन्न की विधि, प्राणों की गति, मन की ऊहापोह, बुद्धि का विशद-विस्तृत प्रति नाम-रूप निश्चय, चित्त की प्रत्येक आसक्ति और अहंकार का राग-द्वेषमय प्रत्येक सम्पर्क चिरन्तन परिवर्तन, सृष्टि स्थिति और नाश को ही सिद्ध करता है। काल परमात्मा का कौतुक मात्र है। मिश्र जी! अनन्त कोटि ब्रह्माण्डों की यह सृष्टि अपने अविराम लीला विलास में एक पल के लिये भी अचूक, निश्चित तथा आत्यंतिक स्थिति नहीं है- तब इस सृष्टि से एक भी नाम, एक भी रूप आत्मा का प्रमाण कैसे हो सकता है। इसीलिये पदार्थों; अतः परमाणुओं का तत्व और तथ्य प्राप्त कर द्रष्टाओं ने एक अनिर्वचनीय चैतन्य सत्ता को ही इस अविराम अभियान का चेता प्रस्तोता स्वीकार किया है- आप जिस धर्म-जिज्ञासा और धार्मिकता की बात कह रहे हैं वह विज्ञान जन्य नहीं होकर चैतन्य-स्फूर्त भावना है। चैतन्य ही गति विधि करता है- कर सकता है; जड़ नहीं।"

मण्डन मिश्र ने सहसा उत्ताल हास्य पूर्वक कहा- "महर्षि कपिल क्या कहते हैं, आचार्य? अव्यक्त-व्यक्त...."

आचार्य शंकर ने बीच में ही कहा- "ज्ञ" भी!

मण्डन मिश्र ने अचकचा कर कहा- "ज्ञ? अच्छा, ज्ञ अव्यक्त, व्यक्त! सांख्य का यह दर्शन क्या सिद्ध करता है? अव्यक्त सर्व भृत सम्पूर्ण सर्वांगीण अथाह सृष्टि-गर्भ है और वह परात्पर अव्यक्त ही स्वयं की इच्छा, स्वयं के

ज्ञान तथा स्वयं की क्रिया की त्रिगुणात्मक अभिव्यक्ति से व्यक्त होता है; और पुनः वह अविराम नित्य व्यक्त इस अनादि अगाध अमोघ अव्यक्त में समाता रहता है। सांख्य 'ज्ञ' कहता है; किन्तु इस ज्ञ का, इस स्वयं स्वयमेव परात्पर अव्यक्त में प्रतिबिम्बात्मक स्पर्श मात्र है- सक्रिय, सजीव सगुण आच्छादन एवं विमर्श नहीं। मूल प्रवृत्ति ही स्वयमेव ईश्वरीय अनादि शक्ति है- आपकी शिवा! आचार्य!"

आचार्य शंकर ने हंसकर कहा- "मूल प्रकृति-परात्पर नहीं जड़ भविता है- समग्र समस्त भविता, जीजिविषा! किन्तु वह भवेच्छा और भव-ज्ञान नहीं है। जड़ ज्ञाता नहीं है, ज्ञेय है। जड़ का ज्ञान संज्ञान, विज्ञान मात्र है- आत्म-ज्ञान नहीं। हम आत्मा की स्मृति कर रहे हैं- यह सब आत्मा का स्वप्न है; आत्मा की स्मृति है, मिश्र जी!"

मण्डन मिश्र ने चारों ओर देखा; कुछ अचकचा कर बोले- "सच्चिदाऽनंद निराकार निरुपम आत्म तत्व तब इस क्षणिक सृष्टि की लीला और जगत तथा जीव की रचना क्यों करता है?"

आचार्य शंकर ने जलद-गंभीर स्वर में कहा- "परम ब्रहम निर्गुण निराकार अव्यय अथाह मौन है- एक परात्पर एकाकीपन! सघन घनतम, कालहीनतम, मण्डन मिश्र! यह अनासक्त उदासीन एकाकी तम परम ब्रहम के एक से अनेक होने की शाश्वती इच्छा से आकुल होता है- वह परम ब्रहम अनुभव करने लगता है; एकोऽहम्-बहु स्यामि। अपने ही इस निर्मल असंग विषाद पूर्ण तम को वह देखता है और अपने निहित-अनन्त अनैक्य श्री-वैभव की अभिजात स्फूर्ति स्वयम् ही आविर्भूत होने लगती है- चैतन्य एक मात्र सद्वस्तु, परमात्मा ही विचित्र विलक्षण श्री वैभव की सृष्टि की धारणा करता है- शिव संकल्प, महाशय मण्डन!"

मण्डन मिश्र ने उत्ताल हास्य पूर्वक कहा- "आपश्री का कथन एकांगी है। यदि ब्रहम की सत्ता है, तो जगत, ईश्वर और जीव की भी नित्य सत्ता है; फिर उसकी स्थिति कैसी हो-कौन सी हो; जैसी हो हम केवल अनादि अपूर्व कर्म को ही मानते हैं- स्वीकार करते हैं, स्वीकार कर सकते हैं, यतीवर्य गुरुदेव भट्टपाद कुमारिल्ल ने सृष्टि तथा प्रलय दोनों को अस्वीकार कर सृष्टिकर्त्ता के रूप में ईश्वर, आपश्री के ब्रहम को नहीं माना है। भट्टपाद का कथन है, सर्वज्ञ कोई हो ही नहीं सकता। जिस गुरुवर्य भट्टपाद के इंगित से आपश्री मुझको शास्त्रार्थ में हराने पधारे हैं, वह अपूर्व अनादि सर्व शक्तिमान, सर्व भृत कर्म को ही स्वीकार करते हैं-कर्म, यतीवर्य् कर्म ही काल है; देश है- सृष्टि है; स्थिति

है; संहार है। यद्यपि कर्म प्रत्यक्ष गोचर नहीं है किन्तु अपने संयोग-वियोग में विभाजित, मिश्रित संश्लिष्ट, समन्वित एवं विपांकित प्रतीत होता है- जाना और अनुभव किया जाता है? इन्द्रिय ज्ञान कर्मोभव, कर्म-गति, कर्म-विधि तथा कर्म-फल का अनुभव है, अचूक अटल, अपरिहार्य भवान् सृष्टि और जीवन के इस अपरिहार्य प्रत्यक्ष ज्ञान के लिये भट्टपाद संयोग मात्र और वह गुरो प्रभाकर संयोग समवाय, संयुक्त समवाय एवं सम्बन्ध विशेषणता मानता है- वही वाग्-जाल, आचार्य! इस जगत में जीव-मानव जीव-द्वारा केवल पदार्थों का ही दर्शन और ज्ञान हो सकता है- संभव है। हम काल और जीवन की व्यवहार भूमि से ही सम्बन्धित हैं; सम्बन्धित रहे हैं, यतीवर्य! हमें ईश्वर अथवा ब्रह्म को मानने की आवश्यकता कभी अनुभव नहीं हुई, आचार्य!"

आचार्य शंकर ने पूछा- "भट्टपाद परमात्मा को नहीं मानते थे क्या, मिश्र जी! कुमारिल्ल भट्ट परमात्मा में मानते थे; कहते चाहे न हों। परमात्मा के अपने विश्वास की भट्टपाद ने कभी शास्त्र द्वारा परीक्षा नहीं की। मीमांसा-दर्शन की अपनी पारदर्शी विवेचना में उनको परमात्मा पर विचार करने का अवसर अथवा प्रसंग प्रतीत नहीं हुआ। भट्टपाद ने अचूक कहा हैः परमात्मा मीमांसा का नहीं, वेदान्त के अध्ययन का विषय है। चिता की धधकती ज्वालाओं में शान्त उपविष्ठ भट्टपाद ने जब वेदान्त सूत्र का इस देही का शारीरिक भाष्य देखा, तो पुकार उठे- 'ईश्वर के अस्तित्व को स्वीकार नहीं करना मेरा अपरिहार्य पाप है। मिश्र जी! आप श्री का मीमांसा दर्शन ईश्वर और परमात्मा का विवेक रखता ही नहीं। मीमांसा दार्शनिक शरीर से आत्मा को पृथक तो मानता है, किन्तु उसको जीवात्मा के स्वरूप में, सत्ता में, मानता है।"

मण्डन मिश्र ने सोत्साह कहा- "हम शरीर इन्द्रिय आदि से भिन्न जीवात्मा की शाश्वत सत्ता में मानते हैं। इस पृथिवी पर, मृत्यु लोक में जीवात्मा की समस्या बद्ध मोक्ष की है। यह नित्य जीवात्मा कर्त्ता है; भोक्ता है- यह विभु जीवात्मा अपने अहं द्वारा अहम् के स्वरूप में सर्वत्र विद्यमान है। अहं प्रत्यक्ष गम्य, आचार्य! यह नित्य अहं स्वरूप प्रत्यक्ष गम्य जीवात्मा शुद्ध ज्ञान स्वरूप भी है और देश तथा काल से परिच्छिन्न है। यह जीवात्मा ही 'ज्ञ'- ज्ञाता है, यतीवर्य!"

आचार्य शंकर ने बीच में ही पूछा- "यह आपका जीवात्मा एक है अथवा अनेक?"

मण्डन मिश्र ने उभय भारती की ओर देखते हुए कहा- "लीजिये, कैसा असंगत प्रश्न है। बन्धन और उससे मुक्त होने की इच्छा वाला जीवात्मा

अपने प्रत्येक भव में एक ही है; किन्तु प्रत्येक भव में यह जीवात्मा भिन्न आत्मा हो जाता है। हम जीवात्मा को प्रति भव एक और आत्यंतिक मानते हैं। एक ही जीवात्मा अनेक भवों में व्यक्त हो तो एक के मुक्त होते ही सभी को मुक्ताऽवस्था प्राप्त होगी किन्तु जगत में मुक्त होना और कर्म द्वारा बंधना इच्छा, क्रिया और ज्ञान यह प्रति जीवात्मा ही है। यह अनादि जीवात्मा गहनातिगहन तथा स्वाऽनुभव गम्य है, आचार्य! हम इसको मानस प्रत्यक्ष गम्य भी मानते हैं। वह गुरो प्रभाकर जीवात्मा को स्व प्रकाश नहीं मानता। जीवात्मा का अनादि शाश्ववत 'मैं' ही शुद्ध ज्ञान है और इसी 'मैं' के अहं-ज्ञान में जगत तथा जीवन का विज्ञान घन बोध है- होता है। प्रभाकर अहं द्वारा ही बोध मानता है।"

आचार्य शंकर- "श्रीमान क्या मानते हैं?"

"मैं?" मण्डन मिश्र ने भवें तरेर कर पूछा- "तीन प्रकार के प्रपञ्चों से जीवात्मा संसार-बन्धन में बंधता है, यती वर्य! भोगायतन शरीर, भोग-साधन इन्द्रिय तथा शब्द, स्पर्श, रूप रस, गन्ध भोग-विषय! अवश्य आचार्य! इन्हीं प्रपंचों से मनुष्य सुख-दुःख अनुभव करता तथा अविराम अनादि काल से बन्धन में पड़ा रहता है। इन तीन प्रपंचों के आत्यंतिक नाश से ही जीवात्मा अपने शुद्ध ज्ञान का स्वरूप प्राप्त करता है- मुक्ताऽवस्था, आप वेदान्तियों का मोक्ष नहीं। मीमांसा का मुक्त पुरुष स्वस्थ होता है; अहं, ज्ञान, सुख, दुःख, इच्छा, द्वेष, प्रयत्न, धर्म, अधर्म तथा संस्कार-कर्म मात्र से रहित होकर यह मुक्त स्वस्थ पुरुष अपने शान्त एक रस स्वरूप में रहता है। वह आपश्री के वेदान्त पुरुष की भांति रीता नहीं हो जाता; शून्य नहीं हो जाता- असंग और आकृतिहीन नहीं होता। वह ज्ञान, शक्ति, सत्ता तथा द्रव्यादि से सम्पन्न बना रहता है...."

आचार्य शंकर ने सस्मित पूछा- "तब आप जीवोऽहम् मानते हैं? तब मीमांसा-पुरुष नित्य अहं-चेतना है जो अपनी मुक्तावस्था में निस्संबद्ध और निराऽनन्द। यही न?"

"यही, यही, आचार्य!" मण्डन मिश्र ने पुनः सोत्साह कहा- पूर्व जन्मों के कर्मों से उत्पन्न धर्माऽधर्म के फलों का भोग करने से क्रमशः धर्माऽधर्म का नाश हो जाता है- इनका नाश होने से सुख-दुःख का भी स्वतः नाश हो जाता है। काम्य कर्मों को त्याग देने से भावि धर्माऽधर्मों का उदय नहीं होता, यतीवर्य! वेद विहित कर्म करने तथा निषिद्ध कर्म के त्याग से नवीन शरीर उत्पन्न नहीं होते; पूर्व शरीरों का भी समूल नाश हो जाता है, इस आत्यंतिक शरीर-शमन

होने से पुरुष अपनी मुक्त शुद्ध अवस्था में आ जाता है- स्वयं-स्वस्थ्य, आचार्य! भट्टपाद के इस प्रपंच सम्बद्ध विलय को मैं भी स्वीकार करता हूं....”

आचार्य शंकर ने सहज ही पूछ लिया- “मुक्ताऽवस्था में आपके पुरुष को शरीरादिक तो रहते नहीं, फिर उस निःसम्बद्ध और निराऽनंद को स्वयं का शुद्ध ज्ञान-अहं ज्ञान-मैं-संभान कैसे बना रहता है, भवान्!”

“क्या कहा आपने, आचार्य!” मण्डन मिश्र ने मानो चमक कर कहा- “मुक्ताऽवस्था में मीमांसा-पुरुष को अहं-ज्ञान भी नहीं हो सकता-होता है; बना रहता है।”

“कैसे, मिश्र जी!” आचार्य शंकर ने कहा- “मीमांसा का मुक्त पुरुष आपश्री के कथनाऽनुसार शुद्ध अहं स्वरूप जीवात्मा - स्व ज्ञान, बोध, संज्ञान आदि के लिये शरीर अनिवार्य है- सम्बन्ध! कर्मेच्छा के आत्यंतिक नाश के साथ ही इस अहं भाव का क्या स्वयं नाश नहीं हो जाता?”

“हो जाता है।” मण्डन मिश्र ने हठात् कहा।

“तब फिर क्या शेष रह जाता है, मिश्र जी!” आचार्य शंकर ने तपाक से पूछा।

मण्डन मिश्र ने जैसे स्वयं से ही पूछा- “क्या शेष रह जाता है?”

सभा भवन में मन्द हास्य उभरा।

“शान्त! सावधान!!” उभय भारती ने तीव्र स्वर में कहा।

आचार्य शंकर ने मण्डन मिश्र और सभा को मानो संबोधित करते हुए कहा- “जीवात्म भाव अज्ञान जनित अहं भाव है-अनादि सगुण जीव-चेतना! मनीषी मण्डन मिश्र मीमांसा के समकालीन और परवर्ती आचार्यों के शास्त्रोक्त कथनों से यह प्रमाणित करते हैं कि मुक्त जीव को आत्म ज्ञान नहीं होता। आत्मा को स्वयं का ज्ञान शरीरी होकर ही होता है- हो सकता है। मीमांसा मुक्त स्थिति में ज्ञान शक्ति मात्र मानती है- जीवात्मा जगत तथा भव-कर्म अतः इच्छा कर्मेच्छा मात्र से रहित होकर निसम्बद्ध और निरानन्द अर्थात् एक गहन गूढ़ जड़ाऽवस्था में हो जाता है- स्पष्ट है, ज्ञान शक्ति के बने रहने से जीवात्मा की सत्ता बनी रहती है; द्रव्यत्व आदि धर्म भी बने रहते हैं। मीमांसा दर्शन वस्तुतः इसी को मुक्ताऽवस्था कहता है; किन्तु क्या यह वास्तविक मोक्षाऽवस्था है? नहीं; कदापि नहीं। भट्टपाद कुमारिल्ल के मत में जीवात्मा केवल काम्य और निषिद्ध कर्मों का ही त्याग करता है; नित्य-नैमित्तिक कर्मों का अनुष्ठान सहज ही बना रहता है। भट्टपाद मुक्ति का कारण आत्म-ज्ञान नहीं मानते; ज्ञान होने से जीव मुमुक्ष हो जाता है तथा जन्म-जन्मान्तरों के धर्म-अधर्मों का नाश हो जाने पर जीवात्मा

पुनः शरीर धारण नहीं करता। भट्टपाद के द्वितीय प्रखर मनीषी शिष्य प्रभाकर धर्म-अधर्म के निःशेष रूप से नाश होने पर देह का आत्यन्तिक नाश मानते हैं। महाशय प्रभाकर का कहना है, वस्तुतः धर्माधर्म के वशीभूत होकर ही जीव नाना योनियों में जन्म लेता रहता है। सांसारिक बन्धन से छुटकारा पाना ही मीमांसा की दृष्टि में मोक्ष है। वेदान्त इसे स्वीकार नहीं कर सकता। वस्तुतः मीमांसा की जीव-मुक्ताऽवस्था का महाप्रलय में सो जाना है..."

मण्डन मिश्र ने बीच ही में तपाक से कहा- "महाप्रलय में जीवात्मा सो जाता है, वाह। आचार्य! क्या काव्य कहा है? सोता ही रहता हो जीवात्मा महाप्रलय में; किन्तु जीवात्मा अपनी स्वस्थ मुक्ताऽवस्था में बना तो रहता है। शाश्वत् अनादि कालाऽतीत अस्तित्व यही शुद्ध-बुद्ध अहं है, यतीवर्य!"

आचार्य शंकर ने हंस कर कहा- "महाप्रलय की घनघोर निद्रा में क्या निस्सम्बद्ध और निरानंद जीवात्मा सो सकता है? कौन स्मृतिगत और विस्मृति मूढ़ होता है? जन्मने की इच्छा कौन करता है? अनादि अपूर्व में कौन बंधता है? और मुक्त होने की अटल मुमुक्षता कौन प्राप्त करता है?"

मण्डन मिश्र- "जीवात्मा और कौन, आचार्य?"

आचार्य शंकर- "चैतन्य आत्मा, मिश्रजी! ज्ञाता! ज्ञेय और उसका ज्ञान विज्ञान है; अज्ञान जनित माया! यह जगत अज्ञान से उद्भवित जड़त्व है- अर्थात् विज्ञान! जड़त्व उद्भवित है; आविर्भूत है; परम चैतन्य ब्रह्म का संकल्प; जीवात्मा उसी सच्चिदाऽनंद की धारणा है- भव-संसार उस आनन्द-ब्रह्म की लीला है। सृष्टि, स्थिति और लय उस अद्वितीय एक कालाऽतीत चैतन्य का चिद्-विलास है; जड़ क्षणिक है; अविराम है; विज्ञान मात्र है। जीवात्मा भावना परमात्मा में आच्छादित अज्ञान की भावुक चेतना है, महाशय मण्डन मिश्र! चैतन्य जड़ की सृष्टि कर सकता है; जीवात्म भाव की धारणा कर सकता है; किन्तु जड़ चैतन्य व्यक्त नहीं कर सकता, प्रगट नहीं कर सकता। जड़ क्रिया मात्र है; गति-विधि-रूप, मिश्र जी! चैतन्य ही इच्छावान है; ज्ञानवान है; क्रियाशील है। कर्म अन्ततोगत्वा है क्या? अपूर्व परम ब्रह्म का एक से अनेक होने-होते रहने तथा संसार में बंध कर मुक्त होने की अमोघ इच्छा की ज्ञान-सम्पन्न गति-विधि है। कर्म जीवात्मा की इच्छा और उसकी पूर्ति की गति-विधि-जड़ गति विधि है। पदार्थ, द्रव्य, गुण और धर्म सब जड़ है, सृष्टि है- कृति! किन्तु इच्छा करने वाला अमोघ चैतन्य है। विकल्प मात्र जड़ है। वेदान्त परम चैतन्य सच्चिदाऽनंद परमात्मा को ही सृष्टि का कर्ता मानता है- श्रुति भी यही कहती है- वेद भी यही कहते हैं।"

मण्डन मिश्र ने तनिक हिचक कर कहा- “चैतन्य, ब्रह्म! अज्ञान-विज्ञान-माया-अध्यास! आचार्य! आपका यह कथन बुद्धि गम्य, बुद्धि मन्य और शास्त्र विहित नहीं है। तब यह आपका ब्रह्म-चैतन्य अज्ञानान्धकार से आच्छादित होता ही क्यों है?”

“अपने ऐश्वर्य शाली अनेकत्व की लीला के लिये।” आचार्य शंकर ने कहा- “अपने चिद् विलास के सुख-दुःख के अविराम अनेकान्त अनुभव के लिये। भव-संसार में बंधने और पुनः मोक्ष प्राप्त करने के लिये! आत्मा ज्ञान स्वरूप है; अज्ञान केवल आच्छादन है- क्षणिक है; भवेच्छा तथा सृष्टि माया से प्रेरित अन्धकार है। काल प्रभात नहीं है; रात्रि है- काल रात्रि, महाशय! प्रत्येक जीवात्मा परम ब्रह्म के काल रात्रि में शयन का विचित्र विलक्षण अद्भुत लीला-विलासी स्वप्न है। स्वयं के अध्यास द्वारा उत्पन्न भ्रान्ति! अज्ञान अन्ततोगत्वा अनेकत्व की भ्रान्ति और जीवन विस्मृति है। स्मृति जन्य-विस्मृति भवान् मिश्र जी! रात्रि के अन्त होने पर जिस प्रकार हम जाग जाते हैं, अज्ञान का नाश होने पर जीवात्मा आत्म ज्ञान में जाग जाता है। ज्ञान ही प्रकाश है; यह ज्ञान का प्रकाश माया के अन्धकार से ढंक जाता है। अज्ञान के अन्धकार से आच्छादित आत्मा परमात्म भाव को भूल कर स्वयं को जीवात्मा के रूप में अल्पज्ञ, संकुचित तथा काल बाधित कर देता है। जीवात्मा है, तो जगत है, जगत है तो ईश्वर है किन्तु आत्मा के लिये केवल परमात्मा है-प्रकाश के लिये प्रकाश ही है; अंधेरा नहीं, भवान्!”

मण्डन मिश्र ने चारों ओर देखा और उभय भारती को सम्बोधित करते हुए कहा- “मेरे प्रत्येक तर्क का एक ही उत्तर है, श्रीमती! अज्ञान! तब यह जगत स्वयं में प्रत्यक्ष प्रमाण है; जगत का प्रत्येक नाम-रूप क्या अपना अकाट्य प्रमाण नहीं है? साक्षात् प्रतीतिः प्रत्यक्षम्! गुरो का यह कथन ठीक है, उपयुक्त है- सटीक है, आचार्य!”

पण्डित तारकेश्वर उपाध्याय ने सहसा प्लुत स्वर में कहा- “त्रिपुटी प्रत्यक्ष! वाह गुरो! वाह।”

उभय भारती ने अपने पद्मपाणि से ताली बजाते हुए कहा- “सभा मण्डप का प्रत्येक सभासद श्रोता है। वह बीच में विक्षेप नहीं करे। सावधान, शान्त! आचार्य शंकर! प्रतिपक्षी के तर्क की काट तर्क से, अप्रमाण का निस्तार प्रमाण से, शास्त्र-वाक्य का शास्त्र-कथन से ही निराकरण होना चाहिये।”

मण्डन मिश्र ने तनिक उत्तेजित होते हुए कहा- “वह गुरो इस मान्य मण्डली में सुदूर उपस्थित है। प्रभाकर! आपके त्रिपुरी प्रत्यक्ष का यती वर्य शंकराचार्य के पास क्या उत्तर है?”

सभा मण्डप के एक कौने में शान्त अविचल बैठा हुआ प्रभाकर मुस्करा दिया।

मण्डन मिश्र ने तनिक झुंझला कर कहा- "प्रभाकर मौन है; किन्तु मण्डन मिश्र मौन नहीं हो सकता। आचार्य, शास्त्र वाक्य के आधार पर ही यह दुरूह वार्ता चल सकती है।"

आचार्य शंकर ने शान्त स्वर में कहा- "यह शरीरी शास्त्र वाक्य की परीक्षा वेद-मंत्र से करता है; गहन पश्यन्ती वाक्य श्रुति से जगत तथा भव-संसार के इन्द्रियज प्रत्यक्षों से उद्भूत शास्त्र की अन्तिम कसौटी की जा सकती है। महर्षि जैमिनी ने कहा है, मीमांसा धर्म शास्त्र है। धर्म के ज्ञान के लिये केवल एक मात्र प्रमाण है, मिश्र जी! अपौरुषेय वेद-वाक्य! प्रत्यक्ष आदि प्रमाणों से धर्म की चेतना नहीं हो सकती। केवल वेद-वाक्य और आप्त वाक्य को ही हम धर्म को जानने के लिये प्रमाण मान कर चल सकते हैं। वेद-वाक्य धर्म का शब्द-प्रमाण है-श्रुति आत्मा-परमात्मा के लिये शब्द-प्रमाण है- इसलिए, मनीषी मण्डन! सिद्धार्थक और विधायक वाक्यों से हम ब्रहम के विषय में वार्ता करते हुये थक जायेंगे-आत्मा के लिये नित्य शब्द से उद्भूत वाक्य ही प्रमाण हो सकता है- श्रुति, महोदय!"

मण्डन मिश्र ने प्लुत गंभीर स्वर में कहा- "आचार्य! निस्संदेह मीमांसा धर्म शास्त्र है और धर्म की मीमांसा के लिये, धर्म के ज्ञान के लिये हम वेद अर्थात् अपौरुषेय वाक्य को आधारभूत स्वीकार करते आये हैं। वेद के नित्यत्व और अदुष्टत्व को प्रमाणित करने के लिये शब्द को नित्य मान कर चलना पड़ता है किन्तु शब्द बोध हीन है? अर्थ हीन है? शब्द का अविराम अविभाज्य संक्रामक संश्लिष्ट अर्थ है और अर्थ का सम्बन्ध भी है।"

आचार्य शंकर ने कहा- "लौकिक वाक्य के अर्थ और उसके सम्बन्ध में अनेक दोष क्या संभव नहीं हैं? हैं, महाशय! लौकिक वाक्य में दोष की संभावना बनी रहती है। इसीलिये वेद-वाक्य को अपौरुषेय माना है। नित्य शब्द-ब्रहम से उद्भूत वेद वाक्य को किसी ने नहीं बनाया। वेद वाक्य स्व-प्रकाशित वाक्य हैं- ऐसा सभी शास्त्र मानते आये हैं। मनीषियों और शास्त्रियों की यह अद्वितीय धारणा सर्व मान्य सर्व स्वीकृत धारणा है। वेद-वाक्य तेजस रूप में मंत्र-दृष्टाओं के गहन अन्तःकरण में उद्भूत हुए हैं।"

मण्डन मिश्र ने तपाक से कहा- "नित्य शब्द को सुनने वाले ऋषि-मुनियों को मैं प्रणाम करता हूं, आचार्य! मंत्र-दृष्टा ऋषियों को मैं भी अन्तःकरण के अनादि अथाह गहन में सुनना चाहता हूं- मैं भी वेद-मंत्र को देखना चाहता हूं किन्तु अपौरुषेय उसी वेद-वाक्य को शास्त्र-वेत्ता स्वीकार कर सकता है, जो अर्थ

और उसके सम्बन्ध से लीढ़ हो; पीढ़ हो। नित्य शब्द को जगत तथा भव-संसार के लिये सार्थक तथा ससम्बद्ध जो करना होता है। यह जगत सम्बन्धहीन नहीं है; यह विस्तृत विराट नानाभिराम भव-जीवन अर्थ-हेतु-रहित नहीं है। जीवन-चेतना अपने नाना अर्थों में, विभिन्न समन्वित हेतुओं में तथा विज्ञान-घन सम्बन्धों में प्रति निमिष आविर्भूत होती है। अविराम काल का यह अनिवार्य और अपरिहार्य लक्ष्य है, यतीवर्य!"

आचार्य शंकर- "शब्द के विज्ञान से ही परोक्ष भूत विषय का ज्ञान होता है, मिश्रजी! यह आपश्री भलीभांति जानते हैं; मानते हैं। आत्मा शब्द-विज्ञान द्वारा ही अदृष्ट विषयों का ज्ञान प्राप्त करता है- सन्निकर्ष, महोदय! किन्तु आत्मा के शब्द-सन्निकर्ष से उत्पन्न ज्ञान आत्म-ज्ञान नहीं है? ज्ञान उत्पन्न नहीं होता, आत्मज्ञान सत्य का स्व प्रकाश है? अर्थ और सम्बन्ध प्रणीत शब्द ज्ञान अज्ञान और उसके अध्यास ही हैं- भ्रान्ति!"

मण्डन मिश्र ने तपाक से कहा- "यथार्थ ज्ञान निस्संदेह वेद-वाक्य से ही हो सकता है; किन्तु विध्यर्थक वेद-वाक्य को ही प्रमाण माना जा सकता है, क्यों गुरु प्रभाकर!"

सभा-मण्डप में कुछ दूर शान्त बैठे हुए प्रभाकर तनिक हंस दिये।

मण्डन मिश्र ने तनिक उत्तेजित स्वर में पूछा- मौन क्यों हो, प्रभाकर! यों तो अपना गुरो मत चलाने के लिये तुम्हारी चेष्टा सभी जानते हैं। गुरुदेव के सिद्ध तात्पर्यों का तुमने सदैव खण्डन किया है...."

अध्यक्ष-दृष्टा श्रीमती उभय भारती ने बीच में ही कहा- "शास्त्रार्थ मिश्र जी! आपश्री और यतीवर्य आचार्य शंकर के मध्य है। श्रीमान प्रभाकर जी का संदर्भ आपश्री दे सकते हैं; किन्तु शास्त्रार्थ में आप उनको अपना सहयोगी नहीं बना सकते।"

आचार्य शंकर ने तनिक हंस कर कहा- "श्रीमती, आपका विवेक सत्युत् है किन्तु यह रुचिकर प्रलम्ब वार्ता क्या आत्म विनोद नहीं है? महाशय मनीषी मण्डन मिश्र के साथ मुझ यती की यह अन्तरात्मा की तीर्थ-यात्रा है, श्रीमती! सत्य की जय होती है किन्तु सत्य किसी की पराजय नहीं करता। असत्य से ही पराजय होती है, सत्य से नहीं।"

मण्डन मिश्र ने काकु पूर्वक पूछा- "तब सत्य का यथार्थ से कोई अर्थ नहीं है; सम्बन्ध नहीं है, आचार्यश्री? वेद-वाक्य अनादि अपूर्व-कर्म वाक्य हैं। आपश्री जिस आत्म-ज्ञान का इंगित कर रहे हैं, वह मन्त्र-दृष्टाओं के शून्य अन्तःकरण में भासमान हो सकता है- परन्तु जो भासमान होता है, वह इन्द्रियज यथार्थ

ज्ञान ही है। प्रभा, यतीवर्य! यथार्थ अनुभव ही प्रभा है, ज्ञान, संशय स्मृति आदि यथार्थ ज्ञान नहीं हैं। अज्ञात तत्व का यथार्थ ज्ञान ही प्रभा है और इस अनाधिगत अर्थ के ज्ञान को उत्पन्न करने वाला कारण प्रमाण है- आत्मा को प्रभा और प्रभा को प्रमाण होना ही होगा। आपश्री के वेदान्त के श्रुति-वाक्य, अर्थ हीन, सम्बन्ध हीन-प्रभा रहित और अप्रमाण्य वाक्यों के आधार पर सृष्टि के धर्म का धारण संभव तथा शक्य नहीं है। जीवन-यापन धर्म धारण और भव-संसार धर्म-पालन है। वेदान्त आप के परमात्मा के लिये हो सकता है किन्तु अविराम काल-प्रवाह में होने और होते रहने वाले जीवात्मा के लिये तो यथार्थ ज्ञान की ही अनिवार्य आवश्यकता है। मीमांसा के वेद-वाक्य-कर्म-काण्ड से ही धर्म की जिज्ञासा संभव है; धर्म-धारण और पालन की रीति-नीति, अर्थ और हेतु सर्व खलु इदं ब्रह्म कह देने से नहीं पुरते, आचार्य! पृथिवी तल पर मरणाधीन मानव-जीवात्मा को चौरासी लक्ष भव-योनियां तर कर स्वर्ग के परम सुख की कामना में जीना होता है। दुःखद स्वप्नों से दूर, गहन आशा में और अनवरत अभिलाषा में मानव को जीवन के धर्म का धारण करना होगा। इसके लिये विज्ञान तथा पुरुषार्थ की, कुलीनता और मर्यादा की सनातन वर्णाऽश्रम धर्म की संजीवनीवत् आवश्यकता है। मानव होने, होते रहने तथा जन्म कर भव-संसार द्वारा सुख-अधिक सुख, परम सुख प्राप्त करने के लिये ही इस अनन्त रहस्य से मानो स्पष्ट होता है। इस अनादि मौन गूढ़ तमोमय अर्णव की प्रलयाऽवस्था में सर्ग की ऊर्मि स्वयं ही स्फूर्त होती है- क्यों? इसलिये कि होने तथा होते-रहने की शाश्वत मंगलमयी जिजीविषा ही सृष्टि, स्थिति और संसार की आदि गहन प्रेरणा है अतः आत्मा को हमें शरीरी, भव-धारी के स्वरूप में ही लेना होगा। मैं अतल अथाह अनन्य घनीभूत मौन में डूब जाने को नहीं हूं, आचार्य! मैं चिरन्तन भविता हूं; मैं अनन्त कोटि ब्रह्माण्डों में जीवन के विलास का कामी स्वयं स्फूर्त, स्वयं जाग्रत, स्वयं भृत जीवनेच्छा हूं। मैं भवों की आशा तथा पुनर्भव की संक्रामक अभिलाषा हूं; हां, आचार्य!"

आचार्य शंकर ने कहा- "शास्त्रों के सभी प्रमाणों को मैं स्वीकार कर लूं तो क्या सिद्ध होगा, मिश्र जी?"

"क्या सिद्ध होगा?" मण्डन मिश्र ने पूछा; कहा- "आत्मा और क्या, आचार्य!"

"तब आपको मोक्ष नहीं चाहिये।" आचार्य शंकर ने हंसते हुए कहा- "आपको निरन्तर संक्रामक जन्म-मरण चाहिये। यदि आप भव-संसार में भ्रमते ही रहना चाहते हैं; तो वह तो आप कर ही रहे हैं। जीवात्मा का शाश्वत अपूर्व तो यही है, जन्मता रहे- मरता रहे; पुनः पुनः जन्मता रहे परन्तु यह अज्ञान का

स्वप्न-विलास मात्र है। भव-संसार अनादि है; सृष्टि अनादि है; काल अनन्त चिरन्तन है; किन्तु महाशय मण्डन! प्रत्येक भव का आदि है; अन्त है। असंख्य असंख्य जन्मों के सुखों को भोगने के पश्चात्-स्वर्ग के परम सुख का पूर्ण आस्वाद करने के पश्चात् क्या जीवात्मा इस अज्ञान में प्रसन्न रह सकता है? इस स्वप्नमय संभ्रान्त अध्यास से तुष्ट हो सकता है? जो एक है- अनन्त और अव्यय है, जो सत् है, चित् है, जो आनन्द का घन रस शान्त अभय है, वह अल्प आदि अन्तों में उद्भूत होकर सुख का अनुभव चाहे क्षण भर के लिये कर ले परन्तु वह बन्धन में, सीमा में सुखी हो नहीं सकता, मिश्र जी!"

मिश्र मण्डन- "जीवात्मा को कामना की पूर्ति, अतः इन्द्रियों की तुष्टि ही तो चाहिये- और सुख क्या है, आचार्य!"

आचार्य शंकर- "स्वयं का अभय पूर्ण ज्ञान प्राप्त करने से ही मंगलमय सुख की अनुभूति होती है। यह सृष्टि यदि परम ब्रह्म के बहुस्याम संकल्प की मंगलमय दिव्य कृति नहीं होती; तो क्या वह सुखद होती? यदि भव सुख-प्राप्ति के लिये ही है, तो दुःख का सापेक्ष अनुभव होता ही नहीं। भव सुख तथा दुःख-भव भोगने के लिये ही है। भव भोगना क्यों होता है, जीवात्मा के लिये? मृत्यु से भयभीत क्यों रहता है, जीव? क्यों जीव दुःख से छुटकारा चाहता है, कहिये।"

मण्डन मिश्र- "क्या मैं भव-संसार और जगत से मोक्ष चाहता हूं अन्ततोगत्वा? आचार्य श्री, इस पल तक तो मुझको ऐसे भवेच्छा-हीन, कर्म हीन, साधना तथा पुरुषार्थ विहीन मोक्ष की कामना नहीं हुई। मैं सृष्टि-मंगल, प्राणी-कल्याण और भव-संसार के काम्य सुखों के लिये सोचता-विचारता आया हूं। यह जगत क्या जीवनेच्छा की सम्यक् पूर्ति के लिये विचित्र दिव्य कर्म-भूमि नहीं है? क्या यह चिरन्तन काल-प्रवाह एक निगूढ-गूढ़ जीवन-कामना के अपरिचित अथाह अगाध मौन से भरा हुआ नहीं है? यह सीमा, यह संकोच, यह आच्छादन यह विमर्श-यह गति-विधि, देश-काल, अन्ततोगत्वा अविराम अधीर भविता की ही सम-सम्यक् मंगलमय अभिव्यक्ति है। मुझे प्रति पल सृष्टि मंगल चाहिये; प्राणी-कल्याण चाहिये; अपने भव-संसार का सुख और अभय चाहिये। मुझे जीवन, अधिक जीवन और अधिक गहन जीवन और उसका सुन्दर प्रकाश चाहिये, यती श्री! क्षणों के सुखों और दुःखों के परे एक घनीभूत सन्तोषसुख है, समूचे जीवन-पुरुषार्थ की समग्र प्राप्ति का सुख, आचार्य! जीवात्मा इसी पूर्ण सुख के गहन शांत मनोमय संतोष के लिये ही भव संसार भोगता है। देह से छुटकारा हो सकता है, कर्म से नहीं-यह रहस्यमय किन्तु अचूक स्पष्ट, स्वानुभूति पूर्ण जीवनेच्छा ही नित्य अबाधित, निर्विघ्न सत्य है। इस भवेच्छा का चैतन्य ही चित् है और स्वर्ग का

परम परिपूर्ण सुख ही आनन्द है। इसीलिये हम मीमांसाकारों ने शून्य-ब्रह्म को आप वेदान्त वागीशों के लिये छोड़ रखा है। जो सृष्टि मंगल प्राणी कल्याण और भव-सौन्दर्यों का पूर्ण सुख नहीं चाहते, जो निर्वीर्य हैं, वही जगत से आंखें मूंद लेते हैं और भव-भवों के काम्य सुखों से मुख मोड़ लेते हैं। मैं ऐसा क्यों करूं, आचार्य! यह देदीप्यमान सभा है, पण्डित मण्डली है; यह महिमामयी माहिष्मती नगरी है और यह मैं हूं; मेरा धाम है और यह सृष्टि-सुन्दरी सी मेरी प्रियतमा भार्या है, भारती है, यती वर्य! मोक्ष का वह शून्य स्वप्न क्या ऐसा मनोहर रमणीय विभूति-भूति पूर्ण जीवन और उसका विलक्षण अनुभव प्रदान कर सकता है? आपका मोक्ष अन्तिम आत्यंतिक मृत्यु नहीं तो क्या है! जीवात्मा मृत्यु नहीं है; जीवात्मा जन्म है- सतत् शाश्वत जन्म, आचार्य?"

आचार्य शंकर- "यही अज्ञान है, मण्डन मिश्र!"

मण्डन मिश्र ने उच्च स्वर में कहा- "तब फिर ज्ञान क्या है? तब फिर जीवात्मा और उसका प्रतिलव होता हुआ ज्ञान क्या है? वही, वही प्रश्न है; पुनः पुनः वही प्रश्न है। और आपश्री का घूम-फिर कर वही उत्तर है; यह अज्ञात है- अज्ञान का अध्यास है। क्या यह शुद्ध वितण्डा नहीं है? ब्रह्म-ज्ञान, आत्म-प्रत्यक्ष, तब क्या कुछ उद्भ्रान्तों का उदात्त विप्रलम्भ मात्र है? श्री मद् शंकर ने जगत कत्ता ईश्वर-ब्रह्म को स्वीकार नहीं किया; क्योंकि ब्रह्म को स्वीकार करने के लिये कोई भी, एक भी प्रमाण प्राप्त नहीं है। आचार्य श्री, वेद के रचियता के रूप में भी आचार्य शबर ने ईश्वर को स्वीकार नहीं किया है। भट्टपाद ने एक सर्वत्र चैतन्य ईश्वर को नहीं माना-जब मीमांसा-दर्शन के सिद्ध आचार्यों ने श्रुति-प्रतिफलित ब्रह्म को स्वीकार नहीं किया है तब मैं कैसे स्वीकार कर लूं? पदार्थ ही आपका और हमारा ब्रह्म है यतीवर्य! जो अनुभूयमान, अनुभव गम्य, प्रत्यक्ष गोचर है, वही ब्रह्म है। मैं मीमांसा शास्त्र को ब्रह्म मीमांसा भी क्यों न कहूं, आचार्य? शरीर है; जगत है; मैं जीवात्मा हूं। दिव्य घन-सघन स्वयं-स्वयमेव प्रकृत अभिव्यक्ति है। विज्ञान और ज्ञान है। अपूर्व अनादि कर्म और उसके फलस्वरूप संचित है, प्रारब्ध है- क्रियमाण है। भव-संसार और उसके अनवरत जन्म-मरण हैं। तब यती वर्य!"

बीच ही में आचार्य शंकर ने कहा- "पदार्थ? क्या? मिश्र जी! जिस पदार्थ को आप ब्रह्म तक कहने को तत्पर हैं, वह अन्ततोगत्वा है क्या?"

मण्डन मिश्र मानो थड़क गये; किञ्चित अचकचा कर कहा- "ऐं? पदार्थ क्या है? क्यों? पदार्थ पदार्थ हैं..."

सभा-मण्डप हुमुसी हुई हंसी से भरा-उभरा।

21

पद्मपाद ने नमन कर आचार्य शंकर से निवेदन किया- "शास्त्रार्थ एक प्रगल्भ वार्ताऽलाप हो गया है, गुरुदेव!" आचार्य शंकर ने स्मित सहित शान्त गम्भीर पद्मपाद को अगाध स्नेह पूर्वक देखा और मौन ही मुस्करा दिये। पद्मपाद ने तनिक उत्साह के साथ कहा- "यह शास्त्रार्थ उत्तर दक्षिण भारत की सभी विद्वद् मण्डलियों द्वारा सुना जा रहा है। माहिष्मति के सभा मण्डप में षड्-दर्शनों के ज्ञाता, सम्प्रदायों के महन्त और आचार्य महत्वपूर्ण साधक और सनातन वैदिक वर्णाऽश्रम धर्म के उन्नायक नरेश-यही क्यों, बौद्ध, जैन, क्षपणक, शाक्त, गाणपत्य, वैष्णव सभी उपस्थित हैं। गुरुदेव! जैसे वह शून्य दिशाओं में प्रतिघोषों को सुन रहे हैं। शास्त्रार्थ शास्त्र की लीक पर क्या चलना नहीं चाहिये?"

आचार्य शंकर ने तनिक हंस कर कहा- "जगत और भव-संसार के शास्त्र अन्ततोगत्वा प्रतिघोष ही तो हैं, वत्स! अज्ञान का विज्ञान और भव का संज्ञान यथार्थ प्रतीत होता है; किन्तु वह परात्पर वैष्णवी माया ही कहा जाता है। सत्य का पूर्ण परिपूर्ण ज्ञान ही आत्म ज्ञान है, जो कालाऽतीत, अपरिवर्तनेय, अनुपम, निराकार और अव्यय है- जीवात्मा को सब भीतियां टल कर अनन्त अथाह अभय का जब भान होने लगता है, तब आत्म-सूर्य का भास होने लगता है- यह संसार और उसके कलरव, कोलाहल और चीत्कार एक शिथिल गर्महीन प्रति घोष होकर अनन्त के भ्रान्ति पूर्ण नारों से टकरा कर स्वयं ही रीते हो जाते हैं। मण्डन मिश्र ऐसा ही विलमाया हुआ प्रतिघोष होकर अज्ञान के अन्तिम तट पर खड़े हुए हैं- भारती, उनकी धर्मपत्नी ही उनका अटूट सा बन्धन है। मण्डन मिश्र को मैं अनादि के आदि से जानता हूं जैसे वत्स! उनके अन्तरात्मा के अज्ञान तिमिर काटना ही होगा, पद्मपाद?"

"जी, गुरु देव!" पद्मपाद ने नमन पूर्वक कहा।

आचार्य शंकर ने अनन्त के सुदूर क्षितिज को देखा। पद्मपाद और अन्य सेवक शिष्य मौन, चुपचाप आचार्य शंकर के शान्त, गम्भीर किन्तु प्रसन्न मुख-मण्डन को देखते रहे। पद्मपाद अब जान गया था, गुरुदेव कब क्यों यों मौन अनन्त आकाश में अनन्त क्षितिज को देखने लगते हैं। शंकर जैसे प्रति निमिष यों अनहत आकाश को ही देखते रहते हैं; उनकी अथाह आंखों में मानो आकाश ही भरा, उभरा छाया रहता है। अवश्य, उन अपार अगाध नयनों में कभी-कभी मेघ भी जैसे उमड़ जाया करते हैं; परन्तु जैसे उस उमड़ में गर्ज नहीं होते; बिजलियां नहीं होती। उदासीन उपरति से भरे वह बड़रे कमल-लोचन जैसे जगत की मौन, मूक असंग पल को अपने अपूर्व रूप के साथ देख कर स्वयं के अतल में ही लीन हो जाते हैं। उन इन्दीवर नयनों में काल जैसे सहज शान्त गति होकर स्वयं में रमता हुआ बहता रहता है- देश जैसे उद्वासित होकर तिरोहित हो जाता और एक गहन ज्योति जैसे झबक कर असीम आलोक में छाया करती है। उन स्फटिक के समान, हीरे के समान, स्वच्छ नीलिमा से परिपूर्ण कोकियों में जैसे एक असंग बिन्दु जलहला करता है- गुरुदेव की उस अथाह दृष्टि में जगत के रूप नहीं, देश का शस्य श्यामल उर्वर विस्तार नहीं, गुणों का रंगीन ऊहापोह नहीं, विचारों के द्वन्द्वशील उठाव नहीं, कोई हलचल नहीं अपार शान्ति भरी रहती है। गुरुदेव के यह सरोज-नयन जगत को, देह को, शरीर और शरीरी को नहीं किसी अनिर्वचनीय ज्योतिषाम् ज्योति को निहारते-गुहारते रहते थे- किसी परात्पर सौन्दर्य-श्री का निर्निमेष आह्वाहन करते रहते थे। यह ध्यान-लीढ़ नयन जगत के परे और भव-संसार के पार शरीर के उपरान्त अहर्निशि प्रति पल-पल-पल सच्चिदाऽनंद को ही टेरते रहते थे। पद्मपाद रोम-रोम में सिहर उठा-फुसफुसाया-उच्छवास पूर्वक बोला- "गुरुदेव!"

आचार्य शंकर ने अनन्त क्षितिज को अपलक देखते हुए ही कहा- "पद्मपाद मण्डन शाश्वत नर है; अब कल्प-कल्पों के अनन्त कगार के छोर पर आ खड़ा हुआ है। यह जीवन-रति, प्रणय कितना मूढ़ है? यह जीवन के सरस सुखों की इच्छा कितनी अट्टूट है, अथाह है? यही माया है; अज्ञान है। यही घनीभूत अज्ञान तिमिर है- ज्ञानाञ्जन-शलाका से इसे छूना ही होगा। जगत के तत्त्वों के मायामय ज्ञान में आसक्त इन नयनों को उन्मीलित करना ही होगा, वत्स!"

पद्मपाद ने अब स्वयं में जागते हुए मानो पूछा- "कैसे? मिश्र मण्डन शास्त्र-वाक्यों के अर्थों के शासक हैं; सम्बन्धों के वाहक तथा वांग्मय के मनीषी

हैं- जगत को ही यथार्थ सत्य स्वीकार कर माया के उद्दाम सौन्दर्य में लीढ़ यह नयन उन्मीलित कैसे होंगे, पूज्य!"

"उस महाऽनल की एक चिनगारी ऐसे अनन्त कोटि जगत और भव-संसार के घन तिमिर को जला देती है।" आचार्य शंकर ने जैसे शरीर में जागते हुए कहा- "अज्ञान के अनुभव के लिये तत्वों का पारदर्शी विज्ञान है- विज्ञान सिद्ध सार्थक वांग्मय है। वाक् में जगत है; जीवन है- समूचा देश और काल भरा हुआ है। यह परम ब्रह्म का बहु स्याम चिद् विलास है। पद्मपाद् इस अन्धकार और प्रकाश को समाने वाला घन तिमिर इस इदं के अन्तराल में छाया हुआ है- यह सब, यह माया इसी घन तिमिर का आच्छादन और विमर्श है; सांख्यों की मूल प्रकृति, उनका गहनातिगहन अव्यक्त यही है- व्यक्त तो त्रिगुणों की विज्ञान घन व्यक्ति मात्र है- यही जीवन रति है, तृष्णाओं से भरा अभिराम काम है। हां, वत्स! यही जगत है; जीवन है- यही जीवात्मा और उसका यह स्वप्न-संसार है।"

पद्मपाद ने मानो सहज ही पूछ लिया- "ज्ञान रूप परम ब्रह्म में यह अज्ञान-आच्छादन होता ही क्यों है, पूज्य!"

आचार्य शंकर ने गंभीरता पूर्वक कहा-"जो होता है, वह होता है और सत्य की अभिव्यक्ति की स्वेच्छा है वत्स! यही शंका है- यही अज्ञान ग्रन्थि है, पद्मपाद! परम ब्रह्म का स्वभाव है, एक से अनेक होने की इच्छा करना-करते रहना! जगत और भव-संसार का वैज्ञानिक कारण नहीं है; उसका वैज्ञानिक आदि और अन्त नहीं है। यह-वह ऐसा ही था- ऐसा ही होगा; होता रहेगा। ब्रह्म ही सत्य है। अर्थात् ब्रह्म ही अपना सत्य-रूप, विज्ञान स्वरूप और भव-भव का यह चिद्विलास है। अज्ञान नहीं है, ज्ञान ही है।"

पद्मपाद ने चुपचाप नमन कर कथन को स्वीकार किया किन्तु उसकी आंखों में एक विकलता उभरी-भर गई। पद्मपाद ने अपने गुरुदेव को, मन्दिर को, आसपास और बाहर देखा- जैसे आचार्य के कथन को दृष्टि से पैर रहा हो। आचार्य शंकर ने तनिक घूर कर पुनः कहा- "वस्तुतः ज्ञान ही अपने अनेकत्व स्वरूप में अज्ञान प्रतिभासित होता है, पद्मपाद। परम ब्रह्म सापेक्ष ज्ञान-अज्ञान केवल समझने के लिये ही है। यह अज्ञान ज्ञान की संकल्पित भ्रान्ति है; आरोपण-संकल्प जनित धारणा! सर्व शक्तिमान सर्व तंत्र-स्वतंत्र, परम ज्ञान-घन परम विज्ञान मय ब्रह्म एक है; तो अनन्त अनेक भी है। अवश्य, परम ब्रह्म अनेक होता नहीं; स्वयं को अनेक धारता है, वत्स!"

"तब!" पद्मपाद ने निसास रख कर पूछा- "तब, गुरुदेव! ब्रह्म स्वयं जगत और जीव के रूप में आविर्भूत नहीं होता- नहीं जन्मता?"

ब्रह्म अपने बहु स्याम शिव-संकल्प से जगत रचता है और अपनी दिव्य अपराजय शक्ति से उसको धारण करता है। यह उसकी सहज लीला है, वत्स। क्या एक अनेक में खण्डित, विभाजित हो सकता है? क्या ज्ञान रूप अज्ञान में परिवर्तित हो सकता है? नहीं। ज्ञानी स्वयं को अज्ञानी मान सकता है; किन्तु ज्ञानी ज्ञान रूप ही रहता है। अज्ञान ज्ञान का अभाव नहीं है- केवल मात्र ज्ञानी की भ्रान्ति है- रज्जु सर्पवत् वत्स! मण्डन मिश्र को इसी का अनुभव करना है। मण्डन रूप को, रस को, स्पर्श को, गन्ध को, शब्द को ज्ञान मानते हैं- इन्द्रियज यह ज्ञान है भी; किन्तु आत्म-ज्ञान की दृष्टि से यह अज्ञान है, पद्मपाद! ज्ञानी की भ्रान्ति भी क्या उसके स्वयं ज्ञान की एक क्षणिक स्थिति नहीं है?"

"भ्रान्ति?" पद्मपाद ने पूछा।

"यही मण्डन मिश्र इस समय स्वयं से पूछ रहे हैं, वत्स!" आचार्य शंकर ने कहा और ध्यानस्थ हो गये। नवदुर्गा के विशाल मन्दिर के शान्त एकान्त गर्भ-प्रकोष्ठ में बैठे हुए मण्डन मिश्र ने सहसा भारती से पूछा- "तुम भ्रान्ति? यह जगत भ्रान्ति, यह भव-संसार भीति से भरा एक भेद-भाव मात्र? अध्यास- अज्ञान? भारती, यती शंकर पहेलियां बुझा रहे हैं जैसे!"

भारती ने शैल पुत्री की प्रसन्न स्वमग्न मुदित मूर्ति की ओर देखा; कहा- "हिमालय के अञ्चल में पवित्र राज्य था-शताब्दियों, नहीं, मन्वन्तरों पूर्व हिमालय की मेखलावत् वह राज्य था। राजा ने परात्पर परमेश्वरी से वर मांगा मण्डन! मेरी पुत्रीवत् जन्म लो, जगदम्बे!" राजा ने उस सच्चिदानन्द रूपा ब्रह्माणी को अपनी पुत्रीवत् चाहा। इस जगत की सृष्टि रूपा, पालन कत्रीं- अभिराम कामेश्वरी शैली पुत्रीवत् अवतरित हुई। शिव से विवाह हुआ, मण्डन! क्या वह शैली पुत्री भ्रान्ति थी?"

मण्डन मिश्र ने नव दुर्गा की रमणीय चित्ताकर्षक मूर्तियों को एक दृष्टि में भरा; कहा- "यह पुराण वार्ता है, भारती! शैल पुत्री! ब्रह्म चारिणी, चन्द्र घन्टा, कुष्माण्डा, स्कन्द माता, कात्यायिनी...." मण्डन मिश्र सहसा मौन हो गये। उनके बड़रे नयनों में जैसे समूचा काल झबक कर बुझ गया।

भारती ने सिर धुनाते हुए कहा- "काल रात्रि, गौरी, सिद्धि रात्री! कहां, प्रिय मेरे! रुक क्यों गये!"

'काल रात्रि!' मण्डन ने जैसे शून्य में प्रतिघोष किया- "तब यह जगत काल रात्रि का स्वप्न है? तब यह विविध सुखद मंगलमय भव-संसार एक स्मृति मात्र है? यह सब काल रात्रि क्यों है? शाश्वत ज्योतिर्मय प्रभात, दिवस-वर्ष-क्यों नहीं? यह काल थमता क्यों नहीं? यह स्वप्न स्थिर क्यों नहीं? यह स्मृति

सुधिहीन क्यों कर देती है? तब क्या जीवात्मा इस अनन्त अविराम काल रात्रि में सोता ही रहता है- नहीं, नहीं। भारती! जीवात्मा की यह अनवरत चिरन्तन चेतना समस्त जगत के यथार्थ के संवेदन से पूर्ण है। जीवात्मा की अथाह अपार दृष्टि में यह अनन्त, चिरन्तन काल ही तो भरा है। भारती, प्रिये! पुराणों ने चकित और संभ्रमित जीवात्माओं को क्या विश्वस्त करने का धीमान प्रयास नहीं किया है? शैल पुत्री रूप जगदम्बा जन्मी; किन्तु क्या परमेश्वरी का वह रूप अजर-अमर रहा? क्या हिमालय के अञ्चलों में गाता हुआ वह पारदर्शी सौन्दर्य काल के अन्धकार में तिरोहित नहीं हुआ? ब्रह्मचारिणी? क्या, उभय भारती!"

भारती ने स्थिर, अपलक शून्य किन्तु गहन आकुलता से भरे हुए मण्डन के नयनों के अतल को निहारने की व्यर्थ चेष्टा सी की; कहा- "ब्रह्म में चर्यण करने वाली ब्रह्मचारिणी और क्या?"

मण्डन मिश्र ने ऊर्ध्व सांस लेते हुए पूछा- "तब जीवात्मायें ब्रह्म में चर्यण नहीं करतीं? काल रात्रि में भ्रमण करती रहती हैं- किसी मूढ़ अपरिहार्य तम में जागती और शयन करती रहती है? यह जन्म-मरण है- यही भव-संसार है क्या? नहीं, प्रिये! जीवात्मा किसी ऐन्द्रजाल में लीढ़ हो गया है- ज्ञाता, कर्त्ता और भोक्ता जीवात्मा किस ऐन्द्र जाल में जा पड़ा है, तब?"

भारती मन ही मन हिली; बोली- "ऐन्द्रजाल?, कौन सा ऐन्द्र जाल, मण्डन मिश्र!"

मण्डन मिश्र ने सतार आकाश को आंखों में भरा; सुप्त मूक दिशाओं को पलकों पर ठहराया; धरती को सांसों में भरते हुए कहा- "यह विचित्र विलक्षण दिव्य विज्ञान घन कर्म-जीवन तब क्या क्षण भर का ऐन्द्र जाल नहीं है? यह यथार्थ टिकता क्यों नहीं? देह बढ़ता है; तनिक स्थिर होता है और खजने लगता है- शिशु, बालक, पौगण्ड, युवा, वयस्क, प्रौढ तथा वृद्ध! शरीरी जन्मता है जैसे खजने के लिये। देही जन्मता है, जैसे मर जाने के लिये। कल्प-कल्पों से यह सृष्टि अनन्त कोटि जीवात्माओं और उनके भव-संसारों को उत्पन्न करती है- ब्रह्मा सृष्टि रचते ही रहते हैं; विष्णु पालन करते ही रहते हैं; शिव संहार किया ही करते हैं- किन्तु काल का यह अविराम तमिस्र प्रवाह रुकता ही नहीं। सृष्टि जन्मों और मृत्यों से पूर्ण है- क्या यही जीवन का महोत्सव है? नहीं, भारती! मृत्यु लोक न सही, स्वर्ग को तो शाश्वत अन्तिम, आत्यंतिक कालाऽतीत होना ही चाहिये।"

"स्वर्ग नहीं, विष्णु लोक नहीं, शिव लोक नहीं, सर्व लोक ही शाश्वत है; अजर हैं- अमर हैं!" भारती ने कहा- "मण्डन! सगुण ही यथार्थ है तो वह एक सीमा के पार कालाऽतीत भी है।"

"सगुण? क्या?" मण्डन मिश्र ने आह भर कर कहा- "निर्गुण का सगुण अथवा सगुण का निर्गुण? कर्म, अनादि अपूर्व, भारती! सभी लोक-लोकान्तर, सभी भव, सभी जन्म-मरण, समूची सृष्टि मंगलमय कर्म ही है- अवश्य!"

भारती ने तनिक शान्त होते हुए कहा- "हां, मण्डन! प्रिय मेरे!"

मण्डन मिश्र ने कहा- "सगुण-निर्गुण का यह चिन्तन भ्रमित बुद्धि का व्यर्थ ऊहापोह ही लगता है- जगत, जीवात्मा, भारती। और क्या? अवश्य, ऐसा लगता है सभी कुछ कालाऽधीन है; कालाऽतीत है। स्वर्ग लोक के भी परे-सभी लोकों के पार यह तुम्हारा सर्व लोक क्या है? वह शाक्तों का मणि द्वीप तो नहीं?"

भारती ने शान्त गंभीर स्वर में कहा- "वही, अमृत-समुद्र से घिरा, पारिजात और कल्प-वृक्षों से घिरा, वही ऐं ह्रीं क्लीं बीज रूप मंत्र रूपिणी आद्या का चिन्तामणि-मण्डप से शोभायमान द्वीप! मण्डन, तुम और मैं वहीं भुवनेश्वरी के इस सगुण दिव्य अमर धाम में जायेंगे- मृत्यु लोक का यह देह त्याग कर। अवश्य, प्रिय मेरे! उस त्रिभुवन मन मोहिनी जगदीश्वरी जगन्मोहिनी के श्री चरणों में बने रहेंगे बसे रहेंगे।"

"भारती!" मण्डन चिहुंके।

"हां, मेरे चिर पुरुष! हां। शिवाऽरूढ़ वह रसेश्वरी आदि कामिनी, सद्य शाश्वत कामायिनी वह शिवा तुमको शव नहीं बनने देगी। मुझे वह शक्ति देगी कि मैं तुमको अपना ब्रह्मा बना दूं और मैं तुम्हारी सरस्वती बन जाऊं। हां, मण्डन! मैं यही तो चाहती हूं। इस मृत्यु लोक में ही क्या अनादि शाश्वत जीवन पूर्ण रूपेण खिलता है? नहीं तो, इस लोकालय में व्यक्ति है तो साथ ही अव्यक्ति भी है- यहां की यह विभूति क्षणिक, भूति क्षणिक और सुख क्षणिक। इस मृत्यु लोक का संयोग क्या और वियोग!....."

"हां, वियोग?" मण्डन मिश्र ने बीच में ही पूछा।

"मत पूछो, प्राण मेरे!" भारती ने कहा।

"तब किसे क्या पूछूं?" मण्डन ने मन्दिर के गर्भ की बाह्य वेदी को छूकर उठते हुए कहा- "इन मूक मूर्तियों से पूछूं? इस स्तब्ध मौन मन्दिर और उसकी मूढ़ प्राचीरों से पूछूं? किसे पूछूं? यह जगत क्या है? यह जीवन क्या है? यह क्षणिक किन्तु अविराम नित्य निरंतर भव-संसार क्या है? कह तो-किससे पूछूं?"

भारती रणझणा कर खड़ी हो गई; बोली- "अपने अन्तरात्मा से पूछो, मिश्र मण्डन!"

"हुं!" मण्डन ने हुमस कर बसन्त सी, शरद सी, शरद की पूर्णिमा सी नित्य नवेली भारती को आंखों में भर कर प्राणों में डुबो दिया; सस्मित कहा- "तेरी

इन गहन मायावी आंखों से पूछूंगा। तेरे इन तनिक कांपते हुए आरक्त अधरों से क्यों न पूछूं? तुझ से ही पूछूंगा, क्या तू भ्रान्ति है? काल रात्रि का एक निरा स्वप्न है- एक ऐसी स्मृति जो बिला जाती है। मैं तुझे जैसे अनादि से सहज ही जानता हूं- तू मेरा प्रमाण है; शास्त्र है- तू-तू मेरे जीवन की रस निधि है। तुझे लेकर मैं भीतियों से भरे इस द्वैत की चिन्ता नहीं करता-नहीं, भारती! तेरे गण्ड स्थल को स्पर्श कर मैं जैसे सृष्टि के अटल आधार को ही छू लेता हूं- तुझे पार्श्व में भर कर मैं जैसे पृथिवी से ही प्रगाढ़ आलिगंन करता हूं- हां भारती!"

भारती कांपी; सिहरी। मण्डन मिश्र ने सहसा उसे खींच कर अपने पार्श्व में भरते हुए कहा- "आद्ये! तू है तो मेरी इस परम प्रिया में प्रगट हो। यती शंकर को भारती की गहन अथाह दृष्टि में अदृश्य कर दे। भुवनेश्वरी! इस आचार्य को तेरी सृष्टि का ज्ञान करा दे; उसकी स्थिति और संहार का दिव्य विज्ञान समझा दे- तू ही परमात्मा है, परम सुन्दरी! पराम् रसिकाम्! तू इस युवा अनुभवहीन यती को बता दे-यह जगत तेरी कृति है; रचना है और हम सब तेरी चिरन्तन सन्तान हैं। हां, भगवती!"

"मेरे प्राण मण्डन!" भारती ने कहा और मण्डन के शिथिल कंधों पर घने मेघों में उलझे हुए पूर्णेन्दु सा मुख-मण्डल टिका दिया। मण्डन मिश्र ने पार्श्व में सुवर्ण लतिका की भांति लिपटी हुई भारती को मानो कुछ दूर से देखा। एक सिहरन उनके रोम-रोम में सिहरी और जैसे वह भारती के घन कज्जल केश-उभार में जा घुसे। उनको लगा, भारती, यह अत्यंत प्रिय नारी-मूर्ति ही उनकी आंखों में भरी-पूरी थी और अब किसी रहस्यमय गति-विधि से पृथिवी पर उतर कर उनके पार्श्व में यों सट गई है। मण्डन ने भारती के शिथिल भरे कन्धों पर अपना आजाऽनुभुज सटाते हुए- आकाश को झीमते हुए अन्धकार में दृश्य-अदृश्य सी क्षितिज को देखा-तारे, तारे, तारे; मौन, मौन, मौन! केवल हृदय के धड़कते हुए अज्ञात स्वर में मानो बजते हुए स्पन्दन! मण्डन को लगा, भारती की श्रृंगार शोभित देह की सम्पूर्ण छवि उनके सांसों में रम कर उनके नयनों के गहन में लीन हो गई-प्राणों के विकल वेपथु में अटक गई है।

भारती ने अपना कोमल-कान्त-हाथ मण्डन के कटि तट तक बांधने की सहज चेष्टा करते हुए कहा- "यती के भुलावे में मत आओ, प्राण! तुम, यह जगत, मैं ही सत्य है- नित्य चिरन्तन सत्य! हम तुम जगत, जीवन ही शास्त्र हैं; प्रमाण, मण्डन! मेरे पुरुष देव मण्डन! समझे तुम!"

मण्डन मिश्र नयन के गहनातिगहन से उभर कर प्राणों में सरक आये; मन में दौले; बुद्धि की वास्तविक समग्र निश्चयात्मकता में स्थिर होकर चित्त को

ज्ञानेन्द्रियों में पिरो कर्मेन्द्रियों के व्यापार के पालक से जाग्रत हो गये। उनका 'भू' संजीव, संभृत, साभार साग्रह हो गया। भारती का प्रगाढ़ आलिंगन करते हुए मण्डन ने कहा- "तू मेरी शक्ति है; शिवा! मैं शिव हूं- शिवोऽहम्!"

भारती सहज ही कांपी; फुसफुसाई- "तुम शिवोऽहम्-शिव!"

मण्डन मिश्र ने भारती की सुमध्यमा कटि को दोनों हस्त-लाघवों में बांध कर अपने कटि-तट से सटाते हुए कहा- "मैं आत्मा हूं; सगुण। सदैव के लिये नित्य निरन्तर के लिये आत्मा हूं- अपना ही स्वज्ञान स्व प्रकाश अनादि अव्यय अनन्त प्रकाश हूं, समझी। यह जगत है; भव-संसार है; लोक-लोकान्तर है, स्वर्ग है; नर्क है; तेरा सर्व लोक कहां है प्राण! बता तो?"

भारती ने मण्डन को गर्भ मन्दिर की वेदी पर बिठाते हुए कहा- "बैठो। शिथिल, मुक्त, बैठो।"

मण्डन मिश्र ने वैसे ही बैठते हुए कहा- "प्रिये!"

भारती ने अपनी रिमझिमाती हुई पलकों को टिमकारते हुए कहा- "तुम शिव हो? प्रसर कर बैठो।"

"फिर?" मण्डन मिश्र ने नयनों से हंसते हुए पूछा।

"फिर?" भारती उनके वाम में उनकी गोद में चढ़ बैठती हुई बोली- "फिर यह! देखा नहीं, शिवा शिव के वामांक में ही सदा बिराजती है।"

मण्डन मिश्र ने भारती को अपने वामांक में भरते हुए कहा- "हुं! फिर?"

"फिर क्या मण्डन? प्राण प्रिय? उस सर्व लोक वासिनी शिवा का ध्यान कर जाप करो- और क्या?" भारती ने मण्डन के वामांक में लपाते हुए कहा- "मैं तुम्हारी शक्ति; तुम मेरे एक मात्र आदि वीर! भूमध्य दिव्य चक्षु हो; उससे हृदय के अमृत-सागर को देखो। चिन्तामणि मण्डप का ध्यान करो। शिवा के आलिंगन में बंधे शिव के दर्शन करो। और क्या? यह जगत अभिराम अविराम शिवा शिव रति क्रीड़ा है, प्राण घन!"

"रति-क्रीड़ा? प्रणय?" मण्डन मिश्र ने अपनी ठ्यौड़ी भारती के घनी उभरी कज्जल शिथिल कवरी से मढ़े मस्तक पर टिकाई-गाई, कहा- "जीवात्मा गहन रति से पूर्ण सृजन की सुखमयी चेतना नहीं है! है! प्राण प्रिय! नारी यह रति ही तो है-काम! किन्तु तुम्हारी वह ब्रह्म चारिणी? क्या जीवन रति ऊर्ध्व होकर ब्रह्मचर्य-मनसा में परिवर्तित हो जाती है? मैं जगत को भूल सकता हूं- तुम मेरी रसेश्वरी को नहीं! नहीं!! उस यती शंकर को पुण्यभृत गृहस्थ और पवित्र रति का क्या पता? इसीलिये मैं सन्यासी को जीवन-विपरीत ही कहता हूं। यह जगन्मिथ्या कहने वाले डण्डी, यह मुण्डी रुग्ण है; भव-रोग से पीड़ित है, प्राण

मेरी! तुमने मुझे आज जैसे बचा लिया। उस यती आचार्य की स्मित जैसे मुझको सिहरा देती है। अपलक अगाध वह देखता है- रोम-रोम को, रग-रग को पैर देता है। ऐसा लगता है भारती! वह मन को मूर्च्छित, बुद्धि को कुण्ठित, चित्त को शान्त और अहम् को निरस्त्र कर देता है- वह प्राणों को आकुल-व्याकुल कर जैसे एक अतल अन्धकार में खींच ले जाता है- निविड़ में, भारती!"

और मण्डन मिश्र सहसा स्थिर हो गये-अपलक जैसे चित्त के विराट् में डुल गये- अपने ही अज्ञात अथाह में सहसा डूब गये। "भारती! भारती!!" जैसे उनके प्राणों ने पुकारा- "भारती! डूब रहा हूं, भारती!"

भारती ने चौंक कर पूछा- "डूब रहे हो?"

"अनन्त अथाह अन्धकार में डूब रहा हूं। हां!" मण्डन मिश्र ने निसास रखते हुए कहा- "तुम, तुम कहां हो? यह सघन तम छाया हुआ है- भारती! अपनी मनोरम दृष्टि के तीर से मुझे भेद दो। मैं, मैं.... भारती! सुनती हो?"

"मण्डन?" भारती पार्श्व से अलग होते हुए कांप कर बोली- "मण्डन मिश्र?"

मण्डन मिश्र जैसे देखते हुए भी नहीं देखते थे; स्वयं से ही जैसे फुसफुसाये- "तम ही तम है- घोर तमिस्र समुद्र छाया हुआ है। पृथिवी नहीं है; जल नहीं- अग्नि नहीं-वायु नहीं-निःशब्द यह तम है। और मैं हूं- मैं! असीम किन्तु सीमित, अणु किंतु विराट्, विराटातिविराट् मैं हूं। इस घनश्याम नीलिमा में मैं जैसे आशा हूं- अभिलाषा हूं-जीवन का जुगनू, भारती!"

भारती ने मण्डन को झकझोरते हुए कहा- "सुनते नहीं? मण्डन प्राण!"

"प्राण?" मण्डन चिहुंके- "प्राण, मन, चित्त, बुद्धि-मैं? कहां हैं? इस अथाह अनादि तम में?" भारती ने चिल्लाकर पुकारा- "सुनते हो! सुनते हो?"

मण्डन मिश्र ने विस्फारित नेत्रों से आस-पास को देखते हुए स्वयं से ही जैसे कहा- "यह घनीभूत मौन मूक तम है और मैं हूं- मैं! इस तम को देख रहा हूं- दिग्मूढ़ देख रहा हूं। इस अपार मौन तम में जैसे मैं हूं; यह जगत है- तुम हो, भारती!"

भारती ने मूर्च्छित से मण्डन मिश्र को अपने बाहुओं में भरकर थाम लिया। मण्डन जैसे अपनी मूर्च्छा में ही स्वयं को उस अपरम्पार तम में बहते हुए प्रतीत करने लगे। दिशाहीन और तटहीन वह मूक मौन तम-सागर ऊर्मिहीन व्यापकता मात्र था- अथाह व्यापकता। मण्डन को लगा, उनका देह उनसे विलग-दूर उस तम-निधि में एक विचित्र खिलौने की भांति तैर रहा है। उनको लगा, देह सप्राण है; सजीव है- स्वयं ही तैर रहा है। अन्धकार के अदृश्य आकार हीन तोम में वह स्वयं ही उभर रहा है; उमड़ रहा है; उद्भासित हो रहा है। श्वेत, लाल और

श्याम किरणों का बुना हुआ वह पंचभूतों का विलक्षण दिव्य बेटा था। प्राणों से भरा-पुरा, उभरा और उमड़ा, स्वांसों से उद्वेलित, मन की भ्रमणाओं से खूंदा हुआ उनका देह परमाणु का स्वयं ही बंधा हुआ क्षेत्र था। बुद्धि के पारदर्शी स्फुलिंगों से झबकता हुआ और चित्त के दर्पण में प्रतिबिम्बित यह देह तन्मात्राओं का अकथनीय विज्ञान-घन आकार-प्रकार था। ज्ञानेन्द्रियां-कर्मेन्द्रियां-भू, भुवः और स्वः। मण्डन! क्या तुम यह देह हो? किसी ने उस घनी भूत तम-तोम के पार से पूछा। कौन? मण्डन ने जैसे पुकारा- "कौन हो? इस अन्धकार में परमाणुओं का मूक मौन उद्वेग मात्र है; तब तुम कौन हो?" "मैं तू हूं- यह अन्धकार और उसके परे का मैं हूं।" मण्डन के वाक् ने चिहुंक कर पुनः पूछा- "तुम मैं? यह जगत तुम मैं! क्या कहते हो? मुझे मूर्ख समझा है क्या? मैं मैं हूं- तुम नहीं; यह तम नहीं- मैं मैं हूं। भारती! मुझे इस प्रेत से, अन्धकार के भूत से बचा। उबार भारती!"

भारती ने मण्डन मिश्र के मुंह में औषधि मानो उड़ेल दी। कहा- "फिर वही मूर्च्छा! शास्त्रार्थ की इस व्यर्थ ऊहापोह में तब पड़े ही क्यों?"

मण्डन शान्त पड़े रहे; कुछ स्वस्थ होकर बोले- "यह अन्धकार असह्य है, भारती!"

"अन्धकार?" भारती ने जागते हुए मण्डन को घूर कर पूछा- "विप्रलम्भ हो गया है क्या? कहां है अन्धकार? यह आकाश ज्योति के तारों से जगमगा रहा है। पृथिवी अपनी ही निद्रा में लीन है; परन्तु क्या यह रत्न गर्भा धरती अन्धकार पूर्ण है? यह उद्भिज वृक्ष घटायें झीमती हुई सो रही हैं- परन्तु क्या निष्प्राण हैं? अन्धकारमयी हैं? जीवन के चैतन्य से भरे यह कीट, पतंग, पक्षी, पशु-मानव, मैं तुम क्या अन्धकार मय हैं?"

मण्डन ने सम्पूर्णतः जागते हुए कहा- "मैं अन्धकार नहीं हूं- मैं अपना ही प्रकाश हूं।"

भारती ने चुपचाप निसास रखा; मण्डन मिश्र ने भारती के दोनों कन्धों पर अपने आजाऽनुबाहु रक्खे और स्फूर्ति का अमोघ सा सांस भरते हुए कहा- "यह सब जैसे मेरे ही प्रकाश में तैर रहा है; नाच रहा है- रम रहा है। मेरी चेतना में बंधा लीढ़ यह जगत प्रतिनिमिष उद्धासित हो रहा है, भारती! यह देह, तेरी-मेरी यह सुन्दर सुघड़ काया उस शान्त रुद्र तम में स्वयं ही संयोजित-संचालित और व्यवहृत है। यह जगत स्वयं उद्धासित है; स्वयं स्थित किन्तु जैसे जड़ है; अन्धकारमय है; और-और मैं प्रकाश हूं।"

"मैं क्या हूं तब?" भारती ने जैसे अटल निश्चय कर पूछा।

"तू-तू, भारती! देह है; अनिर्वचनीय सौन्दर्यश्री है; लावण्य मूर्ति, नित्य अभिराम तू प्रति निमिष विकल करने वाला, सरस सुन्दर सुघड़ रूप है।" मण्डन मिश्र ने सिर धुना कर कहा- "तू मेरा जगत और जीवन है; और क्या है तू?"

भारती ने कहा- "चलो, प्रासाद में चलें। यह शान्त एकान्त मन्दिर तुमको जैसे बौरा देता है। चलो-"

"कहां?" मण्डन ने पूछा- "कहां? तुमने नहीं देखा, प्रिये। एक व्याप्त शून्य छाया हुआ है; सघन घन तम से भरा और रूपों की विभूति से भरा हुआ है, ऐसा लग रहा है, ब्रह्माण्डों से भरपूर यह शून्य विचित्र तम से घहरा हुआ है- रूपों की अकथनीय झबकें, अन्धकार की मौन मूक उमड़ें, स्वाद और स्पर्शों के सम्बोध, प्राणों के गहन उभार-सब कुछ, हां, सब कुछ, भारती! इस तमोमय शून्य से ही उद्धासित हो रहा है और मेरे देखते-देखते, स्पर्श करते-करते तिरोहित हो जाता है; तुमने देखा नहीं, प्रिये! यह पदार्थ उसके गुण-द्रव्य धर्म-सृष्टि प्रपंच की समस्त गति-विधि इसी शून्य, तम तोम की विलक्षण लहरियां हैं और मैं यह सब देख रहा हूं- अनुभव कर रहा हूं। निस्संदेह मैं इस गहनातिगहन अथाह अनन्त तम में होते हुए भी उसके उपरान्त हूं। उपरत हूं- मैं देह नहीं हूं भारती!"

"तब?" भारती ने आह भर कर पूछा।

"तब?" मण्डन मिश्र ने सघन माझम रात्रि से ही पूछा; कहा- "मैं काल का विषाद पूर्ण अनन्त अथाह प्रवाह हूं। मैं अपनी ही अभिलाषा की विकल चेतना हूं; अपने ही स्वप्नों का द्रष्टा, अपनी ही स्मृतियों का धाता, मैं काल की अनासक्त चेतना हूं। हां, समय रूप में-देश में, मैं व्यक्त होता और सुख की अहर्निशि कातरता में जीता रहता हूं। मैं जैसे कभी तृप्त नहीं होने वाली जीवन रति हूं- अपने ही अथाह प्रकाश की आच्छादित रुद्र कृति हूं- भारती! मैं अपने ही अनन्त विराट् का अल्प-अणु स्वप्न हूं। हां-अवश्य!"

भारती ने मण्डन का हाथ पकड़ा; कहा- "चलो, तुमको अपने प्रगाढ़ आलिंगन में बांध कर सुला दूं। दिन भर शास्त्रार्थ और रात्रि को यह ऊहापोह! यह मनो मन्थन यह प्रकम्पित चिन्तन! चिन्तन त्याग दो; ऊहापोह छोड़ दो, प्रिय मेरे!"

"अवश्य!" मण्डन ने निद्रा में चलते हुए जैसे कहा- "भावना मुझे शून्य में डुबो देती है; विचार बांध देता है। मन्थन विकल करता है, आसक्तियां मुझे खजाती हैं। मैं जरा-जीर्ण होता जाता हूं- जीर्ण; जरा? वही, वही मृत्यु! भारती! चल मुझे सुला दे। मैं जैसे चिर निद्रा में सो जाना चाहता हूं। जिस निद्रा में स्वप्न मिट जायं; स्मृतियां अदृश्य हो जायें, जहां सभी ताप घुट-घुट कर रीत जायें- जहां भव के भेद मिट जायें और एक मुग्ध मौन रम रहा हो, वहां, उस

गहन शान्तिदायक निद्रा में सो जाना चाहता हूं। प्राण मेरी! मुझे यह जाग्रति विषाद से भर देती है; यह मूढ़ सुषुप्ति मुझे हहरा देती है- मुझे निद्रा चाहिये। निद्रा, भारती!"

भारती ने यों ही कहा- "मुझे चिर निद्रा चाहिये तब!"

एक आघात खाकर मण्डन मिश्र जैसे आंखों में जाग गये। भारती के बाहुओं से छूटने की चेष्टा करते हुए कहा- "तू चिर निद्रा! क्यों? छोड़ मुझे अपने बाहुओं में बांध कर मुझको कहां ले जा रही है रे! निद्रा। निद्रा कुम्भकर्ण को चाहिये; मुझे नहीं; तुझे नहीं; चिर नींद सोयेगी तू तो फिर मैं जगत में जाग कर क्या करूंगा! सुना, मैं तेरे लिये ही जगत में जागता हूं; जगा रहना चाहता हूं- तेरे बिना यह जगत, यह जीवन, यह विद्या, यह विभूति-भूति सब व्यर्थ है, प्राण मेरी!"

भारती ने निज भवन के कक्ष में प्रवेश करते हुए कहा- "मैं क्या हूं मुझे नहीं ज्ञात। तुम मुझे अपनी प्राण कहते हो; परन्तु क्या मैं तनिक भी तुम्हारे लिये कुछ हूं?"

"सर्वस्व!" मण्डन मिश्र ने विशाल आसन पर बैठते हुए कहा- "तुमको रह रह क्यों सन्देह होता है कि तुम मेरे लिये कुछ भी नहीं हो? सच कहता हूं भारती! तुम न हो तो मैं यह देह त्याग दूं। तुम्हारे बिना मुझे जगत समझ में आता ही नहीं, जीवन प्रिय लगता ही नहीं। तुम हो तो जी रहा हूं; जीना चाहता हूं...."

"सन्यास?" भारती ने हठात् पूछा।

मण्डन मिश्र ने उन बड़री तीक्ष्ण आंखों को देखा। उन उनियारे दीर्घ नयनों में मण्डन ने देखा, वह स्वयं तैर रहे हैं। उन अगाध आशा से पूर्ण नयनों में भारती का आपा नहीं था; वह स्वयं थे। मण्डन को लगा, यह इन्दीवर-नयन समस्त जगत की आकृतियों से पूर्ण, यावत् जीवन के उल्लास से चकित, चमत्कृत हैं। उन अतल नयनों में वह थे; जगत था; उनका संसार था- सब कुछ था; किन्तु सब कुछ के परे और पार-पलकों के पार-जैसे एक झीमती हुई ज्योति-क्षितिज थी। उस निर्विकार ज्योतिर्मय क्षितिज से जैसे वह और उनका सर्वस्व लूम रहा था- झूम रहा था। राग की उमड़ों से भरपूर उन नयनों में एक असंग अनासक्त अलगाव था, जो सभी अन्धकारों की परिधि रूप उन नयनों से उफन कर बह रहा था। उन मुक्ताःश्रुओं में जगत के संयोग-वियोग नहीं, राग और द्वेष नहीं- एक अनासक्त उपरत रति ही जैसे बूंद-बूंद टपक रही थी। मण्डन ने झुंझला कर कहा- "कौन सन्यास ले रहा है? रोती क्यों हो, भारती! तुम्हारे यह आंसू मुझको उस यती से हरा देंगे। तुम्हारी मुस्कुराहट से ही मैं जीतूंगा, सुना।"

भारती ने कहा- "तुमको सुनते हुए जन्म बीत गये हैं; कल्प बिला गये हैं। तुम प्रत्येक भव में मुझे कहते आ रहे हो; मैं प्रत्येक योनि में तुमको सुनती आ रही हूं- इस भव में तुमको 'सन्यास' कहते हुए सुना है- मैं अपने अतल से कांप उठी हूं, मण्डन!"

मण्डन मिश्र ने सहसा पूर्ण जागते हुए ठहाका मार कर कहा "पगली, मैं हारूं तब तो सन्यास लूंगा। जगत की विज्ञान घन दिव्य परात्पर कर्म गति का उत्तर उस यती शंकर के पास नहीं है। भव-योनियों के संचितों और प्रारब्धों की व्याख्या, विश्लेषण तथा जन्म पुनर्जन्म की अचूक प्रक्रिया यह यती जानता है क्या? मीमांसा के अनेक जीवात्माओं के जीवन वैभवों से यह यती, युवा सन्यासी, चमत्कृत हुआ ही नहीं है, भारती! मैं उसको उसके शून्य से घसीट कर जगत के तटों पर ला रहा हूं। मीमांसा के कर्म घाटों पर विद्या स्नान करता हुआ यह यति सांख्य की मूल प्रकृति की गहन कुक्षी में डूब जायगा। अपूर्व कर्म के अनादि चक्र से टल कर यह यती जायगा कहां? यह आकाश सृजन के अनन्त कोटि संभारों से पूर्ण है। सर्वत्र सदैव इस अनन्त आकाश में ब्रह्माण्डों का आविर्भाव हो रहा है; आश्चर्यकारक अमोघ भव इस आकाश में चमक-दमक रहे हैं- इस नेपथ्यहीन, यवनिका रहित विराटातिविराट् रंग-भूमि का अन्त यती जानता है? नहीं, भारती! जीवात्मा कर्म की इच्छा से हीन, रहित, रिक्त एवं व्यक्त होकर ही जीवन के शेषातिशेष धर्म-अधर्मों से छूट सकता है- परन्तु मुक्त होकर क्या वह अपने जगत तथा जीवन के स्वाभाविक ज्ञान से रहित हो जाता है? नहीं, भारती! मुक्त होकर जीवात्मा अपने विराट् जगत में जाग जाता है- भवेच्छा से हीन वह एक कालाऽतीत द्रष्टा होकर ब्रह्माण्डों की इस क्रीड़ा को देखता और मुस्कराता रहता है- भव बन्धन है; जीवन मुक्त शुद्ध-बुद्ध ज्ञान-दृष्टि है, सुनती हो?"

भारती ने सरस्वती की विशाल मूर्ति, जो शयन-खण्ड के मन्दिर में द्वार से दृष्टिगत होती थी, उस ओर देखते हुए कहा- "क्या पता यह जीवन क्या है? जीवात्मा क्या है? मैं क्या हूं- तुम क्या हो?"

मण्डन मिश्र वेदी से उठ खड़े होते हुए बोले- "मुझे ज्ञात है तुम क्या हो? तुम सरस्वती की मानवी-वीणा हो, मेरी प्रिया, भार्या, कान्ता! किन्तु दार्शनिक शास्त्रों में प्रकम्पित वाक्य नहीं चलता!"

"कान्ता द्रष्टा जो है?" भारती ने सस्मित पूछा।

"तुम मुझे कोरा भोला-भाला पण्डित समझती हो?" मण्डन मिश्र ने हंसते हुए कहा- "शास्त्रार्थों का मर्म मुझे ज्ञात है। तुमको द्रष्टा-अध्यक्ष मनोनीत करने

का प्रस्ताव तो मेरा था। हठात् वह प्रस्ताव मैंने किया, क्यों? इसलिये कि तुम मेरी प्रिय हो; भार्या हो। तुम क्या मुझे हारने दोगी? तुम इस जगत के जीवन की सरस नित्य-नवीन वास्तविकता हो। शास्त्र के प्रमाण जहां मौन हो जाते हैं वहां स्त्री की दृष्टि शास्त्र की आंखे हो जाती हैं; स्त्री की मति ही सृष्टि-प्रपंच की बुद्धि है; धी, भारती! फिर यह युवा वेदान्ती जगत को जानता होगा; स्त्री को क्या वह जानता है? नहीं।"

उभय भारती ने तनिक चमत्कृत सी होते हुए कहा- "मैं तुम्हारे इस गर्भित दाक्षिण्य को जैसे कल गई थी। तभी तो मैंने पुष्प् मालायें योजित कीं।"

मण्डन मिश्र ने पुनः ठहाका मार कर कहा- "पुष्प् एक दिवस एक पल मुझायेंगे ही, प्रिये! उस यती के कम्बु कण्ठ में पड़ी तुम्हारी माला का प्रत्येक पुष्प् और मेरे कण्ठ में पड़ी तुम्हारी यह पुष्प माला-उसका मनोरम पुष्प मुझायगा ही। यह जगत और उसके पदार्थ दिव्य अमोघ विज्ञान की कृति है। जीतने वाले की पुष्प माला मुझायगी नहीं, यह तुम किस प्रकार मानती हो?"

भारती ने सहज ही कहा- "आचार्य शंकर और तुम्हारा यह शास्त्रार्थ एक मुण्डी सन्यासी और मनीषी धुरन्धर पण्डित के मध्य का शास्त्रार्थ मुझे नहीं लगता, प्रिय!"

मण्डन लपक कर भारती के कन्धों के पास आ गये; विहंसते हुए बोले- "अच्छा, तब क्या लगता है, प्रिये?"

उभय भारती ने निसास रख कर कहा- "तुम यती शंकर की शान्त प्रसन्न अनासक्त आंखों के निर्मल अगाध में जैसे तैर रहे हो। तुम्हारी छबि में उन मृह्यमान परम शान्त नयनों में किसी चिर परिचित किन्तु अनजान से तट की ओर बहती हुई देखती हूं। तुम दोनों का मुझसे भी अधिक गहन-गंभीर कोई जन्म-जन्मों का सम्बन्ध मुझे प्रतीत होता है। आचार्य तुमसे शास्त्रार्थ कर ही कहां रहे हैं? तुमको रिझा रहे हैं। सच्चिदाऽनंद ब्रह्म की ज्योतिर्मय धारणा शास्त्रीय पण्डितों को रिझाने के लिये ही है, अवश्य!"

"किन्तु हारने वाले की माला मुझायगी, यह तुम कैसे कह सकती हो?" मण्डन मिश्र ने पूछा- "कैसे, भारती?"

भारती ने आह भर कर कहा- "इसलिये कि मैं तुम्हारी अनन्य प्रिया हूं; शुद्ध-बुद्ध कान्ता हूं- तुम्हारी यथार्थ भार्या हूं। कभी-कभी जैसे कोई मुझको प्रेरित करता है कि मैं कुछ विचित्र अनहोना भी कह दूं। तुम वेदान्ती को शास्त्र वाक्यों से हरा नहीं सकते; क्योंकि आत्मा के लिये वह जगत और भव को प्रमाण स्वीकार करते ही नहीं। यह सन्यासी वेदान्ती केवल सत्य के चिर चैतन्य स्पर्श

से ही अभिभूत होते हैं। यदि आचार्य शंकर का यह कथन 'सर्वम् खलु इदम् ब्रह्म' सत्य है तो मेरा यह कथन भी सत्य होगा- मैं भी तो उसी ब्रह्म का चैतन्य हूं-हूं न?"

मण्डन मिश्र ने भारती को हाथ से पकड़ कर खींच कर विशाल पीठिका पर उझकते हुए कहा- "तुम ब्रह्म का वह निराकार चैतन्य नहीं हो। तुम इस सृष्टि की नित्य रति हो; परम रसिका! तुम भव-संसार की श्री हो! तुम जीवात्मा के अन्तःकरण की अविराम शाश्वत जीजिविषा हो- तुम!" मण्डन मिश्र सहसा पीठिका पर प्रसर कर पड़ी हुई भारती को जैसे हठात् ठक होकर देखने लगे। विचारों का प्रवाह थम गया; भावनाओं का आवेग थम गया; जैसे लहरों का उत्तुंग किसी के त्राटक से आकाश में उछल कर स्थिर हो गया हो। मण्डन मिश्र को लगा, जैसे जगत का एक चित्र यों उपस कर, उभर कर उनके नयनों के गहन में स्थिर हो गया- तो यह है जगत! भारती के देह की सीमा तक विस्तृत एवं भारती की उन्मद उन्मीलित आंखों से विकीर्ण गगन-निस्तब्ध कक्ष और स्वयं की छबिमान छाया-घन मौन, यही है जगत तब?" भारती ने अपनी तीक्ष्ण बड़री आंखों से स्तब्ध से मण्डन मिश्र को तनिक भरीये हुए स्वर में पूछा- "यों क्या देख रहे हो?" मण्डन मिश्र ने उसांस लिया; निस्वास रख कर मानो जागते हुए कहा- "रूपयसि, तुझे देख रहा हूं- अब ज्ञात हुआ तू ही जगत है; सृष्टि! तू ही स्थिति है...."

"और संहार?" भारती ने अपने वक्षस्थल को उभारते हुए पूछा- "तुम, तुम मण्डन!"

मण्डन मिश्र ने पूछा- "मैं? क्या मैं" "मैं, मैं हूं- इस छबिमान जगत के काल-प्रवाह में स्थित हूं; स्थित खड़ा हूं। मुझे कौन डिगा सकता है? वह यती? आचार्य शंकर क्या? नहीं-नहीं, प्रिये! एक अनुपम चित्र की भांति तुझे देख कर मुझको पक्का विश्वास हो गया कि जगत है; तू है- मैं हूं। यही ब्रह्म है, यदि ब्रह्म ही है तो! प्रति पल उद्वलित यह सौन्दर्य-राशि सत्य नहीं है, तो क्या वह निरा शून्य, मौन, एकान्त, वह असीम अथाह जीजिविषा हीन विषाद सत्य है? वह एकमेक अभेद, वह निर्गुण-निराकार, जीवन हीन, स्पन्दन रहित व्याप्ति से तो ब्रह्म स्वयं घबरा गया। तभी तो उसने एक से अनेक होने की इच्छा की।"

भारती ने कक्ष की कोण-दिशाओं को निहारते हुए कहा- 'इच्छा? जीवन की, एक से अनेक होने की? तब अनेक से पुनः एक होने की भी तो इच्छा है।'

"है तो।" मण्डन मिश्र ने भारती के पार्श्व में सहसा बैठते हुए कहा- "तुझे प्रगाढ़ आलिंगन में बांध कर एक हो जाने की। मिलन, वियोग-पुनः मिलन, प्राण

मेरी! जीवन के इस संयोग-वियोग में क्या बुराई है? क्या कमी है? सुख-दुःख से संसार को क्यों आंका जाय? जन्म, जीवन-क्या जगत के लिये यही यथेष्ट नहीं है? यती शंकर सतत् अविश्रान्त जीवन का सुख यदि अनुभव करते तो मोक्ष की बात नहीं करते, प्रिये!..."

मण्डन मिश्र ने भारती के गदकारे कटि-प्रदेश पर साभार टिकते हुए भारती के आरक्त अधरों को निहारा; मन ही मन कहा- "यह अधर? अधर। यह हाथ? यह-यह। मण्डन, यह तो मांस है; देह, मण्डन!" मण्डन भारती की कटि पर झूम कर स्थिर हो गये। देह! तब भारती, मेरी प्राण प्रिया देह है? देह! मण्डन मिश्र जैसे सौन्दर्य श्री अभिराम रामा भारती की सुघड़ सचिक्कन देह को देखते ज्यों के त्यों बैठे रहे। तब-तब? जैसे सभी विचार घुट-घुट कर एक चेतना में लीन होने लगे। यह देह ही तब मुझे कर्षित करता रहा है? यह सौन्दर्य, अनुपम सौन्दर्य श्री तब क्या इस सोन जुही के रंग से दीप्त देह की ही है? मण्डन ने भारती की स्थिर उसांसों से कांपती हुई पलकों को-उनकी उन्मीलित सी रेखा को देखा-देखा किया। तब यह सब पंचभूत का ही रहस्यमय किन्तु स्पष्ट अचूक अनुभूयमान प्रपंच है? अवश्य, अवश्य, मण्डन! भारती यह सुघड़ देह ही नहीं हो सकती। भारती इस देह के उपरान्त भी है-है, मण्डन! भारती तब ज्ञानेन्द्रियों और कर्मेन्द्रियों का सक्रिय सजीव मंत्र-यंत्र ही नहीं, भारती प्राण है; मन है; बुद्धि है; चित्त और-और भारती 'मैं' भी है। अहम्-भारती! मेरी प्रिया! मैं, मण्डन; मैं भारती-हम भारती मण्डन! मण्डन मिश्र को लगा, जैसे चिर परिचित विश्वास एक उदासीन हुलास के साथ उनके मन में जाग्रत हुआ। भारती ने उन्मीलित वेपथु आंखें खोलीं और मरोड़ खा कर कहा- "तब मैं देह के परे भी कुछ हूं- यही न?"

"तुम देह के परे 'मैं' हो; मेरी ही भांति, अवश्य!" मण्डन मिश्र ने कहा- "मुझे-तुम नहीं अर्थात् तुम्हारा देह-प्राण-मन आदि नहीं, तुम्हारा मैं बांधे हुए है। तुम मेरे मैं से बंधी हो; मैं तुम्हारे मैं से। अहम् का ही राग द्वेष है-देह का नहीं। ऐसा लगता है, भारती! कोई अचूक अटल अडिग गहन अतल शाश्वत इच्छा है जीवन की। वही दिव्य अद्वितीय अनन्य इच्छा भव-योनियों के विविध जीवन में, भवों में स्वयं ही आविर्भूत होती रहती है, अवश्य!"

भारती झनझना कर उठ बैठी- "भव योनियों के यह भेद? एक ही शाश्वत जीजिविषा है तब यह चौरासी लक्ष योनियां क्यों? मानव-योनि क्यों? लोक-लोकान्तर, स्वर्ग, मृत्यु और पाताल क्यों? मण्डन मिश्र! जगत और जीवन पर विचार करते रहो और अगाध अगम्य में डूबते रहो। भव तो भोगने के लिये है, समझे!"

मण्डन मिश्र ने सिर धुनाया; कहा- "मृत्यु लोक में पूर्ण परम भोग है ही नहीं! यहां प्रत्येक सुख क्षीण हो जाता है; यहां दुःख तृप्त होकर फूट जाता है! हर्ष है तो विषाद में लीन हो जाता है। उचित-अनुचित। इस मृत्यु लोक में पुण्य पाप से रुका हुआ है; पाप पुण्य को खाकर दहाड़ा करता है, प्रिये! इस लोकालय की भव-योनि क्षण-क्षण की, क्षणिक है- कितने मरण हैं, इस मृत्यु लोक में, तू ने कभी सोचा? नहीं सोचा; मैंने भी इस पल के पूर्व नहीं सोचा था। काल के मौन, चमत्कृत प्रवाह में बहता हुआ मैं कर्म के इच्छाऽनुसार वैभव को ही देख रहा था। इच्छाऽनुसार कर्म कदाचित कल्पाऽरंभ में ही है; पश्चात्? कोई गूढ़ नियमन है, भारती! आदि कर्म के पश्चात् प्रत्येक कर्म जैसे अवलम्बित है-आश्रित है- निर्भर है। किस पर? जीवनेच्छा कर्म, कर्म-विपाक-कर्म फल और भव! यही तो शास्त्रों का मर्म है। सभी विद्याओं का श्री वैभव है; परन्तु यह कितना क्षणिक है। तब इस अनुभूयमान सृष्टि के परे भी अनन्त अविराम सृष्टि है? त्रिकाल के पार भी क्या कोई चैतन्य है? तू देह ही हैं क्या? तू अहम् है और यह भव तेरी कामनायें है; परन्तु प्रत्येक भव पूर्ण है क्या? नहीं। मैं जैसे कुछ कम हूं- पूर्ण नहीं।"

"पूर्ण क्या?" भारती ने नितम्ब के बल आड़े होते हुए पूछा।

"पूर्ण क्या?" मण्डन ने औचक ही पूछा- "पूर्ण-पूर्ण और क्या? जहां अभाव मात्र न हो, खजना न हो; रुकना नहीं हो-कम होना और कम होने के लिये बढ़ना नहीं हो। वही पूर्ण और क्या? जहां पूर्ण जीवन हो और मृत्यु न ही-मिलन हो मिलन हो। मैं तुमको पा जाऊँ, तुम मुझको। मैं तुम मिट कर 'हम'- यही पूर्ण।"

भारती ने उदासीन स्वर से पूछा- "मुझे तब पा जाओ न।"

मण्डन आघात खाकर बोले- "पा तो चुका हूं तुमको। तुम मैं हो; मैं तुम हूं!"

भारती सहसा ठहका मार कर हंसने लगी; हंसते-हंसते उसकी बड़री सरोज आंखें डबडबा गईं; सिर धुनाते हुए बोली- "तुम मुझे पा चुके। मैं तुमको पा चुकी। मण्डन! क्या यह एक एकान्त असत्य नहीं है, जो तुमने कहा है- तुमने मुझे पा लिया है?"

"अवश्य। क्यों नहीं?" मण्डन मिश्र ने कहा- "तेरे बिना मैं जी नहीं सकता। चाहता हूं तू इन उदास नयनों के समक्ष प्रति पल बनी रहे। तेरी यह इन्द्र धनुष सी रूप राशि देखता रहूं; तेरी इस अभिराम आभा को पीता रहूं। तुझे बाहुओं में बांधे रहूं- तू जैसे मेरे नयनों में भरकर हृदय के अनन्त में खो जाती है। तू मेरे बाहुओं से बिछल कर क्षितिजों के पार अदृश्य हो जाती है। तू वियोग के समुद्र में मिलन की एक उद्दाम आशा है; तू प्रति स्वांस का विश्वास; तू प्रति पल की

अनन्य अविश्रान्त अभिलाषा! भय बना रहता है, प्रिये! तू कहीं चली जायगी। खो जायगी। तू बदल जायगी। तेरी यह मनोहारिणी छबि मन्द हो जायगी। हां, प्राण मेरी। तू मर जायगी; और मैं भी मर जाऊँगा। पुनः उस अगम्य विस्मृति में हम लीन हो जायेंगे- हां भारती! तेरा यह वियोग मुझसे अब सहा नहीं जाता। प्रिये! मैं कितना अकेला हूं? यह कितना घना एकान्त है?"

भारती ने उदासीन हंसी हंसते हुए कहा- "एकान्त? कहां है? आकाश तारों से भरा है; पृथिवी गर्भ-संभारों से पूर्ण है। दिशायें अपने ही कोलाहलों से मूक हो गई हैं- मैं हूं; तुम हो। लक्ष लक्ष प्राणी हैं; भव है- भव के सुख हैं; दुख हैं-एकान्त कहां है? एक हो तो एकान्त हो। यह जगत तो अनेक की रंग भूमि है-अनेक, प्रिय मेरे! यह तुम्हारे चकित चित्त की उदासी भर है, मण्डन!"

"मेरा चित्त चकित? यह कैसे?" मण्डन मिश्र ने साश्चर्य पूछा।

भारती ने विषाद पूर्ण हास्य के साथ कहा- "मैं हूं- तुम्हारी फिर भी तुमको एकान्त लग रहा है। यह चित्त की उन्मनी नहीं तो क्या है?"

"तुम हो तो" मण्डन ने चक्कर काट कर कहा- "तुम हो तो; किन्तु तुम सदैव का यह सम चित्र हो क्या? तुम सदा का यह सरस रंगीन बिम्ब हो क्या? तुम और मैं प्रति पल जन्म रहे हैं; स्थित हो रहे हैं और किसी घन तम में बिला रहे हैं- भारती! अन्धकार बिला कर जहां ज्योति हो जाय, वहां मैं तुमको सदैव के लिये इसी स्वरूप में चाहता हूं। तुम, तुम जैसे...."

मण्डन हठात् चुप हो गये। भारती रणझणा कर उठी। मरोड़ खाकर, तनिक ऐंच कर, कुछ इतरा कर बोली- "मेरा देह चाहे परिवर्तित हो; किन्तु मैं तुम्हारी प्रीति में सम हूं- सम रस हूं- सुना? तुम मेरा रूप ही तो चाहते हो; तभी यह ऊहापोह है, उदासी है; उन्मनी है। मुझे चाहते हो अथवा मेरे रूप को? किसे चाहते हो? मेरे गुणों को? तुम्हारे प्रति मेरे धर्म को? कहो तो!"

"मैं तुम्हें चाहता हूं।" मण्डन ने पराजित होते हुए जैसे कहा- "तुम रूप हो; गुण-धर्म हो- तुम प्रीति हो; जीवन की रीति हो। तुम सब कुछ हो। मैं तुम अक्षय को चाहता हूं- पूर्ण को, परिपूर्ण को ही चाहता हूं- मैं पूर्णिमा को चाहता हूं, भारती। पूर्णिमा?" भारती ने हठात् कहा

"किन्तु भारती! पूर्णिमा पूनम को ही होती है। पूर्णिमा की कलायें क्रमशः घने तम में बिलाने लगती हैं और मेरा मन विषाद से भर जाता है। अमावस्या की रात्रि के बाद, एक-एक कर जब चन्द्रमा की कला खिलने लगती हैं, मुझे जीवन की आशा बंधने लगती है। उदासीन प्रसन्नता चित्त में छाने लगती है, तुम पूर्णिमा हो, किन्तु...."

"किन्तु?" भारती ने पूछ ही लिया।

"किन्तु तुम आनन्द का विभ्रम और चन्द्रिका का भ्रम नहीं हो क्या?" मण्डन मिश्र ने पूछा, "तुम रहस्यमय स्वरूप हो, जो स्थिर रहता ही नहीं- तुम, तुम न जाने क्या हो? इतना निश्चय हो गया है, तुम देह ही नहीं हो-देहोऽपरान्त कुछ हो, शाश्वत चिरन्तन, कुछ हो।....."

"तुम्हारी नारी-ज्वाला, मण्डन।" भारती ने डबडबाती हुई आंखों में स्तब्ध उदासीन मण्डन को भरते हुए कहा- "मैं तुम्हारी जीवनेच्छा हूं; भव-कामना, प्रिय मेरे।"

मण्डन मिश्र ने भारती को अपने बाहुओं में भरते हुए कहा- "अवश्य ही। यह चिन्तन ही भ्रम उत्पन्न करता है; चिन्तन त्याग कर मैं तुम्हारा अनुभव करते रहना चाहता हूं। अनन्त कोटि रूपों के इस जगत में तुम ही मेरा सच्चा प्रिय काम्यरूप हो- तुमको अन्य रूपों की पंक्ति में, सरकती हुई रूपों की पंक्ति में रख कर विचार करता हूं तो जैसे तुम भी एक चलायमान रूप हो। छबि, जो नयनों में घुस कर हृदय में अदृश्य हो जाती है....."

भारती ने स्थिर शान्त अथाह किन्तु खोये हुए मण्डन की अपलक सी आंखों में देखा, फुसफुसाए हुए स्वर में कहा- "मण्डन! क्या होने जा रहा है? क्या?"

मण्डन मिश्र ने भारती को हृदय से चांपते हुए कहा- "होगा क्या? यती शंकर हारेगा- आचार्य सांख्य के सिद्ध प्रमाणों को काट नहीं सकते। मीमांसा तो धर्म-जिज्ञासा है- यह सृष्टि धर्म धारण है; धर्म पालन है- भव-योनियां धर्म पूर्वक ही कर्म करती तथा काटती हैं! जगत और उसके पदार्थ गुण धर्ममय हैं- विज्ञान जीवन के मंगलमय सुखद उद्देश्य से भरपूर है। अवश्य ही किसी मंगलकामी चैतन्य सत्ता द्वारा ही यह सृष्टि उद्भवित हो रही है- यह जगत पाप-पुण्य के द्रष्टा और नियामक द्वारा ही संयोजित है। हां, प्राण मेरी! विधाता! अटूट अनादि अचूक कर्म की अधिष्ठाता, विधाता! आचार्य कर्म के इस दिव्य धार्मिक न्याय प्रणीत कारण को बता सकते हैं? क्या इस धर्म धारण की अनन्य दिव्य आकांक्षा को आचार्य जीवात्मा का भ्रम, अज्ञान आदि कह कर अन्ततोगत्वा व्यर्थ प्रमाणित कर सकते हैं- सृष्टि है; विश्व है, जगत है- भव संसार है; सतत् अनादि अनन्त चिरन्तन जीवन का अविराम अविश्रान्त काल-प्रवाह है- ज्ञान! केवल जीवनहीन, प्राण रहित, सृजन शून्य धारणा मात्र है।"

भारती ने कहा- "संयोग और वियोग-यह मिलना और बिछुडन! यह जन्मना, बड़ा होना, स्थिर होना और पुनः वृद्ध होना और अन्त में मर जाना-ऐसी सृष्टि क्या परम अभय पूर्ण स्वयं चैतन्य हो सकती है?....."

"क्यों नहीं?" मण्डन मिश्र ने बिब्बोक भरी दृष्टि से भारती को देखते हुए कहा- "काल बाधित, काल सीमित जीवनाऽनुभूति अपने स्पर्श के एक ही क्षण में पूर्ण है- तूने और मैंने कल्पाऽरंभ से न जाने कितने जन्म लिये हैं? कितने मरण झेले हैं? परन्तु मिलन की हमारी कामना...."

भारती ने बीच ही में कहा- "बढ़ती ही गई है- प्रेम की यह तृषा, बुझी ही नहीं, प्राण मेरे! प्रत्येक भव में मैं तुमको अत्यन्त सौन्दर्य से कान्तिवान, रस-रीति के रिझवार में परम चतुर, अजर और अमर देखना चाहती हूं- मैं तुम्हारा और अपना चिरन्तन भव चाहती हूं; किन्तु प्रत्येक भव में मरना मैं नहीं चाहती- मैं जीते रहना और तुमसे प्रीति करते रहना चाहती हूं...."

मण्डन मिश्र ने भारती को प्रगाढ़ आलिंगन में जकड़ते हुए कहा- "मैं भी। आत्म-ज्ञान कौन चाहता है; प्राण मेरी! मैं नहीं- यती शंकर चाहता हो तो भले चाहे। उस जोगी को प्रिया मिली ही नहीं! प्रियतमा की खोज में इस भव तक यह यती भटकता फिरा है और अब निराश, हताश होकर आत्मा-परमात्मा की शून्य कल्पना में लगा हुआ है। मुझे स्वर्ग चाहिये; जिससे मैं तुझको पूर्ण-परिपूर्ण पा सकूं और तेरे अनुपम सौन्दर्य में डूबा रह सकूं- तेरे इन आरक्त अधरों का पान निश्चिन्त और निर्भय होकर करता रह सकूं-निर्भय निश्चिन्त काल के बन्धन के उपरान्त तथा परे मैं तुझे पाना चाहता हूं- स्वयं को तुझ में लीन कर देना चाहता हूं- प्राण मेरी!"

"कौन रोक रहा है इसके लिये तुमको?" भारती ने पूछा- "स्वर्ग की प्रतीक्षा करना क्या आवश्यक है?"

मण्डन मिश्र ने तनिक सिर धुना कर कहा- "तुम्हारा सत्य स्वरूप इस भव-संसार में मुझे दिखता ही नहीं, भारती! तुम उषा समान हो; तुम सन्ध्या की भांति हो; तुम आकाश के इन्द्र धनुष की तरह हो- क्षण-क्षण तुम नवीना हो। तुम प्राणों में रम कर भी प्राणों से उभर जाती हो। तुम स्वांसों में समा कर भी दिशाओं में डुल जाती हो। तुम मेरे स्पर्श में पूर्ण घुलती ही नहीं- तुम्हें देखता रहूं; तुम्हारे दर्शन की कामना बढ़ती ही जाती है। तुम्हें पी लूं- कैसे प्रिये! तुम जैसे अनन्य माया हो, एक छवि, जो अनेक बिम्बों से भरी हुई है- तुम जैसे एक क्षण हो, अन्य क्षण जैसे आकाश के परे हो। प्राण मेरी! मेरी विद्या, मेरा ज्ञान, मेरी शक्ति जैसे तुम्हारे चरणों की धूलि भी नहीं है। तुम ही मेरा ज्ञान अथवा अज्ञान हो। हां, भारती! मैं तुमको खोजता हुआ ही जन्म लेता रहा हूं; तुम्हें पुनः पुनः खोजने के लिये ही मरता रहा हूं। रंगिनी! तुम उद्भ्रान्त रहस्य हो; आश्चर्य, भारती!"

भारती ने मण्डन मिश्र के चरणों में गिरते हुए कहा- "मेरे राम, मेरे कृष्ण!"

22

खचाखच्च भरी सभा को सगर्व निहार कर मण्डन मिश्र ने यतीवर्य शंकर की ओर देखा और शान्त स्थिर बैठी हुई उभय भारती की ओर दृष्टिपात करते हुए कहा- "यती श्रेष्ठ! दिवसों से हम शास्त्रीय वार्ता कर रहे हैं- शास्त्रार्थ में व्यस्त हैं। मुनिवर्य! चार्वाक, जैन, बौद्ध और मीमांसा के प्रमाणों द्वारा हमने जीव, जगत और ब्रह्म की समीक्षा की। हमने जगत का अवलोकन किया; जीव को जाना तथा इस आश्चर्यमयी अविराम सृष्टि, स्थिति और संहार की गवेषणा की। हमने देखा; परखा और स्पर्श कर पुनः पुनः निश्चय किया-ब्रह्म और जीव की एकरूपता के विषय के लिये शास्त्रोक्त शास्त्र विहित सबल प्रमाण नहीं है। हमने जगत के पार्थिव स्वरूप को देखा; हमने जीव के मोहाऽसक्त मायावी स्वरूप को परखा-हमने अविराम काल और विस्तृत देश को जाना- इस सृष्टि का यह प्रपंच क्षण स्थायी तथा परिवर्तनीय होता हुआ भी जीव के सुख के लिये, सन्तोष के लिये जीवात्मा की कामनापूर्ति तथा कर्मफल भोगने के लिये है। हमें लगा सृष्टि प्रपंच के परे और पार अस्तित्व नहीं है; हमें निश्चय हुआ जीवात्मा के उपरान्त, अन्यथा-इधर-उधर-आत्मा जैसी वस्तु नहीं है। यह जगत स्वयं की ही गूढ़ निरन्तर नित्य नवीन प्राञ्जल अभिव्यक्ति है; यह जीवन स्वयं का ही संज्ञान, स्वाऽनुभूति और प्रकाश है- यह सत्य सनातन जीवनेच्छा है, विविध, विचित्र, रमणीय, मोहमय, अनन्य और अचूक! मैंने स्पष्ट कर दिया है, मोक्ष जीवात्मा के भव का अन्तिम उद्देश्य नहीं है; जीवात्माओं का अन्तिम आत्यंतिक लक्ष्य स्वर्ग और स्वर्ग का परम निर्विघ्न निश्चिन्त निर्भय सुख प्राप्त करना है। इस मृत्युलोक में मानव-योनि ही लोकों के भव प्राप्त करने के लिये, कर्म ही विधाता है; अधिष्ठाता है- ईश्वर? तो वह ईश्वर है। मैं ईश्वर को स्वीकार नहीं

करता; मैं सत्य सनातन अपूर्व कर्म को ही स्वीकार करता हूं-काल की गहन गहनातिगहन चेतना द्वारा जीवात्माओं की भवेच्छा जाग्रत होती है और वह दिव्य विज्ञान घन कर्म द्वारा भव प्राप्त करने तथा अपनी इच्छाओं की सम्यक् पूर्ति करते रहते हैं। अनादि अविश्रान्त भवेच्छाओं की पूर्ति के लिये अनन्त और विधि विचक्षण विलक्षण भव संसार हैं और भव-संसारों के भ्रमणार्थ जगत की रंगभूमियां हैं- सत्य ही अनन्त कोटि ब्रह्माण्डों के रूप में शक्ति चेतना द्वारा व्यक्त होता है और सत्य ही अनन्त कोटि अनगिन इच्छाओं की पूर्ति के लिये भव-संज्ञान धारण करता है, अवश्य, आचार्य!"

आचार्य शंकर ने सौन्दर्य श्रीमती उभय भारती को एक पल के लिये निहारा और सस्मित कहा- "यथार्थ है।"

"सत्य नहीं?" मण्डन मिश्र ने उझक कर पूछा।

"नहीं।" आचार्य शंकर ने जलद गंभीर स्वर में कहा, "मिश्र जी! अकुलाओ मत; उपनिषदों में ब्रह्म और जीव की एकरूपता के लिये प्रमाण भरे पड़े हैं। ऋषियों ने अपने उन्मीलित ध्यानस्थ नयनों द्वारा उस सच्चिदाऽनंद-कंद एक रूप को देखा है। महर्षि उद्दालक ने अपने शिष्य श्वेतकेतु को निर्विवाद निसंशय कह दिया है- तत्त्वमसि श्वेतकेतो! उक्तियों और उदाहरणों द्वारा परमात्मा को आत्म स्वरूप निर्दिष्ट किया गया है। ऋषिवर्य उद्दालक ने कहा है पानी में डाला गया लवण जिस प्रकार घुल मिल कर एकाकार हो जाता है और उसको कहीं से भी चक्खें तो वह लवण ही लगता है, उसी प्रकार है श्वेतकेतो! ब्रह्म सर्वत्र है-काल में, कालाऽतीत; देश में, देशाऽतीत वह ब्रह्म सदैव है- यही आत्मा है और हे श्वेतकेतो! तुम वही ब्रह्म हो। जीव जगत की काल सीमा तक उद्वासित है और काल के परे जीवात्मा तिरोहित हो जाता है। मण्डन महोदय! काल के अथाह अविराम चिरन्तन तम में देखने पर हमें सम्भ्रान्त जीवात्मा ही मिलेगा। इस अज्ञान के मायावी व्यामोह में हमें आत्मा की विचित्र, विलक्षण, अनन्य, अहम् प्रणीत कल्पनायें ही स्पर्श होंगी। जगत को देखने पर जगत मिलेगा; जीवात्मा के परखने पर जीवात्मा तथा उसके अनन्त अविश्रान्त जन्म-मरण ही मिलेंगे। आत्मा को देखना है; परखना है- आत्मा को ही स्पर्श करना है- आत्मा का प्रत्यक्ष करना है। चार्वाक देह सीमा के परे अन्धे हैं- सनातन अनादि अपूर्व आत्मा का आभास उनको होता ही नहीं। स्थूल आंखों से पदार्थ और देह ही तो दिखेगा। देह की तन्मात्रा प्रणीत ज्ञानेन्द्रियों द्वारा जगत तथा जीवन का ही संज्ञान होगा। देह की कर्मेन्द्रियां द्वारा कर्माऽनुसार पुरुषार्थ करते हुए कामना पूर्ति के लिये कर्म फल ही भोगना है। भूः, भुवः और स्वः शरीर-द्वारा

जीवात्मा अपने कल्पित, अपने ईच्छित, अपने ईक्षित भव-संसार ही भोगता है- अपने अनादि, अतल, असीम, अनन्त, अव्यय, सच्चिदानंद घन ज्योति-स्वरूप का अनुभव नहीं करता। अज्ञान सृष्टि प्रपंच की माया है; अज्ञान का अध्यास जीवात्म रूप अहम्- मैं- की भव-धारणायें हैं। जैन और बौद्ध जगत, जीव और ईश्वर की दिव्य गहन गवेषणा मात्र करते हैं तथा दुःख से छूटने के लिये तपस्या प्रदान करते हैं। यह मनीषी जगत को अज्ञान का मोह मानते हैं; यह दृष्टा जीवात्मा को वासना का दास मानते हैं। हम जगत और जीवन को माया मानते हैं- परम ब्रह्म की बहुस्याम जीजिविषा मात्र, धारणा!"

मण्डन मिश्र- "और शैव, शाक्त?"

आचार्य शंकर ने हंस कर कहा- "यह योग-मार्ग की उपासना का रहस्यमय दिव्य विज्ञान है- तत्व ज्ञान नहीं। योग मार्ग ने परम शिव रूप परम ब्रह्म को ही स्वीकार किया है; बुद्धि द्वारा ही नहीं, कर्म द्वारा। महाशय मण्डन! जीवात्मा का इस सृष्टि में लक्ष्य, अन्तिम आत्यंतिक उद्देश्य लोकों के सुख-दुःख तथा स्वर्ग का परम सुख नहीं, अज्ञान से छूटना है। आत्मा को अज्ञान का तिमिरान्ध सहज नहीं है; स्वाभाविक नहीं है- प्रकाश, ज्ञान ही आत्मा का स्वरूप है, अतः!"

मण्डन मिश्र ने जैसे गर्ज कर कहा- "आत्मा ज्ञान स्वरूप है, तो वह अज्ञानाऽभिभूत होती ही क्यों है?" 'एकोऽहम् बहुस्याम' ब्रह्म की तब अज्ञान धारणा क्या उसके यथार्थ ज्ञान की दशा नहीं हो जाती? ज्ञान-अज्ञान, अध्यास-स्वप्न आदि सब जीव की नित्य जीवनाऽभिलाषा है, यतीवर्य! कर्म-विलय, कर्मेच्छा की नित्य निरन्तर समाप्ति संभव है? नहीं। शरीर से शरीरी को ज्ञात, अनुभूत, प्राप्त जगत तथा अभिराम काम द्वारा तुष्ट, पुष्ट और सन्तुष्ट जीवन ज्ञान नहीं है तो क्या है? 'तत्वमसि।' वाक्य केवल अधर्म के नाश के लिये कथित है। कर्म के पापत्व की समाप्ति के लिये यह केवल उपदेश वाक्य है। जिस प्रकार 'हुं फट्' आदि निरर्थक हैं, केवल जप द्वारा दोष -नाश मात्र के लिये है, ठीक उसी प्रकार आपश्री के यह वेदान्त-महावाक्यों की यथार्थ स्थिति है। स्वाध्याय और जप के लिये, निदिध्यासन और ध्यान के लिये ही श्रुति वाक्यों का अर्थ है; तात्पर्य है, भवान्!"

आचार्य शंकर ने कहा, सस्मित मुस्कराते हुए कहा- "शास्त्र वाक्य काल बोध का वाक्य है; तब श्रुति वाक्य कालाऽतीत चैतन्य को ही स्फुटित करता है। वैदिक सनातन धर्म, अर्थात् वर्णाऽश्रम धर्म के शास्त्र वाक्य जीवात्मा के संसार-सागर के सम्यक् संतरण के लिये ही है। जगत-सम्बन्धी विद्या वाक्य और भव-जीवन सम्बन्धी कला वाक्य जड़-चैतन्य विज्ञान के अर्थ बोध संभूत वाक्य

हैं; तब वेदान्त के महावाक्य जीव-ब्रहम-ऐक्य अथवा आत्मा परमात्मा के प्रत्यक्ष सम्बन्धी महावाक्य हैं। शास्त्र वाक्य सिद्ध वाक्य हैं; वेदान्त-श्रुति वाक्य नित्य सहज सनातन वाक्य हैं; वह पौरुषेय नहीं है- अपौरुषेय है, मिश्रजी! सृष्टि-प्रपंच के गूढ़ अन्वीक्षण से भी यही ज्ञात होता है कि अणु अनन्त की स्वयं धारित परिधि मात्र है; मीमांसा का पदार्थ अपने द्रव्य तथा गुण धर्मों सहित अनन्त की ब्रहम-संकल्पित परिधि मात्र है। परम ब्रहम ने ही अपने बहुस्याम संकल्प द्वारा सृष्टि उत्पन्न की है, यह सृष्टि उसका विश्व और विश्व के जगत परम ब्रहम की अद्वितीय सनातन कृति है और हम जीवात्मा चैतन्य प्राणी उसी की सन्तान हैं। वह नित्य प्रभु अपनी जड़-चैतन्य सामर्थ्य द्वारा इस प्रकार यों अभिव्यक्त हो रहा है, मिश्र जी! जगत में धार्मिक न्याय मुखरता है, तो जीव में अभय की आकांक्षा तथा काल से छूटने की अन्तिम आत्यंतिक महेच्छा है। सभी इच्छाओं का मूल वैराग्य है; इच्छाओं की पूर्ति ही काम्य भावना है- राग! राग आत्मा का नहीं जीवात्मा का स्वभाव है; अज्ञान से उत्पन्न मोह। आत्मा न रागी है और नहीं विरागी। आत्मा परमात्मा से पूर्ण परिपूर्ण है। एक अभेद्य! स्वर्ग-प्राप्ति करवाने वाला धर्म और नरक देने वाला अधर्म सृष्टि की प्राकृत गति-विधि का ही अन्यथा नामकरण है। आत्मा स्वयं को प्राप्त है; उसको परम सुखमय स्वर्ग की आवश्यकता है ही नहीं। मीमांसा शास्त्र और वर्णाऽश्रम वैदिक सनातन धर्म मानव-जीवात्मा के स्वर्ग प्राप्ति के लिये नहीं, अन्ततोगत्वा मोक्ष-आत्म ज्ञान-प्राप्त करने के लिये है। स्वर्ग वानप्रस्थ का जीवनोऽद्देश्य हो सकता है, सन्यासी का नहीं। यति तो ब्रहम लीन होना चाहता है, महाशय मिश्र!"

मण्डन मिश्र ने आचार्य के स्मित-जड़ित होठों की ओर यों ही देखा; कहा- "तब मीमांसा द्वारा प्रणीत धर्म शास्त्र जगत में भव-संसार जीने के लिये ही है, अच्छा! किन्तु महर्षि कपिल क्या कहते हैं, यतिवर्य! सांख्यकार स्वयं ईक्षित, स्वयं इच्छित, स्वयं प्रकाशित, भरी-पूरी पूर्ण-पूर्ण अव्यक्त मूल प्रकृति को सिद्ध कर कहता है, इस गहन, गहनातिगहन, गूढ़, अनन्य, अद्वितीय इच्छामयी मूल प्रकृति के परे और पार सत्य नहीं है। यह सनातन अनादि अव्यय निराकार अनुपम अव्यक्त ही है- यह सृष्टि, उसका विश्व और विश्व के जगत सब कुछ जो अनुभवगम्य एवं अनुभव जन्य है, वह समस्त और समग्र उस त्रिगुणात्मक अव्यक्त की सहज अभिव्यक्ति मात्र है। अव्यक्त-व्यक्त-व्यक्त अव्यक्त, यही सत्य है, मुनिवर्य!"

आचार्य शंकर ने प्रसन्न हास्य पूर्वक कहा- "यह अनादि सनातन सद्वस्तु ब्रहम के शिव-संकल्प की अव्यक्त व्यक्ति है। मूल प्रकृति स्वयं व्यक्त होती

नहीं; स्वयं अभिव्यक्त हो सकती नहीं। जड़ को गति-विधि कृति और मुक्ति देने वाली ब्रह्म की परात्पर परमेश्वरी चिति-चेतना है। सांख्य की अव्यक्त पूर्ण मूल प्रकृति सृष्टि की परिपूर्ण संभावना, उद्भव तथा तिरोभावना है। मूल प्रकृति सृष्टि और प्रलय का स्वयंभूत देश-काल है।"

मण्डन मिश्र- "मूल प्रकृति तब जड़ है? चैतन्य नहीं? यतिवर्य! महर्षि कपिल 'ज्ञ' और अव्यक्त तथा व्यक्त के अन्तर्निहित चैतन्य को स्वीकार कर सृष्टि-प्रपंच का आविष्कार कर सके- है। मूल प्रकृति स्वयं की चेतना आच्छादन तथा विमर्श है- सांख्य शास्त्र प्रतिपद यही कहता है- मीमांसा ने अनेक नित्य जीवात्माओं की अनन्त चिरन्तन भव यात्राओं के धर्म-अधर्म की व्याख्या सांख्य की परात्पर स्थापना को स्वीकार कर की है। यथार्थ, नित्य नवीन, प्रतिपल उद्भवित और तिरोहित सद्-सत्य यही मूल प्रकृति है।"

"तब सांख्य का 'ज्ञ', भवान्?" आचार्य ने सस्मित पूछा।

"अव्यक्त की शाश्वत सनातन अनादि व्यक्ति को जानने वाला, भोगने वाला सृजन तथा उत्पादन करने वाला, क्रीदर्शी, मनीषी तत्व वेत्ता, कर्म वेत्ता, धर्म धूरीण जीवात्मा...."

"अवश्य जीवात्मा!" आचार्य शंकर ने तनिक दर्प पूर्वक कहा- "किन्तु जीवात्मा काल-नित्य है; कालाऽतीत सद्वस्तु आत्मा नहीं। जीवात्मा बंधता है; बन्धन मुक्त भी होता है। जीवात्मा शरीरी है; आत्मा शरीरी और सृष्टिगत नहीं है- आत्मा उत्पन्न नहीं होता और न जन्मता-मरता ही है। सांख्य जिस 'ज्ञ' का इंगित करता है, वह जीवात्मा है; आत्मा नहीं, महाशय। जीवात्म भाव वस्तुतः जड़ है; संज्ञानमय और संवेदनशील है- ज्ञानियों को भी सृष्टि में बलात् कर्षित होकर जीव चेतना मण्डित होना होता है। महर्षि कपिल ने निस्संदेह सृष्टि, स्थिति और लय के जानने वाले और कहने वाले ज्ञाता, कर्त्ता तथा भोक्ता को ही 'ज्ञ' माना है-किन्तु सांख्य का यह ज्ञाता मूल प्रकृति को जानता भर है, ऐसा भी महर्षि कपिल का कथन है। चैतन्य जड़ बना सकता है;- जड़ की कृति कर उसका संयोजन संचालन कर सकता है और ऐसा चैतन्य आत्मा ही हो सकता है- जीवात्मा नहीं।"

मण्डन मिश्र ने झुंझला कर कहा- "पृष्ठ प्रेषण मात्र आचार्य वर्य! सांख्य ने 'ज्ञ' की चैतन्य सत्ता को स्वीकार किया है अथवा यों कहा जाय कि महर्षि कपिल ने 'ज्ञ' स्वरूप चैतन्य का आविष्किार ही किया है- महर्षि ने स्वयं के घनीभूत कालाऽतीत चैतन्य का यों साक्षात् किया है किन्तु सांख्य की मूल प्रकृति सर्व शक्तिमयी होते हुए भी इस 'ज्ञ' से सम्बन्धित नहीं है। सांख्य का

यह 'ज्ञ' भी वेदान्त के आपके ब्रह्म-चैतन्य की एक विकृति मात्र प्रतीत होता है, मुनिवर्य! ज्ञाता क्या ज्ञेय और ज्ञान से भिन्न है। पृथक है-नहीं, यतिवर्य! जीवात्मा ज्ञाता है; ज्ञेय और उसके ज्ञान की सहज प्रतिभा से सक्षम है।"

आचार्य शंकर- "जगत और जीवन सापेक्ष! आत्मा अपने सनातन अनादि अज्ञान में जीवात्मा ही हो ऐसी बद्धमूल धारणा के वशीभूत रहता है। जीवात्मा सृष्टि और उसके अविराम काल से बाधित है; देश-सीमा से संकुचित तथा भव-संसार से क्षुब्ध है, मिश्रजी! सांख्य का 'ज्ञ' वेदान्त का ब्रह्म-चैतन्य नहीं है; वह मूल प्रकृति को जानने तथा कर्माऽनुसार भव भोगने वाला जीवात्म-संज्ञान है। महर्षि कपिल ने सृष्टि तथा उसके ज्ञाता तथा भोक्ता को ही स्वीकार किया है। सांख्य शास्त्र, महर्षि कपिल का दर्शन सृष्टि के दिव्य परात्पर विज्ञान का अचूक तथा सिद्ध अवतरण है। महर्षि कपिल ने अपने प्रज्ञा-चक्षुओं से कल्प, सर्ग, सृष्टि आदि के आविर्भाव और तिरोभाव को देखा है- किन्तु ब्रह्म को नहीं, ब्रह्म और जीव के ऐक्य का साक्षात् सांख्य ने नहीं किया।"

मण्डन मिश्र ने सव्यंग पूछा- "तब किसका साक्षात् किया है?"

आचार्य शंकर ने हंसकर कहा- "अनादि जीवात्मा का।"

"साक्षात् जीवात्मा का?" मण्डन मिश्र ने गर्ज कर कहा- "जीवात्मा तो स्वयं का अनुभूयमान साक्षात्कार है, यतिवर्य! जीवात्मा सत् है?"

आचार्य शंकर ने प्रसन्न मुद्रा में कहा- "है"। "चित?" "मण्डन मिश्र ने आचार्य को घूरते हुए पूछा।"

"अवश्य।" आचार्य ने सस्मित कहा।

"और आनन्द?" मण्डन मिश्र ने जैसे साग्रह पूछा।

आचार्य शंकर ने कहा- "जीव में सत् चित जाग्रत है; आनन्द सुप्त है। इसी सच्चिदाऽनंदत्व को लेकर हम वेदान्त में ब्रह्म और जीव का आत्यंतिक ऐक्य अनुभव करते हैं; केवल मानते ही नहीं; बुद्धि से स्वीकारते ही नहीं। हम प्रज्ञा द्वारा जीव और ब्रह्म-ऐक्य को देख कर ऋतुंभरा द्वारा उस सच्चिदाऽनंद ऐक्य का प्रत्यक्ष करते हैं।....."

मण्डन मिश्र ने उत्ताल हास्य हंसकर कहा- "ऐक्य? सादृश्य क्यों नहीं? आप श्रीमद् का ब्रह्म अनादि है; जीव भी अनादि है। आप श्रीमद् का ब्रह्म सच्चिदाऽनंद स्वरूप है- शाश्वत है; तो जीव भी वही-वैसा ही है। दो अनादि चेतनाओं में सादृश्य तो हो सकता है- ऐक्य नहीं, मुनिवर्य! जीव और ब्रह्म एक ही हैं- होते तो ब्रह्म और जीव अज्ञान से विलग नहीं होते। इसीलिये ब्रह्म और जीव का सादृश्य है- साम्य, आचार्य! चिर अज्ञान में लीन होकर जीवात्मा

सृष्टिगत होता है, विश्व में बिम्बित तथा जगत में व्यक्त होकर भव-भवों की यात्रा करता है-"

आचार्य शंकर ने सहसा पूछा- "किसलिये? फिर जीव सृष्टि रचता है; पालता है- संहार करता है? अल्पज्ञ, तिमिराऽन्धकार से भरा हुआ भयार्त और भीत जीव क्या अनादि देश काल की कल्पना कर सकता है? अवश्य, जीव और ब्रह्म में गुणैक्य है। आत्मा और परमात्मा में यह अनादि सनातन अविद्या ही आवरण है। जीव और ब्रह्म में कोई भी किसी भी प्रकार की पृथकता नहीं है। जीव ब्रह्म की मायामयी धारणा-स्वांग-मात्र है मिश्र जी!"

मण्डन मिश्र ने समग्र सभा-मण्डप को जैसे निहारा; घूरा और दूर पर पीछे बैठे हुए प्रभाकर की ओर देखकर कहा- "क्या सत्य का अभाव और असत्य का भाव होता है, यतिवर्य! नहीं। न्याय वैशेषिक के नित्य पदार्थ, जड़ आत्मा और स्वरूप योग्यता सम्पन्न उसकी स्थिति, मन का आत्यंतिक सम्बन्ध इत्यादि पर विचार करने से हमें इस सृष्टि के गहन दर्शन की अटल प्रेरणा प्राप्त होती है। पृथिवी, जल, अग्नि, वायु यह चार भूत तथा परमाणु, आकाश, काल दिक् मन तथा आत्मा का गहन चिन्तन हमें यावत् सृष्टि की न्यायपूर्ण धर्म शीलता का साक्षात् करवाता है। यह जगत निर्दय वैज्ञानिक अभिव्यक्ति ही नहीं है, सहृदय सप्राण यावत् अखिल-निखिल जीवनेच्छा की विविध भव-कामनाओं का सम्यक् शाश्वत सनातन अभिव्यञ्जन है। अवश्य है। मीमांसा की इस धर्म-भूमि पर हम पुनः जैसे विचार में पड़ जाते हैं- सन्तोष नहीं होता कि धर्म धुरीण जगत और जीवात्मा की यह अन्तिम परिधि है- एक अगम्य परिवेश मानो स्वयं ही खुलता है, यतिवर्य! एक गहन विकलता बुद्धि को तपा देती है और पारदर्शी बना देती है। पता चलता है, यह नौ पदार्थ नित्य नहीं हैं- इनका रूप मानो किसी रहस्यमय स्पर्श द्वारा बिला दिया जाता है। रूप-रूप मौन मूक किन्तु अनिवार्यतः किसी गहन चेतना में खो जाता है। हां, अवश्य, आचार्य! मैं कभी-कभी इसी असीम व्यामोह में खो जाता हूं- तब यह यथार्थ जैसे एक एकाकार अदृश्य सा हो जाता है।"

आचार्य शंकर ने सस्मित बीच ही में कहा- "तब महर्षि कपिल अपनी दिव्य अथाह गहन दृष्टि से देख कर मानो निर्दिष्ट करते हैं, यह नव तत्व मूल प्रकृति और पुरुष में अन्ततोगत्वा विभक्त होते हैं- प्रकृति और पुरुष, यही न?"

मण्डन मिश्र- "यही, यही आचार्य! महर्षि कपिल ने नौ तत्वों को परा स्वरूप दिया है। न्याय वैशेषिक ने इनको किसी दिव्य चेतना की मन्थर अभिव्यक्ति माना; किन्तु महर्षि कपिल ने सृष्टि के परे और पार जैसे मूल प्रकृति और

पुरुष का चित्त में साक्षात् किया है। महर्षि कपिल, आचार्य! मुनिवर्य कपिल के प्रशिष्य पञ्च शिखाचार्य ने स्पष्ट कहा है, सृष्टि के आदि में महर्षि कपिल ने योग बल से करुणा-प्लावित होकर परम तत्व का अपने प्रिय शिष्य आसुरी को उपदेश किया। यह परम तत्व 'ज्ञ' तथा अव्यक्त है- यह 'ज्ञ' और मूल प्रकृति परम सत्य है...."

आचार्य शंकर ने प्रसन्न स्वर में कहा- "भगवान विष्णु ने ही योग बल से चित्त का विकास कर उसमें प्रवेश किया और महामुनि कपिल का स्वरूप निर्माण कर शिष्य श्रेष्ठ आसुरी को सांख्य के तत्व का उपदेश किया है- भगवान विष्णु, विष्णु महाविष्णु जिष्णु, मण्डन महोदय! क्या यह महाविष्णु विष्णु परम सच्चिदाऽनंद ब्रह्म तत्व नहीं है?"

मण्डन मिश्र ने तनिक रुक कर कहा- "नहीं।"

"तब यह क्या है, परमतत्व?" आचार्य ने पूछा

"वह, वह परम तत्व सांख्य की दृष्टि से 'ज्ञ', अव्यक्त और व्यक्त ही हो सकता है।" मण्डन मिश्र ने स्वयं को जैसे देखते हुए कहा- "मीमांसा की दृष्टि से अनादि अपूर्व कर्म की कामना और क्षमता पूर्ण शाश्वत जीवात्मा और अन्य शास्त्रों की दृष्टि से काल ही परमतत्व कहा जा सकता है किन्तु एकमेव दर्शनम् ख्यातिरेव दर्शनम् का उद्घोष कर अन्ततोगत्वा बुद्धि को ही परमतत्व के अत्यंत निकटस्थ माना गया है। यह परम तत्वत्व मैं हूं के संज्ञान द्वारा व्यक्त होता है। बुद्धि के परे चैतन्य पुरुष की ओर ऊहापोह से पूर्ण संकेत सांख्य करता है-"

आचार्य शंकर ने मण्डन मिश्र को बीच ही में जैसे थामते हुए कहा- "परमतत्व के विषय में ही वार्ता चल रही है; बुद्धि के विषय में नहीं। बुद्धि, प्रज्ञा, ऋतंभरा और उधर वैखरी, परा तथा पश्यन्ती-इस क्रमशः सूक्ष्म, सूक्ष्मातिसूक्ष्म पारदर्शी चेतना-दृष्टि अनन्त के असीम अथाह व्यामोह में जैसे अदृश्य हो जाती है। आप जो प्रतिपादित करना चाहते हैं, वह विज्ञान की परात्पर दृष्टि है। "व्यक्ताऽव्यक्त विज्ञानात्। मिश्र जी!"

मण्डन मिश्र ने सहारा लेते हुए कहा- "अवश्य, सांख्य के मत में अव्यक्त, व्यक्त तथा 'ज्ञ' के विशेषज्ञान से परम तत्व की प्राप्ति होती है। महर्षि कपिल विवेक अर्थात् ख्याति 'अर्थात्' परमत्व के इस ज्ञान को ही 'मोक्ष' मानते हैं पार्थिव जगत को नहीं, पार्थिव के अटल आधार सूक्ष्म जगत अर्थात् सृष्टि-प्रपंच के बौद्धिक सूक्ष्मातिसूक्ष्म 'ज्ञान' से ही सांख्य का तात्पर्य है। हम मीमांसा कर 'ज्ञ' को मूल प्रकृति के साथ रागांगित मानते हैं। हम जिस अनादि अपूर्व कर्म-शाश्वत संचित को मानते हैं, वह यह मूल प्रकृति ही कही जा सकती है।"

आचार्य शंकर ने सहज ही पूछा- "चैतन्य कौन है इन तीन परा तत्वों में श्रीमन्!"

"ज्ञ पुरुष ही चैतन्य है।" मण्डन मिश्र ने तपाक से उत्तर दिया- "सांख्य 'ज्ञ' को निर्लिप्त निर्गुण, निष्क्रिय चैतन्य मानता है। मूल प्रकृति अविवेकी अर्थात् जड़ है- जड़, क्यों?"

आचार्य शंकर ने हंस कर कहा- "तब सांख्य के चैतन्य 'ज्ञ' का कोई गुण-धर्म नहीं है, यही न?"

"तात्पर्य?" मण्डन मिश्र ने पूछा- "सांख्य का 'ज्ञ' पुरुष अर्थात् जीवात्मा है, यह मैं प्रतिष्ठापित कर चुका हूं- आचार्य! मूल प्रकृति का जड़त्व संज्ञानहीन अथवा किसी भी प्रकार की स्वयं चेतना से रहित नहीं है। आपश्री के ब्रह्म-चैतन्य के सापेक्ष में मूल प्रकृति 'जड़' है; किन्तु सृष्टि, स्थिति और लय की इच्छा, ज्ञान तथा क्रिया से पूर्ण-परिपूर्ण वह विज्ञान-चेतना है। सांख्य का 'ज्ञ' सृष्टि प्रपंच की दृष्टि से निर्लिप्त है; निष्क्रिय है, निर्गुण है; किन्तु स्वयं की और जगत तथा भव-संसार के संज्ञान और संवेग की दृष्टि से वह संगी है। काल की प्रत्येक लव से, काष्टा से, पल से, यह असंग चैतन्य पुरुष संग करता है। क्यों? सृष्टि में व्यक्त होने के लिये, विश्व में अनन्य दिव्य कल्पना करने के लिये तथा जगत में रूप धारण करने के लिये यह 'ज्ञ' अनेक जीवात्माओं के नाम-रूप में जन्म लेता है, देह त्यागता तथा पुनः पुनः जन्मता रहता है- यही 'ज्ञ' के चैतन्य का अर्थ हो सकता है, आचार्य!"

आचार्य शंकर ने शान्त गम्भीर स्वर में कहा- "असंग कभी संगी नहीं हो सकता; फिर चैतन्य का जड़ से किसी भी प्रकार का संग, सम्बोध, संज्ञान, सम्प्रेषण इत्यादि चैतन्य की इच्छा से ही कल्पित किया जा सकता है। सांख्य परिणामवादी है; कार्य कारण भाव को स्वीकार कर चलता है। सांख्य परिणामवादी है; कार्य कारण भाव को स्वीकार कर चलता है। क्या ब्रह्म निर्गुण से सगुण होता है? निर्लिप्त से लिप्त होता है; निष्क्रिय से सक्रिय होता है? कारण में कार्य समग्र तथा सम्पूर्ण रूप से विद्यमान सांख्य मानता है; गुण-धर्म का सतत् परिणाम सांख्य स्वीकार करता है- प्रश्न है, समस्या है, क्या कारण की सम्पूर्ण भावना और भविता कार्य रूप है? क्या निर्गुण ब्रह्म का सगुण-परिणाम होता है? अर्थात् कौन जन्मता और मरता है? सृष्टि को मूल प्रकृति की पूर्ण पूर्णातिपूर्ण व्यक्ति मान लें तब भी समस्या प्रस्तुत है, यह जड़ मूल प्रकृति अपनी अभिव्यक्ति में क्या चैतन्य है? स्पष्ट है, मिश्र जी! अव्यक्त का व्यक्त जड़ वैज्ञानिक प्रक्रिया मात्र है- आच्छादन और विमर्श!"

मण्डन मिश्र ने कन्धे उझकाते हुए कहा-"मूल प्रकृति इच्छा, ज्ञान और क्रिया की सम्पूर्ण स्वायत्त पूर्ण तत्त्ववती है, और क्या?"

आचार्य शंकर ने समस्त सभा को मानो सम्बोधित करते हुए कहा- "चैतन्य में ही इच्छा हो सकती है; विवेक हो सकता है; ज्ञान चैतन्य का स्वभाव है- स्वरूप है। चैतन्य मात्र जड़ का धाता, विधाता, कर्त्ता और भोक्ता है। जड़ चैतन्य हो नहीं सकता; तथा चैतन्य जड़ हो नहीं सकता। पुरुष और प्रकृति का सांख्य कथित संग वस्तुतः अज्ञान की भ्रान्ति मात्र है। अज्ञान जड़ है; माया है, पण्डितों!"

सभा में अनायास ही एक लहर सी उठी। आचार्य शंकर ने जलद गम्भीर स्वर में कहा- "बुद्धि तत्व का अन्तिम-आत्यंतिक भान 'मैं हूं' है। अणु एवं सभी कारणों के कारण के परे एवं पार, उपरान्त अपेक्षाकृत सूक्ष्म जो अस्मिता है, वही बुद्धि है। इस सूक्ष्माति सूक्ष्म बुद्धि तत्व का पूर्णोल्लास प्रज्ञा एवं प्रज्ञा पर ऋतंभरा में होता है- महतत्व को एक मात्र ऋतंभरा ही सहन कर सकती है; क्योंकि जगदीश्वर की माया का विमर्श महतत्व से ही होता है। महर्षि कपिल ने सर्वेश्वरी परात्पर माया को ही मूल प्रकृति की धारणा दी है। ब्रह्म की सर्वतंत्र स्वतंत्र, अघटन घटना पटीयसी सर्वेश्वरी, जगदीश्वरी जगन्मोहिनी शक्ति स्वरूपा चिति-ब्रह्माणी ही अपने अगाध आश्चर्य से पूर्ण नयनों से मानो मूल प्रकृति की गहनातिगहन परा चेतना आविर्भूत करती है- यही परम ब्रह्म का एकोऽहम् बहुस्याम शिव-संकल्प है। यह प्रभु की सद्ब्रह्मयी माया पूर्ण सृष्टि के पूर्ण संकल्प का परम आधान है; किन्तु यह ज्ञेय और ज्ञान है- संज्ञान। जानने वाले का ज्ञान और जानने वाले का विषय मात्र! वेदान्त शास्त्र इसी को अज्ञान का आच्छादन कहता है- ब्रह्म ही का शिव-संकल्प यह आच्छादन करता है। ब्रह्म ही अपने परमेश्वरीय वैभव की लीला के लिये यों दिव्याति-दिव्य अनुपम अनुपमेय सृष्टि, स्थिति और तिरोभाव के लिये मूल प्रकृति को आविर्भूत करता तथा उसमें प्रवेश कर रमा रहता है। जड़ का अणु-अणु, परमाणु-परमाणु, परमेश्वर परम ब्रह्म की चेतना से भरा-पूरा, रचा-पचा रमा हुआ है- तभी यह सृष्टि उत्पन्न होकर स्थित होती है; पलती है और पुनः अदृश्य तिरोहित होती है। यही कल्प है; सर्ग है; कलपान्त है। संक्षेप में यही सृष्टि और प्रलय है! किन्तु यह अद्भुत आश्चर्यमयी स्वंय चकित लीला परम् ब्रह्म की धारणा मात्र है। अविराम काल के प्रवाह में सृजन की अद्वितीय यह त्रिगुण-धारा विश्वों के रंग-बिम्बों में लहरा करती है और यह बिम्ब शिव-संकल्प के अनुसार और अनुरूप जगत एवं उसके ब्रह्माण्डों में संघटित होते रहते हैं तथा अनन्त कोटि

भवों के स्वांग लोक-लोकान्तरों की रंग भूमियों पर विचित्र एवं विलक्षण नाट्यों के स्वरूप में होते रहते हैं- यह माया का मोहमय चिद्विलास है- परमेश्वरी की लीला, पण्डितों!"

पण्डित तारकेश्वर उपाध्याय ने मानो चिल्ला कर कहा- "बौद्ध धर्मकीर्ति ने वेद उपनिषद तथा शास्त्रों की धज्जियां उड़ाई हैं- उसका संघ वार्तिका पढ़ा? नहीं; क्यों पढ़ेंगे? तथ्य यह है अप्रमाण्य को प्रमाणित नहीं किया जा सकता। जो एक कल्पना है, वह मूर्त सत्य कैसे होगा! मिश्र जी, यह यती शास्त्रवाक्य से नहीं, वितण्डा से मानेगा।"

मण्डन मिश्र ने सिर हिला कर कहा- "वितण्डा नहीं, सत्य! यती शंकर के ब्रह्म-पक्ष को हमारी धी स्वीकार नहीं करती- परन्तु क्या मैं वितण्डा और जल्प का आश्रय लूं? मैं, मण्डन मिश्र? नहीं, उपाध्याय जी!"

पण्डित तारकेश्वर ने दमक कर कहा- "तब निश्चय ही हारेंगे आप श्रीमान्!"

"क्यों?" मण्डन मिश्र ने सस्मित पूछा।

"इसलिये कि श्रुति का आधार ऋषि मुनियों का मंत्र प्रत्यक्ष है; अपौरुषेय है। शास्त्र मानव की विकसित अनुभव सिद्ध तर्क सम्मत तथा तथ्यप्रणीत वाक्य है। शास्त्र ही प्रमाण है; हो सकता है; श्रुति नहीं।"

मण्डन मिश्र ने उभय भारती की ओर देखा; फिर शान्त बैठे हुए आचार्य शंकर की ओर देखा तथा कहा- "हमने श्रुति को अन्तिम प्रमाण अपनी प्रतिज्ञा में कहां स्वीकार किया है, भला! हम शास्त्र के अन्तिम प्रमाण पर टिके रहेंगे?"

पण्डित परमानन्द चतुर्वेदी ने बैठे-बैठे ही कहा- "कहां टिकते हो, पण्डितमन्य! आचार्य शंकर आपसे मानो सुनते हैं; शास्त्र वाक्य की भूमिका ही बांधी जा रही है इतने दिवसों से। पता भी है, इस विचित्र शास्त्रार्थ का आज कितनवां दिन है?"

"ग्यारहवां दिन और दस रात्रि।" सभामण्डप से पुकार उठी।

सहसा प्रभाकर ने उठ कर कहा- "सब को प्रणाम; आचार्य शंकर को साष्टांग प्रणिपात और गुरु भाई महाशय मण्डन मिश्र को भाभी भारती सहित विनम्र वन्दन! पण्डितों, पण्डितमन्यों, महाशयों! आज ग्यारह दिवसों से माहिष्मती के इस सभा स्थान में मानो महासरस्वती का यज्ञ ही हो रहा है। शास्त्रवाक्य के आधारभूत सिद्धान्त सहज ही शास्त्रार्थ की शैली में मनीषी मण्डन प्रस्तुत करते आये हैं। आचार्य श्री शंकर ने अपने श्रुति-प्रमाणों के आधार पर व्याख्यात्मक उत्तर अथवा स्पष्टीकरण प्रस्तुत किया है। निस्संदेह यह भारतीय तत्व

चिन्तन की सहज सद्भावपूर्ण और सहृदय वार्ता है, जिसको हम सुन रहे हैं। यह हमारा आपका-सभी का सद्भाग्य है। अतः मेरा अनुरोधपूर्ण निवेदन है कि इन दोनों धुरन्धरों को हम शान्ति से सुनें। फिर हम श्रोताओं को शास्त्रार्थ के मध्य आपत्ति करने अथवा अपनी बात कहने का कोई भी सत्व प्राप्त नहीं है। कर्म-धुरन्धर पदार्थवेत्ता तथा जगत और भव-संसार के प्रतिभा पयोनिधि तार्किक-वागीश-आदरणीय मण्डन मिश्र का प्रश्नोत्तर सरल कार्य नहीं है। उधर ऋषि-मुनियों का आत्माऽनुभव है; इधर शास्त्रों के परम्परागत सिद्ध से वाक्य हैं-प्रमाण हैं। अवश्य, जगत और भव-संसार के प्रमाण प्राप्त किये गये हैं। आत्म-वस्तु तो सदैव सुनी ही गई है- साश्चर्य देखी गई, ऐसा संवाद है। हम तत्त्ववेत्ता होने वाले तथा होते हुए और हुए, ज्ञान एवं उसके जेय को तर्क से सिद्ध कर सप्रमाण स्वीकार करते हैं। हमने आज दिन तक यही माना है कि जगत और भव-संसार अनादि है; अविराम तथा अविश्रान्त है।

मण्डन मिश्र ने आसन से उचकते हुए कहा- "यह सब हमें ज्ञात है। महाशय प्रभाकर! हमने, आपने भी गुरुदेव कुमारिल्ल भट्ट की अगाध दृष्टि में इस रहस्यमय आश्चर्य-सम्भूत और आविर्भूत जगत के पदार्थों, उनके द्रव्यों-गति-विधि के गुण धर्मों को साधनापूर्वक देखा और परखा है। हम मीमांसावादियों ने जगत का विज्ञान घन अनुभव कर लिया है; हमने भव-संसार के धर्म और अधर्म का साक्षात्कार कर लिया है। हमने सृष्टि को देखा है; विश्व को धारा है; जगत को समझा है और भव-संसार के संतरण के लिये वैदिक सनातन वर्णाऽश्रम धर्म को प्राप्त किया है। हम चिरन्तन जीवन के सौन्दर्य, कल्याण तथा मंगल तथा मानव-जीवात्मा के परमधाम स्वर्ग के लिये ही चारों ओर इस मंगलमय विराट् को देखते रहते हैं...."

आचार्य शंकर ने सहसा बीच में ही कहा- "इस रहस्यमय अनन्त विराट में जगत प्राप्त किया जाता है और परमात्मा ही देखा जा सकता है- इस क्षणिक कर्म विपाक की परिणामी क्षण-भंगुर सृष्टि का विश्वास ही क्या है?"

सभा में सहसा चुपचापी छा गई। हठात् जैसे प्रकाश की कोई किरण कौंध गई हो। विश्वास? प्रमाण अथवा विश्वास? मानो एक अवनवीन प्रश्न सब के मन में मन्द आंधी में उड़ते हुए पत्ते की भांति उड़ने लगा। तब क्या सत्य के लिये प्रमाण नहीं, विश्वास की आवश्यकता है? क्या जगत और जीवन का ही प्रमाण प्राप्त किया जा सकता है; आत्मा-परमात्मा का नहीं; तब आत्मा-परमात्मा विश्वास मात्र हैं? मण्डन मिश्र ने अपनी तनिक झुलती हुई पुष्प माला की ओर देखा और ऊर्ध्व सांस लेकर कहा- "जो जाना जा सकता है, पाया

जा सकता है, उसका प्रमाण है। जो बुद्धि ग्राह्य नहीं है, वह सत्य कैसे होगा, पण्डितों!"

आचार्य शंकर ने जलद-गम्भीर स्वर में कहा- "जो जाना जा सकता है, जो पाया जा सकता है तथा जिसको प्रमाणित किया जा सकता है, वह अन्ततोगत्वा नहीं है- केवल आविर्भूत आश्चर्य भर है; क्षण स्थायी और क्षण भंगुर शाश्वत अनन्त अव्यय अनादि कैसे हो सकता है, पण्डित मन्य? महर्षि कपिल ने व्यक्त मात्र को अभिव्यक्ति में सनातन अविराम पूर्वाऽपर माना है; व्यक्त को उसके परिणामी स्वरूप में तो वह तिरोभाव नहीं मानते हैं? अव्यय को ही उन्होंने अनादि माना है।"

मण्डन मिश्र ने उत्ताल स्वर में कहा- "अनादि! अव्यय! अनन्त! यतीवर्य! यह शब्द सुन सुन कर हमारे रीढ़ कान अब बधिर हो गये हैं। अव्यय? अवश्य अनादि अव्यक्त से व्यक्त होती रहने वाली चेतना अव्यय है। हम प्राचीन काल से जानते आ रहे हैं रूप बदलता है- नाम के सम्बोधन परिवर्तित होते हैं- गति और विधि के प्रकार रूपान्तरित होते रहते हैं; किन्तु पदार्थ नहीं। परिणामी अव्यक्त होता है- इसलिये महर्षि कपिल ने अव्यक्त को परात्पर से भी परे की पूर्ण-गर्भा व्यक्त-चेतना माना है। उस अनादि पुरुष की दीप्तिवान छाया में यह सम्पूर्ण अव्यक्त, यह परिपूर्ण सृष्टि गर्भ जैसे पुंसवित होता है- 'ज्ञ' की इच्छा से ही यह अनिर्वचनीय भवितोऽर्मि प्रगट होती है...."

आचार्य शंकर- "परम ब्रह्म का एक से अनेक होने और होते रहने की इच्छा, मतिमान मिश्र जी! समस्या यही है यह चैतन्य पुरुष जड़ प्रकृति को अपनी छाया में लेता कैसे है? क्या अव्यक्त और 'ज्ञ' समानान्तर प्रागट्य हैं? क्या 'ज्ञ' चैतन्य और परिणामधर्मी मूल प्रकृति एक ही लव में प्रगट हुए अथवा 'ज्ञ' चैतन्य आविर्भूत हुआ और उसी ने अव्यक्त की कामना की? जड़ कृति है, मिश्र जी! स्वयं स्वयमेव न तो जड़ आविर्भूत हो सकता है और नहीं वह स्वरूप ग्रहण कर सकता है। चैतन्य ही अनादि है, अनन्त है- अव्यय है, महोदय! जिसका प्रमाण है, हो सकता है, जो प्रमाणित किया जा सकता है, वह जड़ है- अव्यक्त की क्षण-स्थायी व्यक्ति मात्र!"

मण्डन मिश्र ने अचकचाते हुए गर्जना सी की- "ज्ञ वस्तुतः बुद्धि का प्रज्ञात्मक बोध भर है; वस्तुतः और यथार्थतः तो अव्यक्त ही है। न्याय कार्य और कारण को भिन्न मानता आया है, अर्थात् अव्यक्त का व्यक्त से सम्बन्ध नहीं है। तब यह स्वयमेव अनादि सृष्टि होती कैसे है? न्याय कहता है, यह सृष्टि ईश्वर की इच्छा से-प्रेरणा से ही होता है- वही महर्षि कपिल का एक बिन्दु

तक प्रत्यक्ष है। गौतम महर्षि ने चरणों द्वारा गति और विधि क्रिया द्वारा सृष्टि की भविता की परीक्षा की। उनको कारण और कार्य का सम तथा सम्भूत पूर्ण सम्बन्ध प्रतीत नहीं हुआ- किन्तु हम मीमांसा शास्त्रियों ने सांख्य के तत्व बोध को यथा तथ्य स्वीकार किया है। मूल प्रकृति जड़ है अथवा चैतन्य इस व्यर्थ विवाद में हम नहीं पड़े हैं, यतीवर्य!"

आचार्य शंकर ने सस्मित कहा- "अवश्य, व्यर्थ विवाद में बुद्धिमान नहीं पड़ता; विवाद को सार्थक होना ही चाहिये। वास्तविक प्रश्न का ही यथार्थ उत्तर संभव है। मीमांसा के कर्म दर्शियों ने सांख्य के सृष्टि-तत्व और सृष्टि-प्रपंच की क्रिया को ही स्वीकार किया है, क्योंकि उनको व्यष्टि-समष्टि का संचालन करना तथा मानव योनि के जीव को धर्म-धारण के लिये सक्षम बनाना है। मीमांसा चिरन्तन मानव का जीवन-व्यवहार शास्त्र है- जीवन यापन की पद्धति है किन्तु मीमांसा द्वारा प्रतिष्ठित वर्णाऽश्रम धर्म का अन्तिम और आत्यंतिक उद्देश्य बन्धन मुक्त करना है। पूर्व मीमांसा कालक्रम से इतनी रूढ़ हो गई है कि उसने स्वर्ग और उसके परमसुख को ही मृत्युलोक में मानव का वास्तविक उद्देश्य मान लिया। जगत और जीवन के यतियों ने स्वर्ग को जाना है; नहीं जाना है; ऐसी बात नहीं है। तत्वतः स्वर्ग, नर्क और पृथिवी के भवों में सार रूप कोई अन्तर नहीं है। स्वर्ग पुण्य भोग की मंगलमय भूमि है; नर्क पाप भोग की भूमिका है और यह मृत्यु लोक-पृथिवी मण्डल-पाप तथा पुण्य के भोग की कर्म भूमि है- बन्धन से मुक्ति न मुत्यु लोक में है; न नर्क में और नहीं स्वर्ग में। मोक्ष लोक-लोकान्तरों में भी नहीं है। भव-कामना तामसिक है; राजस है और सात्विक भी है किन्तु कामना भवेच्छा है- बन्धन में बंधना है। जीवात्मा इसी संक्रामक माया-प्रणीत बन्धन से मुक्ति चाहता है- दुःख से छुटकारा चाहना और अधिक से अधिक स्थायी, पूर्ण परम सुख भोगने की शाश्वती इच्छा और प्रीति की अक्षय जीवन रति-यह चिद्विलास, यह रमणीय, सुन्दर सुघड़ अनन्य लीला, जो कुछ कहो अथवा मानो अन्त में है क्या? आत्मा की अज्ञानजन्य धारणा, भ्रान्ति! जगत अन्ततोगत्वा सत्य नहीं है; भव संसार अन्ततोगत्वा बन्धन भर है। अतः कारण, कार्य-अव्यक्त व्यक्त संज्ञान मात्र, चेतना मात्र, अनुभूति मात्र क्षल्लुक है; असार है; मिथ्या है- माया की सम्मोहमयी संभ्रान्ति मात्र-स्वप्न, महाशय मण्डन!"

"तब चैतन्य कौन है?" मण्डन मिश्र ने पूछ लिया।

"मैं, आत्मा!" आचार्य शंकर ने कहा- "मैं का यह 'ज्ञ' और अव्यक्त उसका चिद्विलास मात्र है, मण्डन मिश्र!"

मण्डन मिश्र ने सिर धुना कर कहा- "आचार्य! बुद्धि स्वीकार नहीं करती। सृष्टि का रहस्यात्मक अकारण सम्बन्ध, सम्पर्क, सम्प्रेषण, संघटन, समन्वय-भविता मात्र-मैं कार्य-कारण की गर्भित एकता द्वारा ही मानता हूं। रहस्यात्मक और अकारण यह सृष्टि प्रपंच नहीं है। सृष्टि अपने अविराम अनन्त सृजन में सम है; पूर्ण है। उत्पत्ति सम्पूर्ण भावमयी है, स्थिति नितान्त और अनन्य सम प्रणीत है और लय? अक्षय है, आचार्य! कार्य की उत्पत्ति और नाश सत्ता का, सत्य का, होना अथवा नहीं होना नहीं है- अव्यक्त से व्यक्त होना और व्यक्त का पुनः अव्यक्त होना, होते रहना यही सृष्टि तथा उसके कल्प हैं- सर्ग हैं, प्रलय हैं। अव्यक्त मूल प्रकृति ही पूर्ण परिपूर्ण सत्य है। जो है ही नहीं, वह उत्पन्न नहीं हो सकता, जिसमें जो कुछ नहीं है, वह उसे उत्पन्न नहीं कर सकता। कारण- कार्य सत्य हैं; सत्य सम्बन्ध है, सत्य की ही व्यक्ति है और यही धर्म है, आचार्य! जगत और भव संसार के समस्त कारण मूल प्रकृति के सम गर्भ में सुषुप्त हैं। यह क्रीदर्शी मनीषी मूल प्रकृति ही परात्पर परमपूर्ण परमेश्वर्यमयी पूर्ण-पूर्ण पूर्णातिपूर्ण व्यक्त-चेतना है; यह भव-भवों की महीयसी इच्छा है- यही ज्ञान और विज्ञान का आपके कथनाऽनुसार चिद्विलास है। ब्रह्म का नहीं, मूल प्रकृति का, माया का, यतीवर्य! माया के परे और पार- मैं अनादि शाश्वत जीवात्मा हूं क्या?"

"अवश्य हो-आत्म स्वरूप!" आचार्य शंकर ने जलद गंभीर स्वर में कहा- "चैतन्य, सच्चिदाऽनंद रूप।"

मण्डन मिश्र ने सहसा जैसे कहा- "मैं सृष्टि स्वरूप हूं; सुख-रूप हूं। सुख से जन्मता और सुख-प्राप्ति के लिये क्रिया करता हूं। आनन्द और सुख में केवल काल्पनिक भेद किया गया है। सत् है तो उसकी अनुभूति भी है-अहम् 'मैं' से इस सत् की जीवात्मा को अनुभूति होती है अभिन्न, अविभाज्य, गूढ़ अन्तर्निहित! मीमांसा कहती है, शक्तस्य शक्य कारणात्। कारण में कार्य उत्पन्न करने की शक्ति है; इस शक्ति का सम्बन्ध कार्य से मानना आवश्यक नहीं है- किन्तु कार्य अनेक हैं और उनके कारण भी अनेक हैं। अतः अन्ततोगत्वा यह स्वीकार करना ही होगा कि कारण में ही कार्य निहित है; पूर्ण-परिपूर्ण है...."

आचार्य शंकर ने हंस कर कहा- "और यही पूर्ण भृत शक्ति आपके मत में शक्ति है- सत्? सांख्य अन्ततोगत्वा कारण और कार्य में सत रूप-अभेद सम्बन्ध मानता है, मिश्र जी! कारण और कार्य का अभेद सम्बन्ध ही है- भेद सम्बन्ध नहीं अतः यह पूर्ण परिपूर्ण शक्ति सम्यक् कारण द्वारा सम्यक् समीचीन कार्य व्यक्त करती है। मूल प्रकृति को आपश्री शक्ति कहें, इसमें

आपत्ति क्या हो सकती है? परन्तु क्या यह शक्ति चैतन्य है, ब्रह्म चैतन्य है? मूल प्रकृति गुण-साम्याऽवस्था है; यही महर्षि कपिल ने कहा है- सिद्ध किया है। मूल प्रकृति-अव्यक्त के आविर्भाव का क्या कोई कारण नहीं है? है, महोदय! अदृष्ट-अपूर्व! अदृष्ट का परिपाक होने पर अव्यक्त मूल प्रकृति अपनी साम्याऽवस्था व्यक्त होने एवं होते रहने के लिये अधीर होकर त्यागने लगती है- किन्तु व्यक्त अविराम होते हुए भी शाश्वत और अनादि नहीं है। व्यक्त एक क्षण का। यही अव्यक्त का परिणामी होना है- व्यक्त मूल प्रकृति का परिणाम धर्मी व्यक्त है परन्तु क्या महर्षि कपिल ने इस गूढ़ातिगूढ़ सूक्ष्माऽतिसूक्ष्म अपर-पर तथा परात्पर प्रकृति को चैतन्य माना है? पुरुष की धारणा ही उनको करनी पड़ी है- यह पुरुष-चेतना परम ब्रह्म की अज्ञानाच्छादित बहुस्याम इच्छा की व्यक्ति हैं। हम यतियों ने प्रकृति-पुरुष को देखा है; जाना है और सर्व शक्ति मान सर्वतोभद्र, सर्वोऽपकारी सदार्द्र मंगलमयी ब्रह्माणी को इनकी जननी स्वीकार किया है- सगुण मात्र शक्ति स्वरूप है- अतः संज्ञान है; चेतना है- ब्रह्म अथवा आत्म-चैतन्य नहीं। शुद्ध-बुद्ध निर्लिप्त असंग तथा निरामय अनुपम आत्मा ही ब्रह्म-चैतन्य है- सागर की लहर की भांति जल राशि के बिन्दु के समान यह ब्रह्म मान्यता है, संकल्पित स्वरूप् है- नाम है। सांख्य सृष्टि को सिद्ध करता है; ब्रह्म को नहीं। व्यक्त अव्यक्त तक को जब प्रमाणित नहीं कर सकता, जड़ जब चैतन्य को सिद्ध नहीं कर सकता, तब सांख्य अथवा शास्त्र आत्मा को प्रमाणित कैसे करेंगे? जड़ को सिद्ध करना होता है; प्रमाणित करना होता है। आत्मा स्वयं स्वयमेव अपना ही सत है; चिद् है- आनन्द है। अतः हम यती, सन्यासी सांख्य के सिद्ध वाक्यों द्वारा आत्मा नहीं देखते, मिश्र जी!"

मण्डन मिश्र ने हठात् कहा- पूछा- "तब आत्मा शास्त्र-नयनों से नहीं देखा जा सकता? जब जगत देखा जा सकता है; जीव का अनुभव किया जा सकता है- विद्या प्राप्त की जा सकती है- जीवन जीया जा सकता, जन्मा और मरा जब जा सकता है, तब आत्मा क्यों नहीं? आचार्य! आत्मा ही सत्य है तो वह देखा जा सकता है- जाना जा सकता है, अवश्य। सांख्य ने कहा है बुद्धि से परे जो पुरुष है, अपने स्वरूप् सदा विशुद्धि, औदासीन्य विद्या आदि के द्वारा मोह पूर्वक बुद्धि स्थित होकर उसको आत्मसात् करना चाहिये अर्थात् पुरुष को बुद्धि द्वारा स्वयं चैतन्य में जाग्रत होकर देखे, जाने और प्राप्त करे...."

आचार्य शंकर ने कहा- "जीवात्म भाव क्योंकि अज्ञानाच्छादित अहम् भाव है, निस्संदेह बुद्धि द्वारा जाना जा सकता है किन्तु वह भी प्रज्ञा स्थित होकर ऋत से समस्त जीवन चेतना को उद्दीप्त कर जीवात्मा स्वयं के अनादि अहं

को जान सकता है। पुरुष और प्रकृति आत्मा के स्वयं प्रकाशित आलोक में परा-पदार्थ की भांति ही जाने गये हैं। महर्षि कपिल के उन्मीलित लोचनों से अन्ततोगत्वा मूल प्रकृति को जाना, पुरुष को देखा तथा अव्यक्त से व्यक्त और व्यक्त से अव्यक्त की चेतना प्रक्रिया को भी जाना अर्थात् पुरुष, प्रकृति और जगत-सृष्टि ज्ञेय और ज्ञान हैं, आत्मा नहीं। ज्ञाता स्वयं ज्ञानी है; उसको स्वयं का प्रत्यक्ष करना है; स्वयं को तो वह जानता ही है। बुद्धि द्वारा ज्ञाता अपने अहम् को और अपने प्रारब्ध को ही जानता है, अनुभव करता है।"

मण्डन मिश्र ने पूछा- "आप मुझको जानते हैं, तो क्या मैं जड़ हूं, चैतन्य जीव नहीं?"

आचार्य शंकर ने हंस कर कहा- "आपश्री क्या हैं, यह क्या आपश्री नहीं जानते? क्या हैं आप?"

"मैं क्या हूं?" मण्डन मिश्र ने सिर धुन कर जैसे स्वयं से ही पूछा- "मैं, मैं हूं, कई बार तो कहा- आचार्य!"

"अवश्य कहा और मैंने भी कई बार पूछा।" आचार्य शंकर ने गम्भीरता पूर्वक कहा- "किन्तु निश्चय हुआ क्या कि आप क्या हैं; कौन हैं- मैं क्या हूं; कौन हूं? मैं, मैं हूं! कह देने भर से क्या अकाट्य, अटल, सुनिश्चित निःसंशय उत्तर मिलता है?"

"निःसंशय उत्तर?" मण्डन मिश्र ने पुनः जैसे स्वयं से ही पूछा- "यह निःसंशय उत्तर है क्या, यतीवर्य?"

आचार्य शंकर ने हंस कर कहा- "जो जाना जाय, अनुभव किया जाय, जो भोगा जाय तथा बांधा जाय, जो हो, हो सके और होता हुआ सदा परिवर्तित होता रहे, वह जड़ है; ज्ञेय है; ज्ञान है- विद्या! आत्मा सनातन से अज्ञानाच्छादित है; भ्रम भरे अध्यासों से भरा पूरा है; अतः वह स्वयं के जीवात्म भाव, अहम् को सृष्टिगत जानता है। मैं यह हूं- वह चिर काल से जानता आया है; सनातन से वह स्वयं को अनेक रूपों में कल्पता आया है- किन्तु यह उसका ज्ञेय तथा ज्ञान उसका स्वांग भर है; मान्यता मात्र! आत्मा सृष्टि, स्थिति और प्रलय हीन-इदम् से रहित-स्वयं लीढ़ ज्ञानाऽनुभव है, मिश्र जी!"

"ज्ञानाऽनुभव?" मण्डन मिश्र ने पूछा।

"आत्म ज्ञान, महाशय!" आचार्य शंकर ने सस्मित कहा।

23

दृष्टाऽध्यक्षा उभय भारती ने ठट्ट भरी हुई सभा की ओर अपने किञ्चित् चकित् तथा क्वचित् हसित सरोज नयनों की मंद्र उन्मन किन्तु तनिक सिहरी हुई दृष्टि से देखा और कहा- "पण्डितों, पण्डितमन्यों, मनीषियों, आचार्यों, शिष्ट सन्मान्य नागरिकों! माहिष्मती का यह बहु-चर्चित शास्त्रार्थ अपने अन्तिम चरण में प्रविष्ट कर रहा है। जैसे आपने और मैंने यतीवर्य आचार्य श्री शंकर स्वामी तथा महाशय मनीषी मण्डन मिश्र महोदय को सुना और इस विलक्षण शास्त्रार्थ के अन्त तक सुनेंगे- इस मुह्यमान मनस्वी वार्ता के प्रतिघोष आने वाली शताब्दियों तक शास्त्र-व्यसनियों के शिक्षित कर्ण सुनते रहेंगे। हठात् जिव्हायें इस दिव्य उद्बोधन को परस्पर कहती रहेंगी- आर्याऽवृत का आकाश इस निर्मल पवित्र पुनीत शास्त्रार्थ के मुखर स्वरों से सदैव गूंजता रहेगा और यह धरती अपने इन दो महान सुपुत्रों के लिये गर्व से बेसुध एवं गरिमा से उत्फुल्ल बनी रहेगी। यती शंकर, आचार्य श्री ने श्रुति-कथित चैतन्य को, परम ब्रह्म को प्रथम, मध्य और अन्तिम आत्यंतिक सत्य बता कर जगत, जीव, भव-संसार-समूची सृष्टि, उसकी स्थिति तथा लय को अज्ञान जन्य अध्यास मात्र माना है- आचार्य माया को अज्ञान, जीव को ब्रह्म-भविता-भावना तथा जगत एवं संसार को क्षण-स्थायी स्वप्न-सुख कहते हैं- आचार्यश्री का उद्घोष है; ब्रह्म सत्यं जगन्मिथ्या! सर्व खलु इदम् ब्रह्म!"

उभय भारती ने अपने संवेग को तनिक थामा और पुनः विशाल सभा मण्डप के शिष्ट-विशिष्ट मुख मण्डलों को देखा; तनिक घूरा और स्वयं ही शिथिल होते हुए निहारा। फिर आचार्य शंकर की ओर देखकर कहा- "तब पण्डित मन्य मीमांसा चक्रवर्ती मनीषी मण्डन मिश्र का शास्त्र विहित कथन है; यह जगत

और जीव यथार्थ है। इस जगत में ज्ञाता को जो ज्ञान होता है; सत्य है। इस जगत का प्रत्येक ज्ञेय पदार्थ अपने द्रव्यों एवं गुण धर्मा सहित काल बद्ध होते हुए भी अविराम चिरन्तन तथा परिपूर्ण है। यही ब्रहम है; यही सत्य है। इस पृथिवी पर मानव योनि का लक्ष्य मंगल जन्य मंगलमय पुण्य कर्म करना है। जिससे देहाऽवसान के पश्चात् परम सुख का स्वर्ग जीवात्मा को प्राप्त हो। महाशय मण्डन मिश्र का कथन है, ईश्वर आत्मा परमात्मा की धारणा एक विश्रान्त ऊहापोह है। मानव बुद्धि के भ्रम का अन्तिम भ्रम विवेक मात्र है अथवा यह जगत के जीवन का सुथरा विभ्रम विवेक है। अवश्य प्रतिपल जगत का प्रत्येक रूप परिवर्तित होता है; जगत का नाम गूंज कर मौन हो जाता है- किसी आश्चर्यमय अगाध से यह जगत अपनी इच्छा से आविर्भूत होता रहता तथा जीवात्माएं अपने प्रारब्धाऽनुसार इस जगत को भोगते रहते हैं-मण्डन मिश्र के मत में एक है ही नहीं, अनेक हैं। अभेद धारणा मात्र है- भेद ही वास्तविक है अतः सत्य। क्षण-क्षण के परिवर्तन को लेकर शास्त्र जीवात्माओं के जन्म-मरण एवं भवचक्र के सन्देह में नहीं पड़ें। अनिवार्य जन्म तथा अनिवार्य मृत्यु से यह स्वतः सिद्ध है कि जीवात्मा प्रतिपल निश्चिन्त परम सुख चाहता है- परम सुख ही जीवन का एक मात्र लक्ष्य है- मोक्ष-नहीं, मुक्ति नहीं। मुक्ति? पण्डित मन्य मण्डन मिश्र के मत में जीवात्मा धर्म-अधर्म से छूटकर निस्पंद, निस्संबंधित तथा निष्क्रिय हो जाता है। इच्छा ज्ञान तथा क्रिया के बने रहते हुए भी जीवात्मा जब स्वेच्छा से मुक्त होता है- तब उसकी मुक्ताऽवस्था होती है। जीवात्मा जगत और जीवन का स्वाभाविक प्रेमी, मनीषी तथा कालाकार है। जीवन के परे और पार कोई भी चेतना कल्पित नहीं की जा सकती है। कल्पना मात्र-धारणा मात्र जीवन की चेतना से ही उद्भूत होती है। अतः वेदान्त का ब्रहम अप्रमाण्य होने से तथा बुद्धि एवं इन्द्रियों द्वारा अग्राह्य होने से केवल चकित एवं स्तम्भित प्रज्ञा की धारणा भर है।"

सहसा सभा मण्डप में दूर बैठे हुए अभिनव गुप्त ने उठ कर कहा- "श्रीमती श्री! यती शंकर जगत, जीव, सृष्टि मात्र को मिथ्या मानते हैं। जड़! जो ज्ञान नहीं है, वह चैतन्य नहीं है-जो ज्ञाता नहीं है, वह ज्ञेय है। ज्ञेय का संज्ञान है। यह विलक्षण आचार्य परम शिव, सदाशिव, शिव-शक्ति-पुरुष-प्रकृति आदि सिद्ध तथ्यों को केवल ब्रहम का अज्ञान जनित अज्ञान जन्य चिद् विलास मात्र मानता है। श्रीमती, यह यती मुझसे शास्त्रार्थ करने को तैयार नहीं हुआ...."

आचार्य शंकर ने सहसा कहा- "मैं अपने पट्ट शिष्य को प्राप्त कर लूं- तब आपश्री से यथोचित वार्ता होगी। क्यों नहीं होगी? मैं यती हूं; सन्यासी हूं- जय

नहीं चाहता; पराजय नहीं चाहता। विभूति-भूति नहीं चाहता। महोदय! मैं तो भवारण्य में भयभीत एक जीवात्मा हूं। भवानी, भवानी, भवानी पुकारता रहता हूं।"

अभिनव गुप्त ने प्लुत-गंभीर स्वर में कहा- "तब सगुण ब्रहम अर्थात् सदाशिव, शिवा शिव-शिव तत्व में मानते हो?"

आचार्य शंकर ने हंसते हुए कहा- "आपश्री जो कहें उसको मान लेना ही चाहिये क्या? शिव तत्व है; परम ब्रहम! किन्तु प्रश्न जगत, जीव, ईश्वर-माया-अज्ञान के अस्तित्व को आत्यंतिक ज्ञान मान लेने का है। मैं शिव में ही मानता हूं- चिदाऽनंद रूपम् शिवोऽहम्! आचार्य अभिनव! मैं जिसको मानता हूं- जानता हूं- जान सकता हूं और अनुभव करता हूं, वह सब चिदाऽनंद आत्मा का अध्यास भर है- अज्ञानाच्छादित स्वयं की विस्मृत स्थिति का संभ्रम मात्र है। ब्रहम सगुण भी है; निर्गुण भी है; गुणाऽतीत और कैवल्य भी है। ब्रहम ही है, जगत नहीं; जीव नहीं- यह सब कुछ नहीं।"

मण्डन मिश्र ने सहसा बीच ही में पूछा- "तब मेरा अपना स्वयं अनुभव? मेरा जगत का मुक्ताऽनुभव? यह सब, यथार्थ क्या है, आचार्य?"

"ब्रहम की माया-शिवा की सृष्टि, क्षणिक अविराम किन्तु अन्ततोगत्वा मिथ्या!" आचार्य शंकर ने गंभीर किन्तु मुदित स्वर में कहा- "ज्ञाता ही चैतन्य है; यह पदार्थ तथा उसका ज्ञान मिथ्या है; भ्रम है- माया!"

महाशय मण्डन मिश्र ने कन्धे उझकाये; कहा- "तब ज्ञेय और उसके ज्ञान का आविर्भाव देश और काल सब कैसे?"

"चैतन्य परम ब्रहम की इच्छा।" आचार्य शंकर ने सस्मित कहा- "जो स्वयं ज्ञान स्वरूप है, वही चैतन्य मय और आनन्द घन सत्य परमात्मा है, मिश्र जी! ज्ञेय से एक दिवस ज्ञाता का मन भर जाता है; ज्ञेय का ज्ञान अनुभूति में अल्प प्रतीत होता है और अधिकाधिक जानने की इच्छा बनी रहती है। क्यों? इसलिये कि जगत का ज्ञान संज्ञान मात्र है, विज्ञान भर है। जीवात्मा जगत को अपने प्रारब्धाऽनुसार और अनुरूप ही जानता है; जान सकता है। जगत को पूर्णतः परिपूर्ण रूप से अल्पज्ञ जीवात्मा जान ही नहीं सकता। जीव जगत का भोक्ता है; कत्र्ता नहीं। परमात्मा ही जगत का निमित्त और उपादान कारण है। आपश्री यह भलीभांति जानते हैं कि अनन्त कोटि ब्रहमाण्ड जो परमेश्वरी की इच्छा से परमेश्वरी रचती रहती हैं, वह कालाऽधीन तथा देश से बंधे, तृष्णाऽतुर जीव अखिल-निखिल परिपूर्ण में जान नहीं सकता और नहीं भोग सकता है। इसीलिये विषयों का भोग क्षणिक है; अतः अनित्य है- असार है, सत्य यही है कि जिसे

जानना पड़े, प्राप्त करना पड़े- वह नित्य और शाश्वत हो ही नहीं सकता। ज्ञान ही नित्य है; शाश्वत है; अनादि है; ज्ञान ही अमृतमय है। ज्ञान अर्थात् आत्मा, आत्मा अर्थात् परमात्मा इसीलिये वेदान्त ने उद्घोष किया है- यह सब ब्रह्म ही हैं, ब्रह्म के सिवाय अतिरिक्त तथा रिक्त कुछ भी नहीं है, कुछ भी नहीं था, कुछ भी नहीं होगा। यह सृष्टि उस परात्पर परमेश्वरी के सौन्दर्य की छाया मात्र है- माया। पण्डितों, देहाऽभिमान से ऊपर उठो; कारण के उपरान्त हो जाओ और अपने सच्चिदाऽनन्द कैवल्य में लीन हो जाओ-वहां केवल परम ब्रह्म का सत्यम् ज्ञान अमृतम् प्रत्यक्ष होगा। उस परम स्वयं ज्योतिर्मय प्रकाश में अनन्त कोटि सृष्टियों अपने अनन्त कोटि प्रलयों के साथ एक रहस्यमय छाया ही प्रतीत होगी- जब जीवात्मा देखता है, तो जगत और भव संसार दिखता है। जग तथा आत्मा देखता है, तो जरा भव संसार यह छाया माया स्वयं ही लुप्त हो जाती है- इस अनादि रहस्यमय आश्चर्य संभूत का भेद हो जाता है। सभी भय दूर हो जाते हैं; सभी भीतियों का शमन हो जाता है। जीवात्मा अपना भयभीत जन्म-मरण भाव त्याग कर स्वयं के ज्ञानमय अमृतमय आनन्द स्वरूप में लीन हो जाता है- यही परमात्मा का साक्षात्कार है; यही मोक्ष है, महाऽनुभावों!"

सभा-मण्डप में एक सहमी किन्तु जाग्रत ध्वनि उठी। महाराज्य पण्डित अनन्त शंकर वेद मनीषी ने उठ कर अध्यक्ष की ओर होते हुए कहा- "तब क्या हमारे मीमांसा-चक्रवर्ती पराजित हो रहे हैं? देखें, क्या उनके कम्बु-कण्ठ में सुशोभित माला के पुष्प मुर्झा रहे हैं?"

मण्डन मिश्र ने तपाक से अपने कण्ठ में झूलती हुई किन्तु विस्मृत पुष्प-माला की ओर देखा और हथेली में उसको लेते हुए कहा- "यह अवनवीन माला वैसी ही है...."

आचार्य शंकर ने बीच ही में सस्मित कहा- "पण्डित मन्य, इस संभ्रमित जगत की एक भी वस्तु प्रति पल नवीन होती जाती है। इस पुष्प माला का जगत-तत्व जैसा था, वैसा नहीं है-बदला है। यह अखिल-निखिल ब्रह्माण्ड परम ब्रह्म की दिव्य विज्ञान सत्ता का उद्भव है और प्रति लव व्यक्त होता रहता है तथा प्रतिपल तिरोहित भी होता रहता है। जड़-धर्म यही है। विज्ञान जगत की गूढ़ गहन रहस्यमय आश्चर्य चकित कर देने वाली शक्ति है, जो चैतन्य की अमोघ इच्छा से ही प्रगट होती है। परम ब्रह्म ही सत् की अपनी बिम्ब प्रतिबिम्बात्मक सत्ता की रचना करवाता है; परम ब्रह्म ही उस सत् में चित्त स्वरूप प्रविष्ठ होता है। सत्-चित् स्वरूप यह परात्पर विज्ञान घन स्वयं उद्भासित और तिरोहित आश्चर्यमयी विलक्षण माया सदाशिव की-ब्रह्म की-एक से अनेक

होने और होते रहने की जीजिविषा की कामना है। यह जगत मूल-प्रकृति का आत्म विस्मृत तुकहीन तथा तूलहीन निरुद्देश्य केवल जड़ की अभिव्यक्ति का व्यापार नहीं है और नहीं यह भव-संसार, यह लोक-लोकान्तर सृष्टि-सुन्दरी का क्रूर पैशाचिक व्यभिचार ही है।"

मण्डन मिश्र ने बमकते हुए कहा- "मेरी माला वैसी ही उत्फुल्ल है, जैसी आपकी, आचार्य!"

आचार्य शंकर ने कहा- "यह जड़ पुष्प् माला मेरी इच्छा के अधीन है; अन्तर्गत है। मैं परम आत्म-चैतन्य अनन्त कोटि ब्रह्माण्डों को अपने अमोघ चैतन्य से जैसा का तैसा, ऐसा और वैसा-यथापूर्व रख सकता हूं। यही आत्म वत् सर्वभूतेषु चैतन्य है, जो मैं सच्चिदाऽनंद शिव रूप हूं। आपश्री क्या हैं? आपश्री जगत को तथा स्वर्ग को ही अपने चिद् विलास की अटल सीमायें मानते हैं। परमाणु और जीवाणु आपकी प्रज्ञा की इति है। जड़ को आप इच्छामय, ज्ञानमय और क्रियामय मानते हैं, तो कृपया इस माला को मुरझने से बचा लीजिये- जीवात्मा जड़ को ही प्रभु मानता है तो जड़ के धर्माऽधर्म से ग्रसित होकर स्वयं भी अन्धकार का मेघ होकर चित्त के उदासीन आकाश में जैसे बरसने लगता है- समझता है, चेतना की वर्षा कर रहा है; परन्तु सत्य तो यह होता है, ऐसी मूक अवस्था में जीवात्मा स्वयं रीता होकर स्वयं ही मूढ़ हो जाता है- वह जड़ मति हो जाता है। मनीषी वह है, जो चैतन्यमति हो।"

"तब मैं मूढ़मति हूं?" मण्डन मिश्र ने तपाक से पूछा।

"जो जगत में मानता तथा जगत के ज्ञान को ही अन्तिम ज्ञानाऽवस्था मानता है, जो परमेश्वर में विश्वास नहीं करता अथवा कर सकता- जो कर्म के अनादि रहस्यमय चक्र, भव- संसार को देखता और उसका विवेचन करता रहता है, जो जन्म तथा मृत्यु की समीक्षा मात्र करता तथा जो भव-संसार से तर कर मोक्ष की पिपासा से व्याकुल नहीं होता, जो जगत को बार-बार जन्म कर भोगता ही रहना चाहता है, जो रोग और शोक, राग और द्वेष में छटपटाये रहना चाहता है, जो भेद और उनके भ्रमों में मानता है तथा जो अभेद का विचार तक नहीं करता, वह व्यावहारिक सत्ता में विश्वास करने वाला बुद्धिवान मानव मूढ़ मति है। शास्त्र जगत तथा भव-संसार के लिये है, विद्या आत्मा के लिये, मिश्रजी!"

मण्डन मिश्र ने मानो पुनः दृढ़ संकल्प कर कहा- "अच्छी बात है। मैं माने लेता हूं 'तत्वमसि' वाक्य जीव और ईश्वर के अभेद को आपाततः प्रकट करता है। वस्तुतः यह वाक्य यज्ञादि के कर्त्ता जीवात्मा की गरिमा को ही प्रस्तुत करता है। जीव! तू ब्रह्म है, यह कहना जीव के लिये अनन्य महिमा से युक्त है।

इसीलिये आपश्री का यह वेदान्त महाकाव्य विधि का अंगीभूत वाक्य है, आचार्य! यह किसी सिद्ध वस्तु का वर्णन नहीं करता किन्तु साध्य का ही वर्णन करता है।

आचार्य शंकर ने हंसकर कहा- "यह आपका कोरा तर्क मात्र है, मिश्रजी 'आदित्यो यूपः' वाक्य से यूप को आदित्य रूप प्रतिष्ठित किया जाता है- यह कर्मकाण्ड का वाक्य विधि अंग है; किन्तु 'तत्वमसि' 'अहं ब्रह्मास्मि' वाक्य ज्ञान-काण्ड के वाक्य हैं। अतः यह वेदान्त महा वाक्य काव्य कर्म काण्ड की विधि के वाक्य नहीं हो सकते। ज्ञानोद्गार ऋषियों का साक्षात्कार है, मुनियों का मंत्र है और मनीषियों के लिये श्रुति मात्र है। प्रत्येक विधि वाक्य यज्ञ कर्म की विधि आदि का निरूपक वाक्य है- शास्त्र वाक्य, महाशय! शास्त्र वाक्य ज्ञानोद्गार नहीं हो सकता।"

मण्डन मिश्र ने मुंह बिचकाते हुए कहा- 'अच्छा? उपनिषदों में 'मनो ब्रह्मत्युपासित' 'अन्नं उपास्व!' इत्यादि श्रुति वाक्य हैं- इनका क्या तात्पर्य है, यतीवर्य! कर्म की शुद्धि के लिये यह श्रुति वाक्य, मन, अन्न, सूर्य आदि को ब्रह्म समझने का उपदेश करते हैं- यह समस्त जगत आपश्री ब्रह्ममय बताते हैं। अतः ऐसे श्रुति वाक्य क्या अभिधायक वाक्य नहीं हैं? आचार्य श्री! 'तत्वमसि' का वास्तविक अर्थ तो जीव की, ब्रह्म की ओर दृष्टि करना है- यह तथाकथित महावाक्य जीव को ब्रह्म की ओर दृष्टिपात करने को प्रेरित करता है। यह वाक्य जीव का ब्रह्म की ओर उन्मेष मात्र है; ब्रह्म जीव की एकता का प्रतिपादन यह आपश्री का प्रथम महावाक्य नहीं करता-जीव को जगत की कर्म परिधि से उपरान्त, देश और काल के परे चिन्तन करने के लिये प्रेरित करता है, यह 'तत्वमसि' वाक्य! अवश्य, मैं अनुभव करता हूं, कभी-कभी जैसे अपनी सीमाओं के परे खोकर विचारता हूं और तब...."

आचार्य शंकर- "तब, मण्डन मिश्र? तब!"

"तब?" मण्डन मिश्र ने क्षितिज की ओर अज्ञात ही दृष्टिपात करते हुए कहा- "तब मैं अनादि शाश्वत जीवात्मा 'रात्रि सत्र' करने लगता हूं। सोम याग, आचार्य!"

आचार्य शंकर ने गंभीर स्वर में कहा- "उपासीत! उपास्य! आदि वाक्य लिंग-लोट् लकार के सूचक व्याकरणीय पद हैं; 'तत्वमसि' वाक्य में लिंग, लोट् लकार का अभाव है। 'असि' वर्तमान काल का सूचक है- यह नित्य शाश्वत ब्रह्माऽनुभूति का वाक्य है। अतः विधि वाक्य नहीं है। आपश्री रात्रि सत्र-सोम याग-कर केवल जीव की ब्रह्म-प्रतिष्ठा ही सुनेंगे। ब्रह्म-प्रतिष्ठा फल है, मिश्र जी! ब्रह्म प्राप्तव्य नहीं है। जीव ब्रह्म को प्राप्त नहीं करता- वह स्वयं ब्रह्म

है। अतः 'सोम याग' से आप स्वयं को ब्रह्म के समान गुरु महतो महीयान् अनुभव करेंगे- किन्तु स्वयं को ब्रह्म स्वरूप् नहीं।"

मण्डन मिश्र ने तपाक से अधीर स्वर में पूछा- "ब्रह्म वद ब्रह्मैव भवित।" यह वाक्य क्या मुक्ति फल का इंगित नहीं करता? अतएव यह विधि-वाक्य नहीं है? ब्रह्म-प्रतिष्ठा फल है तो मुक्ति भी तो फल हुई, आचार्य!"

आचार्य शंकर- "मुक्ति फल है? क्या मुक्ति उपासना द्वारा प्राप्त होती है? यदि ऐसा ही आप श्री का मत है तो फिर स्वर्ग के समान 'मुक्ति' को भी अनित्य परम सुखाऽवस्था ही मानना होगा, मिश्र जी! मुक्ति-मोक्ष प्राप्तव्य वस्तु नहीं है, वह तो ब्रह्म और जीव की एकमेक घनरस एकता है। उपासना द्वारा 'मुक्ति' प्राप्त नहीं होती; मुक्ति देश काल के बन्धन से रहित, भवेच्छा से रिक्त तथा जगत से हीन, उपरान्त होने से ही जीवात्मा के गहन अन्तरात्मा में अटल वैराग्य वृत्ति की भांति प्रगट होने लगती है- आत्मा तो मुक्त ही है, मिश्र जी! उसको अपना धारित कल्पित अज्ञान ही हटाना है- अज्ञान! ज्ञानी जगत और जीवन के इस चिरन्तन चिद् विलास से स्वयं ही मुह्यमान होकर स्वयं को नहीं जानने वाला, आत्म विस्मृत जीवात्मा स्वरूप धारित करता है।"

मण्डन मिश्र ने ऊर्ध्व सांस लेकर तर्क प्रस्तुत किया- "ऐसा? तब आचार्यश्री! यह 'तत्वमसि' वाक्य ब्रह्म और जीव का साद़ृश्य ही प्रतिपादित करता है। वेदान्त ब्रह्म और जीव की एकता मानता है, प्रतिपादित करता तथा जगत एवं भव-संसार को ब्रह्ममय ही बताता है किन्तु मीमांसा ब्रह्म और जीव की अधिकाऽधिक नित्य एवं समान स्थिति स्वीकार कर सकता है। जीव ब्रह्म का अज्ञान-जनित संकल्प नहीं है- उसमें ब्रह्म सद़ृश्य ही समस्त सम्पदा है।"

आचार्य शंकर ने सस्मित जलद-गंभीर स्वर में कहा- "तब आप, महोदय मण्डन मिश्र! आत्म तत्व पर विचार करने के लिये तत्पर हैं? हो गये हैं? क्या आपश्री आत्मा के चैतन्य का आत्यंतिक अस्तित्व स्वीकार करना चाहते हैं? लोकायत से लगा कर मीमांसक सच्चिदाऽनंद आत्मा की अनादि शाश्वत अस्ति को स्वीकार नहीं करते- स्वीकार करना नहीं चाहते। सांख्य तत्त्वदर्शी ने गहनातिगहन, अव्यक्त, परात्पर, गूढ़, जड़, तम-सम, तमस्रिता, आच्छादित मूढ़ निस्पन्दन को देखा और परखा; किन्तु वह स्वयं उस अथाह रहस्य में खो गया। उसने ज्ञाता को जैसे पहिचाना; किन्तु स्वयं के स्वरूप में! महर्षि कपिल स्वयं ज्ञाता थे अपनी दृष्ट अव्यक्त मूल प्रकृति को किन्तु जड़ की व्यक्त हलचल को- गुण-विमर्श को महर्षि ने इच्छा, ज्ञान और क्रिया स्वरूप चेतना माना। यह तम मूढ़ साम्य अव्यक्त क्या स्वयं की इच्छा से व्यक्त होने लगता

है? क्या जड़ स्वयं ही स्वयं का बोध कर इच्छा कर सकता है? गुणमयी और गुणाऽश्रयी मूल-प्रकृति तो सृष्टि का मंत्र-तंत्र है। इस दिव्य परात्पर मंत्र-तंत्र को, समस्त सृष्टि-प्रपंच को किसी ने सोचा है; समझ-बूझ कर धारित किया है- इस अनन्य विलक्षण तथा विचित्र सृष्टि का कोई धाता है; विधाता है। यह रमणीय मनोरम चित्ताऽकर्षक सुन्दर और अनुपम सृष्टि, यह अनादि कामना-कीलित जीवात्मा, यह गहन कर्मणा गति-विधि का भव-संसार यह जो भी है, हो रहा है- होता चला जा रहा है, यह कल्पों से हिल्लौलित काल, यह स्वप्नों पटा देश-यह, मिश्र मण्डन! यह सब अनुभूयमान, अनुभवगम्य, अनुभवजन्य किसी सर्वशक्तिवान, समर्थ सत्य स्वरूप चैतन्य की ही अमोघ इच्छा की कृति है-आत्मा, महोदय मण्डन!"

मण्डन मिश्र चिहुंके- "आत्मा? चैतन्य?"

"अवश्य।" आचार्य शंकर ने हंस कर कहा- "जड़ ही ज्ञेय है; संज्ञान ही विज्ञान है। ज्ञाता ही आत्मा है- चैतन्य, मतिमान मण्डन मिश्र! चैतन्य ही सत्य है; काल के अनन्त चित्त उसी के चिद्विलास रूप उसी में उसी की ध्यान लीढ़ इच्छा से लहराते रहते हैं। वह परमात्मा ही अपनी मौज में अज्ञान से स्वयं को ढंकता है; स्वयं प्रतिबिम्ब स्वरूप अनेक जीवात्म-भाव और भव गृहण करता है। परम ब्रह्म अपनी अपराजित अपराजेय माया द्वारा यह जगत-यह भव संसार यह लोक-लोकान्तर रचता है; स्वयं उनमें प्रवेश कर अपने अमोघ संकल्प से यह सृष्टि प्रपंच व्यक्त करता है। वह त्रिपाद अमृतमय अपने एक पाद में मायामय हो जाता है- यह सब सच्चिदाऽनन्द का चिद् विलास है, मतिमान मण्डन!"

मण्डन मिश्र ने अपलक आचार्य के शान्त तेजस्वी मुख-मण्डल को निहारा, कहा- "आचार्य! मुझे कुछ समझ में नहीं आता।"

"समझने की नहीं, अनुभव करने की आवश्यकता है।" आचार्य शंकर ने हंसते हुए कहा- "मन की आंखें खोल दो, मण्डन मिश्र!"

"मन की आंखे मेरी कब बन्द थीं?', मण्डन मिश्र ने सहसा संभलते हुए कहा- "ब्रह्म और जीव को मैं अनादि सादृश्य चैतन्य तत्व स्वीकार करता हूं।"

आचार्य शंकर ने सहज ही पूछा- "सादृश्य? किसका? किससे? क्या जगत में समान सादृश्य प्रतीत होता है? एक रूप अन्य से सादृश्य है? यदि सादृश्यता है, तो किसी गुण को लेकर ही कल्पित किया जा सकता है? फिर ब्रह्म और जीव समान हैं, सादृश्य हैं तो क्या यह सादृश्यता चैतन्य को लेकर है? अथवा सर्वशक्तिमत्ता आदि परमेश्वर के गुणों को लेकर है? आत्मा अनादि से

चैतन्य स्वरूप प्रसिद्ध है; अतः सनातन चैतन्य-प्रसिद्ध आत्मा-ब्रह्म का जन्म मरणाधीन जीव के साथ सादृश्य कैसे बैठेगा? आप तो जीव को अल्पज्ञ तथा सर्वशक्तिमान भी नहीं पाते-तब सर्वशक्तिमान जगदीश्वर ब्रह्म से जीव समान कैसे होगा? समानता गुणाश्रित है; तब जीव भी चैतन्य है और ब्रह्म भी! अतः दोनों में 'एकता' ही हो सकती है- सादृश्यता नहीं।"

मण्डन मिश्र- "क्या जीव नित्य नहीं है? जीव में वेदान्त के कथनानुसार वह सभी गुण विद्यमान हैं। ज्ञान, आनन्द, इच्छा क्रिया सब कुछ तो इस कालाधीन जीव में है। आपश्री के कथनानुसार जीव अविद्या से ग्रसित है; अतः जीव को इन गुणों की पूर्ण प्रतीति नहीं होती। प्रतीति होने से क्या सादृश्यता मिट जाती है, आचार्य!"

आचार्य शंकर ने कहा- "यदि जीव में परमात्मा के सभी गुण विद्यमान हैं, तो जीव को परमात्मा मानने में क्या बाधक है? कौन सा आग्रह आपको जीव और ब्रह्म की अविनाशी एकता स्वीकार करने से बरजता है, महोदय? आपश्री जब यह कहते हैं कि जीव में आत्मा के सभी तत्व विद्यमान हैं तो आपश्री स्वयं स्वीकार नहीं करते क्या कि ब्रह्म और जीव समान नहीं-एक हैं?"

मण्डन मिश्र- "आपके वेदान्त वाक्य से यही सिद्ध होता है कि इस संसार को उत्पन्न करने वाला ईश्वर चैतन्य है, अतः जीव के सदृश्य है। आपश्री मेरे इस तात्पर्य को स्वीकार क्यों नहीं करते? इस तर्क से अचेतन परमाणु अथवा प्रकृति से जगत की उत्पत्ति मानने वाले वैशेषिक चुप हो जायेंगे। सांख्यों का स्वतः ही खण्डन हो जायेगा-"

आचार्य शंकर ने तपाक से कहा- "तब तो चैतन्य जीव ही जगत का कर्त्ता होगा किन्तु परमात्मा ने जगत की रचना करने के पूर्व देखा है- तदैक्षतः- श्रुतिः ने पहिले ही यदैक्षतः कथन द्वारा हमें बता दिया है कि जीव नहीं स्वयं परमेश्वर ही देखकर-सोच समझ कर यथा तत्व और यथा तथ्य सृष्टि रचता है। देख चैतन्य हो सकता है तथा सृष्टि रचना भी चैतन्य ही कर सकता है। श्रुति का सनातन उद्घोष है- एक अद्वितीय चैतन्य सत्ता ही है, जो अपने चिद् विलास के लिये स्वयं के आनन्द सम्मोहन से प्रेरित होकर यह विलक्षण अद्वितीय अनुपम सृष्टि रचता है- चैतन्य, महाशय मण्डन!"

मण्डन मिश्र ने ठहका मार कर कहा- "ब्रह्म और जीव एक कैसे हैं? कैसे माने जा सकते हैं, यतीवर्य? ब्रह्म और जीव की एकता का ज्ञान हमें होता नहीं; अनुमान से भी यह एकता सिद्ध नहीं होती। प्रत्येक जीवात्मा यही अनुभव करता है कि मैं जीव हूं; ईश्वर नहीं- मैं जीवात्मा हूं; परमात्मा नहीं। इस जगत

तथा भव-संसार के यावत् विविध भर्वों से ब्रह्म और जीव की एकता प्रतीत नहीं होती, आचार्य!"

आचार्य शंकर ने सहज ही पूछा- "जिसका अन्ततोगत्वा मोक्ष है, उस जीव का परमात्मा के साथ समानान्तर सादृश्य? क्या इन्द्रियों द्वारा ब्रह्म और जीव के भेद का ज्ञान प्राप्त होता है? यदि ऐसा होता तो ब्रह्म जीव की एकता प्रतिपादित करने वाले श्रुति वाक्यों का स्वतः ही विरोध सिद्ध हो सकता था। क्या आपश्री यह नहीं जानते कि इन्द्रिय ज्ञान विषय सन्निकर्ष से ही होता है- हो सकता है? इन्द्रिय ज्ञान में विषय-सन्निकर्ष से भेद की प्रतीति ही होती है- अभेद की नहीं यदि इन्द्रिय के विषय सन्निकर्ष से अभेद की प्रतीति होती हो तो कहिये? ऐसी स्थिति में फिर भेद-अभेद का विरोध उठेगा ही कैसे, भवान्! भेद का प्रत्यक्ष ज्ञान होता ही नहीं- अभेद ज्ञान आत्मा का प्रत्यक्ष है, मिश्र जी! इन्द्रियों का ईश्वर से सन्निकर्ष होता ही नहीं और इसीलिये भेद का प्रत्यक्ष ज्ञान नहीं है- इन्द्रिय, विषय और उसका सन्निकर्ष यही जीवात्मा के ज्ञान का विज्ञान-घन प्रकार है, महाशय!"

मण्डन मिश्र ने सहसा उठ खड़े होते हुए तनिक गर्ज कर कहा- "अहमीश्वरात् भिन्न। मैं ईश्वर से भिन्न हूं, आचार्य! यह जीव की विशेषता है- विशेषण। इन्द्रिय विषय सन्निकर्ष से न सही, विशेषण विशेष्य भाव से क्या जीव का ब्रह्म से सन्निकर्ष नहीं हो सकता? हो सकता है, आचार्य! ऐसी स्थिति में आपश्री को क्या आपत्ति हो सकती है, सुनूं तो!"

आचार्य शंकर ने तनिक उदासीन आश्चर्यपूर्वक कहा- "क्या आपश्री इन्द्रिय विषय सन्निकर्ष का सहज व्यापार नहीं जानते? इन्द्रिय ज्ञान के लिये यह छः प्रकार का विषय सन्निकर्ष अनिवार्य हैः संयोग! संयुत समवाय, संयुक्त समवेत समवाय, समवाय, समवेत समवाय तथा विशेषण विशेष्य भाव किन्तु केवल विशेषणता-सन्निकर्ष से अभाव का प्रत्यक्ष ज्ञान नहीं होता-होता है क्या? नहीं, महोदय! घट नहीं है- अभाव है उसका; यहां केवल विशेषता है- घट नहीं है, यही मात्र धारणा है- इन्द्रिज प्रत्यक्ष ज्ञान नहीं। अभाव का वस्तु-ज्ञान भेदाऽश्रित वस्तु के इन्द्रिय सन्निकर्ष से ही होता है- इसी को विशेषण विशेष्य भाव माना गया है, समझे?"

मण्डन मिश्र ने उत्ताल हास्य पूर्वक कहा- "समझ गया किन्तु आचार्य श्री, समझने की आवश्यकता आपको है। आपश्री का यह मत कि भेद के आश्रयभूत आत्मा का इन्द्रियों के साथ सन्निकर्ष किसी भी अवस्था में, स्थिति में नहीं होता- हो सकता, हमें समीचीन प्रतीत नहीं होता।"

"क्यों?" आचार्य शंकर ने भवें को तनिक उझका कर पूछा- "क्यों समीचीन प्रतीत नहीं होता, श्रीमान्!"

"इसलिये कि मन और आत्मा द्रव्य हैं और महर्षि गौतम द्रव्य का संयोग-सम्बन्ध मानते हैं- द्रव्य का संयोग-सम्बन्ध तो प्रत्यक्ष है, आचार्य श्री।"

आचार्य शंकर ने सहज हास्य पूर्वक कहा- "गौतम ने चरणों से देश और काल को नापा है- महर्षि गौतम के श्रीचरणों में ही तत्व-बोध के चक्षु थे, महाशय मण्डन किन्तु आत्मा क्या जगत ही है? जीवात्म भाव ही है? आत्मा को आपश्री क्या मानते हैं, अन्ततोगत्वा? क्या आत्मा अणु है? विभु है? अणु अथवा विभु संयोग अवयुक्त पदार्थ का अवयवी पदार्थ से ही होता है- संयोग पदार्थ का पदार्थ से; वियोग भी पदार्थ का पदार्थ से। यह जगत नाम रूपों के संयोग वियोग की रहस्यमय कर्म-गति है, मिश्र जी!"

"आपका तात्पर्य?" मण्डन मिश्र ने तपाक से पूछा।

"यही कि आत्मा अवयवी नहीं है।" आचार्य शंकर ने अपूर्व उत्साह से कहा- "आत्मा अणु हो अथवा विभु वह अवयव से हीन ही है। आत्मा नित्य चिर चिरन्तन अभेद पूर्ण निरूपम चैतन्य है- अथाह और अव्यय। चिर मन इन्द्रिय है क्या? मन इन्द्रियों की ऊहापोहात्मक सहायक चेतना शक्ति मात्र है। मन स्वतः इन्द्रिय कहां है? अतः मन को द्रव्य मानना नितान्त असमीचीन है, भवान्! इस जगत में संयोग के लिये रूप-रूप का रहस्यमय परस्पर आकर्षण है- इस सृष्टि में नामों का गूढ़ गहन-गहनातिगहन सम्बोध है। काल के सम्पर्क तथा देश के सम्प्रेक्ष्य से पूर्ण गतिवान, गतिशील जगत एवं अथाह संज्ञानों का संवेगशील भव-जीवन वस्तुतः स्थूल से स्थूल और सूक्ष्मातिसूक्ष्म संयोग-वियोग ही है- काल गति मिश्र जी! कठोऽपनिषद की श्रुति हैः इन्द्रियों से परे अर्थ है; अर्थ से परे मन है। श्रुति मन की सत्ता इन्द्रियों से पृथक ही बताती है- अतः मन द्वारा विषय-सन्निकर्ष नहीं हो सकता।"

मण्डन मिश्र- "मन को षष्ठ इन्द्रिय नहीं कहा गया है क्या, आचार्य?"

"माना गया है।" आचार्य ने सस्मित कहा- "श्रुतियों ने भी अन्न को ब्रह्म, प्राण को सत्य, मन को, बुद्धि को-अहम् को क्या 'सद्' नहीं कहा? किन्तु आत्म-प्रत्यक्ष के लिये यह व्यावहारिक उद्बोधन भर है। तत्वतः मन, बुद्धि, चित्त और अहं इन्द्रिय नहीं है- सांख्य ने यह स्वतः सिद्ध कर दिया है।"

मण्डन मिश्र ने तनिक झुंझला कर कहा- "यतीवर्य! यह भेद ज्ञान, जगत और भव का यह सहज ज्ञान इन्द्रिय जन्य न हो, तो न हो; किन्तु यह स्वयं साक्षी रूप ज्ञान है- यह ज्ञाता का सहज ज्ञान है, आचार्य! साक्षी रूप यह ज्ञान

ब्रह्म और जीव के अभेद ज्ञान के स्पष्टतः विरोध में है- अतः जीव-ब्रह्म अभेद अस्वीकार्य है।"

आचार्य शंकर ने हंस कर कहा- "अस्वीकार करने के लिये इतनी, ऐसी शीघ्रता क्यों करते हैं, मिश्र जी! प्रत्यक्ष और श्रुति में अन्ततोगत्वा विरोध है ही नहीं; हो सकता नहीं। दोनों के आश्रय भिन्न-भिन्न हैं। इन्द्रियज प्रत्यक्ष ज्ञान अविद्या ग्रसित जीव तथा माया लीढ़ ईश्वर में भेद बताता है। श्रुति अविद्या और माया से रहित शुद्ध चैतन्य स्वरूप आत्मा, जीव तथा ब्रह्म में अभेद को बताती है। शारीरिक ज्ञान वस्तुतः इन्द्रिय संज्ञान है, भव-चेतना मिश्र जी! यह अज्ञान और उसके अगाध रहस्यमय विज्ञान का ज्ञान है। अविद्या-ग्रसित जीव को जगत तथा भव का संज्ञान जीवन की समग्र-संभूत चेतना-स्वरूप होती है- भव-संसार के भव-जीवन में कर्म अदृष्ट अपूर्व द्वारा यह संज्ञान इन्द्रियों से जीव को होता रहता है- यही प्रारब्ध है, महोदय मण्डन! अतः प्रत्यक्ष इन्द्रियज ज्ञान का आश्रय प्रारब्ध मढ़ा जीव है; मायामय ईश्वर है। जीव और ईश्वर-यही सृष्टि है; जगत तथा जगत का जीवन है। धाता, विधाता, यम-सब अनादि जीवन के इन दो अणु और विराट् व्यष्ठि-समष्ठि में समाहित है किन्तु जीव अविद्या से कलुषित है; प्रारब्ध से संकुचित-सीमित है। इच्छा पूर्ति के लिये कर्म-गति से स्वरूपित एवं सम्बोधित है। तब ब्रह्म और आत्मा विशुद्ध है-चिर अगाध नित्य चैतन्य है-श्रुति आत्मा का संवाद है और परमात्मा का गायन है। जगत, जीव तथा ईश्वर भिन्नाऽश्रयी हैं, तब आत्मा एवं ब्रह्म एकाऽश्रयी हैं। भिन्नाऽश्रयी, भेद ज्ञान एकाऽश्रयी अभेद ज्ञान!"

सहसा सभा-मण्डप में स्थिर बैठे हुए भास्कराचार्य ने पुकार कर कहा- "मिश्रजी! आपका प्रवृत्त होने वाला पक्ष दुर्बल है, और पश्चात् होने वाली श्रुति प्रबल है- ज्योतिष्टोम का बहिष्यमान!"

मण्डन मिश्र बमके- "चुप रहो।"

भास्कराचार्य ने प्लुत स्वर में कहा- "उध्वर्यु को प्रस्तोता, प्रस्तोता को उद्गाता और उद्गाता को प्रतिहर्ता पकड़े रहे- यह अन्धा रम्भण मत त्यागना, मिश्रजी! शास्त्रार्थ में हारने के लिये भी यही क्रम है; कहीं विच्छेद हो गया तो प्रायश्चित खोजे भी नहीं मिलेगा।"

मण्डन मिश्र ने तमक कर कहा- "चुप रहो तुम, भास्कर! हम तुमको-तुम्हारे शास्त्र ज्ञान को जानते हैं। ब्रह्म को परिणामी कहने वाले तुम एक मात्र अज्ञानी प्रसिद्ध हो।"

भास्कराचार्य उठ खड़े हुए- "मैं अज्ञानी और यह यती; प्रच्छन्न बौद्ध ज्ञानी! मण्डन मिश्र! इस यती को आप नहीं जानते...."

"जानता हूं; जन्म-जन्मान्तरों से, आदि के अनादि से जानता हूं, भास्कर! तुम चुप रहो! मैं इस समय केवल आचार्य शंकर को ही सुनना चाहता हूं। यह सृष्टि-प्रपंच किसी गूढ़ चैतन्य सत्ता की धारणा हैं; कृति है- चैतन्य। यतीवर्य शंकर मुझको इस तम मूढ़ जगत में किसी सत् चित् चैतन्य को खोजने के लिये कह रहे हैं- किन्तु मुझको परमाणु और उसका निरीह शेष ही दिखता है। जिस विशुद्ध आत्म-चैतन्य, ज्ञान की बात आचार्य शंकर कह रहे हैं, वह मुझको जगत में, भव-संसार में नहीं मिलता। यह सच्चिदाऽनंद आत्मा-यह परम ब्रह्म- यह परमात्मा! पण्डितों, पण्डितमन्यों! इस जगत तथा भव-संसार के धर्म पर विचार करते हुए, पुण्योत्कर्ष एवं मंगल-पर्व मनाते हुए मैं जैसे हताश हो गया हूं- स्वर्ग अथवा मोक्ष? यह एक विचित्र प्रश्न मेरी प्रज्ञा में उद्भवित हो रहा है। परमाणु शेष तममूढ़ निःशब्द अथाह है, काल! स्वप्नों का यह विस्तार, यह देश इस निर्मम निर्दय काल में समा जाता है। विद्वज्जनों! ऐसा लगता है, वर्णाऽश्रम धर्म तथा स्वर्ग-प्राप्ति के जीवात्मा के उद्देश्य के परे भी कोई आत्यंतिक लक्ष्य है- हां, है। यह जड़, यह तमिस्त्र गति-विधि पुण्यमय हो, मंगलमय हो, परन्तु क्या विस्मृत होने वाला संज्ञान मात्र नहीं है? एक सीमा के पश्चात् इस जगत का व्यावहारिक लक्ष्य जैसे तिरोहित हो जाता है। मैं जीवात्मा मंगलमय भव- संसार जी कर पुण्य बल से स्वर्ग का परम सुख पाना चाहता हूं; किन्तु स्वर्ग कर्मभूमि नहीं है; पुण्य की भोग भूमि है- जन्म और मरण से, बन्धन से, अविद्या से, विज्ञान से छुटकारा क्या है?"

आचार्य शंकर ने जलद-गंभीर स्वर में कहा- "नहीं। वत्स!"

24

❖

"वत्स!" मण्डन मिश्र के हृदय-गहन में जैसे किसी ने सुदूर से पुकारा हो। क्षितिजों के परे और पार से कोई वात्सल्य शील स्वर ने उनको प्रलयों के तम मूढ़ मौन में पुकारा हो। 'वत्स!' मण्डन मिश्र को लगा, जैसे कोई प्रपितामह कोई शीर्ष पितृ उनको बुला रहा हो-टेर रहा हो। शास्त्रार्थ की सभा के विसर्जन के बाद मण्डन जैसे उस पुकार को बार-बार सुनना, सुनते रहना चाहते हों। जगत के इस रम्य, मूक मौन तिमिराच्छन्न काल-प्रवाह में कितना एकान्त, कितना अलगाव है, मण्डन! रूप-रूप का यह संयोग कितना क्षणिक और यह अथाह सा वियोग? अविराम संयोग और चिरन्तन वियोग, हां, मण्डन! यही तो इस जगत की प्रकृति है। पदार्थ, उनके द्रव्य तथा द्रव्य के गुण-धर्म-सब जो व्यक्त होता है, हो रहा है- इसी निर्मम संयोग-वियोग की गति मात्र है। जड़! मण्डन ने स्वयं ही स्तब्ध होते हुए स्वयं से ही जैसे अन्तिम प्रश्न किया- "जड़! तम मूढ़ निष्प्राण निर्जीव यह अनन्त अथाह? यह तिमिराच्छन्न गूढ़ अर्णव-यह आकाश? महतत्व, मण्डन! किन्तु महतत्व क्या? उस गहन-गूढ़ अव्यक्त की मुंह जोही प्रथमाsभिव्यक्ति! कैसे? क्या यह परा त्रिगुणात्मक मूल प्रकृति चैतन्य नहीं है? सहज, स्वमेय, स्वयं, स्वयं भूत तथा स्वयं कीलित यह असीम अथाह प्रति लव व्यक्त यह तम मूढ़ अव्यक्त!" मण्डन मिश्र ने रात्रि के सुनमुन एकान्त में सिर धुना कर स्वयं को ही पुकारा- "नहीं", आचार्य शंकर! आजीवन मैंने अपने सिद्ध शास्त्र से पूछा है और बुद्धि ने सदैव निरन्तर यही सिद्ध उत्तर दिया है। यह मूल प्रकृति स्वयं इच्छामयी ज्ञानमयी काल गति है।"

काल गति। मण्डन मिश्र ने कक्ष के अन्दर झपकियां लेते हुए सुनसान को निहारा- यह सुनसान है; चुपचापी, एकान्त, मूक अथाह! मण्डन को जैसे

लगा, इस अनन्त एकान्त मौन में कोई दूर-दूर सुदूर उनको देख रहा है- उस अपार अपरम्पार निस्सीम को निहार रहा है। मण्डन को लगा, इस सुनसान एकान्त की अदृश्य दिग्-दिशायें किसी की आहट से ध्वनित-प्रति ध्वनित हैं। कोई है, जो देख रहा है; मथ रहा है, उभार रहा है। कोई अदृश्य अनिर्वचनीय गुह्य है, जो इस तमिस्र मूक धुम्मस को बिलो रहा है- मन्थन कर रहा है। मण्डन को लगा, यह घना अन्धकार, यह मूढ़ एकाकीपन, यह-यह समस्त, यह इदम् जैसे किसी की दृष्टि है, जो स्वयं ही प्रसर कर व्याप्त हो रही है; रम रही है। मण्डन मिश्र ने सतार आकाश के परे देखने की व्यर्थ सी चेष्टा कीः आकाश के पार क्या? वही प्रलय, महा प्रलय का गुह्य गूढ़ गहन अथाह अपार अर्णव-नीर! मण्डन को लगा, यह रात्रि का माझम अन्धकार तो जैसे ताराओं की ज्योतिर्मय टिमकारों से मुह्य" मान है- मूक नहीं; इस तमिस्र व्याप्ति में गति है। प्रसरती हुई यह नीलिमा, यह गति ही तब अव्यक्त की व्यक्त होने तथा होते रहने की स्वयमेव इच्छा है? त्रिगुणों का यह कम्प, यह प्रकम्प यह हहर-यह उभार, यह उमड़-यह बिम्बमयी घुमड़-क्या अनन्त कोटि अनगिन परमाणुओं की स्वयं इप्सित गति-विधि है? परमाणु-पदार्थ, द्रव्य और गुण धर्म-यह सब पार्थिव जगत सहज स्वयं, स्वमेव प्रतीत होता है, सहज कृति-प्रकृति; किन्तु क्या यह घनीभूत मौन इस गति का अन्तराल नहीं है? यह गुंजों, प्रतिगुंजों, यह गुञ्जनों, कलरवों, कोलाहलों और चीत्कारों भरा ब्रह्माण्ड अपने गगनों में ही तो गाजता है। जैसे अणु-अणु संयोग की पल उल्लसित होकर निनाद करता है- ध्वनि! मण्डन को लगा, जैसे आकाश के तिस्त्रणु में भरी और ज्योतिऽर्णु को जाग्रत करने वाली ध्वनि, ध्वनियां, किसी अनहद नाद के सीमाहीन निस्सीम में मिल कर शान्त हो जाती हैं, मौन। यह अकथनीय मौन तब क्या है? जड़ का स्तम्भन है क्या? स्वयं चकित बिब्बोक से पूर्ण यह अवाक् है, मण्डन! तब जड़ इसी मौन में दृश्य और पुनः अदृश्य होता रहता है; जैसे कोई निर्भय, निश्चिन्त, निर्विघ्न स्वयं मंगल स्वरूप सोया हुआ करवटें बदल रहा हो।

"वत्स! यह मौन परमेश्वर की गहन अवाक् इच्छा की ही व्याप्ति है। प्रभु की छाया, मण्डन! सुना, वत्स मण्डन! परमात्मा के लिये सोचो मत; क्यों सोचते हो? जो प्रभु में सन्देह रखता है, वही प्रभु के बारे में विचार करता रहता है। प्रश्नोत्तर करता रहता है मण्डन! यह जीव के विकल अस्थिर भयभीत अहम् का विप्रलम्भ भर है। शास्त्र जगत की विद्याओं और कलाओं के सप्रमाण अनुभव के पद्धतिबद्ध प्रबन्ध भर हैं। तर्क सम्मत, तर्क, प्रणीत, तर्कगम्य प्रश्नोत्तर

जगत तथा जीवात्मा के लिये होते हैं। शास्त्र निर्मित की व्याख्या करते हैं, प्रकृत के द्रव्य तथा गुणधर्मों की शोध-खोज करते हैं- विज्ञान, जगत के सहज ज्ञान को बुद्धि द्वारा इन्द्रिय सन्निकर्ष पूर्वक जानना तथा अनुभव से मानना और जीवन-यापन के लिये स्वीकार करना। तत्व-बोध वैज्ञानिक बोध है; जीवन यापन का सर्वतोमुखी उद्देश्य धर्म-धारण तथा पालन है। किन्तु वत्स।....”

“तुम कौन हो, जो मुझे वत्स कह रहे हो?” मण्डन ने सुदूर अनन्त में देख कर जैसे किसी से पूछा।

“मैं कौन हूं?” जैसे उसे किसी ने सस्मित कहा- “अपने अन्तःकरण में देखो, वत्स!”

तुम! मण्डन मिश्र को लगा, उस नीलिमामय मौन में दूर-दूर सुदूर किन्तु अत्यंत निकट युवा यती आचार्य शंकर जैसे क्षितिज के द्वार में खड़े उसे देख रहे हैं; बुला रहे हैं- इंगित कर रहे हैं। यती शंकर! आचार्य आप? इस घनीभूत सघन एकान्त में, इस भयावह मौन में- काल के इस विजड़ित व्यामोह में, आप? मण्डन को लगा आचार्य शंकर ने तनिक हंस कर जैसे कहा- “मैं भी; किन्तु तुम भी वत्स!” हूं? मण्डन मिश्र जैसे चिहुंक कर अपने ही अगाध में अवाक् से हो गये। उनको लगा, उनके ही अतल से मौन तरंगों में लहर-विहर कर जैसे सीमा तोड़ कर असीम की ओर उभर रहा है। इस मौन में घुमड़ती हुई घुटन है, असंग छटपटाहट। उमड़ते-घुमड़ते हुए इस मौन में मण्डन को लगा, कोई छबिमय दृष्टि तैर रही है- विहर रही है। कोई इस निगूढ़ तम-मौन का आलोड़न-विलोड़न कर रहा है और स्वयं ही जैसे स्वप्नों का जाल बुन कर इस अथाह अगाध एकाकीपन में उसे डुबो रहा है- तिरो रहा है। मण्डन को लगा, तम का यह अर्णव किसी अनिर्वचनीय के शयन की तन्द्रा सा है। कोई मतिमान, सर्वशक्तिवान, कोई अनूठा, अनोखा कनौड़ा, कान्त, अपने ही अपरिमित सौन्दर्य की किरणों का नर्तन कर रहा है। कोई दैदीप्यमान दीप्तिवान आरपार पारदर्शी दर्पण में अपनी अनगिनत छबियां देख रहा है, और मुस्करा रहा है- यह, यह पारदर्शी आर-पार दर्पण? अनेक सीमाओं में टूटा हुआ किन्तु संग-संग, असंग, यह गहन नीलिमामय आलोक से भरा, सम-शान्त सजीव सा दर्पण-यह अर्णव, मण्डन मिश्र।

हुं। मण्डन ने स्वयं को ही हकारा- हां-हां। मानो सुदूर क्षितिज के तट पर यती शंकर पुनः प्रकट हुए; बोले- “यही वह सघन घन एकाकीपन है वत्स! उसने इसका अनुभव किया- इस गूढ़ गहन काल का आविर्भाव करने वाला यह अथाह अनन्त असीम, मण्डन! यही तो! वह परात्पर परम ज्योतिषाम्

ज्योतिर्मय इस तम-मूढ़ अथाह को देखकर मानो समाधिस्थ हो उठा। यह तम, यह जाड्याऽन्धकार, यह अज्ञान इसी एकाकी अर्णव में लुढ़ रहा है। यह रागों का वैराग्य और वैराग्यों का राग है- यही माया का पारदर्शी स्वयं प्रतिबिम्बित अर्णव है- नीर निधि! यह नारायण के शयन की विस्मृति सा महतत्व का आधार गहनातिगहन अव्यक्त है- मायाविनी मूल प्रकृति का आकाश-सभी आकाशों का निस्सीम अवकाश, वत्सा!" हां, हां! मण्डन मिश्र ने सुदूर प्रगट आचार्य की मन्द ज्योतिःछबि को घूरते हुए कहा- "तो।" तो? मण्डन के गहन से वाक् बोला- "ब्रह्म! परमब्रह्म! सर्वम् खलु इदम् ब्रह्म! मान लो, मण्डन!"

"नहीं।" मण्डन मिश्र अपनी तंद्रा से चमक जागे।

पास के कक्ष से भारती लपकी आई। औचक मण्डन मिश्र सिर धुना रहे थे और स्वयं से ही कह रहे थे- "नहीं! नहीं!! नहीं!!" "क्या नहीं? यह क्या हो रहा है?" भारती ने पास आ कर मण्डन मिश्र को कन्धे से झकझोरा, बोली- "फिर वही?"

"हां, फिर वही। जन्म-मरण! जन्म-मरण!" मण्डन मिश्र ने ऊर्ध्व सांस लेते हुए घायल सर्पराज की भांति फुत्कारते हुए कहा- "जन्म लेता रहूं-मरता रहूं- सुख की मृग-तृष्णा से छटपटाता रहूं- तुझे क्या? फिर वही। हां तो कहता हूं फिर वही। यती शंकर मुझको भव-बन्धन से छुड़ाने आया है, सुना!"

भारती ने कहा- "सुन लिया।"

"क्या सुन लिया?" मण्डन मिश्र ने मुट्ठियां भींसते हुए कहा- "माया न सुनती है; नहीं देखती है- नहीं अनुभव करती है। उसको किसकी पड़ी है? जड़! जड़ निष्प्राण है, निर्जीव है; निस्पंदित है। निस्संबद्ध-इसी अवस्था को भट्टपाद मोक्षाऽवस्था कहते थे। आत्मा विजड़ित स्थिति में काल के अर्णव में उस निस्सीम मौन में पड़ा रहता है। तब यह यती शंकर इस अथाह मौन के अनन्त असीम में चैतन्य की अभय पूर्ति की भांति प्रकट होता है- यह निगूढ़ अव्यक्त जैसे उसी अपरिमित चैतन्य-स्पर्श से अपनी रहस्यमय दिव्य परा अभिव्यक्तियों में जाग जाता है। मूल प्रकृति माया है; माया से आविर्भूत गुणाऽश्रित गुणमय जड़ व्यापार मात्र है, सुना!"

भारती ने उदासीन स्वर में कहा- "तब पराजय स्वीकार कर लो। हो जाओ सन्यासी!"

"नहीं।" मण्डन मिश्र ने झुंझलाते हुए कहा- "तू मुझको दण्डी मुण्डी बनाना चाहती है तब-यही न! इस जाड्यान्धकार के परे, इस मौन महाऽर्णव के पार क्या है? ब्रह्म? आचार्य उसकी इस अकथनीय अनिर्वचनीय स्थिति को बता

नहीं सकते; प्रमाणित नहीं कर सकते; सिद्ध नहीं कर सकते, समझी। मैं इस मतिमान गूढ़ गहन आचार्य को उलीच कर रहूंगा, अवश्य!"

भारती ने जैसे दृढ़ निश्चय पूर्वक कहा- "देख रही हूं, सुन रही हूं- आचार्य को उलीचना आकाश को खाली करना है। आचार्य के ब्रह्म का पता आज दिन तक, इसी घड़ी तक किसको लगा है भला? यती शंकर सर्वशक्तिमान, पूर्ण ज्ञानवान्, सर्वभृत, अव्यय, अथाह, अनादि, अनुपम, निरुपम, निराकार चिति चैतन्य की ओर इंगित किया करते हैं- इसी चिति ने माया का उद्दास किया है- यह जड़ सृष्टि तथा अज्ञान से आच्छादित अविद्या ग्रसित जीव उसी परात्पर की रमुज है- लीला। इस काव्य का क्या उत्तर हो सकता है? इस अनुश्रुत का क्या प्रमाण हो सकता है? जो स्वयं ही स्वयं का प्रमाण है, आधार है; चिति है- चैतन्य है, संज्ञान और संवेग है, जो स्वयं ही काल है- देश है, जीजिविषा है, जो माया है, ममता है- मृत्यु है, उसका क्या पता, क्या ठिकाना? हार मान लो, मण्डन मिश्र!"

मण्डन मिश्र ने मुट्ठियां भींसीं, दांत पीस कर कहा- "नहीं।" नहीं! नहीं!! एक मूक प्रति ध्वनि भारती के बडरे नयनों की उदासीन पलकों से जा टकराई। "नहीं? क्या नहीं? प्रति लव के प्रतिपल-प्रतिक्षण के इस उद्वासित और तिरोहित होने और होते रहने वाले जगत को, काल गति को आचार्य उद्ववित कहते हैं। इस जीवात्मा को सनातन अज्ञान के मूक आच्छादन का एक अहम् भाव मात्र मानते हैं। जो जड़ है, वह कृत है- कृति है; प्रकृति और वह चैतन्य नहीं है। इच्छाहीन, ज्ञानहीन, क्रियाहीन यह परात्पर गति है, अगम्य विधि है-काल और कर्म गति। ज्ञाता, ज्ञानी स्वयं ही समझ-बूझ कर तब अज्ञानी होता है- अज्ञान का स्वांग करता है। ज्ञान ही है, तब अज्ञान क्या? सत ही है तब असत् क्या? नहीं। किस तर्क से यह मण्डन आचार्य को अब तोड़ेंगे? किस एक और अन्तिम प्रमाण से धुरंधर मण्डन मिश्र ब्रह्म के चिति चैतन्य को नकारेंगे? प्रकाश को नकारा नहीं जा सकता।" सहसा जैसे भारती ने स्वयं से ही कहा।

"इस सृष्टि को काल के तम मूढ़ अर्णव में बताने वाले मनीषी से मैं पूछना चाहता हूं- परम ब्रह्म में विषाद क्यों? गूढ़ गहन निरीह एकाकीपन की अनुभूति क्यों? यह एक से अनेक होने तथा होते रहने की जीजिविषा क्यों?" मण्डन मिश्र ने भारती का हाथ थामते हुए कहा।

भारती ने अपना पद्म-पाणि छुड़ाते हुए कहा- "यह अपने यतीवर्य आचार्य शंकर से पूछिये। मैं इस पृथिवी पर संस्कृत मानव-जीवन और उसकी श्री विद्या को जानती हूं। यह रूपवान् जगत, यह धीमान अद्वितीय सृष्टि-अनन्त कोटि ब्रह्माण्डों का यह प्रतिपल उद्भव और तिरोभव, यह दृश्य-दृश्य-अदृश्य-अदृश्य-

यह इदम् मेरे लिये यथेष्ट है, मिश्र जी! मैं जीवन और उसके शील, उसकी शक्ति और उसके सौन्दर्य को ही जानती हूं- ब्रह्म को नहीं मुझ को मोक्ष नहीं चाहिये; अपना शाश्वत आदि प्रियतम नर चाहिये, समझे।"

"आचार्य शंकर कहते हैं, यह आत्मा का सनातन अज्ञान है। यतीवर्य शंकर इस सृष्टि की काल धारा को प्रतिपल का गूढ़ प्रवाह मानते हैं- यह जीवन एक अध्यासित स्वप्न मात्र है- रूढ़ स्मृति मात्र है।" मण्डन मिश्र ने निसास भरते हुए कहा- "यह मूक मूढ़ निर्मम काल, भारती!"

"काल को स्वप्नों से मैं भरती रहती हूं, मण्डन!" भारती ने कहा- "काल मुझे भयभीत नहीं करता।"

मण्डन मिश्र ने उदासीन हंसी हंसते हुए कहा- "तब तुम्हैं कौन भयभीत करता है?"

"प्रियतम का वैराग्य-सन्यास!" भारती ने कहा ही।

"भारती!" मण्डन ने चीत्कार पूर्वक कहा- "मैं यती शंकर को हरा कर छोड़ूंगा। अभी उसका पक्ष केवल चिन्तन के लिये स्वीकार कर रहा हूं- मैं जगत-जीवन तथा उसके धर्म को ही जानता तथा मानता हूं प्रिये!"

भारती ने मण्डन मिश्र के कण्ठ में सहसा हाथों का हार डालते हुए कहा- "मुझे जानो; मुझे-तब उस आचार्य को हरा सकोगे।" मण्डन मिश्र ने भारती के कटि-प्रदेश को अपने हस्त-लाघव में भरने की चेष्टा करते हुए कहा- "तुझे नहीं जानता क्या?"

"नहीं।" भारती ने कहा- "मुझे जानते होते तो-तो यह शास्त्रार्थ ही नहीं करते। प्रिया के जाने बिना जगत जाना नहीं जाता; प्रिया को भोगे बिना जगत भोगा नहीं जाता। यह माया ज्ञान से भी कहीं बढ़ कर है, मण्डन! ज्ञान में इच्छा नहीं; ज्ञान नहीं, क्रिया नहीं। यह अद्भुत मनोरम्य रमणीय जगत तथा विभिन्न विचित्र विलक्षण भव-योनियों का अविराम भोग्य संसार नहीं- अन्धकार और प्रकाश का यह उदय और अस्त नहीं। तुम नहीं; मैं नहीं, मण्डन मेरे।"

मण्डन मिश्र ने भारती के तीक्ष्ण उन्मीलित से चकित तथा कुछ विस्फारित नयनों में अनायास ही देखते हुए कहा- "हुं"। "तब तू और मैं यह अविराम अविश्रान्त जन्म मरण हैं- विभिन्न विचित्र भव हैं। यही न? किन्तु प्रिये! तू अपने नयनों में देख-तू है क्या अपने इस अगाध आलोक में? आदि से मैं तुझे ही जैसे इस सृष्टि में खोजता रहा हूं- आदि के अनादि से; किन्तु तू मुझको अचूक नहीं मिली- अटल प्राप्त नहीं हुई। मैं तुझको खोजता हुआ शून्य में भटक रहा हूं और यह रूपों का संसार मेरे चारों ओर प्रति लव घूमता

ही रहता है- इस अनन्त अविराम काल-प्रवाह को देखता हुआ मैं थक गया हूं, प्रिये!"

भारती मण्डन मिश्र के कण्ठ से लग कर मानो झूम सी गईं, बोली- "तुम मुझको खोज ही रहे हो- मैं तुम्हें नहीं मिली तब? तुम तो मुझे आदि के प्रथम जन्म से ही मिल गये हो- पता है तुम्हें?"

मण्डन मिश्र ने भारती के कटि प्रदेश को बाहु में भरते हुए कहा- "मैं तुम्हें मिल गया हूं कैसे?"

भारती ने मण्डन के सांस में अपना सुगन्ध भीना सांस भरते हुए मानो कहा- "तुमको मैं अपने तन के रोम-रोम में-सांस-सांस में-प्राण-प्राण में-मन में, बुद्धि में, चित्त और अहम् में अनुभव करती हूं, प्राण मेरे! तुम हो तो मैं हूं, सुन लेना। सन्यास लेना चाहते हो? मुझे त्याग कर ही सन्यास ले सकोगे, मण्डन!"

मण्डन मिश्र ने भारती को हृदय से चांपते हुए कहा- "तुम सृष्टि की प्रतिमूर्ति हो; विश्व का समग्र बिम्ब स्वरूप हो; तुम जगत की रूपयसि मोहिनी हो-भव संसार की नौका हो प्रिये! तुम्हे त्यागना? असंभव! तुमसे रहित मोक्ष मुझे नहीं चाहिये। ब्रह्म है तो उसको तुम्हारे अनन्य अद्वितीय स्वरूप में प्रगट होना होगा, सुना! अधीर क्यों हो रही हो?"

भारती ने सजल आंखों से सीदते हुए कहा- "वह यती तुमको अपने अगाध नयनों के अरूप शून्य में डुबो देगा- मैं तुम्हारी जीवन रति, जीजिविषा- मैं माया तुमको पाकर भी जैसे रीती हूं- तुम्हें प्राणों में घोल कर भी मैं अतृप्त हूं। आदि से तुम मेरी पिपासा हो- समग्र तृष्णा! तुम मेरा सम्मोहन हो; ओजस हो- मेरा शील, मेरी शक्ति-मेरा जीवन-सौन्दर्य हो। किन्तु...."

"किन्तु क्या?" मण्डन ने भारती का चिबुक उठाते हुए पूछा- "यम भी हमें अलग, विलग नहीं कर सकता। विधाता हमें सृष्टि के शून्य में अदृश्य नहीं कर सकती। प्रिये! तुम शान्त हो जाओ- तुम्हारी यह कातर अधीरता मुझको हिला देती है-डिगा। मैं जैसे सीमा लांघ कर असीम के व्यामोह में सरक जाता हूं और यह युवा रहस्यमय आचार्य मुझको अनन्त के तट की ओर खींच ले जाता है- उस अद्वितीय अनजान आलोक में तुम कहां हो?"

"तुम्हारे हृदय में, प्राण मेरे।" भारती ने सिसकते हुए कहा।

"हृदय में?" मण्डन मिश्र ने स्वयं से पूछा और चुप हो गये। निसास भरते हुए मण्डन शैया पर लेट गये; सिर धुना कर पुनः जैसे स्वयं से ही बोले- "यह जगत एक पल भी स्थिर नहीं है। रूप-रूप परस्पर आंख मिचौनी कर अदृश्य हो जाते हैं- नाम किसी तमिस्र अर्णव में लीन हो जाता है।"

"किन्तु जीवन की चेतना अहर्निशि जागती रहती है, मण्डन!" भारती ने मण्डन के चरण पकड़ कर कहा- "सृष्टि का प्रकाश हो जाय, विश्व तिरोहित हो जाय, जगत अदृश्य हो जाय और यह भव-संसार रीता हो जाय किन्तु मैं और तुम सदैव हैं- सदैव, सुना!"

मण्डन मिश्र ने मानो उत्तर में आखें मूंद लीं; कहा- "सुनते सुनते अब बधिर हो गया हूं जैसे। यह जगत कुछ भी तो नहीं कहता-कुछ भी तो नहीं सुनता। यह काल मूढ़ है; मूक-यह शून्य जड़ मौन से भरा है- उसमें तुम रूपयसि छबिमयी जैसे प्रतिपल अविराम आविर्भूत हो रही हो- तैर रही हो।

"मण्डन, मेरे प्राण!" भारती ने मण्डन के दोनों चरण पकड़ कर सिर से उनको सुल्हाते हुए कहा- "ओह;"

मण्डन मिश्र ने सहसा गहन में गोत लगाते हुए कहा- "यह जड़, जाड्यान्धकार मुझको हताश करता है; निराश। मैं स्वयं जैसे मूढ़ मूक हो गया हूं- खो गया हूं- इस मौन शून्य में-रूपों के इस जगत में मुझे जैसे अपने स्वरूप का ही भान नहीं होता; हां, भारती! मैं सोऊंगा; निद्रा! तंद्राहीन, स्वप्न रहित-स्मृति रिक्त, शान्त निश्चिन्त अभय से भरी निद्रा! भारती! हां, अवश्य! मुझे सो जाने दे। सो जाने दे। मैं इस बीहड़ विजन मूक मूढ़ अन्धकार से ऊब गया हूं। स्वप्नों से आकण्ठ आ गया हूं- स्मृतियों से जल कर भस्म बन गया हूं। प्राण! हां, प्राण! यह तो एक दिवस आत्मा के हंस की पंखों से विलोड़ित हो इसी अथाह व्यामोह में डूब जायेंगे। मैं चिर जीवन-अभय कालाऽतीत सुख ही चाहता हूं- तू है वह सुख क्या?"

भारती ने कहा- "वही तो मैं हूं- और क्या हूं?"

"तू? तू? एक विकल विदग्ध स्मृति है- ऐसा स्वप्न जो अपने सौन्दर्य में सीमित है अल्प-अणु! भारती! मैं विराट् के भी अनादि अनन्त में ज्योति की एक स्वयं रश्मि हो कर इस जाड्यान्धकार को भेद देना चाहता हूं।"

भारती सिर धुना कर बोली- "मण्डन! यती ने तुमको सम्मोहित कर लिया है!"

"यती शंकर? आचार्य?" मण्डन ने सोते हुए पूछा- "नहीं। माया ने मुझको अनादि से सम्मोहित कर रखा है-हां।"

भारती शिथिल किन्तु उलझ-पुलझ से मण्डन मिश्र को सहसा सोते हुए देखती रही। यों अनायास गहरी गूढ़ निद्रा मण्डन को कब आई है? कब यह विचार मनीषियों घोड़े बेच कर सोया है? तब क्या यह देह की निद्रा है? तब क्या यह विकल कातर मन का सहसा स्वयं के ही अथाह में डूब जाना है? मण्डन!

मण्डन!! सुनते हो, यह यतीवर्य शंकर, युवा सन्यासी तुमको अपने धुरन्धर विचार-सृष्टि से लीलने आया है। यह आचार्य शंकर अपनी विचार-शून्य दृष्टि से विचारों के अरण्यों में रहस्यमय आग लगा देता है। सुना, यह शंकराचार्य वय में तुमसे छोटा है, नवयुवा है, किन्तु जैसे बुद्धि के सप्त सिन्धु उलीच चुका है। इस रहस्यमय सन्यासी ने जैसे जगत के सभी रूपों को अपनी असीम अनन्त दृष्टि में पिरो कर अदृश्य के अपरम्पार में धकेल दिया है। यह यतीवर्य अपनी स्थिर सी अपलक सी पलकों से काल को छूता और अनन्त की सीमा बांध देता है। पृथिवी की समस्त गन्ध इसकी नासिका में समा कर असंग रस में परिवर्तित हो जाती है और जगत के जीवनमय सभी रस-षडरस-जैसे अग्नि रूप होकर जगत के सघन घन जाड्याऽन्धकार में रूपों के चिन्तन बिब्बोक उत्पन्न करते हैं। यह रूपवान जगत इस यतीवर्य की भौंहों में तनिक ठहर कर नयनों के अगाध में बिला जाता है। एक अनहद इस युवा सन्यासी आचार्य के कानों के गहन अन्तराल में बजता रहता और ओमकार की तंरगें होकर सृष्टि के रोम-रोम में सिहरता रहता है। शंकर जैसे स्वयं मौन अनहद नाद हैं, जो निराकार निर्गुण ब्रह्म को लुभा कर बुद्धि के तर्क को भांवरियां देता रहता है- पदार्थ के प्रमाणों को बुल्लों की भांति उड़ा देता है। इसका जलद गंभीर स्वर जगत की ध्वनियों को पीकर मेघों की बिजलियों से तपकर, धरती के कम्पों के समान एक राग में स्फूर्त है। यह स्वयं मायावी है-माया के सौन्दर्य से लीढ़ यह मानव ब्रह्म को जानता है, आत्मसात् कर चुका है। बुद्धि के सभी तर्क इसकी परात्पर चिति में दीप शिखाओं की भांति जल जाते हैं, मण्डन! इस यती शंकर को राग, मात्सर्य, मोह ममता, मद आदि कुछ भी तो छूता नहीं। हां, मण्डन! इसके रोम-रोम में कोई अगम्य थिरकन है- अछूता असंग अनन्त अथाह आनन्द इसकी रग-रग में बह रहा है। यह आचार्य शंकर जगत के भेदों और जीवन की भीतियों तथा भव-संसार के सभी भयों से रहित कालाऽधीन स्थित होते हुए भी जैसे-जैसे कालाऽतीत चैतन्य है। और तुम? मैं? इस सतत् रूप-वहिन की दीप शिखायें ही तो हैं। आदि के अनादि से हम परस्पर के सम्मोह में डूबे सृष्टि के अविराम सहज प्रवाह में बह रहे हैं। जन्मों में एक दूसरे को स्पर्श करते तथा तनिक संभोगते हुए हम-तुम काल के असीम में डुलते रहते हैं। मरण की गहन विस्मृतियों से विजड़ित स्मृतियों से व्याकुल हम-तुम निस्संदेह जीवात्मा ही तो हैं! हमारी शक्ति कितनी सी? हमारी बुद्धि कितनी सी? हमारी क्षमता कितनी और अपना अहम् कितना सा? यह अपरम्पार सृष्टि जन्म-जन्मों की कोटि-कोटि आंखों से भी हमें दिखी नहीं, मण्डन! मरणों की अनगिनत विस्मृतियां

में भी हम तुम चेते नहीं, जगे नहीं- हम काल को ओढ़े सोये ही रहे हैं और एक दूसरे के मनोहर राग-रगमग स्वप्न ही तो देखते रहे हैं। अन्ततोगत्वा यह जन्म क्या है? अथाह अगाध गूढ़ गहन विस्मृति के अनन्त में तनिक स्मृति ही तो है, और यह मरण, पुनः उसी गहन विस्मृति में डूबना है। तब कौन यों जागता है; सोता है और पुनः जागता है। यह जगत तो जैसे न जागता है; और नहीं सोता है। भारती ठक् सी गहरी नींद में निमग्न मण्डन को देखती रही। आकाश की दिग्-दिशाओं से सरकता हुआ मौन कक्ष के कोने में मानो सिमट कर भर गया।

भारती मण्डन के चरणों में मानो कट कर ढल पड़ी। "मण्डन, प्रिय मेरे, प्राण मेरे!" एक मूक विवश चीत्कार उसके अन्तःकरण को कंपाने लगी। मण्डन के स्थिर जडवत् चरणों को दोनों पद्म-पाणियों से पकड़ कर भारती ने सिर धुनाया और फफक-फफक रो उठी। "मुझे जैसे पता लग गया है, तुम मुझको त्याग रहे हो। हां! मेरा यह चिर-चिरन्तन सुहाग, जन्मों में खिला और मरणों में मुझाया हुआ, यह सौभाग्य अब जैसे समाप्त हो रहा है। जीवन के शील का यह सौभाग्य-व्रत ही जैसे समाप्त-प्रायः है। सुकृति की यह निर्विघ्न संस्कृति जैसे अपने पूर्ण विराम के निकट है। भव-भवों का संतरण करने वाली अजय, अपराजित जीवनेच्छा, यह अटूट सी जीजिविषा यह अदम्य शक्ति की मूढ़ निर्मम पलों को जीत कर प्रतिक्षण नव-चैतन्य को प्राप्त करने वाली शक्ति का जैसे अन्त होने जा रहा है। हां! हां!! हां!!! भारती ने सिर धुनाया और चीत्कार को कण्ठ में ही दबा दिया। उसे लगा, कुछ दूर-उद्यान में, उस नीलिमामय सतार मौन में कोई उसको घूर रहा है- देख रहा है; इंगित से बुला रहा है। वह उठी और बिथुरी सी कक्ष के बाहर आकर खड़ी हो गई। उसने देखा सतार आकाश अपने अनन्त में असीम आलोक का सीमाहीन विस्तार हो गया है- एक व्याप्ति, जो अनुभव की जा सकती है किन्तु कूंती नहीं जा सकती, नापी नहीं जा सकती। एक ऐसी असंग उदासीन कान्ति भारती को उस सघन मौन में उभरती हुई लगी। जैसे रूपों से भरे तमिस्र एकाकार में कोई चिर-चिर निरूपम रूप धारण करना चाहता हो। भारती ने मानो दृष्टि पैनी की ओर देखा-दूर, सुदूर एक मन्द्र आलोक का वर्तुल उद्धासित होने लगा था- यतीवर्य? शंकर-आचार्य! एक ज्योति की उन्मुक्त वर्तुलाकार लहरि? भारती ने अपनी बड़री बावरी आंखों को मला और देखा- उस सतार नीलिमा में मण्डन मिश्र की आलोकित देहाऽकृति उस ज्योतिर्मय वर्तुल की ओर तैरती हुई जा रही थी। तब मण्डन आचार्य शंकर की ओर खिंचे जा रहे हैं। हे भगवन्! अब? भारती स्तब्ध सी, अवाक् सी इस

ऐन्द्रजाल के से दृश्य को देखती रही। तब दैव के लेख अब सिद्ध हो रहे हैं-उसका चिर चिरन्तन प्रिय, शाश्वत नर उसको त्याग कर सन्यासी शंकर की ओर चला जा रहा है। 'मण्डन!' वह अवाक् सी-चिल्ला सी उठी और पुनः कक्ष में लपकी।

मण्डन मिश्र निद्रा में ही जैसे जाग गये हों, यो फुफुसाये- "मैं जा रहा हूं, भारती। विदा-"

"मण्डन! मेरे मण्डन!" भारती ने मण्डन मिश्र को झकझोरा और चिल्लाकर कहा- "सुनते हो? कहां जा रहे हो?"

मण्डन मिश्र ने जाग जाते हुए पूछा- "क्या हुआ?"

"कहां जा रहे थे?" भारती ने अवाक् सी पूछा।

"अनन्त में, और कहां?" मण्डन मिश्र ने कहा- "यह जगत इस अनन्त में अनन्त की क्रीड़ा भर लगता है। अवश्य, जगत स्वप्नों का शयन और स्मृतियों का जागरण प्रतीत होता है। आचार्य शंकर ने मुझे वह अनजान किन्तु त्रिपादों में छाया हुआ ज्योतिर्मय इंगित कर दिया। भारती! यह जगत जड़ है, जीवन एक क्षणिक अनुभूति भर है।"

भारती चिल्लाई- "हार गये तुम। हार गये।"

मण्डन मिश्र ने उसके सिर से पांव और पांव से सिर तक घूरा; कहा- "यह रूपों भरा रूप एक पल के लिये भी स्थिर नहीं है, भारती! तू पल-पल की रूपवान भ्रान्ति मात्र है। यह रूप, सभी रूप किसी आलोकमय शून्य में खो जाते हैं- हां। आचार्य ने जैसे मुझे बता दिया कि चिति ही जगत और जीवात्मा की प्रतिबिम्बात्मक धारणा करती है- शिवा, भारती! मैं, शिव तो शव हूं- शिव-शक्ति!"

भारती चिहुंकी-"शिव-शक्ति?"

"हां। अभिनव गुप्त का शैव मत अब जैसे स्पष्ट हो रहा है।" मण्डन मिश्र ने कहा- "भास्कर क्या उचित निष्कर्ष पर नहीं पहुंचता, जब यह कहा जाय कि ब्रह्म ही जगत का निमित्त और उपादान कारण है। जब यह सब त्रिकालाऽधीन-कालाऽतीत को ब्रह्म-स्वरूप कहा जाय, जब यह सब ब्रह्म की अपने लीला विलास के लिये माया है, तब सब ही ब्रह्म है- यह जगत, मैं तू-सब।"

भारती ने झुंझलाते हुए कहा- "तुमको क्या हो गया है?"

"ब्रह्म-विप्रलम्भ! और क्या हो सकता है?" मण्डन मिश्र ने हंस कर कहा- "रूपयसि! क्यों चिन्तित हो रही है? कल उस यती वर्य की माला के फूल मुझा जायेंगे। समझी! ब्रह्म अज्ञान की धारणा कर सकता है-स्वयं को मना कर

सकता है क्या? अज्ञान और अध्यास निद्रा और तन्द्रा की भांति हैं- क्या निद्रा के पश्चात् जाग्रति नहीं है? है। जब तक जगत है तब तक ब्रह्म कहां है?"

हुं? भारती ने मण्डन को अपनी पलकों के सहारे नयनों में भरा। मण्डन मिश्र ने हंस कर कहा- "स्फूर्त हो गया। ऐसी गहरी निद्रा वर्षों में नहीं आई, प्रिये! जगत है तब तक ब्रह्म कहां है? तुम में-भारती, मेरी शाश्वत प्रिया में है।"

भारती ने लपक कर मण्डन को बाहुओं में भर लिया, उसके सघन केशों से भरे-उभरे वक्षस्थल पर अपनी कवरी रगमगाते हुए भारती ने कहा- "इन्द्रियाऽतीत ज्ञान? विश्वास मत करो। मैं हूं; तुम हो-"

मण्डन ने उसको हृदय से चांपते हुए कहा- "और यह जगत है, जीवन है- यही ज्ञान है, प्रत्यक्ष है। सत्य है; शिव है; सुन्दर है। यही न?"

भारती ने अपना पूर्ण चन्द्राऽनन मण्डन के वक्ष में छिपाते हुए कहा- "यही, यही, प्रिय प्राण मेरे।"

मण्डन मिश्र आधे-अधूरे लेट गये; भारती लता की भांति-उनके सघन चौड़े वक्षस्थल पर कटी हुई लता की भांति मानो प्रसर गई। मण्डन ने कक्ष की प्राचीरों को देखा; गुम्बद के रंगीन आकाश को देखा और भारती की पीठ सहलाते हुए कहा- "आचार्य में कोई रहस्यमय आकर्षण है। उनका गम्भीर शान्त स्वर मुझे जैसे धरती पर झकझोर कर आकाश में उठा ले जाता है- मैं दिग्भ्रान्त भी जैसे किसी अनन्त असीम की और उठने लगता हूं। शास्त्र-वाक्य पतझर के पत्तों की भांति झड़ जाते हैं, भारती!"

भारती ने अपनी पुखराजी अंगुलियां मण्डन की विथुरी पंचकेशी में उलझाते हुए कहा- "कुछ नहीं झड़ता, प्रिय मेरे! सभी कुछ प्रतिपल नया होता रहता है- यह सृजन नित्य है; पुराण होते हुए भी नूतन है। प्रतिपल जीवन अपने सौन्दर्य में अभिव्यक्त होता ही है...."

"मैं एक पल का, पल-पल का यह सृजन नहीं चाहता।" मण्डन मिश्र ने भारती की भ्रवों पर अंगुली फेरते हुए कहा- "होना, मिटना, फिर होना- क्यों?"

"इसलिये कि जीवन सनातन सौन्दर्य है, अगाध रस है।" भारती ने अपने अधर मण्डन के वक्षस्थल के सघन केशों में उरझाते हुए कहा- "जीवन होना, होते रहना ही सत्य है; बाकी सब बातें हैं- स्वप्न की निस्सीम कामना।"

"स्वप्न की निस्सीम कामना?" मण्डन मिश्र ने सहसा उठ बैठते हुए जैसे स्वयं से पूछा- "अवश्य, अवश्य, मैं अपने अगाध में पल-पल का हूं क्या? क्या मैं क्षण-क्षण अभिव्यक्त होते हुए भी केवल क्षण का हूं? सीमा में बंधा अणु- अल्प होते हुए भी क्या मैं अनन्त स्वप्नी नहीं हूं? क्यों चाहता हूं चिरन्तन होते

रहना। क्यों? यह पुराण-पुराण किन्तु नित्य-नवीन सृजन क्यों? यह मूक मौन अविराम भव-भ्रमण क्यों, भारती?"

भारती ने मण्डन के कटि-प्रदेश को अपने, बाहुओं में भरते हुए कहा- "सृजन, जीवन, पतझड़ नहीं है, प्राण मेरे! वह-वह तो फिर वसन्त है। वसन्त मण्डन! तुम जीवन-वसन्त की श्री-सुकृति तो मानते हो; रस नहीं। तुम तत्व-दर्शी, चिन्तक निराश नीरस व्यक्ति हो। तुमको शास्त्र और उसका प्रमाण, शास्त्रार्थ और अर्थ, तुमको जीवन का मधु नहीं चाहिये; पञ्चम राग नहीं चाहिये- मृत्यु और भीति-भेदों पर सोचते रहते हो और किसी अभय पूर्ण अनन्त की कल्पना किया करते हो। तुम क्या चाहते हो, जगत से, जीवन से, मण्डन मेरे।"

मण्डन मिश्र- "कुछ नहीं। मैं यती शंकर की पराजय चाहता हूं।"

भारती सहसा उठ बैठी; बोली- "वह यती आचार्य शंकर क्या जी रहा है? ऐसा लगता है, उसको न रिद्धि की पड़ी है; और नहीं सिद्धि की। कहा जाता है, भगवत् गोविन्द पाद ने इस यतीवर्य को सभी सिद्धियां दे रखी हैं- योग-विद्या में इस युवा-सन्यासी को पारंगत बना दिया है किन्तु क्या ऐसा लगता है कि यह युवा आचार्य योगीश्वर है? सिद्धि-स्वामी है? ऐश्वर्य की झलक तक नहीं है, इस यती के पास। उसके शान्त चिर प्रसन्न मुह्यमान नयनों में मुझे त्रिकाल जगत तैरता हुआ लगता है किन्तु वह जैसे जगत के इस विहार को देखता ही नहीं- गहन सौन्दर्य से इस यती की अगाध दृष्टि पूर्ण है, मण्डन! यह आचार्य न तो जीता जा सकता है और नहीं हराया जा सकता है।"

मण्डन मिश्र ने सिर धुन कर कहा- "तब फिर सत्य का निर्णय कैसे हो?"

"सत्य का निर्णय?" भारती ने कहा- पूछा- "यों क्यों नहीं कहते असत्य का निर्णय! सत्य तो है- सत्य की तो सदा जय चाहिये, प्रिय मेरे।"

"सत्य की सदा जय चाहिये तुझे!" मण्डन मिश्र ने द्वार के बाहर आकाश के तारों की और इंगित करते हुए कहा- "वह तारे क्यों हैं? यह गगन क्यों है? यह धरती क्यों है! सत्य के लिये है क्या? यह विचित्र स्पष्ट आलोक अचूक अनूठा भव-संसार क्यों है? सत्य के लिये है क्या? सत्य क्या? भारती! सत्य की शोध में क्या मैं और तुम जन्म लेते आ रहे हैं अथवा परस्पर भोगने के लिये? तुमने ही तो कहा है कुछ देर पहिले, उस ज्ञान-स्वरूपता को लेकर क्या करें जिसमें जीवन-रति और उसका यह अगाध प्रेम-सम्मोह न हो। जहां यह रूपयसि अभिनव सृष्टि की शाश्वती समां न हो, यह विश्व का उन्मीलित बिम्ब-प्रवाह, अभिराम अविराम काल-क्रम न हो- यह गहनातिगहन कर्म-गति न हो, वहां जी कर क्या करना है..."

मण्डन मिश्र हठात् अवाक् से रह गये। 'मण्डन!' एक पुकार उनके अन्तरतम के अतल से जैसे उठी- मण्डन! फिर वही भ्रम? फिर वही विभ्रम? कहां गया विवेक तुम्हारा? जन्म जन्मों में तुमको जगत ने सत्य नहीं बता दिया है क्या? क्या जगत ने कहा है कभी कि वह प्रति लव उद्घवित नहीं होता? क्या सृष्टि ने काल के परे स्वयं को बताया है? क्या तुमको पता नहीं है कि पदार्थ-रूप और यह नाम-अन्ततोगत्वा कालाऽधीन जड़ अन्धकार की अभिव्यक्ति मात्र है? क्या तुमको स्वप्नों ने नहीं बता दिया कि अस्तित्व की अनुभूति अनुभव में क्षणिक है और केवल स्मृति में ही तनिक प्रलम्ब है। क्या इस जगत का एक भी रूप अजर है? क्या एक भी नाम अमर है? नहीं-नहीं। प्रतिक्षण यह रहस्यमय अगाध, यह आलोकमय अपार उद्घासित है; तिरोहित है- क्या है? मण्डन को लगा, उनके अन्दर-बाहर अनन्त अपार उभार ही उभार हैं और वह जैसे चतुर्दिक दृश्य-अदृश्य हिल्लौलों से घिरे हैं- गति, गति, गति, तरंग, तरंग तरंग। जैसे समस्त स्वयं अपने अथाह को भरने का दृढ़ अपराजित प्रयास कर रहा है। जैसे कोई अतीन्द्रिय अकथनीय निरीह दृष्टि प्रतिलव आलोक में स्फूत होकर व्याप्त हो रही है और स्वयं के स्वप्नों से उस मौन सजीव अगाध को भर रही है। मण्डन मिश्र को लगा, इस अपूर्व अकथनीय चित्र-विचित्र मूक रंगीन गति-विधि में वह तटस्थ दृष्टा है और उस गूढ़ दृष्टि से प्रेरित है।

भारती ने मण्डन को पुनः झकझोरा; कहा- "क्या सोच रहे हो? ब्राह्म मुहूर्त होने में ही है...."

मण्डन मिश्र ने मानो जागते हुए कहा- "यह सृष्टि किसी की रचना है, भारती! अवश्य! किसकी?"

भारती ने थक जाते हुए अन्त में हार कर कहा- "उस यतीवर्य से ही पूछना। मैं नहीं जानती।"

"अवश्य!" मण्डन मिश्र ने सहसा अपूर्व उत्साह के साथ कहा - "आज का शास्त्रार्थ इसी से आरंभ होगा- जगत की रचना क्यों? जीवन का उद्भव क्यों? सच्चिदाऽनंद ब्रह्म में यह अनेक होने और होते रहने की, ज्ञानी में अज्ञान की मायावी धारणा की कामना क्यों? क्यों?"

भारती के बड़रे कमल-लोचन आंसुओं से भर गये; सजल स्वर में बोली- "तुम हार गये हो, मण्डन मिश्र! सच।"

मण्डन मिश्र ने चौंक कर चीत्कार सी की- "जगत और यह भव-संसार, यह सृष्टि जब अविराम नित्य है, अनादि है, अपूर्व अदृष्ट है- यह सब है, तब हारने

का प्रश्न उठता ही कहां है, मुझे ब्रह्म नहीं, जगत चाहिये; उसका यह सुन्दर स्पष्ट, सुघड़ नित्य नवीन जीवन, उसका उल्लास, उसका रस चाहिये- मुझको परम सुख चाहिये; स्वर्ग, प्रिये!"

भारती ने गद्गद कण्ठ से कहा- "और कभी सोचा, मुझे क्या चाहिये?"

"क्या चाहिये?" मण्डन मिश्र ने सिर धुना कर पूछा- "तुमको किसकी कमी है? कौन सा अभाव शेष है तुम्हें?"

भारती ने स्वंय पर जैसे खीझ कर कहा- "मुझे भी जगत और उसका अविराम अनादि नित्य नवीन जीवन चाहिये- भव संसार, स्वर्ग जहां मैं तुमको सदैव के लिये अपना सकूं; अपना बना कर अपने प्राणों में डुबो रखूं। जहां तुम मुझसे स्मृति में भी अलग न हो सको- जहां तुम ही चिरन्तन रस हो; सौन्दर्य हो। मृत्यु के परे और पार जहां हम-तुम जी सकें। भीति से, भेद से, अल्प से हीन रहित जहां शाश्वत जीवन का सम्पूर्ण सन्तोष हो।"

मण्डन ने सहसा चकित होते हुए कहा- "इस रहस्यमय अगाध गहन सृष्टि में ऐसी स्थिति है क्या? नहीं है, भारती! पुण्य समाप्त होने पर पुनः इस लोकालय में जन्म तो लेना ही होगा। यह सृष्टि, यह भव-संसार, यह जन्म-मरण अनिवार्य, अपरिहार्य है, प्रिये! सुख के लिये जन्मते रहो; सुख की अभिलाषा में मरते रहो। हां, भारती, प्रिये! काल से मुक्ति नहीं है; देश से छुटकारा नहीं है- यह अनन्त असीम काल की भव-सीमाओं से भरा है।"

भारती ने उसांस भरते हुए कहा- "मण्डन, शान्त हो जाओ।"

मण्डन मिश्र ने सिर धुना कर कहा- "शान्ति कहां है? काल की प्रत्येक पल घने तिमिर में डूबी हुई लथपथ है। यह मौन सहा नहीं जाता, यह मृत्यु भेदा नहीं जाता- यह माया छोड़ी नहीं जाती, भारती! ऐसा लग रहा है, मेरे सभी जन्म जल गये हैं; मेरे सभी मरण शम गये हैं- मैं, मैं इस सघन घन को भेद कर कहीं चला जाना चाहता हूं।"

"कहां?" भारती ने बिना पूछे ही जैसे पूछा।

"सच्चिदाऽनंद ब्रह्म!" मण्डन ने चीत्कार पूर्वक कहा- "तुम्हीं हो, तो प्रकट होओ। यह जगत अन्ततोगत्वा परमाणुओं का तम मूढ़ उभार मात्र है- यह जीवन, यह काल गति, कर्म- जो भी मानो, कहो, अन्ततोगत्वा अथाह मौन का तिमिराच्छन्न अदृश्य है- यह सब अखिल निखिल क्या है, भारती!"

भारती चुप रही। मण्डन मिश्र ने उसांस भरे और तनिक पुनः लेट जाते हुए स्वयं से ही कहा- "सत्य स्वरूप! प्रगट होओ, प्रत्यक्ष होओ। शास्त्र की नाव में तो मैं मंझघार ही जैसे डूब गया।"

भारती चुप रही; उसकी तीक्ष्ण बड़ी आंखों में आंसुओं की लहरियां उठती रहीं- शमती रहीं और कक्ष का मौन केवल सांसों के स्पन्दन का मूक गीत मानो गाता रहा। भारती ने न देखते हुए भी देखा, मण्डन पुनः निद्रा की जाग्रत सी तन्द्रा में लीन हो रहे हैं-"

मण्डन! भारती ने मन ही मन अपनी अन्तरात्मा से मानो कहा- "मैं जान गई हूं, तुम-तुम मुझसे विदा हो रहे हो- तुम हार रहे हो। मैं जान गई हूं। हे भगवन्!"

भारती ने कण्ठ से उठती हुई चीत्कार को अधरों से दबाया और अपलक दृष्टि से शास्त्र.-केसरी मण्डन मिश्र को देखती रही। एक ज्वाज्वल्यमान सुनहला स्वप्न जैसे मूर्तिमान होकर अनजान तट की ओर बह रहा था। तब क्या जगत के राग-ग्रसित पदार्थ जीवात्मा के गुह्य चेतन को अन्त में अपने में समा नहीं सकते। तब जगत अपने द्रव्यों द्वारा उस गहन गूढ़ आत्म-चैतन्य को पिघाल कर स्वयं उसका सात् नहीं कर सकते? तब गुणों का यह रंगीन मायामय उद्रेक जीवात्मा के हृदयाकाश में छिपे, रमे हुए गुह्य चैतन्य को छूकर स्वयं दिव्य बन जाते हैं- किन्तु उसको अपने सत्व, रजस, तमस उभारों में उड़ा नहीं सकते- झेल नहीं सकते, ले नहीं सकते, मण्डन मिश्र का यह शाश्वत जीवात्मा जैसे कल्प-कल्पों के अनन्त आकाशों के समूचे अवकाश से भरा हुआ था- सभी भव-योनियों के स्वरूप उसके अथाह अन्तराल में मन्द मन्द्र तैर रहे थे- स्वप्नों की रश्मियां स्मृतियों की वह्नि-ज्वाला में झबक रही थीं। मण्डन मिश्र का देह-स्वरूप जैसे काल की सीमाओं में बंधा होने पर भी असीम के प्रतिपल व्याप्त होते हुए अनन्त चिरन्तन में तैर रहा था और कोई दिव्याऽतिदिव्य अतीन्द्रिय चेतना, कालाऽतीत जीजिविषा अपने सभी आग्रह त्याग कर, जपों का विसर्जन कर, सिद्धियों का दान कर किसी अमृतमय चैतन्य को सृष्टि के तम मूढ़ तमिस्र की अञ्जलि दे रहा था। मण्डन! यही, यही उसका शाश्वत नर है- था? यही, यही मानव-स्वरूप उसका प्रियतम प्राण वल्लभ है? था? यह नाशवान देह यह विस्मृत होने वाला स्वप्न संस्कार, यह राग भरी-मोह भरी भव-रूप चेतना यह अनन्त कोटि भव-योनियों में व्यक्त होती रहने वाली जीवन की मरणोन्मुख-अभिलाषा यह अपूर्व अदृश्य कर्म का सम्मोहमय जन्म-मरण!

"भारती!" जैसे किसी ने पुकारा।

भारती चमकी; जागी। द्वार के बाहर खड़े हुए शर्मणा ने कहा- "सन्देश आया है। महाराज सुधन्वा पधार रहे हैं। वह यहीं अपने उपवन में ही महादेवी के साथ ठहरेंगे।"

भारती बेसुध सुधि में ही जैसे उठी, फुसफुसाई- "कौन आ रहा है? आचार्य शंकर?"

"नहीं, भाभी!" शर्मणा ने कहा- "महाराज सुधन्वा महादेवी अर्पणा के साथ पधार रहे हैं।"

भारती क्षल्लुक हास्य हंसी; बोली- "आने दो राजों-महाराजों और सम्राटों को। शर्मणा, मैं अपने आपे में नहीं हूं। तुम, मेरे भाई! उनका प्रबन्ध करना, देखना। तुमने देखा-देखा तो, मन्दिर के ध्वज पर वह माला! कितनी मूक है? मुझ्रा रही है क्या?"

शर्मणा ने आघात खाकर मन्दिर के अन्धकार में डूबे ध्वज की ओर देखा और कहा- "नहीं तो।"

भारती ने दीर्घ उसास भरा; कहा- "जीओ, मेरे भाई! देखते रहना, मन्दिर के ध्वज की माला कहीं मुझ्रा न जाये।"

"भाभी, भारती!" शर्मणा ने पुकार कर कहा- "तुम सती हो; साध्वी हो- भगवती सरस्वती की मानवी-मूर्ति हो। तुम्हारा बोल अकारथ नहीं होगा। मिश्र जी की माला चिर बसन्त के फुलों की भांति प्रफुल्लित है और रहेगी।"

"हुं।" भारती ने स्वयं ही हुंकार की- "एक न एक माला तो मुझ्रायेगी ही शर्मणा; यह जगत और आत्मा के मध्य शास्त्रार्थ है। जगत की वाचा शास्त्र है- किन्तु आत्मा की वाणी है क्या? नहीं है- भैय्या मेरे! यह काल के अविराम सम्मोहन की पराजय-वेला है, जो आ रही है। तुम्हारे मण्डन मिश्र पूर्व मीमांसा के शास्त्र ज्ञान को कीच की भांति बुद्धि की तलैय्या में फेंक चुके हैं। तर्क उनको अन्धकार की तमिस्र पग-डण्डी भर लगता है। प्रमाण उनको इस अनन्त मौन का क्षणिक उच्छ्वास प्रतीत होता है। तुम्हारे बड़े गुरु-भाई बुद्धि से जगत खो बैठे हैं; अन्तःकरण से स्वयं का आत्म्-विश्वास डिगा चुके हैं। यतीवर्य ने धुरन्धर मनीषी मण्डन मिश्र को काल का अन्तिम तट जैसे इंगित कर दिया है- मण्डन मेरे नहीं रहे; जगत के नहीं हैं- तुम्हारे हमारे नहीं रहे, शर्मणा!"

और भारती फूट-फूट कर रो उठी। ब्राह्म-मुहूर्त की उस स्वच्छ स्फूर्त पुनीत मुंहजोही में भारती अतीन्द्रिय-इन्द्रिय स्वरूप-भविता की भांति कांप रही थी और रो रही थी। शर्मणा अवाक् स्तब्ध सा इस निरीह नारी मूर्ति को देखता खड़ा रहा। उसको लगा, भारती का रूपवान देह आंसुओं में भींज कर दिव्य सौन्दर्य-आभा से मंड रहा है। उन सिसकियों में जैसे जगत के समुद्र लहर बन कर हिल रहे हैं। सहसा सुदूर सभा-मण्डप की ओर से किसी का जलद गंभीर स्वर सुनाई

दिया- "यदाऽनंद रूपम् प्रकाश स्वरूपम्। निरस्त प्रपञ्चं, परिच्छेद हीनम् अहम् ब्रह्म वृत्येक गम्यं तुरीयम्, परम ब्रह्म नित्यम् तदेहावस्मि!"

भारती ने जैसे रोम-रोम को एकाग्र कर पुनः सुना- "यदाज्ञानतो भांति विश्वम् समस्तम्। विनष्टम् च सधो यदात्म प्रबोधे। मनोवागङतीतम् विशुद्धम् विभुक्तम् परम ब्रह्म नित्यम् तदैवाहमस्मि। निषेधे कृते नेति नेतीति वाक्यैः समाधिस्थितानाम् यदाभाति पूर्णम्। अवस्था त्रयाऽतीत मद्वैत मेकम्-परम ब्रह्म नित्यम् तदेवाहमस्मि।"

सहसा कक्ष के क्षर पर खड़े हुए मण्डन ने कहा- "सुना, भारती! आचार्य शंकर!"

भारती ने अजय संकल्प की प्रतिमूर्ति की भांति खड़े मण्डन मिश्र को नयनों में भरकर मानो प्राणों में भर लिया। मण्डन मिश्र ने कहा- "नेति-नेति वाक्यै। यही तो-यही आचार्य शंकर की पराजय का वाक्य होगा।"

25

सभा मण्डप में राज राजेश्वर महाराज सुधन्वा और महादेवी अर्पणा विराजमान हुए। राजेश्वर सुधन्वा की जय से सभा-मण्डप तथा शास्त्रार्थ-पीठिका वितान गूंज उठा। महाराज सुधन्वा मुस्करा दिये और अपलक आचार्य शंकर के प्रशान्त दिव्य मुख-मण्डल को देखते रहे। सरस्वती की मानव-मूर्ति रूप अध्यक्ष-द्रष्टा उभय भारती ने अपना पद्म पाणि अभय मुद्रा में उठाते हुए कहा- "राजेश्वर महाराज, पण्डितों, पण्डित मन्यों! आज शास्त्रार्थ के अन्तिम चरण का मध्य-दिवस है। यतीवर्य आचार्य युवा तेज पुञ्ज सन्यासी शंकर और मनीषी मीमांसा धुरन्धर पण्डित प्रवर मण्डन मिश्र जगत को देख चुके हैं, विश्व-प्रपञ्च की गहन वार्ता कर चुके हैं और सृष्टि के काल-प्रवाह को पेख चुके हैं। चार्वाक-लोकायत की स्थूल-दृष्टि से आत्मा और परमात्मा की खोज आरंभ हुई है और महर्षि गौतम की गहन चरण गति से दोनों मतिमानों ने विश्व को नापा है। देह के परे विश्व की अन्तर्निहित न्यायपूर्ण नान्य गति को दोनों ही स्वीकार कर चुके हैं। जिनियों के परमाणु-पुद्गल और अनेक अनेकान्त किन्तु सत्य जीवात्माओं की स्थिति का अवलोकन किया जा चुका है तथा बौद्धों के दुःखवाद को अस्वीकार कर जगत की विज्ञान-घन शाश्वत अनादि स्थिति को स्वीकार किया गया है। उत्पत्ति, स्थिति और लय के अविराम अनादि काल-प्रवाह को दोनों ही मनीषियों ने मानो चकित होकर देखा है। अपूर्व-अदृष्ट की गूढ़गहन विधि का साक्षात्कार भी दोनों कर चुके हैं। जगत विज्ञान घन सत्ता है; जीवात्मा अपूर्व अदृष्ट के कर्म से स्वरूपित एवं सम्बोधित एक संज्ञानिक चेतना है, जो भव-संसार में अनिवार्यतः भ्रमण करता रहता है- यह सृष्टि जैसे जीवात्माओं के प्रारब्ध-भोग के लिये कर्म की रंग भूमि है- यह आचार्य और मण्डन मिश्र मानते हैं। बौद्धों

की विज्ञान-सिद्ध तपस्या की परीक्षा कर दोनों ही तत्ववेत्ता यह स्वीकार करते हैं कि जीव सुख से और सुख के लिये ही जन्म धारण करता तथा कर्म करता है। दुःख की स्थिति मूर्खतावश है; बुद्धिमत्ता गत दुःख की स्थिति नहीं है- यही श्रद्धेय परम पूज्य भट्टपाद कुमारिल्ल का मत स्वयं ही धन्य हो जाता है। मनीषी मण्डन मिश्र अव्यक्त की और उसकी शाश्वत व्यक्ति, विधि तथा यम को शिरोधार्य कर इस मृत्यु लोक को वर्णाऽश्रम धर्म-धारण एवं पालन द्वारा स्वर्ग के परम सुख की प्राप्ति के लिये तपो भूमि मानते हैं। महाशय मण्डन जड़ और चेतन के उद्भव और तिरोभाव को स्वयं सहज स्वयं पूर्ण आविर्भाव मानते तथा काल गति को ही कर्म गति मानते हैं। अपने विद्याधर यशोमति गुरुदेव भट्टपाद की भांति महाशय मनीषी मण्डन मिश्र अनेक शाश्वत चेतनाशील जीवात्माओं को ही स्वीकार करते हैं, मीमांसा-दर्शन का यह धुरन्धर तत्ववेत्ता भव संसार को नित्य मानते है और स्वर्ग को ही जीवों का परम सुख धाम स्वीकार करते हैं। परम सुख स्वर्ग में ही मिल सकता है, ऐसा मीमांसा का असंदिग्ध कथन रहा है। इसीलिये पृथिवी पर मृत्यु लोक में धर्म की स्पष्ट अचूक एवं अपरिहार्य जिज्ञासा है; चिन्तन है; पद्धति है; प्रकार है- गति-विधि है। इसीलिये मानव को बुद्धिवान धीमान धर्म-वृत्ति मिली है। मानव योनि धर्म-धारण तथा धर्म-पालन की कर्म-भविता है- चिरन्तन, अनादि अपूर्व, अदृष्ट! महाशयों और महोदयों! दोनों की गहन दृष्टि विश्व भ्रमण तथा दर्शन की अनेक दिशाओं को लांघ चुकी है। दोनों की पलकों में काल के दिक् उलझ कर जैसे किसी सघन अन्धकार के क्षितिज पर लूम रहे हैं। तब आचार्य शंकर ने कहा कि जो चैतन्य नहीं है, वह जड़ है; ज्ञेय है; संज्ञान है; गति है-विधि है; कृति है। यतीवर्य युवा आचार्य का कथन है, मूल प्रकृति अव्यक्त-जाड्याऽन्धकार है; तम का गहन गूढ़ मूक मौन अर्णव! सृष्टि की उत्पत्ति, स्थिति और लय-जीवात्मायें और उनके भव-संसार, काल तथा कर्म गति-सब यह इदम् परम ब्रह्म का संकल्प और अध्यास है- लीला, चिद्विलास! जीव और ब्रह्म एक है। किसी अनादि शाश्वत जीजिविषा के कारण ब्रह्म, सच्चिदाऽनंद, अनेकत्व की प्रतिबिम्बात्मक लीला करता है और किया करता है किन्तु परम् सच्चिदाऽनंद ब्रह्म स्वयं उपादान नहीं बनता; उपादान विज्ञान उत्पन्न करता है और अपने अनन्त लीला विलास के लिये अज्ञान की रमणीय आलोकमय गुणात्म गुणाऽश्रयी गुणमयी माया का उद्भव करता है। यह उद्भव और तिरोभाव ही काल गति तथा कर्म-विधि है; भव-संसार का अपूर्व अदृष्ट कारण! आचार्य यतीवर्य शंकर अहम् और इदम् को ब्रह्ममय ब्रह्मगत मानते हैं तथा जीवात्म भाव को ब्रह्म का संकल्पित अज्ञान जन्य

अध्यास मात्र कहते हैं- तब मनीषी मण्डन मिश्र जगत को यथार्थ सत्य तथा जीवात्मा को शाश्वत सत्य एवं उसका सौन्दर्य मानते हैं। आचार्य शंकर ब्रहम तथा जीव की अन्तर्निहित एकता को ही स्वीकार करते हैं; तब महाशय मण्डन जीवात्मा को अनादि तथा शाश्वत मान कर ब्रहम-सादृश्य, समान अस्ति मानते हैं- हां, पण्डितों! आज की यह दिव्य वार्ता यहीं से अग्रसर होगी। महाशय मण्डन मिश्र! उद्घाटन कीजिये कृपया!"

"धन्य! धन्य!!" सभा मण्डप में हुमुस से भरी अस्पष्ट ध्वनि उठी और मण्डन मिश्र ने सगर्व देदीप्यमान सभा-मण्डली को देखा-नागरिकों के खचाखच अपरिमित समूह को देखा- महाराज सुधन्वा को देख कर मण्डन मिश्र मुस्करा दिये और कहा- "यतिराज! प्रत्यक्ष का तो ऐसा प्रतीत होता है आपने खण्डन कर दिया है किन्तु अनुमान-प्रमाण का क्या? जीव और ब्रहम समान, सादृश्य नहीं है, प्रत्यक्ष से आपने इंगित किया किन्तु जीव सर्वज्ञ नहीं; अल्पज्ञ है-सर्व शक्तिवान भी नहीं है- जीवो ब्रहम निरूपित भेदवान् असर्वज्ञ घटवत् नहीं है क्या? है! तब आपकी दिव्य श्रुति मिथ्या हो जाती है- क्या कहना है आपश्री को आचार्य!"

आचार्य शंकर ने शान्त धीवान स्वर में मानो पूछा; कहा- "मनीषी मण्डन! ब्रहम और जीव में जो भेद आपश्री निरूपित कर रहे हैं, वह पारमार्थिक है अथवा काल्पनिक? सत्य का निरूपण भेद-गम्य, भेद-जन्य नहीं है। यदि ब्रहम तथा जीव आपश्री के कथनाऽनुसार पारमार्थिक दृष्टि से भेद-गम्य है तो आप ही कहें असर्वज्ञत्वात् घटवत कथन समीचीन नहीं है। सर्वज्ञत्व और अल्पज्ञत्व तत्वतः भेद स्वरूप् नहीं है- अविद्या ग्रसित जीव ऐसा स्वयं को धार लेता है; मान लेता है और यदि आपश्री कहें कि यह भेद काल्पनिक है, तो मैं स्वीकार कर लेता हूं। वस्तुतः यह सब, हम सब अखिल-निखिल ब्रहम ही तो हैं। जीव और जगत ब्रहम की कल्पना ही तो है। काल्पनिक को सिद्ध करना क्या? उसके लिये प्रमाण की आवश्यकता कब है, मण्डन मिश्र!"

मण्डन मिश्र ने कहा- "आचार्य...."

"शान्त!" आचार्य शंकर ने कहा- "सिद्ध वस्तु को प्रमाण द्वारा सिद्ध करना दूषित है। इसमें सिद्ध-साधन दोष होता है। जगत की व्यावहारिक सत्ता है; मिश्र जी! किन्तु अन्ततोगत्वा पारमार्थिक सत्ता ही सत्य का प्रत्यक्ष है।"

मण्डन मिश्र ने हंसते हुए कहा- "यतीवर्य! हमारे मत में हमने जो प्रतिपादित किया, ठीक है- समीचीन है। स्व, आत्मा! प्रत्यक्ष, ज्ञान! अर्थात् आत्म-ज्ञान से अबाधित भेद का ज्ञान! यह ज्ञान ही घटादि में है- जगत और भव-संसार में है।

आपश्री के कथनाऽनुसार हम मान भी लें कि आत्म-ज्ञान ही सत्य का अभेद-ज्ञान है, सत्य का प्रत्यक्ष है, तो क्या आत्म-ज्ञान होने से भेद-ज्ञान नष्ट हो जाता है? नहीं, नहीं, यतीवर्य! आत्म-ज्ञानी को भी घट ब्रहम से भिन्न है, यह ज्ञान बना रहता है। भेद ज्ञान अभेद ज्ञान से बाधित नहीं होता, आचार्य! आपके वेदान्त में आत्म-ज्ञान भेद-ज्ञान से अबाध्य नहीं है। 'सर्वम् खलु इदम् ब्रहम।' का ज्ञान होते ही जगत ब्रहममय प्रतीत होता है, ऐसा क्या आपश्री नहीं मानते?"

आचार्य शंकर- "अवश्यमेव मानते हैं"

"तब?" मण्डन मिश्र ने कन्धे उझकाते हुए कहा- "किन्तु आत्म ज्ञान से घटापटादिक भेद ज्ञान सदैव बाध्य रहता है- यही हम मीमांसकों को प्रमाणित करना है। इसलिये अनुमान में दृष्टान्त हानि आदि दोष कैसे आते हैं? नहीं आते, आचार्य, यतीवर्य।"

आचार्य शंकर ने सहज मुस्क्यान के साथ पूछा- "स्व प्रत्यय में 'स्व' से आपश्री का अभिप्राय आत्मा है? सुख-दुःख आदि से रहित निर्विशेष आत्मा अथवा सुख-दुःखादि युक्त जीव पद वाच्यकर्त्ता तथा भोक्ता आत्मा? मनीषी मण्डन! यदि आपका कथन यह है कि स्व सुखादि मान कर्त्ता तथा भोक्ता जीव है, तो ऐसे शरीरी के ज्ञान से यह व्यावहारिक अनिर्वचनीय भेद-ज्ञान बाध्य नहीं होता। वेदान्त का अटल मत है जीव को आत्म-प्रत्यक्ष होने पर इस संसार का व्यावहारिक भेद-ज्ञान बना ही रहता है- लुप्त नहीं होता। अतः इसको सिद्ध करने की आवश्यकता ही क्या है, मिश्र जी! किन्तु सुख-दुःख से रहित सच्चिदाऽनंद घन आत्म-ज्ञान की दृष्टि से दृष्टान्त-हानि बनी रहती है। अज्ञान के कारण ही आत्मा का ज्ञानाऽलोक में प्रातिभासिक तथा व्यावहारिक सत्ता विलसित होती रहती है। ऐसे आत्म-बोध में घटादि की पृथक सत्ता सिद्ध नहीं होती और नहीं ऐसे भेद ज्ञात आत्म-ज्ञान से अबाध्य ही है।"

मण्डन मिश्र ने उत्साह पूर्वक उत्ताल हास्य के साथ कहा- "आ गये मार्ग पर, यतीवर्य! तब आपकी सम्मति में ईश्वर और जीव का भेद औपाधिक मात्र है। अविद्या की उपाधि। यही न, आचार्य! अविद्या के कारण ब्रहम और जीव का भेद प्रतीति भर है, वह, सद्यः विद्यमान भेद नहीं है। तब आपश्री के कथनाऽनुसार ईश्वर और घट का भेद, वास्तविक भेद-ज्ञान, क्या निरूपाधिक नहीं है? है, यती!"

यतीवर्य आचार्य ने सस्मित कहा- "शान्त! वत्स! ईश्वर और घट का भेद-ज्ञान भी सोपाधिक है। यह उपाधि अविद्या है। जड़त्व, मण्डन मिश्र! घट और उसके भेद-ज्ञान को उत्पन्न करने वाले इस अज्ञान की निवृत्ति नहीं है।

अविद्या अज्ञान से मुक्ति प्रदान नहीं कर सकती, मनीषी मण्डन! विद्या ही मुक्ति देती है। आपका कथन वस्तुतः हेतु नहीं होकर हेत्वाऽभास है। सत्प्रति पक्ष की भावना से विचार करें, मिश्रजी! आत्मा परस्मात् अभिन्न! चित्त तत्त्वात् परवत-आत्मा चैतन्य है; ईश्वर भी ब्रह्म-चैतन्य है; अतः दोनों में एक ही अनिर्वचनीय चैतन्य है। यह क्या भेद-ज्ञान है? नहीं, यह अभय है, अभेद है- यह ज्ञान है, मिश्रजी!"

"सत्प्रति पक्ष?" मण्डन मिश्र ने तनिक स्वयं में ही रुक कर जैसे कहा- "जिसको सिद्ध करना होता है, उसके अभाव का साधक दूसरा हेतु? ठीक है, आचार्य! किन्तु यतीवर्य! मैं अब कहता हूं; "ब्रह्म जीव प्रतियोगिक प्रमाबाध्य संसृति शून्यत्वात् घटवत्।" आपके ब्रह्म में संसृति नहीं हैः अतः आपका बहुचर्चित, कथित, श्रुत ब्रह्म जीव से उसी प्रकार भिन्न है, जिस प्रकार घट!"

आचार्य शंकर ने हंस कर कहा- "यह व्याकरण का तर्क-जाल है। फंस जाने पर निकल नहीं सकोगे, मण्डन! भेद वस्तुतः धर्मी के ज्ञान से अबाध्य है। परन्तु क्या यह भेद धर्मी के समस्त ज्ञान से अबाध्य है? नहीं; क्योंकि धर्मी के समस्त ज्ञान में ब्रह्म ज्ञान भी समाहित है। तब क्या धर्मी के कतिपय ज्ञान से वह अबाध्य है? स्वरूप के अतिरिक्त भेद-ज्ञान से भी घटादि और ब्रह्म में आत्म-भेद है। तात्पर्य यही है, मिश्र जी! धर्मी के घट-ज्ञान द्वारा अबाध्य ब्रह्म-जीव भेद ब्रह्म में बना रहता है। यह पक्ष वेदान्त भी व्यावहारिक ज्ञान-भूमि पर स्वीकार करता है।"

मण्डन मिश्र ने दर्प पूर्वक पूछा- "धर्मी से आपश्री का तात्पर्य क्या सत्य, ज्ञान एवं निर्गुण पदार्थ-ब्रह्म-से है? अथवा ब्रह्मा, विष्णु, महेश्वर, सुर, देवी आदि सर्वज्ञत्व आदि गुणों से युक्त सगुण पदार्थ-ब्रह्म से है? यतीवर्य! आपश्री जानते हैं, सगुण देवताओं के ज्ञान से भी ब्रह्म और जीव के भेद-ज्ञान को बाधा नहीं होती- वह अबाध्य ही रहता है। आचार्य वर्य! आत्मा के भेद का ज्ञान क्या कभी निवृत होता है? नहीं होता ज्यों का त्यों- जैसा है, वैसा-बना रहता है। अतः आप श्री का वेदान्त सगुण के ज्ञान से भेद-ज्ञान अबाध्य मान कर चलता है। व्यावहारिक सत्ता की भूमिका? केवल कहने के लिये है, यतीवर्य! कहिये तो, निर्गुण ब्रह्म प्रमा का विषय है? अथवा वह अप्रमित है?"

आचार्य शंकर ने गम्भीर स्वर में कहा- "ठहरो, मण्डन मिश्र! उत्साह के आवेग में आश्रय सिद्धि के दोषी मत बनो। वेदान्त ब्रह्म की शरीरी जीव के साथ अभिन्न सिद्ध मानता है, स्वीकार करता है। आपका पक्ष आश्रय सिद्धि दोष से

नितान्त असिद्ध ही ठहरता है। आकाश का कमल सिद्ध पदार्थ है? नहीं। इसी प्रकार ब्रह्म प्रमा का विषय माना नहीं जा सकता।"

भास्कराचार्य सभा-मण्डप में ही मानो बमके- "लो, मिश्र जी! सुनो। पहिले दृष्टान्त-हानि, अब आश्रय-सिद्धि। प्रत्यक्ष तथा अनुमान का यह अशास्त्रीय खण्डन नहीं है क्या?"

उभय भारती ने अपना हस्तलाघव उठाते हुए कहा- "शान्त उभय मनीषियों के इस वार्तालाप में कोई भी विघ्न उपस्थित न करे। प्रमाणों की प्रामाणिकता की स्थापना में दोष की आपत्ति समीचीन है, पण्डितों पण्डित मन्यों;"

राजेश्वर महाराज सुधन्वा ने इस शान्त, भव्य, दिव्य सौन्दर्य की समूची वसन्त-श्री को जी भर कर देखा तथा महादेवी अर्पणा की ओर देख कर मुस्करा दिया।

आचार्य शंकर ने जलद-गंभीर शान्त स्वर में कहा- "जिस वस्तु की प्रमा नहीं होती, वह स्वतः असिद्ध है। ब्रह्म को प्रमित मानेंगे, तो वेदान्त-प्रमाण स्वयं ही संकुचित तथा श्रुति-कथन निस्सार हो जायेंगे। हम सन्यासी यती ब्रह्म को त्रिविध-भेद-शून्य सच्चिदाऽनंद ही मानते हैं, अपने लीढ़ मुह्यमान ध्यान में जाड्यान्धकार को पैर कर हम उस सच्चिदाऽनंद का भास पाते हैं। ज्ञान स्वरूप वह ब्रह्म जीव के साथ अभेद स्वरूप है- इसलिये वेदान्त जीव से विश्वास पूर्वक कहता है; तू वह ब्रह्म है। तत्वमसि। वेदान्त के महावाक्य भेद-ज्ञान के भञ्जक वाक्य हैं; तब यह अनुमान वाक्य भेद-ज्ञान के साधक वाक्य हैं। महाशय मण्डन मिश्र! आत्म-ज्ञान भय से छुटकारा देता है; भीतियों के रमणीय भ्रमों से मुक्त करता है। ब्रह्म अंश रूप अज्ञान सुप्त तथा अविद्या ग्रसित जीव को अपने सच्चिदाऽनंद अमृतमय अभय में लीन करता है। तरंगें पुनः जलनिधि के अथाह में शम जाती हैं। रूपों की यह आंधियां थम जाती हैं तथा राग की यह बिजलियां अपने ही अनन्त अतल में खो जाती हैं। भय से भरा जीवन का प्रतिक्षण अभय के अनन्त में शाश्वत हो जाता है। रूप-रूप की नाचती हुई यह अग्नि-ज्वालायें शान्त मगन आलोक में बुझ जाती हैं। श्रुति-विरुद्ध आपके प्रमाण गृहणीय नहीं है। ब्रह्म कहा नहीं जा सकता, ब्रह्म देखा जाता है।"

मण्डन मिश्र चिहुंके- "श्रुति-विरुद्ध सभी प्रमाण गृहणीय हैं तब? श्रुति विरुद्ध तब सभी शास्त्रीय पक्ष दुर्बल हैं! क्या ब्रह्म चिन्तन के लिये श्रुति ही प्रबल है, आचार्य!"

आचार्य शंकर ने हंस कर कहा- "भारत भूमि का आदि ऋषि भी यह जानता था, मण्डन मिश्र! पुण्य भूमि, कर्म भूमि शान्ति और मंगल की यह सनातन

शाश्वत भूमि का पुत्र और पुत्री जननी के मूढ़ गर्भाऽशय में भी यह जानते हैं। परम ब्रह्म सच्चिदाऽनंद परमेश्वर ब्रह्म बुद्धि में एक अगाध रहस्य की भांति भरा है; किन्तु जीव के अतल नयनों के गहन में वह एक अनन्य छबि है; धारणा है। ब्रह्म जीव के हृदय-कमल में निर्विशेष विश्वास है; निरीह चैतन्य है। ब्रह्म अपने दिव्याऽतिदिव्य संकल्प, माया-अज्ञान-विज्ञान द्वारा जगत की सनातन विभूतियां व्यक्त करता है तथा प्राणियों द्वारा भव-संसार के नाट्य संजोता रहता है। जाड्याऽन्धकार के मायावी काल के अमोघ आवरण द्वारा वह प्रलयों की काल रात्रियों में कल्पों के सर्ग-स्वप्न देखता रहता है। मनीषी मण्डन! जगत को कहते कहते क्या आपको अब श्रम नहीं लगता? जगत की वैज्ञानिक वार्ता करते हुए क्या आपको यह नहीं लगता कि यह वार्तायें शास्त्रों में ढल कर अन्त में खोखली हो जाती हैं? जगत कहा जाता है; सृष्टि समझी जाती है; किन्तु सच्चिदाऽनंद ब्रह्म तो देखा ही जाता है, समझे!"

"समझ गया, आचार्य!" मण्डन मिश्र ने कहा- "द्वा सुपर्णा सयुजा सखाया, यह श्रुति जीव और ब्रह्म का भेद व्यक्त नहीं करती? जीव कर्म-फल का भोक्ता है, किन्तु ईश्वर, ब्रह्म, कर्म-फल से तनिक भी सम्बन्धित नहीं है, ऐसा वेदान्त कहता है। श्रुतियों के अनेक वाक्य इसी प्रकार ब्रह्म तथा जीव का भेद प्रगट करते हैं- नहीं करते क्या?"

आचार्य शंकर ने शान्ति पूर्वक कहा- "जीव और ब्रह्म का भेद फल-शून्य है, मिश्र जी! इस ज्ञान से क्या प्राप्त होता है? स्वर्ग? सदैव के लिये जगत? भव-संसार? नहीं-कुछ भी नहीं- शून्य सत्व और सार हीन सभी क्षणिक लब्धियों से रहित एक भयावह रिक्तता ही जीव को हाथ लगती है- इसी को हम मृत्यु की जड़ता कह सकते हैं।"

मण्डन मिश्र सहसा बमके- "आत्मा, ब्रह्म के सिवाय सब जड़, है, यह सृष्टि, विश्व, जगत, भव-संसार, मैं, आप यह आश्चर्यमय, आश्चर्य संभूत अगाध, अनादि, अनन्त, चिरन्तन, सृष्टि, स्थिति और लय-सब जड़ हैं। यतीवर्य! तब वह आपका चैतन्य ब्रह्म कैसा चैतन्य है? अव्यय, अनन्त तथा अनुपम आदि विशेषण बता देने से जीवात्मा की जिज्ञासा शान्त नहीं होती- हुई है क्या?"

"नहीं।" आचार्य शंकर ने सस्मित कहा- "स्वयं के अटल अचूक अव्यय शाश्वत प्रत्यक्ष की जिज्ञासा जीव का अन्तर्निहित गुह्य गूढ़ स्वभाव है, महाशय मण्डन! जीव जड़ को ही जानता है; जान सकता है- जानेगा और इन्द्रियों द्वारा भोगता है; भोग सकता है; भोगेगा। चैतन्य की केवल पारमार्थिक सत्ता है- चैतन्य का अभय अमृतमय ज्ञान मय स्वयं अनुभव! अतः जड़ अनादि होते

हुए भी उपादान है, ज्ञेय है। जो ज्ञेय है तथा उसका जो ज्ञान है, वह भव का अनुभव मात्र है- स्वप्नवत् स्मृति में नित्य रंगता हुआ।"

"आचार्य!" मण्डन मिश्र ने जैसे नहीं सुनते हुए कहा- प्रत्येक स्मृति वाक्य क्या श्रुति-वाक्य पर निर्भर नहीं है? है, है, है। अतः प्रत्येक स्मृति-वाक्य श्रुति वाक्य की भांति ही प्रमाण माने जायेंगे- माने जाने चाहिये।"

"आपश्री प्रत्यक्ष अर्थ को, सिद्ध अर्थ को कहने वाले वाक्य की ओर मेरा ध्यान दिला रहे हैं।" आचार्य शंकर ने कहा- "प्रत्यक्ष मूलक होने से द्वा सुपर्णा श्रुति द्वारा जो भेद आप बता रहे हैं, उसको वास्तविक मान लिया जाय-यही न? किन्तु वेदज्ञ स्मृति अर्थ में श्रुति को प्रमाण कब मानते हैं? वेदज्ञ के लिये स्मृति नहीं, श्रुति ही शाश्वत अपौरुषेय अनादि स्वयं सिद्ध प्रमाण है।"

मण्डन मिश्र चिहुंके- "केवल श्रुति ही?"

"अवश्य, अवश्यमेव, मिश्र जी! श्रुति ही वेदज्ञ और वेदान्ती के लिये सर्वोपरि अन्तिम अपौरुषेय प्रमाण हैं। जीव और ब्रह्म का भेद कौन बताते हैं? अज्ञानी! जीव और ब्रह्म अनादि पृथक हैं, कौन कहता है? पामर, इन्द्रियस्थित अनभिज्ञ पामर ही। जो काल और उसकी कर्म-गति के मर्म को नहीं जानता वह क्या सत्य को कभी जानता है? जान सकता है? वेद अर्थात् शाश्वत अनादि अपूर्व कर्म-और-वेद अर्थात् परमात्मा, परमेश्वर! सत्य, ज्ञान, अमृत-आनन्द, अभय श्रुतियां इसी ज्ञान-प्रत्यक्ष को कहती हैं। इंगितों में, बिम्बों में प्रयास करती हैं। प्रभु ऋषि-मुनियों के हृदय दर्पण में दिखता है, पण्डितमन्य मण्डन मिश्र! जो ज्ञान इन्द्रियज है, बुद्धिजन्य है और गम्य है, वह शास्त्रीय विद्या तो है; परन्तु श्रुति द्वारा बोधित ज्ञान नहीं है- अतः व्यर्थ है।"

मण्डन मिश्र ने सभा मण्डप को देखा, मानो कोई आश्रय, अवलम्ब खोज रहे थे- सिर तनिक धुन कर और कन्धे उझका कर मानो गर्जना पूर्वक बोले- "तब आप आचार्य! फलाफल की भोक्ता बुद्धि को मानते हैं? आपका चैतन्य पुरुष तब कर्म, कर्म-गति, कर्म-फल, संस्कार आदि सबसे विलग है? असंग है? किन्तु जीवात्मा की समग्र सम्पूर्ण, समस्त भव-चेतना में ऐसा असंग चैतन्य क्या अनुभूत है? अनुभूयमान है? भव-चेतना से असंग, विलग ब्रह्म-चैतन्य अन्ततोगत्वा क्या हो सकता है?"

आचार्य शंकर- "सत्य। 'द्वा सुपर्णा' श्रुति-मंत्र वास्तव में बुद्धि और जीव के भेद का प्रतिपादक है; आत्मा और ईश्वर का नहीं। महाशय मण्डन!"

"तब क्या! जड़ बुद्धि भोक्ता है? हो सकती है?" मण्डन मिश्र बमके- "आपश्री उचित ही कहते हैं, भोक्ता चैतन्य ही हो सकता है। जड़ तो जड़ है- वह भोक्ता

कर्त्ता कैसे हो सकता है? किन्तु आचार्य बुद्धि को भोक्ता कह कर आपश्री ने स्वयं को ही पराजित कर दिया है- अब क्या आपके मताऽनुसार जड़-चेतन का यह सारा विवाद अखिल-निखिल जड़त्व नहीं है?"

आचार्य शंकर ने शान्त हास्य हंसते हुए कहा- "नहीं।"

"तब?" मण्डन मिश्र ने तनिक विस्फारित नयनों से पूछा "तब? जड़ पदार्थ को भोक्ता बताने वाले इस श्रुति-मंत्र को हम स्वीकार कर लें, यही न?"

"नहीं। जो समझ में न आवे, जिसका आत्मसात् न हो उसको स्वीकार मत करो, मण्डन मिश्र!" आचार्य शंकर ने कहा- "सत्य जीवात्मा की स्वीकृति अथवा अस्वीकृति, मान्यता और अमान्यता, तर्क, विवाद, शास्त्रार्थ आदि के कारण नहीं है। सत्य स्वयं है; स्वयमेव है। सत्य ही है ब्रहम!"

"ब्रहम!" मण्डन मिश्र बमके- "कभी चैतन्य तो कभी जड़! अब आपश्री, आचार्य! बुद्धि और जीव के भेद को बता कर चिन्तन का व्यामोह मात्र उत्पन्न क्या नहीं कर रहे? आपश्री का एक मात्र केवल आत्यंतिक सिद्धान्त तब क्या रहा?"

"श्रुति, आत्मा-परमात्मा, मण्डन मिश्र!" आचार्य शंकर ने हंसते हुए कहा- "पैंगय रहस्य नामक ब्राह्मण में इसी मंत्र की व्याख्या करते हुए कहा गया है- बुद्धि अर्थात् सत्व ही कर्म फल को भोगती है। जीव-आत्मा-केवल साक्षी मात्र है।"

मण्डन मिश्र- "उक्त ब्राह्मण में सत्व शब्द जीव का वाचक है, बुद्धि का नहीं, यतीवर्य! पैंगय ब्राह्मण क्षेत्रज्ञ में परमात्मा का वाचक है। अतः पैंगय-प्रमाण से भी मन्त्र जीव और ईश्वर के भेद का ही प्रतिपादन करता है, आचार्य।"

आचार्य शंकर ने मुस्कराते हुए कहा- "जय प्राप्ति की अधीरता ने आपको संभ्रमित तो नहीं कर दिया है, मतिमान मण्डन। पैंगय ब्राह्मण स्पष्ट उद्घोष हैं; 'तयोरतय पिप्पलं स्वाद्वात्ति इति सत्वं; अनशनन्यो अभिचाकशीति इति अनशनन् अन्य अभिपश्यति सस्तोवेतो क्षेत्रज्ञा इति।' इस अभिजात मन्त्र का स्पष्टीकरण करते हुए पैंगय-ब्राह्मण कहता है; "तदेतत्सर्वं येन स्वप्नम् पश्यति अथ योऽयं शारीर उपद्रष्टा स क्षेत्रज्ञः तावेतौ सत्वक्षेत्रज्ञौ। स्वप्न देखने वाला सत्व है; क्षेत्रज्ञ शरीर में रहते हुए भी 'साक्षी' मात्र है। अतः यहां सत्व से तात्पर्य चित्त से ही है- हो सकता है। 'क्षेत्रज्ञ' का अर्थ स्वाभाविक ही 'जीव' को होता है।"

मण्डन मिश्र ने उत्ताल हास्य हंसते हुए कहा- "नहीं, नहीं, यतीवर्य! पैंगय-ब्राह्मण के उक्त मंत्र में सत्व का अर्थ स्वप्न तथा उसके दर्शन की क्रिया करने वाला 'जीव' ही है, हो सकता है। उसी प्रकार 'क्षेत्रज्ञ' का अर्थ स्वतः स्वप्न का द्रष्टा सर्वज्ञ ईश्वर ही हो जाता है।"

आचार्य शंकर ने गंभीरता पूर्वक कहा- "महाशय मण्डन! व्याकरण की दृष्टि से 'येन स्वप्न पश्यति' में क्रिया कर्तृवाच्य में 'पश्यति' है; जिससे स्पष्ट हो जाता है कि स्वप्न-दर्शन करण-क्रिया है- अर्थात् जीव नहीं, बुद्धि सत्व ही स्वप्न दर्शन की करण है। उसी मंत्र में द्रष्टा को शारीरः विशेषण दिया गया है। शरीर में रहने वाला क्षेत्रज्ञ कभी भी "ईश्वर" का वाचक नहीं हो सकता- वह शरीर में रहने वाला जीव ही हो सकता है।"

मण्डन ने अचकचा कर कहा- "मनीषी यतीवर्य! क्या शारीर पद का अर्थ सर्वव्यापक महेश्वर नहीं हो सकता? शरीर में वृत्ति रखने वाला, प्रवृत्त क्या ईश्वर नहीं हो सकता? हो सकता है, ऐसी दशा में शारीर पद से ईश्वर का बोध गृहण क्यों नहीं किया जाय?"

सभा-मण्डप में दूर के कौने से एक गर्जना सुनाई दी- "वाह! क्या पछाड़ा है इस मुण्डी को। वाह। उत्तर दे, यती!"

आचार्य शंकर ने सभा मण्डप को निहारा; शान्त स्वर में कहा- "ईश्वर, ब्रह्म सर्वव्यापी है। वह शरीर और शरीर के बाहर भी है। आकाश, मिश्र जी! क्या आकाश शरीर तथा शरीर के बाहर भी नहीं है? तो क्या आकाश का बोध शारीर पद से होता है? नहीं। सर्व व्यापक ब्रह्म विभु है; प्रभु है किन्तु शारीर वाच्य नहीं है। 'जीव' की शाश्वती सभा केवल 'साक्षी' की ही है प्रारब्ध स्वरूप भव भोग तो वह संस्कार गत स्मृति रूढ़ बुद्धि द्वारा ही होता है- हो सकता है।"

मण्डन मिश्र ने सहसा पूछा, जैसे- "अच्छा! आपके कथन को मान भी लूं; किन्तु अचेतन, जड़, बुद्धि भोक्ता कैसे हो सकती है? भोक्ता तो चैतन्य ही होगा, हो सकता है, आचार्य!"

आचार्य ने हंसकर कहा- "लोहा स्वयं कभी जलता नहीं; किन्तु अग्नि के संसर्ग से उसमें दाहिका शक्ति उद्भवित होती है। आपका कथन समीचीन है कि भोक्ता तो चैतन्य ही हो सकता है- कर्त्ता भी; किन्तु उपादान स्वरूप इस जगत में और निमित्त रूप इस भव संसार में आत्मा-चैतन्य ब्रह्म का सहज ही प्रवेश है। ब्रह्म के चैतन्य स्पर्श के बिना, ब्रह्म की चैतन्य सत्ता के प्रवेश के बिना यह जगत चलता ही नहीं; उद्भवित और तिरोहित हो ही नहीं सकता। बुद्धि में भी चैतन्य ईश्वर-आत्मा का प्रवेश है; इसलिये बुद्धि चैतन्य के समान संज्ञानवती हो जाती है तथा प्रारब्ध को भोगती है।"

मण्डन मिश्र ने सहज स्मित पूर्वक कहा- "काठक श्रुति क्या कहती है, आचार्य? काठक श्रुति कहती है, जीव और ईश्वर छाया और धूप की भांति हैं। एक दूसरे से भिन्न ऋतं पिबन्ती सुकृतरय लोके; गुहां प्रविष्टौ परमे पराध्।

छायातपौ ब्रह्मविदो वदन्ति; पञ्चाग्नयो ये च त्रिणाचिबेता। आपश्री के ही ब्रह्मविद् कहते हैं, आचार्य श्री! कि शरीर में बुद्धि रूपी गुहा है- उस गुहा में प्रकृष्ट ब्रह्म स्थान में प्रविष्ट हुए कर्मफल को भोगने वाले छाया और धाम के समान परस्पर दो विलक्षण तत्व हैं। नाचिकेताग्नि का जिन्होंने तीन-तीन बार चयन किया है, उन पञ्चाग्नि के उपासकों का भी यही कथन है। ऋत अवश्यम्भावि कर्मफल, आचार्य!"

आचार्य शंकर- "अवश्य कर्म-फल। यह काठक श्रुति अद्वैत सिद्धान्त की बाधक नहीं है। अभेद श्रुति अपूर्व अर्थ को ही प्रगट करती है अतः यही श्रुति प्रबल है तथा भेद श्रुति की बाधिका है- भेद श्रुति अभेद के अपूर्व अर्थ का प्रकट करने वाली श्रुति के सामने अत्यन्त "दुर्बल" है। जगत में सर्वत्र भेद दिखता है- रूप-रूप अलग; विलग-विलक्षण, विचित्र! नाम-नाम गुह्य-गहन! जगत और उसके भव-संसार के भेदों को व्यक्त करने के लिये श्रुति कभी प्रयास नहीं करती। श्रुति कथन जगत और जीवन के गूढ़ अभेद को ही जानने तथा कहने का प्रयास करती है। श्रुति सदैव अपूर्व वस्तु की ही आराधना करती है। अपूर्व क्या है? पूर्व नहीं; अर्थात् भेद नहीं- अपूर्व। अपूर्व अभेद का ही प्रतिपादन है। मण्डन मिश्र! भेद को भेद से ही जाना जा सकता है; कहा जा सकता है- अभेद से नहीं। ब्रह्म अभेद की सुतरां प्रतीति है। इस रूपवान रमणीय जगत के रंगीन भेदों को शमा कर एक अथाह एक्य का आभास प्रज्ञा है और प्रज्ञा अपूर्व की खोज है। अभेद की प्रतीति की सम शांत अव्यथित चेतना है। नाम-नाम के सम्बोध से ऊपर उठो; रूप-रूप के भेदों के अन्तराल में लीढ़ परम एक्य, अभेद का अनुभव करने का प्रयास करो, वत्स मण्डन!"

मण्डन मिश्र ने दोनों हाथ आकाश में फैलाते हुए मानो चीत्कार सी की- "मेरी बुद्धि में तो भेद श्रुति ही बलवान है। भेद श्रुति अन्य प्रमाणों के द्वारा पुष्ट की जा सकती है; तब यह अगाध गूढ़ रहस्यमय अभेद श्रुति बुद्धि में नहीं घुसती। शास्त्र का एक-एक प्रमाण आपकी इस अभेद श्रुति को बाधित कर सकता है। जो अकाट्य प्रमाण द्वारा बलवान् नहीं हो सकती, उस अभेद श्रुति को मैं बलवान कैसे मान लूं?"

आचार्य शंकर ने जलद गम्भीर स्वर में कहा- "अन्य प्रमाणों के द्वारा श्रुति 'प्रबल' नहीं होती। प्रमाणों के द्वारा श्रुति का बोध 'गतार्थ' हो जाता है और श्रुति नितान्त दुर्बल हो जाती है किन्तु श्रुति वाक्य प्रमाण-जन्य और प्रमाण गम्य नहीं है। श्रुति वाक्य आत्म ज्ञान का बोधक वाक्य है; प्रचोदक मन्त्र है- आत्म ज्ञान, प्रत्यक्ष की उच्छवसित अभिव्यक्ति है। भेद-श्रुति? भेद को कहने

वाला वाक्य श्रुति नहीं, शास्त्र वाक्य है- विज्ञान वार्ता है। व्यवहार की बात है, महाशय मण्डन! शास्त्र व्यावहारिक और प्रातिभासिक सत्ता का ही कथन करता है। बुद्धि में प्रातिभासिक और व्यावहारिक सृष्टि भरी है। बुद्धि भेदों का निश्चय करती है; अभेद का निर्णय नहीं। जगत द्वारा तथा भव संसार सहित आत्मा की शोध नहीं की जा सकती। जगत से दूर और भवोऽपरान्त ही आत्मा की शोध होती है- हो सकती है।"

मण्डन मिश्र ने हठात् होते हुए कहा- "शास्त्र जगत और जीवन की ही बात करते हैं तब? आत्मा परमात्मा का कथन नहीं। तब श्रुति अगाध शाश्वत अनादि अव्यय सत्य स्वरूप ज्ञान के बोधों के अपूर्व कथन हैं।"

आचार्य शंकर ने सस्मित कहा- "मण्डन! वत्स! जगत ब्रह्म- संकल्प है; भव-संसार अध्यास भर है। आत्मा ही को जानना है; खोजना है-देखना है। इस जगत की रमणीय छाया तथा जीव के तेज से अन्धे कब तक बने रहोगे? क्या जगत देखते हुए भी देखा जा सकता है? क्या भव-संसार स्पर्श करते हुए भी स्पर्श किया जा सकता है? काल-गति में चिरन्तन बहते हुए भी क्या काल गति के विभ्रम को पहिचाना जा सकता है? इच्छा? कभी पूरी हुई है? कामना? कभी सिद्ध हुई है- यह अज्ञान के गूढ़ अर्णव में सोते हुए आत्मा की मिथ्या धारणा मात्र है। जागो, वत्स मण्डन! आत्मा में जाग जाओ और परमात्मा को देखो।"

"आचार्य!" मण्डन मिश्र तनिक स्तब्ध से होते हुए बोले- "भेद-भेद; नहीं; अभेद-यही न?"

"यही, अभेद!" आचार्य शंकर ने सस्मित कहा- "भेद-भेद के संभ्रामक संज्ञान से मुक्त होना ही जीवात्मा की एक मात्र समस्या है। इच्छा पूर्ति के लिये, काम्य-भोग के लिये ही आत्मा अज्ञान की माया उत्पन्न करता है- काल रात्रि, वत्स मण्डन। इस घोर कालरात्रि में वह सच्चिदाऽनन्द अनन्त कोटि भवों की लीला किया करता है- जड़ उसका सत् है; चेतन उसका चित्त है और उसके चिद् विलास का गहनाऽनन्द ही जीवात्म भाव है- भविता, मण्डन मिश्र! अपने ही परम अनादि ऐश्वर्य के स्वान्तः सुखाय अनुभव के लिए यह ब्रह्म-परम् शिव-परात्पर परमेश्वरी स्वरूप सगुण मूर्ति होकर, शिवा होकर सृष्टि, स्थिति और प्रलय की काम्यक्रीड़ा करता रहता है; किन्तु जीवात्मा के हृदय गहन में ज्ञान की पिपासा अपने अपरिमित अथाह में ऊर्मित रहती है।"

मण्डन मिश्र चिहुंके- "तब यह सब ब्रह्म का मायावी लीला विलास है, यही न? यह भेद द्वैत, तब मायावी संभ्रम मात्र है? विज्ञान मात्र, संज्ञान मात्र, यही न!"

"यही, यही, वत्स!" आचार्य शंकर ने तनिक हंसते हुए कहा- "आत्मा के लिये सहज स्वाभाविक ज्ञान है; अभेद है- अज्ञान और अज्ञान जनित भेद नहीं।"

"तब महर्षि जैमिनि जो भूत, भविष्य और वर्तमान को भी जानते थे, उन्होंने वेद का प्रचार करते हुए भी ऐसे सूत्र क्यों बनाये जिसका अर्थ यथार्थ नहीं है?" मण्डन मिश्र ने आचार्य शंकर से पूछा- "क्यों, आचार्य चरण! कर्म गति-विधि, काल-प्रवाह तथा भव-संसार का धर्म, धर्म-धारण और पालन बता कर महर्षि जैमिनी ने क्या जीवात्म भाव के शमन के लिए कुछ कहा है? तब तो पुण्य भी जन्म-मरण में डालता है; पाप भी। कर्म-काल बन्धन भव है तब, आचार्य?"

आचार्य शंकर ने शान्तिपूर्वक कहा- "ज्ञान के बिना अज्ञान का कभी नाश नहीं होता, वत्स मण्डन! महर्षि जैमिनी ने अन्य मीमांसा महर्षियों की भांति गर्भित रूप से पर ब्रह्म का प्रतिपादन करने का ही प्रयास किया है। वेद का प्रसार ही परम ब्रह्म की चेतना का-ज्ञान का प्रसार है। महर्षि जैमिनी ने शुष्क कर्म-विधि को सद्लक्ष्य क्रमित बनाया। अन्ततोगत्वा पुण्यकर्म से ही जीवात्मा में वैराग्य उत्पन्न होता है। महर्षि जैमिनी प्राणियों पर कृपा तथा मनुष्यों पर दया करने वाले ब्रह्मज्ञानी हैं। महर्षि ने अपनी विद्या के तपो बल से केवल पुण्य-कर्म को ही ब्रह्म प्राप्ति का साधन बनाया है। यज्ञ, दान, तप-पुण्य द्वारा अन्ततोगत्वा मनुष्य उस ब्रह्म को जान लेता है, यह प्रतिज्ञा महर्षि ने सिद्ध की है। जैमिनी ने स्वर्ग के परम सुख को नहीं, मोक्ष को ही कर्म का अन्तिम अपरिहार्य लक्ष्य बताया। वत्स मण्डन! महर्षि जैमिनी हम सब के जगत्-शिक्षक हैं; जीवन के आचार्य हैं। सनातन अनादि से अविद्या ग्रसित जीव के संसार संतरण के लिये ही महर्षि जैमिनी ने अमोघ तपस्या की है। ऋषिवर्य जैमिनी ने पाप-कर्म को सर्वथा अन्यथा कर मोक्षमार्गी पुण्य कर्म की ही सम्पूर्ण प्रतिष्ठा की है। जैमिनी ने ही पुण्य कर्म द्वारा अविद्या-ग्रसित मानव-चित्त की शुद्धि का विधान किया है। वत्स मण्डन! चित्त-शुद्धि के बिना ब्रह्म ज्ञान के लिये जीवन चेतना का मार्ग नहीं खुलता, दृष्टि उन्मीलित नहीं होती। यह घन-सघन जाड्यान्धकार केवल आत्म-ज्ञान के सम शान्त प्रकाश से ही नष्ट होता है।"

मण्डन मिश्र ने ऊर्ध्व सांस लेकर कहा- "महर्षि जैमिनी ने सूत्र द्वारा स्पष्ट कहा है क्रिया को निर्दिष्ट करने वाली श्रुतियां सफल हैं- जीव सार्थक क्रिया ही करता है। यती श्रेष्ठ आचार्य! तब फिर महर्षि जैमिनी वेद-वचन द्वारा सिद्ध वस्तु का प्रतिपादन किस प्रकार कर सकते हैं? वेद का अपौरुषेय वचन कर्म के लिये ही महर्षि ने इंगित किया है- ज्ञान के लिये, ईश्वर के लिये नहीं, आचार्य!"

आचार्य शंकर ने अपना पद्म-पाणि अभय मुद्रा में उठाते हुए कहा- "श्रुति का तात्पर्य अद्वैत ब्रह्म के प्रतिपादन का ही है, रहा है; रहेगा। आत्म ज्ञान का अन्ततोगत्वपा उदय करने वाला पुण्य भूत कर्म श्रुति के ध्यान में सदैव बना हुआ है। कर्म-गति के भेदों में सम्पूर्ण अनासक्त कर्म क्रमशः अभेद दृष्टि का आविर्भाव करता है- भेद मंगलमय हो सकता है; किन्तु सम्पूर्ण अनासक्त कर्म का भेद स्वतः ही अभयपूर्ण अभेद में बदल जाता है। पूर्ण पुण्य कर्म ही परिपूर्ण पुण्य कर्म है जो भव बन्धन खोलता है; बांधता नहीं।"

मण्डन मिश्र ने सिर धुना कर कहा- "समस्त वेद अनादि से सच्चिदाऽनन्द ब्रह्म का ही प्रतिपादन कर रहे हैं। तब कर्म परमात्मा से भिन्न फल प्रदाता है आचार्य! मैं हत् बुद्धि हो गया हूं, पुण्य! ईश्वर से भिन्न फलदाता कर्म का पुण्य भूत ही सही प्रतिपादन कर महर्षि ने ईश्वर का निराकरण तब कैसे किया? समझ में नहीं आता।"

आचार्य शंकर सहसा आसन से उठ खड़े हुए; जलद गंभीर प्रशान्त स्वर में बोले- "आपकी जिज्ञासा केवल यही है कि कर्म का फल दाता कौन है? कर्म-गति विधि स्व में जड़ है-कारण तथा क्रिया रहित है, अतः कर्म स्वयं फल दाता कैसे होगा? यही न?"

मण्डन मिश्र भी उठ खड़े हुए; गर्जे- "यही, यही, आचार्य! मीमांसा कर्म को फल-दान के लिये संभृत योग्य मानती है। मीमांसा शास्त्र का स्पष्ट मत है कर्म स्वयं अपने फल को उत्पन्न करता है। तब वेदान्त ईश्वर को ही फल-दाता बताता है।"

आचार्य शंकर ने सभा-मण्डप को अपने विशाल कमल-लोचनों में भरा; हंस कर बोले- "यह सृष्टि किसी कर्त्ता की कृति है। परमेश्वर ने ही यह संसार अपने सर्व शक्तिमान संकल्प से अपने ही सद्य सनातन लीला विलास के लिये रचा है। इस अनादि अपौरुषेय शाश्वत अनुमान को सिद्ध करने के लिये आगम वचनों की आवश्यकता ही नहीं है। मणों अन्धकार प्रकाश के एक स्फुलिंग को बता नहीं सकता; इंगित नहीं कर सकता- सिद्ध नहीं कर सकता, वत्स! प्रकाश स्वयं सिद्ध है; स्वयं प्रगट है। वैशेषिक का स्पष्ट उद्घोष है, श्रुतियां परमात्मा विषयक इसी अपौरुषेय सनातन शाश्वत अनुमान का ही सतत् अनुवाद करती हैं।"

मण्डन मिश्र- "परन्तु क्या यह शुष्क अनुमान ईश्वर सिद्धि के लिये पर्याप्त है, आचार्य!"

आचार्य शंकर- "नहीं। वेद को नहीं जानने वाला उस बृहद् परम ब्रह्म को, औपनिषद् ब्रह्म को जान ही नहीं सकता। वेद के अज्ञानियों के लिये ब्रह्म

अगोचर है, वत्स! इसीलिये महर्षि जैमिनी ने ईश्वर परक इस शुष्क अनुमान तथा ईश्वर से ही जगत का उदय अस्त होता है- के सिद्धान्त का अपनी तीक्ष्ण शत्-शत युक्तियों से खण्डन किया है किन्तु महर्षि ने श्रुति सिद्ध ईश्वर का अलाप कभी नहीं किया-महर्षि मानते हैं, उनका अपने तपस्या पूर्ण चिन्तन में यह अमोघ विश्वास रहा है कि शास्त्र द्वारा ईश्वर-सिद्धि हो ही नहीं सकती। श्रुति ही ईश्वर को बता सकती है- सिद्ध कर सकती है। जैमिनी ने तर्क सम्मत श्रुतिहीन शुष्क ईश्वरपरक अनुमान का खण्डन किया है- ईश्वर, ब्रह्म का नहीं।"

मण्डन मिश्र ने विस्फारित नयनों से मानो समूचे जगत को निहारते हुए कहा- "नैय्यायिक ईश्वर के जगत-कृतत्व के अनुमान से ईश्वर सिद्धि करते आ रहे हैं- जगत का कत्ता ईश्वर है; कर्म नहीं-जीवात्मा की इच्छा नहीं किन्तु वेदान्त यह मत कहां मानता है? वेदान्त ईश्वर को उसके जगत-कृतत्व की सर्वशक्तिमान योग्यता के कारण ब्रह्म नहीं स्वीकार करता। आगम के बिना क्या अनुमान की प्रामाणिक सत्ता स्वीकार की जा सकती है?"

आचार्य शंकर ने सस्मित कहा- "ईश्वर, ब्रह्म केवल श्रुति-सिद्ध है। प्रमाणों की प्रामाणिक सत्ता के परे ब्रह्म ज्ञान आत्मा का अपने परिपूर्ण अभय में जागरण है। ऋषि ईश्वर का प्रत्यक्ष करते हैं; मुनि ईश्वर के ध्यान में मूक होकर कालाऽतीत हो जाते हैं। आचार्य जगत के नाम रूपों के रहस्यमय विलक्षण विचित्र भेदों में अभेद का मुह्यमान आलोक देख लेता है। भेदों की भीतियों से व्याकुल मनीषी जगत के अन्तराल में एक अनन्य शांति खोजता है। तब विद्वान नाम-रूपों के इस जगत तथा भव-संसार के गहन को पाकर सिर धुनाता रहता है। शास्त्र की नौका पर चढ़ा हुआ यह विद्वान सृष्टि के तम मूढ़ काल-निधि में गोते लगाता ही रहता है। वत्स मण्डन! यह जगत अपने ही विषाद में डूबा हुआ है; सुख और दुःख अपनी तृषा में लीन हैं- यह गुणाऽश्रित गुणमय जगत, यह स्वप्नों की स्मृतियों से लीढ़ भव-संसार अपने ही क्षणिक अस्तित्व से चूर-चूर है। महर्षि जैमिनी ने शास्त्र-दृष्टि के इसी अन्धेपन को स्पष्ट किया है। महर्षि को ज्ञात था, तम मूढ़ जगत ईश्वर के प्रकाश का आभास मात्र भी नहीं दे सकता। उलूकों का अन्धकार प्रकाश की शाश्वत स्वयं स्फूर्त सत्ता को अन्यथा कैसे करेगा? जैमिनी जगत और भव संसार के तत्ववेत्ता ही नहीं थे; महर्षि ईश्वर के मौन उपासक भी थे।"

मण्डन मिश्र चिहुंके- "ईश्वर के मौन उपासक, महर्षि जैमिनी? आचार्य! तब मेरा यावत् जीवन का जगद्-दर्शन विज्ञानघन जड़ का दर्शन था? तब शास्त्र-दृष्टि जाड्यान्धकार को ही देख सकती है? परम चैतन्य तत्व को नहीं?"

आचार्य शंकर ने हस्तलाघव उठाकर पुनः अभय मुद्रा में कहा- "जड़, जाड्यान्धकार अज्ञान की माया मात्र है। चैतन्य ही है- चैतन्य ही रहेगा; क्योंकि सत्य चैतन्य है; ज्ञान चैतन्य है; अमृत चैतन्य है। भेद-स्वरूप भीतियों से भरा यह भव-संसार और नाम-रूपों की अनन्त कोटि ब्रह्माण्डों की यह आश्चर्यमयी आश्चर्य संभूत त्रिकाल सृष्टि चैतन्य की कल्पना मात्र है, मण्डन! महर्षि जैमिनी और भट्टपाद कुमारिल्ल इस माया को जानते थे; किन्तु बुद्धि द्वारा ही उन्होंने जगत और भव-संसार को देखा; खोजा-व्याख्या की। इस जगत का परिहार्य चैतन्य के भास में ही होता है, मण्डन मिश्र! सृष्टि का अन्धकार और प्रकाश उसी अमृतमय ज्योति की छाया है। यह भव-संसार उसी ज्योतिषाम् ज्योति की गहन आनन्दोर्मि है। यह गहन गहनातिगहन ज्योति का स्वयं प्रकाश मायावी सृष्टि में झबकता ही रहता है- यही अनन्त है; यही विराट् है; यही अनुपम अव्यय है और यही निराकार ब्रह्म चैतन्य है, वत्स!"

मण्डन मिश्र ने सहसा चीत्कार की- "महर्ष! जैमिनी! आपको क्या कहना है?"

मण्डन मिश्र ने गले की माला को तोड़कर हाथों में ले ली। मण्डन को लगा आकाश तेज से भर गया है और महर्षिवर्य जैमिनी की दिव्य आकृति सूर्य-मण्डल में झबक उठी है। अपने अन्तःकरण के गहन में मानो मण्डन मिश्र ने सुना- "विश्वास करो, मतिमान सुमते! आचार्य शंकर के वचनों में सन्देह त्याग दो। धर्म सूत्रों का यथार्थ अभिप्राय आचार्य ने जान लिया है। आचार्य शंकर श्रुतियां सुन कर उनको आत्मसात् कर चुके हैं; शास्त्रों के विज्ञान-जलधियों का मन्थन कर आचार्य शंकर अनन्त शाश्वत चैतन्य स्वरूप ब्रह्म को देख चुके हैं। मेरे गुरुदेव भी महर्षि शीर्ष वेद व्यास थे। वेद व्यास ने निरंतर सच्चिदानंद ब्रह्म का ही उपनिषदों, शास्त्रों तथा पुराणों द्वारा एक रस प्रतिपादन किया है। मैं अपने गुरु वचन के विपरीत कैसे जा सकता हूं? जगत के तिरोभाव के मौन एकान्त में मैंने ईश्वर की झलक पाई है। तम गूढ़ अर्णव के अतल अथाह में चैतन्य ब्रह्म ही शयन कर रहा है, वत्स मण्डन! सन्देह त्याग दो; और इस अपरम्पार रहस्य को सुनो; चित्त में गुनो तथा प्रज्ञा की आंखों से देखो। सत युग में महर्षि कपिल, त्रेता में भगवान दत्तात्रेय, द्वापर में महर्षिवर्य वेद व्यास तथा अब कलियुग में आचार्य शंकर उसी परम ब्रह्म का शाश्वत इंगित कर रहे हैं।"

मण्डन मिश्र पुनः चिल्लाये- "आचार्य जैमिनी!"

मानो महर्षि जैमिनी के शाश्वत वाक् ने पुनः कहा- "यह निर्गुण निराकार परम ब्रह्म की स्तुति है; यह उसी परम ब्रह्म का सरस्वती द्वारा गायन है। यह

ऋषियों की परम पूर्ण त्रिकालाऽतीत दृष्टि है- यह मुनियों का चिरन्तन शाश्वत ध्यान है। सच्चिदाऽनंद ब्रह्म, वत्स! मण्डन! आचार्य शंकर की शरण में जाओ।"

मण्डन मिश्र ने हाथ की मुझायी हुई माला शंकराचार्य के चरणों में रखते हुए कहा- "सत्य की जय, आचार्य शंकर!"

सभा-मण्डप में खलबल मच गई। महाराज राजेश्वर सुधन्वा उठ खड़े हुए और पीठिका पर जाकर खड़े हो गए। एक साथ उठ खड़ी होती हुई सभा तरंग-स्तम्भन की भांति रुकी। प्रभाकर ने पीठिका के पास लपक आते हुए कहा- "मण्डन!" आचार्य भास्कर पीठिका पर चढ़ गये; बोले- "मैंने कहा नहीं था, मिश्र जी! यह, यह आचार्य एन्द्रजालिक है। इनकी माला तो सूखी नहीं, आपकी कैसे सूखने लगी? निश्चय ही यह ऐन्द्रजालिक क्रिया है-है न, युवा सन्यासी आचार्य?"

आचार्य शंकर सस्मित मुलक-मुलक हंसते रहे। अभिनव गुप्त ने अपने आसन पर ही खड़े रहकर कहा- "महाराज राजेश्वर! निर्णय? भारतवर्ष के पण्डित और मनीषी इस अगाध शास्त्रार्थ का निर्णय जानना चाहते हैं। यहां सभी सम्प्रदायों, दर्शनों, धर्मों एवं मत-मतान्तरों के पीठ ख्यात व्यक्ति उपस्थित हैं। क्या निष्कर्ष निकला, महाराज?"

महाराज राज राजेश्वर सुधन्वा ने शान्त किन्तु स्पष्ट दृढ़ स्वर में उभय भारती को देखा और पूछा- "अध्यक्ष दृष्टा? लोग अचूक निर्णय जानना चाहते हैं- हम भी! माला के मुझा जाने से जय-पराजय का निर्णय सनातन लोक मान नहीं सकता। यह आश्चर्य है; मिश्र जी की आधी माला मुझा गयी है; तब आचार्यश्री की माला के पुष्प शाश्वत वसन्त के चिरन्तन फूलों की भांति विहंस रहे हैं- निस्संदेह, आश्चर्य, श्रीमती!"

मण्डन मिश्र ने आचार्य शंकर के स्वर्ण-शिला के समान वक्ष स्थल पर लहरती हुई प्रसन्न, मगन, धन्य पुष्प् माला की ओर देखा और आचार्य शंकर के देदीप्यमान शान्त मुख-मण्डल को देखते खड़े रहे।

आचार्य शंकर ने मण्डन मिश्र को अपने पार्श्व में भरते हुए कहा- "यही शास्त्रार्थ का निष्कर्ष है। उभय भारती को मैं भली-भांति जानता हूं। काल के इस तम मूढ़ अगाध अर्णव में, इस अपार महा दुस्तर अत्यंत घोर भव-संसार के विपद् सागर में आप परात्पर श्री विद्या की नौका रूप हो। आपश्री ब्रह्माणी-मूर्ति हैं; सरस्वती हैं। इस जगत की नारियों में आपश्री, सुकृति, विद्या और राग की मुमुक्ष वृत्ति हैं। आप ज्ञान की सौन्दर्य-श्री हैं; आप जगत के भव-संसार के अन्तिम छोर पर खड़ी हुई माया के संभ्रम को दूर करने वाली

ज्ञान-ज्योति हैं- आप पुरुष की आत्म-ज्योति हैं, श्रीमती! वत्स मण्डन! तुम्हारी माला के पुष्प् मुर्झा गये; क्यों? चैतन्य के आत्मसात संकल्प से तुमने अपनी माला के फूलों को अभिमंत्रित नहीं किया। परमाणुओं का यह अथाह उभार चैतन्य की दृष्टि से उभरता-उमड़ता और घुमड़ता है। ब्रह्म-चैतन्य ही अखिल-निखिल भुवन बीज है उसी के स्पर्श से यह घोर मूक मूढ़ अणु-अर्णव कल्पों के स्वप्नों से विभूतिवान होता है। ब्रह्मा विचारने लगते हैं; सृष्टि की रचना होने लगती है। अणु-शेष नाग पर विष्णु-विष्णु आविर्भूत होकर रची जाती सृष्टि को पोषण के लिये अमृतमयी करने लगते हैं और काल की गति-विधि को महेश-शिव-अपनी भौंहों के भ्रू भंगों में झेल लेते हैं। यह सृष्टि प्रभु के प्रताप से ही उद्द्वित होती तथा काल के कातर भय से तिरोहित होती रहती है किन्तु चैतन्य का संकल्प ही मायामय रचना, उसकी स्थिति और रूपान्तर का अमोघ विधानघन आधार है। ब्रह्म का भास होना ही उस शिव-संकल्प का उद्भव होना है।"

मण्डन मिश्र- "मैंने जड़ को ही देखा; जड़ को ही चेतन माना। मैंने निरन्तर कर्म को ही ईश्वरीय गति विधि कहा। मैंने अणु को ही जगत का अन्तिम आत्यंतिक सत्य माना-जड़ और तम मूढ़ मेरी बुद्धि में ब्रह्म का स्पर्श कहां था, आचार्य चरण! मान गया चैतन्य ही जीवन है; अजरता है- अमरता है। चैतन्य ही ब्रह्म है, अनुभव होने लगा है, पूज्य!"

"अनुभव? आत्मसात करो सच्चिदाऽनन्द को, वत्स मण्डन!" आचार्य शंकर ने कहा- "इस सृष्टि में कुछ भी इन्द्रजाल नहीं है; आकस्मिक एवं अन्यथा नहीं है। यह जगत योग्य और पात्र अभिव्यक्ति है। काल की प्रत्येक पल क्षण स्थायी होते हुए भी परब्रह्म के दिव्याऽतिदिव्य शिव संकल्प से उत्पन्न, पूर्ण और गतिविधि शील है। जिसने माया को भेद कर आत्मज्ञान पा लिया, वह जीव जीवात्मा नहीं रह कर आत्मा-परमात्मावत् हो जाता है। जीव और ब्रह्म एक एकमेक एकरस एक घन घनीभूत हैं- जीवात्म भाव का यह चिद् विलासी सम्मोहित सम्भ्रम आत्म स्वरूप का प्रत्यक्ष होते ही बिला जाता है- अन्धकार का भान तभी होता है, जब तक प्रकाश का प्रत्यक्ष नहीं होता।"

उभय भारती ने सहसा कहा- "आचार्यश्री! यह ब्रह्म सूत्र की जय नहीं है; शाप की विजय है। मुझे स्मरण हो रहा है, प्राचीन काल में क्रोधाग्नि स्वरूप ऋषिवर्य दुर्वासा ने मुझे शाप दिया था- आप दोनों भिक्षा पाने चलिये। गुरु और शिष्य को भव-भवों की यह अन्तिम भिक्षा दे दूं। फिर जाऊँ, चली जाऊँ-उसी मौन के अनन्त निस्सीम में, आचार्य!"

आचार्य शंकर ने शान्ति पूर्वक कहा- "आपश्री तब जायेंगी जब आपश्री के चरणों का यह दास चाहेगा। परात्पर शिवा का स्वरूप क्या स्वयं चला जाता है? अनेक पुरुषों के भव-बन्धन काटने के लिये वह सौन्दर्य और रति लीढ़ स्वरूप काल के तटों पर भ्रमण करता ही रहता है। आप श्रीमती जायेंगी भी कहां? आप श्रीमती का स्थान योगियों का हृदय-गहन है; ऋषियों की अगाध सत्य-दर्शन की लालायित दृष्टि है। आपका स्थान जीवन-मुक्त पुरुष की वैराग्य भरी मति में है, श्रीमती!"

मण्डन मिश्र ने सहसा भारती से पूछा- "प्रतिदिन तो आप भोजनार्थ आमंत्रित करती थीं; आज भिक्षा का यह निमंत्रण क्यों?"

उभय भारती ने आचार्य शंकर की ओर अथाह दृष्टि से देखा; कहा- "सन्यासियों को भोजन नहीं करवाया जाता-भिक्षा दी जाती है, पूज्य!"

26

एक घोष-प्रतिघोष उठा: मीमांसा-धुरन्धर मिश्र मण्डन की पुष्प-माला सूख गई; मण्डन मिश्र हार गये। हार गये मण्डन मिश्र? नीलकण्ठ ने मानो प्रभाकर से मौन ही भवें उठा कर प्रश्न किया। प्रभाकर ने मौन आंखें उन्मीलित सी कर अपने गहन में देखा और ऊर्ध्व निसास भरा। भास्कराचार्य ने सक्रोध घोषणा सी कीः मण्डन मिश्र जीते हैं; हारे नहीं हैं। निस्संदेह उभय भारती के कथनाऽनुसार यह क्रोध-स्वरूप ऋषि दुर्वासा का श्राप ही जीता है। मण्डन मिश्र क्या कोई भी मानव-जीव इस ऐन्द्रजालिक यती आचार्य शंकर के अगम अगोचर ब्रह्म को स्वीकार नहीं कर सकता। जब तक यह यती शंकर ब्रह्म को स्वयं परिणामी नहीं स्वीकार करता तब तक ब्रह्म का यह सुतरां चिद् विलास, लीला, एक अपृहत् चित्त कल्पना मात्र है। आचार्य भास्कर ने सिर धुना धुना कर सभा मण्डप में उद्घोष ही किया- आचार्य शंकर जिसको अज्ञान कहते हैं, वह वस्तुतः ब्रह्म का परिणाम धर्मी विज्ञान है। ज्ञान स्वरूप ब्रह्म अज्ञानाच्छादित कैसे होगा? अवश्य वह सृष्टि, स्थिति और प्रलय का अपना अमोघ नाम-रूपों का सतत् चिर चिरन्तन शिव संकल्प, विज्ञान, आविर्भूत कर सकता है। सत् चित्त स्वरूप ब्रह्म सोचता है; विचारता है- कर्म करता है। सृष्टि स्वरूप स्वयं आविर्भूत होता है। सर्वम् खलु इदम् ब्रह्म का और क्या तात्पर्य हो सकता है? जगत रूप ब्रह्म स्वयं अवतरित हुआ है- होता है। जीव स्वरूप ब्रह्म स्वयं जन्म लेता तथा भव-संसार भोगता है। ब्रह्म स्वयं ही अपनी भव-लीला से आकण्ठ आकर स्वयं का इस माया-जाल से छुटकारा चाहता है- यही मुमुक्ष वृत्ति है; यही रागों का वैराग्य तथा महाप्रलय के शान्त शयन का मोक्ष है। मोक्ष अपने ही अथाह निस्सीम ज्ञान में लीन होना है- सो जाना है।"

आचार्य अभिनव गुप्त ने कहा- "परम शिव ही सदाशिव स्वरूप आविर्भूत हैं तथा शिव-शक्ति रूप ईश्वर, जगत तथा जीववत् उद्भूत होते हैं। पाश बद्ध जीव, पाश मुक्त शिव-शक्ति, शिवा ही सगुण ब्रह्म है- ब्रह्माणि।"

"अघोरा। घोरा। कालिका!" चण्ड भैरव ने किलकारी करते हुए मानो कहा- "यह सृष्टि अहर्निशि मैथुन है; यह भव-संसार प्रतिपल का मांसाहार है! मद्य, मत्स्य, मैथुन ही यह जगत तथा उसका जीवन है ब्रह्माणि? आदि कालिका, घोरा! वही परात्परी मुण्ड मालिनी शव-शिव से रति-रत है। यह शुष्क मुण्डी, यती, क्या जानता है? पोथियां जानता है- पोथयां पढ़ी हैं- लेखिनी घसीटी है इस नपुंसक ने! हमने मुण्डों में मदिरा भर कर श्मशान की माझम मध्य रात्रि के घने अन्धेरे में जलती हुई चिता के पास बैठ पी है। यह जगत श्मशान है- नहीं है क्या, शंकर?"

आचार्य शंकर ने चण्ड भैरव को सादर कहा- "इस जगत को जिस दृष्टि से देखो, जगत वैसा ही प्रतीत होगा। इस भव-संसार में जिस भावना से कर्म करो, वैसा ही घटित होगा। सभी भव-योनियों का अन्त शोक है; सभी विद्याओं का शमन विषाद में ही होता है। सभी तपस्यायें वैराग्य में ही लीन होती हैं- यह सृष्टि अपने-अविराम गमन में मृत्यु के शोक से आकुल है, भैरव श्री! देह ही तो पञ्चमकार सूक्ष्म सृष्टि का पार्थिव स्वरूप है। देह में बंधकर ही देह ही को देखोगे तो के सिवाय और क्या हाथ लगेगा?"

कपाल भैरव ने चीत्कार पूर्वक कहा- "तुम्हारा वेदान्त ब्रह्म बुद्धि का पाखण्ड है। हमारा काल भैरव चण्ड शिव! समझा? वही सत्य है।"

आचार्य शंकर ने हंसते हुए कहा- "समझ गया, श्रीमन्!"

मण्डन मिश्र ने एकत्र मेदिनी को सम्बोधित करते हुए कहा "हमारी पुष्प माला मुर्झा गयी है। महर्षि जैमिनी ने चिदाऽकाश में प्रगट हो मुझको आचार्य चरण की शरण में जाने को कहा है। गुरुदेव भट्टपाद काल के अन्तिम छोर पर दिव्य प्रेत के रूप में मानो मुझे देख रहे हैं। अवश्य, पण्डितों, मतिमानों! यतीवर्य आचार्य शंकर से मैं शास्त्रार्थ में हार गया हूं। शास्त्रों के प्रमाण टूट गिरे हैं और यह जगत जाड्यान्धकार का बिब्बोक भर सिद्ध हुआ है।"

प्रभाकर लपक कर पीठिका पर आ गये। हस्त लाघव उठाते हुए सब को शान्त करते हुए वह बोले- "आज पूर्व-मीमांसा की कर्म-परक चिन्तन धारा सूख गई है। तब! सिद्धाऽर्थक और विधायक वाक्य मानो अन्त में निरर्थक लगे हैं। मीमांसा वेद की धर्म-लीक है। मीमांसा वाक्य इस जगत की मीमांसा कर ब्रह्म नहीं, सुखद, सुख मूलक, शान्तिपरक गति एवं मंगलकर विधि ही पाता

है-ब्रह्म नहीं। हम आज दिन तक यही समझे, समझते थे कि ईश्वर जगत सहित, जगत द्वारा, जगत परक है; किन्तु आज ऐसा लग रहा है- ईश्वर होते हुए भी नहीं है। यह जगत ईश्वरमय है; किन्तु इस और अनेक ब्रह्माण्डों के परे और पार भी आचार्य शंकर का अभेद स्वरूप अभय सच्चिदाऽनंद है। मैं हत् बुद्धि हो गया हूं, आचार्य शंकर! तब हमारा स्वतः प्रमाण मिथ्या ही निकला?"

आचार्य शंकर ने सस्मित शान्त स्वर में कहा- "मिथ्या, अर्थात् क्षणिक; माया अर्थात् सम्भ्रमित। ब्रह्म नहीं है, ऐसा नहीं है। वही है; पारमार्थिक रूप में-सत्य स्वरूप वही है। वही प्रतिभासित होता है; प्रतीत होता है; विद्या द्वारा वही समझा जाता है; वाङ्गमय द्वारा वही कहा जाता है। यह तो जीव के अज्ञान की वाचालता मात्र है, हमारा शास्त्रार्थ। जीव की अधोदृष्टि से ही वह सद् चिदाऽनन्द अनेक दिखता तथा रहस्यमय गूढ़ शोक-सिन्धु में डूबा प्रतीत होता है। जन्म और मृत्यु स्वरूप होने और होते रहने वाला सत्य क्या त्रिकालाऽतीत सत्य हो सकता है? ज्ञान जन्मता नहीं; बंधता नहीं, भोगता नहीं- रूप बदलता नहीं। महोदय प्रभाकर! हितू और काम्य कर्म के काण्डों का मीमांसा धर्म सत्य सनातन वैदिक वर्णाऽश्रम धर्म की विषमता हो गया है। स्वर्ग को प्राप्त करने के लिये किया जाता प्रत्येक कर्म बन्धन परक है; अतः अज्ञान जन्य है- मृण मय है। हमें अमृतमय बन्धन मुक्त कराने वाला कर्म चाहिये। मोक्ष मार्गी तथा मोक्ष-धर्मी कर्म ही वैदिक कर्म है; क्योंकि जीवात्मा का एक मात्र आत्यंतिक लक्ष्य भवेच्छा का शमन करना है; भयों से अभय प्राप्त करना है- भेदों से छूटना है; अंधेरे और उजाले के घोर द्वन्द्व से मुक्त होना है- मृत्यु से मुक्त होना है- मोक्ष प्राप्त करना है; स्वर्ग नहीं। जीव को अन्ततोगत्वा स्वर्ग का परम सुख नहीं, चिदाऽनंद चाहिये।"

प्रभाकर ने विनीत स्वर में कहा- "ज्ञान स्वप्रकाश है; स्वतः अपना प्रमाण है और यह यथार्थ ज्ञान ही है, ऐसा हमने माना है। जगत की सतत् अभिव्यक्ति, पदार्थों की गति-विधि, तत्वों का यह मौन स्वयं स्वमेव आल्होड़न-विलोड़न, आचार्यश्री! तब ब्रह्म चैतन्य नहीं है? सच तो यह है, जगत और जीवन तथा उसके नित्य शाश्वत धर्म को देखने में हम इतने व्यस्त, मुग्ध तथा रूढ़ हो गये कि हमें जगत तथा जीवन के परे और पार ब्रह्म-सत्य पर चिन्तन करने की आवश्यकता ही प्रतीत नहीं हुई। जगत के भव-संसार के मंगल तथा कल्याण के परे हमें किसी भी प्रकार की भव-चिन्ता नहीं हुई। मोक्ष, क्या यही समग्र, समस्त भव-चिन्ता है?"

आचार्य शंकर- "अज्ञान का नाश, भव-बन्धन से छुटकारा, यही जीवात्म भाव की एक मात्र चिन्ता है, महाशय प्रभाकर!..."

सहसा मण्डन मिश्र ने कहा- "आचार्य चरण, मैंने अब आपको जान लिया है। जीवों के संक्रामक अनादि अज्ञान को नष्ट करने के लिये ही क्या आपने यह देह धारण किया है? श्रीमती उभय भारती! हमें अपनी यह पराजय स्वीकार है। पथ-भ्रष्ट बौद्धों के प्रलाप से आचार्य यतीवर्य शंकर ने ब्रह्म चिन्तन का उद्धार ही किया है। स्वप्न के अन्तर्गत स्वप्न देखते रहने के इच्छुक वैकुण्ठ के अभिलाषी वैष्णवों के मत में मुक्ति वैकुण्ठवास है किन्तु लोकान्तर की उच्चतम स्थिति प्राप्त करना क्या मोक्ष प्राप्त करना है, ज्ञान पाना है? नहीं, श्रीमती उभय भारती! अब अनुभव हो गया, जाड्यान्धकार दूर होना और अपने ज्ञान स्वरूप के आनन्द में लीढ़ होना ही मोक्षाऽवस्था है। आत्मा मुक्त है; जगत बन्ध है; भव संसार बन्धन है; श्रीमती भारती! मुझे अपनी यह पराजय अन्धकार पर प्रकाश की विजय ही प्रतीत होती है।"

उभय भारती ने शान्त गंभीर स्वर में कहा- "मुझको नहीं; आपकी अर्द्धांगिनी आपकी सम्पूर्ण पराजय स्वीकार नहीं कर सकती।"

मण्डन मिश्र ने चीत्कार सी की- "उभय भारती! भेदवादियों की मुक्ति से यह कर्म तथा कर्म-फल के भोग का संक्रामक अनिवार्य सा अपरिहार्य संसार काल गति रूप बना ही रहता है? अज्ञान के तिमिर से आच्छादित स्वप्नवत् अध्यासों के रंगीन उभारों से भरा मृणमय यह संसार क्या सदैव सह्य है? नहीं।"

उभय भारती ने अपने अथाह नयनों को अपलक सा करते हुए कहा- "संसार ही सह्य है; न होता तो यतीवर्य का सच्चिदाऽनंद ब्रह्म एक से अनेक होने तथा होते रहने की कामना ही नहीं करता। जगत से छुटकारा होता, तो काल ही आविर्भूत हुआ नहीं होता- स्वप्न का यह मनोहर देश व्याप्त न होता- यह जीवन नहीं होता, महाशय!"

मण्डन मिश्र ने शान्त स्वर में कहा- "आचार्यश्री ने स्थिर मुक्ति का ज्ञान करवाया है। अधिकाऽधिक सुखद लोक के अधिकाऽधिक मनोहर चित्त लुलुभित भवों के अस्थिर सुख के सन्तोष को ही मैं 'मुक्ति' मानता आ रहा था किन्तु नहीं-सृष्टि सन्तोषदायिनी हो सकती है; जगत काम्य पूर्ति की रंगभूमि हो सकता है- भव-संसार पुण्य-संग्रह के लिये अविराम तपस्या हो सकती है; किन्तु आत्मा का ज्ञान यह काल, यह अविश्रान्त कर्म-गति दे नहीं सकती, श्रीमती! संसार का अतिक्रमण कर सच्चिदाऽनंद की लहर रूप एक अभय अनुभूति मुझको चाहिये।"

उभय भारती ने तनिक झुंझलाते हुए कहा- "ऐसी अनुभूति होती तो सुख की चिरन्तन कामना से आकुल जीवन का यह व्याकुल उद्भव होता ही क्यों? मिश्र जी! स्वप्न अभयपूर्ण मौन से कभी हारा है क्या? स्मृति कभी जल कर भस्म हो गई है क्या? नहीं। सृष्टि जीती नहीं जा सकती-काल समाप्त नहीं किया जा सकता, देश तोड़ा नहीं जा सकता, यह जीवन राग भरे सम्मोहन पूर्ण सौन्दर्य की विचित्र विलक्षण मुग्ध मनोरम अभिव्यक्ति है- यह मधुमय विभूतिमय भूति पूर्ण जीवन क्या मृत्यु भी समाप्त करता है- कर सकता है? नहीं। यतीवर्य!"

आचार्य शंकर ने सस्मित कहा- "वत्स मण्डन!...."

मण्डन मिश्र ने सभा की ओर देखा और गम्भीर शान्त स्वर में कहा- "मतिमानो, पण्डित मन्यों! अब मन की आंखें खुल गई हैं। तम मूढ़ अर्णव के परे ज्योति के आनन्द सागर की ऊर्मियों का इस विषादपूर्ण चित्त को अनुभव होने लगा है। जो कर्म स्वयं स्वमेव मानता है, वह विज्ञान को जड़ गति-विधि को ही चैतन्य समझता है। विज्ञान इन्द्रिय-सन्निकर्ष मात्र है; बुद्धि का भेद संज्ञान, चित्त का अध्यास-अहम् का प्रसार मात्र! अवश्य, अवश्य! अविद्या के ग्रसित जीव ईश्वर को नहीं जानते। जब तक अविद्या है तब तक जगत है; भव-संसार है- प्रभु नहीं; परमात्मा नहीं। तत्व-द्रष्टा अन्त में मूक क्यों हो जाता है? अहम् के विप्रलम्भ से भर वह चकित तथा स्तब्ध केवल काल का ही अनुभव करता है, मृत्यु का। आज आचार्य चरण के अनुग्रह से मुझको ईश्वर की ओर उन्मुख होने का उदात्त भाग्य प्राप्त हुआ है।...."

भास्कराचार्य चिहुंके- "मिश्र जी!"

मण्डन मिश्र ने हस्त लाघव उठा कर कहा- "अब सन्देह के बादल छंट गये हैं, शंका-आशंकाओं अंधेरी गलियां पार कर मैं ज्योति जलधि के तट पर आ खड़ा हूं। अविद्या ही जीव का दुःख है; अज्ञान ही सृष्टि का भाग्य है। मोह ही भव-संसार का कारण है। एक क्षण के इस जगत और क्षणों के नपे-तुले भवों के चलायमान सुखों के व्यामोह में पड़ा हुआ मैं आज जैसे अन्धकार को भेद कर ज्योतिर्मय अनन्त में देख रहा हूं। इस जगत की पीड़ा निस्संदेह दूर होती है:"

अभिनव गुप्त ने पूछा- "जगत की पीड़ा?"

मण्डन मिश्र ने सिर धुना कर कहा- "जगत अज्ञान की घनी भूत संक्रामक पीड़ा नहीं तो क्या है, आचार्य अभिनव! जीव को विद्या चाहिये; विद्या का अमृत चाहिये- जगत की पीड़ा सहता हुआ अविद्या ग्रसित जीव एक न एक दिवस आचार्य शंकर जैसे कृपा-सागर सन्यासियों की शरण में जाता ही है- जायगा ही। अनादि के आदि से मैं कल्पों की सम्मोहमयी कल्प यात्रायें करता

आ रहा हूं- क्या चाहता था? कामिनी चाहता था- अर्थात् जगत का मोहमय राग रगमगा दिवा सवप्न चाहता था। अविद्या ग्रसित मैं सच्चिदानंद आत्मा अज्ञान की तिमिराच्छन्न काल-रात्रि में सोया हुआ था-"

उभय भारती ने तनिक फुत्कार पूर्वक कहा- "मण्डन मिश्र!"

मण्डन मिश्र ने सिर धुना कर कहा- "कामिनी! चुप हो जाओ। मैं कर्म रूपी यन्त्र पर आरूढ़ होकर तपस्या तो करता था; परन्तु शास्त्र चाहता था; घर, स्त्री, सन्तान, भृत्य तथा धन चाहता था। मैं शास्त्रों के हिमालय से अधिक भारी तथा अटल अभिमान से भरा जगत विजय करना चाहता था। आचार्य शंकर ने आज बता दिया, जगत का विजय नहीं होता; मृत्यु को ही जीता जा सकता है। अवश्य श्रीमती उभय भारती; मैंने पूर्व जन्मों में बहुत ही दुष्कर तप किये हैं, जिनके समग्र फल स्वरूप मुझको-एक आसन्न विपन्न जीवात्मा को-शिव-स्वरूप करुणानिधि आचार्य शंकर की शरण प्राप्त हो रही है। मुझको आचार्य चरण की ठोकर से हार जाने पर अब परम सन्तोष है...."

उभय भारती ने जैसे चिल्ला कर कहा- "तुम अभी पूरे नहीं हारे, मण्डन! मेरे प्राण प्रिय पति देव। अभी तो मैं आपकी अर्धांगिनी उपस्थित हूं। आचार्य शंकर; मैं आपकी इच्छा को जानती हूं। आप-आप जगद्गुरु बनने के लिये मेरे पतिदेव को सन्यास दिलाकर अपना शिष्य बनाना चाहते हैं- शास्त्रार्थ तो एक मात्र मिस था। यतीवर्य! बचपन में ही एक अद्भुत मुनि ने मेरी माता को यह भविष्य बता दिया था। उस मतिमान तापस ने स्पष्ट ही कहा था कि.... किन्तु वह तो भविष्यवाणी थी। आज ऐसा लग रहा है, वह सत्य सिद्ध होने जा रही है। नहीं; काल की भविष्यवाणी क्या? मैं ऐसी भविष्यवाणियों को निरर्थक करने की अटल चेष्टा करूंगी। आचार्य शंकर! आपश्री ने हराया ही है तो अर्धांग को ही पराजित किया है- मैं मण्डन मिश्र की जीवन-संगिनी धर्म पत्नी अर्धांगिनी अभी अविजित हूं। शास्त्र को सर्वज्ञ ही झुठला सकता है। आपश्री सर्वज्ञ हैं, आत्म ज्ञानी हैं, मुझको हराइये, तब जानू आपको-आपके ब्रह्म को। सृष्टि जब हारेगी, तब ब्रह्म जीतेगा। स्त्री, जननी जब समाप्त होंगी तब ब्रह्म का उदय होगा। आइये, मैं आपको अधूरे शास्त्रार्थ की सम्पूर्ण पूर्णाऽहुति के लिये निमंत्रण देती हूं। उस तापस ने कहा थाः उपनिषद सिद्धान्त को पुनः स्थिर करने के लिये महादेव ही नर-रूप धारण करेंगे- क्या आपश्री वही नर रूप शिव हैं? हैं तब भी, पण्डितों की सभा के मध्य बैठ कर, शास्त्रों का दिवसों तक मनो-मन्थन करके भी आपश्री ने पण्डितों में श्रेष्ठ मूर्धन्य मेरे पति को नहीं जीता है। पूरी तरह से नहीं जीता। मण्डन मिश्र आपश्री के अमोघ चैतन्य की चकाचौंध से वाक्य-मूक

तथा प्रमाण-अन्ध हो गये हैं। मुझे जीत कर ही आपश्री मेरे प्राण प्रिय वल्लभ पति को मुझसे विलग, घर से दूर, ऐश्वर्य से विमुख कर सन्यासी बना सकते हैं, समझे आप?"

आचार्य- शंकर ने शान्त जलद-गंभीर स्वर में कहा- "आप श्रीमती मुझसे शास्त्रार्थ ही करना चाहती हैं किन्तु क्या मैं महिला के साथ शास्त्रार्थ करूं? क्यों करूँ "श्रीमती?"

उभय भारती ने प्लुत शीर्ण स्वर में कहा- "अपने मत का खण्डन करने वाली स्त्री हो अथवा पुरुष उसको जीतने की चेष्टा करना मतिमान मनीषी का परम कर्तव्य है। अपने पक्ष की पुष्टि ही शास्त्रार्थ में अभीष्ट है। शास्त्रार्थ ज्ञान-प्राप्ति के लिये तपस्या नहीं है। अपने पक्ष की अकाट्य पुष्टि के लिये बुद्धि की जय है, मति का पूर्ण सन्तोष है; दृष्टि का पूर्ण वैभव है, आचार्य! मुनिवर्य कचकनु की कन्या ब्रह्म वादिनी गार्गी का क्या महर्षि याज्ञवल्क्य से भरी सभा में शास्त्रार्थ नहीं हुआ था? प्रधान राजर्षि की पुत्री सुलभा का धर्म ध्वज राजा जनक से क्या शास्त्रार्थ नहीं हुआ था? सच तो यह है, आचार्यश्री ब्रह्मवादियों को जगत से शास्त्रार्थ करना ही पड़ता है। सनातन से ब्रह्मवादि जगत को मिथ्या, जीवन को मोह, सुख को वासना तथा दुःख से छुटकारे को शान्ति बता कर अन्यतम ब्रह्म का प्रतिपादन करते आ रहे हैं- परन्तु क्या शाश्वत जीवात्मा को ब्रह्म मिलता है? नहीं, सृष्टि मिलती है- कामिनी मिलती है; कञ्चन मिलता है; मण्डन मिश्र को मैं मिलती हूं; शिव को शिवा मिलती है। ब्रह्म, जगत के परे और पार है? नहीं, आचार्य! वह स्त्री के अगाध नयनों के अथाह में सौन्दर्य, सुख और राग की अभिलाषा बन कर बसा हुआ है।"

मण्डन मिश्र चिल्लाये- "भारती!"

"चुप रहो; चुप हो जाओ, मण्डन!।" भारती ने सव्यंग हंसते हुए कहा- "ब्रह्म भी, शिव भी शिवा को हरा नहीं सका। तब यह जगत तथा जीवन के अनुभव से हीन नपुसंक यती, बाल-सन्यासी मुझको क्या हरायगा? शिव शव है; शिवा नहीं। आइये, श्रीमद् आचार्य शंकर मैं सौन्दर्य की रमणीय राशि, राग की घनीभूत वेदना, प्रीति की शाश्वती रति, मैं स्त्री, सृष्टि-सुन्दरी आपसे शास्त्रार्थ चाहती हूं- आपका ब्रह्म जगदम्बा के उदर में एक से अनेक होने के लिये शयन शील है- मैं शाश्वत नारी ही ब्रह्म वादिनी हूं; क्योंकि मैं ही ब्रह्म को जीवात्मा स्वरूप उत्पन्न करती हूं...."

सभा मण्डप में ध्वनि उठी- "धन्य, श्रीमती धन्य।"

महाराज राजेश्वर सुधन्वा ने कहा- "आचार्य?"

आचार्य शंकर ने प्रसन्नता पूर्वक कहा- "आप श्रीमती निस्संदेह मण्डन मिश्र की अर्धांगिनी हैं। युक्तियों से आपने सिद्ध कर दिया है कि अभी अर्धांग ही निरुत्तर हुआ है। आप श्रीमती का शास्त्रार्थ के लिये यह आग्रह पूर्ण युक्ति युक्त निमंत्रण मुझे स्वीकार है। महाराज सुधन्वा अध्यक्ष का आसन ग्रहण करेंगे...."

सभा मण्डप में पुनः ध्वनि उठी- "धन्य! आचार्य शंकर! धन्य!"

मण्डन मिश्र ने जैसे सहसा कहा- "श्रीमती उभय भारती! यह क्या अनर्थ करने जा रही हैं आप? अब समझ में आता है, भेद वादियों ने बुद्धि बल से जीव और ईश्वर में भेद प्रतिपादित किया और भव-संसार के अज्ञान-तिमिर की ही पुष्टि की है। भेद-भेद, भीति-भीति-यही नाम-रूप का यह जगत प्रतीत होता है। भेदवादी तत्व दर्शियों ने श्रुति के अर्थ को ही तोड़ डाला है। श्रुति गौ स्वरूप है, श्रीमती! यह भूमि भेदवादियों के व्यर्थ कोलाहल से भरी हुई है। मैं भी इस घड़ी तक उनमें से एक अग्रणी था; किन्तु...."

"किन्तु क्या?" उभय भारती ने पूछा- "दैववशात् ही आपश्री हारे हैं परन्तु जब तक मुझको यह यतीवर्य नहीं हराते, तब तक मैं आप की पराजय स्वीकार नहीं कर सकती। हम-तुम शाश्वत अनादि रसिक सुन्दर और सुघड़ जीवात्मा अनादि से जीवन के चैतन्य विश्वास से भरपूर हैं। हमने काल को कल्पों के सृष्टि सृजनों से निरन्तर संजोया है। हमने कोटि-कोटि ब्रह्माण्डों की भव-यात्रायें की हैं और कर रहे हैं। हम गूढ़ गहन रसमयी रगमगी मोहमयी कामना हैं- हमारा जन्म सम्मोहित काम्य है। हम शून्य नहीं, निरर्थक नहीं, हम माया नहीं- मिथ्या नहीं। हम चिरन्तन जीजिविषा हैं, इच्छा। हम प्रतिलव ज्ञानाऽर्जन की साधना हैं- हम पुण्य की पुनीत तपस्या हैं...."

मण्डन मिश्र ने शान्त स्वर में कहा- "अल्प बुद्धियों की टीकायें सर्प हो गई हैं- श्रुतियों को रमणीय भेदवादियों ने अपनी टीकाओं के सर्पों से डस लिया है, श्रीमती! विद्वान आत्मा में विश्वास किये बिना सत्य को जान ही कैसे सकेगा? ईश्वर, ब्रह्म, श्रीमती!"

उभय भारती ने तीव्र आतप भरे स्वर में मानो उद्घोष किया- "ईश्वर! ब्रह्म! मैं नहीं जानती; मैं जगत और भव-संसार के सुखों को जानती हूं। ब्रह्म है भी तो वह अनादि नित्य-नवीन जीवन-रति के काल-प्रवाह में है; अवनवीन स्वप्नों के सम्मोह पूर्ण उभारों में है- राग से भरी छटपटाती हुई भाव सरिताओं में उमड़ रहा है सन्यासी का यह निराकार निरुपम ब्रह्म, मिश्र जी! आप की बुद्धि हार गयी है; प्रज्ञा चकित हो गई है? देह की छाया आपको डराने लगी है और जगत की इस गूढ़ माया को देख कर आप स्तम्भित हो गये हैं- अवाक्! मैं

नहीं! यतीवर्य, आइये, मुझसे शास्त्रार्थ कीजिये- मैं भी देखती हूं मुझको आपश्री कैसे हराते हैं? सन्यासी! ज्ञान आपके ही कथनाऽनुसार अज्ञान से आच्छादित होता है-हो गया है। अज्ञान ही सृष्टि के सौन्दर्यवत् छा रहा है और विज्ञान से अनन्त कोटि ब्रह्माण्डों का उदय और अस्त हो रहा है। सृष्टि-सुन्दरी त्रिकाल में भी हारी नहीं है।"

मण्डन मिश्र ने मानो अन्तिम अनुरोध किया- "उभय भारती! श्रीमती! विज्ञान के ज्ञान के मद में मैं अन्धा हो गया था। अनन्त कोटि ब्रह्माण्डों का यह उदय और अस्त अन्ततोगत्वा प्रभु का संकल्प ही तो है- कालाऽधीन संकल्प मात्र, श्रीमती!"

उभय भारती ने शान्त अटल दृढ़तापूर्वक कहा- "जो भी है; मुझको हराये बिना मैं आपकी हार स्वीकार नहीं कर सकती। भूलिये मत, अभी आपने सन्यास-दीक्षा नहीं ली है।"

"मन से ले ली है, भारती।" मण्डन मिश्र ने सिर धुना कर कहा- "आचार्य शंकर ने जगत और जीवन का घनघोर जाड्यान्धकार मुझको बता दिया है। शास्त्र-वाक्यों को लेकर मैं जगत का यह विपद-सागर तरना चाहता था। पुण्य-कर्म में अमोघ विश्वास कर मैं ज्ञान का प्रत्यक्ष करना चाहता था। रस्सी का बन्धन छुड़ाना चाहता था- किन्तु रस रगमगे रेशम के बन्धन को और जकड़ना चाहता था। मैं राग में विराग की धारणा कर चलता था किन्तु नहीं, आचार्य शंकर ने विज्ञान के घनान्धकार के परे सच्चिदाऽनंद का आभास मुझे कर दिया है। मैं भेदों से दूर हो रहा हूं; भीतियों से छूट रहा हूं। जीवन रति? क्या? मोह, घन घट्ट मोह, श्रीमती! संसार के प्राणियों को, विशेष कर मनुष्य को स्वर्ग की नहीं, गोलोक की नहीं, बैकुण्ठ की नहीं, शिव लोक, ब्रह्म लोक की, सर्व लोक की नहीं, ज्ञान-मुक्ति की आवश्यकता है। सुख ही बन्धन रूप है, भारती! देवी, सोचिये कपिल, कणाद और गौतम ने अन्त में क्या पाया? तप, तम मूढ़ काल बाधित देश-संकुचित अज्ञान की कल्पनाओं के भव-संसार को ही पाया। धर्म और उसका पुण्य कर्म यदि ज्ञान नहीं दे सके, भव ही दे-बन्धन में ही बांधे तो वह सृष्टि का धर्म है क्या? जगत का यह पदार्थ अन्त में काल द्वारा विच्छिन्न होकर उसी घनीभूत जीवन वेदना में समा जाता है। अन्धकार छाया हुआ है- प्राणियों के चित्त में और जीवों का सम्भ्रमित मन प्रति पल भटक रहा है- एक शाश्वत चिर सुन्दर अभय पूर्ण शान्त आलोक चाहिये मनुष्य को। आचार्य शंकर ने जगत-वाक्य को व्यर्थ सिद्ध किया है और भव-संसार से मोक्ष-प्राप्ति को ही ईश्वर-सन्निधान प्रमाणित किया है। ज्ञान की पूर्णिमावत्

आचार्य चरण का शारीरिक भाष्य जीवों के मोक्ष के लिये श्रुति-तत्व का दर्शन है। श्रीमती, मैं जगत से हार गया और जीवन-समुद्र को तर गया हूं- मैं काल के तट पर खड़ा हूं; मैं सच्चिदाऽनंद ब्रह्म को तम-मूढ़ अर्णव के परे और पार छाया हुआ जैसे पा रहा हूं।"

उभय भारती ने उच्छवास भरते हुए कहा- "यह बुद्धि का विप्रलंभ मात्र है, मिश्र जी! सगुण ब्रह्म ही सत्य था, सत्य है और रहेगा। सगुण ब्रह्म शक्ति है, शिवा है- ब्रह्माणि, अनादि गहन गूढ़ आश्चर्य संभूत दिव्य पुनीत जीवन रति है। जीवन ही चैतन्य है और कोई चैतन्य नहीं है। परमाणुओं के मूढ़ उभार में जो भवों के स्वप्न जगाता है, वही-वही आत्म चैतन्य है। वही है, मण्डन मिश्र! जीवन की चेतना से मोक्ष, मुक्ति? असंभव! जीवात्म भाव का विलय, शयन? कहां, कब, किसमें? ब्रह्म की बातें करते हुए ऋषि मुनि थक गये हैं- मूक हो गये हैं, स्तब्ध! किन्तु शाश्वत नारी जगत और जीवन की बातें करते हुए थकी नहीं है। प्रलयों के मौन में शाश्वत चिरन्तन जीवन-जीजिविषा रूप नारी ने-शक्ति ने शव रूप शिव को महा मृत्यु से पुनर्जीवित किया है- यह जगत उसी कामेश्वरी के सतत् अमोघ स्पर्श से संजीवित होता है- होता रहता है और भवों का यह सुन्दर सरस सम्मोहनमय नाट्य होता रहता है- जीवन ही जीवन का परम सुख है; जीवन रति ही जीजिविषा का अन्यतम अनन्य आनन्द है। आचार्यश्री शंकर! आसन गृहण कीजिये और मुझसे शास्त्रार्थ आरंभ कीजिये। राजेश्वर सुधन्वा अध्यक्ष का आसन कृपया गृहण कीजिये।"

अभिनव गुप्त ने प्रसन्नतापूर्वक हर्ष-नाद किया- "धन्य श्रीमती उभय भारती! तुम शिवा-स्वरूप हो। शिव-शिवा! पशुपति शंकर की जय हो।"

उग्र भैरव ने चीत्कार की- "कालिके! क्रीं, क्रीं, क्रीं।"

सहसा आकाश के गगन में उद्वेलन आरंभ हुआ; कोई घनघोर प्रतिध्वनि गाजी- "युवा सन्यासी! कामेश्वरी कामिनी को हराना तेरे बूते की बात नहीं है। भैरवी भैरव से कभी नहीं हारी। भैरवोऽहम् शिवोऽहम्- भैरवी उभय भारती! तेरी जय हो।"

आचार्य शंकर ने स्वयं से ही जैसे कहा- "क्रचक्र!"

"हां मैं क्रचक्र! तेरा काल शंकर!" प्रतिध्वनि मानो गरजी। आचार्य शंकर ने सस्मित कहा- "मैं तत्पर हूं श्रीमती भारती! शिवा-स्वरूप देवी! समक्ष प्रतिपक्ष के आसन पर उपविष्ठ होइये। महाराज सुधन्वा आसन गृहण कीजिये- अध्यक्ष का।"

उभय भारती प्रतिपक्ष के आसन पर स्थिर मुद्रा में बैठ गई; महाराज राजेश्वर सुधन्वा ने गगन मण्डल को साश्चर्य सभय देखा और अध्यक्ष द्रष्टा

के आसन पर जा बैठे। आचार्य शंकर ने हंसते हुए कहा-"दक्षिण का यह तांत्रिक क्रचक्र स्वयं को जगदीश्वरी शिवा का शिव समझता है। शक्ति की सिद्धियों का स्वयं को स्वामी मानता है- वह प्राणियों का कल्याण नहीं चाहता; जीवात्मा का मोक्ष नहीं चाहता वह धर्म नहीं चाहता। वह शक्ति द्वारा सिद्ध भोग भोगना चाहता है। भोग को ही यह सिद्ध स्वर्ग मानता है; जीवन कहता है। विज्ञान को वह अपरिमित भोग के लिये ही बताता है- ब्रह्म नहीं, भैरवी ही इसका सतत् काम्य है। कामिनी!"

उभय भारती ने मुस्कराते हुए पूछा- "सच, सन्यासी?"

आचार्य शंकर ने स्वीकृति में सिर हिलाते हुए कहा- "यही, यही श्रीमती!"

अध्यक्ष-द्रष्टा महाराज राजेश्वर सुधन्वा ने कहा- "यतीवर्य आचार्य शंकर! यह शास्त्रार्थ अर्ध-समाप्त वार्ताऽलाप पुनः प्रारम्भ ही होगा क्योंकि श्रीमती उभय भारती मण्डन मिश्र महोदय की अर्धांगिनी की भांति और स्वरूप से शास्त्रार्थ करना चाहती हैं, इसलिये यह दिव्य शास्त्रार्थ दम्पत्ति का शास्त्रार्थ ही ठहरता है। उभय भारती श्रीमती के हारने पर ही महाशय मण्डन मिश्र पराजित माने जायेंगे और प्रतिज्ञाऽनुसार सन्यास ग्रहण करेंगे। मान्य सभासदों क्या प्रस्ताव स्वीकार है?"

सभा-मण्डप में ध्वनि उठी- "उत्तम! साधु, महाराज राजेश्वर! उचित है। स्वीकार है।"

महाराज राजेश्वर सुधन्वा ने गंभीर स्वर में कहा- "श्रीमती भारती! आरंभ कीजिये। आचार्य यतीश्रेष्ठ शंकर! कृपया सन्नद्ध होइये।"

आचार्य शंकर ने उभय भारती के शान्त आलोकित दीप्त मुख-मण्डल को मानो प्रथम बार देखते हुए कहा- "जैसी अध्यक्ष महोदय की इच्छा। हां, श्रीमती। कहिये...."

उभय भारती ने अपने बड़रे तीक्ष्ण कमल-लोचन तनिक उन्मीलित किये; तनिक विस्फारित करते हुए सभा-मण्डप को अपनी पलकों पर मानो झेला। महादेवी अर्पणा के हठात बिब्बोक भरे मुख को देख कर उभय भारती मुस्करा उठी। एक बिजली सी कौंध कर यतीवर्य शंकर के नयन-सरोजों को मानो झुलसा गई। उभय भारती की पिरोजी नारंगी गदकारी चिबुक के नील गोंदने पर सहसा आचार्य शंकर की दृष्टि पड़ी; फिसली और पुनः उस स्व-मगन शान्त दिव्य स्वर्णाऽऽभा से झबकते हुए मुखाऽरविन्द में डूब गई। आचार्य शंकर जैसे स्वतः ही अपने चित्ताऽकाश के प्रसन्न मगन आलोक में विहर उठे। उनको लगा, सामने सौन्दर्य-सार सरस्वती नारी रूप धर कर बैठी है। एक दिव्य तंद्रिल अतीन्द्रिय छबि

जैसे यती शंकर के चिदाऽकाश में आविर्भूत होने लगी-जगत के रूप-रूप को लीन कर-आत्मसात् कर मानो सौन्दर्य-राशि श्री के स्वरूप में बोल रही है- कुछ कह रही है। मानो सृष्टि-सुन्दरी ही प्रगट होकर उनसे शास्त्रार्थ करना चाहती है। आचार्य शंकर को लगाः एक असीम अथाह अगाध श्री-चेतना अपरम्पार सौन्दर्य-राशि के रूप में उभय भारती के पुष्प-कोमल, कमनीय, कान्त देह से विकीर्ण होने लगी है। हठात् आचार्य शंकर ने जैसे सुना- "यतीवर्य! क्या इस जगत का वाग बीज सौन्दर्य-रूप-बीज नहीं है? इस सृष्टि का माया बीज क्या है? और काम बीज? ऐं, ह्रीं क्लीं, आचार्य! इन तीनों आधारभूत बीजों में काम-बीज क्लीं क्या है?"

आचार्य शंकर ने शान्त स्वर में कहा- "कामेश्वरी शक्ति-चेतना, श्रीमती।"

"कामेश्वरी क्यों नहीं कहते, यती!" उभय भारती ने सव्यंग्य हंसते हुए कहा- "अब नर के नहीं, नारी के समक्ष आप पुरुष विराजमान हैं। आप पुरुष हो सकते हैं; किन्तु मैं नारी जड़ अव्यक्त मूल प्रकृति नहीं हूं- नारी क्या है, यतीवर्य!'

-"नारी?" आचार्य शंकर ने अचकचाते हुए कहा- "जननी है, श्रीमती! जगदम्बा!"

"और ललिता, भुवनेश्वरी, भवानी, शिवा, कालिका?" उभय भारती ने शीर्ण स्वर में पूछा।

"जननी, जननी! श्रीमती, नारी को मैं जननी ही जानता हूं।" आचार्य शंकर ने कहा। सभा मण्डप में साश्चर्य स्तब्धता छा गई। कुछ दूर खड़े मण्डन मिश्र धरती-कम्प की भांति हिले और स्थिर हो गये। उन्होंने उभय भारती को मानो बन्द पलकों से देखा- उन्मीलित नयनों के क्षितिज पर लूमती हुई यह नारी मानो अविराम काल की सम्मोहिनी मूर्ति है। मण्डन मिश्र ने पुनः सिर धुनाया और कहा, प्लुत उच्छ्वास भर कहा- "कांचन छोड़ा जा सकता है तब; कामिनी त्यागी नहीं जा सकती क्या? भारती, बाल-सन्यासी पवित्रतम पुनीत यतीवर्य आचार्यश्री को हतप्रभ करने की चेष्टा क्यों कर रही है?"

उभय भारती ने दर्पपूर्वक कहा- "यह यतीवर्य स्वयं को सर्वज्ञ शिवरूप मानते हैं- चिदाऽनंद रूपम् शिवोऽहम् शिवोऽहम् पुकारते रहते हैं। इनकी अनुभूत सर्वज्ञता अन्ततोगत्वा है क्या?"

मण्डन मिश्र ने अन्तिम अनुरोध किया- "बालपन में ही आचार्यश्री ने सन्यास लिया; सन्यास-जीवन के अन्यतम श्रेष्ठ नियमों का यतीवर्य शंकर मनसा वाचा कर्मणा पालन कर रहे हैं- शिव-स्वरूप अभिजात सन्यासी शंकर सृष्टि के तत्व को जानते हैं; जगत के विज्ञान से पूर्ण परिचित हैं- भव-संसार के सार को यह यती-श्रेष्ठ देख चुके हैं। इनको नारी से लेना-देना ही क्या है?"

उभय भारती ने हंसकर कहा- "महर्षि कपिल के चैतन्य पुरुष को अव्यक्त परात्पर मूल-प्रकृति से लेना-देना नहीं है क्या? नारी को जाने बिना क्या भव-संसार का सार जाना जा सकता है? भव-संसार को निचौड़े बिना क्या यह रहस्यमय आश्चर्य-संभव जगत जाना जा सकता है? प्रिय मण्डन! शान्त दूर खड़े रहो और मुझको-शाश्वत नारी को सुनो। यतीवर्य आचार्य शंकर! नारी क्या जननी ही है? रमणी नहीं है? सौन्दर्य की श्रीमूर्ति नहीं है? रस की खानि नहीं है? जीवन के रस-रिझवार की संक्रामक राग भरी मनुहार नहीं है? नारी क्या सृजन की चेतना तथा काम क्षुब्ध नर की चरम चिरन्तन पिपासा नहीं है? त्रिपुर-सुन्दरी, सृष्टि सुन्दरी, सुन्दरी! यतीवर्य!"

आचार्य शंकर ने शान्त स्वर में कहा- "सुन्दरी? श्रीमती, यह जगत सच्चिदाऽनंद का शिव-संकल्प है; यह भव-संसार परम ब्रह्म की नाट्यमयी धारणा है- मैं इतना ही जानता हूं। जननी ही सृष्टि की परम चरम परिपूर्ण वात्सल्य शीला अभिव्यक्ति है- जननी, जगदम्बा।"

उभय भारती ने अपनी बंकट भवें तनिक तरैरीं; सस्मित नयन टेढ़े किये; कुछ उन्मीलित पलकों से देदीप्यमान आचार्य को भेदते हुए कहा- "प्रथम कामिनी, रमणी पश्चात जननी, वत्सला, यतीवर्य जननी होने पर भी क्या रमणी नारी बुझ जाती है? सृजन, उत्पत्ति के अगाध सम्मोह से मुक्त क्या वह अनुर्वा धरती सी हो जाती है? नहीं; नारी, कामिनी, सृष्टि का रमणीय आश्चर्य संभूत रसमय घट्ट और घनीभूत सृजन-सम्मोह है। काम अनादि काम की कामेश्वरी नारी आपके शिव को भी सम्मोहित करती है- यह आपकी माया एका नेका अनन्या कामेश्वरी की सौन्दर्यश्री नहीं तो क्या है?"

आचार्य शंकर ने कहा- "पूर्ण वात्सल्य शीला जननी को निस्संदेह रागोत्फुल्ल बिलोल लोचना कहा गया है, श्रीमती।"

"यही तो, आचार्य।" उभय भारती ने तनिक विजय गर्व से तनिक झूमते हुए कहा- "तब सर्वज्ञ सन्यासी! बताइये, यह शाश्वत कामेश्वरी क्या है? गहन गूढ़ कामकला क्या है?"

"काम-कला?" आचार्य शंकर ने तनिक आश्चर्य से चकित सा होते हुए पूछा।

"अवश्य काम-कला!" उभय भारती ने सव्यंग्य हंसते हुए कहा- "जो नारी को नहीं जानता, वह सृष्टि को नहीं जानता। जो काम को नहीं समझता, वह भव-संसार को नहीं समझता। जिसको काम-शास्त्र का गताऽगम नहीं है, वह भी क्या कोई तत्वदर्शी है? नहीं, आचार्य। बताइये, काम की कलायें कितनी हैं? इनका स्वरूप क्या है? किस स्थान पर यह निवास करती हैं? शुक्ल और कृष्ण

पक्षों में नर-नारी के देहों में कहां-कहां कितनी तथा कैसी इनकी स्थिति होती है? पूर्णिमा के तंद्रिल स्वप्निल उभार सी यह चिरञ्जीव काम-कला का उदय, उल्लास तथा तिरोभाव कैसे होता है? उत्पत्ति का आधान, आचार्य!"

मण्डन मिश्र कांप कर चिल्लाये- "भारती! नारी! विधाता तुमको कभी क्षमा नहीं करेगा।"

"न करे विधाता मुझको क्षमा, मण्डन!" उभय भारती ने चीत्कारपूर्वक मानो कहा- "जो सृष्टि में जन्मता नहीं, भव संसार भोगता नहीं, जो काल-सर्प के दंश से नहीं दझा, जिसको संसार के विष का पता ही नहीं, वह आत्मा के अमृत को कैसे जानेगा? बुद्धि को नकार कर जो इन्द्रियाऽतीत अगोचर ब्रह्म का अनुभव बघारता है, उसको यह ज्ञात होना ही चाहिये- नर-नारी के सम्पूर्ण पल्लवित-पुष्पित अनुभव के बिना ज्ञान नहीं; विज्ञान नहीं है, विद्या और शास्त्र नहीं है तथा ब्रह्म भी नहीं है। उत्तर दीजिये, अनुभूत उत्तर दीजिये, यती श्रेष्ठ!"

आचार्य शंकर शान्तिपूर्वक मुस्करा दिये। भारती ने मानो आघात खाकर कहा- "आप मुस्करा रहे हैं?"

"पुरुष मूल प्रकृति को देख कर मुस्कराता ही है, श्रीमती!" आचार्य शंकर ने कहा- "नारी को देखकर नर मोहान्ध हो जाता है। निस्संदेह यह सृष्टि कामेश्वरी-जगन्माता और सच्चिदाऽनंद विग्रहा शिवा का चिरन्तन परिणय है। मैं आप श्रीमती को यथोचित अनुभव-रीढ़ उत्तर दूंगा; किन्तु कृपया मुझको समय प्रदान कीजिये। अध्यक्ष महोदय, श्रीमती उभय भारती मेरी कठिनतम परीक्षा कर रही हैं- मैं परीक्षा दूंगा। समय प्रदान कीजिये, श्रीमन्!"

महाराज सुधन्वा धक् रह गये; फुसफुसाये- "श्रीमती!"

उभय भारती ने हंसकर कहा- "समय अनन्त है, दीजिये। समय लेकर पलायन करने का विचार हो तो स्पष्ट कर दें। ऋषि-मुनि भी कामिनी को हरा नहीं सके हैं, हार मान लीजिये, आचार्य! वह रमणीय बिब्बोक उल्लसित नारी ही थी जिसकी सौन्दर्यश्री से जाड्यान्धकार का तम मूढ़ अर्णव भर गया था और महाप्रलय की मृत्यु-निद्रा से सृष्टि के रसमय राग भरे स्वप्न देखने के लिये वह परम ब्रह्म जागकर पुनः कालरात्रियों की नींद सोया है। अवश्य, महाराज! यतीवर्य को समय दीजिये। समय लेकर अन्त में यह नैष्ठिक बाल-ब्रह्मचारी कर भी क्या लेगा? अनादि शाश्वत क्लीव ही ब्रह्म ज्ञानी होते हैं महाराज राजेश्वर!"

आचार्य शंकर ने कहा- "मैं एक मास की अवधि चाहता हूं। शास्त्रार्थ में अवधि प्रदान करने की प्रथा है। भगवती उभय भारती! सुन्दरी! कामशास्त्र के

अपने अनुभूत मद में यह क्यों भूल जाती हो; उसी कामेश्वरी का ऊर्ध्व रेतन होता है। वह रमणी कामेश्वरी काम-दुग्धा, पयोधरा होकर जगदम्बा हो जाती है और वही जगदम्बा सच्चिदाऽनंद रूपा शिवा हो जाती हैं-"

"आचार्य! मैं सृष्टि के काम की बात कर रही हूं- मैं काम-कला का आपका ज्ञान जानना चाहती हूं।" उभय भारती ने कहा- "आप केवल जगत और ईश्वर को ही जानते हैं- जीव को नहीं? जीव का आविर्भाव कामकला का पूर्णोल्लास है; सम्पूर्ण तिरोभाव है। यह सृष्टि कामकला का आविर्भाव-तिरोभाव है, आचार्य! एक मास की अवधि चाहते हैं? दी; अनुग्रह वश मैंने यह अवधि आपश्री को प्रदान की। एक नहीं, दो मास, तीन मास अवधि लीजिये; किन्तु सर्वज्ञ सन्यासी! कामकाल का प्रामाणिक विज्ञान मैं आपश्री से जानूंगी।"

"अवश्य।" आचार्य शंकर ने शान्तिपूर्वक कहा।

"सन्यासी।" मण्डन मिश्र चिल्लाये- "सन्यास-धर्म का क्या होगा, आचार्य?"

"शान्त, वत्स मण्डन!" अभय मुद्रा में हस्त लाघव उठाते हुए आचार्य शंकर ने कहा- "सन्यास धर्म भी है; चिद्-वृत्ति भी है- वह प्रज्ञा का पूर्ण विकास और ऋतम्भरा का अमोघ आत्म-विश्वास भी है। शिवा के द्वारा मैं शिव को जानूंगा- अवश्य, शिवा के परात्पर सौन्दर्य के अनुभव के बिना सृष्टि की जीवन-पूर्णिमायें पार नहीं की जा सकतीं। रँग भरी माया, यह गूढ़ गहन सृजन-भावना, यह स्थिति और प्रलय-यह जगत, जीव सब कुछ कामेश्वरी जगदम्बा सच्चिदाऽनंद विग्रहा का चिद्विलास है। मैं इस ऐंकार को देखूंगा; ह्रींकार का अनुभव करूंगा और क्लींकार को तर जाऊंगा। ज्ञान अज्ञान के तिमिरान्ध जलधियों का संतरण भी जानता है। देवी भारती! आप धन्य हैं। आपका पति-प्रेम उदाहरणीय है। आपका साहस अकथनीय है। कामिनी को जीत कर मैं आपके श्रीचरणों में प्रणाम करूंगा।"

27

माहिष्मती नगरी से कुछ दूर शिव-मन्दिर के आवास में आचार्य शंकर अपलक नयनों से द्वार के बाहर आकाश में देखते हुए बैठे थे। शास्त्रार्थ स्थगित होते ही शास्त्रों के आचार्यों, सम्प्रदायों के महन्तों तथा धर्म-व्यवस्थापकों ने यतीवर्य शंकर को घेर लिया था। चण्ड भैरव ने अपना भारी लम्ब त्रिशूल कूदते हुए आकाश में उछाला था और कहा था- "अब फंसा है यह युवा यती-नैष्ठिक ब्रह्मचारी।" उग्र भैरव ने किलकारी सी करते हुए कहा था- "आदित्य ब्रह्मचारी जो ठहरा। सन्यास लिया, शास्त्रविरुद्ध, दण्ड-कमण्डल झुलाया मर्यादा विपरीत। एक दिन यह विरोध व्यक्त होना ही था। सनातन वर्णाऽश्रम धर्म की गति-विधि आर्ष ऋषियों ने सृष्टि प्रपञ्च की स्वयंभृत-स्वयंकृत प्रकृति के अनुसार तथा अनुरूप रची है- ब्रह्मचर्य, गृहस्थ, वानप्रस्थ और फिर सन्यास! बालकपन में ही सन्यास! शुकदेव मुनि बन गया यह गृहस्थ ब्राह्मण शिवगुरु का पुत्र! माता को दुखी किया; कुटुम्ब को निराश किया; कुल को अस्त-व्यस्त कर जाति का सिर लज्जाऽवनत कर दिया इसने। योगेश्वर बना फिरता है- भगवत्पाद गोविन्द ने इसको सिद्धियां प्रदान की हैं। यही एक जन्मा है; जो कहता है "मैं आकाश मार्ग से जाता हूं। मैं अभिव्यक्त होता हूं।' यहां भव बीत गये पृथिवी से ऊपर स्तम्भन तक नहीं हो पाता। मारणम् मोहनम् वश्यम् स्तम्भन और उच्चाटनम्- यही सिद्धियों का ऐन्द्रजाल है। अब देखें, यह क्या करता है? काम-कला जानेगा? कैसे जानेगा? अरे वाह रे, भैरवी भारती! भद्रे! तू ने क्या निगड़ बन्ध बाँधा है।" आचार्य अभिनव गुप्त ने तनिक गर्जन पूर्वक कहा थाः "आचार्य! शिवा की शरण में जाओ। यही परात्पर परमेश्वरी आपको मार्ग-दर्शन देंगी। परम शिव, सदाशिव, शिव-शिवा-मानना ही होगा। शिव, आचार्य शिव-शिवा ही तत्व हैं; तथ्य हैं- सृष्टि

और भव-संसार का शाश्वत सत्य है।" आचार्य भास्कर ने प्रसन्नता पूर्वक व्यंग किया था- "अब क्या करोगे आचार्य शिरोमणि! क्या वज्जौलि साधोगे? अब भी स्वीकार कर लो, ब्रह्म परिणामी है।"

आचार्य शंकर प्रशान्त मौन-महासागर में डूब गये थे। इन कथनों को सुन कर केवल मुस्करा दिये थे। कई समर्थ आचार्यों ने शिष्ट-मण्डलवत् आचार्य शंकर से कहा- "आपत्ति काले मर्यादा नास्ति, यतीवर्य! सन्यास त्याग कर गृहस्थ बन जाओ। यों ही आपका यह सन्यास-वेश भर है। गृहस्थ तथा वानप्रस्थ व्यतीत किये बिना कोई भी सन्यास नहीं ले सकता। आपका बाल-सन्यास सचमुच में ब्रह्मचर्य आश्रम का ही निवास है। यह नहीं करोगे तो क्या सन्यास आश्रम को लज्जित करोगे? व्यभिचार द्वारा काम शास्त्र का अनुभूत ज्ञान प्राप्त करोगे? अथवा शाक्तोऽपासना करोगे? क्या करोगे, आचार्यश्री!" आचार्य शंकर ने अपनी गहन अथाह आंखों से गुह्य प्रसन्न इन आचार्यों को देख कर केवल मुस्करा भर दिया था। वैष्णवों ने शंकर को घेर कर कहा था "राधे! श्री राधे, रसेश्वरी राधे। रटो, यतीवर्य! वृन्दाऽवन जाओ, यती और उसकी दिव्य वेदना से पूर्ण रज में लौटो। राधे-कृष्ण, राधे गोविन्द कहो, आचार्य! तभी इस भयंकर महाविनाशक संकट से परित्राण होगा।" श्रीपर्वत के महातांत्रिक क्रचक्र ने आकाश अभिनिवेश द्वारा मानो कहा थाः भैरवी भज, युवक! श्री चक्रांकित शैय्या पर षोडशी को सुला और पञ्चम द्वारा साधना कर-तभी गहन कामेश्वरी अपनी काम कला का तुझे प्रत्यक्ष देगी। यह सृष्टि उसी जगन्मोहिनी का कामुक चिद्विलास है; मूर्ख! तेरे उस शून्य ब्रह्म की लीला नहीं। वह जगद् भैरवी, वह सनातन भैरवी-भद्रे अपने शिव से अविराम सृष्टि-आधान करवा रही है। यह सृष्टि मैथुन-क्रिया है; यह भव-संसार काम का सम्मोहित विलास है, समझा।" आचार्य शंकर ने आकाश में देख कर पुनः पुनः मुस्करा दिया था। सभासदों को सहज ही विश्वास हो गया- यती हार गया। पण्डितमन्य धुरन्धर शास्त्र-वागीश मण्डन मिश्र ने तो प्रमाणों के शास्त्र फेंक दिये; किन्तु रमणी के कटाक्षों ने इस शुष्क नीरस वेदान्ती को मूढ़ मूक बना दिया है। निस्संदेह उभय भारती सरस्वती का ही अंशाऽवतार है।"

महाराज सुधन्वा ने निर्णय दिया था- "अवधि पूर्ण होते ही यह सभा पुनः जुड़ेगी और यथा नियम शास्त्रार्थ प्रारंभ होगा। तब तक मण्डन मिश्र यथा पूर्व गृहस्थाऽश्रम में ही हैं, ऐसा मान कर चला जायगा आचार्य श्री शास्त्र और लोक विरुद्ध काम-कला सीखने की आपकी चेष्टा सन्यास धर्म के विपरीत होगी और आपश्री को कुल, जाति तथा धर्म का द्रोही ही सिद्ध करेगी। सनातन वर्णाऽश्रम धर्म की सिद्ध प्रचलित परम्पराओं के विपरीत हम कुछ भी सहन नहीं करेंगे।

आश्रमों के पुनीत निवास के विपरीत निवास आपश्री नहीं करेंगे; वर्णों की शाश्वत परिपाटियों का आपश्री मनसा वाचा कर्मणा पालन करेंगे। सन्यास नहीं त्यागेंगे, आप आचार्य श्री!" आचार्य शंकर ने सस्मित कहा था- "अवश्य, राजेश्वर!। ऐसा ही होगा।"

इस हो-हल्ले को झटक कर आचार्य शंकर ने त्याग दिया था और नगरी से कुछ दूर इस प्राचीन शिव-मन्दिर में जा बैठे थे। तनिक लड़खड़ाते हुए मण्डन मिश्र ने शीघ्रता पूर्वक प्रस्थान करते हुए आचार्य के चरण पकड़ कर कहा था- "क्षमा प्रभो। इस स्त्री ने मुझे घोर पाप सागर में डूबो दिया है- नर्क में डाल दिया है परन्तु मैं क्या कर सकता हूं? विवश हूं। आचार्य-चरण!"

आचार्य शंकर ने चरण छुड़ाते हुए कहा- "मिश्रजी! आप अभी शास्त्रार्थ-पीठिका पर हैं। पराजित नहीं हुए हैं। निस्संदेह धर्म-पत्नी अर्धांगिनी है; गृहस्थ धर्म की यह अक्षुण्ण मर्यादा है; सत्य है। शास्त्रार्थ अन्ततोगत्वा प्रमाणों का वाक् युद्ध ही तो है। तर्कों के तीरों से अज्ञान के अन्धकार से भरी आंखें भेदी जाती हैं। अविद्या से ग्रसित-जीव का माया-लीढ़ चित्त व्यावहारिक विद्याओं के अस्त्रों से चीरा जाता है। मैंने जगत के शास्त्रों को देखा; जीव के भव-संसार की विद्याओं को जाना। मैंने वेदों का गान किया; उपनिषदों की अमृतांजलियां ली मैंने सृष्टि प्रपञ्च को समझा- इस संसार का सार हस्तांऽमलकवत् हथेली पर धारण किया; किन्तु कामिनी नहीं देखी। शाश्वत अनादि नारी को देखे बिना क्या भव-संसार का सत्य दिखता है? दिखेगा? जीवात्म भाव वस्तुतः अनादि कामेश्वरी भावना ही प्रतीत होता है। अज्ञान? क्या? विज्ञान से सृष्टि; ज्ञान से नारी-नर? जीजिविषा की ऊर्ध्वसित उछल मात्र!" मण्डन मिश्र ने स्तब्ध होते हुए भी पूछा था- "अब क्या होगा, प्रभो!।" आचार्य शंकर ने सस्मित कहा था- "जिस परात्पर सौन्दर्य की यह सृष्टि छाया-माया है, जिस गहन गुह्य आनन्द लीन कामेश्वरी की यह सद्यः नित्य रचना है, जिस शिव-शिवा का यह ऐश्वर्यपूर्ण विहार है, उसका साक्षात् करूंगा, वत्स!"

मण्डनमिश्र ने निरुतर किन्तु अत्यन्त विनीत भाव से पुनः पुनः आचार्य शंकर के प्रशान्त मुख मण्डल को देखा किया था। उभय भारती नूपुर झमकाती हुई उनके साथ-साथ छाया की भांति ही प्रसरती हुई आई थी; तनिक हंसकर बोली- "अवश्य कीजिये, यतीवर्य! किन्तु सन्यास-धर्म की लज्जा रखियेगा। चाहे फिर वह शिवा स्वरूप हो अथवा जीवात्मा हो-नारी नारी ही है। जिसने नारी को जीता, उसने जगत को जीत लिया- शाश्वत नारी शिवा के स्पर्श मात्र से शव रूप शिव "चिदाऽनन्द रूपम् शिवोऽहम् शिवोऽहम्" हो जाते हैं।"

आचार्य शंकर ने उन बड़ी-बड़ी मुलक-मुलक हंसती हुई आंखों को अनायास ही जैसे देखा। उन पीन धनुष के समान घन कज्जल भ्रवों को, उनके शिथिल किन्तु तीव्र भ्रू-भंग को निहारा। सावन के मेघों के समान उभरे-भरे केश-कलाप की श्यामल अतीन्द्रिय सी आभा में यतीवर्य शंकर कोई मनोहर ज्योति को ही खोजने लगे थे-आचार्य शंकर ने तब सहसा जैसे कहा था- "श्रीमती! भारती! क्या यह सृष्टि किसी परात्पर सौन्दर्य की रूपयसी अभिव्यक्ति है? मैं तो यही समझता आया हूं यह जगत, यह अखिल निखिल सृष्टि प्रभु की माया है, परम ब्रह्म का शिव संकल्प है किन्तु आपके प्रश्न ने मुझे एक अनजाने लोक की ओर जाग्रत सा किया है। मैं नर को ही सांख्य का पुरुष मानता था परन्तु अब ऐसा लगता है पुरुष नर-नारी स्वरूप हो सकता है। जो भी हो, नारी अन्ततोगत्वा जन्म देने वाली जगदम्बा ही हैं- मां है! और मां शुद्ध कामिनी, है क्या?"

मण्डन मिश्र चिहुंके थेः "शुद्ध कामिनी?"

आचार्य शंकर ने हंसकर शिव-मन्दिर की ओर प्रस्थानोद्यत होते हुए कहा था- "तुम्हारी यह धर्म-पत्नी! शुद्ध कामिनी है- नारी इस माया का सद्य सौन्दर्य भव-संसार की अखूट सरसता! जगत और जीवन की दृष्टि से इस समय तो तुम जीते हुए हो और मैं एक निरीह यती हारा हुआ ही हूं। सच तो यह है- मैं कपूत हूं, सपूत वह जो जन्म लेकर कुल का उद्धार करे; वंश-वृद्धि करे, कुटुम्ब को तार दे। यह सृष्टि निस्संदेह शिवा-शिव की चिरन्तन गृहस्थी ही है- मैं जगत को वानप्रस्थाऽश्रम की भांति मानता था; जीवन को सन्यास ही समझता था- तब यह तो सतत् उत्पत्ति की, निरन्तर स्थिति की ओर प्रतिनिमिष लय की कोई सौन्दर्य-छबिमयता है; अथाह सरसता की गहन कामना है- एकोऽहम् बहुस्याम ब्रह्म-संकल्प ही यावत् जीवन की पूर्णिमा प्रतीत होता है- मैं उसको ज्ञान-सूर्य का पराक्रम मानता था। यह सृष्टि जीवन की अथाह पूर्णिमा से भरी हुई लगती है। यह भव-संसार श्रीविद्या की, काम-कला की सतत् क्रीड़ा प्रतीत होता है। वत्स मण्डन! मैं उभय भारती के प्रश्न का उत्तर दूंगा, किन्तु तुम्हारी प्रतिज्ञा का बन्धन अब नहीं रक्खूंगा।"

उभय भारती ने प्रस्थान कर जाते हुए आचार्य शंकर की हिलती-डुलती छाया को सम्बोधित करते हुए जैसे कहा था- "क्यों? इसलिये न कि सन्यासी को अब गृहस्थ होना होगा?" पद्मपाद मानो थप्पड़ खाकर ठहर गया था। कुछ दूर अपलक देखती हुई उभय भारती को उसने घूरा और कहा- "गुरुदेव को आप श्रीमती नहीं जानतीं, कटाक्षों के बल पर शास्त्रार्थ का आडम्बर करने वाली स्त्री योगीश आचार्य शंकर को क्या जान सकती है? आचार्य के पुनीत देह की पवित्र

छाया को छू तो लो- यह नारीत्व बुल्ले की भांति उड़ जायगा। अपने नर को तो पकड़े नहीं रख सकीं- अब चली है योगी यती शंकर को बांधने! उँह! देवी! अपने अन्तरतम के गहन में देखिये।" उभय भारती पद्मपाद को सुन कर मुस्करा उठी थी। मण्डन मिश्र ने सिर झुका कर अपने प्रासाद की ओर गमन किया था। उभय भारती की ओर उन्होंने पलक उठा कर भी नहीं देखा था। भारती जैसे तीर लगा हो, यों छटपटा कर बोली थी। "मण्डन सुनते हो!" मण्डन मिश्र का, धरती को देखता हुआ सिर नहीं उठा।

भारती त्वरापूर्वक मण्डन के पीछे-पीछे आवास की ओर लपकी, बोली, चिल्लाई सी- "सुनो तो! रुको भी।" आवास की सीढ़ियों के पास तनिक रुक कर मण्डन मिश्र ने लपक आती हुई भारती को देखा। उषा का अरुण आंचल अस्त-व्यस्त; सावन के घने कज्जल मेघ छितरे, बिथुरे, बड़ी बिजलियों भरी हुई आंखें विस्फारित; शून्य! मण्डन मिश्र ने सिर धुनाया और पुनः पास आकर ठहरती हुई भारती को पांव से सिर तक देखा- निहारा, भारती मानो अपार तंरगित जलनिधि के कगार पर खड़ी कांपी; फुसफुसाई- "तुम, मण्डन!" सहसा मण्डन मिश्र ने उत्ताल हास्यपूर्वक कहा- "मण्डन? किसी का प्रदत्त नाम! यह देह माता पिता का वरदान!" भारती ने अपने दाड़िम-दांत तनिक कचकचाते हुए पूछा- "और मैं?" "तुम?" मण्डन मिश्र ने उसको पुनः पुनः देखा तथा अन्त में हंस कर कहा- "तुम-तुम हो, भारती! नारी, कामिनी, रूपयसि माया!" "और?" भारती ने फुत्कारते हुए पूछा। "और? तुम मोक्ष की बाधा, भव-बन्धन हो।" भारती ने मण्डन को घूरा; कहा- "तुम्हारी बुद्धि बहरी हो गई है; मति मारी गई है। यह दण्डी-मुण्डी तुमको अपने वैभवशाली गृहस्थ, जीवन के सतत् ऐश्वर्य, श्री, सुकृति आदि सबसे छुड़ाने आया है- शास्त्रार्थ तो इस गूढ़ यती का एक मिस है, मण्डन! मैं तुम्हारी कान्ता ही नहीं हूं; मित्र भी हूं; सचिव भी हूं।" मण्डन मिश्र ने उत्ताल हास्य हंसते हुए व्यंग किया था- "और तुम जननी भी हो। भारती! शास्त्रार्थ कर यदि मैंने भूल की, हारने पर सन्यास लेने की सहसा प्रतिज्ञा कर अहितकर किया तो तुमने उस आदित्य नैष्ठिक ब्रह्मचारी को काम-कला की प्रतिज्ञा प्रस्तुत कर नर्क की ओर धकेला है। यही तो, यही तो वह मायाविनी करती है। ज्ञानियों को भी चेतनाशील कर वह मायाविनी इस जगत में धकेलती है। भव-संसार में मोहान्ध रखती है। इस मूक हठी अप्रतिहत् मायाविनी से तब क्या छुटकारा नहीं है? अज्ञान के इस आच्छन्न अन्धकार में उसी मायाविनी के रूपों के पीछे पड़े रहो। एक पल के लिये उनको देखो; छूओ; चक्खो, भोगो और अथाह विषाद से भर कर काल के किसी कगार में धंस जाओ। नहीं, नहीं

श्रीमती! अब नहीं! काल का अन्त आ चुका है, भारती! स्वप्नों के देश की सीमा समाप्त!"

भारती के नयन मानो जलधियों से भरने लगे; कातर बौराये हुए स्वर में बोली- "यह सब मैंने तुम्हारी जीत के लिये ही तो किया है। सुनते हो, मेरे प्रिय! अन्त में अप्रसन्न क्यों होते हो?" मण्डन मिश्र ने आकाश को देखा; धरती को पलकों से बुहारा था और कहा था- "मैंने आचार्य श्री शंकर की शरण ले ली है, श्रीमती!"

आचार्य यतीवर्य शंकर की शरण? ले ली है? मण्डन ने? भारती ठक्, हठात्, अवाक् सी मण्डन मिश्र को रमणीय सघन उद्यान के अपने साधना निवास की ओर जाते देखती खड़ी रही। यह-यह मण्डन तब बदल गये हैं? यह उसका कल्प-कल्पों का भव संसार का साथी अन्त में उससे दूर हो गया है? तब क्या उसके उस अदृष्ट भव स्वप्न का अन्त आ रहा है, जो प्रतिनिमिष जीवन के सरस सौन्दर्य की श्री के विलास की गूढ़ गुह्य कामना से उद्द्वित होता रहा है? तब क्या यही काल की अवधि का अन्त है? आयु की समाप्ति? स्थिति का लय-प्रलय? मीमांसा का अद्वितीय तप, पूत मनीषी तत्वदर्शी, जगत के भव संसार का धर्म व्यवस्थापक, राज का मार्गदर्शक शास्त्र का आचार्य, तत्व दर्शन का निर्देष्टा, विज्ञान-चेतना का विश्वास यह मतिमान मण्डन यह धरती के सपूत सा, उसका प्रिय, प्रियतम आचार्य शंकर की शरण में? जा रहा है- उस समान राग भरी रसमयी विदुषी कलावन्त जीवन प्रिया को त्याग कर, एक जगत तथा भव-संसार के अनुभूत ज्ञान से रहित योगी के धूलि धूसरित चरण पकड़ रहा है? तब उसका यह सम्मोहन भरा व्यक्तित्व क्या हुआ? उसके अथाह कटाक्ष क्या मन्द हो गये? रस भरे प्रवाल से उसके यह अधर क्या सूख गये? उसका श्रीवन्त यौवन उसका रमणीय कमनीय देह व रूपवान, गुणवान, रसरीतिवान नारी, सृष्टि की सर्वतोमुखी कामेश्वरी चेतना, वह उभय भारती क्या अन्त में हार जायगी? भारती रोम-रोम में कांपी सिहरी! पास ही खड़ी कालिन्दी से झुंझला कर बोली- "मण्डन! कालिन्दी? आचार्य शंकर क्या नहीं हारेंगे? कैसे प्राप्त करेंगे कामशास्त्र का अनुभूत ज्ञान यह आदित्य ब्रह्मचारी? कैसे सखी?"

कालिन्दी ने आह भरते हुए कहा- "आचार्य यती शिव-मन्दिर में शिष्यों से घिरे समाधिस्थ हैं, श्रीमती! मैं उधर से ही आ रही हूं। मण्डन मिश्र? मिश्रजी! पुरुष हैं- नर देवी! नर हठाऽग्रही ही होते हैं। नारी नर का लक्ष्य कब तक? नर ही नारी का लक्ष्य रहा है, प्रियदर्शिनी!" भारती ने झमक-तमक कर कहा- "कालिन्दी, मैं जानती हूं- तू निर्मम है। शर्मणा का तिरस्कार करती रहती है।

इसीलिये तेरा नर तुझसे दूर हो गया है। परन्तु मैं, मण्डन? हम दोनों महा-प्रलय के निस्पंद अनन्त में भी एक थे; एक साथ थे। आकाश के भुज-पाश में बंधी धरती की भांति मैं मण्डन के आजाऽनुबाहुओं में बंधी रही हूं- प्रत्येक जन्म में, समझी। किन्तु शास्त्रार्थ के दो-ढाई सप्ताह में मण्डन जैसे लुप्त हो गये हैं- मण्डन एकरूप रह गये हैं; एक नाममात्र। उनके सरोज नयन जगत के रूप से रहित मेरे राग से रीते और-और उनका चित्त नारी की पिपासा से हीन हो गया है। मण्डन मुझको जैसे देखते ही नहीं- जगत के परे इस युवा-सन्यासी को ही देखने लगे हैं।"

कालिन्दी ने मुंह बिचकाया; भवें तेररी और कहा- "नारी, शक्ति ही सनातन है; आद्या है। नर नहीं। नर? नारी का एक सम्मोह मात्र है। एक दिवस नारी का यह सम्मोह टूटेगा। नर नारी का यौवन ही भोगना चाहता है- प्रेम? नहीं, आर्ये! नारी ही ने नर से अपने अगाध मोह में प्रेम किया है। नर ने नहीं। मिश्र जी आपके कब थे? आपको ऐसा लगता था कि मण्डन आपके हैं। सत्य तो यह है, आप ही मण्डन की स्वयं थीं- आप ही मण्डन को अपना स्वांस, प्राण, मन, बुद्धि, चित्त-चेतना सर्वस्व मानती आई हैं, नर मण्डन ने आपके रूप को देख कर तनिक मुस्कराया है। आपको छूकर अपनी कामना में वह विस्तृत होते रहे हैं। नर नारी को स्पर्श कर स्व विस्मृत हो जाता है किन्तु नारी? नारी सम्पूर्ण सृष्टि के साथ नर को आत्मसात करती तथा महाप्रलय के अनंत में जैसे जाग जाती है। ज्ञानियों के पास है क्या, श्रीमती? जीवन-विहीन एक उदासीनता है, देवी!"

भारती ने सिर धुनाते हुए कहा- "यह यती मेरा सुनहला संसार ही उजाड़ने आया है। भाग्य, सखी! जन्म-जन्मों की मेरी पतिभक्ति जैसे विफल हो रही है- क्या करूं? इतना वैभव, यश, प्रतिष्ठा तथा ज्ञान-विज्ञान की उपलब्धि! सब कुछ जैसे व्यर्थ होने जा रहा है, कालिन्दी!"

कालिन्दी ने हंसौही गंभीरता पूर्वक कहा- "मिश्र जी का यह पराजय के आघात से उत्पन्न वैराग्य है, देवी! मनीषी विद्या असफलता तथा बुद्धि की हार सहन नहीं कर सकता किन्तु यह घाव भर सकता है।"

"कैसे?" भारती ने भवें उझका कर जैसे पूछा।

कालिन्दी विहंसी; कटाक्ष पूर्वक बोली- "लल्जा की पराजय काम सम्मोह से भुलाई जा सकती है। हमारे मिश्र जी को क्या आपने कभी पूर्णरूपेण सम्मोहित किया है? आपको अपने इस अद्वितीय अनन्य रूप पर गर्व क्यों नहीं होता? अपनी रूपयौवन की अथाह माया में डुबो दीजिये इस आहत् अपने नर को, प्रियवरे।"

भारती स्थिर स्तब्ध सी खड़ी रही। कालिन्दी ने उत्साह पूर्वक कहा- "सन्यासी केवल काम मोहन से ही जीता जा सकता है। नारद का काम मोह स्मरण कीजिये। आप सी विदुषी रूपवती सम्मोहनमयी अनन्य सुन्दरी क्या नहीं कर सकती?"

भारती ने हठात् कहा- "तू शर्मणा को जीत सकी?"

कालिन्दी ने अट्टहास्य पूर्वक कहा- "वह? नर? केवल कामुक है! भंगेड़ी है- तरंगी है। वह निरन्तर देह-सुख ही चाहता है- काम? क्या देह-सुख मात्र है? नहीं, प्रियदर्शिनी, काम जीवन के सभी रसों का ऐश्वर्य है। राग का अनन्त है; प्रीति का सतत चिरन्तन है। भंग की घहर में डूबा यह पशु नर मेरे देह को चूस जाना चाहता है- भख लेना चाहता है। नारी जीवन रति की आराध्या तथा भव संसार की बसन्त श्री है- वह यावत् जीवन के सौन्दर्य का आस्वाद है; सम्पूर्ण शाश्वत जीवन रति की उपासना है- समस्त जीवन की प्रसन्न मगन पूर्णिमा नारी है। वह आराधना है जीवन के रस की। राधा, श्रीमती!"

"सभी नर श्री कृष्ण थोड़े ही होते हैं।" भारती ने जैसे कहने को कहा।

कालिन्दी ने मुंह बिचकाते हुए कहा- "आनन्द और प्रेम का ही एकाकार नर-नारी की रसोऽपासना है। राधा-कृष्ण यही है। राधा अनन्त अथाह घनरस प्रीति है; कृष्ण सौन्दर्यशील आनन्द-सम्मोहन है और यही सच्चा ब्रह्माऽनुभव है। ज्ञानियों का ब्रह्म योगियों तथा सन्यासियों के लिये है- हो सकता है। हम गृहस्थ जीवों के लिये, मनुष्यों के लिये तो राधा-कृष्ण ही है। राधे-गोविन्द!"

भारती अवाक् सी कालिन्दी को देखती रही। कालिन्दी ने झमकते हुए कहा- "राधा बन जाओ, भारती! मैं पुनः शिव-मन्दिर की ओर हो आऊं। यतीवर्य शंकर की समाधि टूटी या नहीं। निराकार ब्रह्म को देखने के लिये समाधिस्थ लगाने वाले वह योगी पागल हैं; श्रीमती! ज्ञान को मैं क्या करूं? प्रेम, श्रीमती।"

और कालिन्दी लहराती हुई झमकती हुई शिव-मन्दिर की ओर चली। भारती को लगा, श्यामल कान्ति की एक चपल तरंग किसी अनजान सुदूर तट की ओर ललकी हो। भारती को लगा, यह नारी रूप के दर्प से भरी लावण्य के मद से इतरी तथा अपनी कला के सम्मोहन की छबि के समान एक अनबुझा रहस्य है। तब नारी यह है- तब मैं, मैं नारी हूं क्या? भारती स्वयं ही जैसे स्वप्नों से भरे अन्धेरे में जाग कर दीपक की खोज करने लगी। रूपवती वह भी है; गुणवती वह भी है; कलाकार वह भी है। श्री विद्या की एकान्त उपासिका वह उभय भारती नारी है किन्तु क्या नारी का अप्रतिहत विश्वास उसमें है? भारती! तुझे ही अपने में विश्वास नहीं है। ज्ञानाग्नि-रति रस से बुझती है- अवश्य, सावन भादो के

मेघों का सजल विषाद बसन्त की प्रसन्न श्री से समाप्त हो जाता है। जीवन रति ज्ञान का रस है; यह जीवन शाश्वत बसन्त का चिर-प्रसन्न रस रिझिवार है। अपने नर को रिझा-कैसे? क्या मैंने प्रतिदिन रूप के बिब्बोक तथा सोलह श्रृंगार के लावण्य से रिझाने का प्रयास नहीं किया! प्रति रात्रि कोहबर की रात मनाने की आराधना क्या मैंने नहीं की? किन्तु यह मण्डन मेरे रूप को देख कर अन्धे हो गये: लावण्य की एक बूंद रस की जिव्हा पर रख कर यह मण्डन बेसुध हो गये: तू नहीं जानती, कालिन्दी!

कालिन्दी शिव-मन्दिर के पास रुककर स्वयं से ही बोली- "मैं सब जानती हूं। भारती! इस यती का विचित्र विलक्षण धर्म-संकट तुमने उत्पन्न कर दिया है किन्तु नर ही जब क्लीव हो तो यती को दोष देने से लाभ? मण्डन विद्या-बावरा तथा तत्वदर्शी मूढ़ है- बुद्धि का क्लीव और क्या? ऐसा भवन ऐश्वर्य, सम्पदा तथा घर संसार त्याग कर यह मण्डन सन्यास लेने चला है। इससे तो यह भंगेड़ी शर्मणा ही अच्छा। देह के यौवन कीच में डूबा हुआ तो है।"

सहसा पद्मपाद ने मन्दिर के द्वार पर आकर जैसे पूछा- "यहां क्या कर रही हैं आप? यहां क्यों?"

कालिन्दी ने पद्मपाद को सिर से पांव तक घूरा; तनिक हंसकर बोली- "शिव दर्शन के लिये मन्दिर की सीढ़ियां चढ़ने का प्रयास कर रही हूं, ब्रह्मचारी! किन्तु क्या करूं, यह मेरे निगोड़े नूपुर बजे बिना नहीं रहते। मैं नहीं चाहती यतीवर्य शंकर की समाधि में विघ्न हो जाय।"

पद्मपाद ने सरोष कहा- "चली जाओ, श्रीमती। गुरुदेव समाधिस्थ हैं- तुम्हारे नूपुर क्या, तुम भी कोई विघ्न उत्पन्न नहीं कर सकतीं। योगीश आचार्य शंकर भूतियों को त्याग कर चुके हैं; विभूतियों को थूंक चुके हैं।"

"अच्छा।" कालिन्दी ने कहा- "उभय भारती को हरायें तब जानूं; तब मानूं आप की बात।"

"अवश्य, अवश्य हारेंगी उभय भारती!" पद्मपाद ने तनिक प्लुत स्वर में कहा- "आप जांय!"

कालिन्दी मुलकीं, बोलीं- "चली जाऊंगी, आंख के अन्धे और नाम नयन सुख।"

"स्त्री! अपनी मर्यादा में रह।" पद्मपाद ने झुंझला कर कहा।

"ब्रह्मचारी मूर्ख और अन्धे होते हैं। ज्ञानी नीरस तथा विद्वान मूढ़ होते हैं- यह मैं जानती हूं, शिष्य-प्रवर! किन्तु जाने के पूर्व दूर से ही सही, युवा सन्यासी के दर्शन अवश्य करूंगी।"

"नहीं।" पद्मपाद ने चिल्लाकर कहा।

"क्यों नहीं?" कालिन्दी ने पूछा- "क्या सन्यासी दर्शन नहीं देते? ईश्वर तो दर्शन देता है- सन्यासी क्यों नहीं तब?"

पद्मपाद क्रोध से कांप उठे; बोलने ही वाले थे कि आचार्य शंकर के शान्त गम्भीर स्वर ने पुकारा- "आने दो उसे, वत्स! मैंने आज दिन तक देव दर्शन ही किये हैं; रमणी-दर्शन नहीं। आज यही सही। श्रीमती, निर्भय निस्संकोच चली आयें और मुक्त निरीह सन्यासी को देख लें।"

कालिन्दी को लगा, एक अद्भुत रमणीय वश के वशीभूत वह अज्ञात ही सीढ़ियां चढ़ गई और मन्त्र मुग्ध लहर की भांति आचार्य शंकर के पद्मासन बन्धे श्रीचरणों में लेट गई। आचार्य शंकर ने तनिक मुस्कराते हुए कहा- "शुभे! शान्त हो जाओ। यहां अभय ही अभय है। यहां खो जाने का भय नहीं है; डूब कर विलीन हो जाने की आशंका नहीं है। भेद की रूप-ज्वालाओं से दझ जाने का प्रसंग यहां नहीं है। यहां प्रशान्त एक रस अभेद है। तब तुम नारी हो; रमणी, मायाविनी! उभय भारती तो नारी-आकृति में सरस्वती है; वाङमय की चिर युवा सरसता है। विद्या की सम्मोहनी तल्लीनता है। उभय भारती तो ज्ञान की परिपूर्ण रसिकता है- तुम क्या हो? केवल नारी हो? रमणी? क्या हो तुम?"

"मैं?" कालिन्दी अवाक्; स्तब्ध; हठात्!

आचार्य शंकर ने कहा- "सृष्टि की समस्त रमणीयता मान्सल का अमोघशील है। शिवा आद्या है; सौन्दर्य सार है; हरि-हर को वर देने वाली, ब्रह्मा द्वारा नित्य स्तुति की जाने वाली वह कल्याणी ज्ञान गंगा है। सृष्टि के स्वप्न से भरे विलोल पद्म-नयनों वाली वह सर्व मंगला महादेवी आनन्द मन्दाकिनी है- कारुण्य कादम्बिनी, समझीं आप!"

कालिन्दी बिना बोले ही उठी और निद्राधीन सी उठकर चलने लगी। पद्मपाद कालिन्दी को सम्मोहित स्तम्भित तरंग की भांति मन्दिर के द्वार के बाहर विहर कर जाते देखते रहे। आचार्य शंकर ने जलद गम्भीर स्वर में कहा- "रमणी मनोहर स्वप्न है; आया और गया।"

"जी, जी, गुरुदेव!" पद्मपाद ने हठात् कहा।

आचार्य शंकर ने स्वयं ही मुस्कराते हुए मानो स्वयं से ही कहा-"वत्स! सरस्वती स्वरूपा उभय भारती ने- उस दिव्य रमणी ने मुझ निरीह को धर्म संकट में डाल दिया है- मैं शिव को जानता हूं। शिव का ही नित्य-निरन्तर सच्चिदाऽनंद अनुभव करता हूं- मैं शिवा को क्या जानूं? अपने अनन्त चित्त के सभी दिक् पार कर मैं चिदाऽकाश के अवाक् में डूब गया, माया के पारदर्शी

सात्विक स्वरूप के समक्ष मैं आश्चर्य चकित सा खड़ा रहा। मौन सम्भ्रान्त रमणीय आलोकमय स्मृति-विस्मृति हीन पारदर्शी एकाकार ही मिला। ऐसा लगा, जैसे यह माया किन्हीं रागोत्फुल्ल विलोल नयनों की स्वप्न शील दृष्टि है, पद्मपाद!"

"जी, जी, गुरुदेव!" पद्मपाद ने अचकचाते हुए कहा- "स्त्री का सानिध्य कैसे करेंगे, आपश्री!"

आचार्य शंकर ने सहज हंसते हुए कहा- "इसी सोच में हूं, वत्स!"

सहसा पद्मपाद को जैसे कुछ स्मरण हो आया- अतीत के अथाह गहवर से मानो कोई विस्मृत विलमाई हुई किन्तु चिरञ्जीवी स्मृति उसके चित्ताऽकाश में फूट पड़ी; बोला- "परकाया-प्रवेश, गुरुदेव!"

आचार्य शंकर ने जैसे हठात् पद्मपाद के आतुर उत्साह-पूर्ण मुख-मण्डल को देखा; कहा- "परकाया प्रवेश द्वारा स्त्री सानिध्य? पद्मपाद?"

"हां, हां, सद्गुरो!" पद्मपाद ने तीव्र उत्साहपूर्वक कहा- "मत्स्येन्द्रनाथ ने सिंहल द्वीप के राजा के शरीर में प्रवेश कर स्त्री राज्य का रहस्य जाना नहीं था? सिंहल की महारानी के रूप निधि में वह निगड़ योगेश्वर डूबे थे या नहीं? अपने सिद्ध वज्र शरीर की रक्षा का भार शिष्य गोरखनाथ को सौंप कर क्या योगाऽधिपति मत्स्येन्द्रनाथ सौन्दर्य यौवन-रूप, माया के उस अथाह रस-निधि में खो गये थे, गुरुदेव! तब गोरखनाथ सिंहल द्वीप गये थे और पुकार कर कहा था; जाग मुच्छन्दर गोरख आया।"

"और मत्स्येन्द्रनाथ जागे थे, यही न?" आचार्य शंकर ने कहा- "इस समय तो मुझको भी यही एक मार्ग दिखाई देता है। कामशास्त्र के अनुभूत ज्ञान के लिये अपूर्व के संचित से विधि विहित उद्रेकित प्रारब्ध की आवश्यकता है, वत्स! सृष्टि की उत्पत्ति, स्थिति और लय-सभी अपूर्व अदृष्ट की ही परात्पर माया है, पद्मपाद! मैं अपूर्व को जैसे अनुभव तो करता हूं; किन्तु उसके त्रिगुणात्मक कीच में नहीं हूं। मैं अदृष्ट को जैसे देखता रहता हूं- व्यष्ठि तथा समष्ठि के यह कल्प उदय और अस्त होते रहते हैं। अनन्त कोटि ब्रह्माण्डों का यह प्रागट्य तथा तिरोभाव में सूर्याऽदय तथा सूर्याऽस्त की भांति जैसे निहारता रहता हूं किन्तु मायाविनी का अनुभव उसकी माया में प्रवेश किये बिना कैसे होगा? इस शरीर का कोई प्रारब्ध नहीं है। अथाह अदृष्ट के कीच में यह स्वर्ण कमल की भांति प्रभु की इच्छाऽनुसार ही ऊगा है। इस शरीर के देश-काल के उपरान्त मैं उस सच्चिदाऽनंद अमृत-निधि में तरंगित होता हूं- भू भूर्वः स्वः को मैं देखता भर हूं, वत्स! अनुभव नहीं करता। तब प्रारब्ध जनित शरीर द्वारा ही मैं चिदाऽनंद

रूप भव-चैतन्य सृष्टि, स्थिति और लय के परम गुह्य काम का ज्ञान पा सकता हूं- निसंदेस्ह परकाया प्रवेश, वत्स! तुमने मेरे धर्म-संकट को जैसे टाल दिया है। तुमको सिद्धि प्राप्त होगी, पद्मपाद!"

पद्मपाद ने गुरुदेव के श्रीचरण पकड़ कर सिर धुनाते हुए कहा- "मुझे न सिद्धि चाहिये न रिद्धि-मुझे तो इन चरणों की कृपा, छाया चाहिये, पूज्यपाद!"

आचार्य शंकर ने सस्मित कहा- "जो गुरु का धर्म संकट सहज कर देता है; टाल देता है, सद्मार्ग बताता है, वह स्वयं गुरु हो जाता है। पद्मपाद! तुमको मैं आचार्य पद प्रदान करता हूं। हां, अब तुम आचार्य पद्मपाद हो।"

"धन्य हो गया; भव-संसार तर गया, गुरुदेव!" पद्मपाद ने रोते हुए कहा- "हर्ष के इन प्रसन्न अश्रुओं से अपने पद्म पादाऽरविन्द पखारने दो, प्रभो!"

आचार्य शंकर ने अपने श्रीचरण मुक्त किये और सहसा समाधिस्थ हो गये जैसे। पद्मपाद ने सजल नयनों से देखा, आचार्य का मुख-मण्डल सुवर्ण इन्दीवर की भांति प्रसन्न, प्रशान्त स्व-मग्न है। ज्योति का मंद्र तन्द्रिल आलोक वर्तुलाकार आचार्य शंकर के मुख-मण्डल के प्रफुल्ल कमल दल को अतीन्द्रिय आभा से भर रहा है, आचार्य गहन चिन्तन के शान्त शिथिल उपरत गगन में मानो तैर रहे हैं। पद्मपाद ने फुसफुसाते हुए कहा- "गुरुदेव? मैंने, मैंने शारीरिक भाष्य पर टीका लिखी है।"

आचार्य शंकर जैसे एक क्षण में जाग्रत हो गये; बोले- "अच्छा? देखूं तो। शारीरिक भाष्य पर तुमने टीका लिखी है- प्रथम टीका?" पद्मपाद ने लजाते हुए कहा- "दुस्साहस किया है, पूज्य! किन्तु मुझसे रहा नहीं गया। आपश्री चाहते थे, भट्टपाद आपश्री के दिव्य शारीरिक भाष्य पर टीका लिखें किन्तु भट्टपाद अग्नि को समर्पित हो गये और आपश्री हिमालय लौट आये। आपश्री का गंभीर गहन मुखारविन्द जैसे तनिक मुझा गया। तब मैंने इस दुस्साहस का संकल्प किया। यह मेरी आपश्री के श्री चरणों में अञ्जलि है, पूज्यपाद!"

आचार्य शंकर ने उत्साहपूर्वक प्रसन्न स्वर में कहा- "तुम्हारा कल्याण हो। तब तो तुम अब अधिकृत आचार्य ही हो गये।"

"अभी आपश्री के द्वारा उस टीका की परीक्षा शेष है, पूज्य!" पद्मपाद ने कहा और दौड़ कर अपनी पर्ण कुटी की ओर लपका। आचार्य शंकर ने स्वर्ण-स्तम्भ को ही जैसे यों पृथिवी पर डगमगाता हुआ दौड़ता देखा। 'पद्मपाद।' आचार्य शंकर ने उच्छ्वासपूर्वक जैसे गगन से कहा, "तुमने ज्ञान-ज्योति से अपने सभी प्रारब्धों के तम-भारों को जला दिया है। तुमने अपने काल के संचित को रीता कर दिया है- तुम ज्ञान की गहन मूक पिपासा ही हो गये हो, पद्मपाद!"

पद्मपाद ने लपककर आते हुए कहा- “जी, जी, गुरुदेव!”

आचार्य शंकर ने ताड़पत्रों की उस पोथी को प्रसन्न दृष्टि से देखा। पद्मपाद के केश भरे वक्षस्थल पर सघन घट्ट वनराजि की राशि सी वह पोथी सिमटी हुई थी। शंकर को लगा, शारीरिक भाष्य का रहस्य जैसे उस जड़ ताड़पत्र पोथी में रह-रहकर सजीव हो रहा है। एक-एक अक्षर, एक-एक वाक्य जैसे अन्तरिक्ष के ज्योतिर्मय गगन में आकृति ग्रहण कर रहा है। ताड़पत्र जैसे सजीव मुख से अपने लेखन को कह रहा है। पद्मपाद ने साष्टांग प्रणामपूर्वक पोथी आचार्यश्री के चरणार्विन्दों में समर्पित की और गद्गद स्वर में कहा- “मैं मुक्ति नहीं चाहता; इन करुणानिधि चरण-कमलों की अहेतुक कृपा का पराग चाहता हूं, गुरुदेव!”

आचार्य शंकर ने पोथी उठाते हुए प्रसन्न मगन मन से कहा- “तथास्तु, वत्स! तुम्हारा भव-संसार सदैव के लिये शान्त हो गया- तुम भवेच्छा के बन्धन से देहाऽवसान के साथ मुक्त हो जाओगे। शिव यह करेंगे।”

आचार्य शंकर ने पोथी को देखना आरम्भ किया। पद्मपाद मूक मौन धड़कते हुए हृदय से जैसे आचार्य की पढ़ती हुई दृष्टि को देखने लगा। एक क्षण में आचार्य समूचा पत्र दृष्टि द्वारा जैसे अपनी बुद्धि में भर लेते थे; चित्त में छाप देते थे- मेधा में उतार देते थे। एक-एक क्षण मानो आचार्य शंकर की दृष्टि में चैतन्य होकर ताड़पत्र में समा गई- लीन हो गई। पद्मपाद मन ही मन जैसे प्रार्थना करने लगा- हे परमब्रह्म! हे परम गुरो! हे सच्चिदाऽनंद! हे ब्रह्मा! हे विष्णो! हे महेश्वर! उसका प्रत्येक धड़कता हुआ हृदय स्पन्दन शंकराचार्य की गहन शान्त सजीव दृष्टि में बहने लगा- एक संगीत सा आरम्भ हुआ! पद्मपाद को लगा, उसके हृदय स्पन्दनों से एक साम गान ही आरम्भ हुआ है। “यह अक्षर तथा अर्थ-बोध से भरे वाक्य-उनकी लिपि तुम्हारी कृपा की चेतना में डूबी हुई है। बुद्धि के यह इंगित, यह बोध भरी आकृति-यह मातृकावलि तुम्हारे महापद्म के मकरन्द में रगमगा गई है। यह ताड़-पत्र-यह पोथी जैसे तुम्हारी दिव्य दृष्टि में जलकर प्रकाश की लौ बन गई है। यह टीका जैसे सहस्र शत-शत दीप शिखाओं की उर्मियां बनकर आपके अनन्य असीम चिद्ऽकाश के प्रसन्न प्रशान्त में लहर रही है। पद्मपाद अवाक् मूक मौन आचार्य को सस्मित टीका का एक-एक ताड़पत्र पढ़ते हुए देखता खड़ा रहा। उसके मगन हृदय की मगन धड़कनें अनंत होकर एक अनन्त रागमयी पल हो गईं और उसका भूताऽकाश जैसे बुल्लों की भांति उड़कर चित्ताऽकाश के गुणाऽलोक में लीन हो गया। काल के घाटों में बहता हुआ घनान्धकार जैसे अनन्त असीम के अदृश्य मौन में बिला गया। ज्योति का क्षितिज झूम आया; सीमाहीन ज्योति क्षितिज असीम होकर

चैतन्य का एकरस आलोक हो गयी। चैतन्य का यह अपार अथाह आलोक जैसे अपनी प्रकाशमयी कामना के बन्धन से मुक्त हो, आनन्द की उल्लोल बन गया। पद्मपाद जगत में खो गया। भव-संसार के सभी तट पहुंच कर दिव्य अनन्त के चिर-परिचित कगार पर पहुंच गया। देश से छूट और काल को तरकर पद्मपाद जैसे ज्ञान-जलधि के अनन्त अथाह क्षितिज में लूम गया, मानस सरोवर के हंस की भांति वह जैसे आत्मा के स्वयं प्रकाश के आकाश अवकाश में उड़ गया और आचार्य शंकर तन्मय तल्लीन उस पोथी में ही जैसे लीन हो गये। पद्मपाद जैसे अपनी समस्त समूची आकृति से विमुक्त होकर आचार्य शंकर के प्रशान्त स्थिर कमल लोचनों में गुह्य आत्म ज्योति में ही जा फिसला। चित्ताऽकाश का हंस चिदाऽकाश का राजहंस बन कर आचार्य शंकर के शाश्वत आत्म-ज्योति के हृदयाऽकाश में प्रणव बन गया-हंस! सोऽहम्-हंस! अनन्त पलों के धीर-गम्भीर चरणों द्वारा काल चल कर पुनः जैसे पद्मपाद के अपलक नयनों में विश्राम के लिये आता रहा। सभी धैर्य अथाह असीम उच्छ्वास बन कर पद्मपाद के आर्त स्वर में फूट पड़े- "गुरुदेव! प्रभो!"

आचार्य शंकर की जाग्रत समाधि जैसे टूटी; सस्मित, प्रसन्न नयनों से विहंसते हुए आचार्य ने कहा- "एवमस्तु! तथास्तु, आचार्य पद्मपाद!"

"प्रभो!" आचार्य पद्मपाद ने गुरुदेव शंकर के चरणों में साष्टांग प्रणाम करते हुए कहा- "आपश्री जगद्गुरु हैं, प्रभो!"

आचार्य शंकर ने हंसते हुए कहा- "देवी भारती को हरा पाऊँ तब-मण्डन सन्यास गृहण कर लें तब। जगद्गुरु, नहीं, वत्स! ब्रह्म ही परम गुरु है, परम ज्ञानी ही, सर्व शक्तिमान सर्वज्ञ ही जगद्गुरु हो सकता है। तुमने शारीरिक भाष्य को जैसे स्वरूप दिया है। ब्रह्म-चैतन्य को तुमने वांग्मय-चेतना ही अवगाहित किया है- तुमको ब्रह्म-स्पर्श हो गया है, वत्स! तुम बुद्धि के भेदों तथा लक्ष्य की भीतियों को तर कर प्रज्ञा का ऐक्य-आलोक पार कर गये हो। तुम ब्रह्म-साक्षात् के ब्राह्म-मुहूर्त में चहक रहे हो। और मैं? उभय भारती की माया के रमणीय तट पर चकित सा खड़ा हूं। पर-काया-प्रवेश! कैसा प्रस्ताव है? कैसा कौतुकी प्रसंग है, पद्मपाद!"

पद्मपाद ने सहसा विश्वस्त होते हुए कहा- "हां, गुरुदेव! प्रसंग निस्संदेह कौतुकी है। इसका एकमात्र समाधान पूज्यपाद आपश्री के लिये परकाया प्रवेश कर मत्स्येद्रनाथ की भांति बरतना है। इस कौतुकी प्रसंग का बौद्धों की भाषा में धर्म मेघ भी सध जाता है। योगी राज मत्स्येन्द्र के सिंहल द्वीप के राजा के शरीर में प्रवेश कर राजसिंहासन पर बैठते ही उचित समय पर मेघ उचित वर्षा

करने लगे। ऋतुयें अपने पूर्ण उल्लास में उद्धवित होने लगीं। वसन्त खुलकर खिलकर आया- प्रजा के कल्याण का स्वयं ही सावधानी पूर्वक सधने लगा। सुख, शान्ति और उत्कर्ष का मंगलाऽरम्भ हो गया, पूज्य!"

आचार्य शंकर ने हंस कर कहा- "योगी राजा की भांति जब बरतेगा, तो और क्या होगा, वत्स! राज्य। राज्य प्रजा पालन, समाज धारण तथा प्राणियों के यावत् कल्याण एवं समूची सृष्टि के मंगल के लिये ही है। रघुपति राघव राजाराम। राम-राज्य यही था-सत्य सनातन वर्णाऽश्रम धर्म के धारण; भरण तथा पोषण का राजा राम राज्य ही है- हो सकता है। तो मत्स्येन्द्र नाथ ने राजा का पात्र बनकर राम राज्य का ही शुभाऽरम्भ किया। वाह!"

पद्मपाद ने सहज उत्साह पूर्वक जैसे पुनः कहा- "किन्तु सिंहल द्वीप के विज्ञ मन्त्रियों ने भांप लिया, उनके राजा के शरीर में कोई दिव्य योगी, महापुरुष का अभिनिवेष हुआ है। उन्होंने राज मन्दिर की सुन्दर महिलाओं से इंगित किया- इस दिव्य शरीर को ललित कलाओं की मनोहर अभिव्यक्तियों से, रसमयी लीलाओं से वश में रखो। पूज्यपाद, योगीश्वर मत्स्येन्द्रनाथ सुन्दर सरस काम मोहन में डूबते चले गये; समाधि भूल गये। तब शिष्य प्रवर गोरखनाथ सिंहल द्वीप आये। राजा के अन्तरंग के कला शिक्षक बनकर राजा के अत्यन्त निकटस्थ हुए तथा अवसर पाकर गोरखनाथ ने राजा शरीरी मत्स्येन्द्रनाथ की क्षणिक-क्षल्लुक मोह निद्रा भंग की- "जाग मुछन्दर गोरख आया।" यह वही ध्वनि है जो विस्मृत योगी को पुनः योग-स्मृत करती है, गुरुदेव!"

आचार्य शंकर ने हंसते हुए कहा- "धन्य गोरखनाथ! धन्य! मेरी यदि कदाचित् ऐसी दशा हो जाय, तो तुम भी गोरखनाथ की भांति करना वत्स!"

पद्मपाद ने तनिक सिर धुनाकर कहा- "काम! भुवन बीज काम। कामेश्वर, कामेश्वरी! पूज्य, यह विषय का अनुराग समुद्र अगाध है। मोहिनी को देखकर शिव स्वयं अपना आपा भूल गये थे। सोचता हूं क्या, सन्यास व्रत अखंडित रहेगा? क्या कामशास्त्र की चर्चा करने की आप श्रीमद् की इच्छा मात्र से सन्यास धर्म शिथिल नहीं होगा- किन्तु आप श्रीमद् समर्थ हैं सर्व शक्तिशील हैं- सर्वज्ञ जगद्गुरु हैं।"

आचार्य शंकर ने ऊर्ध्व सांस लेकर प्रसन्न अट्टहास्य पूर्वक कहा- "तुम उचित कह रहे हो- तुम्हारा कथन निस्संदेह प्रशंसनीय है, वत्स! किन्तु ओम् क्लीं कृष्णाय गोविन्दाय गोपीजन वल्लभाय नमः स्वाहा।"

पद्मपाद ने प्रसन्न आश्चर्य पूर्वक कहा- "पूज्य, गुरुदेव!"

आचार्य शंकर ने प्रसन्नता पूर्वक पुनः कहा- 'महारास, वत्स! श्रीमद भागवत! गोपी वल्लभ योग योगेश्वर श्री कृष्ण नित्य ही महारास-स्थित हैं। राधिका उनका प्रति निमिष का अखण्ड स्मरण है-राधा श्री कृष्ण का शाश्वत सनातन अनादि चित्त है- राधा से ही जैसे नन्द नन्दन श्री कृष्ण हैं। राधे की रिझिवार से भीज कर ही श्री कृष्ण जैसे आनन्द-कन्द हुए हैं। हां, वत्स! श्री कृष्ण का संकल्प न सही, शिव संकल्प तो मुझमें है, मैं परकाया-प्रवेश कर काम का दर्शन मात्र करुंगा और उस परात्पर सुन्दरी, मायाविनी सृष्टि सुन्दरी कामेश्वरी शिवा का साक्षात करुंगा। संकल्प रहित अनासक्त कार्य, दूषित भी हो, तब भी कर्त्ता को नहीं बांधता, पद्मपाद!"

पद्मपाद- "किन्तु कर्म क्या स्वयं ही सक्षम नहीं है?"

"नहीं।" आचार्य शंकर ने कहा- "कर्म का उद्भव ब्रह्म के बहुस्याम संकल्प से ही होता है। कर्म शास्त्र भव-संसार का शास्त्र है। जो जीवात्म भाव में डूबा है, जो शरीर को ही चैतन्य मान कर विषय-सुख को ही चरम-परम सुख मानता है, कर्म-शास्त्र उसी मति मूढ़ को लेकर सफल होता है। अनासक्त मुमुक्ष आत्मा को विषय का यह सरस अगाध समुद्र डुबो नहीं सकता। अनासक्त, जीवन-मुक्त सद्य विरागी योगी-यती, जीवन-यावत् जीवन का सन्यासी भव-संसार की आसक्ति के तृष्णा-निधियों के अन्दर नहीं, ऊपर-ऊपर तैरता रहता है। वेदान्ती सन्यासी स्वयं को ज्ञान मात्र, अज, एक रस आत्म चैतन्य ही मानता है- वेदान्ती सन्यासी के आश्रम अबाधित धरती है; वर्ण अथाह अनन्त आकाश है। भय रहित, भीति विहीन भेद-मुक्त नित्य अभय स्वरूप वेदान्त सन्यासी इस कल्पित संसार से न तो बंधता है और संसार उसको एक लव के लिये, स्वप्न अथवा स्मृति में भी बांध सकता है। सन्यासी वेदान्ती काल को तर चुका है; मृत्यु को जीत चुका है- वह ज्ञान स्वरूप परमात्मा के सूर्य की अमृत किरण है, पद्मपाद!"

"जी, गुरुदेव!" पद्मपाद ने विनीत स्वर में कहा।

"यह जगत, यह भव-संसार परमात्मा ने ही उत्पन्न किया है, परमात्मा से उत्पन्न यह अनन्त कोटि ब्रह्माण्डों का जगत, यह महात्रिपुर सुन्दरी सृष्टि क्या त्रिकाल में भी एक लव के लिये परमात्मा से विलग, पृथक अपनी सत्ता रखती है? रख सकती है? नहीं। रस्सी में कल्पित सर्प की भावना रस्सी के बिना हो नहीं सकती; टिक नहीं सकती, वत्स! पद्मपाद, यह त्रिकाल यामिनी, कामायिनी, उर्वशी, मोहिनी सुन्दरी सृष्टि उसके यह विश्व, यह मायावी जगत-उसके यह सुख-दुःख से भरे भव-संसार सब यह अखिल-निखिल उसी

सच्चिदानंद सत्यम् ज्ञानऽमृतम् ब्रह्म की कल्पना है, धारणा! यह काल प्रभु की पलकों की टिमकार मात्र है; यह सतत् संक्रामक आसक्त विविध भव जीवन प्रभु का अनुग्रह है। जिसने उस सच्चिदानन्द परमात्मा का दर्शन कर लिया है, जो प्रणव स्वरूप होकर प्रभु के अनन्त चिदाकाश से आनन्द के अनहद की भांति गूंज रहा है- पद्मपाद, जो आत्मवत् सर्व भूतेषु हो गया है- वह, वह कैसे बंधेगा? कौन बांधेगा उसको? योगियों को काल बांध नहीं सकता; देश जकड़ नहीं सकता। ब्रह्माण्डों की सतत् अविराम आकृतियां योगी को संकुचित नहीं कर सकतीं। भव की, कल्प-कल्पों की कोई भी आसक्ति योगी को कुण्ठित नहीं कर सकती। जिसने ब्रह्म को, परमात्मा को जान लिया है और स्वयं का आत्म स्वरूप प्रत्यक्ष कर लिया है, जो समाधिस्थ हो चुका है, वह इस असार क्षण भंगुर जगत में कोई भी लीला कर सकता है- हठात् मौन होकर स्थिर अपलक देखते हुए पद्मपाद को आचार्य ने मानो एक अनन्त शाश्वत पल के लिये देखा और पुनः तनिक सिर धुन कर आचार्य शंकर ने कहा- "मामेकम्-अहंकार पूर्वक किया हुआ कर्म ही बांधता है। ज्ञानी का अहम्- यह मामेकम् नष्ट हो जाता है, वत्स! अतः ज्ञानी योगी सन्यासी कर्त्ता किसी भी प्रकार अथवा भांति के कर्म से न तो बंधता है और नहीं कर्म का फल उसको भोगना होता है- इन्द्र ने त्वष्टा के पुत्र त्रिशिरस विश्व रूप को मार डाला; अनेक यतियों को इन्द्र ने भेड़ियों को परोस दिया किन्तु इन्द्र का बाल भी बांका नहीं हुआ। इन्द्र अपने इस कर्म से बंधे नहीं, बिंधे नहीं:, भिदे नहीं। यह ऋग्वेद का स्पष्ट कथन है। असंदिग्ध अपौरुषेय इस कथन से क्या बोध होता है? अनासक्त संकल्पहीन कर्म किया जा सकता है और उसके फल से उपरत रहा जा सकता है- मैं ऐसा ही करूंगा पद्मपाद!"

पद्मपाद ने सुन लेते हुए कहा- 'जी, गुरुदेव!'

आचार्य शंकर ने अपूर्व उत्साह पूर्वक कहा- "ज्ञानी होने से इन्द्र को पाप नहीं लगा, वत्स! सांख्यायन श्रोत सूत्र, सांख्यायन आरण्यक तथा कौषितकी उपनिषद में इसका स्पष्ट निर्देश है- निर्णय है। दिव्यवाणी ने इन्द्र को त्रिशिरा-वध पर 'ब्रह्म हा' घोषित किया था; किन्तु उस समय के सिन्धु द्वीप के ऋषियों ने आपो हिष्ठा, ऋग्वेद सूत्र द्वारा इन्द्र को पापहीन ही घोषित किया- ब्रह्म ज्ञानी वेत्ता जगत की माया तथा भव संसार के कर्म पाशों से स्वयं सहज मुक्त हो जाता है- बन्धन हीन आत्मस्थ रहता है। राजा जनक ने भय रहित, अभयपूर्ण सच्चिदानंद ब्रह्म को प्राप्त किया था- परन्तु क्या उन्होंने असंख्य पुण्य कार्य नहीं किये? किये थे; कर्म करते हुए भी वह बंधे नहीं थे, वत्स! तत्व वेत्ता

ब्रह्मविद् पुरुष पापों से बन्धता नहीं, पुण्यों से वृद्धि पाता नहीं। कर्मेच्छा से रहित वह आत्मस्थ पुरुष कर्म चिन्तन एवं चिन्ता से विहीन होता है, पद्मपाद!"

पद्मपाद- "अवश्य, पूज्य!"

आचार्य शंकर ने तनिक विहंसते हुए कहा-"ब्रह्म! वह 'सत् चित् आनन्द' इस देह के रोम-रोम में लहर रहा है; रग-रग में भरा उभरा है। यह शांत मन जगत में केवल उसी आनन्द ब्रह्म को ही देख रहा है- देखना चाहता है। यह बुद्धि अनंत कोटि ब्रह्माण्डों तथा कल्प कल्पान्तरों से भरी यह रमणीय बुद्धि ब्रह्म चेतना से परिपूर्ण होकर अभय के अनंत में स्थित है। यह चित्त शाश्वती समा स्वरूप ऋतंभरा में लीढ़ हो गया और यह अहम्- इस एकमात्र भव का अहम् त्रिकालवत होकर कालातीत हो गया है, वत्स! सच्चिदानन्द ही सम्पूर्ण समस्त जीवन चेतना हो गया है- मैं? मैं निस्संदेह अवश्य अवश्यमेव अनिवार्य तथा अपरिहार्य रूप से मैं ब्रह्म हूं- अहम् ब्रह्मास्मि, वत्स!"

पद्मपाद ने चीत्कार पूर्वक कहा- "जय हो, गुरुदेव!"

"जय?" आचार्य शंकर ने तनिक सिर धुनाते हुए, हंसते हुए कहा- "अज की जय क्या, पराजय क्या? अनन्त का अणु क्या? असीम की सीमा ही क्या, वत्स! अव्यय का व्यय नहीं; अभय का भय नहीं- ब्रह्म स्वयं प्रकाशित स्वयमेव चैतन्य है, स्वयं का अमोघ चिद्विलास है- स्वयं की आनन्दमयता। इस नाम रूप में वही व्याप्त है; वही गतिविधि है; वही है- मेरा अहम् तो उसकी लीला की ज्योतिर्मय कविता है- दृष्टि, चिति-. चैतन्य, पद्मपाद! इसी शरीर से मैं यदि कामशास्त्र का परिशीलन करूं तो काम स्वयं अकाम होकर आनन्द-कन्द हो जायगा। इस शरीर में काम की अनुभूति कोई दोष उत्पन्न नहीं करेगी- ब्रह्म अपनी कल्पित माया की रमणीयता देखता है और मुस्कराता रहता है। किन्तु....."

पद्मपाद ने बीच ही में पूछा- "किन्तु क्या, पूज्य?"

"लोकाचार के सम्पूर्ण पालन के लिये-सन्यास की अटल मर्यादा के अविश्रान्त धारण के लिये, लोक धर्म के अंसदिग्ध अचूक तथा स्पष्ट पालन के लिये मैं दूसरे शरीर द्वारा ही उस अमोघ कामेश्वरी और उसकी अनन्य गुह्य सरस कलाओं का साक्षात् करूंगा- यही, पद्मपाद!"

और आचार्य शंकर ने नयन उन्मीलित किये- उन्होंने भूताकाश को मानो देखा; चित्ताकाश को निहारा और चिति स्थित होकर आचार्य शंकर ने त्रिकाल को अपनी पारदर्शी दृष्टि की एक पलक में समेट लिया। पद्मपाद स्तब्ध सा आचार्य को ताकता रहा। पद्मपाद को लगा, आकाश आचार्य की बन्द पलकों पर

झूम गया है और धरती सिहर-सिहर कर मूक हो गयी है। दिशायें आचार्य के शान्त भवों में भर गई हैं और आचार्य शरीर के बाहर समस्त ब्रह्माण्ड में अन्य शरीर खोज रहे हैं। पद्मपाद स्वयं ही कांपने लगा। उसको लगा, अनेक दृश्यों के आल्होड़न से उसका चित्त कांप रहा है- वह चिहुंका-"प्रभो।"

सहसा आचार्य शंकर ने नयन खोले, मन्द स्मित पूर्वक कहा- "राजा अमरुक, वत्स! चलो। यह स्त्रेण विलासी राजा जंगल में शिकार खेलने गया है- वह मूर्च्छित होकर मरेगा, पद्मपाद! यह राजा पूर्णेन्दु के समान पूर्णिमा में डूबा पर्यंक विशारदा रमणियों से घिरा रहा है। उसकी श्री सुन्दरी रानी, कलावती, काम की जीती जागती मूर्ति है- यह मायाविनी रति-सुन्दरी मैथुन-प्रिया तथा कामेश्वरी का मानो एक रूप है- भव है। चलो, हम चलें-राजा अमरुक मेरा अवसाद स्वरूप मानो एक मास का जन्म ही होगा। अवश्य वत्स! तुम्हारे इस ब्रह्म विद् आचार्य को भी रमणी के कटाक्षों का काव्य रचना होगा।"

28

राजा अमरुक कुछ हंसे, बोले- "रसिके! यह पूर्णिमा तो बीत जाती है; परन्तु तुम्हारे मुख चन्द्र की यह मुग्ध कर आभा बीतती नहीं। वीणा और वेणु के घनीभूत उल्लसित निनादों में तुम्हारे हास्य की मुरली मैं सुनता रहता हूं। पीन पयोधरे! तुम-तुम निस्संदेह कामायिनी हो-रस यामिनी हो।"

रानी कलावती ने अपने आरक्त प्रवाल अधरों को हास्य में तनिक विलसित करते हुए कटाक्ष पूर्वक कहा- "मैं तो जो भी हूं- आपके सामने हूं। आप कामदेव हैं तो मैं रति हूं; आप वसन्त हैं, तो मैं कोकिला हूं किन्तु पूर्णिमा के विहार का सरस श्रम अभी आपकी भर्वों में सो रहा है। आपके आलिंगन की जकड़ों से शिथिल बाहु अभी तो कल्प वृक्ष की शाखाओं की भांति झूम ही रहे हैं- हमारे पद्म पाणियों से मथित आपका कटि-प्रदेश अभी जैसे तनिक प्रकम्पित है। तब प्रिय, कहां चलें?"

"मृगया के लिये!" राजा अमरुक ने उद्भ्रान्त हास्य पूर्वक कहा- "मृग-नयनियों के केश-कलापों की घन सुगन्ध सूंघ कर अघा गया हूं। इन रस रगमगे हाथों से बाण छोड़ना चाहता हूं। मृग-नयनी न सही मृग को बेध देना चाहता हूं। अधरों का पान कर सकता हूं- उनको खा सकता हूं क्या? नहीं किन्तु मृग मांस का अति स्वादिष्ट पकवान खाया जा सकता है। तुष्टि के लिये निरन्तर पुष्टि की आवश्यकता है। अपने जनपद में सभी प्रकार के पशु-पक्षी हैं। उनके मांसों के विविध गुण हैं। हमने उनका अध्ययन करवाया है। एक ऐसा पक्षी है, जिसका मांस सेवन करने से वृद्धाऽवस्था टलती रहती है, सुन्दरी!"

रानी कलावती ने मुस्कराते हुए कहा- "वृद्धावस्था? है भी? यह आपका तत्व ज्ञान ही है जो वृद्धावस्था की धारणा बंधाता है। शरीर वृद्ध होता है; परन्तु क्या महर्षि च्यवन पुनः युवा नहीं हुए? ययाति प्रिय मेरे!"

"राजा ययाति!" महाराज अमरुक ने तनिक विचार मग्न होते हुए कहा- "ययाति ने यौवनेश्वरी रति का अनुग्रह ही प्राप्त कर लिया था, प्रणयिनी! यहां तो हमें तुम्हारे रसीले कटाक्षों की कृपा भी पूर्णतः नहीं मिली। कल्प वृक्ष का अमर फल मिल सकता है; किन्तु रमणीय सद्यः सुन्दरी का जगद् मोहन कटाक्ष नहीं। तुम्हारा कटाक्ष! प्राण! तुम्हारे तनिक से हंसौहे, शिथिल किन्तु किञ्चित तने हुए मृदु किन्तु तीव्र घाव को भी घायल कर देने वाले तुम्हारे अगाध कटाक्ष का क्या कहना? मैं अपने सभी रोमों में सिहरता हुआ तुम्हारे कटाक्ष की वेदना को पलकों से पीता रहता हूं- हम मृग-नयनी की विजय के बाद आखेट को जा रहे हैं- समझीं, रस-निधे!"

रानी कलावती ने तनिक गंभीरता पूर्वक कहा- "रति-श्रम से शिथिल हैं आप, महाराज! सभी श्रमों का श्रम यह अबाधित रति का श्रम है- यह श्रम दो युवा सुघड़ यौवन-निधियों का हिल्लोलित संवेग है। यह देहों का मन्थन है; प्राणों का उद्दाम उल्लसित ज्वार है। रति-श्रम से मुक्त होने के लिये शिव को समाधि लेनी पड़ती है- कुछ दिन विश्राम कर लेते।"

महाराजा अमरुक ने मधुर झुंझलाहट के साथ कहा- "विश्राम? तुम्हारे राग-काञ्ची कलाप से सुन्दर रगमगे नितम्बों पर क्या एक पल के लिये भी विश्राम किया जा सकता है? तुम्हारे पीन पुष्ट सद्वृत्त उरोजों की उन्मद कान्ति को देखते ही रहना पड़ता है। तुम्हारे उदर सरोवर की कमलिनी तुम्हारी पिरोजी सुनहली नाभि का तुम्हारे ऊर्ध्व सांसों के साथ लास देखकर कौन एक क्षण के लिये भी नयन भींच सकता है? सुन्दरी श्री! रमणियों से घिरी तुम, इस रसनिधि के तट पर खड़ा रहकर क्या मैं प्रार्थना कर सकता हूं? धरती के अन्न, रसों तथा भैषजों की संजीवनी से पूर्ण तुम्हारा कान्तिवान देह की जय कामदेव भी नहीं कर सकते, मैं तो क्या...."

"तुम मेरे देह के वीरवर हो, मेरे प्राणों के नटराज हो।" महारानी कलावती ने शान्त किन्तु तनिक प्रकम्पित स्वर में कहा- "तुम मेरी कुक्षी के योद्धा, मेरे पयोधरों के पति, मेरे अधरों के कामेश्वर, मेरी यौवन श्री के वसन्त कुसमाकर हो। कुछ दिवस प्रणय-गीतों को सुनते हुए विश्राम कर लेते-फिर जाते आखेट के लिये-मेरा तो सामान्यतः प्रस्ताव भर था।"

"हम जानते हैं, प्रिय! प्रिये! मृग-नयनी जीती नहीं जा सकती। रस निधि को अधरों द्वारा क्या रीता किया जा सकता है? किन्तु गहगहे विहार के पश्चात् आखेट का श्रम ही विश्राम देता है।"- महाराज अमरुक ने कहा।

आप पुरुषों को-नरों को-इधर पर्यक युद्ध और उधर आखेट। रानी कलावती ने हंसौहे बंकट नयनों से महाराज अमरुक के चौड़े वक्षस्थल को दृष्टि से मानो

नापते हुए कहा- "सभी शास्त्रों का अवगाहन किया जा सकता है, किन्तु क्या रमणी के कान्तिवान रसभरे यौवन शास्त्र का परिशीलन किया जा सकता है? रमणी अजेया है; अगाधा है; रस की अतल खानि है।"

महाराज अमरुक ने कमरबन्द बांधते हुए कहा- "रमणी के नयनों में डूबा ही जाता है, प्रियवादिनी! तरा नहीं जाता। रमणी कामिनी को तो कोई व्रजौल योगी ही परास्त कर सकता है।"

रानी कलावती ने खनखनाते हुए हास्य के साथ अपने सुनहले रत्न जटित कंकणों की किण में मिलाते हुए कहा- "व्रजौल क्रिया? सुना है! आप महाराज इस क्रिया को सीख क्यों नहीं लेते? दारुण युद्ध समाप्त हो जाते हैं, प्रिय दर्शन! किन्तु क्या रति-युद्ध कभी समाप्त हुआ है? शेष नाग की शैय्या पर भगवान विष्णु और हिमालय की एकान्त कन्दरा में भगवान शिव रति युद्ध करते हुए क्या थके हैं?"

"रति युद्ध में नपुसंक, क्लीव ही थकते हैं- हारते हैं- देवी! हम तुम नहीं।" राजा अमरुक ने सज्ज होते हुए कहा- "हम व्रजौलि क्रिया अवश्य ही सीखेंगे। अवधूत भैरवानन्द जी से हम विनय करेंगे- किन्तु कहते हैं, व्रजौलि क्रिया केवल योगी ही सीख सकते हैं; कर सकते हैं हम भोगी नहीं।"

रानी कलावती मुलकीं; मन्द्र मृदुल कटाक्षपात करते हुए बोली- "ललिता, भुवनेश्वरी, भवानी-शिवा की आराधना हम आप क्यों न आरम्भ करें, जिससे भोग के साथ-साथ मोक्ष भी प्राप्त होता चले।"

राजा अमरुक ने रानी कलावती को देखा-निहारा; पलकों में उलझाया-कहा- "इस लोकालय में, देवी! मनुष्यों में केवल दो ही व्यष्ठियां है- योगी और भोगी। जिसको यह सुन्दर सरस विचित्र भव-संसार भोगना है, उसको विद्यावान, कलावान, समर्थ, सक्षम तथा विलक्षण नागरिक ही बनकर रहना है- योगी नहीं। हमारे अधिष्ठाता देव श्री कृष्ण हैं; नन्द नन्दन, मुरलीधर, गोवर्धन धारी, गोपीवल्लभ, प्रिये! योगी वह बनें, जो नारी से डरते हैं; घबराते है; जो क्लीव रमणी की छाया देखते ही थरथराने लगते हैं, जो ध्वज भंग से पीड़ित हैं, देवी!"

रानी कलावती ने नूपुर रणझणाते हुए कहा- "सोचती हूं क्या यह संसार स्त्री पुरुष के सरस भोग के लिये ही है?"

"अवश्य, अवश्यमेव, प्राणेऽपमे!" राजा अमरुक ने सस्मित कहा- "नर और नारी-काम के कामेश्वर, कामेश्वरी! ईश्वर है तो वह रसेश कामेश्वर।"

रानी कलावती ने मधुर झुंझल के साथ भ्रू भंग पूर्वक कहा- "ईश्वर है तो वह अनादि आद्या नारी, भगवती ही है, प्रिय मेरे! तब आप आखेट के लिये जायेंगे ही? किन्तु...."

"किन्तु; परन्तु क्या?" राजा अमरुक ने तनिक झुंझलाहट के साथ कहा- "एक ना नहीं, दो ना कहो- ना, ना।"

रानी कलावती ने तनिक शिरोरुह हिलाया, रेशमी आंचल आकाश के वासन्ती नवरंगी बादल की भांति खिसका; सरका। इस नवरंगी मेघ के उभार में कनक कुम्भ से दो पीन सघन सरोज मानो झबक उठे। मुक्ता हल से दमकते हुए दांतों की चमक उस आरक्त मुख में कौंधी। राजा अमरुक ठिठक कर उस इतर को देखते रहे। रानी ने कटि से तनिक ऐंचते हुए कहा- "दो 'ना' हमारी 'हां' है, यही न? किन्तु यह 'ना-ना' मृगया के लिये है क्या? मृगया! एक दीन निरीह पशु पक्षी का निर्मम वध नहीं तो क्या है? यही, प्राणेश्वर! मृग नयनी के चकित, हसित, लजित नयनों को वेधो, तब जानूं!"

"इस भव में और क्या कर रहा हूं, प्रिये!" राजा अमरुक ने हंसते हुए कहा- "रमणियों को आलिंगन-बद्ध करना, उनके अधरों का सुधिहीन पान करना-उनके गण्डस्थलों को कुरेदना-नितम्बों को थपथपाना..."

रानी कलावती ने अंगडाई में तन तोड़ते हुए कहा- "इस पृथिवी पर यही जीवन है- और क्या? मुझको यह तत्व वेत्ता, साधु सन्यासी समझ में नहीं आते। योगियों की सुनती हूं तो कांप उठती हूं। यह लोग मृत्यु के भय से अभिभूत जीवन के प्रेत नहीं हैं तो क्या हैं, प्रियवर?"

"हमें जीवन और उसके रसास्वादन से ही तात्पर्य है?" राजा अमरुक प्रस्थानोऽद्यत होते हुए बोले- "तत्व वेत्ता को तत्व बोध चाहिये; साधु को भिक्षा चाहिये; सन्यासी को अभय चाहिये और हमें? रस-खानि मृग-नयनी ही चाहिये।"

रानी कलावती ने अणिआरे दीर्घ दृगों से बिलमाया हुआ कटाक्षपात् करते हुए कहा- "अब भी जी नहीं भरा, राजन्!"

"श्री कृष्ण नन्द-नन्दन का भरा था, क्या? राजा अमरुक ने कहा- "गुणवान, शीलवती, मनोहर वृत्ति अनुसार बरतने वाली, काम-कला विशारद अनन्य सुन्दरी स्त्री करोड़ों जन्मों के मंगल कार्यों का वरदान ही है- तुम, प्रिये! मेरे भव-भवों की श्री-सुकृति का अमोघ वरदान हो।"

"मैं?" रानी कलावती स्वयं के विलोल प्रगल्भ नयनों में डूबती हुई बोली- "मैं तो अपने रसिक भृंग की कमलिनी हूं।"

"कौन है अन्ततोगत्वा तुम्हारा रसिक भृंग, रानी!" महाराजा अमरुक ने हठात् पूछा।

रानी कलावती चौंक उठीं; बोली- "आप, महाराज! और कौन?"

राजा अमरुक ने प्लुत हास्य हंसते हुए कहा- "तुम काम कला की उत्फुल्ल-प्रफुल्ल सोलह कलाओं की पूर्णिमा हो; मैं तुम्हारा चन्द्रमा कैसे हो सकता हूं- मैं तो तुम्हारे चरणार्विन्द के मकरन्द का चंचरीक हूं- मैं जीवन का मद्यप, रस का लोभी, सौन्दर्य का बौराया जीवात्मा मात्र हूं- तुम्हारी यौवन की मधुशाला का मैं निःशंक पियक्कड़ हूं- मुझे, मुझे यही अभीष्ट है, प्रियतमे!"

रानी कलावती सहसा उठी और प्रस्थान के लिये तत्पर राजा अमरुक को सहज आलिंगन-बद्ध करते हुए बोली- "तो मृगया को क्यों जाते हो? मेरी सघन जंघाओं पर अपना रस-भ्रान्त मस्तक टिका कर तनिक विश्राम कर लो, प्रियवर!"

"मृग-नयनियों के कटाक्ष-बाणों की इस असह्य तीव्र वेदना को आखेट के श्रम से भुलाना चाहता हूं, प्रिये! मृग-नयनी सुन्दरी न सही, मृगी के कातर भयभीत हृदय को अपने उत्तुंग तीक्ष्ण बाण से बेध कर मैं उल्लसित हो उठना चाहता हूं- मेरी कमलिनी! तुम्हारा यह अभियुक्त भृंग आकाश की वासन्ती वायु चाहता है, सूर्य का अबाधित तेज चाहता है; अग्नि का नग्न दर्शन करना चाहता है। सरिताओं और प्रपातों के नाचते हुए जलों की स्फूर्ति पीना चाहता है- मैं सघन अरण्य में रुधिर का झरण देखना चाहता हूं, कामिनी!"

"महाराज!" रानी कलावती चमक कर मानो चिल्लाई- "रुधिर देखना चाहते हैं? वध कर मृत्यु देखना चाहते हैं?"

"मरना चाहता हूं बस।" राजा अमरुक ने द्वार की ओर जाते हुए तनिक ठहर कर कहा- "मैं कटाक्षों से तिल-तिल कट गया हूं कामायिनी! यौवन के सरोवरों में विहरते हुए जैसे मैं क्लान्त हो उठा हूं। सौन्दर्य की कान्ति से चौंधिया गया हूं। यौवन के रस को पीकर मैं, मैं जैसे शिथिल हो गया हूं। कामनापूर्ति की यह रस-रिझिवार, सुन्दरी, मेरे बस की बात है क्या? कोई शाक्त, कौल ही तुम रमणियों को तुष्ट, प्रसन्न कर सकता है- मैं नहीं।"

"यह आप क्या कह रहे हैं?" रानी कलावती भौंचक होते हुए बोली- "आप जैसे...."

"प्रेत हो गया हूं यही न!" महाराज अमरुक ने हंसते हुए कहा- "रमणियों में आसक्त नर प्रेत न होगा तो क्या होगा? यह वासनापूर्ति की सतत् तपस्या देह नहीं, प्रेत ही करता है। अवश्य, रानी! सच तो यह लगता है, मैं तुम कामिनियों की कुक्षियों में बह कर रीता हो गया हूं। तुम, नारी, कामिनी! कभी सन्तुष्ट, तुष्ट भी होगी? रस की यह चिरन्तन अथाह पिपासा। कलावती कोई व्रजौलि का धनी योगी ही तुम्हारे यौवन के रस समुद्रों को अगस्त ऋषि की भांति पी जा सकता है- हम नर नहीं; राजा हुए तो क्या हुआ?"

और राजा अमरुक शीघ्रता पूर्वक रूपहले द्वार से बाहर निकल गये। राजा की देह में लगी सुगन्धों का उन्मद घ्राण रानी कलावती के पद्म-नासिका-पुटों में आ समाया। कलावती रोम-रोम में सिहरी; रग-रग में उभर उठी। निसास रखते हुए वह स्वयं से ही अस्फुट बोली- "योगी?" शाक्त? प्रिय मेरे क्या कह गये? अरे, यह आंख फड़क उठी-अमंगल? हे शिव, पार्वती, मंगल करो... रानी कलावती मूक हो गई और अपने अंग, नयन, की रह रह कर होती हुई फड़कन को ही मानो देखने लगी। अपशकुन का यह अंग फड़क रहा है, क्यों? सहसा जैसे अमंगल की दूरारूढ़ आशंका एक छोटा सा उभरा हुआ मेघ बनकर उसके भूताकाश में उमड़ सी उठी। नहीं, नहीं। अमंगल क्यों? मंगल ही मंगल है- सुख ही सुख है; आनन्द ही आनन्द है। महाराजा के जनपद में समी तुष्ट हैं-सन्तुष्ट हैं- अब राज है, सभी को श्रीमन्त बना नहीं सकता। सब को स्वर्ग चाहिये- तो यह किञ्चित विस्तृत जनपद लक्ष-लक्ष प्रजा के लिये क्या पृथिवी पर स्वर्ग उतार दे सकता है? राजा दस्युओं से रक्षा करता है। आततायियों से त्राण करता है-देता है। राजा शत्रु राजा को परास्त कर प्रजा की जय करता है और राज क्या करता है? क्या करें? समष्ठि का जीवन तो प्रजा को ही जीना पड़ता है। राज सब को प्रासाद बना कर दे नहीं सकता; सभी का कृषि कार्य राजतन्त्र कर दे। क्या सभी के गृहस्थ राजा के आमात्य मन्त्री चलायें? नहीं अपने गृहस्थ जीवन का संतोष पुरुषार्थ द्वारा प्रजा को ही स्वयं पाना है। राजा तो प्रजा का पिता स्वरूप है। प्रजा सन्ततिवत् है। राजा के लिये-यही राज्य परिपाटी है; राजकरण की सधी हुई परम्परा है। तब महाराज क्या जनपद के घर-घर घूमते रहें और दुःख-सुख की पूछते रहें? राजा प्रजा का पिता है; सेवक नहीं। जनपद में कुछ लोग उल्टी बात कभी-कभी करते हैं, इन बौद्धों ने प्रजा को विचित्र मति दी है। सभी समान हैं- समान? तब सनातन वर्णाऽश्रम धर्म इन बौद्धों को स्वीकार नहीं। क्यों हो? विहारों में बसे रह कर विहार जो करते रहना है। यों तो धर्म चक्र है; किन्तु साधना वज्रायिनी देवी की है- छद्म शाक्तोपासना! होगा; मुझे क्या? मेरे तो मेरे भर्ता, मेरे कमनीय कान्त चिरञ्जीवी हो। जनपद का यह राज बना रहे। द्वारों पर मंगल वाद्य सदा बजते रहें। लोगों को अधिकाधिक सुख प्राप्त हो। सभी प्रसन्न रहें; मगन और जीवन की रस रिझिवार किया करें। रानी कलावती खिड़की के पास आ खड़ी हुई। महाराजा अमरुक अपने मंत्रियों के साथ शिकारियों की हुमुसती हुई टोली लिये सरपट प्रासाद के राज मार्ग पर वायु के उझके हुए झपाटे की भांति निकल गये। रानी ने हठात् स्वयं से कहा- "मृगनयनी के लिये यह नर जितना आतुर है- उससे भी कहीं अधिक यह मृग के लिये है।"

राजा अमरुक ने अपने आमात्य से तनिक अश्व पीठ पर जमते हुए कहा-
"मृगया जैसे मेरी आंखों में भर गई है। मृगया का यह उत्साह एक तीव्र ज्वर
है- काम-ज्वर से भी अधिक तीव्र-तीक्ष्ण-दाहक, आमात्य!"

"जी, महाराज!" आमात्य ने तनिक सिर झुकाया और कहा- "यह बौद्ध, यह
जिनि सभी आखेट के विरुद्ध हैं। जिनि तो जीव-दया की रट लगाते रहते हैं।"

"विधर्मी हैं और क्या?" महाराज अमरुक ने क्षितिज की ओर देखते हुए
कहा- "जिनि, वह जो नंगे रहते हैं, घूमते हैं! हां, वहीं तो। यह बौद्ध तो वस्त्र
पहिनते हैं। आमात्य, क्या यह जिनि और बौद्ध ब्रह्मचारी है? वैरागी हैं? क्या
साधु होने पर उन्होंने काम को जीत लिया है! इन सभी विहारों में-मठों में-
मन्दिरों में भी गुप्त व्यभिचार होता है, ऐसा मैं सुनता हूं? यह कौल व्यभिचारी
नही तो क्या हैं?"

"हां, महाराज!" आमात्य ने कहा।

"व्यभिचार!" महाराज अमरुक ने स्वयं से ही कहा- "स्त्री और पुरुष का
काम-जीवन व्यभिचार है अथवा प्रकृति का उल्लसित स्फुटन। आमात्य, किन्तु
लोकाचार, लोक व्यवस्था। व्यभिचार को स्वीकार किया जाय, तो गृहस्थ का
क्या हो? वानप्रस्थ का क्या हो? यह आश्रम काम-जीवन के उदात्त संस्करण
के लिये ही है! नहीं?"

"अवश्य है, राज्यश्री!" आमात्य ने अश्व को तनिक थामते हुए कहा- "जनपद
के गृहस्थाऽथाश्रम व्याकुल हैं, महाराज! वैष्णव, गाणपत्य, कौल, जैन, बौद्ध,
नाथ और अघोरों ने व्यापक मतिभ्रम फैला दिये हैं। सिद्धान्तों के अनुशीलन-
परिशीलन तो गौण हो गये- तांत्रिक व्यवहार ही प्रमुख बना दिया गया है। सभी
साधु तन्त्र साधना करना चाहते हैं।"

"कामिनी जो है।" राजा अमरुक ने सुदूर देखते हुए कहा- "मध्याह्न का यह
सूर्य ताप प्रखरतर होता जा रहा है। देखा, आकाश में तीव्र किन्तु अपराजित
तेज जैसे उभर रहा है। ऐसा लगता है कोई देव पृथिवी पर इस ज्योतिर्मय
मार्ग से चल कर उतर आ रहा है। सुना है, योगी और देव आकाश-मार्ग से ही
ब्रह्माण्डों का भ्रमण करते हैं- मार्ग? दक्षिणायन, उत्तरायण पृथिवी के मार्ग,
आकाश मार्ग-क्या यह सृष्टि मार्गों की ही बनी है? बड़ा रहस्य है, यह सृष्टि,
आमात्य!"

"अवश्य है, प्रभो!" आमात्य ने कहा- "योगी ही सृष्टि के रहस्य को जान
सकता है। योगी काल को वश कर लेते हैं; मृत्यु को परास्त कर देते हैं। जब
चाहें तब शरीर परिवर्तित कर सकते हैं। सिद्धियों के स्वामी योगी परकाया-प्रवेश

तक कर लेते हैं। पृथिवी, अन्तरिक्ष, द्युलोक-आकाश-मार्ग से गमन कर सकते हैं। योगी क्या नहीं कर सकते, प्रभो!"

"मृत्यु को परास्त कर लेते हैं, योगी?" महाराज अमरुक ने तनिक सिहर कर पूछा- "मृत्यु! यही तो इस भव-संसार का प्रमुख दुःख है- व्यथा है। जन्मे हैं तो जीयें; मरे क्यों? शिशु, बालापन, पौगण्ड, युवा, वयस्क, प्रौढ़ और वृद्ध, आयु की यह स्वाभाविक अवस्थायें क्रमशः मृत्यु के ही चरण हैं। आश्चर्य है, जन्मते ही जीना मरना आरंभ कर देता है। वृद्धि? यह तो आयु की अवधि का मध्यम भ्रम-मात्र है। नहीं?"

"यही तो महाराज! जीवन का सार तत्व श्रीमान् के हस्तामलक वत है। रसिक शिरोमणि तो श्रीमानेश्वर हैं ही, मनीषी भी हैं।" आमात्य ने सिर हिला-हिला कर कहा।

महाराज अमरुक ने स्वयं ही प्रसन्न होते हुए कहा- "प्रजा की क्या दशा है? हमें तो सुन्दरियों से छुटकारा नहीं मिलता; रमणियों से मुक्ति कहां है? देवी का दाक्षिण्य हमें कर्षित रखता है। रमणीय मनोरम माया में हम डूब गये हैं, आमात्य! हमारी भोली-भाली प्रजा की क्या दशा है?"

"प्रजा पथ-भ्रष्ट होती जा रही है।" आमात्य ने सुदूर देखते हुए कहा- "सनातन वैदिक वर्णाश्रम धर्म की लीके भुंसती जा रही हैं। आचार-विचार से प्रजा के समूह भ्रमित होते जा रहे हैं- बौद्धों का प्रभाव बढ़ता जा रहा है और कौल मत का गुह्य प्रसार हो रहा है। तब सुखों में कमी स्वाभाविक है-प्रकृति गत है, महाराज!"

"अवश्य ऐसा ही है।" महाराज अमरुक ने कहा- "हम क्या कर सकते हैं? हमारा जनपद कितना? हमारा राज्य कितना? जनपद के ब्राह्मणों से कहो वह प्रजा को समझाये।"

"ब्राह्मण रूढ़ कर्म काण्डी होकर स्वार्थी होते जा रहे हैं श्रीमन्! समाज का ब्राह्मण जब पतनोन्मुख होने लगता है, समाज का क्षत्रिय विलासी हो जाता है; वैश्य निर्दय तथा शूद्र आक्रमक हो जाता है- ब्रह्मचारी कथन और आडम्बर द्वारा ब्रह्मचर्य का नाटक किया करता है। गृहस्थ कौल हो जाता तथा वानप्रस्थी भिक्षाटन किया करता है।"

"और सन्यासी?" राजा अमरुक ने पूछा।

"सन्यासी शव हो जाता है।" आमात्य ने कहा।

राजा अमरुक ने सहसा दांत कचकचाते हुए कहा- "नहीं; वह शिव हो जाता है- शक्ति के बिना शिव शव ही तो है। ओह् यह अन्धेरा कैसा?"

"कहां, महाराज?" आमात्य ने कहा- "प्रखर प्रकाश तो छाया हुआ है। उस सघन वृक्षावलि में तनिक ठहर जायें। तनिक विश्राम कर लिया जाय, प्रभो!"

"अवश्य, सहसा एक विचित्र दुर्बलता प्रतीत हो रही है।" महाराज अमरुक ने अश्व को वृक्ष-कुञ्ज की ओर फेरते हुए कहा- "मृगों से यह अरण्य भरा हुआ है, जिस प्रकार हमारा रानिवास रंग-भवन सुन्दर रमणियों से भरा है, उसी प्रकार आमात्य! हमारी सुन्दरियों की आंखें मृगियों की आंखों से भी अधिक सुन्दर हैं। देवी के नयन? क्या कहना? सज्जन उनके वश हो जायें; योगी उनमें घुल जाय-देवता चकित हो जाय-ऐसे तीक्ष्ण रम्य कान्तिवान अरुणारे दृग हैं हमारी प्रिया देवी के!"

"महादेवी चतुर शिरोमणि नवेली नागरिका हैं, श्रीमन्!" आमात्य ने कहा- "ललित कलाओं की निष्णात, मर्मज़ हैं, महाराज! महादेवी रमणियों में मणि हैं; सुन्दरियों में श्रीमती हैं; नागरिकाओं में अनुपम महिला हैं, प्रभो!"

राजा अमरुक ने सुन लिया; वृक्ष-कुञ्ज की ओर लपकते हुए अश्व को ठहराया तथा कूद कर उतरते हुए कहा- "हम राज्य से भी ऊपर सर्वोपरि अपनी प्रिय प्रिया देवी को ही चाहते हैं। ऐसी वृत्ति के अनुसार चलने वाली कान्ता, कमनीय-रमणीय स्त्री पुण्यों के प्रत्यक्ष से ही मिलती है- ईश्वर मिल सकता है, आमात्य किन्तु ऐसी चतुर श्रीमती सुन्दरी विचक्षण नारी प्रारब्ध की महिमा से ही मिलती है- हमारी अभिजात कलावन्त कलावती!"

"सत्युत्, स्तुत्य, महाराज!" आमात्य ने अश्व से उतर विनीत भाव से कहा- "विश्राम, प्रभो!"

"विश्राम? अवश्य!" महाराज अमरुक ने कहा- "देवी ने भी हमें पूर्ण विश्राम करने के लिये आग्रह किया था; किन्तु मृगया का उत्साह हमें यहां ले आया। सनसनाते हुए तीर की आकुल ध्वनि से घबरा कर भागती हुई भयभीत चकित स्तम्भित सी मृगी-उसकी बड़री आंखें, तनिक विस्फारित वह मृग-नयन! बाण का सचोट प्रहार, मृगी की अन्तिम उच्छल-रुधिर और भय, मूढ़ शिथिल नयनों से धरती पर छटपटाहट। क्षत्रिय नरेश के लिये आखेट से बढ़कर कौन सा मनोविनोद है?"

"अवश्य, अन्य कोई नहीं।" आमात्य ने कहा।

राजा अमरुक वृक्ष से अढ़कर बैठ गये; चिहुंके- "आह। मस्तक जैसे बौरा गया है-भ्रम रहा है। तनिक सुस्ताऊंगा-शिकार खिसक न जाय, आमात्य! योगी नया शरीर धारण कर सकता है; परन्तु क्या मृत्यु को वह टाल सकता है, नहीं? मृत्यु ही रस रगमगे जीवन की सतत् चिन्ता है, भय है।"

"है, महाराज! योगी का वरदान आप श्रीमान् को मिले, यही सदाशिव से प्रार्थना है।" आमात्य ने कहा।

"योगी का वरदान?" राजा अमरुक ने नयन बन्द करते हुए कहा- "वैसा समर्थ योगी कहां है? कहां मिले? यह सब विधाता का खेल है, आमात्य! हम तनिक सोयेंगे। इस निद्रा से जाग्रति है; परन्तु मृत्यु की चिर निद्रा से जीवात्मा जागता है क्या? ओह! सिर घूम रहा है...."

"महाराज! राजेश्वर! प्रभो!" आमात्य ने तनिक चिन्तित होते हुए कहा- "मन को स्थिर कीजिये; चित्त को शान्त कीजिये। विश्राम निस्संदेह संजीवित करता है।"

"विधाता ही संजीवित करती है, मन्त्री महोदय! मैं तो मद्यप् कामुक निश्चिन्त विलासी हूं- राजा हूं तो क्या हुआ। ऐसा लगता है, मेरे जन्म-जन्मों के पुण्य समाप्त हो रहे हैं।"

"नहीं, नहीं, श्रीमन्!" आमात्य ने कहा- "प्रभो! मुझे आकाश में एक अनिर्वचनीय तेज लहरता हुआ जैसे दिखाई दिया- अवश्य, किसी योगी का शक्ति पात जैसे होगा।"

"शक्ति पात!" राजा अमरुक ने कहा और सहसा तद्रा-ग्रसित होकर अंधेरे शून्य में जैसे डुबकी लगाई। अन्धकार से भरा शून्य-शून्य, शून्य! मूढ़, मूक शून्य-तमिस्र लहरों का उभार-उमड़-घुमड़! अमरुक जैसे चिल्लाये- "शिव शंकर! शंकर! हे पशु पते!!"

शंकर! शंकर!! शब्द-ध्वनि लहरी और एक कन्दरा के पास खड़े हुए आचार्य शंकर के भूताकाश में डूब गई। आचार्य शंकर ने पद्मपाद को सम्बोधित करते हुए सभी शिष्यों से कहा- "इस कन्दरा में मैं समाधिस्थ हूंगा। इस देह से बहिर्गमन करुंगा और कुछ ही प्रहरों में मरने वाले राजा अमरुक देह में प्रवेश करूंगा। यह देव-इंगित है, वत्स!"

पद्मपाद ने प्रणाम पूर्वक कहा- "प्रभो!"

आचार्य शंकर ने हंसते हुए कहा- "पुष्पों से रमणीय कुञ्जों-निकुञ्जों से आवृत्त यह कन्दरा है। ढंकी, अदृश्य कन्दरा है। सावधानी पूर्वक मेरे देह की रक्षा करना। इस केवल एक भव में यह संक्षिप्त राजा का भव परोक्षतः जीना ही होगा, पद्मपाद!"

"आपश्री समर्थ हैं।" पद्मपाद ने गद्गद् स्वर में कहा- "हमें जैसे धरती पर उड़ाते हुए आपश्री यहां तक ले आये। जैसे हम आकाश-गमन ही कर रहे हों। सिद्धि-स्वामिन्! आपकी जय हो।"

आचार्य शंकर ने कहा- "सच्चिदाऽनंद ब्रह्म की ही जय होती है। शिवा, ब्रह्माणी ही अजेय हैं- अज्ञेय भी हैं। वत्स! उस कामेश्वरी, जगदम्बा सच्चिदाऽनंद स्वरूपा को मैं जानूंगा; पूर्ण आत्मसात् करूंगा।"

"राजा अमरुक?" पद्मपाद ने सहज ही पूछा।

"सम्राट के रूप में पृथिवी पर पुनः जन्मेगा, वत्स! अच्छा तो एक मास के लिये बिदा!"

आचार्य शंकर कंदरा के गुह्य अंधेरे आभ्यंतर में शीघ्रता पूर्वक घुस गये। एक सघन अंधेरे त्रिकोण में पद्मासनबद्ध आचार्य शंकर बैठ गये। एक क्षण में पद्मासनबद्ध उनका देह स्थिर स्थित हो गया और वह बड़रे नील कमल से नयन स्वयं ही उन्मीलित होने लगे। आचार्य शंकर का तीसरा नयन जैसे खुल गया और अखिल जगत उनके दिव्य नयनों के सामने उद्भासित होने लगा। चन्द्र मण्डल, अपनी पूर्णिमाओं के सत्य जगमगा कर सूर्य मण्डल के अमित तेज में बिला गया और अन्तरिक्ष अपनी विद्युतों तथा मेघों के साथ, संजीवनी के समस्त गर्भों के साथ आचार्य के यामित महाप्राण में समा गया। नीहारिकायें झबक उठीं और अनाहत् असीम आलोक की दिशाहीन, दिक् रहित व्याप्ति उभर कर प्रसर गई। आचार्य शंकर ने समग्र समस्त सघन घन-पीन ध्यान द्वारा देखाः वृक्ष-कुञ्जों का एक सघन समक्ष है और राजा अमरुक क्लान्त शिथिल मूढ़ मन्द पड़ा हुआ है। आमात्य तथा मंत्री गण चिन्तित और आर्त-व्यस्त से खड़े प्रतीक्षा सी कर रहे हैं। आचार्य शंकर ने देखा, राजा के प्राण स्वयं गूढ़ घोर मन्थन से मानो स्वयं को ही मथ रहे हैं। पञ्च प्राण अपनी अधिष्ठाता नाड़ियों में व्याकुल होकर कांप रहे हैं। राजा अन्धकारपूर्ण शून्य में खो गया है- जीवन-चेतना प्राणों के अस्थिर मन्थन में आल्होड़ित हो रही है- राजा की मृत्यु जैसे आ पहुंच रही है-देह समस्त सजीव होकर प्राणों को स्वांस से पकड़ रखने के लिये चेष्टा कर रहा है और प्राण रोम-रोम से बाहर फूटने के लिये अकुला रहे हैं। शंकर को लगा, राजा मृत्यु की घनीभूत मुच्छा में अपने त्रिपुर को भूल, कारण के अदृष्ट संचित में ही डूब गया है। आचार्य ने देखा, काल का मूक निःस्पंदित किन्तु प्रवाहमान असीम नयनहीन, वाचाहीन, हृदयहीन-भाव और चेतना हीन कोई स्पर्श है- ऐसी संवेदना ऐसा संज्ञान जो जीवन तथा मृत्यु के परे, अपूर्व की अनहद गति-विधि की एक अकथनीय क्रिया मात्र है। यही काल गति है-काल के जीवन के दायित्व और अवसान के धर्म का बीज इसी अपूर्व की अदृष्ट मति में ही है। परमब्रह्म परमेश्वर की बहु स्याम भावना-इच्छा-अनेक मुखी और अनेकान्त भवेच्छा को ही 'अपूर्व' मानना होगा। इसी उन्मीलित मन्द्र तन्द्रिल

स्व संवेद और स्व-चालित यह अपूर्व ही कालगति होकर ब्रह्म के अनेकत्व की विचित्र विलक्षण सर्वशक्तिवान लीला प्रतिबिम्बों के अभिनाट्यों के रूप में संयोजित किया करता है। ईश्वर ही काल की यामिनी का स्वप्न-दृष्टा संयोजक है, शंकर! आचार्य के वाक् ने जैसे कहा- "यह देह जो अब क्रमशः रहस्यमय दिव्य विज्ञान गति-विधि से निष्प्राण हो रहा है, वह देह क्या अदृष्ट का तुझे एक दान नहीं है? सन्यासी, उभय भारती, सरस्वती को हराने और राग भरी गुह्य अथाह काम माया को पराजित करने, भेदने के लिये तुझे देह चाहिये था- शरीर! शरीर तो तुझको अगाध गहनातिगहन अपूर्व ने शिव के वरदानवत् दिया; परन्तु भोग-शरीर? भव संसार के चरम-परम भोग के लीढ़ अनुभव के लिये तुझे प्रारब्ध-शरीर ही चाहिये था-राजा अमरुक का यह मरणोन्मुख देह तू ग्रहण करना चाहता है, क्यों? किस सत्व से? किस कारण से?" आचार्य शंकर अपने चिदाकाश के हृदय दहर मे अमृतमयी कान्ति की एक उल्लोल की भांति लहरेः उनकी वाणी की आदि कला मानो स्वयं कह उठीः यती, तू भी तो उसी परम ब्रह्म के सच्चिदानन्द लीला-विलास की एक अकथनीय क्रीड़ा है। शंकर भवेच्छा के निकटस्थ होकर तू भी बहु स्याम की माया के उन्मद सम्मोह में फिसलने लगा है क्या? आचार्य शंकर हंसे-दिशाओं के शून्यों से एक झीमती हुई प्रतिध्वनि उठी; दिक् सिहरते हुए हिले-काल-गति में काल धर्म मानो एक महा सर्प की भांति उद्धवित हुआ। आचार्य ने देखा-काल का यह महा सर्प मूर्च्छित राजा की ओर जगत के दिगन्तों को लांघता हुआ सरके जा रहा है। शंकर मानो चिहुंक उठे- "राजा अमरुक! हे शिव! हे शिव-शंकर! प्रभो, विभो!"

राजा अमरुक चिल्लाया- "हे शिव शंकर! पशुपते! हे राम!" मानो इस अन्तिम चीत्कार में ही राजा के पञ्च प्राण आपस में ही टकरा कर ऊर्ध्व हो उठे- समान, ध्यान, उदान और अपान को सहसा स्वयं में समेट कर हृदयस्थ 'प्राण' मानो स्वयं ही जाग गया-देह की रग-रग से निकल कर वह जैसे रोम-रोम के प्रत्येक रन्ध्र में बाहर फूट पड़ने के लिये डुलने लगा। तब तक आखेट दल के साथ अनिवार्यतः रहने वाला राजा का रथ आ चुका था। आमात्य ने मूर्च्छित निस्पंद से राजा को रथ में लिटा कर संकेत किया। रथ अपनी तीव्र वेगवान गति से राजधानी की ओर धूलि के बादल उठाता हुआ चला। रथ के अभ्यस्त प्रशिक्षित अक्षरों को जैसे पता चल गया, उनका राजा संसार से विदा ले रहा है। उन्होंने अपने नथुने तनिक फुलाये और हिंकार में हनहिना कर वायुवेग से राजधानी की ओर वह उठे। आचार्य शंकर ने सहज ही पद अंगुष्ठ से प्राणायाम आरम्भ किया। प्राण के याम से कर्मेन्द्रियों को संग्रहित किया; ज्ञानेन्द्रियों को

बटोरा तथा तन्मात्राओं को सावधानी पूर्वक ग्रहण किया। मन को पकड़ा; बुद्धि को थामा। चित्त को अहम् में भरा तथा अपने एकाकी अहम् को स्वयं में झेल लिया। यतीवर्य शंकर नख से शिख तक स्वयं को जैसे एकत्र कर चुके थे, समेट चुके थे। स्वयं के पञ्चभूतों की दिव्य संरचना, तन से बहिर्गमन करने के लिये अपनी सूक्ष्म देह में स्थित हो चुके थे। चित्ताकाश के प्रशान्त आलोक में आचार्य ने देखाः राजा का रथ, लोगों की भीड़ से घिरा राज मन्दिर के अन्तरंग द्वार पर पहुंच खड़ा रह गया है। आचार्य ने स्वयं से ही जैसे कहा- "सूक्ष्म शरीरी! चल!" आचार्य के अभिजात देह के षड्चक्र-कमल-सहज ही एक रहस्यपूर्ण संगति में ऊर्ध्व स्पन्दित हो उठे। षड्कमल दल अपने बीजों में रणझणा उठे, रणकार और रींकार उठे, हींकार उठे और अनहद ओमकार आचार्य के महापद्म सहस्र दल में गहगह उठा- झंकृत हो उठा। आचार्य के मस्तक के अपार गुह्य के समान सहस्त्र दल का किंजलक मानो ज्योति की अनुपम रूप राशि में डूब गया। इस सूक्ष्मातिसूक्ष्म दिव्यतम किञ्चल को भेद कर आचार्य अपने सूक्ष्म शरीर में ब्रह्म-रंध्र को खोलकर भौतिक पार्थिव देह से बाहर प्रगट हुए-आकाश के अथाह अवकाश में सूक्ष्म शरीरी आचार्य हिले, लहरे, चले। आचार्य शंकर का कारण-शरीर-कारणाऽतीत मूल द्वारा और सहित जैसे महतत्व में समा गया। आचार्य शंकर अपने निराकार केवल विद्याहम् में स्थित होकर अणुवत् सूक्ष्म शरीर तथा विराट्वत् महतत्व में स्थित हो गये। काल की त्रिविध गति आचार्य शंकर के सूक्ष्म शरीर को गतिवान करने लगी। आचार्य शंकर राजा अमरुक के राज मन्दिर के आकाश में लूमे और गगन में झूम उठे। अंगुष्ठवत् दिव्य ज्योतिवान् आचार्य शंकर राज मन्दिर के उस कक्ष के व्योम में प्रविष्ठ हुए; जहां राजा अमरुक के स्तब्ध निस्पंदित देह को लेटाया गया था और जिसके शीतल वक्ष-स्थल पर रानी कलावती पागल सी अपना मस्तक पटक रही थी। रानी कलावती ने अपना सुरचित केश कलाप अस्त-व्यस्त कर चीत्कार पूर्वक कहा- "प्रिय मेरे! यह क्या? आखेट खेलने गये थे-काल ने यह आखेट खेल लिया। ओह् भगवान्! यह क्या हो गया।"

आमात्य ने आर्द्र गम्भीर स्वर में कहा- "महादेवी! धैर्य!"

"धैर्य?" रानी कलावती झूरती हुई बोली- "तुम्हारा तो राजा गया है- परन्तु मेरा तो प्राण ही चला गया है।"

"प्रियतम मेरे, अब यह रात्रियां वास्तव में काली, शीतल तथा कम्पमयी होंगी। पूर्णिमा अपने ही दुर्भाग्य में डूब जायगी। अब रस रिझिवार की रातें अविराम अमावस्या की भयभीत कालिमा में डूब जायेंगी। धैर्य। आमात्य, हमारा

तो वसन्त कुसुमाकर ही विश्वासघात कर चला गया है। मैंने विनती की थी, विश्राम कर पीछे आखेट के लिये सिधारो; किन्तु राजा ने मेरी नहीं सुनी- नहीं सुनी।"

"विधि, महारानी।" पुरोहित ने सजल स्वर में कहा।

"विधि? निर्मम, हत्यारी है।" रानी कलावती मानो चीत्कार कर उठी- "नूपुरों की रणकारों और किंकयों की किणमों से ध्वनि प्रतिध्वनित यह राज-प्रासाद सूना हो गया। हमारे विविध श्रृंगार व्यर्थ हो गये-हमारी रंगीन लीलायें निस्सार हो गईं। हम रानियों का जीवन यापना दुर्दमनीय वैधव्य के हताश विषाद से भर गया। अवश्य, हे शिव शंकर, हे पशुपते।"

रानी कलावती राजा के वक्षस्थल से चिपककर धाड़े मार कर रोने लगी- अन्य रानियां राजा के शव के चारों ओर घिर कर बैठ गईं; विलाप के हमहमाते हुए सहमे तथा चीत्कारपूर्ण स्वर कक्ष के व्योम में टकराने लगे। सूक्ष्म शरीरी शंकर एक पल के लिये प्रकम्पित हुए और उन्होंने राजा के मस्तक के मूढ़ से ब्रह्म रंध्र को अद्वितीय ज्योतिर्मय स्पर्श से खोला और ओमकार के अजापा जाप के साथ राजा के ब्रह्म रंध्र में प्रवेश किया। राजा के शीतल मूढ़ स्तब्ध सहस्त्र दल को सूक्ष्म देही शंकर ने मानो अपने चैतन्य में डुबोया-समस्त जड़ का आविर्भाव जिस शिव-संकल्प से होता है, उसी शिव संकल्प की अमोघ शक्ति से आचार्य ने राजा अमरुक के सहस्त्र सार को संजीवनी से पूर्ण कर दिया। राजा अमरुक के सहस्त्र दल कमल का दग्ध सा किञ्जलक पुनः अमित ओजस से भरने लगा- शिव मानो संजीवनी के साथ महाप्राण की एक तरंग बनकर राजा अमरुक के सहस्त्र दल में लहर उठे। राजा का मूढ़ स्तब्ध स्तम्भित द्विदल- आज्ञा चक्र-रिम उठा। राजा के प्राण मानो पुनः वापस लौटने लगे। सूक्ष्म देही शंकर राजा के सहस्त्र दल कमल के उस दिव्यतम होते हुए किञ्जलक में स्थित, चैतन्य मूर्ति से स्थित हो गये।

"हे शंकर!" रानी कलावती ने राजा के स्तब्ध देह को सजल नयनों से निहारते हुए कहा- "हे पार्वती! शिवे! भगवती! मेरे सुहाग की लाज रख। भवानी!"

राजा अमरुक का शीतल मूढ़ स्तब्ध सहस्त्र दल कमल संजीवनी का पीयूष पीकर रिमझिमाने लगा। ब्राह्म मुहूर्त में होते हुए शान्त मनोरम उषाःकाल की मन्द नारंगी आभा से वह सहस्त्रों ज्योतिर्मय कमल दल महतत्व से बह आते हुए ओजस भरे प्राण में डूबने लगे। सूक्ष्म देही आचार्य शंकर ने सहस्त्र दल में चेतना प्रसार कर द्विदल आज्ञा-चक्र को जगाया और अनन्य गहन गति द्वारा अमरुक के देह में स्वयं के सूक्ष्म शरीर को क्रमशः विधिवत् प्रसारित

करना अरम्भ किया। राजा का शव सूक्ष्म शंकर के लिये निवास-देह-बनने लगा। अमरुक नाम अर्थात अमरुक-अहम्, चित्त, बुद्धि, मन, पाँच ज्ञानेन्द्रियां, पाँच कर्मेन्द्रियाँ, पाँच तन्मात्रायें-रूप, रस, गन्ध स्पर्श और शब्द-तो कहीं निविड़ शून्य में बिला गया था किन्तु सूक्ष्म शरीरी आचार्य शंकर ने अमरुक पार्थिव देह के ब्रह्म रंध्र के द्वार पर तनिक रुक कर अनन्त विश्व में देखा था। ब्रह्माण्डों के उद्भव और तिरोभाव के स्वप्न देखने वाले वैश्वानर को मन ही मन प्रणाम कर सूक्ष्म शरीरी शंकर ने राजा अमरुक के सूक्ष्म देह को सद्गति के लिये सौंपा था। सूक्ष्म शरीरी अमरुक अपने पार्थिव देह की विलासी मूर्च्छा से जाग कर द्युलोक के आलोकित ज्योतिर्मय अनन्त में किसी लोक की ओर जाग्रत हो गया था। सूक्ष्म अमरुक ने स्वयं के विराट् आकाश में जाग कर चारों ओर देखा था-सुदूर और ब्रह्माण्ड गहन अनहद नाद में मानो अपने तेज और धाम के साथ डौल रहा था। उस काल अवकाश में आकाश के गगन मण्डल ज्योति के वर्तुलों की भांति लहर रहे थे और अपूर्व से उद्बुदते हुए, अदृष्ट से घिरे, ज्योतिर्मय स्फुलिंग अपने-अपने गगन में उतरने के लिये विहर रहे थे। शान्त आलोकित स्फूर्त संजीवन से पूर्ण आकाश का यह असीम पथ था। सूक्ष्म अमरुक को जैसे कोई बाहं पकड़ कर सुदूर के जगमगाते हुए लोक के गगन की ओर खींच ले जा रहा था। 'मैं! मैं!' सूक्ष्म अमरुक जैसे चिहुंक कर शान्त अपलक हो गया था। सूक्ष्म शरीरी आचार्य ने तभी अमरुक के शव के ब्रह्म रंध्र में प्रवेश के लिये अपने सूक्ष्म शरीर को परमाणुवत् कर एक अद्वितीय स्पर्श द्वारा अमरुक के पार्थिव देह में स्वयं को घाल दिया था- वह शव जैसे अपनी नाड़ियों में, रग-रग में, रोम-रोम में आचार्य के लिये स्पष्ट और अचूक निवास था। सहस्त्र-दल में घुस कर आचार्य शंकर महाप्राण के यामित संचार द्वारा अमरुक के पार्थिव देह में प्रसरने लगे। रानी कलावती ने अपने बिथुरे केशों को झुझलाते हुए कहा- "अब यह भव नीरस हो गया, आमात्य! अब यह जीवन अकारथ हो गया। स्नेह का सौभाग्य और प्रीति की संस्कृति समाप्त हो गई लोगों।"

आमात्य ने मन ही मन भगवान को याद किया; कहा- "ध्रुवम् मृत्यु! महिषी!"

रानी कलावती चिल्लाई- "क्या मेरा प्रिय प्राणेश्वर सदैव के लिये मर गया तब?"

कोई न बोला। मूढ़ मौन कक्ष में मानो चीत्कार से प्रताड़ित होकर भांवरियां भरने लगा। रानी कलावती ने शीतल स्थिर भ्रवों से अंकित उन बन्द आंखों को देखा; उन सिमटे आरक्त बड़रे अधरों को देखा-देखा किया। रानी ने सहसा सिर

धुना और चीत्कार पूर्वक कहा- "यमदेव! मेरे प्राणेश्वर को ले जा रहे हो? ठहरो! मैं स्वैरिणी रमणी नहीं हूं-मैं रसिक सती हूं। देखती हूं, कैसे ले जाते हो-ठहरो, धर्मराज!" और वह अमरुक के ठण्डे वक्षस्थल पर सिर धुना-धुना कर रोने लगी। उस हिचकियां खाते हुए रुदन के कोलाहल में रानी कलावती यकायक-अकस्मात् ही-मानो मूक हो गई। चुप! स्तब्ध और अवाक् सी वह बोल उठी- "धड़कन! आमात्य! धड़कन! मन्दातिमन्द स्पन्दन!" आमात्य पहिले तो तनिक हिचके; किन्तु तुरंत अमरुक शव के वक्षस्थल पर झुक गये और कान लगाकर सुनने लगे। पुरोहित लपके तथा राज वैद्य ने नाड़ी पकड़ ली। स्पन्दन मन्दातिमन्द-मन्द्र स्पन्दन! नाड़ी मानो तनिक उष्ण सी होकर हुमुसने लगी थी। आमात्य ने चकित दृष्टि से कक्ष को, फिर रानी कलावती और उपस्थित समूह को पल भर के लिये देखा और चीत्कार सी की- "हां, हां! धड़कन? श्रीमती! आपके सत ने यमराज को परास्त कर दिया, देवी, श्रीमती पुरोहित ने सावधानी पूर्वक नाड़ी देखते हुए राज वैद्य की ओर देखा। राज वैद्य स्तब्ध, स्तम्भित, चकित, विस्फारित सा राजा अमरुक के हाथ की नाड़ी थामे मानो अनन्त अविराम काल की स्पन्दित पलों को खोज रहा था। राज वैद्य को लगा वात हुमुस रहा है; पित्त प्रसर कर सघन और तरल हो रहा है-कफ जाग सा रहा है। वात-पित्त-कफ जैसे नाड़ी में शनैःशनैः धबकने लगे हैं और हृदय गति किसी मूढ़ अथाह से व्यक्त होकर मन्द-मन्द धड़कने लगी है-प्राण! प्राणों की ऊर्मि वीचि होकर रगों में उलोलने लगी हैं और शव का हृदय पिण्ड संजीवनी भरे प्राण से ओतःप्रोत होने लगा है-जीवन, चैतन्य! चेतना! मृत्यु की गूढ़ गहन मूच्छी जैसे करवट ले रही है। तन्मात्रायें तीव्र संज्ञान से भर कर ज्ञानेन्द्रियों को सप्राण कर रही हैं और पञ्चभूतों का अणु- अणु, परमाणु-परमाणु अकथ चेतना में लीन होकर अपनी अनाहत् निर्विघ्न संजीवन-गतिविधि करने लगा है। राज वैद्य ने ऊर्ध्व स्वांस भर कर कहा- "महादेवी! महाराज चेतन हो रहे हैं। तब वह मृत्यु-सम मूच्छ्ना ही थी। देवी! आप श्रीमती के सतीत्व के प्रताप से महाराज मानो पुनःजीवित हो रहे हैं-हां, श्रीमती! देवी!"

रानी कलावती लपकी; राजा अमरुक के कटि प्रदेश से मानो लिपट गई- "मेरे प्राण! प्राणेश्वर! हे शिव शंकर, हे शिव! तेरी जय हो, विजय हो!"

पुरोहित ने ध्यानपूर्वक देखा, राजा के अपलक विस्फारित नयन प्राणवान कान्ति से भर गये हैं और काल-कीच में गड़ी पलकें मानो संजीवनी में स्नान कर स्फूर्त होने लगी हैं। ऐं? यह क्या पलक हिली? हिली क्या? हां, हिली-पुरोहित ने अपूर्व चीत्कार पूर्वक कहा- "पलक हिली, महादेवी!"

राज वैद्य ने सम्पूर्ण विश्वास पूर्वक घोषणा की- "महाराज के प्राण शिव शंकर के अनुग्रह और सती कलावती के तप के प्रताप से लौट आये हैं जैसे। राजा जी मृत्यु की घोर मूर्च्छना में लीढ़ हो गये थे- जन्म-जन्मान्तरों के पुण्यों के समस्त, समग्र बल से महाराज जैसे पुनः जी गये हैं।"

आमात्य सहित मन्त्रीगण बोल उठे- "महाराज जीवित हैं तब? वैद्यराज क्या कह रहे हो?" पुरोहित ने तनिक रोष पूर्वक कहा- "देख नहीं रहे हो, महाराज की नासिका प्राणमयी लगती है; स्वांसों का सोहम् आरम्भ हो गया है। हृदय स्पन्दित होने लगा है। नाड़ी स्फूर्त हो गई है। महाराज मृत्यु की गहन गूढ़ घोर मूर्च्छना से जाग रहे हैं। प्रजा का भाग्य, महादेवी का तप, राज्य सेवकों की सेवा और महाराज का पुण्य बल! इस राज वंश के प्रतापी पूर्व-पुरुषों का प्रजा पालन की कल्याण शक्ति! और, और शिवशंकर का अनुग्रह!"

रानी कलावती हर्ष-बाबरी सी बोल उठी- "परमेश्वरी शिवा का कृपा कटाक्ष! राजराजेश्वरी चामुण्डा दुर्गा द्वारा शक्तिपात महाराज! मेरे परमेश्वर!!" रानी कलावती हर्ष के गहन आवेग से अभिभूत मूर्च्छित सी हो गई।

दासियां दौड़ीं, सहयोगिनी रानियां ठिठकी सी मिलीं। रानी कलावती महाराज अमरुक के वक्षस्थल पर मानो अर्ध-मूर्च्छित सी ढल पड़ी। तभी राजा अमरुक के विस्फारित नयन उन्मीलित होकर पुनः सहज हुए; खुले। सांसों का सोहम् अनहद ओमकार में ध्वनित हो कर जीवन के गीत, मौन संगीत के रूप में बजने लगा। रग-रग में रहस्यमय दिव्य रक्त प्रवाह त्रिकाल गति के अनुसार होने लगा और ज्ञानेन्दियां अपनी अपनी तन्मात्रा द्वारा सन्नद्ध हो उठी-संज्ञानों भरा संवेग सन्निकर्ष जाग उठा और कर्मेन्द्रियां काल की त्रिपुर-सुन्दर विधियों के लिये मानो कुनमुना उठी। राजा अमरुक रोम-रोम में सजीव संज्ञान सिद्ध जीवित मानो स्वर्ग से ही बोल उठे- "हुं हुं। ह्रीं-चिदानंद ओमकार" की शान्त मन्द्र स्व मगन प्रफुल्लित ध्वनि कक्ष के वातावरण को मथ कर वायु मण्डल में घूमी, लूमी और झूम उठी। राजा अमरुक ने प्रशान्त जलद गंभीर स्वर में कहा- "आखेट भारी पड़ी। जैसी शिवा भवानी की इच्छा।"

"महाराज!" आमात्य ने पुकार कर कहा।

राजा अमरुक ने सस्मित कहा- "क्यों, क्या हुआ?"

आमात्य ने आर्द्र दीन स्वर में कहा- "हम तो समझे थे, श्रीमान् की मृत्यु..."

"हो गई थी? यही न?" शंकर-अमरुक ने विहंसते हुए कहा "जनम-मृत्यु स्वप्न-स्मृतिवत् है, आमात्यश्री! तब मैं मर गया था? कहां, कैसे, आमात्य! देह मरता है; आत्मा नहीं। आत्मा कभी मरा है क्या? जन्मा है क्या? भगवान श्री

कृष्ण ने गीता में स्पष्ट कहा है; न कोई मरता है और न कोई जन्मता है। कौन किसे मारता है? मार सकता है? आत्मा भेदा नहीं जाता; छेदा नहीं जाता; जलाया नहीं जाता-ज्ञान स्वरूप आत्मा अज्ञान से आच्छादित भले ही हो; परन्तु अज्ञान का तिमिर उसे बुझा नहीं सकता। रानी, क्या हुआ है? उठो, हमें अब विश्राम कराओ। हम क्लान्त हैं; परिश्रान्त! हमारी चिन्ता से आप सब विकल हुए- इसका हमें खेद है; सन्ताप! किन्तु देव गति को कौन जान सकता है? हम विश्राम करेंगे और अपनी प्रिय देवी के पद्मपाणि की थपकियों से मुग्धकर निद्रा लेंगे। हम देवी की सघन गोद में निश्चिन्त सोना चाहते हैं- अवश्य, हम गहरी निद्रा के बाद पूर्ण स्वस्थ हो जायेंगे।"

29

समस्त जनपद हुमुस उठा, महाराज जी उठे। राज-मन्दिर से उठी यह वार्ता कि महाराज आखेट को गये और मृत्यु की घहरी मूर्च्छा में पड़ गये- मृत्यु को प्राप्त हो गये, जैसे! किन्तु गत प्राण लौट आये। आश्चर्य! किसी ने कहा- "यह मद्यप वार-विलासी अवश्य ही अपनी कुल-देवी के इष्ट बल से ही पुनः जी उठा है।" और किसी ने सिर हिला-हिला कर कहा- "अरे, यह विलासी यों थोड़े ही मरता है। विलासी मरते नहीं, वासना के कीच में गल जाते हैं। पुनः जी गया? कैसे? मरा हुआ कभी पुनर्जीवित हो सकता है? नहीं- यह राजा के सिद्ध चाटुकारों द्वारा रची गई वार्ता है। राजा अमरुक प्रजा को पुनाम नर्क में भेज कर स्वयं स्वर्ग जायगा, निस्संदेह!" जनपद के लोगों में यह चर्चा उठ खड़ी हुई- "राजा अमरुक के जी जाने से-पुनः जी उठने से-लाभ किसको होगा? राज मन्दिर उसके दास-दासी, भृत्य वर्ग श्रीमन्त और संभृत व्यक्तियों को। सावधान चाटुकारों और पीठमर्दों को ही तो लाभ होगा। राजा अमरुक राज सिंहासन पर बैठ कर केवल नींद निकालता है। थक जो जाता है- रस रिझिवार के श्रम से शिथिल, क्लान्त और मद्य की विलीन होती हुई भांवरियों के निविड़ में डूबा राजा-यह हमारा पिता स्वरूप महाराजा अमरुक कमल वन का ढीढ़ भ्रमर मात्र है। वंश परम्परा से यह राजा हुआ है; किन्तु क्या राजा के धीर-गंभीर लक्षण इस प्रासाद के श्रेष्ठि के पास हैं? राजा? राजा तो राम थे- हो गये। इस कलिकाल में अब और कौन राजा है? होगा?" किसी ने गांव के चौराहे पर पसर बैठते हुए कहा- "यह राजा करते क्या हैं? आखेट खेलना, नाचगाना सुनना, देखना; छप्पन पकवान भक्ष करना और सुन्दरियों के नयनों में काजल डालना। यह राजा मद्यप, शिकारी, विलासी हो गये हैं। पीठ मर्दों की वाह-वाह से मगन,

चाटुकारों की बढ़-बढ़ कर की जाती बातों से प्रसन्न, रमणियों के नुपूरों की रणझणाहट से व्याकुल राजा क्या है? नाम के राजा-आंख के अन्धे, नाम नयन सुख और क्या?" किसी असंतुष्ट विरोधी ने भवें तरेर कर कहा- "जी गया होगा? राजा के जीने, जीते रहने से हम सदा के प्रजा जनों को क्या वास्ता है? राजा और प्रजा का वास्ता कभी था क्या? राजा राम के युग में भी प्रजा तो प्रजा ही रही। क्या राजा की स्वामिनी कभी प्रजा हुई? मानी गई? स्वीकार की गई? राज राजा का, घर गृहस्थ का, वन वानप्रस्थी का और कंदरा-सन्यासी की भला। मेरी ओर से यह सभी राजा मर जायें; जीते रहें- जी जायें। मुझको क्या? हमारे भाग्य में तो यह बौद्ध हैं, जिनि हैं, और कुछ नहीं तो साधु बनना तो सिखाते हैं। बिना पुरुषार्थ के अन्न कैसे प्राप्त होता है? भिक्षा से अवश्य, किन्तु कभी सोचा भीख मांगना खेत जोतने से भी बड़ा कठिन कार्य है। राजा बनना सरल है; भिक्षु बनना अत्यन्त कठिन।"

जनपद के ब्राह्मणों ने कहा- "राजा सौ बसन्त सौ शरद जियें परन्तु जनपद की ओर भी अपनी दृष्टि करें। जनपद का गृहस्थ पीड़ित है, सांस्कृतिक दस्यु से पीड़ित! आज गृहस्थ भयार्त वातावरण में रह रहा है। अघोरियों की आरक्त मद विह्वल आंखों को देखते ही उसको काठ मार जाता है। नाथ साधुओं के छोटे बड़े घूघरों की टकराती हुई रणझण सुनते ही गृहस्थ वधुयें विकल हो जाती हैं। अरुणोदय से संध्या काल तक भिक्षा देते रहना पड़ता है। इधर मुषक अन्न खा जायें और इधर यह भांति-भांति के साधु भिक्षा मांगते रहें। भिक्षा देना गृहस्थ का धर्म है- अवश्य है किन्तु दान सत्पात्र को और भिक्षा वीतराग को ही, ब्रह्मचारी और वानप्रस्थी तथा सन्यासी को ही दी जानी चाहिये। स्मृति! मनुस्मृति तो भुला दी गई; पाराशर स्मृति संस्कारों के श्लोक याद कर धर्म प्रसंग निभा दिये जाते हैं। परम्पराओं की पगडण्डियों पर परिपाटियों के झाड़ झंखाड़ में हम पड़े हुये हैं। वर्णाऽश्रम धर्म खण्डित, इतः स्ततः विकृत और एक प्रकार की लोकायत भावना घरों में घुसती जा रही है।" क्षत्रियों ने कहा- "और राजा क्या करे? पुरुषार्थ करो और जीओ। राजा शत्रु, दस्यु और चोर से रक्षा करने के लिये है। क्या राजा खेत जोते? राजा अन्न उत्पादन करे? राजा कृषि करे क्या? उद्योग करे, व्यापार? इन समवादी बौद्धों की मति मारी गई है। मानव मात्र समान है- वंश नहीं, कुल कुटुम्ब नहीं; जाति और धर्म नहीं। कुछ भी नहीं, केवल संघम् शरणम् गच्छामि है। बहुत हो गया यह संघम् शरणम्। सारा समाज विषम स्थित होता जा रहा है। राज बुद्धम् शरणम्, गृहस्थ संघम् शरण और भव-संसार धम्मम् शरणम्। अर्थात् यह विभूति-भूति, श्री सुकृति का

समाज और राज बौद्ध भिक्षुओं की कृपा पर निर्भर कर दिया जा रहा है। समाज स्मृतियों से और राज वैदिक वर्णाश्रम धर्म के आधार पर ही चलता है- चलता आया है।" वैश्यों ने चुपचाप रहना ही उपयुक्त समझा। राजा पुनर्जीवित हुआ है? वाह्-वाह्! किसी योगी की कृपा हुई दिखती है। निस्संदेह जीवन दान तो योगी ही देता है, दे सकता है। हम वैश्य पुण्य के लिये सामग्री अर्पित कर सकते हैं!" जनपद के शूद्रों ने कहा- "राजा अमरुक चारों हाथों से राज्य कोष लुटाते आये हैं, हमारी तो पांचों घी में हैं-रहेंगी।" समस्त जनपद विभिन्न वार्ताओं, उत्तेजित-धीर अशान्त गम्भीर कथनों तथा राज्ञी कलावती के कथित सतीत्व के प्रताप की गुण गाथाओं से मानो शताब्दि के पश्चात् बोल उठा था- चिहुंक उठा था।

राज मन्दिर के सिंह द्वार पर लोगों की भीड़ देखकर शंकर-अमरुक ने नयनों में सजीव होते हुए कहा- "आमात्य श्रेष्ठ! लोग क्या चाहते हैं?" आमात्य ने नमन पूर्वक कहा- "श्रीमानेश्वर के दर्शन के इच्छुक हैं, लोग!"

"दर्शन तो अन्तरात्मा के ही करने चाहिये, आमात्य श्रेष्ठ!" शंकर अमरुक ने कहा- "राजा का दर्शन क्या? दर्शन तो देव का! लोगों से हमारी ओर से कहो, हम उनके साथ धरती पर बैठेंगे और उनके सुख-दुःख सुनेंगे। घोषणा कर दो, हम राजा प्रजा के पिता हैं; भ्राता हैं; मित्र हैं, सैनिक हैं; हम, राजा प्रजा-पालक तथा धर्म धारक हैं, समझे! आपश्री!"

"जी, जी, महाराज!" आमात्य ने किञ्चित आश्चर्यपरक होते हुए विनीत उत्तर दिया- "राजा प्रजा का पिता, समाज का रक्षक तथा धर्म का व्यवस्थापक है, अवश्य, श्रीमानेश्वर!"

शंकर अमरुक ने सस्मित कहा- "राजा धर्म का व्यवस्थापक नहीं, आचार्य ही धर्म का व्यवस्थापक होता है। राजा केवल प्रजा का धारण, भरण, पोषण, रक्षा तथा योग क्षेम साधता है। राजा प्रजा के ऐश्वर्य का रक्षक, योगक्षेम का वाहक तथा न्याय का नियामक है। कलिकाल का राजा प्रजा का कल्याण साधता है; त्रेता का राजा न्याय की पुष्टि करता एवं धर्म की संस्थापना करता है; द्वापर का राजा समाज के श्रेय का विकास करता है तथा सतयुग का नरेश, राजा परमात्मा का सन्देश पृथिवी पर प्रसारित करता है। प्रजा का कल्याण, समाज का श्रेय, गृहस्थ का प्रेय-विश्व की शांति और सृष्टि का मंगल ही हमारा अभीष्ट है, आमात्य!"

"जी, जी।" आमात्य श्री ने विनीत स्वर में कहा- "महाराज श्री की इच्छानुसार राजकरण चलेगा; अवश्य ही श्रीमन्!"

"शुभ सत्युत!" शंकर अमरुक ने विहंसते हुए कहा- "चलिये, हम प्रजा के साथ बैठेंगे और प्रजा को सुनेंगे। शंकर अमरुक शीघ्रता पूर्वक राज मन्दिर के बाहर आये। उपस्थित जन समुदाय ने जैसे सहसा जयघोष किया- "महाराज अमर हों।"

शंकर अमरुक ने प्रजा को हाथ जोड़कर नमस्कार किया और अभय मुद्रा में हस्त लाघव उठाते हुए कहा- "इस पृथिवी पर प्रजा ही प्रभु का स्वरूप है। यह जगत परमेश्वर की कृति और प्रभु की क्रीड़ामयी लीला है, यह भव-संसार। लोगों! राजा ईश्वर की आज्ञानुसार ही प्रजा का पालन करता है। हम प्रजा का जीवन-सौन्दर्य, प्रजा के चरित्र का शील तथा समाज-समष्टि के जीवन यापन का शौर्य ही चाहते हैं। मनुस्मृति के अनुसार, अनुरूप, अन्तर्गत और अधीन राज्य नीति निर्धारण करें; न्याय-संस्थापमा करें तथा सनातन वैदिक वर्णाश्रम धर्मपरक एवं पूर्वक समाज का संयोजन एवं समष्टि एवं व्यष्टि के पुरुषार्थों का संचालन-मार्ग दर्शन करें। हम यही चाहते हैं। लोगों, हम जनता के अन्तरात्मा में जाग गये हैं।"

प्रमुख नागरिक, नगर श्रेष्ठि ने पुकार की- "हमारा भाग्य, महाराज! आज के पूर्व श्रीमानों ने ऐसे सुखद वचन कब कहे हैं? श्रीमानों के दर्शन तक हम आर्त प्रजा जनों के लिये दुर्लभ थे।"

दूसरे नागरिक, गुरुकुल के आचार्य ने कहा- "अब तक राजा का सानिध्य पीठमर्द, चाटुकार, रमणी और वार विलासिनी ही पाती थीं। श्रीमन्! आपश्री का कल्याण हो। आज आप श्रीमान् ने हमें प्रसन्नता पूर्वक दर्शन दिये हैं और हमें भविष्य की सुखद आशा बंधाई है। क्या हमारे भाग्य की मंगल कामना प्रबल हो गई है?"

शंकर-अमरुक ने कहा- "राजा की अभिलाषा प्रजा की कल्याण कामना है। राजा की आशा प्रजा का सुख और राजा का सन्तोष प्रजा की प्रसन्नता है। यह राजा राम का आदर्श है। अवश्य, हम प्रजा से दूरस्थ कैसे राज कर सकते हैं! प्रजा का असन्तोष राजा का अमिट दुर्भाग्य है लोगों! प्रजा का कष्ट राजा का अधर्म है; प्रजा का संकट राजा की आसन्न मृत्यु है। इस पृथिवी पर नरेश राजा, गणपति, रघुपति राघव राजा राम का प्रतिनिधि है। पतित पावन राजा रामचन्द्र के श्रीचरण-चिन्हों पर ही अब यह जनपद चलेगा। इस जनपद का समाज सर्वांगीण और सम्पूर्ण अपनी निरन्तर समस्तता में वैदिक वर्णाश्रम धर्म का समाज होगा। मानव मात्र समान है। ईश्वरीय दृष्टि से प्राणी मात्र एक है किन्तु परमात्मा के जगत में भव-संसार के यापन के लिये प्रकृतिगत वर्ण हैं; आश्रम

हैं। हम मानव इस पृथिवी पर अज्ञान से मुक्त होने तथा भव-बन्धन से छूटने के लिये ही जन्म लेते हैं। अन्ततोगत्वा लोगों, प्रजाजनो! हम मानवों को भव-संसार से छूट कर मोक्ष प्राप्त करना है। आत्म ज्ञान! यह जगत अज्ञान के घन तिमिर में उद्भूत होता तथा काल के तम मूढ़ अनन्त में तिरोहित हो जाता है।"

एक पुकार उठी- "आचार्य!"

शंकर-अमरुक ने विहंसते हुए प्लुत स्वर में कहा- "आश्चर्य यह जगत है; कौतुक भव-संसार है- हमें आत्म-ज्ञान में जागना तथा परमात्मा को प्राप्त करना ही है। प्रभु के बिना राजा और प्रजा का संतरण कौन कर सकता है? सर्वोपकार केवल ईश्वर ही करता है- कर सकता है।"

"जय हो" जय घोष उठा।

शंकर-अमरुक ने कहा- "जय शिवा की; विजय पशुपति शिव की-शिव शंकर की। कल्याण हो, एवमस्तु।" शंकर-अमरुक ने आश्चर्य-चकित से आमात्यश्री की ओर देखा तथा मुस्करा दिया। पृष्ठ-पार्श्व में चुपचाप खड़ी रानी कलावती ने तनिक भीति पूर्वक आमात्य की ओर देखा और फिर राजा शंकर-अमरुक की ओर। राजा के प्रशान्त नयन तनिक उन्मीलित घनी शान्त ज्योति से भरे थे- उत्फुल्ल उन नयनों में मानो राग का वैराग्य भरा था- एक ओजस पूर्ण तेजस! राजा के किञ्चित शुष्क अधर दिव्य सरसता से पूर्ण थे। गण्डस्थल प्रफुल्लित गुलाबी-पिरोजी आभा में डूबे हुए थे। रानी कलावती को लगा पूर्णेन्दु ही राजा हो गये हैं। राजा मानो चन्द्र शेखर हों-राजा के रोम-रोम से कोई अनजान दिव्य मद ही झर रहा था। अवर्णणीय आलोक का गगन राजा के समस्त देह के आसपास मानो मंडरा रहा था। अमावस्या के घने अन्धेरे में सहसा पूर्णेन्दु का उदय हुआ हो। निशिनाथ चन्द्रमा अपनी सौलह कलाओं में झबक उठे हों। मानो हिमालय के तंद्रिल हिम-शिखर पर शरदेन्दु का आगमन हुआ हो। रानी रोम-रोम में सिहर उठी। शंकर-अमरुक ने तभी कलावती को सम्बोधित करते हुए कहा- "प्रिय दर्शने! प्रजा को दर्शन दो। मैं शिव हूं तो तुम, प्रियवादिनी! शिवा हो!" रानी झिझकती हुई लोगों के समक्ष हुई। पुनः जय-जयकार गूंजा-राजा शंकर-अमरुक ने कहा- "हम प्रतिज्ञा पूर्वक घोषणा करते हैं, मेघ अब समय पर बरसेंगे षड-ऋतुयें अपने पूर्ण यौवनोल्लास में पधारेंगी और यह पृथिवी सुजलाँ, सुफलाँ होगी, रहेगी। जनपद के घरों में बसन्त बगराया रहेगा और अग्निहोत्रों में सनातन वैदिक धर्म की अग्नि जलती रहेगी। चिन्ता त्याग दो, भय त्याग दो। परस्पर एक हो, यह अनुभव करो। भीति और भेद छोडो। अभय, लोगों! अभेद पूर्ण हो जाओ और अपनी ही मंगल मूर्ति बन जाओ-"

आमात्यश्री ने सहसा बीच में कहा- "महाराज राजेश्वर!"

राजा शंकर-अमरुक ने कहा- "हम धर्म मेघ हैं; हम प्रजा पर मंगल की वर्षा करेंगे; हम प्रजा के जीवन-क्षेत्रों में कल्याण की कृषि करेंगे। रघुपति राघव राजा-पतित पावन रामचन्द्र के विनीत प्रतिनिधि हैं, आमात्यश्री! तथास्तु!"

समस्त जनपद में प्रसन्न आश्चर्य मानो प्रसर गया। घर-घर महाराज अमरुक के कथनों पर चर्चा होने लगी, वार्ता चौराहों तथा पनघटों पर काकू उड़ाने लगी। मृत्यु की घोर मूर्च्छा से क्या यह वह विलासी अमरुक जगा है? मानो यह कोई धीर गम्भीर, शांत उपरत महाजन हो। रानी कलावती दर्पण के सामने पिरोजी-नारंगी मृग मद की बिन्दियां लगाती हुई अपने विलोल चकित से नयनों से मानो बोली- "यह, यह वह तो जैसे नहीं हैं। वह?" अपनी केश पट्टिकाओं को उभार कर पुनः चांपते हुए रानी स्वयं से ही बोली- "मूर्च्छना से जागते ही हुं हुं हींकार! ओमकार! नयनों में वह रसातुर इंगित ही नहीं। होठों की वह कर्षने वाली मसक ही कहां है? भुजाओं की वह थनथनाहट नहीं; जंघाओं की वह मदीली-आतुर उलोल कहाँ? क्या तब यह वह नहीं हैं?"

द्वार में खड़े शंकर-अमरुक ने सुन लिया; हसंते हुए कहा- "कौन वह नहीं है, सुरसिके?"

"तुम और कौन?" रानी ने घन कज्जल सर्पिणी सी अपनी वेणी को तनिक नचाते हुए विलोल नयनों से प्रगल्भ कटाक्ष पात करते हुए कहा- "तुम मेरे नटेश्वर, रसेश्वर, कामेश्वर! तुम!"

शंकर अमरुक ने पास आते हुए कहा- "हम तो वही हैं- वही, सदैव के शाश्वत, नित्य निरन्तर वही हैं, प्रियदर्शिनी!"

रानी कलावती सिर का आंचल खिसकाती हुई भ्रू-भंग उझकाती तथा रञ्जन हास्य हंसती हुई राजा शंकर-अमरुक के पार्श्व में सट कर खड़ी हो गई; बोली- "और मैं कैसी हूं?"

शंकर-अमरुक ने तटस्थ मुग्ध दृष्टि से इस घृतिपूर्ण मनोभवा रञ्जनी को निहारा-एक झबक जैसे आचार्य शंकर के गहन चित्त में चमकी और उनके चिदाकाश के आलोकमय अनन्त में घनीभूत ज्योति लहर की भांति लहर उठी। शंकर-अमरुक ने कहा- "निस्संदेह शैलपुत्री पार्वती ऐसी ही हैं- तुम जैसी।"

"तुमने कभी शैलपुत्री पार्वती को देखा है, क्या रञ्जन मेरे!" रानीश्री ने दीपनी कटाक्ष के साथ कहा- "तुम जैसे निशानाथ सुधांशु हो-तुम मुझे चन्द्रचूड़ से लगते हो। मूर्च्छा के उस मृणमय अन्धकार में क्या तुमने शिवा को देखा था, प्रिय?"

शंकर-अमरुक ने रानी को हाथ झेलने की चेष्टा से सहज ही छटकने की चेष्टा करते हुए कहा- "मूर्च्छा का अन्धकार? शिवा चित्मालिके! तुम क्या कह रही हो? अंधेरा क्या है? कहां है? सर्वत्र एक ही प्राण व्याप्त है; एक ही प्रकाश छाया हुआ है, मन रञ्जने! मैं सदैव जाग्रत हूं- काल रात्रि के परे मैं आत्मा के ज्योतिर्मय प्रभात में जगा हुआ हूं वशकरे! तुम भी उस परात्पर सौन्दर्य के मानस-सरोवर में राज हंसिनी बन उठो-हाँ; क्यों नहीं? देह-सौन्दर्य से उत्तम चित्त-सौन्दर्य और चित्त की सुन्दरता से उदात्त अनादि अनुपम आत्मा का ज्ञानमय शिव-सौन्दर्य!"

"शिव सौन्दर्य?" रानी कलावती ने शंकर-अमरुक के कन्धे पर सहसा झूम जाते हुए मदीले हास्य पूर्वक कहा- "शिव तो, सुना है-शव है। शक्ति के बिना शिव-मैं सोच भी नहीं सकती, देव! सौन्दर्य तो शक्ति स्वरूपा शिवा का। मैं, मैं आपकी-तुम्हारी मनोज मेरी! शक्ति हूं, श्रद्धा-विनीत, प्रीति पूर्ण घृत शक्ति हूं। मैं तुम्हारी मनोभवा, मोदिनी, मदा, मोहिनी, मदनोत्यागिनी हूं। मैं ही तुम्हारी रति हूं, दीपनी वशकरी, रंजनी मदना-कामेश्वरी हूं। नहीं हूं क्या?" और रानी ने पृष्ठ से शंकर-अमरुक को शिथिल आलिंगन में बांधते हुए अपनी दक्षिण सघन जंघा को राजा अमरुक के पीन तनिक पृथु नितम्ब से अड़ा कर तनिक भींसा। शंकर-अमरुक ने मुख मण्डल तनिक पीछे की ओर कर देखा; सघन मेघाम्बर में वह चन्द्रानिन हुमुस रहा था। कज्जल-घन वेणी के फूल अपना रेशमी बन्धन तुड़ा कर जैसे उनके नयन की पलकों पर झूम जाना चाहते थे। शंकर-अमरुक को लगा, रानी के पिरोजी सोनजुही से बाहु उनका कटि-प्रदेश बांधे हुए हैं और पुखराज के श्रीफल के समान सद्वृत पीन उरोज उनकी पीठ में साभार थरथरा रहे हैं। तब, यह, यही आलिंगन है? राजा अमरुक के देह के द्विदल में स्थित उपरत असंग शंकर ने सोचा। पृष्ठ में लता की भांति लिपटी हुई सुन्दरी रमणी की उस धृतिपूर्ण रंजन वशकर मदीली चेष्टा को आचार्य शंकर ने चित्ताकाश को पैर कर अपने गहन चिद् में प्रज्वलित विद्युत-उलोल की भांति देखा। अपने निराकार निर्विकार अव्यय अनन्त अनादि चिति के आनन्दमय हृदयाकाश में- दहरावकाश में-एक गहनातिगहन ऊर्मि लोल स्फूर्त हुआ। रानी के दीपक रति भावना से प्रदीप्त मोहन चन्द्रनन को अपनी अन्य देह के कन्धे पर स्थिर किन्तु अस्थिर सा लटपटाते हुए देखा। आचार्य शंकर राजा अमरुक की उस योग शक्ति से सजीव देह में अपने चिदाकाश में चले। विचित्र विलक्षण रञ्जन से शंकर का चित्त सत्य के सहज अभिजात मायामय किन्तु मायातीत परात्पर सौन्दर्य की झलक के लिये ललका। आचार्य शंकर को लगाः काल की अमिट

रात्रि है; निस्सीम अनन्त किसी अज्ञात किन्तु चिर-चिरन्तन ज्ञात ऊर्जस्वित किसी घोर कामना का अथाह है। निविड़ उस अनादि अतल में जैसे हां, अवश्य ही निस्संदेह-कोई कालाऽतीत शाश्वत नील लेटा हुआ है। उस घोर आच्छादन में युगों की, मन्वन्तरों की, कल्प-कल्पों की घुटन सीद रही है। कल्पहीन थरथराहट से काल रात्रि स्वयं ही झूमती हुई शयन कर रही है और कोई शाश्वती समा बुझी हुई उस शव के रूप में अस्थिर किन्तु स्थिर है। शंकर को लगा, सत्य का ज्ञानादित्य कालरात्रि के तिमिर से आच्छादित स्वयं ही विषाद से पूर्ण जीवन की अभिलाषा से भर समाधिस्थ हो गया है। आचार्य शंकर अपने चिदाकाश में मानो सर्वलोक मणिद्वीप जा पहुंचे। शंकर को लगा आनन्द-ऊर्मियों की वीचियों से अनन्तातिअनन्त सीमाहीन निस्मीम स्वयं व्याप्त अमृत उलोल रहा है और पारिजात तथा कल्प वृक्षों से घिरा वह मणिद्वीप अमृत समुद्र सहित तैर रहा है। शंकर को लगा, काल रात्रियों का वह अमिट सा तिमिराच्छादन स्वयं ही बिला गया है और शाश्वत् वसन्त का मुखर आह्लाद छाया हुआ है। वह शिव-परमशिव-सदाशिव-नीलकण्ठ धूसरित घनश्याम चिन्तामणि मण्डप के शयन कक्ष में चिर-जाग्रत से लेटे हुए हैं। वही सृष्टि स्वरूप होने के लिये कुनमुनाती हुई अहोरात्र-महारात्र कामना-परात्पर सौन्दर्य से लीढ़, अथाह अतृप्त राग से परिपूर्ण, प्रतिपल भवों के श्रृंगारों के लिये लालायित, कोटि बालार्क भासमान अरुण विभूति भूति सम्पन्न ऐश्वर्य जीजिविषा चिन्ता मणिमण्डप में रत्नाभा लीढ़ अपने सुर सेव्य लाक्षाद्र चरणों से नूपुर की नृत्यन्ती रणझणाती रुण-झुन स्वरूप अविचल, अशक्त, असमर्थ, निस्पंद नील सदाशिव को प्रगाढ़ आलिंगन के लिये श्रद्धा-शुष्ट, प्रीति युक्त रति अधीर, विमला मोदिनी सी झूम रही है। जगद्-दीपन स्मित मोहिनी वह ब्रह्माणि, ब्रह्म चैतन्य चिति शिवा सौलहों श्रृंगार की लावण्य मूर्ति नित्य चिरन्तन रसेश्वरी अभिरामा कामदुधा शिवा शववत् सदाशिव पर काल के आतुर उद्दीप्त महास्वास लेती हुई लूम रही है। शंकर अपने चिद् के दहरावकाश में मानो बोल उठा- "शिवा! शैलपुत्री, ब्रह्मचारिणी, चन्द्रघण्टे समरस प्रिये शिवे!"

मण्डन मिश्र को घेर कर थिरकती हुई नृत्यांगना के मध्य ऐंकारवत् होती हिंकारवत् ऐंचती श्रींकारवत् कीलती और क्लींकारवत् थिरकती हुई भारती ठिठकी; सहमी; अवाक् सी सिहरी और सवाक् गा उठी- शिव शक्तया युक्तो यदि भवति शक्त; प्रभविंतु न च देवं देवो न खलु कुशलः स्पन्दितुमपि...."

अकथनीय विषाद से मूढ़ मण्डन मिश्र चमके, चौंके, उन्होंने देखा उभय भारती रोम-रोम में ध्वनित हो रही है; रग-रग में बज रही पलकों की उन

स्थिर सी टिमकारों में अनहद की वीचियां सिहर रही हैं। कटि से टूटती-जुड़ती वक्षस्थल के रिमझिमते हुए उरोजों से इतराती और सरोज नयनों के घट उन्माद से बावरी उभय भारती गा रही है अतः "त्वामाराध्यां हरिहर विरंच्यादि भिरापि प्रणन्तु स्तोतु वा प्रणम प्रभवति।" मण्डन मिश्र चकित, स्तम्भित, हसित और लज्जित से उभय भारती के पूर्णिमा से विहार करते हुए पूर्णेन्दु मुख से स्वयं तन्मय स्फुट उस छन्द-गीत को त्रिकाल भूल कर जैसे सुनने लगे-सहसा मण्डन मिश्र का वह अमिट सा विषाद उड़ गया। वह जैसे मन से स्थिर, बुद्धि से शान्त, चित्त से उल्लसित एवं अपने अहं में उत्फुल्ल हो उठे। उनके कमल-लोचन तनिक बन्द हो गये और उनको अपने आलोकित गहन में मानो सुनाई दिया- "हे शिवे! उत्पत्ति, स्थिति और नाश करने में समर्थ नीलकण्ठ शिव तभी समर्थ होते हैं, जब तुम शक्ति से वह युक्त होते हैं। तुम शिव से युक्त होकर अनन्त समरस में निमग्न न हो तो शिव-वह महादेव शव ही बने रहते हैं- उनमें पलक करने की भी शक्ति नहीं होती। तुम शक्ति स्वरूपा, ब्रह्माणि ही समस्त यावत् अखिल निखिल शक्ति चैतन्य की अधिष्ठात्री परात्परी हो-देव गण, ब्रह्मा- विष्णु-महेश अनवरत तुम्हारी आराधना करते हैं। तब मेरे जैसा न्यून पुण्य वाला अथवा पुण्यहीन पुरुष तुम भगवती परमेश्वरी की स्तुति करने में समर्थ कैसे हो सकता है?" मण्डन सिहर-सिहर कर रग-रग में अचल, रोम-रोम में शान्त हो गये। उनको लगा, कोई मुखर किन्तु तन्मय स्वर उनके चित्ताऽकाश के अनन्त व्योम में उनके गगन पैर कर स्वयं ही व्यक्त हो रहा है- मानो अनहद का कोई अव्याहत् निनाद उठ रहा है और शब्द की अखण्ड ध्वनि अर्थ बोध में स्वयं ही वाचामयी हो रही है। मण्डन ने अवाक् साश्चर्य भंगिमा-स्थित भारती को पुनः सहसा थिरक उठते हुए देखाः भारती ने चरण उझके घुटने फैलाकर अपने सघन पृथु नितम्बों को रिमाया, झिमाया और कटि को ऐंच कर अपनी कम्बु ग्रीवा को मचका! पलकें उड़ी; भवे इतरीं और सस्मित अधर अपनी अरुण रक्ताभा की कान्ति में डूब कर मुस्करा उठे। वसन्त की बौराई हुई विलमाई कोकिल कूज उठी- "तनीया समपासुं तब चरण पंके रुह भवें, विरंचिः स चिन्वन् विरचयति लोकान् विकलं।" भारती ने अपनी भव्य दिव्य लता रूप देह को प्रणाम में मानो ढाल दिया। वहत्यंतन शौरिः कथमपि सहस्त्रैण सिरसा, शिवः संक्षु भ्यैन भजति मसितोद् धूलन विधिम्।"

मण्डन मिश्र उस प्रणाम-भंगिता को मानो शाष्टांग प्रणाम में आकाश में ढलते देखते रहे। अत्यंत श्रद्धा-विनीत भारती अपने आभ्यंतर में देखकर समस्त बाह्य को उन्मीलित मुदित नयनों से देख रही हो। बिथुरे-सुथरे केश-पाश

शिथिला कर गगन की गहगहों से उभर रहे थे; रूप-रूप से चौंकती और आंखों के कटाक्षों से चौकन्नी श्याम-रेखा सी किन्तु भरी सी भवें अनन्त के क्षितिजों को जैसे नाप लेना चाहती थीं। वह शान्त सुवर्ण इन्दीवर सा मुख-मण्डल जगत की आकृतियों को अपने अंगों में समा कर स्वयं ही एक रूपाकार रंग-भंगिमा बन गया था। भारती ने ऊर्ध्व मांस को अपने पद्म पंखुरी से नथुनों में बांधा और श्रीचरणों की दसों अंगुलियों से अगूंठों के सहारे सरकी; लपसी; ठही और ठिठकों के साथ लहर उठी। मण्डन को लगा, जैसे पृथिवी इन्द्र धनुष का चीर धारण कर यों बसन्त की समग्रश्री की भांति अनन्त आकाश के असीम क्षितिजों को चरण की एक-एक सरक से नाप रही है। वह मन ही मन स्वयं ही प्रार्थना कर उठे- "हे शिवे! हे अनन्य रूप्यसि, शाश्वती। तुम्हारे चरणों की तनिक सी रज अपने चारों दिव्य ललाटों पर लगा कर ब्रह्मा अखिल-निखिल सृष्टि, यह अनन्त कोटि ब्रह्माण्डों का अद्भुत आश्चर्य रचते हैं-सृजन की यह बिम्बाकृत अथाह काल-धारा को प्रवाहित करते हैं। अनन्त नाग, काल का महासर्प विष्णु अपने शेष सहस्त्रों मस्तकों पर तुम्हारी चरण-रज लगा, काल के महाविषों से संजीवन उत्पन्न कर जगत का पालन करते हैं और यह महेश, महादेव! रुद्र! तुम्हारे पादाऽर्विन्दों की चरण-रज प्राप्त कर संहार करने में, जन्म-जन्मान्तरों का संतरण करने में समर्थ होते हैं। जगत के महाश्मसान की भस्म अपने वपु पर लपेट कर यह रुद्र काल की शून्यवत समाधि में मग्न होते और बम-बम बोला करते हैं।" मण्डन को लगा, भारती के उन्मीलित बन्द सरोज-नयनों के अथाह में आकृति हीन अनन्त भर गया है और कोकिल-कण्ठ से किसी योगी की परात्पर परमेश्वरी के परात्पर सौन्दर्य की छबि छन्दवत् फूट पड़ रही है। कौन यह कह रहा है? गा रहा है? मण्डन मिश्र रोम-रोम में कांपे; उनके स्वच्छ शान्त तनिक सजल नैत्र स्वयं ही उन्मीलित हो गये। वह अपने भूताऽकाश में कूद कर जैसे चित्ताकाश में उभर उठे-पैर कर चिदाकाश में जा विहरे। मण्डन को लगा, शान्त प्रसन्न मगन आलोक का अनन्त छाया हुआ है और वह जैसे उसके अतल में घनीभूत घनश्याम ज्योति को सहसा खोजने लगे हैं। मण्डन को लगा, कोटि-कोटि ब्रह्माण्डों के असंख्य कोटि रूप-स्वरूप बिला कर अतीन्द्रिय आलोकवत् हो गये हैं और यह आलोक जैसे किसी सर्वेश्वर की अनिर्वचनीया छाया है। मण्डन मिश्र को लगा-वह आद्य सौन्दर्य-सार को पाना चाहते हैं।

तभी भारती पुनः भभकी; चमकी; घूमी-लहरी, घहरी। कोकिल कण्ठ कूज-कूज उठाः "अविद्या नामन्त् स्तिमिर मिर मिहिर द्वीप नगरी। जड़ानां चैतन्य स्तवक मकरंद स्तुति शिव। दरिद्राणां चिन्तामणि गुणनिका जन्म जलधौ।

निमग्नानां दंष्ट्रा मुरिपुवराहस्य भवती।" शब्द ध्वनि मानो नृत्य भंगिमाओं में स्वयं ही ढल रही थी और भारती के गायन से अर्थ स्वयं ही चित्रित हो रहा था। मण्डन ने अज्ञात ही ऊर्ध्व सांस लिया और अपने ही अथाह गहन में जाग कर अन्तरात्मा के अनजान दिव्य क्षितिज को देखा। उनको लगा कोई मतिमान गुह्य भव्य दिव्य कण्ठ उक्त छन्द को मानो पलकों से लिख रहा है-आकाश के पटल पर और कोई अतीन्द्रिय सौन्दर्य शनैः शनैः प्रगट हो रहा है। मण्डन स्वयं से ही स्वयं के अनन्त चित्ताकाश में बोल उठे मानो- "तुम्हारे दिव्य चरणों की तनिक सी रज! हे परमेश्वरी, ब्रह्मा प्राप्त करने के लिये कल्प-कल्पों की एकान्त तपस्या करते हैं। अनवरत सृष्टि उत्पन्न करते रहने के लिये ऋतंभरा प्रज्ञा प्राप्त करते हैं- वेदमयी चैतन्य-मति, धृति, कृति प्राप्त करते हैं। ज्ञान स्वरूपे; अचिन्त्य चैतन्य चिति! विष्णु, सृष्टि का पालन और महेश विनाश का दिव्यतम पुरुषार्थ तुम्हारी चरण रज के प्रताप से ही कर पाते हैं- तुम, तुम आद्या हो; तुम सृष्टि का सौन्दर्य सार हो; अथाह वरदा हो। तुम अज्ञानियों और मति मूढ़ों के अन्तरात्मा के सभी अज्ञानान्धकार भेद कर उनके गहन चिदाकाश में प्रकाश करने वाले ज्ञान-सूर्य की किरणों के समान हो- तुम ज्ञान मूर्ति हो; ज्ञान-गंगा हो। जड़ जीवों के हृदय में अनिर्वचनीय ब्रह्म चैतन्य उगाने वाली तुम त्रिकाल प्रफुल्ल दिव्य पुष्पों की दिव्य सुगन्ध के प्रवाह की भांति रम रही हो। दरिद्र के लिये तुम चिन्तामणि का हार हो। तुम्हारी कृपा से एक नहीं अनेक चिन्तामणियां प्राप्त करने वाला त्रिकाल का अखूट ऐश्वर्य प्राप्त करता रहता है। जन्म-जन्मों का स्त्राह करने वाली हे विश्वात्मिके। तुम विष्णु के वराह अवतार की तीक्ष्ण दंतावलि के समान हो। वराह-विष्णु ने जिस प्रकार पृथिवी का उद्धार किया, उसी प्रकार तुम जीवों का संसार-सागर से उद्धार करती हो। हे सर्वोपकार करणाय, हे कृपामयी, दयामयी कारुण्य कादम्बिनी! तुम काव्य लक्ष्मी, हे कलि कलुषहन्ते पूर्ण वात्सल्य शीले! अपने भक्तों को संसार के सभी सुख देकर अन्त में तुम उनको मोक्ष भी प्रदान करती हो। हे परमेश्वरी जगदम्बे! तुम्हीं भव भवों के पुनर्जन्म को थाम कर रोकती हो, तुम्हारी कृपा से ही जीवों को मोक्ष मिलता है तुम ज्ञान गंगे!" मण्डन मिश्र अपने गहन में अद्वितीय बोध की सुन्दर वीचियों में जैसे डूबने तिरने लगेः उनको लगा, कोई परम ज्ञान रूप तपस्या और योग की प्रति मूर्ति उनके अन्तरात्मा में जड़ जगत तथा त्रितापमय भव-संसार का समस्त कुरूप विषादमय अन्धकार इस दिव्यातिदिव्य बोध से बुल्लों की भांति उड़ा रहा है-कोई उनकी बुद्धि को संशय से हीन और चित्त को अगाध सौन्दर्य की ज्योतिर्मय दिव्यता से भर रहा है- सभी रूपों को लीन कर

कोई एक अजन्मे सौन्दर्य-स्वरूप को उनके प्रशान्त चित्ताकाश में आविर्भूत कर रहा है-कोई जन्म-जन्मों के, कल्प-कल्पों के तिमिरान्धकार को बिलो कर दिव्य ज्योति की एक-एकाकार आकृति उनके चित्ताकाश में उभार रहा है। मण्डन चीत्कार कर उठे- "आचार्य! यती वर्य योगेश्वर! शंकर! शंकराचार्य!"

राज-मन्दिर के रंग-भवन में मण्डन के चीत्कार की प्रति ध्वनि हहर कर गूंज उठी मानो। शंकर-अमरुक ने रानी कलावती के मदोन्मत्त मुखाविन्द को तटस्थ किन्तु मुग्ध दृष्टि से देखा। कलावती ने कटाक्ष पूर्वक मन्द विहंसित स्मित सहित पूछा- "क्या, किसे देख रहे हो?"

शंकर-अमरुक ने मानो जाग्रत सा होते हुए कहा- "इस अनिंद्य मुखारविन्द को- तुम्हारे इन पद्मपाणियों को।"

अपने पिरोजी-गुलाबी पाणियों को रानी कलावती ने उठाया और शिथिल मृदुल गति पूर्वक शंकर-अमरुक के कन्धों पर रक्खा; कहा- "ऐसा क्या है इनमें? तुम सदैव इन हथेलियों को आतुर त्वरा से मसलते रहे हो-भींसते। आज तन्मय होकर इनको देख भर रहे हो।"

शंकर-अमरुक ने कलावती के मुख-मण्डल को ऊर्ध्व स्वांस पूर्वक जैसे अपने नयनों के अथाह में डुबोते हुए कहा- "सुदर्शने! तुम नहीं जानतीं, तुम क्या हो? तुम्हारा यह सुष्ठ सुन्दर मुखारविन्द क्या है? तुम्हारे यह लाघव पद्म-पाणि क्या हैं?"

रानी कलावती कटि- प्रदेश में उभरते हुए बोली- "हुं। क्या है मेरे यह पद्मपाणि, सुनूं तो प्रिय मेरे।"

शंकर-अमरुक ने रानी के कन्धे पर शिथिल पड़े हुए हाथों को सहसा उठाया और एक हाथ को अपने मस्तक पर रखते हुए कहा- "देवता अपने भक्तों को इन्हीं- ऐसे ही हाथों द्वारा अभय और वरदान देते हैं। वरद हस्त देवी! कर्मेन्द्रिय होते हुए भी यह पद्म-पाणि विश्व की गतियों को झेल सकते हैं। वस्तुओं को पकड़ सकते हैं। यह हाथ थामते हैं-धारण करते हैं, सुनयने! यह पद्म-पाणि कल्याण करते हैं।"

रानी उझकी और नितम्बों से तनिक झिझकी; बोली- "और मैं, स्वयं, समस्त?" शंकर अमरुक ने पुनः गहरा ऊर्ध्व स्वांस लेते हुए कहा- "तुम्हारा दर्शन मुग्ध करता है, तुम्हारा स्मरण अखण्ड है, अपराजित है, लुलुमें।" लुलुमें! रानी कलावती के थिरकते हुए अन्तःकरण ने मानो पुकारा। एक टक शंकर-अमरुक को घूरती हुई बोली- "तुम, प्राणेश्वर।" शंकर-अमरुक ने सहसा हंसते हुए कहा- "तुम्हारा भक्त, चंचरीक! भक्त देवी! देवता हाथों से वरदान देते हैं

और शब्द से अभय! किन्तु तुम्हारा स्मरण मात्र देव, गन्धर्व, मनुष्य आदि जीवों को अभय शरण देकर मनोवाञ्छित फल देते हैं- तुम शाश्वत जीवन की आशा पूर्णा हो।"

"ऐसा?" रानी कलावती रोम-रोम में जाग्रत हो गईं। एक नितम्ब पर उठते हुए बोली- "हुं! और क्या होता है मेरे स्मरण से? भक्त मेरे?"

शंकर-अमरुक ने सोत्साह कहा- "देवताओं से वरदान प्राप्त करने के लिये तप करना होता है; उनकी पूजा करनी पड़ती है किन्तु तुम्हारी कृपा पाने के लिये तुम्हारा स्मरण कर तुम्हारे इन श्री-चरणों की शरण गृहण करनी ही यथेष्ट है। अभय, श्री, सुकृति और कल्याण करने के लिये तुमको, देवी! प्रगट भी होना नहीं पड़ता। तुम मनसा, वाचा, कर्मणा हो, चित् मालिनी!"

रानी सिहरी; पार्श्व में उभड़क उठ बैठी। शंकर-अमरुक के मस्तक पर चिपकाये हुए हाथ को खिसका कर कण्ठ में डाला और अस्फुट से स्वर में बोली- "यह चित् मालिनी क्या है? मैं तुम्हारे चित्त की मालिनी हूं, यही न?"

शंकर-अमरुक ने रानी की पिरोजी चिबुक के नील गोंदने को देखते हुए कहा- "तुम जगन्मोहिनी हो। तुम ही प्राणियों और मनुष्यों को सौभाग्य देने वाले, जगत का पालन करने वाले विष्णु का मोहिनी स्वरूप हो।"

रानी कलावती शंकर-अमरुक के कण्ठ में जैसे उरझी; बोली- "मैं देवाधिदेव विष्णु की मोहिनी स्वरूपा! प्राण, यह, यह तुम क्या कह रहे हो? असुरों से अमृत छिपाने वाली और छद्मपूर्वक देवताओं को अमृत बांटने वाली जगन्मोहिनी, मैं? मेरे सर्वस्व! क्या कह रहे हो?"

"ठीक कह रहा हूं, अधीरे!" शंकर-अमरुक ने तनिक हंसते हुए कहा- "तुम्हीं ने जगन्मोहिनी! शिव-शंकर को परममोहित किया था- तुम्हीं ने मधु कैटभ को सम्मोहित कर विष्णु को जय दिलवाई थी। तुम्हारे गहन रसभीने कटाक्षों की सामर्थ्य मुनियों को मोह में डालता है। तुम रति की रसेश्वरी हो।"

रानी कलावती ने अपने मृणाल से किन्तु किञ्चित भरे बाहु से शंकर अमरुक का स्कन्ध प्रदेश जकड़ते हुए कहा- "मैं रति? मैं। हुं। हूं तो।" शंकर- अमरुक ने कलावती के बाहु की जकड़ को मन ही मन मानो देखते हुए कहा- "रति के नेत्रों द्वारा तुम ही मुनियों का मन सरस करती हो। तुम्हीं कामदेव को जगत की त्रिकाल विजय देती हो। कामदेव का पुष्प धन्वा स्वयमेव शक्ति हीन है। तुम्हारे कृपा-कटाक्ष से ही वसन्त-कुसुमाकर कामदेव योगियों और देवताओं पर विजय प्राप्त करता है अन्यथा कामदेव के पुष्पधन्वा की भ्रमरों की गुंथी प्रत्यंचा कर ही क्या सकती है? अपने पुष्पों के पाँच बाणों से यह

रूपवान, गुणवान धीमान, संयम-संयोजित विवेक संभृत जगत को जीता जा सकता है?"

"अच्छा, मेरे मनीषी कविवर!" रानी कलावती ने शंकर अमरुक की ठुयौड़ी को अपने अधीर अस्थिर स्वांसों के पीन बादलों से ढंकते हुए कहा- "मेरे अविचल, अच्युत, वसन्त मेरे! प्राण प्राणेश्वर!"

शंकर-अमरुक ने कण्ठ में झूमी, वक्ष स्थल पर पौढ़ी और जंघाओं पर पुखराज के अरुण भारसी कलावती को उन्मीलित नयनों की अथाह दृष्टि से देखा; कहा- "रति-युद्ध का कामदेव का रथ मलयाचल-पवन की गतिमात्र है- उस रथ की स्वयं की क्या शक्ति है, सम्मोहिते! वसन्त कुसुमाकर! देह हीन सरस घ्राण मात्र है! कामदेव अपने इन आयुधों से क्या त्रिकाल जीत सकता है? देवताओं को बेसुध कर सकता है? मुनियों को मोह सकता हैं? योगियों को डुला सकता है? नहीं, नहीं, रम्यें! नहीं! तुम जगन्मोहिनी, त्रिपुर-सुन्दरी! जब उस जगत विमोहन पर कृपा करती हो तब ही वह अपने उन क्षल्लुक साधनों सहित समर्थ और सफल होता है! तुम्हारी अगाध मोहिनी अनुरागिनी दृष्टि के बिना मनमूर्धिती...."

सहसा शंकर-अमरुक चुप हो गये। अगाध मुग्ध दृष्टि से वसन्त के पुष्पों के नवरंगी उभार सी, उमड़-घुमड़ सी उस नारी मूर्ति को अपलक देखने लगे। खुली अपलक आंखों में ही शंकर चिदाकाश के क्षितिज के पार एक सरस रमणीय मुह्यमान मतिमान अकथनीय ध्वनि होकर लहरे। गगन के गगन पुष्पधन्वा से मथते हुए वह मानो माहिष्मति के शांत किन्तु रुनझुनों से गमकते तथा वाद्यों के निनादों से रणझणाते हुए गगन में आविर्भूत हुए। मण्डन मिश्र कांपे और पुनः जागे। भारती तभी सौन्दर्यश्री की तन्मय तरंग की भांति धरती पर उलली और आकाश में विलोलित होते हुए गा उठी- वसन्त की ताम्रवर्णी पुनीत कोपलों की भांति मलयानिल में थरकते हुए गा उठी- "हरिस्त्वामाराध्य प्रणत जन सौभाग्य जननी। पुरा नारी भूत्वा पुररिपुमपि क्षोभमनयत्। स्मरोपि त्वों नत्वा रति-नयन लेह्येन वपुषा। गुनीनामष्यंतः प्रभवति हि मोहाय महतां।" उभय भारती का प्रकम्पित सुधिहीन उरझीला मर्मीला स्वर मण्डन के गहन अन्तःकरण को मथ गया। तनिक चकित् तनिक हसित नयनों से नाचती, लसती लासवती भारती को मानो सृष्टि के सरस आश्चर्यवत् मण्डन ने देखा और अपलक देखा किया। ध्वनि तीव्र, तीक्ष्ण, प्रासाद पूर्ण, मधुर, कर्षक-आकर्षक ध्वनि। सौन्दर्य की एक बौराई हुई तरंग जैसे गा रही थी; "धनुः पौष्पं मौर्वी, मधुकर मयी पंच विशिखा- वसंतः सामन्तो मलय मरुदायो धन रथः। तथाष्वा

तन्वानं हिमगिरि सुते कामपि कृपा संयोगम् ते लब्ध्वा जगदिदमनंगो विजयते।"
भारती ने भ्रमर की घन कज्जल पंक्ति स्वरूप् अपनी उन्मीलित सी पलकें
झिमाईं और कन्धों की उझकों से घनपीन अपने पयोधरों में वीचियां रमाते हुए
कटि से विलोलती हुई पुनः जैसे गा उठी- "क्वणत्कांची वामा करि कलभ कुम्भ
स्तनभरा। परिक्षीणा मध्ये परिणत शरच्चन्द्र वदना। धनुर्वाणान्यासं मृणिमपि
दधना कर तलैः पुरस्ता दास्तां नः पुरमथि कराहो पुरुषिका।" मण्डन मिश्र को
अपने चित्ताऽकाश के एकान्त में किणमणी हुई कटि-किंकणी क्वणित सुनाई
दी जैसे। उनके मननयनों के समक्ष अनाहत वक्षस्थल पर गज-शावक, श्याम-
रतनार कुम्भ-स्तन और उसके भार से नमित सुमध्यमा कटि-प्रदेश की पीन
मेखला जैसे प्रगट हो आईं। धनुष-बाण तथा अंकुश पाश से मण्डित मनोहर
अद्वितीय सुन्दर हस्त-लाघव उबक आये तथा स्वर्ग के स्वच्छ पवित्र पुनीत
आकाश में रसीली कलाओं से मुखुर-उत्फुल्ल शरद-पूर्ण बिम्बवत् चन्द्रानन
अपनी दिव्य-भव्य आभा में दमकता हुआ उमड़ आया। मण्डन मिश्र अपने गहन
में स्वतः ही पुकार उठे- "हे परात्परे, भगवती! हमारी संसार-सागर से जय के
लिये, भव-बन्धन के मोक्ष के लिये तुम सदैव हमारे चित्त में भरी रहो। मन के
नयनों के समक्ष बनी रहो-सदैव, सदैव!" मण्डन मिश्र अपने ही गहन में डूब कर
पुनः पुनः तैर उठे- चित्ताकाश के क्षितिजों के पार वह लहरे-विहरे। उनको लगा,
वह लोक लोकान्तरों के पार अत्यंत सुदूर किन्तु अत्यंत ही निकट देख रहे हैं।
कोई ध्वनि ब्रह्माण्डों के गगनों को मथ, व्योमों में लहर उनके चिदाकाश में गूंज
कर चित्ताकाश के अवकाश में भर रही है। पृथिवी से जैसे कोई छाया आलोकित
मन्द-मन्द उठी और मन्थर गति से उस तंद्रिल किंतु पारदर्शी क्षितिज पर लूमने
लगी। कोई अप्सरि स्वर्ग से यों उतर आ रही थी-हूं? यह, यह तो भारती सी
है। मंडन ने अपने बन्द उन्मीलित नयनों से देखा, भारती उनके चित्ताकाश
के क्षितिजों पर नाचती हुई आकाश के अनजान दिकों को अपने इंगितों से
मानो अभिमंत्रित कर रही है। भारती ने कटि को ऐंचा; झकझोरा तथा अपने
राम-काञ्ची से कलित नितम्बों को रिमरिमाया-झिमाया और कुण्डलिनी की उग्र
किन्तु शान्त होती हुई मरोड़ों की भांति नाभि में सिमटी तथा त्रिवली में कूटती
हुई उरोजों में धूरज उठी। उसके मृणाल बाहु सर्पिणी के समान उठे; हिले; फैले
और पुनः डुबती हुई ग्रीवा को घेर कर मस्तक पर बंध गये। भारती ने अपने
स्वर की प्रति ध्वनि में ही जैसे नाचना आरंभ किया। स्वर का यह मंगलमय
संकुल लहर-लहर कर मौन होने लगा और वाद्यों का तीव्र तीक्ष्ण मध्यम मन्द
मन्द निनाद भारती के अंग-अंग को नृत्य-भंगिमाओं में मानो नचाने लगा।

मण्डन मिश्र स्तब्ध इस रूप जलधि की वीचियों, कलोलों, उलोलों-हिल्लोलों को अवाक् से देखने लगे। उनके नयन रूप-सिन्धु का यह आल्होड़न-विलोड़न देखते रहे और वह जैसे चित्ताकाश के पार अनाहत आकाश में स्थिर होते गये। वाद्यों के निनाद मानो एक स्वयं लीन प्रतिध्वनि होकर उस अवकाश में खो गये। रूप-सिन्धु की हिल्लोलें अपना रूप खोकर ध्वनि के उस निस्सीम अनंत में अदृश्य हो गईं। मण्डन को लगाः ज्योति का समुद्र लहर-लहर कर जैसे उनकी ओर प्रसरता हुआ आविर्भूत हो रहा है। अमृत? मण्डन मिश्र ने जैसे स्वयं से ही अस्फुट कहा- अमृत-समुद्र? मण्डन को लगा, वाचा के सभी स्वर मूक होकर उस ज्योतिर्मय की विराट् व्याप्ति में लीन हो गये हैं। उनको लगा, कोई अदृश्य किन्तु सजीव उनके आगे खड़ा हुआ कह रहा है। कौन कह रहा है? कौन गा रहा है? कौन? भूताकाश, चित्ताकाश, चिदाकाश-सभी आकाश जड़ अनाहत की छाया मात्र हैं- तब यह चैतन्य, चिर चैतन्य स्वर किसका है? कौन? मण्डन मिश्र स्वयं में ही खो गये; अदृश्य हो गये- लीन, लव-लीन अनज्ञान किंतु चिर-ज्ञात शान्त अभय जैसे उनको बेसुध सुधि में स्थित करने लगा। मण्डन को लगा, वह सो रहे हैं, किन्तु जाग भी रहे हैं। उनके नयन बन्द हैं; किन्तु खुले हुए भी हैं। मण्डन को लगा, उनका सूक्ष्म देह कारण देह में समा गया है और कारण-देह कारणातीत अस्तित्व के आकाश में स्थित है तथा वह असंग, अव्यय, अनुपम ज्योति का मूर्धन्य दीप हैं, जो इस अमृत-समुद्र के तट पर ज्योतिर्मय कमल-दल के मध्य स्थित हैं। मण्डन जैसे स्वयं का यह दीपक स्वयं के ही हृदय कमल में प्रज्वलित, स्थिर, श्रान्त, स्व-लीन जलता हुआ देखते रहे और उस अनाहत के सुदूर अनजान से आचार्य शंकर की वासन्ती मेघ के मन्द-मन्द गर्जन सी ध्वनि उनको सुनाई दीः "सुधा-सिन्धोर्मध्ये सुर विटपिटाही परिवृत्ते-मणिद्वीपे नी मो पवन वति चिन्तामणि गृहे। शिवाकारे मंचे, परम शिव पर्यंक निलयांम्। भजन्ति त्वां धन्वाः कतिचन चिदानन्द लहरीम्!"

"चिदानन्द लहरी, मैं?" रानी कलावती शंकर-अमरुक की गोद में कटि के बल लेटती हुई बोली- "मैं, लहरी, चिदानन्द की। प्रियतम मेरे। वाह! आज तो तुमने मुझको प्रसन्न करने के लिये काव्य रचना भी आरम्भ कर दी है।"

शंकर-अमरुक ने शान्त स्वर में कहा- "तुम काव्य लक्ष्मी हो। तुम, तुम न जाने क्या हो, मोहिनी? तुम माया का घनीभूत सम्मोहन भी हो। तुम राग भरे हृदय की मोह-ग्रन्थि को जला देने वाली रूप अग्नि भी हो। तुम ज्ञानियों को चेताने वाली, जगत में धकेलने वाली कर्षण करने वाली, बलात् भव-संसार में भ्रमाने वाली चिदानन्द लहरी भी हो। हां, तो।"

रानी कलावती ने शंकर-अमरुक की गोद में अपना एक पृथु गदकारा नितम्ब भरते हुए कहा- "मैं तो रूप की लहर हूं, प्राण मेरे! और तुम्हारे इन नयनों में भरी हुई हूं। तुम जैसे मुझको देख भी रहे हो और नहीं भी देख रहे हो। तुम मुझको देखना चाहते भी हो और नहीं भी देखना चाहते हो।"

शंकर-अमरुक ने तटस्थ खड़े हुए की भांति कलावती के शिथिल कञ्चुकी की घनी लालिमा से बौरा कर उभर आते हुए स्तनों को देखा। तनिक पार्श्ववती होते हुए स्तनों को शंकर-अमरुक के वक्षस्थल में गड़ाकर प्रगाढ़ होती हुई वह बोली- "तुम, तुम कौन हो?"

शंकर-अमरुक सहसा हंस उठे; बोले- "मैं? मैं हूं-तुम नहीं जानतीं क्या?"

"जिसे जानती थी, वह तुम हो क्या?" शंकर-अमरुक के अधरों से कलावती ने जैसे पूछा और उन आरक्त पीन सिमटे किन्तु सिहरे हुए अधरों को अपनी पलकों से सुल्हाते हुए रानी ने पुनः कहा- "तुम वह नहीं हो।"

शंकर-अमरुक ने रानी के सघन केश कलाप को बिथुरते हुए कहा- "रंगिनी! मैं वही हूं- यह सब मैं हूं, रूपनिधिनी?"

रानी कलावती ने दोनों नितम्बों के भार को शंकर-अमरुक की गोद में जैसे डाला। पीन पयोधरों की झीमती हुई भींस से शंकर-अमरुक के निर्जीव से वक्षस्थल में रस का झरणा फोड़ने की चेष्टा करते हुए वह पुनः बोली- "मैं, रूप-निधि! मैं रंगिनी और तुम?"

"मैं?" शंकर-अमरुक ने कहा- "मैं? पाश-बद्ध जीवात्मा, अनादि से अविद्या-ग्रसित रूपासक्त, प्रीति-पगा, रति-सुख का शतत कामी, मैं एक मानव!"

रानी कलावती ने अपने पद्म-पाणियों से शंकर-अमरुक् का कण्ठ-ग्रीवा जैसे बांधी और हंसौही उत्फुल्ल किन्तु साश्चर्य मीनाक्षों से वह शान्त अविचल अथाह मुख मण्डल को भर लिया; बोली; अस्फुट स्वर में उसने कहा- "मैं यह सब दर्शन शास्त्र नहीं जानती और नहीं समझती हूं- नहीं समझना चाहती हूं, प्राण पति मेरे! मैं, मैं तो तुम्हारी प्रिया हूं; प्राणेश्वरी हूं और तुम मेरे रसखानि हो; हृदय-वल्लभ हो। तुम मेरे कृष्ण हो....."

शंकर-अमरुक ने प्रथम बार जैसे रोम-रोम में सिहरते हुए कहा- "तुम राधा, रसेश्वरी रासेश्वरी?"

"हां, हां, मैं तुम्हारी राधा!" रानी ने शंकर-अमरुक की ठुयौड़ी को अपने अधरों से स्पर्श करते हुए कहा- "मैं तुम्हारी रंजनी हूं, मदना! तुम्हारे सघन ओजस की नित्य कामी, मैं तुम्हारी मदनोन्मादिनी हूं-मदा, मोहिनी, दीपनी, वशकरी!"

शंकर अमरुक ने उन लसीले अधरों को अपनी ठ्यौढ़ी पर तटस्थ अनुभव करते हुए कहा- "तुम श्रद्धा भी हो; प्रीति भी! तुम भव की धृति भी हो। तुम विमला मनोभवा घोरा भी हो।"

"मैं? घोरा?" रानी के शिथिल कञ्चुकी बन्द जैसे स्वयं ही छटक कर छूट गये- "मैं रति हूं, मदन मेरे! घोरा होगी कोई मेरी सौतिन, प्राणेश्वर!"

"तुम निस्संदेह मायामयी रंजना हो।" शंकर-अमरुक ने शांति पूर्वक कहा- "तुम मूलाधारवासिनी कुहरिणी हो। तुम-तुम कुण्डलिनी हो- तुम साक्षात् कामेश्वरी स्वरूप हो।"

रानी कलावती ने आलिंगन को शिथिल करते हुए शंकर अमरुक को तनिक उन्मीलित अर्ध विकचित सरोज नयनो में देखा। शंकर अमरुक जैसे चिदाकाश के परे और पार किसी ज्ञानरूपा, अतीव सुन्दर योगमाया को ही धारित कर रहे हों। शंकर अमरुक ने ऊर्ध्व स्वांस लिया और तनिक सिर हिलाते हुए गाया- कहा- "सुधा सिन्धु के मध्य कल्प वृक्षों और पारिजातों से घिरा हुआ भुवन मोहिनी भुवनेश्वरी का मणिद्वीप मैं जैसे देख रहा हूं। उस मणिद्वीप में उस परात्पर परमेश्वरी का चिन्ता मणि-मण्डप है। हां, है।"

रानी कलावती ने चकित् स्तम्भित सी बैठ कर पूछा- "और क्या है?"

शंकर-अमरुक ने अज्ञात अनन्त के पार मानो देखते हुए कहा- "उस चिन्तामणि मण्डप में पर्यंक है- ब्रह्मा, विष्णु, महेश और रुद्र पाये हैं जिसके। उस पर सदाशिव लेटे हुए हैं तथा वह जगन्मोहिनी वशकरी शिवा को परिस्थित हैं। वह काल जननी आद्या लावण्यमय सौन्दर्य की अभिरामश्री हैं; चिदानंद की लहरी हैं। ऐसी परम पुनीत सुन्दरीश्री को विरल उसके पुत्र ही भज सकते हैं।"

रानी कलावती ने उस प्रदीप्त किन्तु स्वलीन परम मग्न मुख मण्डल को निहारा, फुसफुसाई- "मैं, मैं यह हूं तब? यह कक्ष मणिद्वीप? आज सुन रही हूं यह तुम्हारे मुख से। तुम जैसे बदल गये हो- तुम शरीर में लौट आये; परन्तु क्या तुम वह रसलोभी नव-नव कुसुमों पर अहर्निशि मंडराने वाला भ्रमर हो? नहीं, तुम कोई...."

"योगी हूं, यही न?" शंकर-अमरुक ने सहसा हंस कर कहा- "सुन्दरी! मैं तो वही हूं- वही। योगी? क्या रस का भोगी भी योगी नहीं है? कामायिनी! इस शरीर के बाहर जैसे मैं लोक-लोकान्तर का भ्रमण कर लौटा हूं। कामनाओं के इस निधि रूप शरीर द्वारा यह आलोकित जगमगाता हुआ ब्रह्याण्ड जैसे अन्यथा दिखता है। शरीर का स्पर्श काम-कीलित है-भवों का चरम किन्तु क्षणिक सुख

केवल काम-सुख है। अवश्य। किन्तु वह कामेश्वरी तो कुहरिणी कुण्डलिनी ही है। वह आद्या कामेश्वरी अपराजित सुन्दरी है- त्रिपुर-सुन्दरी।"

रानी कलावती ने आश्चर्य-चकित होते हुए पूछा- "त्रिपुरी सुन्दरी कुण्डलिनी? वह, वह क्या है?"

शंकर-अमरुक ने स्फूर्तिमय उत्साह के साथ गाया- "सुनो, वह क्या है? कुहरिणी, कुण्डलिनी! अहर्! मही मूलाधारे कमपि मणिपूरे हुत वहम्! स्थितं स्वाधिष्ठाने हृदि मरुतमाऽकाश मुपरि। मनोपि भू मध्ये सकल मपि भित्वा कुल-पथम्, सहस्त्रा रे पद्मे रहिसि पत्या विहरसि। सुधा धारा सारैश्चरण युगलांतर्विगलितेः। प्रपंचं सिंचती पुनरपि पराम्नाय महसा। अवाप्य स्वां भूर्मि भुजंग निभ मध्यष्ठ वलयम्। स्वमात्मानम् कृत्वा स्वविषि कुल-कुण्डे कुहरिणी! तुम कामेश्वरी षड़ चक्रों को भेदकर भोगकर अन्ततोगत्वा शिव के साथ युक्त होती हो और नित्य समरस में निमग्न चिदानंद लहरिवत् विहरती रहती हो। तुम केवल देह-सुख ही देने वाली रमणी भर हो क्या? नहीं, नहीं तुम कुहुकिनी, कुहरिणी, कुण्डलिनी हो।"

शंकर-अमरुक सहसा मौन हो गये- उनके कमल-लोचन बन्द हो गये और ऊर्ध्व स्वांस सम होकर एक तन्मय महाप्राण के मौन संगीत में बदल गये। शंकर ने मन ही मन पुकारा- "भारती! उभय भारती!" शंकर के गहन से स्फुटित यह मौन पुकार मानो त्रिभुवन के गगनों को पैर कर ब्रह्माण्डों के व्योमों में घहर कर भारती के गहन चिदाकाश में भांवरी भरने लगी। भारती ने अंग-अंग झकझोरा; रिमझिमाया और सनातन वसन्त की आद्या कोकिल की भांति कूजने लगी-अपूर्व नृत्यष् पूर्वक वह गा उठी- "चतुर्भिः श्री कण्ठैः शिव युवतिभिः पंचभिरकिप। प्रभिन्नाभिः शंभोर्नवभिरति मूल प्रकृतिभिः। त्रयश्चत्वा विंशद् वसुदल कमलास्त्र त्रिविलय, त्रिरेखाभिः सार्धं तव चरण कोण परिणताः।"

मण्डन मिश्र सहसा खड़े हो गये; चीत्कार पूर्वक बोले- "भारती! यह क्या परात्पर शक्ति का यंत्र है, जो तुम कह रही हो?"

उभय भारती ने चरण रुणझुनाये और नृत्य की एक लहर लेकर अस्फुट स्वर में बोली- "महा त्रिपुर सुन्दरी- उसका आसन श्री यंत्र।"

"श्री यंत्र?" मण्डन मिश्र ने हहर कर कहा- "नृत्य थामो, भारती! मुझको बताओ, यह-यह श्री यंत्र क्या है?"

उभय भारती रुकी; प्रकम्पित थमी।; हंसी-विहंसी; बोली- "भावि सन्यासी! अपने गुरु शंकराचार्य से पूछो। अन्तःकरण के गहन आकाश में मुझको उसी जलद-गंभीर आचार्य का मौन किन्तु सजीव स्वर सुनाई दे रहा है- श्री यंत्र।

महात्रिपुर सुन्दरी श्री विद्या का आसन स्वरूप यह यंत्र।" भारती ने सिर धुनाया। शिथिल केश-कलाप कांपे और विथुर गये। तनिक ऊर्ध्व स्वांस लेती हुई वह मन्द अस्फुट स्वर में बोली- "मैं सिहरती हुई सीदती हुई सिहरन हूं। मैं, मैं ही जैसे त्रिपुरी सुन्दरी हूं। हृदय के इस अगाध अमृत-समुद्र में कामनाओं के पारिजातों और पुण्यों के कल्प वृक्षों से घिरा मणिद्वीप है, मण्डन! यावत् शाश्वत जीवन-चेतना का वासन्ती द्वीप! हां है। उसमें मेरा चिन्तामणि मण्डप है- मैं जीवन की चिन्तामणि हूं- नहीं हूं? तो मैं क्या हूं? मैं ही कुहरिणी कामेश्वरी हूं। सदाशिव को अपनी अथाह अनादि अनन्त अगाध प्रीति में डुबोये हुए हूं। मैं जीवन की चिर-चिर सुन्दर सरस रति अपने शिव पर विराजमान हूं-छायी हुई हूं। सुना, मण्डन! मैं पार्वती, महेश्वरी, रुद्राणी, सती और उमा हूं। मैं तुम्हारी अनादि कामेश्वरी, परात्पर कुहरिणी रति हूं- मैं ही जीवन की रसलीन, आनन्द लीढ़ जीजिविषा हूं। आओ, मण्डन! मेरे प्रगाढ़ आलिंगन में बंध जाओ-आओ। नहीं आते? तो अच्छा। वाद्यों पुनः बज उठो। मैं मणिद्वीप के चिंता मणि-मण्डप में अपने सदाशिव के साथ विहरूंगी-अवश्य, शुष्क जीवात्मा। तुम मण्डन मिश्र! शास्त्र-पराजित, रस मूढ़ शुष्क चिन्तन की मूक चिन्ता मात्र हो।"

"भारती!" मण्डन मिश्र चिल्लाये- "क्या अभिभूत हो गई हो?"

"शी, शी ई ई।" भारती ने अपनी पुखराज की बनी पतली पीन अंगुली को पद्म पत्र के समान नथुने पर रख कर कहा- "मुझे शैल पुत्री, ब्रह्मचारिणी कहो। मैं चन्द्र घण्टा, कुष्मांडा हूं-स्कंदमाता, सुना! मैं कात्यायिनी, काल रात्रि, महागौरी और सिद्धि दात्री हूं। मैं नव दुर्गा हूं, समझे! समझ लो, सुन लो। मैं पशुपति, महेश्वर, रुद्र और शिव का सतत् त्रिकाल आह्वाहन करती हूं और अपनी संगिनी अनंग कुसुमा, अनंग मेखला, अनंग मदना, अनंग मदनांकुशा, अनंग रेखा, अनंग वेगिनी, अनंग कुशा, अनंग मालिनी देवियों से घिरी मैं, श्री, लक्ष्मी, कमला, पद्मा, पद्मिनी कमलालया, रमा, वृषाकपि धन्या, पृथिवी, यज्ञा, इन्दिरा, उषा, माया, गिरा और राधा हूं श्री कृष्ण मेरे। सुना! नहीं सुना? तुम अब नहीं सुनोगे। मण्डन, शरीर धारी, तुम अब बिला रहे हो, अदृश्य हो रहे हो। मैं भी तुम्हारे चिर वियोग के अग्नि में जल जाऊंगी और भस्म बनकर तुम्हारे आचार्य की कमनीय देह को धूसरित कर दूंगी। मैं यह अवश्यमेव करूंगी।"

और भारती ने इंगित किया। वाद्य बज उठे; सुन्दरी सुघड़ सखियों के चरण थिरके; नूपुर रणझणायें; रत्न कंकण खनके और नवरंगी नीवी-बन्ध ऐंचती-थिरकती इतराती हुई कटियों पर नृत्य की उल्लसित लास-गति में खिंच-खिंच कर कर्षित हो शिथिलाने लगे। मण्डन देखते हुए खड़े रहे; ठके, ठिठके मूक और

अपने अन्तःकरण में मौन। भारती वसन्त की एक बगराई हुई बौराई हुई आंधी की भांति घहर कर लहरने लगी। वाद्यों के निनाद अपनी तीव्र घन मधुरता में मानो गहगहने लगे। मण्डन को लगा, सौन्दर्य का आलोकित अथाह जलधि यों लहर-विहर रहा है और अपृहत करने वाले दसों-पचासों लाक्षार्द्र चरण ठिठक रहे हैं- ठठक रहे हैं; टपटपा रहे हैं। भारती अपनी सखियों के साथ मानो श्री विद्या भुवनेश्वरीमन-मूर्धिनी महादेवी का यों लासों थिरकते घहरे नृत्य द्वारा आह्वाहन ही कर रही हो। मण्डन ने देखा अरुणारे, नारंगी, नवरंगी, सौन्दर्य-निधि में यह सौन्दर्य की प्रतिमायें उल्लोल-विलोल रही हैं। मण्डन देखते रहे; एक बेसुध सुधि से उनका रोम-रोम थर्रा उठा। उनके शून्य नयन मानो इस अपूर्व अदृश्य अपराजित सौन्दर्य की पारदर्शी राशि से भर कर स्वयं के अनंत में ही बंद होने लगे। मण्डन को लगा, रूप-रूप का यह आग्नेय सौन्दर्य रूप राशि के सरसीले समुद्र में विलय हो रहा है। मंडन कांप कर तन्द्रिल उन्मन बेसुधि में जाग्रत किंतु विस्मृत से लीन होने लगे। तब यह रूपों-नृत्य जगत सौन्दर्य का यह आधार रहित पारदर्शी एक असीम अथाह सिन्धु है? यह, यह किसी काल विजयी सौन्दर्य का अविराम आविर्भाव मात्र है? तब शास्त्र के प्रमाण ताड़ पत्रों के समान इसी अदृश्य किन्तु दृश्य रूप-समुद्र में तैरते रहते हैं और अन्त में डूब जाते हैं? तब मैं स्वयं-अनादि जीवात्मा इसी गूढ़ गुह्य गहन सौन्दर्य की एक अभिव्यक्ति रूप-रेखा मात्र हूं? मण्डन! मण्डन!! निस्संदेह यह जगत किसी परम परमातिपरम समर्थ सर्व शक्तिवान सौन्दर्येश्वर ने ही अपनी लुब्ध, मुग्ध, लवलीन दृष्टि द्वारा ही मानो रूप-वीचियों, उलोलों तथा हिल्लोलों के जलधि की भांति ही उद्धूत किया है- सौन्दर्य? भारती? उसकी यह उन्मद सखियों, मेरा देह, यह विश्व-यह अनन्त कोटि ब्रह्माण्डों की सहज रूप-राशि? मण्डन को लगा, अथाह रूपों की तरंगों में नाचता हुआ यह दृश्य, यह जगत-समस्त विश्व एक सूक्ष्मातिसूक्ष्म छाया है- कोई कामण कर रहा है? कोई मोहन और मारण, कोई स्तम्भन और उच्चाटन-कोई अदृश्य, अगोचर हां कोई अहर्निशि यह मायामय ऐन्द्रजाल रच रहा है, बुन रहा है और मैं उसी जाल में छटपटाता हुआ एक मत्स्य भर हूं। मैं, मैं सघन अन्धकार का संज्ञान भरा एक मेघ मात्र हूं। मैं किसी मुह्यमान सुन्दर का सुघड़ स्वप्न भर हूं। मण्डन, तू-तू है क्या? है तो सौन्दर्य के इस अविराम से, दृश्य से अलग थलग क्यों है? तू-तू तब इस अनादि सौन्दर्य की एक रूप ज्वाला है। जल रहा है तू अपनी देह से जल रहा है; प्राणों से रीता हो रहा है; मन से बेसुध, भ्रमित तू अपनी बुद्धि में गड़ा मृत्यु का सतत् कथन भर है! पदार्थ? क्या? इस अगम्य अदृश्य सौन्दर्य की छाया भर नहीं है

तो क्या है? क्या इस गुह्य अगम सौन्दर्य को देखा जा सकता है? बुद्धि के स्वैर उल्लासों से स्पर्श किया जा सकता है? चित्त के क्लान्त आवर्तनों से क्या यह सौन्दर्य का अपार सिन्धु नापा जा सकता है? क्या कामना-कीलित वासनाओं से रगमग, तृष्णाओं से दग्ध, भयभीत भयार्त अहं की देह-नौका द्वारा यह सृष्टि का सौन्दर्य निधि पार किया जा सकता है? मण्डन अपने गुह्य अगाध गहन में मानो चिहुंक उठे- मण्डन? एक नाम रखा हुआ प्रदत्त तथा संस्कार के घोर आग्रह से चेतना में भरा हुआ। यह चेतना, यह जीवात्म भाव मण्डन, यह, यह सब अनुभव? यह इदम? मण्डन ने मन ही मन पुकारा- "आचार्य शंकराचार्य!"

शंकर-अमरुक ने विहसंते हुए कहा- "तन्वंगी! तुम उस परात्पर सौन्दर्यधामश्री की एक कालमयी रूपाऽकृति मात्र हो परन्तु अवश्य तुम आकर्षक हो। तुम्हारी रूपवान देहाकृति मेरे नयनों में चुभ कर गड़ जाती है। हां अवश्य, सुन्दरी सुनयने, पीन पयोधरे, देवी! तुम उसी भुवनेश्वरी का मृत्यु लोक में उद्भासित एक रूप हो।"

रानी कलावती ने भयभीत सी पूछा- "क्यों?"

"इसीलिये कि तुमको देखते ही मुझे उसकी स्मृति हो आती है।" शंकर-अमरुक ने रानी को सिर से पांव तक निहारते हुए कहा- उस भुवनेश्वरी शिवा की स्मृति हो आती है। तुम जैसा ही वह वपु है; कोटि बालार्कों के भास सा दिवस पति निभा से आलोकित भासमान वह वपु है। मैं जैसे उसको खुली आंखों से चिदाकाश के चिति में देख रहा हूं- उस भुव-बीज भुवन मोहिनी के सौन्दर्य की तुलना कौन करे? किससे करे? उस महात्रिपुर सुन्दरी के पारदर्शी मायामय सौन्दर्य का तनिक सा वर्णन ब्रह्मा करें तो करें; विष्णु करें तो करें; महेश अपने तीसरे दिव्य लोचन से उस महादेवी को देख कर अस्फुट कुछ कह सकें तो कहें।"

रानी कलावती उठ खड़ी हुई; बोली- "तुम निस्संदेह अभिभूत हो! तुमको किसी तांत्रिक ने अभिभूत किया है- तुम किसके अभिनिवेश से यों अभिभूत हो, मेरे नरेश!"

शंकर- अमरुक ने सस्मित वासन्ती मेघ के मन्द गर्जन की भांति कहा- "तनिक गाया- "त्वदीयं सौन्दर्य तुहिन गिरि कन्ये तुलयितुम। कवीन्द्राः कल्पन्ते कथमपि विरंचि प्रभृतयः। यदालोक्यौत्सुक्याद् मद ललना भांति मनसा तपोभिर्दुष्प्राणमपि गिरिश सायुज्य पदवीं।"

रानी कलावती ने देखा शंकर-अमरुक के मुख-मण्डल पर अवर्णनीय आभा छाई हुई है। उन अरविन्द नयनों की मिची हुई पलकों पर जैसे अनन्त आकाश ही झूम रहा है। शंकर अमरुक-राजा निस्संदेह अभिभूत हैं। कोई दिव्य अनजान

देह में उतर आया है, कोई दिव्य प्रेत! प्रेत!! रानी खड़ी-खड़ी काँपने लगी। किसका प्रेत? कौन आया है राजा के मृत देह में, कौन? योगी यती-सन्यासी? कौन? राजा यह है नहीं; हो सकता नहीं। रानी ने भयभीत और किञ्चित विस्फारित नयनों से शंकर-अमरुक को तल्लीन स्वलीन लवलीन देखा। तनिक हौले हौले वह सुघड़ सिर झीम रहा था; कुछ प्रलम्ब तम सुई श्याम केश जैसे अपूर्व उमंग में झूम रहे थे। बन्द नयनों से मुख के प्रशान्त कूजन भरे मुग्ध स्वर से टकरा कर लास करती हुई ज्योति सी फूट रही थी।

शंकर-अमरुक ने हृदय में गुदगुदाते हुए गाया- "नर वर्षीयांस नयन विरसं नर्म सुजड़म् तवापांगा लोके पतित मनु धावन्ति रतशः शतशः गलद वेणी-बन्धाः कुच-कलश विस्त्रस्त सिचया, हठात् त्रुटयत् कांच्यो विगलित दुकूला युवतयः।" सुना! श्रीमती सुनयने, सुन्दरि, सुना! उसके आनन्द लीन नयनों की दृष्टि पड़ते ही जीर्ण वृद्ध विगलित युवा चिरन्तन युवा हो जाता है; उसकी प्रसन्न अगाध कृपा से सभी जीर्णतायें दूर हो जाती हैं, सभी देह दिव्य वसन्त की संजीवनी से ओतः प्रोत हो जाते हैं- चिर अक्षय अमिट यौवन तथा उसका हिल्लौलित दिव्य उन्माद प्राप्त होता है। उसके, उस त्रिभुवनमोहिनी त्रिपुरसुन्दरी के एक कृपा-कटाक्ष से नीरस, शुष्क, संकुचित, रस-रिझवार के लिये अयोग्य, उद्दीपनहीन, अनुभाव-विभाव से रहित वृद्ध काम देव से भी अधिक कमनीय हो जाता है। सुना, देवांगनायें और मानवी युवतियां वसन्त के घ्राण की भांति उसके पीछे मंत्र-मुग्ध सी दौड़ती हैं- उनकी कञ्चुकियों के कस टूट जाते हैं; अञ्चल खिसक जाते हैं और कटि-मेखलाओं की किंकणियां शिथिल होकर छूट जाती हैं- वह वृद्ध वसन्त कुसुमाकर हो जाता है, वह-वह...."

रानी कलावती फुसफसाई- "वह, वह रति राज...."

शंकर-अमरुक ने तनिक हास्यपूर्वक अधीर होकर जैसे कहा- "उसकी कृपा-उस राज राजेश्वरी श्री चक्रास्थित भवानी शिवा की कृपा-उस शारदा सरस्वती की कृपा-दृष्टि! देवी, क्या कहूं- क्या बताऊं? शरद ज्योत्स्ना शुभ्राम् शशियुत जटाजूट मृदसाँ। वरत्रासत्राण स्फटिक गुटिकाम् पुस्तकधराम्। सकृन्नत्वा नुत्वां कथमपि संनिदधते, मधुर क्षीर द्राक्षा मधुरि मधुरीणाम् भणितय। वह मधुराऽतिमधुर वाणीपति, वांगमय धनी, कवि, क्रान्तिदर्शी मनीषी हो जाता है। विद्वान् श्रीमन्त राजेश्वर उसकी मैत्री, प्रीति-का सानिद्ध चाहने लगते हैं।"

रानी कलावती पुनः पास खिसकी-आई; बोली- "और सन्त साधु?"

शंकर-अमरुक ने उत्साहपूर्वक नयनों में पूर्णरूपेण जागते हुए कहा- "साधु सन्त? कुहुकिनी! कान्ते, तुम नहीं जानती क्या? नहीं जानती तब नयन शोभने!

स्नोः कविन्द्राणाम् चेतः कमलवन बाला तप रुचिम् भजन्ते ये सन्तिः कति चिद् रुणामेव भवती। विरंचि प्रेमस्यास्त रुणा तर श्रृंगार लहरीं, गमीकाम्निर्वाभिदधति संभारं जन्मयी। कवियों के अन्तःकरण के कमलवन पर पड़ते हुए अरुणोदय की आभा के समान उसके अरुणारे रूप को भजते हैं। ब्रह्मा की प्राणवल्लभा शाश्वत प्रिया सरस्वती उस मुग्ध सन्त की वाणी को रस-वीचियों की उल्लोले बना देती हैं- श्रृंगार-लहरियों से चित्त का वह सागर लहर उठता है। उस मधुमयी नवरंगी सरस वाणी को सुनकर सज्जन रीझ उठते हैं- राज राजेश्वर लुब्ध हो जाते हैं और मनीषी विद्वज्जन मुग्ध हो जाते हैं- उस केसरी अरुण कान्ति की अपूर्व सौन्दर्यश्री को जो भजते हैं, वह सन्त साधु योगी, यती सब इंगित मात्र से सरस्वती अपनी वाणी में आहूत कर लेते हैं, लक्ष्मी को मानो गृहिणी बना लेते हैं। स्वर्ग उसकी अरुण कान्ति से ओतः प्रोत है; पृथिवी उस अरुण तेज से छाई रहती है। व्यतीत होते हुए प्रसन्न मगन ब्राह्ममुहूर्त के अरुणोदय की अरुण ज्योति का उस भवानी-भुवनेश्वरी का तनु है; वपु! उसे जो योगी यती साधु सन्त भजता है, वह चकित, तनिक भयभीत, तनिक लज्जित हिरणी-नयनों वाली उर्वशी सहित स्वर्ग की सभी अप्सरियां उनके वश हो जाती हैं।"

रानी कलावती ने शंकर-अमरुक के घुटने को अपने स्तन भार विवश बाहुओं में बांधते हुए पूछा- "और मेरी जैसी मानवी?"

"गीर्वाण गणिका?" शंकर-अमरुक ने उसके बिथुरते हुए केश के मेघ में तनिक छिपते हुए मुख-चन्द्र को निहारते हुए पूछा- "तो सुनो, अधीर-धीरे! क्या कहा था? क्या अष्ट वाग् देवियों सहित जो उस भुवनेश्वरी ललिता का ध्यान करता है, वह अठारह लक्षणों से मण्डित काव्य का कवि हो जाता है। वाणी की आदि कला सरस्वती के मुख से स्फुटित मधुर निर्झर सी, पूर्णिमा की कला-निधि सी कविता का वह सहज ही आशु रचयिता हो जाता है। चन्द्रकांत मणि की निर्दोष कान्ति के समान चित्ताकर्षक, रसात्मक वाक्यों की वह पल भर में रचना कर लेता है- वह कवि मनीषी रस राज बन जाता है, मुग्ध लुब्धे।"

रानी कलावती ने अपने गंभीर स्तनों को तनिक शंकर अमरुक के घुटनों पर भींसते हुए बिब्बोकमयी हष्टि से तन्मय लवलीन से इस नर को देखा और अपने अणियारे दीर्घ नयनों से कटाक्ष करते हुए पूछा- "जैसे तुम हो गये हो प्राण मेरे!"

शंकर-अमरुक ने घहरी हुई लहर में सिर हिलाया; उन्मीलित थिरकती हुई पलकों में बन्द नयनों से कलावती को देखा और कहा- गाया कूजा- "मुखम् बिन्दुम् कृत्वा कुच युगमधस्तस्य दधतो। हराधं व्याये द्यो हर महिषि ते मन्मथ कलाम्। ससद्य संक्षौभम्-नयति वनितास्त्वित्यति लघु त्रिलोकी मप्याषु भ्रमयति

रवीन्द्रस्तन युगाम्। उसके अनिंद्य श्री सुन्दर मुख को बिन्दु रूप धार कर उस पूर्णेन्दु के नीचे सद्वृत दो स्तन को देखता हुआ शिव के अर्ध नारीश्वर स्वरूप को ध्याता है तथा जो उस हर महिषी की मन्मय कला का ध्यान करता है, वह पुरुष-नर-जगत की तन्वंगी तरुणियों को तो सिहरा देता ही है; परन्तु सूमुखि! वह प्रदीप्त-दीप्त नर उन सूर्य-चन्द्र रूपी द्वय स्तनों को दिव्य चक्षु से निहार कर त्रिलोक को भी वसन्त की मलयानिल की भांति थरथराया करता है। अवश्य वह पुरुष चन्द्रकान्तमणि की कान्ति की मूर्ति सुधा मूर्ति को अहर्निशि मीड़ कर गरुड़ का गर्व खण्डन कर देता है- काल सर्प के विष को उतार देता है- भव-संसार के ज्वरों का शमन कर देता है। हां, स्तन भार नमिते। हां।"

रानी कलावती ने शंकर-अमरुक की शिथिल जंघा को तनिक सी चिकौटी काटते हुए कहा- "जैसे तुम कर रहे हो। यही न?"

"मैं?" शंकर-अमरुक ने सहसा जाग्रत होते हुए कहा- "मैं? कालाधीन मरणासन्न मानव क्या कर सकता हूं? राग, द्वेष, काम, क्रोध, लोभ, मोह, मात्सर्य नष्ट हो गये हैं। जिनके, जिनका अन्तःकरण शुद्ध हो गया है, पवित्र, वह निरामय साधु-सन्त, महान पुरुष, विद्युत शिखा के समान पीन, सूर्य चन्द्र और अग्नि स्वरूप त्रैलोक-व्याप्त षड् कमलों के उपवन स्थित सहस्र दल कमल में विराजमान उसकी कलाओं का जो सतत् ध्यान करते रहते हैं, उन्हें ही परमानंद की लहर मिलती है- अगाध आनन्द में डूबे हुए यही रसनिधि पुरुष "त्रैलोक्य का परम सुख भी प्राप्त करते हैं। वह परात्पर परमेश्वरी महात्रिपुर सुन्दरी जगन्मोहिनी चित्त मालिनी रसेश्वरी रसमूर्ति सच्चिदानंद विग्रहा, वह ब्रह्माणि-वह....।"

"वह!" रानी कलावती हुमुसी।

"वह ब्रह्माणि वेद है, अवेद है; ज्ञान है- अज्ञान भी है; वह पुरुष है-प्रकृति है। वह आनन्द और अनानन्द भी है- वह, वह अखिल-निखिल जगत है। मैं वह है; तुम वह है- वह विश्वात्मा है; भुवन बीच है। जनम-मरण की भीति को भृंशने वाली सत् चित स्वरूपा वह है। ब्रह्मा, विष्णु, महेश उसकी स्तुति करते रहते है; योगी ध्यान मग्न उसको निहारते रहते हैं- वह, वह भुवनेश्वरी भवानी ललिता शिवा, वह आद्या...."

"वह, आद्या, प्राण मेरे!" रानी कलावती ने अर्धालिंगन सा करते हुए कहा- "तब तुम योगी हो; उसी सुन्दरी के ध्यान में मग्न हो, क्यों?"

शंकर-अमरुक ने सहज ही कहा- "जगदम्बा! तुम भवानी इस दासानुदास पर दया करो" यह कहते ही ब्रह्मा, विष्णु और महेश के मणिमय मुकुटों से

नीरांजनित, त्रिनेत्रा, युगल स्तन भार नमित, चन्द्रार्ध चूड़ा, शिवाकोपारिस्थां वह सायुज्य पदवी प्रदान करती है, ऐसी सर्वोपकारां वह महादेवी भुवनेश्वरी है..."

रानी कलावती चिहुंकी- "भुवनेश्वरी? भवानी!"

शंकर-अमरुक ने रानी के अर्धालिंगन से छटकते हुए कहा- "महाप्रलय में ब्रह्मा जगत-सृष्टा विष्णु, विश्व परिपालक सभी समा जाते हैं; परन्तु शिव, महेश भुवनेश्वरी की भृकूटि के सहारे महा प्रलय में भी बने रहते और जगत पर अनुग्रह करते रहते हैं। ब्रह्म परात्पर चिति महात्रिपुर सुन्दरी के सच्चिदानंद विग्रह में साकार होते हैं, सगुण। शक्ति ही सगुण ब्रह्म है, ब्रह्माणि!"

रानी कलावती को लगा, राजा अमरुक का देह स्थिर अचल निस्पंद सा होकर आकाश में जड़ गया है।

<h1 style="text-align:center">30</h1>

रानी शंकर-अमरुक को विस्फारित भयभीत हष्टि से देखती रही। शंकर-अमरुक एक रात, दूसरा दिन और फिर दूसरी रात यों विजड़ित से पड़े रहे। अपने गदकारे सुशोभित पर्यंक पर मानो सुधिहीन से लेटे रहे। रानी का हृदय कांपता रहा-धड़कता रहा। "यह, यह वह नहीं हैं, मेरे प्राणपति प्राणेश्वर राजा नहीं हैं। यह तो कोई विलक्षण प्रेत है। प्रेत? नहीं, नहीं। प्रेत क्या मणि द्वीप, भुवनेश्वरी, भवानी, शिवा उसके अपार सौन्दर्य की कहेगा क्या? काव्य-रचना करेगा? यह तो निस्संदेह कोई साधक है; योगी। कोई शैव है; शिव-शिवा का भक्त! किन्तु क्या सामान्य मानवी भक्त यों राजा के शरीर में प्रवेश कर सकता है? यह क्या किसी महाप्रेत का अभिनिवेश है? क्या राजा किसी देव से अभिभूत है? क्या है यह?" रानी सोचती रही; विचारती रही-कांपती हुई आश्चर्य चकित पर्यंक पर स्थिर किन्तु शिथिल लेटे हुए अमरुक के दिव्य से देह को निहारती रही। देह वही था; चिर परिचित सा; किन्तु अमरुक वह नहीं था- वह जिसकी रग-रग वह जानती थी; जिसका रोम-रोम उसको ज्ञात था। वही वह मध्यम चौड़ा ललाट है; वही सदैव आतुर उभरी हुई घनश्याम केश-राशि है- वही शिथिल कोदण्ड सी भवें हैं। वही रस-रिझिवार से हुमुसे-हंसौहे नयन हैं। वही तीक्ष्ण दन्तः क्षत करने के आदि होंठ हैं; बीच में तनिक उत्फुल्ल और आदि-अन्त में पीन, कुनमुनाये हुए अधर! रानी के कपोल, गुलाबी स्फटिक मणि की आभा से जाग्रत कपोल, मानो, अमरुक के अनगिनत चुम्बनों के स्पर्शों की स्मृति से आकुल हो उठे। रानी ने उस तनिक प्रखर, तनिक कोमल स्वर्ण-ताम्र कान्ति में लीढ़ खुरदरे, भुरभुरे किन्तु सच्चिकन मुख मण्डल को ताका। अमरुक का मुखमण्डल वही था जिसको वह सदैव अपने घन पीन मृदुल-भारी उरोजों के तनिक गहरे आकाश में

भरा करती है। वही सिंह-शावक के से स्कन्ध; वह आतुर-व्याकुल बाहु रमणियों के आलिंगनों के लिये सदैव कुशल, जाग्रत लोलम्ब बाहु। वही पुष्पधन्वा की प्रसून प्रत्यंचा सी तनी, कसी, कसमसी कटि। वही उभरी, भरी भारी मदीली स्वर्ण वर्ण की भींसों भरी, समर्थ जंघायें, मदन के मुग्दल सी, रति श्रमों से मानो पुष्ट और रति धन्य जंघायें किन्तु जैसे राजा अमरुक की यह समस्त देह इस समय अभिभूत थी; आहूत थी। रति प्रिया अप्सरियों के कान्त इन्द्र सा, पार्वती के आलिंगन के लिये लालायित शिव सा, न जाने कैसा, अज्ञात सा, अनहोना सा कोई इस सदैव रसनिधि में तैरते हुए निश्चिन्त निष्कपट देह में आ घुसा है। अवश्य कोई अद्भुत है- कोई यती, योगी?"

सहसा पार्षद ने द्वार में ही नमन करते हुए कहा- "आमात्य वर, महादेवी!"

रानी कलावती ने घहरी हुई तंद्रिल निद्रा में सोते हुए राजा अमरुक की ओर देखते हुए ही कहा- "लिवा ला।"

"जी, श्रीमती महादेवी!" पार्षद ने नमन कर जाते हुए कहा।

"महादेवी, श्रीमती!" रानी मन ही मन स्वयं से कह उठी- "मैं, मैं तब परोक्षतः किसी यती, योगी, महाप्रेत की भोग्या हो गई हूं क्या? निस्संदेह यह राजा का देह है, लेटा हुआ किन्तु घहरे निर्विघ्न शांत सम सन्तुष्ट स्वांस भरता हुआ कोई और है। राजा यों गगन की उर्मियों को सुल्हाने वाला स्वांस भरता ही कब था? तनिक घोर, घूर तथा घुरघुराता हुआ स्वांस वह लेता था-भरता था। रति-युद्ध में जीता-हारा सा तुष्ट वह देह आषाढ़ मास के प्रथम मेघों की गति सा, बसन्त की कुसुमों को कंपाने वाली मन्द-मन्द आंधी सा स्वांस वह देह स्वयं ही मानो भरता था। रगमगा तनिक भारी शिथिल अधीर सा स्वांस था राजा का, उसके प्रियतम का किन्तु यह आकाश के दिकों को जगाता हुआ, दिशाओं के प्रतिघोषों को शांत करता हुआ महाप्राण से भरा पूरा मलयानिल सा स्वांस है जो सृष्टि की काल धारा के मौन मन्द्र प्रवाह सा है। अवश्य, कोई योगी राजा के मृत देह में आया है, निस्संदेह।"

आमात्य-प्रवर ने पास स्थित आसन पर बैठते हुए कहा- "श्रीमती महादेवी! जनपद-राज्य में आश्चर्य जैसे तीर्थ यात्रा सी कर रहा है।"

रानी जागी; बोली- "तो आप श्री भी कवि हो गये क्या? जिसे देखो, वह बदल सा गया है; कुछ हो गया है। आश्चर्य तीर्थयात्रा कर रहा है? क्या कैसे?"

आमात्य प्रवर ने कहा- "अवश्य, निस्संदेह श्रीमती देवी! जैसे मेरे मन की आंखें खुल रही हैं- मैं अब तक केवल राजेश्वर राजा को ही देखता था- देख सकता था किन्तु अब, आज, मैं राजा और प्रजा तथा उस धरती को भी देख

रहा हूं, जिस पर राजा और प्रजा दोनों जन्मते हैं; जन्मते रहते हैं। मैं जैसे गहन अवकाश की धारणा से आकाश को भी देख सकता हूं, जिसमें यह ब्रह्माण्ड उद्भवित होकर बस रहा है। श्रीमती! मेरी बुद्धि मानो भारत वर्ष के सभी तीर्थ कर मणिकर्णिका घाट पर अन्तिम गंगा-स्नान कर रही है। मैं जैसे वानप्रस्थ गृहण कर सदैव गंगा-स्नान करना चाहता हूं- मैं, गृहस्थ तथा राज-काज की इस आधि, व्याधि और उपाधि से आकण्ठ आ गया हूं, महादेवी, श्रीमती!"

रानी कलावती स्वयं में ही डूबती हुई बोली- "मैं भी जैसे बदल गई हूं- बदल रही हूं। महाप्राण से भरे दिव्य महाप्राण के वसन्त वायु में दौलती हुई मैं कमलिनी अपने मानस-सरोवर में ही डूब जाना चाहती हूं। मैं पञ्चम स्वर की कोकिला मिटकर मन्थर गति से मानसरोवर में तैरती हुई राज-हंसिनी होना चाहती हूं।"

आमात्य प्रवर ने उत्साहपूर्वक कहा- "धन्य, श्रीमती महादेवी, धन्य!"

"अवश्य निस्संदेह मैं जैसे अब धन्य होने जा रही हूं। आमात्य श्री!" रानी कलावती ने ऊर्ध्व सांस भर विकल उत्साहपूर्वक कहा- "यह, वह राजा, अपने महाराज, मेरे स्वामी, जो सो रहे हैं, यह वह नहीं हैं, आमात्य श्री!"

आमात्य-प्रवर ने सन्न होते हुए कहा- पूछा- "क्या कह रही हैं श्रीमती श्री? महाराज का तो देह वही है, किन्तु देह में वह नहीं हैं। आश्चर्यों का भी आश्चर्य!"

रानी कलावती ने गहन निद्रा में लीन किन्तु जगत में स्थित बसे हुए उस कमनीय देह को पुनः पुनः निहारते हुए कहा- "कोई योगी, यती, दिव्य महाप्रेत ने राजा के शरीर में प्रवेश किया है। वाणी, विचार, वर्तन व्यवहार सभी महर्षि विश्वामित्र की भांति मुझे प्रतीत होते हैं, राजा के मणिद्वीप, भुवनेश्वरी, सम रस, कुण्डलिनी और दिव्यतम गूढ़ गुह्य सौन्दर्य का काव्य राजा के मुख से झरता है, आमात्य! राजा मुझे छू कर भी नहीं छूते; संगत करते हुए भी जैसे असंग हैं। राजा के नयनों के अथाह में मुझे किसी सन्यासी, योगी, वागीश की छबि स्वप्नों के घुले-मिले धुंधल में तैरती हुई दिखती है- अवश्य ही राजा के मृत देह में कोई योगी, ज्ञानी-सन्यासी ने ही प्रवेश किया है। तभी तो जनपद मंगलमय आश्चर्यों की वार्ता बनता जा रहा है। नहीं आमात्य श्री?"

आमात्य श्री ने रग-रग में जैसे थिजते हुए कहा- "अवश्य, श्रीमती श्री! कूप गहरे खनन के बाद भी पानी की एक बूंद के बिना भंखाड़ बने हुए थे, यह पृथिवी की कुक्षी से स्फूर्त रस-निर्झर की भांति अक्षय प्रवाह से भर गये हैं। अमृत-जल, महादेवी! उन सहस्त्रों कूपों में अथाह अमृत जैसे पूर-पूर कर भर गया है।

वापिकाओं के कीच जो अन्धी आंखों को भी दिखते हैं, हिलोरे लेते हुए जल-अथाह में पृथिवी के नीचे सातवें पाताल में धंस गये हैं। श्रीमती श्री! विपिनों में बसन्त जैसे सदैव के लिये छा गया है और आकाश अन्तरिक्ष मुह्यमान आतुर दीर्घ-वर्षा मेघों के गहन गर्भों से भर गया है। जनपद के खपरेलों पर घनश्याम धूम मानो अठखेलियां कर रहे हैं-घरों के अग्निहोत्र स्वयं ही जैसे पवित्र अग्नि की उदात्त वह्निनयों में बदल गये हैं। लोगों ने स्वयं ही राज्याज्ञा के बिना ही मनु स्मृति को पुनः मन-वचन-कर्म से स्वीकार कर लिया है। ब्राह्मण पुनः शुद्ध उच्चारण तथा वेद-गीत का शास्त्रीय उद्घोष करने लगे हैं। क्या कहूं, कितना कहूं, श्रीमती श्री! जैसे राज्य की लोगों को आवश्यकता ही नहीं रही हो। राजाज्ञा? नहीं, पंच परमेश्वर के निर्णय ही चलने लगे हैं। राज का कर स्वयं ही जैसे उड़ा चला आ रहा है।"

रानी कलावती स्तब्ध सी होकर आमात्य को सुन रही थी- बोली- "तब तो मैं सच हूं; निश्चित हूं, कोई योगी ही राजा के मृत शरीर में प्रविष्ट है। अतीत में भी ऐसा हुआ है, आमात्य श्री! सिंहल द्वीप के राजा के मृत शरीर में योगी राज मत्स्येन्द्र ने प्रवेश लिया था और राजा तथा प्रजा का मंगल साधा था। अपने इस जनपद का दुर्भाग्य टल गया, आमात्य! सौभाग्य का वासन्ती सूर्य उदय हुआ है, समझो!"

आमात्य प्रवर ने दिग् मूढ़ सा अनुभव करते हुए स्वीकृति में सिर हिलाया- "अवश्य, निस्संदेह, श्रीमती श्री! अचूक।"

रानी कलावती उठी और द्वार की ओर लपकते हुए आमात्य को साथ होने का इंगित करती हुई मानो धरती से उछल कर आकाश में उड़ी। चरणों के घने नूपुर झनझना कर मानो चीत्कार सा कर उठे। कटि-किंकणी प्रहार से प्रताड़ित चौंक उठी और लसदवृत्त पीन पयोधरों के दृश्यमान अर्ध चन्द्र आतुर ऊर्ध्व स्वांसों से हहर उठे। रानी कलावती दीर्घा के एक कोण में जा सिमटी; बोली- "आमात्य श्री! जनपद का पर्वत-पर्वत खोजो, खोद डालो। अवश्य ही किसी मनोरम्य कंदरा में कोई महायोगी अपना शरीर अचल-अविचल तथा पद्मासन स्थिर कर छोड़ आया है। मुझे-मुझे जैसे दीख पड़ता है, आमात्य!"

आमात्य प्रवर ने घुटनों में तनिक कांप कर कहा- "जी, जी, श्रीमती! महादेवी! अवश्य, अवश्य!"

रानी कलावती के पद्मपाणि मुद्रियों में भिंसभिंसाये; अधर दबे और बिजली की कौंधों के समान दांत अचकचाते हुए कचकचे; रानी ने सिर धुनाते हुए आज्ञा की- "उस अज्ञात किन्तु ज्ञात योगेश्वर के पद्मासन स्थिर देह को खोजो-खोजो

और जला दो। समझे? सुना नहीं, आमात्य? सिधारो अब, जाओ। सभी वन चर दूतों को सन्नद्ध कर दो।..."

"श्रीमती श्री, महादेवी!" आमात्य प्रवर चिहुंके।

"उपदेश मत दो, आमात्य श्री!" रानी के बड़रे कमल लोचन अगाध आंसुओं से भर आये-सिसकी भरते हुए रानी ने कहा- "योगी ही सही, मैं अपना सौभाग्य अविचल करना चाहती हूं। सती सावित्री यम-पाश से अपने प्राण पति को छुड़ा लाई थी। मैं इस अदृश्य योगी को अपने प्राण पति के मृत देह में सदैव के लिये बांध दूंगी। अवश्य, आमात्य! अन्ततोगत्वा सभी जीवात्मा आत्मा हैं और आत्मा परमात्मा है। नहीं है, आमात्य श्री!"

"है, है-अवश्य है, श्रीमती राज्ञी, निस्संदेह है।" आमात्य श्री ने कहा- "आज्ञा शिरोधार्य है, महादेवी!"

"असावधानी हुई तो मैं सम्बन्धित सेवक को भूगर्भ में उतार दूंगी, समझे, आप श्री?" रानी कलावती ने शीतल रोष पूर्वक कहा, "यह मेरे अक्षय सौभाग्य तथा जनपद राज्य एवं उसकी प्रजा के चिरन्तन मंगल के भाग्य और भविष्य का प्रसंग है- समझ लेना; गुन लेना-गांठ बांध लेना आप सब, समझे!"

आमात्य प्रवर ने प्रस्थानोद्यत होकर कहा- "निस्संदेह, श्रीमती श्री, महादेवी! आपकी जय हो।"

आमात्य श्री भयभीत वृषभ की भांति चले-चल दिये। रानी कलावती ने वयोवृद्ध किन्तु वयस्क युवा से आमात्य प्रवर को त्वरा पूर्वक राज मन्दिर की ओर जाते हुए देखा किया। वह जैसे आंधियों के अन्धे वाहों को भ्रू भंग से रोकना, कीलित कर देना चाहती थी। अधरों के बांध से अगम आगम के समुद्र को थाम देना चाहती थी। रानी दीर्घा के उस कोण में गड़ी और पुनः उखड़ आते हुए बोली- "तुम जो भी हो, अब मेरे पति के मृत देह में ही बंधे-बसे-जकड़े, बन्द रहोगे। अवश्य तुम मत्स्येन्द्र नाथ हो, हो। मैं तुमको अपनी कलाओं से बेसुध कर इसी कमनीय कान्त देह में बसाये रखूंगी, अवश्य! अभिमंत्रण, ऐन्द्र जाल, अभिचार सब कुछ करूंगी। तुम, तुम जो भी हो, दिव्य हो, अतीव सुन्दर हो, गहन रसमय हो-तुम, तुम क्या भगवान दत्तात्रेय नहीं हो? हो। दत्तात्रेय ईश्वर स्वयं मानव रूप में योगेश्वर थे- योगियों के परम गुरु! वही क्या यह नहीं हो सकते?" रानी अवाक् सी दीर्घा के गगन को अपनी अपलक आंखों में मौन घहरते हुए मानो देखती रही। दीर्घा का गगन-व्योम? दीखता है क्या? नहीं; परन्तु वह है-लगता है। तब गगन के उभार सा कोई राजा के शरीर में उभर रहा है। रानी के मानस-नयनों के आगे अमरुक की तनिक रतनार आंखें उपस

आईं। इन नयनों में वह, राजा, जगत और जीवन से विस्मृत सा, सुन्दरियों की अनवर कामना की धूमवती दीप-शिखा से तैरते रहते थे। उन नयनों में कामिनियों की किंकणियों की किणमों की विलमाती हुई प्रतिध्वनियां जैसे लास किया करती थीं। रूप का बिब्बोक भरा रहता था। इन आंखों में-यौवन का उन्माद लहरता रहता था; किन्तु अब? इन्हीं चिर-परिचित सी आंखों में सौन्दर्य की दिव्य अभिलाषा मानो इतरा रही है। रति की-वसन्त की कोपलों सी उमंग इन्हीं नेत्रों में मानो कतराया करती है और वह होंठ? कुछ-कुछ खुरदुरे, कुछ पीन; कुछ मोटे से दीर्घ चुम्बन-समर्थ लसित उल्लसित अधर! रानी के सचिक्कन गंड स्थल स्मृति-जड़े हुए दन्त-क्षतों से सीदने लगे। उसके आरक्त गुलाब के से अधर कुछ कांपे; हहरे-सिहरे। अपनी रत्न-जटित मुद्रिका मण्डित तर्जनी स्वाभाविक ही अपने अधरों पर सुल्हाते हुए रानी सरस स्मृति में डूब गई। अधर-पल्लव को अपने दीप्त चौंके से दबाकर राजा मानो प्राणायाम-सा करता और फिर आतुर हथेलियों से उसके स्फटिक स्वर्ण-कान्ति के उभार से उरोजों को व्याकुल करता रहता था। वही होंठ, आज जैसे अनासक्त धीर गंभीर, ताम्र-लालिमा के कीच से उसके अधरों को साश्चर्य मानो देखते रहते हैं- ताकते रहते हैं। राजा जैसे प्रगाढ़ आलिंगन चाहता है; किन्तु आलिंगन के लपकते हुए पाशों के बंधन से छटकना चाहता है। ऊर्ध्व स्वासों की मूक आंधी में उभरते हुए उरोजों का वह स्पर्श चाहता है; किन्तु उनको मथना नहीं चाहता। पुखराजी कदली स्तम्भ की सी पुष्ट जंघाओं को यह राजा भीत सा सुल्हाना चाहता है; किन्तु सरस चिकौटी भरना नहीं जानता। तनिक पृथु भारी भरे नितम्बों को गोदना यह क्या भूल गया है? वह राजा तो गण्डस्थल को होठों से बेधता रहता था; नितम्बों को हचमचा कर भान-भूला सा गोंदता, गुदगुदाता रहता था। राजा रमणी के-मेरे शरीर का रोम-रोम जानता था। लम्बे पठारों को युक्त करने वाली रसखानि योनि की रग-रग वह जानता था- राजा को पता था, रमणी अपनी कुक्षी में प्रीति की यमुना छिपाये हुए है। तब यह वही राजा रमणी के सरोवर-सुल्हे, पर्वतों खम्भे तथा रोमों की उपत्यकाओं में तनिक विस्मृत स्तन भार नमित और नितम्ब-विनीत देह को जानता ही नहीं। नौसिखिये रसिक की भांति रमणी के देह से चकित और लज्जित, आतुर किन्तु भयभीत यह राजा हो गया है। राजा कटि की एक-एक ऐंच समझता था; नितम्बों की आल्होड़ित एक-एक इतर उसे ज्ञात थी-उरोजों की वासन्ती बादलों सी उभर वह जानता था। आषाढ़ की सद्यः यौवना विद्युत के कम्प से भरे सावन के मेघों से उमड़ते और षडज स्वरों की ऊर्मियों से भरे अधरों के मौन निमंत्रण आमंत्रण

राजा अज्ञात ही अनुभव कर लेता था। तब यह रस-लण्ठ! यह रति-गंवार, यह युवा-अवधूत!!

रानी जैसे निद्रा में किसी स्वप्न को पकड़ने स्वप्न के पीछे भाग रही हो, यों शयन कक्ष की ओर चली। रानी को लगा, सारा प्रासाद आलोकित मौन से भर गया है। प्रासाद के गवाक्षों से कोई मधुर-आर्त स्वर मन्द प्रतिध्वनि में गहगह रहा है। रानी हत्बुद्धि सी शयनागार के द्वार पर ठिठक गई। शंकर-अमरुक आर्त-आर्द्र मधुर स्वर में तनिक सिर धुनाते हुए गा रहे थे, कह रहे थे- "विरञ्चिः पञ्चत्वं व्रजति हरिराप्नोति विरतम्। विनाशं की नाशो भजति धनदो यात निधनम्। वितन्द्रा माहेन्द्रो विततिरपि संमीलति दृशां-महासंहारेऽस्मिन् विलसित सतित्वत्यति रसौ हे परात्पर सुन्दरी सती, हे शिवे! ललिते, मीनाक्षी, भवानी, भुवनेश्वरी! हे जगदम्बिके, विश्वात्मिके! महाप्रलय में ब्रह्मा मृत्यु प्राप्त करते हैं- यम नाश पाता है- कुबेर का निधन होता है। इन्द्र की चिर दिव्य दृष्टियां संकुचित हो बुझ जाती हैं किन्तु भवानी, भुवनेश्वरी। तुम्हारे अपराजित कालजयी सतीत्व के अमोघ प्रताप से सदाशिव तुम्हारे प्राणवल्लभ पतिदेव हे देवी! अजर-अमर रहते हैं और तुम्हारे साथ क्रीड़ा करते रहते हैं। हे जगन्मोहिनी जगदम्बे! मेरी वाणी तुम्हारा कीर्तन हो। मेरी वाचा तुम्हारा अजापा जाप हो जाय। हां, सृष्टि सुन्दरी माते! मेरे हाथ से लिखना, सब क्रिया तुम्हारी मुद्रा हो जाय। मेरा चलना फिरना तुम्हारी प्रदक्षिणा हो जाय। तुम्हारे श्री चरणों में बैठना, सोना तुम्हारे चरणों में मेरे अहर्निशि प्रणाम हो जाय। मेरे सभी सुख, विश्व-जननी, तुझे मेरे आत्म-समर्पण हो-शरण दो भवानी!"

रानी कलावती ने देखा, शंकर-अमरुक ने लेटे ही लेटे दोनों हाथ गगन में उठाये और प्रणाम बद्ध कर गाया- "ब्रह्मा, विष्णु और इन्द्र के शत-शत प्रणाम प्राप्त कर शंकर जब कैलाश लौटते हैं, तब तुम्हारी यक्षणियां विनय करती हैं, देव, सम्भल कर चलो, कहीं ब्रह्मा के मुकुट को ठोकर न लग जाय। तीक्ष्ण अणियारा विष्णु मुकुट यह भूमि-लुंठित पड़ा उसे बचाकर चलो, नीलकण्ठ। इन्द्र का यह मुकुट जो आपके चरणों के ठीक सामने पड़ा है उसको टाल कर चलो। हे भगवती भुवन लक्ष्मी! यों कह कर यक्षणियां सफल धन्य होती हैं। हे काल जननी कालिके! सूर्य और चन्द्र के दिव्य स्तनों से दीप्त तुम्हारा ध्यान गम्य शरीर शंकर का ही शरीर है और संसार के महास्मशान की काल भस्म से धूसरित शंकर का शरीर तुम्हारा ही शरीर है। इसीलिए तो शंकर और तुम महाप्रलय में भी अभिन्न और एक स्थित रहते हो, तुम रस हो; शंकर आनन्द हैं- अजर आनन्द ललिते, सृष्टि सुन्दरी! भुवन मोहिनी मां मेरी!"

रानी कलावती ने सहसा पुकारा- "प्रिय मेरे।"

शंकर-अमरुक ने नयन खोलेः उठ बैठते हुए पूछा- "कौन? ललिते? मीनाक्षी, त्रिभुवन मन मोहिनी त्रिपुरे?"

रानी झपटती हुई शंकर-अमरुक के पास आई और बोली, सांस को थामते हुए बोली- "यह, यह तो मैं हूं, कलावती।"

"तुम?" शंकर-अमरुक ने ज्ञानेन्द्रियों में जागते हुए पूछा- "तुम? हां, हां, तुम तो! वही, वैसा ही शरीर, कमनीय कान्तिवान देह! हां, तुम उसी परमेश्वरी का रूप हो; भांति हो। मुकुल मने! तुम ठीक वैसी ही हो...."

"कैसी?" रानी ने कुछ उठक से बैठे हुए शंकर-अमरुक को अपने बाहुओं से घेरते हुए पूछा- "कैसी? सुनूं तो?"

शंकर-अमरुक ने सस्मित कहा- "तुम्हारे शरीर के प्रत्येक इन्द्रिय तत्व में वही है। तुम्हारे इन लुभाने वाले नयनों में, तुम्हारी सुघड़ नासिका में, तुम्हारे कुण्डल लोलित कानों में, तुम्हारी सर्पिणी सी आरक्त जिव्हा में वही भरी है। तुम्हारी कर्मेन्द्रियों में वही शक्ति है, तुम्हारे मन में वही, बुद्धि में, चित्त में-स्वयं तुम में समस्त समग्र पूर्ण परिपूर्ण वही तेजोमय प्रविष्ठ है। श्रीमती सुन्दरि! महत्तत्व में अहम्-अहंकार में, चित्त में, बुद्धि में, मन में-रूप, रस, गन्ध, स्पर्श और शब्द में, आंख, कान, नाक, जिव्हा और त्वचा में, मुख, हाथ-पांव कर्मेन्द्रियों में-पृथिवी जल, अग्नि, वायु और आकाश में-अखिल निखिल ब्रह्माण्ड में वही एक सच्चिदाऽनंद विग्रह छाई हुई है...."

रानी कलावती ने शंकर-अमरुक के कण्ठ को हथेलियों में बांधते हुए पुनः पूछा- "वह कौन है, प्राण मेरे?"

"तुम!" सहसा शंकर-अमरुक ने हंसते हुए कहा।

"मैं?" रानी हंसी-हुमुसी।

"हुं! तुम-वही, वही हो। मूलाधार, पथिवी-चक्र में वह लास्य नृत्य नाचती रहती है। उस अकथनीय लास्य-नृत्य से समया शक्ति का उद्भव होता है। ऐसी नवरसमयी समया के साथ शिव शंकर ताण्डव करते हैं- उसी भुवनेश्वरी के अनुग्रह से समया और शंकर यह जड़-चेतन विश्व उत्पन्न करते रहते हैं- तुम भी काल-शासित समया हो।"

"और तुम, प्रिय मेरे?" रानी ने शंकिर-अमरुक के कंधे पर झूमते हुए पूछा।

"मैं पाश-बद्ध, जीव शंकर हूं।" शंकर-अमरुक ने कहा- "मतिमय मानिनी! मैं सच्चिदानंद शिव तुम्हारी मोहिनी के वशीभूत प्रारब्ध का जीवात्मा हूं-पशु।"

"पशु?" रानी ने चौंक कर पूछा।

"इन्द्रियों के वश जीव पशुवत् है; पशुपति शिव ही उसका ऊर्ध्व रेतन करते हैं।" शंकर-अमरुक ने रानी के केशों को तनिक छूते हुए कहा- "यह सचिक्कन घन-कज्जल केश! सुमुखि! कितने कोमल उभरे, भरे चमकीले हैं?"

"रुको?" रानी ने अपनी विथुर किन्तु सुधी हुई अलकों को राजा के कपोलों पर दौलाया, कहा- "केश तो हैं ही भादों के मेघ जैसे" किन्तु यह ललाट, भवैं, नयन, नासिका, मुख और अधर?"

शंकर-अमरुक ने रानी के सावन के मेघ से आच्छन्न चन्द्रानन को निहारते हुए कहा- "मुख मण्डल? पांच ज्ञानेन्द्रियों तथा एक कर्मेन्द्रिय से मण्डित यह मुख-मण्डल चित्ताकर्षक है; निस्संदेह। सुदर्शिनी! ऐसा ही वह अनन्य अनिंद्य सुन्दर भुवन-मोहिनी का शरद के पूर्णेन्दु सा मुख-मण्डल है। वर्षा-ऋतु के मेघों के उभार सा उसका अपूर्व केश-कलाप है। हिमालय की उस दिव्य पुत्री, शैल पुत्री के अरुणाभा से दमकते हुए मुख-मण्डल स्वर्ण के रत्न-खचित मुकुट की ओजस्वी कान्ति जलहलती है। सुनो, प्रिय वादिनी, सुनो! "गते माणिक्यत्वम् गगनमणिभिः सान्द्र घटितम्। किरीटम् हैमते हिमगिरि सुते कीर्ते यति सः सनीऽयेच्छायाच्छुरण शवला चन्द्र कलिका। धनुः सौमासीरम् किमिदमिति बध्नाति धिषणाम्।"

रानी ने शंकर-अमरुक के चौड़े से वक्षस्थल में अपना मेघाच्छन्न सा चन्द्रानन भरते हुए कहा- "मैं संस्कृत सुन लेती हूं, प्रिय मेरे! ऐसा लगता है, समझ लेती हूं।"

शंकर-अमरुक ने रानी के मस्तक पर अभय हाथ फिराते हुए कहा- "उस शैलपुत्री के नीलम और माणिक्य से खचित मुकुट की जो आराधना करता है, उसको सघन वृक्षों की छाया में क्रीड़ती हुई पूर्णिमा का-श्वेत- श्याम चन्द्र कलिका का सतत् दर्शन होता रहता है। मानो इन्द्र धनुष प्रगट हो, ऐसी बुद्धि उसमें उजती है। शैल पुत्री के मुकुट से रत्नाभा का इन्द्र धनुष ही मानो प्रगट होता और मानव-बुद्धि को ज्योतिर्मय कर देता है। मानव के मानस-नयन उसकी श्वेत-श्यामल चांदनी की स्वप्निल, तंद्रिल आभा से पूर्ण हो जाते हैं तथा वह विष्णु माया के पारदर्शी सत-सौन्दर्य को जैसे देखने लगता है।"

रानी कलावती ने अपने अधरों से वक्षस्थल के केशों को सरस करने की मुग्ध चेष्टा करते हुए कहा- "प्रिय मेरे, मैं तो स्वयं को जानती हूं- मुझे देखो, निहारो, हां।"

शंकर-अमरुक ने रानी के केश-चिकुर को छूआ; तनिक गुद्गुदाया और ऊर्ध्व स्वांस भर कर कहा- "तुम्हारा यह अम्बोड़! टोह, उस महात्रिपुर-सुन्दरी का चिकुर-

निकुर कैसा है, जानती हो? नहीं; तो सुनो- "धुनोतु ध्वांतम् नस्तु लित दलिते दीवरवनम्। घन स्निग्ध श्रलक्षणम् चिकुर निकुरम्बं तव शिवे। तदीयम् सौरभ्यम् सहज मुपलब्धुम् सुमन सो-वसन्त्यस्मिन्मन्ये बल मथन वाटी विटपिलनां। यह दिव्य सघन कज्जल घनीभूत श्याम-कमलों की कान्ति से लीढ़, घटीला और कुशलतापूर्वक कवरित चिकुर निकुर जीवात्मा के अज्ञानान्धकार को मानो नष्ट करता है। उस दिव्य मेघों की, दिव्य उमड़ों के समान अम्बोड़ की सुगन्ध लेने इन्द्र के नन्दन वन के कल्प वृक्ष के सुमन मानो सजीव होना चाहते हैं- यह जगत उसी चिकुर-निकुर की श्याममाया से मानो उद्भवित चमकती दमकती हुई सौन्दर्य की तरंग राशि है। सुना, तुमने वसन्त कुसुमे! सुना!"

रानी कलावती ने शंकर-अमरुक की सघन जंघा पर चिकौटी काटते हुए कहा- "सुन लिया, यती राज! सुन लिया- तुम तो जैसे लावण्य-मय श्रृंगार के अभिराम कवि हो गये हो- उस मृत्यु की सी मूच्छ्रा में बेसुध रहकर तुमने जैसे सौन्दर्य की सुधि और श्रृंगार की श्री का प्रत्यक्ष कर लिया है- तुम सौन्दर्य के निर्मम कवि हो गये हो, प्रियतम!"

'प्रियतम!' शंकर-अमरुक ने सुना। प्रियतम? कौन, किसका? राजा-अमरुक के शरीर में दृष्टा स्वरूप आचार्य शंकर ने सहज ही जैसे सोचा- "प्रियतम! प्रियतम! भारती तब क्या तुम मुझको इसी देह-प्रियता का अनुभव करने को कह गई हो? क्या पञ्चभूतों के इस पार्थिव किन्तु दिव्य प्रपंच के मद का आस्वाद, मात्सर्य की अनुभूति, मोह की विस्मृति तथा सतत् लालसा का ज्ञान प्राप्त कराना चाहती थीं? भारती, देवी! क्या काम तर्क का विषय है? हो सकता है? क्या काम अपने अगाध सम्मोहन को लेकर शास्त्र हो सकता है? शिवा-कामेश्वरी, शिव कामेश्वर-क्या शिवस्त का यह समस्त है? क्या शिवा का यही स्वरूप है? है तो। सगुण ब्रह्म और क्या? ब्रह्म साकार निराकार सभी कुछ तो है, परे और पार, इधर-उधर, आमने-सामने, नित्य-निरन्तर सदैव, सदैवातीत ब्रह्म निरामय सत है और वह अथाह सौन्दर्य से दीप्त अनन्त चैतन्य से भरपूर, अगाध आनंद से परिपूर्ण वह सृष्टि का काल, विश्व का बिम्ब-प्रतिबिम्ब, जगत का विज्ञान घन दिव्य तथा भव-संसार का धाता विधाता ईश्वर है। अवश्यमेव ब्रह्म एक है; अभेद अभय है। वह अज है, जन्मता नहीं, मरता नहीं। अखण्ड सच्चिदानन्द खण्ड-खण्ड होता नहीं, हो सकता नहीं। पूर्ण परिपूर्ण है- अपूर्ण हो सकता है। अव्यक्त-व्यक्त उसकी चेतनवती विज्ञान माया ही है और यह परात्पर परमेश्वरी शिवा उस सच्चिदाऽनन्द की सच्चिदाऽनन्द रूपा, विग्रहा, मूर्ति है-सौन्दर्य का सार, ज्ञान गंगा, वाणी की आदि कला, रागोत्फुल्ल रस-भारती

राजराजेश्वरी है। सृष्टि स्थिति और उत्पत्ति उसी परमेश्वरी की धारणा माया-लीला क्रीड़ा है। तब शिवा के प्रियतम तो सदाशिव हैं-प्रेम? आत्मा परमात्मा से ही प्रेम कर सकता है; क्योंकि जीवात्म भाव अज्ञानाच्छादित मायामय अविद्या ग्रसित एक दिव्य एन्द्रजाल मात्र है- मैं सौन्दर्य का निर्मम कवि? मैं? ब्रहम का मनीषी हूं; कवि हूं- मैं परमात्मा का स्तुति कर्त्ता प्रभु के ज्ञान स्वरूप का गायक और उसके विज्ञान का द्रष्टा हूं। मैं परमेश्वरी का दासानुदास हूं- मैं जगदम्बा का शाश्वत अनादि सनातन बालक हूं; मैं जगत का शास्त्री, भव-संसार का आचार्य, विश्व का ऋषि और सृष्टि का मनीषी कवि हूं।" शंकर-अमरुक ने हहरते हुए कहा- "प्रियतम? तुम्हारा सुमते! जीवात्मा-जीवात्मा से प्रेम कर सकता ही नहीं विनीते! जीव जगत में मिलते और बिछुड़ जाते हैं- संयोग और अनिवार्य वियोग! यही जगत का काल-क्रम तथा कर्म-गति है, यही महाकाल है, सुनयने!"

रानी ने अवाक् सी पूछा- "तो तुम मेरे प्रियतम नहीं हो? मैं तुम्हारी प्रिया नहीं हूं?"

शंकर-अमरुक ने सस्मित सिर धुनते हुए कहा- "कौन किसका क्या है इस जगत में? यह जगत अनन्त काल में व्यक्त होकर पुनः अव्यक्त होता रहता है- उद्भव और तिरोभव, यही, यही। जीव काल की अवधियों से घिरा, कर्म-पाशों से बंधा, भव-भवों में जन्मता और मरता ही रहता है- पुनः पुनः जन्मता रहता है। तब कौन किसका हो सकता है? कुछ पलों के लिये मिलो; और अनन्त के लिये बिछुड़ो। प्रियवादिनी, मिलने का अन्त बिछुड़ना है; किन्तु क्या बिछुड़ने का अन्त मिलन है?"

रानी कलावती ने आघात खाते हुए कहा- "मैं क्या जानूं? मैं तो तुमको, मेरे पति-प्राणेश्वर को ही जानती हूं। यह जगत तो मेरा चिर परिचित है, ऐसा मुझे सहज ही अनुभव है; किन्तु इस जगत के भव-संसार में प्रियतम की खोज करनी ही पड़ती है- ईश्वर मिले तो मिल जाये, प्रियतम नहीं। प्रिय को पूर्णरूपेण प्राप्त कर लेना ही मेरा लक्ष्य रहा है, राजा-अमरुक!"

"राजा अमरुक!" शंकर अमरुक ने जैसे हठात् कहा "अमरुक! हां, अमरुक! एक प्रदत्त नाम और क्या? रानी, भव योनियों का नाम है क्या? जन्मों के नाम हैं भवों के नहीं।"

रानी कलावती ने सहसा झुंझला कर कहा- "तुम स्त्री-कामी प्रियाओं से घिरे रह कर भी सदैव असंतुष्ट, तुम! दार्शनिक कैसे हो गये? अमरुक, तुम्हें क्या हो गया है?"

"क्या हो गया है?" शंकर-अमरुक ने नयनों में जागते हुए पूछा- "वही देह है, जो था- है। क्या रूप बदल गया है? नाम परिवर्तित हो गया है? जीवात्मा का सार-तत्व वही, चिरन्तन, नहीं रहा। रूप और नाम, यही तो अज्ञान हैं, अज्ञान की माया, प्रियदर्शिनी!"

रानी कलावती ने सहसा शंकर-अमरुक के अधरों पर अपने अधर चांपते हुए कहा- "प्रिय वादिनी, प्रियदर्शिनी-बस! एक बार भी तुमने मुझे प्रिय प्राणेश्वरी नहीं कहा- मृत्यु की सी मूर्च्छा से जाग कर तुम विलक्षण से हो गये हो। कहो, एक बार मुझको प्रिये, प्राणेश्वरी पुकारो, अमरुक!"

शंकर-अमरुक ने रानी की मांग को निहारते हुए कहा- "यह, यह सेन्दुर-सुष्ठ तुम्हारी मांग। उस सृष्टि-सुन्दरी की मांग सूर्य के ब्राह्म मुहूर्त के किरण सी है- पद्मपत्र सी नासिका की सीध में बनी यह मांग, दिव्य लालिमा, दिव्य सिन्दूरी रंग तथा ज्योतिर्मय जगमगाहट से भरी है। यह तुम्हारा उद्दीप्त मुख, भ्रमर-शावकों के झुण्डों से कज्जल केशों की घनश्याम उमड़ों से सुशोभित यह तुम्हारा मुख। कमलवन की कान्ति को मन्द करने वाला मकरन्द की कान्ति के समान तुम्हारी दाड़िम दन्त पंक्ति, वह झबक, वह कौंध तुम्हारी मुलक को अनन्य कर देती है। मैं जैसे दन्त पंक्ति की चमकों से कांप कर उस दिव्य कान्ति में डूबने लगता हूं। मैं स्वयं एक मुग्ध भ्रमर सा उस कोटि-कोटि पूर्णिमाओं सा, मुसक्यान मण्डित, स्मित सुन्दर, मुलक मुह्य वह मुख जैसे लुब्ध दृष्टि से निहारता रहता हूं- निस्संदेह, कामदेव को भस्म करने वाले शंकर भी उस दिव्यातिदिव्य कमनीय, सुन्दर, जगन्मोहक मुख को देख कर काम विह्वल हो जाते हैं- तो, तो आश्चर्य ही क्या है, देवी!"

"तुम शंकर हो?" रानी ने अपने अधर शंकर-अमरुक के गण्डस्थल पर तनिक रगड़ते हुए कहा- "हो क्या?"

शंकर-अमरुक ने रानी के कातर अधरों से सांस लेने के लिये अपना कपोल तनिक सा दूर करते हुए कहा- "तुम जो मानो।"

"तुम जो भी हो, अमरुक! जो भी हो गये हो-"रानी ने अपना पुष्ट-पीन उरोज शंकर-अमरुक के उदासीन पार्श्व में भरते हुए कहा- "कामदेव को क्या तुम भस्म कर सकते हो?"

शंकर-अमरुक ने रानी के दूसरे उरोज को उभरते हुए देखा और कहा- "क्या मैं वास्तव में पशुपति महादेव शंकर हूं? शिव, जो कामदेव को भस्म करूं और तुम क्या रति हो?"

रानी कलावती ने अपने बाहु से शंकर-अमरुक की कटि मानो नाप लेते हुए कहा- "हां, मैं रति हूं-अब बस!"

शंकर-अमरुक ने विहंसते हुए कहा- "तो मुझे काम देव ही मान लो।"

"कैसे मान लूं?" रानी ने झनझनाते हुए कहा- "तुम मेरे तनिक से भृकुटि-विलास से स्थिर खड़े हो जाते थे। अधरों की मुलक से स्तम्भित रह जाते थे-नूपुरों की रणझणाहट से तुम अन्यमनस्क होकर मेरे चरणों को देखने लगते थे-मदिरा की सुगन्धित झूमों से झीमते हुए तुम मेरे नितम्बों पर सिंह शावक की भांति टूट से पड़ते थे-परन्तु आज तुम क्लीव, षंढ के से लगते हो।"

शंकर-अमरुक ने तनिक उत्ताल हास्य हंसते हुए कहा- "नहीं तो। तुम्हें देखकर मैं त्रिभुवन मोहिनी के अनादि अक्षय सौन्दर्य की छबियां देखना चाहता हूं। तुम्हें छूकर मैं देहोपरान्त दिव्य चिद्विलास में मग्न होना चाहता हूं- इस जगत में, विश्व में सुन्दरी चिर सुन्दरी तो वही है, परात्पर परमेश्वरी, शिवा! तुम उसकी छाया मात्र हो।"

रानी अधीर झुंझलाहट में उठी; पर्यंक से कूदती हुई बोली- "कौन है, वह मेरी सौत? यह तुम्हारी भुवनेश्वरी है कौन?"

"तुम!" शंकर-अमरुक ने ठठाकर हंसते हुए कहा।

"मैं? मैं अपनी सोत कैसे हो सकती हूं?" रानी ने कहा- "अच्छा, यतीराज! भुवनेश्वरी, ललिता, शिवा, अवश्य यह सब देवियों के नाम हैं; परन्तु तुम तो जैसे उस अदृश्य देवी के प्रणय में निमग्न हो-अमरुक! तुमको मैं अपनी पलकों से बांध रखूंगी, अपने प्राणों में घौल लूंगी। तुम मुझसे छटकते हो और अपनी स्वप्न-प्रिया के लिये यों मूढ़ बने रहते हो। इस जगत में मैं तुम्हारी साक्षात् यथार्थ प्रिया हूं- भूल क्यों गये, निर्मम?"

शंकर-अमरुक ने सस्मित कहा- "तुमको देखकर मैं जगत को देखने लगा हूं; तुमको छूकर मैं भव-संसार को छूने लगा हूं- तुम्हारा देहास्वाद कर क्या मैं कमलिनी में बन्द एक भंवरा बन जाऊं!"

"तुम और क्या थे?" रानी ने तनिक खीझते हुए कहा- "तुम भ्रमर नहीं तो, क्या थे? हो? शाक्त की सी बातें करते रहते हो! योगियों के से ध्यान का नाटक करने लगे हो। तुम शिवा के भक्त कब से हुए अमरुक! तुम स्वैर थे; स्वैर हो-तुम मेरे! रस-रिझवार थे- रहोगे। योगी ही होना था, तो पुनः जी क्यों गये, अमरुक! बताऊँ क्यों? मेरे लिये पुनः जी उठे हो। अमरुक, प्राण मेरे! मैं तुम्हारे चुम्बनों के लिये अधीर, तुम्हारे आलिंगनों के लिये सिहर रही हूं- भंवरे, तेरा दंश क्या हुआ?"

शंकर-अमरुक ने स्वयं में उन्मीलित होते हुए कहा- "काल ने निकाल लिया।"

"असत्य।" रानी वासन्ती मेघ के समान तर्जी- "उस रहस्य मूर्च्छा में तुम मृत्यु से भयभीत हो गये थे। देह में जाग्रत हो जाने पर भी तुम्हारी वह भीति ज्यों की त्यों है- तुम्हारा काठ ही मार गया है, अमरुक! तुम भामिनी से भागते हो; कामिनी की छाया से भी तुम कांपते हो- तुम रस-मूढ़ हो गये हो। मैं तुमको पुनः रस-सिन्धु की सैर कराऊंगी। तुम्हारी भुवनेश्वरी तो तुम्हारी कल्पना मात्र है- मैं सुन्दरी, कामिनी, भामिनी, मैं, भुवनेश्वरी रति-रूपा, मैं तुम्हारे समक्ष हूं- तुम्हारे पार्श्व में हूं, समझे।"

"समझ गया।" शंकर-अमरुक ने शान्ति से कहा।

रानी कलावती ने अपना अम्बोड़ शिथिलाते हुए कहा- "क्या समझ गये तुम! गायक वीणा को क्या तटस्थ समझता ही रहता है? वीणा के नितम्बों को अचूक झेलकर वह वीणा बजाता है। कामिनी को समझते ही रहोगे? तुमने भामिनी कामिनी को सदैव भोगा है, अमरुक! अब यह तटस्थता कैसी, क्यों?"

शंकर-अमरुक ने हंसते हुए कहा- "मायाविनी सुन्दरी से कौन तटस्थ, उदासीन रह सका है, भामिनी? स्त्री? भोग्या, केवल? अपने घट्ट सम्मोह में मैंने यही अनुभव किया होगा, अवश्य! किन्तु स्त्री मुझे तो अब उसी परात्पर परमेश्वरी महात्रिपुरसुन्दरी के स्वरूप ही दिखती है।"

रानी ने अपनी एक अलक शंकर अमरुक के कपोल पर तनिक रगड़ी और राजा के अधरों को चांपती सी बोली- "तुम तो जन्मजात रमणी वल्लभ रहे हो- हो। मैं तुम्हारी पत्नी तो हूं; किन्तु क्या तुमने मुझे अपनी धर्म पत्नी माना है? मैं सदैव तुम्हारी पट्ट भोग्या रही हूं- अन्यथा अपने अन्तरंग में इतनी चन्द्रानना एकत्र नहीं करते।"

शंकर-अमरुक ने रानी के ललाट को बिथुरी हुई अलकों में छिपते और पुनः प्रगट होते हुए देखा; कहा- "यह पीत-आभा से पूर्ण तुम्हारा ललाट किन्तु उस भवानी भुवनेश्वरी का ललाट? भ्रू भंगों से मानो प्रकम्पित, रूप के स्वच्छ दर्पण सा, अर्ध-चन्द्र सा, अहह! रानी क्या कहूं? उस अन्तरिक्ष की विद्युतों की चमकों से दमकते हुए चिकुर-निकुर का अर्ध-चन्द्र और वह ललाट का अर्ध-चन्द्र मिलकर अमृत का पूर्णेन्दु हो जाते हैं- उस सच्चिदाऽनंद-रूपा शिवा का अमिमय पूर्ण इन्दु।" शंकर-अमरुक ने सहसा रानी के ललाट को सुल्हाते हुए गाया- "ललाटम् लावण्य द्युति विमल मा भाति तव मद। द्वितीयं तन्मन्ये मुकुट शशिखण्डस्यशकलम्। विपर्या सन्यासां दुमक कृत

सन्धान नियतत। सुधा लेय स्फूर्ति परिणमति राका हिमकरः। समझी, कुहुकिनी, ऐं?"

रानी कलावती ने राजा की चिबुक से अपना ललाट छूते हुए कहा- "समझ गयी।"

शंकर-अमरुक ने स्थित अचल किन्तु शिथिल होते हुए कहा- "तुम समझ गयीं; मैं समझ गया- हम समझ गये? क्या? यौवन की उमंग से परिपूर्ण यह पार्थिव सौन्दर्य-यह कान्ति मान, आभा भरा रत्नोपम रूप, यह लावण्यमय अभिराम श्रृंगार, कामिनी! पूर्णेन्दु की सोलह कलाओं के प्रागट्य सा काम कलानिधि पूर्णेन्दु- यह नर देह के चित्ताकाश में अनादि से उदित है। यह समय का शुक्ल पक्ष और कृष्ण पक्ष, काल के यह नृत्यन्तित क्षण, यह मिलन के प्रगाढ़ आलिंगन, उष्ण अधीर सांसों के यह रसीले मन्थन, सुन्दरी श्री! अन्ततोगत्वा पार्थिव ऐन्द्रजाल का तिरोहित होता हुआ वसन्त है, और क्या है, सम्मोहिनी!"

"सम्मोहिनी? मैं?" रानी ने शंकर-अमरुक को पृष्ठ से कटि-तट पर मापते हुए कहा- "मैं मायाविनी, यौवन का सुन्दर ऐन्द्रजाल भर?"

शंकर-अमरुक ने ऊर्ध्व स्वांस लिया; कहाः फुसफुसाया- "तुम्हारी यह पीन भृकुटि चित्त को बेधती है; किन्तु उस पार्वती की भृकुटि भव-संसार के कष्ट, दुःख विघ्न और भय का नाश करने वाला तीर है। उन दिव्य घन कज्जल रेखा सी भृकुटियों और उन काल की टिमटिमाती हुई पलकों के बीच सज्जन और सन्त को भी वश करने वाले वह रोगोत्फुल्ल विलोल नयन! सुना, नितम्बिनी, सुना? उस परमेश्वरी का एक नयन सूर्य रूप है; दूसरा चन्द्र स्वरूप-दिवस उस सूर्य नयन से प्रगट होता है और रात्रि उस चन्द्र नयन से उभर आती है; किन्तु तुम्हारी भांति वह द्वय नयना ही नहीं है- वह त्रिनेत्रा है। उसका दिव्याग्नि स्वरूप तीसरा नेत्र सन्ध्या उत्पन्न करता है- परमेश्वरी शिवा के दिव्य तीसरे नयन की आरक्त ज्योतिर्मय घनीभूत इन्द्र-धनुष की सी ज्योति है- सत्, रजस, तमस-तीन गुणों की मानो वह काल के दिवस और रात्रि के मौन मिलन की वह सन्ध्या है। रात और दिवस के इस प्रकाश तथा अन्धकार के ललित विलास में सन्ध्या का क्षितिज ही उसकी कटि-मेखला है-"

सहसा शंकर-अमरुक चुप हो गये। रानी ने सीदती हुई आह भर कर कहा- "निर्दय, निगौड़े कहीं के। कनौड़े!"

निर्दय? निगौड़ा, कनौड़ा-अस्पष्ट अधीर शब्दों के कपोत मानो जगत के भूताऽकाश में फड़फड़ाते हुए उठे। सूक्ष्म कांपती हुई शब्द ध्वनि सूक्ष्मातिसूक्ष्म

तरंग सी शंकर-अमरुक के बन्द से कानों को खोल कर उस अनन्त से शान्त चित्ताकाश में पहुंची; घूमी; झूमी। शंकराचार्य के चित्ताकाश में तैरता हुआ राजा अमरुक का शववत् देह पञ्चभूत के पटल सा उभर आया। आचार्य शंकर के कंदरा स्थित देह के नयन एक पल के लिये मानो कांपे। शंकर ने अमरुक के शव में ही जैसे हंसते हुए कहा- "निर्दय, निगौड़ा मैं? कनौड़ा, क्या?"

"क्या? क्या? तुम्हारा सिर!" रानी कलावती ने अंगड़ाई लेते हुए कञ्चुकी के बन्द शिथिल कर उनको पुनः अंगड़ाई द्वारा ही झटकते हुए कहा- "पूर्णेन्दु क्या बोलता है? नहीं तो, अपनी पूर्णिमा में डूब जाता है।"

शंकर-अमरुक को अपने बाहुपाश में जकड़ते हुए रानी कलावती अमरुक के वक्षस्थल पर, कटि-प्रदेश पर तथा पार्श्वों में भर गई; प्रसर गई। राजा की पीठ को आलिंगन-बद्ध नखों से तनिक गोंदती हुई कलावती नख से शिख तक सिहरी। शंकर-अमरुक ने तनिक सीदते हुए कहा- "भूल गई, शिवे! अतीत में इन्द्र ने ब्रह्म का पञ्च मुख व्यर्थ मान कर अपने नखों से क्षत-विक्षत कर दिया था। तब वह चतुरानन शंकर के नखों से भयभीत हो गये थे और तुम्हारे चरण-कमलों में शरणाऽगत हुये थे। तब तुमने, शिवे। अपने चारों पद्म पाणियों से ब्रह्मा को अभय-दान दिया था। तब से ब्रह्मा तुम्हारे वरद हस्तों के सौन्दर्य की स्तुति किया करते हैं- यही तब क्या रमणी के तीक्ष्ण नखों का तनिक छीलने वाला 'क्षत' है?"

रानी ने सहसा अपने प्रवाल-अधरों को राजा के होठों पर चांपा तथा कौस्तुभ-कान्ति से दमकते हुए दाड़िम दांतों से अमरुक का ऊर्ध्व हुमुसित सा होठ काटते कहा- "दन्त क्षत, प्राण!"

शंकर-अमरुक ने रानी के दोनों हाथ पकड़े; झीले और पाणि नखों को निहारते हुए कहा- "नखों की गुलाबी कान्ति से, खिले हुए कमल के रंग से लीढ़ तुम्हारी इन हथेलियों की आभा का वर्णन कौन कर सकता है? लक्ष्मी के श्री चरणों के लाक्षाद्र रंग से लाल हुए कमल-पुष्प से ही तुम्हारे यह पद्म-पाणि वर्ण जा सकते हैं, हां, यही, प्रिय दर्शिनी!"

रानी कलावती शंकर-अमरुक के हौले से, कर्षण से, चांदनी के बादल सी शंकर-अमरुक पर उभर आई; बोली- "इधर, मेरे नयनों में देखो। देखो!"

शंकर-अमरुक बरबस भरभराते हुए लेट से गये। मूसलाऽधार वर्षा के पश्चात् सद्य-स्नात मेघ की भांति राजा के शरीर पर प्रसरती हुई कलावती के मद भरे तंद्रिल नयनों को शंकर-अमरुक ने विवश ही सही किन्तु देखा-झीमती हुई पलकों में झबकती हुई उस उन्माद भरी अथाह आभा में निहारते हुए शंकर-अमरुक ने

कहा- "तुम सोते हुए देख रही हो क्या? इन नयनों में मुझे तो निद्राधीन सा आकाश ही दिखता है...."

रानी ने अपनी पलकों से शंकर-अमरुक की भवें स्पर्श करते हुए कहा- "और उस आकाश में कौन पञ्छी उड़ रहा है, भला?"

शंकर-अमरुक को लगा, रानी का अंग-अंग उनके अंग-अंग से सट रहा है; जड़ रहा है- रानी मानो उनके रोम-रोम में छा जाना चाहती है। ऊर्ध्व स्वांस भरते हुए शंकर-अमरुक ने कहा- "पक्षी? तुम्हारे नयनाऽकाश में? नयन के गहन में एक दृष्टि से-ज्ञानी की अमोघ सर्व-व्याप्त दृष्टि, सुनयने!" शंकर-अमरुक ने रानी को तनिक पार्श्व में करने की चेष्टा करते हुए पुनः कहा- "विशाला कल्याणी स्फुट रुचिर योध्याकुवलयैः कृपा धारा पारा किमपि मधुरा भोग लतिकाः। अवन्ती दृष्टिस्ते, बहु नगर विस्तार विजया। ध्रुवं तत्तन्नाम् व्यवहरण योग्या विजयते। उस परमेश्वरी की दिव्यातिदिव्य दृष्टि चौदहों ब्रह्माण्डों को देखती है- अखिल-निखिल उसी परात्पर दिव्य दृष्टि से मानो उद्भूत होते हैं। वह अनवरत कल्याण करने वाली दान-दक्ष दृष्टि है। उस अपार वात्सल्य-दृष्टि में कृपा, दया और करुणा की अनन्त धारायें मानो बहती रहती हैं। उस कृपा-दृष्टि में भोग की अजर लतिकायें आविर्भूत होती रहती हैं। तुम जान लो, मोदिनी, वशकरी, जान लो। उसी की वही दया-दृष्टि संसार के भोग-विलास भी प्रदान करती तथा भक्तों की रक्षा भी करती रहती है। जगदम्बिका की वह करुणा पूर्ण दृष्टि से ही यह जगत संचरित है; यह भव संसार निर्भय है। उसी दृष्टि से ही जीवात्मा अन्ततोगत्वा मोक्ष-प्राप्ति के लिये मानो निश्चिन्त है- उसकी यह अपराजित करुणा-दृष्टि ही भवविती मिटाकर अज्ञान का घनान्धकार दूर कर देती है। तुम तब इस नश्वर देह को ही देखती हो- इस क्षणिक सुन्दर और तनिक मृत्यमान जगत को ही निहारती रहती हो?"

रानी कलावती झटककर, झनझना कर, रण-झणा कर शंकर-अमरुक के पार्श्व से विलग होते हुए विद्युत-लता सी कांपी-कौंधी- "तुम निस्संदेह राजा अमरुक नहीं हो।" रानी पर्यंक से मानो कूद कर खड़ी हो गई। भयार्त किन्तु अपने गहन में अविचल सी रानी ने अपनी तर्जनी से मानो शयनागार के गगन को भेदा; बोली- "कौन हो तुम?"

शंकर-अमरुक ने सहज ही विहंसते हुए उत्तर दिया- "मैं? चिदानंद रूपम् शिवोहम्-शिवोहम्!"

रानी मानो स्तब्ध हो गई; अवाक्-शून्य सी हो गई। वह मानो एक झीमती हुई ध्वनि सी होकर, गगन को पैर कर, व्योम के शून्य में प्रसरने लगी। उसको

लगा, रग-बिरंगी आकृति सी वह स्वयं से ही प्रगट होकर व्योम के क्षितिज-आकाश में उपसने जा रही है- तन से विलग होकर वह अपने ही अतल शून्य के अथाह में अदृश्य होने जा रही है। चिदानंद-सच्चिदानंद की वह शब्द-ध्वनि स्वयं ही झूमकर-झीमती हुई ब्रह्माण्ड के क्षितिजों को छूती हुई अखिल-निखिल में खो रही है। रानी पर्यंक पर उन्मीलित से नयनों में, स्वयं के अपार-अपरम्पार अनादि में लीन, शंकर-अमरुक को आश्चर्याभिभूत दृष्टि से देखती रही। शंकर-अमरुक ने मानो राजा अमरुक की आंखों को उन्मीलित कर किसी अज्ञात आलोकमय अनन्त की ओर फेर दिया था। रानी को लगा, राजा का देह खाली पिञ्जर मात्र है; और पञ्छी उड़ गया है। यह, यह शव है, जीवित, जीता हुआ शव। कोई महाप्राण अद्वितीय दिव्य इस शव में आसन जमाये हुए है। कौन है यह दिव्य महाप्रेत? कौन! प्रेत? नहीं, नहीं- यह प्रेत हो नहीं सकता। रमणी के अंग-अंग को देखता हुआ भी अनजान, यौवन के उन्मादित उभारों में तैरता हुआ भी जैसे तटस्थ, राग की उमड़ों में दौलता हुआ भी स्थिर, अविचल, उपरान्त! यह रति-जिज्ञासु किन्तु मदन हीन, हिमालय के शीत-शरद के वसन्त में शैली पुत्री शिवा की कटि अपने आजानुबाहु से बांधे, नील कण्ठ में लिपटे शान्त सर्प को निहारता हुआ यह उदासीन रसिक है कौन? रानी कलावती मानो अपनी वाचा में जागते हुए चिहुंकी- "तुम कौन हो, मुझे नहीं ज्ञात। परन्तु तुम मेरे प्राणेश्वर पति राजा अमरुक नहीं हो। निस्संदेह नहीं हो।"

शंकर-अमरुक ने शान्त विहंसते हुए स्वर में पुनः जैसे कहा- "गुरु-चरण रतोऽहम् भैरवोहम् शिवोहम्।"

रानी साश्चर्य-कम्प से सिहरी, बोली- "भैरव? तुम?"

शंकर-अमरुक ने जाग जाते हुए कहा- "आनन्द भैरव, कामिनी! आनन्द-भैरवी का वीर, मैं राज राजेश्वरी दुर्गा भवानी का उपासक, कपूत, मैं!"

"दुर्गा भवानी का कपूत?" रानी शान्त होते हुए शंकर अमरुक के पास सरकी- "अमरुक तुम्हीं हो क्या इस शरीर में? तत्व ज्ञानी ठीक ही कहते हैं, देह ही जीव नहीं है।"

"आत्मा भी जीव नहीं, जीवात्मा अज्ञानाच्छन्न अविद्या ग्रसित जीव नहीं है।" शंकर-अमरुक ने हुलास पूर्वक कहा- "आत्मा ही है, परमात्मा-सच्चिदानंद ब्रह्म। तुम सुमुखि सुनयने। हंस गामिनी तुम देह नहीं हो, प्राण नहीं हो, इन्द्रियां नहीं हो। तुम मन नहीं बुद्धि नहीं, चित्त नहीं, अहम् भी नहीं, तुम आत्मा हो, सच्चिदानंद आत्मा, समझी?" "सच्चिदानंद?" रानी दिग्मूढ़ सी चिहुंकी- "आत्मा सच्चिदानंद क्या?"

"तुम! तू- यह सब तू ही है।" शंकर-अमरुक ने कहा- "तू उस शिवानी महेशानी मृड़ानी ब्रह्माणी शिवा का मानवीय स्वरूप है, चमकता-दमकता, रंगीन, मोहक राग भरा रूप है। बिला जायगा यह रूप, यह 'कलावती' नाम मूक हो जायगा। प्रिय वादिनी! मैं राजा अमरुक हूं भी और नहीं भी हूं। अमरुक? एक नाम है जो तुम्हारी स्मृति में गूंज रहा है अन्यथा सभी जीवात्मायें अन्ततोगत्वा शिव-स्वरूप हैं। कर्म के पाश से बंधा शिवत्व जीवात्म भाव है, जीव अहम् और कर्म पाश से मुक्त जीवात्मा शिव-स्वरूप है, चिदानंद रूप! शिव कौन है; क्या है? यह तो शंकर की प्राणवल्लभा चिति ब्रह्माणी शिवा से ही पूछो। उस शिवा को कोई कह नहीं सकता; बखान नहीं सकता। वह अनिर्वचनीय सौन्दर्य है, अक्षय मंगल है; वह अपार आर्द्र करुणा है, वह राग में वैराग्य, अज्ञान में ज्ञान, वह जगदीश्वरी योगियों द्वारा ही अखण्ड ध्यान में देखी जाती है। वह एका और नेका, सदैव विजया, अजा, अनन्ता, ओंकार रूपा सुधामयी सच्चिदानंद-विग्रहा है, रानी!"

रानी! एक अनसुनी प्रति ध्वनि जैसे रानी कलावती के दिग्मूढ़ से कानों में आ टकराई। निस्संदेह कोई साधक योगीराज ने ही मृत राजा के देह में प्रवेश किया है। निश्चय ही यह कोई शाक्तों का कौल है; अवधूत! शाक्त? पञ्चमकार द्वारा ही तो साधना करते हैं। अमरुक स्वयं को कभी-कभी 'वीर' कहा करते थे। वह, वह काश्मीरी आचार्य, क्या नाम है उसका? अभिनव गुप्त-उसका पट्ट शिष्य खेमराज तो यहां आ चुका है; राजा से मिल चुका है। कभी-कभी राजा तब दिवसों गुप्त होकर यही पञ्चमकार का पूजन और जाप करते थे। अवश्यमेव! रानी? तब राजा मुझको भी एक भैरवी हां भैरवी ही मानते थे-प्रियतमा प्रिया रानी नहीं? यह दिव्य महाप्रेत भी मुझे 'रानी' तो कहने लगा है, परन्तु मुझसे कितना दूर, असंग, तटस्थ बना रहता है? तब क्या सच्चिदानंद आत्मा है? मैं तब अन्ततोगत्वा सच्चिदाऽनंद आत्मा हूं? आत्मा? रानी कलावती के इन्दीवर नयन स्वयं ही बन्द होने लगे। वह जैसे राज हंसिनी की भांति अपने ही मानस-सरोवर के स्फटिक मणि के बने हुए तट पर अचानक ही उतर आई। तनिक ठुमुकती हुई वह जैसे उस पारदर्शी स्फटिक के तट पर मटक-मटक कर चलने लगी अपने गहन के मानस-सरोवर की मगन, रम्य वीचियाँ, स्वर्ण कमलों की नीलम-डण्डियों से अठखेली कर रही थीं और अद्वितीय अपार अथाह मधुमय पूर्णिमा की सुधासिक्त रश्मियों को स्वयं में घोल रही थी। वह राज शालिनी मानस-सरोवर के स्वर्ण, रजत तथा श्यामल कमलों, अरविन्दों, इन्दीवरों, सरोजों को देखती हुई मानो किसी ज्योतिर्मय भ्रमर को ही खोज रही हो। काम देव

से भी अधिक कमनीय, वसन्त से भी अधिक रमणीय, मदन से भी अधिक मदनीय, वह कोई देव-भ्रमर चाहती थी। भ्रमर, रस लोभी सौन्दर्य का पियक्कड़ रूप को चूम कर भी कभी चुम्बन से नहीं अघाने वाला, कान्तिवान देह तीर्थ का रीझने और रिझाने वाला यांत्रिक भ्रमर वह चाहती थी। अवश्य राजा अमरुक रस लोभी, रमणीय देह का सुधिहीन लम्पट, नारी के यौवन जलधि में तैरने वाला किन्तु अन्त में भोग कर घोटने वाला एक मानव-भंवरा था-था तो किन्तु इस महाप्रेत ने उसके देह को छूकर भी नहीं छू कर, देखकर भी नहीं देखकर उसके रोम-रोम में मुह्य-गुह्य अग्नि ही प्रज्जवलित कर दी थी। यह केवल काम की कुनमुन ही नहीं थी, यह उद्दाम निश्चिन्त यौवन के उन्माद की मदिरा-तरंग ही नहीं थी, यह काम का झीमता हुआ आवेग ही नहीं था। यह तो जैसे रग-रग में घुट कर तथा रोम-रोम में थरथराती हुई चित्त की पूर्णिमा का हौले-हौले ज्वार था। यह मन की पिपासा, बुद्धि का विश्राम-विलास, अहम् का सृजन गम्य सौन्दर्य-बिब्बोक तथा चित्त की प्रीति का विप्रलम्भ अभिमंत्रण था। यह यावत् जीवन की प्रगल्भ काम-रसिकता तथा समस्त विश्व का दिव्य रस भरा व्यभिचार था। रानी कलावती मानो अपने नव रत्नों की कान्तियों के उभार से देह का क्षुब्ध सौन्दर्य देखती रही। अपने गदकारे रतनारे देह के अपमानित से यौवन के कचौटते हुए उभारों को पीती खड़ी रही; बोली- "राजा!"

सहसा शंकर-अमरुक उठे! पर्यंक के नीचे आये और रानी को अपने शिथिल बाहु पाश में बांधते हुए बोले- "रानी! पूर्णिमा की सोलह कलाओं सी खिलो। हम तुम्हें नयनों में भर लेना चाहते हैं; अपने रंग में घोल डालना चाहते हैं। हम तुम्हारे रूप की सोलहों कलाओं को पीकर पूर्णेन्दु की भांति अपनी ही यह क्षणिक ही सही परन्तु अथाह रस-पिपासा को शान्त करना चाहते है।"

31

अपने एकान्त विजन कुञ्ज में मण्डन मिश्र मानो घोड़े बेच कर लेटे हुए थेः स्फटिक की सी वह शिला थी, जिस पर वह बचपन से ही आ बैठा करते थे। गुरु गृह जाने के पश्चात् भी कभी-कभी इस सच्चिकन शिला पर शान्त-शिथिल बैठने की उनके मन में आ जाती थी। समावर्तन के बाद तो यह शिला उनके लिये एकान्त आसन हो गई थी। अपने बहुमूल्य भाषण के बने कलधौत को इस शिला पर बैठे-बैठे मण्डन ने कुञ्ज की झुरमुट से कई बार देखकर सन्तोषपूर्ण गर्व का अनुभव किया था। मण्डन मिश्र का ओक, भुवन-वितान समस्त माहिष्मती नगरी के लिये एक विलक्षण भवन हो गया था। इस रमणीय भव्य भवन से ही मीमांसा शास्त्र के सिद्ध वाक्यों के विहंग उड़ा करते और काशी विश्वनाथ के मन्दिर के गवाक्षों में बैठ कर विश्राम किया करते थे। प्रयाग का संगमाश्रम और गुरुदेव भट्टपाद माहिष्मती के इस विशाल भवन को भारती वाङ्गमय का निवास स्थान मानते थे। भारती चिन्तन की सनातन मुमुक्ष धारायें इसी भवन के उद्यानों में मानो बह आकर अन्तरात्मा की धरती में विराम पाती थीं। यज्ञों के प्रकम्पित धूम बलि पशुओं की मूक चीत्कारों से घोर, इसी भवन की प्राचीरों पर छा कर स्वतः ही विलीन होने लगते थे। सनातन, अनादि भारतीय कर्म-काण्ड कन्याकुमारी से हिमालय तक भटक कर मानो मण्डन मिश्र के इसी कुञ्ज में श्रम-शिथिल सो जाता था और ब्रह्मचारी मण्डन शताब्दियों के इस क्षुब्ध कर्म-काण्ड को मानो शास्त्र की आंखों से देखने लगे थे। इसी कुञ्ज में वैदिक सनातन वर्णाऽश्रम धर्म की अनादि शाश्वत कर्म-चेतना को मण्डन मिश्र अपने विकल अन्तरात्मा में पुनः उजागर करना चाहते थे। प्रारम्भ से ही मण्डन को लगता था, यह जो वह देख रहे हैं, वह निरा शव मात्र है। वर्णाश्रम

धर्म का परिपाटियों और परम्पराओं की ठठरी पर बंधा हुआ यह भारी भरकम विशाल शव था। मण्डन को लगता, यह भारत कर्म काण्ड का नहीं, समूची आर्य मानव जाति की अन्तः चेतना का शव है। मण्डन को लगता, भारत जाति के अन्तःकरण की जड़ता की यह विभूति है। मण्डन को यह भी लगता, भारत की समूची ब्राह्मण-श्रेणी की विजड़ता की यह एक मात्र वार्ता है। अवश्य, वैदिक सनातन धर्म की आत्मा ही निर्मम क्रूर काल ने लील ली है- अवश्य!

मण्डन ने अनेक चांदनी रातें इसी कुञ्ज में, कुञ्ज के बाहर आसपास इसी चिन्ता में काटी थीं। कोरा तत्व दर्शन किस काम का? निरे दार्शनिक विवादों से लाभ? जगत को देखना एक बात है और जगत में जीना दूसरी बात है- आधारभूत अनिवार्य प्रतिज्ञा है। जगत जो भी हो- जैसा भी हो, वह है। अनिवार्यतः जगत है-विश्व है। जगत के एक भी अणु-परमाणु को क्या बदला जा सकता है? परिष्कृत अथवा नवीन किया जा सकता है? जगत की गति-विधि अपने रहस्यमय अविराम प्रवाह में होती रहती है- चलती रहती है; काल! काल जो भी है, अपरिहार्य रूप से है। यह जगत अनिवार्यतः है। अपरिहार्य स्वरूप से है। जगत; है तो; परन्तु इसका उद्देश्य क्या है? जगत की गति-विधियों के लक्ष्य क्या हैं? क्या यह सुघड़, सुन्दर, अनिंद्य और अनन्य जगत, विश्व अन्धे अणु-परमाणुओं का उभार भर है? क्या जगत की यह विचित्र विलक्षण संरचना किसी षंढ मूर्ख की व्यर्थ धारणा है? मण्डन को इसी कुञ्ज की वासन्ती तन्द्रा में ऐसा लगता, यह जगत अनन्य अमोघ दिव्यातिदिव्य विज्ञान की अचूक अभिव्यक्ति तो है; परन्तु इस विश्व की प्रकृति कल्याण के निस्वार्थ तीर्थ की है। यह जगत प्रति लव, प्रति काष्टा, प्रति पल, प्रति क्षण-अहर्निशि-कल्याण करना चाहता है- कल्याण ही करता रहता है। किसका? तब मण्डन अपनी निश्चिन्त तन्द्रा से जाग जाया करते थे। तब कुञ्ज की झुरमुट से दिखते आकाश में आप्त वाक्य ध्वनित से हो उठते थे-"प्राणियों के कल्याण के लिये ही यह जगत है; मानव-मांगल्य के लिये ही यह विश्व है।" यह रहस्यमय विज्ञान घन काल गति कल्याण से हीन, मंगल से रहित क्या हो सकती है? यह सृष्टि, यह विश्व, यह जगत, यह भवसंसार स्वयमेव आश्चर्य तो है; किन्तु मंगलमय आश्चर्य है। यह विविध अचूक कर्म-गति यह, भवभवों की विधि-निस्संदेह अपूर्व रहस्य है; परन्तु कल्याणकारी मंगलमय रहस्य है। रहस्य, यह बुद्धि के लिये आश्चर्य-परक रहस्य है; किन्तु क्या यह जगत और उसका भव-संसारी जीवन प्राणियों के लिये आश्चर्य है? रहस्य है? नहीं तो! प्रत्येक प्राणी जगत के अमोघ और अविचल विश्वास से भरपूर, परिपूर्ण जन्मता है। इस जगत के

यथार्थ के विषय में प्राणियों को तनिक सी भी शंका नहीं है- सन्देह नहीं है। अभिव्यक्त और अभिव्यक्त होता हुआ यह जगत, यह अविराम विश्व प्राणियों के मन में और मानवों की बुद्धि में भरा है। यह मानव-बुद्धि मानो विश्व का विश्व कोष है। जगत जाना जाता है; विश्व माना जा सकता है- हम जगत और जीवन को जानते हैं; मानते हैं और जीते हैं। अपूर्व निश्चय पूर्वक जगत की गतियां हैं; जगत के भव-निर्णय रहस्यात्मक तो हैं; किन्तु सहज हैं; अभिजात हैं। क्यों हैं यह अपूर्व किन्तु अटल निश्चय? यह संज्ञान पूर्ण अभिनिर्णीत भव संसार! भव-संसार की प्रत्येक योनि मानो प्राणियों की चिर परिचित पूर्वाऽपर ज्ञात, अनुभूत योनियां हैं अन्यथा क्या इनका इन्द्रिय सन्निकर्ष हो सकता था? ज्ञान हो सकता था-क्या इस पृथिवी पर जीया जा सकता था? तब यह सहज, अविचल, असंदिग्ध, स्पष्ट और सुघड़ जगत क्या बुद्धि की षंढता से आविर्भूत हुआ है? होता है? तब क्या यह भव-संसार अस्तित्व के दारुण द्वन्द्व से उद्भवित हुआ है? होता है? एक सहज सुखमयता विश्व में व्याप्त है। एक अभिराम आशा भव-संसार में घनीभूत है; छाई हुई है। अभिलाषा! अभिलाषा के स्वप्नों से अणु-अणु-परमाणु-परमाणु जैसे तंद्रिल हैं; मुह्यमान हैं; ध्यानस्थ है यह जगत जैसे जीवन का महायोग है- अवश्य, मण्डन! मंगलमय, मंगल जन्य- मंगल कर बुद्धि की विश्व व्यापी समाधि है। यह अथाह अपार उदार करुणामय मंगलमयता क्या अज्ञान से उद्भवित हो सकती है? क्या जगत वैज्ञानिक क्रिया का विवेकहीन अन्धा जड़ स्फोट है? क्या यह जगत स्वयं की अन्तर्निहित आधारभूत मूर्खता-बुद्धिहीनता-से व्यक्त हुआ है? होता है? मण्डन मन ही मन चकित और स्तम्भित से सोचते रहतेः निस्संदेह यह जगत सत की ही योगवती अपूर्व किन्तु पूर्वाऽपर अभिव्यक्ति है, मंगलमय अभिव्यक्ति; जीवन-काम्य की कल्याणमय कल्याणकारी अभिव्यंजना है। किन्तु क्या अन्धकार, क्षण भंगुरता, विनाश मृत्यु इस जगत और जीवन का आधार, स्थिति और बीज हो सकते हैं? नहीं, नहीं, मण्डन!

"मण्डन! सुनो तो!" भारती कुञ्ज के लता द्वार पर रुककर बोली- "प्रभाकर, नीलकण्ठ, भास्कर तुमको पुकार रहे हैं। सभा-मण्डप में यों ही विवाद छिड़ गया है।"

मण्डन मिश्र ने सहज ही उत्तर दिया- "शास्त्रार्थ-सन्नद्ध तो तुम हो- समाधान करो।"

"मैं समाधान कर ही नहीं सकती, मण्डन!" भारती ने कहा- "मुझको शास्त्र नहीं ज्ञात। शास्त्र की वार्तायें मैंने सुनी भर हैं; मैं पण्डित हूं क्या?"

"पण्डित! पाण्डित्य?" मण्डन मिश्र ने कहा- "पाण्डित्य के कथन इस अनन्त आकाश में व्यर्थ मेघों से छितरा गये हैं।"

भारती औचक सी खड़ी मण्डन मिश्र को देखती रही। मण्डन मिश्र ने उसको कुञ्ज द्वार में स्वर्ग से उतरी हुई अप्सरी की भांति देखा और स्वतः ही मुस्करा कर कहा- "आचार्य चरण को हराओ, तब मैं मान लूंगा, यह माया ही सत्य है। भारती, विद्वत्ता से मैं घबराने लगा हूं।"

"क्यों?" भारती ने मूढ़ की भांति पूछा।

"इसलिये कि ज्ञान के अपार जलधि में विद्वत्ता की नौकायें डूब जाती हैं-मुझे इस संसार का अन्तिम तट चाहिये। जन्म लेते हुए थक गया हूं; भव-संसार भोगते-भोगते ऊब गया हूं। तुम-तुम ही मेरा भव-भव का सम्मोह और संसार में जन्म लेने का गूढ़ आकर्षण रही हो।"

"यह अब ज्ञात हुआ, मण्डन!" भारती ने आर्द्र स्वर में पूछा।

"अविराम शास्त्र-चर्चा ने स्पष्ट कर दिया, मानव-बुद्धि जाड्यान्धकार को ही अन्ततोगत्वा देखती है; समझती है। आचार्य शंकर की अथाह आंखों में एक ऐसी दिव्य ज्योति है; जो जाड्यान्धकार के परे और पार कालातीत देखती है....."

"किसे देखती है, मण्डन?" भारती ने मन ही मन थर्राते हुए पूछा।

"मुझे, आत्मा को-परमात्मा को।" मण्डन मिश्र ने कहा, "सच, आचार्य शंकर, यतीवर्य को तुमने धर्म संकट में अटका दिया है। काम-शास्त्र का परिशीलन वह आदित्य ब्रह्मचारी कैसे करेगा? सन्यासी का धर्म लीलने की चेष्टा तुमने की है, भारती!"

भारती ने तनिक फुत्कार पूर्वक कहा- "मैंने अपना सौभाग्य बचाने का ही प्रयास किया है। तुमको मेरा सर्वनाश नहीं दिखता। तुमको शास्त्र दिखते हैं; जगत दिखता है और अब ब्रह्म दीखने लगा है। तुमको मैं नहीं दिखती-यह वैभव भरा गृहस्थ नहीं दिखता। ऐसा ही था, तो विवाह क्यों किया, मण्डन मिश्र!"

मण्डन मिश्र ने घूर-घूर कर भारती के रुष्ट मुख-मण्डल को देखते हुए कहा- "गृहस्थ नागरिक विवाह तो करेगा ही। गृहस्थाश्रम के अग्निहोत्र के लिये विवाह अनिवार्य है। पशुपति शिव ने हिमालय की कन्या पार्वती से विवाह नहीं किया? विवाह क्यों किया? तब क्या करता?"

भारती की बड़री आंखों में तलैइ भर आई; कांपते हुए अधरों से फुसफुसाई- "स्त्री से, अपनी भव-भवों की प्रिया से यों ऊब जाओगे, इसका मुझे भान नहीं था। भव-भवों की एक धार गहन प्रीति क्या हुई, मण्डन!"

मण्डन मिश्र ने आह भरते हुए कहा- "घने अन्धकार में अब भी तुम इन्द्र धनुष सी दिखती हो। आज भी तुम भादों के मेघ की विद्युत लता की भांति कर्षण करती हो; किन्तु जैसे यह जगत प्रति पल कांपता हुआ किसी अनन्त में अदृश्य हो रहा है। तुम भी इसी जगत के साथ एक रूपवती लहर की भांति उछलती हुई बिला रही हो- हां, भारती!"

भारती कुञ्ज में सरक आई और शिला पर दोनों हाथ फैला कर आकाश में विजड़ित से देखते हुए मूर्ति की भांति मण्डन मिश्र के समक्ष गड़ कर खड़ी हो गईं; आर्द्र रुदन भरे स्वर में बोली- "तुमको क्या हो गया है, मण्डन!"

मण्डन मिश्र हिले; ऊर्ध्व सांस भर कर बोले- "भव-रोग हो गया है, भारती! अज्ञान के घने अन्धकार में मैं भव-भवों के स्वप्न ही कल्पित करता रहा हूं- शास्त्र-वाक्य के अवलम्ब को लेकर निश्चिन्त मैं काल रात्रियां काटता रहा हूं। कभी नहीं सोचा, यह जगत है क्या? तुम हो क्या-मैं हूं क्या? शास्त्र की नौका में बैठा हुआ मैं सूर्योदय को, सूर्यास्त को सत्य मानता रहा। रात्रियों के सघन मौन में नूपुरों की झणकार सुनता रहा। वैभव भरे इस भवन में शरीरवत् स्वयं को मान कर सुख पूर्वक किन्तु अपने गहन में विकल, मैं जीता रहा। तुम मेरे भव-भवों की सुषमा, शान्ति, श्री और सन्तोष रहीं किन्तु तुम और मैं क्या शरीर ही हैं? शरीर ही थे? आचार्य शंकर ने अनिवार्यतः बता दिया है, हम-तुम यह जगत सब किसी अनादि चैतन्य की छाया-माया हैं। हम-यह सब ज्ञान का भ्रम-विभ्रम-अज्ञान हैं; हम अविद्या ग्रसित एक कल्पना हैं; धारणा इच्छा हैं। हम शरीरी अन्ततोगत्वा क्या हैं?"

प्रभाकर ने कुञ्ज के द्वार पर ठिठक कर कहा- "शरीरी नहीं तो हम तुम-यह जगत क्या है, श्रीमान् मण्डन?"

मण्डन मिश्र ने सहज ही चमक कर कुञ्ज द्वार में खड़े शान्त दीप्तिवान स्वर्ण-गौर प्रभाकर को देखा और विहंसते हुए कहा- "आओ, प्रभाकर! तुम्हीं बताओ, हम-तुम शरीरी अन्ततोगत्वा हैं क्या?, आचार्य यतीवर्य शंकर को तुमने नहीं सुना क्या? आचार्य शंकर ज्ञान को ही सत्य, ज्ञान को ही चिद् और ज्ञान को ही आनन्द कहते हैं; बताते हैं। श्रुति से सहज ही सिद्ध कर देते हैं। ब्रह्म! आचार्य शंकर ब्रह्म को ही सत्य मानते है- हम तुम-जगत-आचार्य शंकर के लिये क्षण स्थायी, तनिक यथार्थ मात्र हैं और यह रमणीय मोहक काम्य यथार्थ ज्ञानी परमात्मा, ब्रह्म की अज्ञान चेतना भर है। हम तुम, जगत-विश्व, यह सृष्टि ब्रह्म का चिद् विलास भर है।"

प्रभाकर ने पास आते हुए पूछा- "समझ में आता है यह श्रुति वाक्य क्या?"

मण्डन मिश्र ने मानो पुनः विश्वास पाते हुए कहा- "तब क्या यह जगत सम्पूर्ण, समस्त, समग्र समझ में आता है? बुद्धि में यह जगत और जीवन जैसे बिम्बित-प्रतिबिम्बित है किन्तु क्या यह जगत, यह भव-संसार बुद्धि के तर्क तक ही सीमित है? यह जगत, यह विचित्र भव-भवों का जीवन क्या विचार की इतिश्री ही है? भावना के अनन्त तटों में बंधा यह कामना का नद, सागर, मात्र है? इन्द्रियों की अनुभूति भर है यह जगत, यह जीवन? नहीं, प्रभाकर, नहीं। ऐसा लग रहा है यह भटकता हुआ सदैव असंतुष्ट मन बुद्धि की गोद में सो जाता है और बुद्धि? चित्त के चेतना-सागर में नंगी नहाया करती है। अहम् जैसे बुद्धि का भोजन करता ही रहता है....."

'और अहम्?" प्रभाकर ने खड़े रहते हुए पूछा।

"अहम्-मैं?" मण्डन मिश्र ने मानो आकाश को सम्बोधित करते हुए स्वयं से ही पूछा- "मैं? मैं जैसे अमिट से अन्धकार के अतल उभारों में तन्द्राधीन, निद्राधीन एक अनाथ हूं। दीन हूं- तृष्णातुर, भयार्त भीत हूं। मैं काल से भयभीत मरणाधीन मनुष्य हूं- मेरा मैं मुझको यही चुपचाप कहता है।"

"शास्त्र-मीमांसा- भट्टपाद महर्षि जैमिनी क्या कहते हैं?" प्रभाकर ने शान्त अमर्ष पूर्वक पूछा।

"क्या कहते हैं, गुरो?" मण्डन मिश्र ने सहसा जागते हुए पूछा।

"यह कि यह जगत यथार्थ है; इसका ज्ञान यथार्थ है। भव-संसार स्वर्ग के परम-सुख के लिये तपस्या है। यह पृथिवी धर्म भूमि है; कर्म भूमि है-भोग भूमि।"

"कर्म? अपूर्व? अदृष्ट?" मण्डन मिश्र स्वयं से ही चिहुंक कर बोले- "काल की देशज विज्ञान-घन गतिविधि इच्छा की प्रबल क्रियान्विति? कर्म है; परन्तु अन्ततोगत्वा कर्म इच्छा-स्फूर्त एक विधि मात्र है। उस विधि का अन्त? कर्म भोग का लक्ष्य, उद्देश्य? कर्म फल का अचूक अटल विज्ञान? निरन्तर अविराम इच्छा-पूर्ति के लिये भव-संसार में जन्मते हुए कर्म करते रहो, यही क्या शास्त्र का सत्य है, प्रभाकर? गुरो मीमांसा कर्म का अमोघ शास्त्र तो है; किन्तु क्या शास्त्र काल से बंधा, कालाधीन शास्त्र नहीं है?"

प्रभाकर ने तनिक आश्चर्य पूर्वक कहा- "कालाधीन शास्त्र?"

मण्डन मिश्र ने सिर धुनाते हुए कहा- "शास्त्र की नौका में बैठा हुआ मैं सदैव कालाधीन जीवन का, भव-संसार का भयभीत यात्रिक रहा हूं; शास्त्र केवल काल और देश की ही सप्रमाण व्याख्या करते हैं। जगत विज्ञान की टीका करते तथा भव-संसार के अनिवार्य अपरिहार्य कर्म-मार्गों का विवेचन करते हैं; किन्तु

क्या शास्त्र मुझ आत्मा की, परमात्मा की, सच्चिदाऽनंद स्वरूप की तनिक भी चर्चा करते हैं। श्रुति ही आत्मा की वार्ता करती है, गुरो!"

प्रभाकर ने सहज किन्तु गंभीर स्वर में कहा- "निस्संदेह श्रुति ने अपौरुषेय आत्मा की अविराम वार्ता की है किंतु श्रुति अन्ततोगत्वा श्रुति है। क्या श्रुति शास्त्रोपरान्त है? प्रमाणोपरि है, श्रुति? अपौरुषेय? क्या? अपौरुषेय कह देने मात्र से विद्या के आधार क्या निराधार हो जाते हैं? ऋषि-मुनियों के ध्यान-प्रत्यक्ष के भावुक उद्गार इस यथार्थ जगत के अकाट्य प्रमाणों को निरर्थक कर सकते हैं? शास्त्र क्या झुठलाया जा सकता है? जो है, हो रहा है, जो होता जायगा- वही तो विद्या का विषय है; ज्ञानी का लक्ष्य है। यती श्रेष्ठ आचार्य शंकर का आत्म-तत्व बुद्धि गम्य नहीं लगता। जिसको बुद्धि सप्रमाण स्वीकार नहीं करती, नहीं कर सकती, उसको शास्त्र का क्षेपक ही माना जायगा; प्रमाण नहीं। आत्मा-परमात्मा का प्रमाण ही नहीं है, वह प्रमाण्य ही नहीं है, अनादि अपौरुषेय कुछ है, तो है। पण्डित उसकी चिन्ता में सन्यास क्यों ले?"

मण्डन मिश्र ने सस्मित कहा- "भारती आचार्य शंकर को हरा देगी। वह निरीह एकाकी सन्यासी राग भरे काम का अनुभव कैसे करेगा? शरीर द्वारा ही जगत और उसके काम्य मोहमय जीवन का अनुभव, जिसको हम-तुम यथार्थ ज्ञान कहते आ रहे हैं, होता है। अब समझ में आता है, माया ने ब्रह्म को अज्ञानाच्छादित कैसे कर रखा है?"

"कैसे, सुनूं तो!" भारती ने रुष्ट दृष्टि से मण्डन को घूरते हुए कहा- "माया है क्या, मिश्र जी?"

मण्डन मिश्र ने अपने गहन में किसी को जैसे सुना और कहा- "ब्रह्म का ऐन्द्रजाल! ऐसा लगता है, ब्रह्म की एक से अनेक अनुभव करने की अमोघ जीजिविषा का अज्ञान-अवश्य, माया ही अज्ञान है और मायामयी अनुभूति ही अविद्या है। प्रभाकर! उत्तर मीमांसा का आधार निस्संदेह आत्म-ज्ञान ही होगा- हो सकता है।"

प्रभाकर ने प्रतिकार पूर्वक पूछा- "मीमांसा सनातन से धर्म शास्त्र रहा है। अपूर्व की मंगलमय कल्याण जन्य गति-विधि, शाश्वत संभृत सक्षम कर्म ही मीमांसा की चिन्तना रहा है। यह भव-संसार अन्ततोगत्वा सुख, अधिक सुख, परम् सुख पाने और पाते रहने के लिये इच्छानुसार कामना रूप कर्म ही तो है। जगत, भव और कर्म तथा कर्म का फल-जीवन इसी सनातन अनादि अपूर्व की मंगलमय तपस्या है। कर्म को जान लो, काल को जान लोगे; जगत को समझ लोगे, स्वयं को जान लोगे।"

मण्डन मिश्र चिहुंके- "अपूर्व? इच्छा, भवेच्छा-कर्मेच्छा।"

प्रभाकर ने सोत्साह कहा- "जो आविर्भूत है; उद्भूत, कृत निर्मित अर्थात् जो व्यक्त हो रहा है, वही तो सत्य अस्ति है। यह भौतिक जगत और उसके विविध भवों तक ही हमारा चिन्तन स्वाभाविक ही सीमित-बद्ध। अवश्य, इस चलायमान जगत की प्रतिक्षण एक चिन्ता व्यक्त करती है, मानो-सदैव के अपरिवर्तनेय सत्य, अस्तित्व की। मैं काल के साथ हूं; देह सहित हूं- परन्तु नष्ट होना नहीं चाहता। शरीर की हानि नहीं चाहता- मैं सतत् शाश्वत जीवन चाहता हूं।"

"यही, यही तो।" मण्डन मिश्र ने स्वयं में ही उन्मीलित होते हुए कहा- "मैं मरना नहीं चाहता और समस्या यह है, मैं अनिवार्यतः मरता हूं यदि मैं शरीर ही हूं तो अन्तिमतः नष्ट हो जाता हूं, खोता हूं क्या? भले ही प्रत्येक रूप बिला जाय, परन्तु रूपों के अथाह सौन्दर्य का भान होता ही है। सीमा मात्र मुझे बुद्धि से भी स्वीकार नहीं है। प्रतिक्षण मुझे अनन्त चाहिये; अव्यय चाहिये-असीम चाहिये। नित्य-निरंतर ही सही परन्तु अजर-अमर चाहिये। यह अनुपम अजन्मा अव्यय अनन्त क्या है? ब्रह्म नहीं तो क्या वह यह प्रतिक्षण आविर्भूत और तिरोहित जगत है? सदैव अतृप्त असन्तुष्ट यह भव-भव का जीवन है? नहीं-नहीं, मित्र मेरे! ब्रह्म, सत्य, इस सब, हम सब के परे और पार भी है।"

प्रभाकर ने देखा, मण्डन एक क्षण जाग कर पुनः झपक रहे हैं। कुछ कह कर सत्वर मौन हो जाने के लिये मण्डन अधीर से हो गये हों, ऐसा प्रभाकर को लगा। भारती को सम्बोधित करते हुए प्रभाकर ने कहा- "भाभी, शास्त्रार्थ के भारी श्रम से मिश्र जी क्लान्त हो गये हैं।"

मण्डन मिश्र ने बीच ही में कहा- "व्यर्थ श्रम, शास्त्रार्थ, प्रभाकर!....."

"शास्त्रार्थ, व्यर्थ?" प्रभाकर ने साश्चर्य हठात् जैसे पूछा।

"व्यर्थ ही तो!" मण्डन मिश्र ने आर्द्र स्वर में कहा- "क्या शब्द स्वयं अर्थमय हैं? अर्थ स्वयं बोधमय है? बोध का चैतन्य? प्रभाकर! क्या हम व्यर्थ को ही सार्थक करने का प्रयास तो नहीं कर रहे? चलायमान को अचल सिद्ध करना हम चाहते हैं? परिवर्तनशील को अपरिवर्तनेय तथा मृणमय को अमर प्रमाणित करना चाहते हैं। यही तो शास्त्र वाक्य करता आया है। आचार्य शंकर ने ईश्वर-प्रतिपादन के लिये शास्त्र वाक्य को इसीलिए प्रमाण नहीं स्वीकार किया है। मैं पूछता हूं, ब्रह्म प्रतिपादन के लिये सनातन से श्रुति वाक्य ही क्यों अनिवार्यतः स्वीकृत एवं अधिकृत है?"

प्रभाकर ने सूर्य-किरणों को कुञ्ज के पल्लव, गुच्छों पर झबकते हुए तनिक देखा; कहा- "श्रुति आत्मा-परमात्मा के अमोघ विश्वास के ही उद्गार हैं;

विज्ञान-सिद्ध प्रमाण-वाक्य श्रुति कैसे हो सकती है? इसीलिये जगत तथा भव के अकाट्य प्रमाणों के परे भट्टपाद ने देखा ही नहीं; जैमिनी चुप रहे। तत्वदर्शी बुद्धि द्वारा सत्य का अन्तिम आत्यंतिक प्रमाण ही चाहता है-चाहेगा।"

मण्डन मिश्र ने भारती की ओर दृष्टिपात करते हुए कहा- "यह रही आपकी बुद्धि, मति, कृति और धृति, गुरो! बुद्धि के निश्चय ने ही तो जगत को यथार्थ तथा भव मोह को प्रेम बता रखा है। मैं मृत्यु नहीं चाहता, प्रभाकर! सुना? इस नाशवान, क्षण-भंगुर जगत को लेकर अन्ततोगत्वा करूंगा क्या? भव-भवों में जन्म लेकर क्या प्रति भव मैंने देह को बलात् नहीं त्यागा? इन्द्रियों के सुखों तथा चित्त के क्षल्लुक सन्तोष के लिये इस विज्ञान प्रसूत जगत के भयों से आर्त बना रहूं? भव की भीतियों से कांपता रहूं? यह शरीर जब नष्ट होगा ही तब इस शरीर को धारण करने की यह विपदा क्यों उठाऊं? शास्त्र वाक्य भव-संसार के मेरी आधारभूत शंका को नष्ट क्यों नहीं कर पाता? उस प्रमाण का क्या मूल्य है, जिसको अन्त में अनित्य जान कर त्यागना पड़े? मैं अपरिवर्तनशील, अव्यय, अनुपम निरामय सत्य चाहता हूं अब! भव-भव की आंधियों में मैं वसन्त के मुर्झे हुए पात की भांति कांपता रहना नहीं चाहता, प्रभाकर!"

भारती ने सहसा कहा- "कौन कांप रहा है? अपने गहन में कौन वास्तव में भय भीत है; मण्डन? संकट, आपदा, विघ्न और हानि की आंशका से ही जीव भयत्रस्त होता है? किन्तु क्या जीव का स्वभाव शंकाशील है? क्या हम एक अमोघ सहज विश्वासपूर्वक नहीं जीते, इस पृथिवी तल पर? सच तो यह है, उस विचित्र यती शंकर ने तुमको अभिमंत्रित, मूक-मूढ़ सा कर दिया है। मैं देखती हूं वह सन्यासी काम का अनुभव कैसे करता है? कैसे करेगा काम का परिशीलन, वह बिना देह के, शरीर के।"

प्रभाकर ने सस्मित कहा- "अपूर्व अचूक कसौटी पर कस दिया है आचार्य शंकर को आप श्रीमती ने निस्संदेह!"

मण्डन मिश्र ने आह भरते हुए कहा- "तब काम ही भव-संसार का अनादि कारण है? तब काम ही भव-योनि का अन्तिम सुख है? आचार्य शंकर ज्ञान को ही अन्तिम-आत्यंतिक मानते हैं; काम को नहीं। क्या पुराण नहीं कहते शिव शंकर ने काम को अपने त्रिलोचन, दिव्य चक्षु की ज्ञानाग्नि से जला कर भस्म कर दिया है? प्रभाकर, यह विचित्र, विलक्षण, अद्भुत भव-संसार रति का विलाप है? इन्द्रियों की विषयासक्ति की मनोज ऊर्मि माला है? नहीं, गुरो! शास्त्र वाक्य का अवलम्ब टूट गया है और जगत तथा भव-संसार का मेरा विश्वास चकित है; स्तब्ध, भीत है। तुम मुझको मूढ़ कहती हो, उभय भारती! किन्तु शब्द का

अन्त प्रगाढ़ मौन है और तुम्हारी सभी जगत-विषयक विद्यायें, तुम्हारे शास्त्र, प्रभाकर! अन्त में गाढ़ गुह्यतम में डूब जाते हैं।"

"क्यों?" प्रभाकर ने चकित होते हुए पूछा।

"इसलिये कि प्रत्येक विचार मुझको बांधता है; प्रति भावना के आसक्ति के बीच में, मैं फंस जाता हूं।" मण्डन मिश्र ने ऊर्ध्व स्वांस भरते हुए कहा- "मैं मुक्त होना चाहता हूं, प्रभाकर!"

प्रभाकर ने आकाश के सुनहले तेज में एक क्षुद्र बादल को बिला जाते हुए देखा और अज्ञात ही पूछा- "मुक्त होना चाहते हो? किससे?"

मण्डन मिश्र ने सिर धुनाकर कहा- "भीति से, भेद से।"

प्रभाकर मण्डन के निकट खिसक आये; मण्डन की शून्य सी आंखों में देखते हुए बोले- "भीति? भेद?"

मण्डन मिश्र ने सहसा गुर्राते हुए कहा- "इस भारती को, रूप और लावण्य की इस मूर्ति को काल के दंश से बचा सकते हो? मेरे इस सुघड़ अद्वितीय विलक्षण अन्तिम काम्य देह को मौत से उबारा जा सकता है? उबार सकते हो? अनिवार्य अपरिहार्य मृत्यु से यह जगत बचाया जा सकता है? भव-संसार को मृत्यु से उबारा जा सकता है क्या? नहीं, प्रभाकर! मृत्यु है; अतः और अतएव भीति है; भीति-भय है, अतः भेद है। भयार्त भय त्रस्त भीत मैं अमोघ कैसे हूं? शाश्वत अनन्त कैसे हूं? निश्चय ही यह रूप-रूप किसी अतल अखण्ड ज्योति का ही उद्भास है, प्रतिपल कांपता हुआ, मूक-मूढ़! तुम देखते क्यों नहीं, प्रति लव, प्रति काष्टा, प्रति पल यह जगत भयभीत सा ही अभिव्यक्त होता है? पुनः अव्यक्त होकर ही जैसे प्रत्येक पदार्थ निश्चिंत होता है। द्रव्य प्रवाहित होकर किसी अनंत शून्य में लीन होकर स्थिर, नित्य होना चाहता है। यह भव योनियां जैसे मृत्यु में जलकर निर्विघ्न होना चाहती हैं। विनाश का आश्रय लिये हुए यह सृष्टि अपने विराट् सौन्दर्य में जैसे व्यर्थ है। यह जगत अपने आश्चर्य-संभूत अमोघ दिव्यातिदिव्य विज्ञान में स्वयं ही पराजित है। उभय भारती की इस मुह्यमान, रूपयसि, कामायिनी छवि को मैं मृत्यु की जीर्णता से भरी देख रहा हूं, प्रभाकर!"

प्रभाकर हठात् चिहुंके- "मण्डन मिश्र जी!"

मण्डन मिश्र ने उदासीन हंसी हंसते हुए कहा- "एक नाम, एक ध्वनि, प्रभाकर! नाम के सम्बोध सार्थक प्रतीत होते हैं। ऐसा लगता है, परस्पर नाम के सम्बोध चैतन्य के ही सम्बोध हैं; किन्तु यह अब स्वप्न की विस्मृति पूर्ण वाचा मात्र है। गुरो! मेरी बुद्धि थक कर जैसे पराजित हो गई है। यह जगत,

बुद्धि में भर कर उथल गया है- रीता हो गया है। पदार्थ का यह तम-मूढ़ विलय मैं सह नहीं सकता। भव-संसार के पुण्य-बन्धन मुझे काल के बन्धन दीखते हैं। बहु स्याम की इस गहन, गहनातिगहन इच्छा से, भव-भवों की इस सुख-दुःखमयी जीजिविषा की अविराम अहर्निशि तपस्या से मैं आकण्ठ आ गया हूं। इस जगत के भवों में मिल कर भी वियोग है, विषाद, प्रभाकर! सुख भोग की समाप्ति पर अवश्यम्भावि यह विषाद्, जन्म के पश्चात् अवश्यम्-भावि मृत्यु- यह चिरन्तन वियोग क्या जागतिक जीवन पर पूर्णता इंगित करता है? क्या भव-भवों में इस भारती को पाकर भी मैं पूर्णतः सदैव के लिये पा सका हूं? क्या यह सम्मोहिनी मोहिनी मुझे पूर्णरूपेण निर्विघ्न सदैव के लिये अच्युत और अचल पा सकी है? नहीं।"

भारती ने प्रभाकर से कहा- "जीवन की अन्तिम निराशा का यह बुद्धिमान विप्रलम्भ नहीं तो क्या है भाई श्री! इनको शास्त्र ने स्पष्ट कर दिया है कि यथार्थ ज्ञान ही ज्ञान है; इन्द्रिय सुख ही सुख है; क्षण ही चिरन्तन है- जीवात्मा ही सतत् शाश्वत सत्य है। मैं सत्य हूं; यह सत्य है; तुम सत्य हो, प्रभाकर!"

मण्डन मिश्र सहसा उठ खड़े हुए; बोले- "यह काल का काकू है, भारती! आचार्य तुम्हारे काम-कला के प्रश्न से निरुत्तर हो जायेंगे, तो तुम्हारी बात मान लूंगा।"

भारती ने सहसा मण्डन के हाथ को थामते हुए कहा- "प्रिय मेरे, विश्वास रखो, यती सन्यासी आचार्य शंकर हारे ही हुए हैं। सन्यासी सन्यास धर्म पालता हुआ गृहस्थ का दाम्पत्यत्व-सुख कैसे पा लेगा? स्त्री के बिना वह कैसे उत्पत्ति, स्थिति और लय की अमोघ चिरन्तन, नित्य-नूतन कला समझेगा तथा समझायगा?"

मण्डन मिश्र ने सहसा पूछा- "नृत्य करते हुए तुम क्या गा रही थीं? अद्वितीय अनिंद्य सौन्दर्य का ऐसा विवरण मैंने नहीं सुना।"

भारती ठिठक गई; चिहुंकी- "हुं? नृत्य करते हुए मैं गाती हूं- सौन्दर्य के छन्द कहती हूं?"

"हां!" मण्डन मिश्र ने अचकचाई, सकपकाई स्तब्ध सी भारती को घूरते हुए कहा- "नृत्य करते हुए तुम सहसा सुधिहीन हो जाती हो; अवाक् सी स्तम्भित सी तुम अपने ही गहन में लीन छन्द कहने लगती हो-अपने ही श्री मुख से तुम अखिलेश्वरी भुवनेश्वरी के अंग-प्रत्यंग के दिव्य सौन्दर्य का वर्णन गाती हो- यह, यह तुम कौन हो, भारती! मैंने तुमको इस स्वभाव में कभी भी नहीं पाया।"

भारती सन्न सी खड़ी सुनती रही; मण्डन का कुछ भारी शिथिल हाथ उसके कोमल पद्म-पाणि में मानो भारी हो गया। मण्डन मिश्र ने प्रभाकर की ओर मुस्कराते हुए देखा और पुनः कहा- "तुम्हारा स्वर अद्वितीय पंचम स्वर हो जाता है; तुम जैसे अनन्त क्षितिज के परे और पार किसी को सुन रही हो और वही पुनरावृत्ति कर रही हो। तुम ऐसे दिव्य श्रृंगार से पूर्ण छन्द बना सकती हो क्या? नहीं। कौन गाता है, भारती! तुम्हारे अन्तःकरण को वाजिंत्र बना कर? कौन?"

भारती मन में हिली; बुद्धि में अरभराई; चित्त में उभरी-उमड़ी और अपने ही अहम् में खो गई। अवश्य, दुर्गा भवानी की पूजा करते हुए वह सनातन से गाये जाते स्रोत गाती है। दुर्गा सप्तशती की शुक्रादि देवताओं की स्तुति उसको भाती है, आरती की थिरकती हुई नव शिखाओं की घनीभूत किरणों के प्रकाश में वह जैसे देवताओं की आंखों से भवानी भुवनेश्वरी की छबि कल्पित करती है। परन्तु भवानी भुवनेश्वरी के दिव्यांग का सुललित कमनीय वर्णन उसने कभी नहीं किया। उसने जगदम्बा अखिलेश्वरी जगदीश्वरी का भास तो अपने हृदयाकाश में पाया है- वह जैसे भुवन मोहिनी भुवनेश्वरी को सदैव से जानती है। कौन नहीं जानता विश्व की परात्पर मातु श्री को? कौन दारिद्र, दुःख और भय से छूटने के लिये दुर्गा भवानी की शरण नहीं जाता? सभी जाते हैं मुनि, मनुज, पशु सभी।

मण्डन ने भवन की ओर प्रस्थान करने की तनिक सी चेष्टा करते हुए कहा- "हरा दोगी आचार्य शंकर को तुम?"

भारती अन्तःकरण में हिलते हुए बोली- "तुम्हारा तात्पर्य?"

"यही कि आचार्य शंकर हराये नहीं जा सकते।" मण्डन मिश्र ने कहा- "जड़ हारता है; चैतन्य नहीं। अवश्य चैतन्य मेरा अपना ही अमोघ, अच्युत, अविचल सम-शान्त आत्म विश्वास ही है- मेरी सनातन शाश्वत अनादि अबाधित स्वयं-अनुभूति; मेरा अपना ही ज्ञान, मेरी अखिल-निखिल सर्वव्यापी चेतना! मैं, भारती! अहम् के अन्तराल में मेरा सच्चिदाऽनंद ब्रह्म जैसे भरा है। मैं प्रविष्ट हूं इस शरीर में; जगत में, विश्व में-सृष्टि में-मैं अपने सच्चिदानंद के साथ तथा द्वारा हूं। मैं चिर चैतन्य हूं, सुना?"

प्रभाकर ने निसास भरते हुए कहा- "क्या तुम्हारे इस चैतन्य ब्रह्म का वर्णन किया जा सकता है? आचार्य शंकर ब्रह्म को अगोचर अकथनीय अनिर्वचनीय जो कहते हैं।"

मण्डन मिश्र ने भवन की ओर चलते हुए कहा- "संकेत मात्र है यह कथन; इंगित भर है यह वर्णन! समस्त वाइगमय द्वारा भी वह ब्रह्म क्या कहा जा

सकता है? नहीं! आचार्य श्री शंकर ठीक ही कहते हैं; चैतन्य स्वयं का वर्णन नहीं कर सकता। चैतन्य की स्तुति की जा सकती है; चैतन्य का गान किया जा सकता है। चैतन्य की उपासना, आराधना की जा सकती है। भारती, आज तुम सौलह श्रृंगार सज कर अपना सम्मोहित करने वाला नृत्य नाचो और अपने उदार करुणा मय हृदय में डूब कर उस परात्पर सौन्दर्य का सुधिहीन होकर गान करो। तुम्हारे उस अनिद्य स्वर की कूज जैसे आचार्य शंकर की कूज। आचार्य के स्वर में माधुर्य की अक्षय ऊर्मि बहती है। कठिन से कठिन वार्ता में भी आचार्य श्री के कण्ठ का यह कोमल कमनीय माधुर्य कम नहीं होता। यही, यही प्रभाकर! आचार्य की वाणी का सम्मोहन है- वशीकरण!" "मण्डन मिश्र सहसा छिटकर खड़े हो गये। उर्ध्व सांस भरकर उन्होंने सूर्य के प्रखर तेज में घुली हुई क्षितिज के पार देखा और पुकारा- "आचार्य शंकर! कहां हो? भारती ने अविवेक किया है- अविनय! क्षमा करो, आचार्य देव!"

मण्डन की यह आर्त पुकार माहिष्मती के गगनों को पैर कर व्योमों का मन्थन मानो करने लगी। आचार्य, आचार्य शंकर! एक पुकार, एक धुन उठी और शब्द वेधी बाण पर आरूढ़ हो कर आचार्य शंकर के समाधिस्थ देह को भेद गई। पद्मपाद सहसा शंकित हो उठे। "आचार्य, गुरुदेव! प्रभो!" पद्मपाद ने मन ही मन कहा; पुकारा।

पद्मपाद की पुकार चीत्कार सी रानी कलावती के रंग भवन की प्राचीर से टकरा कर बिखर गई-छितरा गई। रानी कलावती ने पारदर्शी चिनाँकुश, पटल को मयूर की कला की भांति करते हुए अपने अणियारे नयन मटकाये। पलक की भ्रमर-शावकों को प्रत्यंचा तन्नाते हुए कटाक्ष के तीर छोड़ते हुए बोली- "राजा, अमरुक मेरे! तुम जो भी हो; मेरे अमरुक ही हो-रहोगे। देखो, मैं तो तुम्हारी वही नयन-पूर्णिमा हूं; तुम्हारे रस लुब्ध अधरों की अगाध माधुरी! मैं, मैं तो वही हूं।"

शंकर-अमरुक ने मुस्कराते हुए उसको निहारा; कहा- "रूप की पूर्णिमा तुम अवश्य हो। परन्तु कुहुकिनी! कल आने वाली एकम् का पता है? क्या तुम पूर्णिमा नित्य हो?"

रानी कलावती ने शंकर-अमरुक की गोद में झर जाते हुए कहा- "हां मैं नित्य पूर्णिमा हूं, मेरे चन्द्र!"

शंकर-अमरुक ने रानी के गदकारे कमनीय देह को स्वांसों से तौलते हुए कहा- "तुम! सुन्दरी-श्री! तुम!"

रानी कलावती ने अपनी पतली तीक्ष्ण भवें मधुर इतर में इतराते हुए कहा- "हां, मैं, तुम्हारी सुरसिका! मेरे भ्रमर! मैं तुम्हारी पूर्णिमा में मगन कुमुदिनी! मैं!"

शंकर-अमरूक ने सस्मित विहंसते हुए कहा- "तू-तेरा यह केश-कलाप, यह ललाट, यह बड़रे रतनारे नयन, तेरी यह सीदती हुई रिझवार भरी दृष्टि, तेरे यह चित्ताकर्षक कटाक्ष तेरे यह प्रवाल से अधर, यह पुखराज सी तेरी चिबुक-यह तेरे पीन पयोधर! कामिनी, रूप से भरी मादक यौवन से उभरती-उमड़ती हुई तेरी यह देह-लता! मन होता है, रोम-रोम में भर लूं-लपेट लूं।"

रानी कलावती ने कवरी को शिथिलाते हुए कहा- "तुम्हें ढंक लेती हूं। मैं देह की सुन्दर लता? अच्छा! तुमसे लिपटती हूं- अब?"

"अब क्या, सुरसिके?" शंकर-अमरूक ने अर्धोन्मीलित नयनों से उभरती हुई-उमड़ती हुई रानी को निहारा और कहा- "उस परात्पर परमेश्वरी सच्चिदानंद विग्रहा शिवा, भुवनेश्वरी के नयन! जब वह अपने नयन मींचती हैं, यह पृथिवी तिरोहित हो जाती हैं और जब वह अपने रागोत्फुल्ल विलोल नयन खोलती हैं, पृथिवी का पुनः उदय होता है। मैं नहीं सन्त यह कहते हैं। किन्तु क्या जगन्मोहिनी पलक करती हैं? नहीं, नहीं। वह अपने दिव्य गहन नयन खुले रखती हैं, जिससे जगत बना रहे-रक्षित रहे।"

रानी तनिक उमड़ी; शंकर-अमरूक के वक्षस्थल पर शिथिल कवरी में रग-मग, मुख-मण्डल भरते हुए बोली- "और यह मेरे नयन?"

"तुम्हारे नयन?" शंकर-अमरूक ने कहा- "मोहते हैं; बेंधते हैं; जगत में बींध देते हैं। काम की मनोज अग्नि से भरी तुम्हारे इन मुग्ध नयनों की दृष्टि है- यही लुब्ध सम्मोहनमयी दृष्टि माया की दृष्टि है। जगत में आसक्त कर अज्ञान के अंधेरे में डूबो देती है। ज्ञानियों का चित्त चलायमान करती है- तुम्हारी यह स्वप्न-मुग्ध दृष्टि, कामिनी!"

रानी कलावती ने अंगड़ाई लेते हुए कसुम्भी कञ्चुकी के बन्ध शिथिलाते हुए कहा- "हुं! मेरे यह कपोल? मेरा यह अधीर मुख? यह मधुरातिमधुर अधर? मैं, प्रिय लगती हूं तुम्हें।"

शंकर-अमरूक ने रानी को शिथिल बाहु पाश में समेटते हुए कहा- "आत्मा को माया प्रिय लगती है; तभी तो वह अज्ञानाच्छादित होता है। आसक्ति के संस्कार के वश होकर अविद्या ग्रसित होता है और तुम्हारी सी ललित कोमलांगिनी रमणियों के पीछे भव-भव के भ्रमण करता रहता है। तुम मुझको अपने स्वाभाविक ज्ञान से विस्मृत करती हो- भव संसार में मैं चेतित हो जाता हूं; तुम्हारे इन कान्तिवान कपोलों को छूकर, तुम्हारे रसीले मुख को चूम कर, मैं देह की सरसता का अनुभव करता हूं- तुम्हारे अधर? यह आरक्त तुम्हारे अधर? मुझे मुग्ध-मूढ़ कर देते हैं। किन्तु...."

रानी कलावती शंकर-अमरुक की गोद में खुभी; गड़ते हुए प्रसरी; अस्फुट अधीर स्वर में बोली- "किन्तु? क्या?"

शंकर-अमरुक ने अर्धोन्मीलित नयनों से रूप की उभरती हुई उस यौवनोन्मादित लावण्य मूर्ति के मुख की सुधिहीन अधीरता की पलकों से स्पर्श करते हुए कहा- "स्फुरद् गन्डा भोग प्रतिफलित ताटंक युगलाम्। चतुश्चक्रम् मन्येतन्य मुखमिदम् मन्मंथर रथम्। यमारुह्ययद्रुह्यत्यव निरथम केन्दु चरणम्; महावीरो मारः प्रमथ पतये स्वयं जितवते।" उसके अनहद ओंकार के शब्द हीन जाप से भरे दिव्य कानों में अमृत से भी मधुर, मधुरातिमधुर सरस्वती की स्तुति गूंजती है और वह दिव्य सुन्दरी-श्रेष्ठ सृष्टि-मोहिनी उसे सुनकर हर्षोल्लास में सिर हिला-हिला कर महा सरस्वती को प्रसन्नता प्रगट करती है- "उस मुख मण्डल का वह दिव्य लावण्य? ओह, रंगिनी, रस-रंजिनि! क्या कहूं?"

रानी कलावती उमड़ उठी; अमरुक के देह को धकेल कर बिठाती हुई बोली- "मेरी वैरिन के रूप का बखान करते हुए तुम लजाते क्यों नहीं? मन में यह कौन है, जो भरी हुई है? पहिले तो नहीं थी, यह दिव्य ललिता? थी? नहीं थी!"

शंकर अमरुक पर्यंक पर लेट गये। रानी लावण्य से भरी रूप राशि सी श्याम घटा से बंधे किन्तु बिथुरे केश-पाश से हिलती हुई उभर आई-अमरुक के स्थिर, शिथिल लेटे हुए देह पर घुमड़ उठी। शंकर-अमरुक ने पलकों की झिलमिल से देखा; शरदेन्दु का पूर्ण बिम्बानन भादो की श्यामल मेघ-घटा में तैर रहा है। बड़रे रतनारे नयनों के मत्स्य-शावक मानो सावन के मुखर जल से भरी तलैया में विहर रहे हैं। ललित सौन्दर्याभा से भरी यह रूप की मद से उबकती हुई यौवन-मूर्ति थी। शंकर-अमरुक ने तनिक सिहर कर देखा; शिथिल कुसुम्भी कञ्चुकी के रतनारे कस मानो टूट रहे हैं और घनश्याम कुमकुमे गगन में दो चन्द्रमा उदित से हो रहे हैं- यह गुलाबी, पिरोजी, अरुणारे पीन किन्तु मृदुल; कुम्भ-इन्दु घट से प्रगट हो रहे हैं- शंकर अमरुक को लगा, थिरकते हुए अपने इन अरुणाभा से कान्त उरोजों के भार से ही वह कामायिनी उन पर लुढ़ती जा रही है। पद्म पत्र की भांति कोमल नासा-पुटों से प्रफुल्लित वसन्त के घ्राण मानो शंकर-अमरुक के रोम-रोम को सुल्हा रहे हैं। नासिका! तनिक पिरोजी, तनिक गुलाबी, तनिक पीत स्वर्ण आभा की ढली यह सुगन्ध भरी नासिका! शंकर-अमरुक के गहन में स्वयं ही कोई कवि, मनीषी, बोल उठाः निस्संदेह हिमालय राजा के वंश की यह पताका सी नासिका है। यह-वह स्वांस-प्रस्वांस? मानो क्षीर-सागर के मुक्ताओं की पिष्टी के सेवन से शीत ओजस से भरे हों और यह बेसर? अवश्य ही भुवनेश्वरी सृष्टि-सम्मोहिनी के अगाध हृदय-सरोवर

में रहे दिव्य मुक्ता की बनी है। यह वश कर, मद भरे स्वांस और वह स्वर्ग के नन्दन विपिन मणिद्वीप के पारिजात तथा कल्पवृक्षों के पुष्पों की सुगन्ध से भरे-महाप्राण भरे स्वांस! शंकर-अमरुक स्तब्ध से सुघड़ लम्ब-पीन नासिका के सुगन्ध-उन्मद सांस में मानो डुले-हिले; वसन्त-श्री की मञ्जरी सा उनका रोम-रोम थरथराया। विश्वात्मिके! जगदम्बे शिवे! कल्याण करो-कल्याण! रानी कलावती ने अपनी नासिका राजा अमरुक के लज्जा आरक्त कपोलों पर रगड़ी और खन-खना कर बोली- "हंसते हुए बोली- तुम्हारे मन में सदैव की भांति मैं जगी हूं अथवा नहीं? बोलो, प्राण मेरे!"

शंकर-अमरुक ने हीरा कणी से दांतों की चमकती हुई बिजलियों से तनिक चौंधियाते हुए अस्फुट स्वर में कहा- "तुम यावत् जीवन की श्रद्धा हो; धृति- अवश्य ही तुम प्रीति हो, रति!"

रानी कलावती ने राजा अमरुक के होठों को अपने दांतों से सहसा पकड़ा, जकड़ा और दन्त-क्षत से शंकर-अमरुक को तनिक विकल सा करते हुए बोली- "मेरे कामदेव! मैं तो रति की कीर्ति सी हूं।"

शंकर-अमरुक के होंठ रानी के प्रगाढ़-प्रगल्भ चुम्बन में जड़ गये। शंकर- अमरुक के हृदयाकाश में मानो बोल उठेः "प्रवाल की बेलियां तुम्हारे अधरों की कान्ति के समान नहीं हो सकतीं। इन सुन्दर विक्रान्त-क्रान्ति से दमकते हुए दांतों को स्वयं में जकड़े हुए यह अधर अतुलनीय हैं।" शंकर-अमरुक ने अपने घुटते हुए स्वांस को मुक्त करते हुए कहा-तनिक गाया! "स्मित स्मित ज्योत्स्ना जालम् तव वदन-चन्द्रस्य पिवतां! चकोराणामासी दति रसत मा चञ्चु जड़िमा। अतस्ते शीतां शोर मृत लहरी भग्न रुचयः। पिबन्ति स्वच्छन्दं निशि-निशि भृंश कांजिक घिया।" शंकर-अमरुक ने उफ् के साथ सिर लुढ़ते हुए कहा- "तुम्हारे मुख-चन्द्र की इस मधुरातिमधुर पूर्णिमा को जगत् की चकोर पीते ही रहते हैं। हां, वह चकोर इस अगाध रस को पीकर जड़ हो जाते हैं।" रानी कलावती कण्ठ में ही हुमुसी और अपनी सर्पिणी की सी आरक्त पतली जिव्हा को राजा के मुख में डालते हुए राजा का समस्त मुख मानो पीते हुए अस्फुट अधीर स्वर में बोली- "जड़ भरत!" शंकर अमरुक ने हड़बड़ा कर अपना मुख रानी की अधर- जकड़ से मुक्त करते हुए कहा- "घोरा! कहीं की।"

रानी ने शंकर-अमरुक की केश-राशि अधरों से पकड़ी और नयन विस्फारित करते हुए उरोजों को राजा के वक्ष स्थल पर भींसते हुए कहा- "घोरा नहीं, मदा।"

शंकर-अमरुक को लगा रानी की विस्फारित आंखें देखते हुए भी नहीं देख रहीं हैं; रानी के शिथिल हाथ उनकी कटि को जकड़ रहे हैं। अपनी कदली-स्तम्भ

सी गदकारे उभार भरी जंघाओं में राजा के घुटने दबाने का प्रयास करती हुई रानी निर्लज्ज सी होती जा रही है। घेरदार आरक्त सुनहले-रूपहले सा घाघरा भादों के इन्द्र धनुष से भरे मेघों सा बिखर रहा है और रानी के कुनमुनाते हुए अधर मधुर अमर्ष में कांपने लगे हैं। शंकर-अमरुक के कंधे पर तीव्रता से काटते हुए रानी हुमुसी; फुसफुसाई- "तुम-तुम, नपुंसक कहीं के।"

शंकर-अमरुक सहसा उत्ताल हास्य हंस कर पर्यंक पर ही खड़े हो गये; कूद कर पलंग से तनिक दूर जा खड़े हुए; बोले- "यही तुम्हारी मोहिनी है, भला।"

रानी घायल सर्पिणी सी ठिठक कर पर्यंक पर ही विजड़ित विस्फारित पड़ी रही। उसका थर्राता हुआ रोम-रोम जल उठा। उसकी समस्म नाभि फड़क उठी; गण्डस्थल शीतल और नितम्ब मानो दह उठे। रानी ने अपनी कुक्षी में ही मरोड़ खाकर तनिक दूर खड़े हुए राजा को कटीली क्रूर दृष्टि से देखा।

शंकर-अमरुक ने सिर धुना कर कहा- "यह कान्तिवान नारी देह। बाल-सूर्य के भास और चन्द्रमा के रगमगे अमृत से ढला- रंगा यह देह।"

रानी मानो आघात पर आघात खाकर तड़प उठी; फुतकारते हुए बोली- "तू कोई भी हो, योगी, यती कोई भी; किन्तु तुझ को वश करके ही रहूंगी।"

और रानी उठी; पर्यंक से कूदी। बिखरा हुआ घेरदार लाल गुलाबी नारंगी आभा का घेरा इन्द्र धनुष के नीवी-बन्ध के क्षितिज पर जैसे उभर-उमड़ रहा था। बिथुरा केश-कलाप शरद के बादलों सा त्रस्त इतः स्ततः हो गया था। कुसुम्भी कञ्चुकी के घनश्याम पाश शिथिला कर अपने बन्धों में ही छटक गये थे। अर्ध सम-वृत्त माणिक्य और पुखराज की कान्ति से लीढ़ उरोज-पयोधर कुम्भ मानो वक्षस्थल के पनघट पर ही लुढ़ चुके थे। रानी के पद्यपाणी फैले, झीमे और रिमझिमाके मूढ़ से खड़े शंकर-अमरुक की कटि को सर्प के समान विंट गये। झांझर झनझनाये; नूपुर रणके; कटि-किंकणी खणकी और ऊर्ध्व सांस भर कर रानी हिली-डुली। आकाश में छाई पूर्णिमा के आत्म गौरव सी आह भर कर वह उली, उलली। पुनः हिली-डुली और एक कलोल में मन्थरित होकर नृत्य की प्रथम हिल्लोल बन गई। शंकर-अमरुक कांपे; अरभराये-लड़थड़ाथे-डगमगाये और रानी के बाहुओं में कटि से बंधे गगन-मण्डल में घूमने लगे। राजा के अटपटे चरण धरती को छूकर गगन की अदृश्य पगडन्डियों पर मानो लड़खड़ाने लगे। राजी शंकर-अमरुक को पार्श्व से मानो थामे हुए थी। बेसुध से बन्द नयनों से मानो ठिठके हुए शंकर-अमरुक को देखती हुई रानी कलावती ने थिरकते हुए चरणों से घाघरे के घेरों को ठुकराते हुए अपने नितम्बों को गगन में कन्दुक की भांति तौला और कटि की ऐंच भरी मचक से रमझमाया। अर्ध विकचित

अधरों के सम्पुट से सीत्कार बांसुरी के आर्त स्वर सा फूटा और रानी रोम-रोम में अपने ही यौवन के रस में डूबी धरती को अपने लाक्षाद्र चरणों से गुदगुदाती हुई गगन-मण्डल में पूर्णिमा की हिलौरों सी विहरने लगी। पास के कक्ष में अनेक वाद्य-यन्त्रों का झनझनाता रणझणता हुआ निनाद गूंज उठा। शंकर-अमरुक निनाद की गहगह में मानो पलकों के आसरे धरती से उठे और हिल्लौरें लेती हुई पूर्णिमा के निधि में उचकाने, उबकाने-हिवतियाने लगे। रानी के बाहुपाश में कटि से बंधे शंकर-अमरुक कलावती के साथ-साथ बरबस थिरकने लगे-नाचने लगे। शंकर-अमरुक को लगा, रानी के बाहुओं की थामती हुई पकड़ के सहारे वह धरती से क्षण भर के लिये उठते हैं, दिशाओं में भ्रम कर पुनः पृथिवी को स्पर्श करते तथा पुनः बाहु की भींसती हुई जकड़ के सहारे गगन में होने लगते हैं। राजा के शरीर में उपस्थित शंकर ने इस नृत्य-गति को जैसे आकाश के किसी वासन्ती मेघ पर खड़े रहकर देखा और उनके अतल से अदृश्य श्री-चरणों की थिरकती हुई आहट जाग आई। शंकर ने देखा, रानी के नाचते हुए चरण तालों की उन्मद गति हो गये हैं और रानी के आभूषण नृत्य की गति के प्रकम्पित वर्तुलों में अग्नि-स्फुलिंगों की वीचियां हो गये हैं। रानी ने नृत्य की एक ऐसी गति की, कि शंकर-अमरुक नितम्बों में थड़क कर, जंघाओं में शिथिल होने लगे। अपने उठते और गिरते तथा फिरते हुए चरणों पर उनका कोई भी वश नहीं रहा। वह जैसे रानी के झीमते, झूमते ऊर्ध्व उन्मन स्वांसों के साथ-साथ स्वयं नाचने लगे। अवश्य, यों ही डमरुधर शिव शिवा के हस्त लाघवों में बंधे, तनिक टकराते, तनिक सटते, तनिक मिलते और कुछ बिछुड़ते हुए नाचते हैं, अवश्य! शंकर-अमरुक के स्तब्ध नयन जुड़ गये; कांपते हुए रोम थिर हो गये और मूक अधरों से स्वतः ही छन्द स्फुटित होने लगा- "दशा द्राधी यस्या दर दलित नीलाम्बुज रुचा।" रानी ने जैसे लोक-लोकान्तरों के पार से सुना- "दवीयासं दीनम् स्नपय कृपया मामपि शिवे।" रानी ने मानो न समझ कर भी समझ लिया- यह यती-कोई योगी-कामिनी के कटाक्षों की दया नहीं मांग रहा है। यह रस-जड़, यह अमोघ नपुंसक, यह योगी, महाप्रेत उस भुवनेश्वरी के नील कमल जैसे नयनों की कृपा-दृष्टि ही मांग रहा है। कृपा-दृष्टि। उसकी-उसकी-??

रानी ने राजा की जंघा को अपने लहरते हुए नितम्ब से थपेड़ते हुए अपने झांझरों की आकुल ध्वनि को नूपुरों की विकल रणकार में मिलाते हुए कोई गुह्य संकेत किया। कुछ सखियां नाचती हुई पुतलियों सी आविर्भूत हो आईं। शंकर-अमरुक ने कक्ष की दिशाओं में नक्षत्रों सी रमणियों को कल्लोलित रंग-सिन्धु में डूबते, उबकते, तिरते और पुनः डूबते उभरते हुए देखा। शंकर ने गाया; एक

गहगहती हुई आर्त ध्वनि उनके कोकिल कण्ठ से कूजी- "अनेनायं धन्यो भवति नचते हानि निरता। बने वाहर्म्ये वा समकर निपाती हिमकरः।" रानी पवित्र अमर्ष से धूज उठी। चरणों को उसने धरती पर कुछ गड़ाया और पुनः दिशाओं को ठुकराते हुए गगन में बिजलियों के दीप्ति-कम्पों से भरे वसन्त के मेघ के समान कांपीः शंकर अमरुक रानी के हाथों बंधे, रमणियों के मूर्तिमान रमणीय सुनहले रूपहले नक्षत्रों से घिरे, धरती से कुछ-कुछ बिछुड़ते और आकाश के अधीर यात्रिक की भांति स्वयं ही हुमुसे। शंकर ने गाया, प्लुत स्वर में गाया- "शिवे! श्रृंगारार्द्रात् वितर मुखे कुत्सन परा। हे शिवे, शैली पुत्री! तुम्हारी लावण्य गहन काम से प्रदीप्त दृष्टि सृष्टि की जीजिविषा को, जीवन-रति को बढ़ाती है- शिव इसी दृष्टि से कील उठते हैं। हां। सरोपा गंगायां गिरिश चरिते विस्मयवती। हां, हिमालय सुते! तुम्हारी यह दृष्टि केवल शिव को ही यावत्जीवन-चेतना में संजीवित करती है- संसारवासियों के लिये यही तुम्हारी जगन्मोहिनी दृष्टि अनासक्ति उत्पन्न करती है। शिवे, तुम्हारी यह दृष्टि तुम्हारी सहेली गंगा पर अमर्ष से भर जाती है। त्रिपुरासुर आदि दैत्यों के वध के वर्णनों को सुन कर तुम्हारी यह रति को चकित तथा कामदेव को बेसुध करने वाली दृष्टि आश्चर्य की द्रष्टा हो जाती है। अपने वल्लभ शंकर को आश्चर्य से देखने लगती है। अवश्यमेव शिवे! हरारिभ्यो भीता सरसिरुह सौरभ्य जयिनी, सखीषु स्मेरा ते मयि जननि दृष्टिः सकरुणा। हां शिवे! तुम्हारी यह दृष्टि नीलकण्ठ के गले में नृत्य की गति से स्तम्भित सर्पों को भयभीत करती है। कमलों की कान्ति को ले जाने वाली तथा सखियों द्वारा सहज ही दृष्ट दन्त क्षतों के इंगितों से लजाने वाली है। ऐसी-ऐसी यह अगाध श्रृंगार की अपार लावण्य दृष्टि, यह शाश्वत संजीवनी सी अमोघ प्रीति-दृष्टि, यह शिव की जगत-कला को उद्धवित करने वाली दृष्टि, यह तुम्हारी करुणा तथा आनन्द से भरी दृष्टि, मुझ पर दया करे, शिवे!"

"शिवे!" शंकर-अमरुक के कण्ठ से थरथराती हुई चीत्कार उठी और नृत्य मानो स्वयं ही कांप कर स्थिर हो गया। शंकर-अमरुक ने रानी को पर्यक पर कल्पलता की भांति झूमते हुए गिर पड़ते देखा और देखा, नक्षत्र देवियों सी सुन्दरियां नूपुरों की भांति रणकार के साथ अपने रम्य कपोलों को तनिक फुलाती हुई ताली दे रही हैं। शंकर-अमरुक ने देखा घाघरे के गहरे आछे लाल गुलाबी रंग की शमती हुई लहरों में कदली से बंधे चरणार्विन्द कांप रहे हैं। शंकर-अमरुक ने सहसा मानो दौड़ कर उन प्रकम्पित चरणों को थाम लिया और मस्तक से कुछ रगड़ कर शंकर ने कहा- "नमो वाकमं ब्रमो नयन रमणीयाय

पदयो। स्तवास्मै द्वंद्वाय स्फुट रुचिर सालक्त कवते। तुम्हारे इन चरणों को प्रणाम है, जगद् जननी! रमणीय यह तुम्हारे श्री चरण हैं, भगवती! यह तुम्हारे पादारविन्द सभी नयनों को सहज ही आकर्षित करते हैं। पृथिवी की निधियों के सन्तोष को भरने वाले यह तुम्हारे श्री चरण! भवानी! नन्दन वन के अशोक वृक्ष से तुम्हारे वल्लभ शंकर ईर्षा करने लगे हैं, क्योंकि तुम उस दिव्य अशोक को अपने इन चरणों से सुल्हाती हो।" शंकर सिर धुना कर कहते हैं- "मानो, तुम्हारे यह चरण ब्रह्मा के लिये भी दुर्लभ हैं, उनको तुम इस अशोक वृक्ष से अड़ाती हो। असूयत्यत्यर्थं तदभिहननाय स्पृहते। पशूनामी शानः प्रमद वन कंकेलितरवे।"

रमणियों ने राजा को संध्या के आकाश के रंग-वैचित्र्य से घेरे में से दो चरण-कमलों को मस्तक पर छुआते हुए देखा और सभी खनखना कर हंस पड़ीं- "प्रियतम हार गये।" पतझर के अन्तिम दिवसों में मधुमास की कांक्षा से भरी कोयलों की भांति वह एक साथ कूज उठीं। शंकर-अमरुक ने उन विहंसती हुई सुन्दरियों को मुस्कराहट पूर्वक देखा और बार-बार उन चरणों को मस्तक पर छूते हुए कहा- "पार्थिव पुतलियों! भगवती जब अपने श्री चरणारविन्द देवताओं के मस्तक पर रखती है, तब उसकी कृपा-धारा बह उठती है। इन श्री चरणों में जब जीव शरणागत होता है, श्री सुकृति ऐश्वर्य भोग और मोक्ष पाता है। इन श्री चरणों को जगत् पादारविन्द कहते हैं।"

सुन्दरियां मुलकीं; हंसी! उनके उपहास की हंसी गूंजी।

शंकर-अमरुक ने पुनः उन श्रीचरणों को जैसे छूआ; उठ खड़े होते हुए कहा- "वह श्री चरण ज्योति के अरविन्द के समान हैं। लक्ष्मी उनमें निवास करती है। एक बार पशुपति शंकर ने भगवती को गंगा कह कर पुकारा; तब वह महादेवी-महीषी रुष्ट हुई। तब पशुपति, पार्वती पति, देवाधि देव महादेव जगदीश्वरी जगदम्बा के चरणों में पड़ कर क्षमा याचना करने लगे किन्तु वह कामेश्वरी जगन्माता रुष्ट ही रही- शंकर के ललाट में उन्होंने पादाघात किया। तब कामदेव प्रसन्न होकर मन ही मन हंस उठा। क्यों, जानती हो? नहीं? काम देव को भस्म जो किया था श्री शंकर ने।"

एक सुन्दरी बोली- "वाह! क्या कहने उन चरणों के।"

शंकर-अमरुक ने हंसते हुए कहा- "जगदम्बा के चरण कमल से भी कोमल- अत्यन्त सुशोभित हैं। क्यों? नहीं जानतीं? कैसे जानोगी? कमल तो हिम में जल जाते हैं; किन्तु विश्वात्मिका जगदम्बा के कमल से भी कोमल चरण हिमालय की हिमानी घाटियों में घूमते हैं। वह अपार शोभामय श्री चरणारविन्द रात्रि-दिवस दिव्य कान्ति से दमकते रहते हैं।"

सुन्दरियों का झुण्ड ठठा कर हंसने लगा।

शंकर-अमरुक ने काकू पूर्वक कहा- "हसंती हो, मायामयी पुतलियों! क्यों हंसती हो? उन चित्र-विचित्र श्री चरणों का अमृत जल महासरस्वती की कृपा से ही प्राप्त होता है। मान सरोवर के दिव्य हंस उन श्री चरणों के आस-पास घूमते रहते हैं। योगी इन्हीं ज्योतिर्मय चरणों का ध्यानस्थ हो ध्यान करते रहते हैं...."

सहसा रानी कलावती उठ खड़ी हुई; हल्के चीत्कार पूर्वक बोली- "ऐसे चरणों वाली वह है कैसी? अब मेरे धैर्य की सीमा आ चुकी है- मेरी सोत का सौन्दर्य बखान कर तुमने मेरा-मेरी इन सखियों सहित अपमान ही किया है। क्या यह मेरी सोत वृद्ध नहीं होगी- नहीं मरेगी? आकाश में सुना है, देवियां रहती हैं। यह मणि द्वीप, चिन्ता मणि मण्डप तथा यह भुवनेश्वरी-जीवन में प्रथम बार सुन रही हूं यह, समझे।"

शंकर-अमरुक ने नक्षत्रों की जगमगाहट में प्रकम्पित से चन्द्रमा को यों इन्द्र धनुष से भरे मेघों के उभार में देखा और सहसा तन्मय होते हुए कहा- "अराला केशेषु प्रकृति सरला, मन्द हसिता। शिरीषाभा गात्रे दृशदिवि कठोरा कुचतरे। भृशे तन्वी मध्ये पृथु रपि वरारोह विषये। जगत् त्रातुं शम्भोर्जयति करुणा काचिद्रुणा, मन्द-मन्द हास्य युक्त, शिरीष के फूल सी कठोर कुच भार नमिता, सुमध्यमा, सौम्य, सरलता की दिव्यमूर्ति दयामयी करुणा कादम्बिनी रस भारती वह महादेव की पत्नी भुवनेश्वरी जगत की रक्षा के लिये त्रिभुवन में प्रकाशित है।"

"रस भारती?" रानी ने खड़े-खड़े ही ध्यानस्थ होते हुए शंकर-अमरुक को घूर कर जैसे स्वयं से ही पूछा- "महादेव की पत्नी भुवनेश्वरी! तुमने कहां देखी, अमरुक?"

शंकर-अमरुक ने अस्फुट स्वर में मानो त्रैलोक्य को सम्बोधित करते हुए कहा- "अपने हृदयाकाश में हृदय कमल पर स्थित चिदानंद ज्योति स्वरूप उस भगवती को मैंने देखा। हां, देखा है।"

रानी कलावती ने दूसरे दिन आमात्य श्री को बुलाया, आमात्य श्री ने सावधानी पूर्वक चारों ओर देखा और रानी कलावती के कानों के पास मुंह पर हाथ धर कर कहा- "नगर में सन्यासी से भिक्षुक देखे गये हैं।"

रानी चिहुंकी- "सन्यासी? भिक्षुक?"

"जी, महादेवी। श्रीमती!" आमात्य श्री ने उसी तरह नमन करते हुए कहा- "क्षुद्रकों ने प्रयास किया, दुर्मुख पीछे लगे किन्तु वह अरण्य के पार हो गये। अदृश्य से हो गये, श्रीमती श्री!"

"अदृश्य हो गये?" रानी बमकी- "क्या सब की मति मारी गई है? निस्संदेह यह सन्यासी से भिक्षुक हमारा रहस्य है। उनको खोजो। अब मैं निस्संदेह निश्चयपूर्वक अचूक कहती हूं, राजा के शरीर में कोई योगी प्रविष्ट है। राजा वह राजा नहीं है, जिनको मैं राज दरबार और अपने रंग निवास में जानती हूं। अद्वितीय श्रृंगारिक स्त्रोत स्वतः सहज ही राजा के मुख से निकलते हैं। राजा स्वर्ग से परे और पार किसी मणि द्वीप तथा भुवनेश्ववरी त्रिभुवन-सुन्दरी की प्रीति में पगे हैं। राजा के नयन सहज जैसे जगत को, मुझको देखते ही नहीं, आमात्य!"

आमात्य श्री ने सिर धुनाते हुए कहा- "आश्चर्य!"

"क्या आश्चर्य?" रानी पुनः बमकी सी- "आश्चर्यों का आश्चर्य, आमात्य श्री! अनहोनी जैसे हो रही है। देखा नहीं राजा आकाश की ओर देखते रहते हैं; धरती की ओर पलके झुका कर सब को वन्दन करते हैं। प्रजा के प्रति करुणा से भरे यह राज राज्य कोष लुटा दे रहे हैं। यज्ञ याज्ञों की धूम मच गई है। शास्त्र चर्चाओं के ब्राह्मण-मण्डल आविर्भूत हो गये हैं और राजा स्वयं जनपद के शीर्ष मनीषियों के मध्य बैठ कर उनको सुनते रहते हैं। दिवस में मौन श्रोता तथा रात्रि को राजा शाक्त-उपासक हो जाते हैं। हम कहती हैं, यह राजा नहीं है, कोई योगी है- यती। अवश्य ही किसी कंदरा में किसी सन्यासी का समाधिस्थ दिव्य देह प्राप्त होगा- अवश्य होगा।"

आमात्य श्री ने शोचनीय गंभीरता पूर्वक जैसे स्वयं से ही कहा- "अवश्य, अवश्य, महाराज राजेश्वर जैसे पूर्णतया बदल गये हैं- आप श्रीमती ठीक ही वदती हैं, राजेश्वर जैसे हमारे चिर-परिचित कृपालु वह नहीं रहे। राजा, योगी, अग्नि और जल-इनकी उल्टी रीति शास्त्रों ने कही है। जनपद ही नहीं, आस-पास के गिरि-अरण्यों में भी श्रीमती की आज्ञा शिरोधार्य कर दुर्मुख और क्षुद्रकों की टोलियां सावधानी पूर्वक किसी योगी के समाधिस्थ दिव्य देह को खोज रही हैं। राम, राम, सीताराम! श्रीमती!"

रानी कलावती ने थके से, अलसाये से नयन तनिक झपकाते हुए कहा- "राजा का यह उदासीन किन्तु आसीन, अनासक्त किन्तु आसक्त, दिव्य किन्तु कमनीय संस्करण! आमात्य- श्री, ऐसे रसिक गहन-गंभीर उन्मुक्त प्रणय की प्राप्ति सद्भाग्य का भी सद्भाग्य है।...."

सहसा पीछे से विहंसते हुए शंकर-अमरुक ने कहा- "सद्भाग्य केवल श्रीराम के श्री चरणों की भक्ति है। आमात्य श्री भरत ने क्या कहा था, जानते हैं आप? भरत ने समस्त सभा को कहा थाः आप सब अपने हित-साधन के लिये ही

मुझको राजा बनाना चाहते हैं- राज-सिंहासन स्वीकार करने को कह रहे हैं किन्तु मेरे हित का आपके ध्यान ही नहीं है। भरत ने कहा, मेरा हित तो सीता-राम के श्री चरणों की शरणागति ही है।"

रानी कलावती ने तीक्ष्ण नयन तरेरते हुए कहा- "और आपश्री की गति?"

"हमारी?" शंकर-अमरुक ने हंसते हुए कहा- "प्रजा के श्री चरणों में समर्पण ही हमारी, राजा की अन्तिम सद्गति है। राजा प्रजा के चरणरविन्दो का चंचरीक है, योगी सहस्र दल कमल-महापद्म के किंजल्क का ओमकार-लुण्ठित्त भ्रम है।"

"अतीत में तो आपश्री को प्रजा की चिन्ता जैसे थी ही नहीं।" रानी ने अमर्ष पूर्वक कहा- "आज कल यह प्रजा-भक्ति कैसे टपक पड़ी?"

शंकर-अमरुक ने ठठा कर हंसते हुए कहा- "श्रीमती! प्रजा की अहैतुक भक्ति के लिये ही जैसे हमारा इस शरीर में पुनर्जन्म हुआ है। आमात्य श्री, राज्य के कारगार में कितने अपराधी हैं?"

आमात्य श्री ने चमक कर चौंकते हुए कहा- "हैं तो, श्रीमन्! महाराज, सम्पूर्ण संख्या तो ज्ञात नहीं है; किन्तु पञ्च शतक तक हो सकती है।"

"पञ्च शतक अपराधी? इस लघु जनपद-राज्य में?" शंकर-अमरुक ने साश्चर्य पूछा- "राज्य तंत्र तब क्या करता था?"

रानी कलावती बीच ही में बमकी- "आमात्य को क्यों पूछते हैं, आपश्री? स्वयं से क्यों नहीं पूछते? असावधान, प्रमादी, स्वैर और लोभी राजा के राज्य में ही अपराध होते हैं। पिता का चरित्र ही न हो, तो प्रजा का संस्कार कैसे होगा?"

आमात्य श्री ने मन ही मन कांपते हुए कहा- "श्रीमती राजेश्वरी, श्री! हमारे महाराजा तो अहर्निशि प्रजा-पालन की चिन्ता में ही डूबे रहते थे-भूला-डूबे रहते हैं। देखा नहीं, श्रीमती! महाराज श्री अपने आमात्य से प्रजा के कल्याण के लिये ही तो पूछ रहे हैं। राजा न्याय कर देता है किन्तु क्या अपराधियों के हित के लिये भी चिन्तित रहता है? नहीं तो।"

शंकर-अमरुक ने शान्त गंभीर स्वर में कहा- "हम राज्य के अपराधियों से मिलेंगे। सभी कारागारों के सभी अपराधियों को राज मन्दिर के उद्यान में निमंत्रित करो, आमात्य श्री! रानी सत्य कहती है, चरित्रहीन राजा के राज्य में ही समाज का पतन हो सकता है। अपराध और सामाजिक पतन आराजकता से ही उत्पन्न होते हैं। सच्चिदानंद-श्री मानव इस भरी-पूरी संभृत सुन्दर सम्पन्न पृथिवी पर अपराध करे ही क्यों, आमात्य?"

"निस्संदेह, महाराज! अवश्य, अवश्य श्रीमन्!" आमात्य श्री ने नमन पूर्वक उत्तर दिया- "महाराज की जो आज्ञा; जो इच्छा।"

शंकर-अमरुक ने विहंसते हुए स्वर में कहा- "हमें प्रजा की प्रसन्नता ही एक मात्र अभीष्ट है। प्रजा कब प्रसन्न होती है? कैसे प्रसन्न रखी जा सकती है? राज्यपाल का यही कौशल है। राजविद्या प्रजा के पूर्ण सन्तोष और परम प्रसन्नता को अर्जित करने की विद्या है, समझे! प्रजा का अग्नि होत्र जब तक निर्विघ्न जलता रहेगा-जब तक गृहस्थ मांगलिक प्रसंगों से गाजता-गूंजता रहेगा तब तक प्रजा त्रस्त नहीं रहेगी। जब तक गृहस्थ भरा-पूरा, विद्यावान, लक्ष्मीवान यशवान बना रहेगा, तब तक समष्ठि के सनातन धर्म की मर्यादाएं अक्षुण्ण बनी रहेंगी। जब तक समष्ठि का पञ्च परमेश्वर अभय पूर्ण रहेगा, तब तक न्याय का पालन होता रहेगा। श्री, सुकृति, समृद्धि, सम्पदा तथा सम्पत्ति, यश, आरोग्य, ऐश्वर्य-यह सब प्रजा को तुष्ट और पुष्ट तो करते हैं- रखते हैं; किन्तु प्रजा इनको पाकर प्रसन्न रह भी सकती है; नहीं भी रह सकती। प्रजा प्रसन्न कैसे रहती है, आमात्य?"

आमात्य श्री जाते जाते रुक गये; तनिक स्तम्भित से हो कर बोले- "सुरक्षा से, श्रीमानेश्वर!"

शंकर-अमरुक ने सहसा ठठाकर हंसते हुए कहा- "सुन लिया, तुमने, राज महिषी! सुरक्षा से प्रजा शान्त तथा निर्भय होती है- निर्विघ्न अपना प्रति दिन रात का जीवन जीती है।"

"अवश्य, अवश्य।" आमात्य श्री ने कहा- "समझा, श्रीमन्! न्याय से प्रसन्न होती है प्रजा, अवश्यमेव, प्रभो!"

शंकर-अमरुक ने सस्मित विहंसते हुए कहा- "न्याय से प्रजा धर्म-धारण और पालन की शक्ति प्राप्त करती है। न्याय से ही प्रजा-जीवन की इतियाँ दूर होतीं तथा समष्ठि में सम बना रहता है। न्याय प्रजा को सन्तोष देता है; समता प्रदान करता है; परन्तु क्या प्रसन्नता भी देता है? नहीं तो।"

आमात्य श्री ने साश्चर्य तनिक अचकचाते हुए उत्तर दिया- "तब श्रीमानेश्वर ही वदें, प्रजा प्रसन्न कैसे रहती है? हम आमात्य तो प्रजा को सुरक्षित, न्याय-मण्डित, सम तथा तुष्ट-पुष्ट रखने के लिये ही अहर्निशि राजतंत्र को चलाते रहते हैं। राजा ही प्रजा का अन्तःकरण जानता है। राजा प्रजा के राम को जैसे अपने हृदय-सिंहासन पर प्रतिष्ठित किये रहता है।"

शंकर-अमरुक ने शान्त स्वर में कहा- "प्रजा के पास सब कुछ हो-सर्वस्व हो; परन्तु निर्विघ्न निश्चिन्तता न हो; तो क्या प्रजा प्रसन्न रह सकती है? पूर्णरूपेण तुष्ट और पुष्ट प्रजायें आगम भयों से त्रस्त रहती हैं; अनायास विध्नों से टूट सी जाती हैं। शाश्वत जीवन-धर्म की सनातन दिव्य परिपाटियों के रद

हो जाने की भीति प्रजा के गहन में बनी रहती है। प्राकृतिक संकटों की आशंका उसको कचौटती रहती है। सन्तति के अमंगल की शंका प्रजा को मानो मन ही मन कंपाया करती है। प्रजा का गहन अन्तरात्मा सत्य-प्रणीत, न्याय-संयोजित, दण्ड से सुरक्षित तथा शक्ति से आश्वस्त राज्य चाहता है। राजा दशरथ एक धर्मिष्ठ चक्रवर्ती महाराजा थे; किन्तु राम, श्री राम तो अर्थ, धर्म, काम और मोक्ष के जन-मन-रञ्जन के राजा राम थे- और इसीलिये वह पतित-पावन हैं; भक्तों के भगवान तथा योगियों के श्री राम हैं।"

आमात्य- श्री ने नमन पूर्वक कहा- "सच कहा, श्रीमानेश्वर! राजा तो ईश्वर का अंशावतार हैं।"

शंकर-अमरुक ने सहसा गंभीर हो जाते हुए कहा- "राजा धर्म-धारक न्यायमूर्ति है। राजा के प्रति समष्टि की श्रद्धा ही प्रजा के अन्तरात्मा की निष्ठा है। ईश्वर सृष्टि-प्रपञ्च चलाता है, राजा राज्य की व्यवस्था करता है- अवश्य, राजा का नेतृत्व और स्वयं राज काज दिव्य है, उदात्त है- परम नैतिक मांगलिक सौकार्य है। स्वराज्य से प्रजा की अस्मिता उद्भवित होती है; सुराज्य से प्रजा सुरक्षित तथा संभृत रहती है; किन्तु केवल राम-राज्य से ही प्रजा प्रसन्न रह सकती है। इसलिये श्री राम ही राजा के रूप में ईश्वरांश हो सकते हैं- अन्य नरेश नहीं। वह तो प्रजा के पिता कहलाते भर हैं; परन्तु क्या वह प्रजा के प्रतिनिधि हैं? नहीं हैं...."

रानी कलावती ने सहसा पूछा- "अपराधियों को राज-मन्दिर में निमंत्रण क्यों?"

शंकर-अमरुक- "क्योंकि मैं प्रभु का सबसे बड़ा अपराधी हूं- इसलिये, श्रीमती!"

रानी कलावती ने साश्चर्य पूछा- "आप श्री प्रभु के अपराधी?"

"हां तो।" शंकर-अमरुक ने सहज शान्ति पूर्वक कहा- "हम राजा ऐसी संभृत, सम्पन्न, शक्तिशाली और सुखद-मंगल जन्य राज व्यवस्था स्थिर नहीं रख सके; भोग-विलास में रत होते चले गये। हमारे जनपद और उसके गृहस्थ अनेक विचित्र भयों से घिरते चले गये। वैदिक सनातन श्रुति स्मृति सम्मत और अधिकृत वर्णाश्रम धर्म का धारण राजा त्यागते चले गये और जनपदों ने इस शाश्वत दिव्यतम धर्म का पालन ही अविश्वास एवं संशय से कातर होकर छोड़ दिया। तथाकथित मत-मतान्तरों के सम्प्रदाय क्रमशः जीजिविषा को चैतन्य से हीन करते गये तथा व्यष्टि एवं समष्टि को लोकायतवाद की ओर धकेलते गये हैं। धर्म वर्णाश्रम के लिये नहीं, किन्तु राज सत्ता और उससे प्राप्त होने वाले

क्षल्लुक भोगों को बटोरने के लिये एक मुह्यमान आकर्षण बना दिया गया है, आमात्य श्री! वह राज्य किस काम का, जिसमें एक भी अपराधी हो? वह समाज व्यर्थ है, जिसमें मनुष्य को त्रास देकर अपना स्वार्थ सिद्ध करना पड़े। दस्युओं और आततायियों का समाज ही अपराधियों का उद्भव करता है। राजा यदि प्रजा का पिता है, समष्ठि का श्री गणेश है- नरों का नरेश है तो उसको धर्म धारण करना होगा- धर्म का पालन करवाना होगा-दस्युता को समाप्त तथा आततायी वृत्तियों का दमन करना होगा। समाज लोक लाज से चलता है; अनुशासित होता है। राज्य धर्म-दण्ड से ही चलते हैं- राजा धर्म मूर्ति नहीं हैं; किन्तु राजा समाज की न्याय मूर्ति तथा समाज का त्राता, संचालक तथा धर्म-दण्ड की सत्ता है- यही राजा का ईश्वरीय आंशिक ही सही, स्वरूप है।"

आमात्य श्री ने साहस पूर्वक कहा- "राजा गण-ईश है, श्रीमन्!"

"अब समझे।" शंकर-अमरुक ने कहा- "वैदिक श्रुति-सिद्ध तथा स्मृति-साध्य वर्णाऽश्रम धर्म के मन, वचन, कर्म से पालन के लिए हम प्रजा से वार्ता करना चाहेंगे।"

आमात्य श्री ने संकोच पूर्वक कहा- "शाक्त, बौद्ध, जैन, गाणत्य और वैष्णावात्यों की बड़ी प्रबलता है, श्रीमानेश्वर!"

"सब से बड़ी, उदात्त और उत्तम शक्ति, ईश्वरीय व्यवस्था, वैदिक वर्णाऽश्रम धर्म है।" शंकर-अमरुक ने कहा- "हम यह जानते हैं, आमात्य श्री! आप निश्चिन्त रहें; ज्ञान से ही अज्ञान का उच्छेद होता है; प्रकाश से ही अन्धकार हटते हैं; सत्य की शक्ति से ही शरीर, मन, बुद्धि, चित्त तथा अहंकार की विकृतियां समाप्त हो सकती हैं- हम जनपद की प्रजा को वर्णाश्रम धर्म द्वारा मोक्ष के ज्योति-मार्ग की ओर ले जाना चाहते हैं। मृत्यु के निविड़ घने सुधिहीन अन्धकार में हमने आत्मा की ज्योति जैसे देख ली है, आमात्य श्री!"

"साधु-साधु!" आमात्य श्री ने नमन पूर्वक प्रणाम किया।

"राज महिषी!" शंकर-अमरुक ने कहा- "इस राज-वैभव से हम क्लान्त होते जा रहे हैं। भोग विलास जैसे रस रगमगा कीच है- सत्ता? सत्ता परमेश्वरी सती की। मरणाधीन मनुष्य की सत्ता ही क्या? उसका तो मृत्यु से तर जाने का धर्म ही है, श्रीमती! देवी! अपने श्री चरणों के मकरन्द से हमारी इन्द्रियों की यह पिपासा शान्त कर दो। हम अहम् में गड़े, चित्त में डूबे, वृद्धि में फंसे-अटके तथा मन में भ्रमित बने रहना नहीं चाहते। हमें ब्रह्म चाहिये; ब्रह्म योनि नहीं....."

रानी कलावती ने देखा, राजा अमरुक का देह पुनः स्थिर अचल सा होता जा रहा है। नयन उन्मीलित होकर मानो शून्य क्षितिजों से भरने लगे हैं। राजा

जैसे धरती पर खड़ा होकर भी सदेह आकाश में बिला जाना चाहता है- "यह क्या हो रहा है, मेरी मां!" रानी कलावती मन ही मन चीत्कार कर उठी- "अमरुक, मेरे प्राण! तुमको क्या हो गया है, राजेश्वर!"

राजा अमरुक ने जैसे कहा- "तुम्हारे रूप में डूब कर मैं सुधिहीन हो गया था। विलास से मैं अन्त में स्तम्भित ही हो गया था-देह-सुख और भौतिक ऐश्वर्यों का भोग हमें अब जैसे नहीं भाता। काम-शास्त्र क्या? देह और देह का इन्द्रियज भोग और क्या रानी!"

"यह तुम राजा अमरुक बोले रहे हो?" रानी कलावती ने आर्द्र कण्ठ से पूछा।

"शाश्वत आत्मा बोल रहा है, राज-महिषी!" शंकर-अमरुक ने कहा- "किन्तु तुम निराश क्यों हो रही हो? जब तक इस देह में सांस हैं तब तक तुम्हारे रूप का सम्मोहन बना ही रहेगा। तुम्हारे सावन-भादों से यौवन की उमड़ हमें चकित करती ही रहेगी। प्रिय वादिनी, तुम निस्संदेह प्रिय दर्शिनी हो, अवश्य!"

32

जनपद में चर्चायें चल पड़ीं; महाराज राज्य के कारागारों को खाली कर रहे हैं। भू गर्भों को पाट दे रहे हैं। शमसानों में शिव-मन्दिर बनवा रहे हैं तथा बल पूर्वक धर्म- परिवर्तन को रोक रहे हैं। महाराज अमरुक जैसे स्वर्ग से सदेह पुनः पधारे हैं। यह वह वार-विलासी, मद्यप, निठल्ला राजा है ही नहीं। अवश्य, यह अघटन घटना देवाधिदेव महादेव की ओढर कृपा ही है। वह शम्भु स्वयं ही जैसे राजा अमरुक के हृदय-मन्दिर में बिराजमान हो गया है। राजा स्वयं मुक्त अपराधियों को उपदेश कर रहे हैं। अपराधी जैसे राजा के एक-एक शब्द को मंत्र मुग्ध होकर सुनते हैं। जो राजा आंख उठा कर किसी की ओर तनिक भी नहीं देखता था, वह आज जनपद के ग्रामों में घर-घर घूमता है- सारा जनपद जैसे राजा का विशाल परिवार और राज-मन्दिर का विस्तृत परिसर हो गया हो। अवश्य रात्रि के प्रथम प्रहर के प्रारंभ से ही राजा का रंग-भवन हुमुस उठता है; गहगह उठता है- उल्लास की भांवरियां नूपुरों की रुनझुनों में मानो थिरकती हैं। महादेवी तो जैसे देवताओं का स्वर्गिक वसन्त महोत्सव मना रही हों। वसंत पञ्चम अब रति पति कामदेव का मधु-उत्सव होगा; मधु महोत्सव? अतीत में कहते हैं, कामेश्वर का महा महोत्सव मनाया जाता था- महादेवी पुनः ठीक वैसा ही करने जा रही हैं। वसन्त बगरेगा; शरद पूर्णिमा होगा; पतझर नित्य मधुमास हो जायगा। यह बौद्ध दुबक गये हैं। अब इनके त्यौर ठण्डे पड़ गये हैं। राजाज्ञा की दुहाई फिर गई है; भिक्षा ब्रह्मचारी, वानप्रस्थ तथा सन्यासी को ही दी जायगी। अवश्य द्वार पर आये किसी भी अन्नापेक्षी भिक्षुक को मना नहीं किया जायगा। भिक्षुक को अतिथि देवो भवः रीति से भोजन कराया जायेगा। जनपद-राज में सभी सम्प्रदाय शान्ति, शील और बुद्धि योग द्वारा ही बसेंगे। अवश्य, अपने मत का प्रचार करो; किन्तु पहिले

शास्त्रार्थ कर जनता की उपस्थिति और ईश्वर की साक्षी से सत्य का निश्चय करो। राजा प्रत्येक शास्त्रार्थ का साक्षी भूत अधिष्ठाता होगा। यज्ञों में पशु बलि रोक दी गई? यह पञ्चमकारी उद्वेलित हो उठे हैं। कापालिकों के गुप्त स्थानों पर क्षुद्रकों और दुर्मुखों का वशवर्ती प्रहर कर दिया गया है और जनपद की कन्दरायें देखी जा रही हैं, प्रत्येक उपत्यका छानी जा रही है। किसी योगी की खोज हो रही है-अत्यंत गोपनीय प्रकार से गिरि-कन्दराओं में झांका जा रहा है। देखा नहीं वह षंढ मूर्ख आमात्य श्री बदल गया है। राजा की चाटुकारिता से उसको विश्राम ही नहीं था- राज काज? पदाधिकारी और उनके लेखक चलाते थे। अड़ौस-पड़ौस के लोग जनपद की सीमाओं में रात्रि में घुस आते और वन-सम्पदा की हानि किया करते थे- अब जैसे राजा का पवित्र रोष घनघोर मेघों की भांति छा गया है। जनपद के प्रत्येक नागरिक के अन्तरात्मा में मानो राम जाग गये हैं। विधने! यह कैसा अनहोना सा घटना-चक्र है? राजा अमरुक अश्व पर अथवा रथ पर नहीं पद के ही भ्रमण करते हैं- इतनी द्रुत गति से चलते हैं कि मंत्री और आमात्य उनके पीछे दौड़ते हैं और राजा स्वयं? वह मद्य से तनिक फूला हुआ देह अब वासन्ती यौवन की श्री से जगमगा रहा है। राजा की हस्ती अक्ष अब गज-लक्ष्मी के हाथियों की आंखे हों। राजा स्वयं इन्द्र का ऐरावत हो गया हो, ऐसा लगता है। एक शान्त अपूर्व बिन्दु-बिन्दु झरते हुए मद में राजा झूमता ही रहता है- अवर्णनीय कान्ति राजा के रोम-रोम से फूटती रहती है। पहिले राजा के पास भय लगता था, अब जैसे किसी कवि, मनीषी, सन्त और महात्मा के सानिध्य में हों। राजा निस्संदेह अपनी ही देह में जैसे सम्पूर्ण नया भव जीने लगा है। राजा अमरुक मानो रघुपति राघव राजा राम के चरण-चिन्हों पर चलने लगा है और रानी? महादेवी कलावती चकित हैं! राजा को तटस्थ निहारती रहती हैं। देवाधिदेव शिव को पुष्प् धन्वा के पञ्च बाण मारते हुए अपने पति कामदेव को जैसे रति निहार रही हो।

रानी कलावती ने पूछ ही लिया- "तुम राजा अमरुक!"

अपना राज मुकुट तत्पर भृत्य को संभलाते हुए शंकर-अमरुक ने कहा- "हां, मैं तो हूं।"

रानी पास की पीठिका पर लहरा कर बैठते हुए बोली- "सभी उन आश्रय हीनों को राज्य कोष से पाला जायगा? आश्रय हीनों के भरण-पोषण का दायित्व क्या कुटुम्बियों और जातियों का नहीं है?"

"है तो।" शंकर-अमरुक ने सस्मित कहा- "किन्तु यदि ऐसा वह न कर सके, तो अन्तिम दायित्व प्रजा के पिता-स्वरूप राजा का है; तुम्हारा, महिषी! राज-माता का। राजा और रानी प्रजा के माता-पिता, रक्षक त्राता जो हैं।"

रानी कलावती ने अपनी भवें ललाट के क्षितिज पर जमाते हुए पूछा- “इतने वर्षों तक तो आपने यह सब नहीं किया; अब यह चित्ताकर्षक नाट्य क्यों?”

“नाट्य?” शंकर-अमरुक ने साश्चर्य पूछा- “नाट्य? यह नाटक है जो हो रहा है? राजा का धर्म ही तो मैं पाल रहा हूं- मैं राजा हूं तो मुझे प्रजा का मंगल-जन्य धारण, भरण तथा पोषण करना ही होगा। अब तक मैंने ऐसा नहीं किया? किसने नहीं किया, रानी?”

“तुमने।” रानी कलावती ने चरण चांपते हुए नूपुर रणझणाये- “तुमको अरण्य की उस मूर्च्छा के पूर्व प्रजा है अथवा नहीं इसका भी जैसे पता नहीं था। राज-काज आमात्य, मंत्रीगण तथा चाटुकार पदाधिकारीगण ही चलाते थे। मेरी गोद में जब तुम मद्य के नशे में झींमते रहते थे- राजाज्ञाओं पर ताम्बुल-तन्वंगी हस्ताक्षर करवाया करती थी। भूल गये?”

शंकर-अमरुक ने हंसते हुए कहा- “अवश्य भूल गये। यह भव स्मृतियों की विस्मृति ही तो है। सुन्दरी, बीती हुई पलों का सोच हो ही क्यों? अब तो मैं जाग्रत प्रजा पालक नरेश हूं; हूं न?”

रानी कलावती ने गंभीरतापूर्वक कहा- “सभी अपराधी अब मुक्त हैं; क्या वह पुनः अपराध नहीं करेंगे? सभी भिक्षुक अब अतिथि हैं- अन्तर क्या हुआ? भिक्षा तो वह मांगेंगे ही। राजा अमरुक इस प्रकार राज्य चलते हुए मैंने नहीं देखे। पड़ौस के माहिष्मती जनपद को देखते क्यों नहीं! राजा सुधन्वा उज्जयिनी में रहते हैं, किन्तु माहिष्मती जनपद मनीषी ब्रह्म सभा द्वारा संचालित है। प्रजा को दण्ड नहीं देना प्रजा को बिगाड़ना है।”

शंकर-अमरुक- “राज्य किसका है, रानी?”

“राज्य किसका है?’ रानी ने जैसे प्रश्न प्रथम बार सुना हो- “किसका होता है राज्य? राजा का और किसका?”

शंकर-अमरुक रानी के पास आये; रानी की चिबुक उठाते हुए शंकर-अमरुक ने कहा- “यह भूमि माता उसके सन्तानों की है, सुन्दरी! राज्य प्रजा का है, समझीं? राजा प्रजा के विश्वास तथा सज्जनों की श्रद्धा से आविर्भूत होता है। स्वयं में राजा एक मानव ही तो है। इस पृथिवी का स्वामी कौन हो सकता है? इस आकाश का ईश कौन है? प्रभु-परमात्मा!”

“परमात्मा? रानी ने कञ्चन काय राजा को जी भर कर देखा; कहा- “तुमने देखा है प्रभु?”

“हां तो!” शंकर-अमरुक ने रानी की शिथिल सी कवरी को छूते हुए कहा।

“कैसा है, परमात्मा, अमरुक?” रानी मंत्र-मुग्ध सी बोली।

"तुम्हारे जैसा-" शंकर अमरुक ने हंसते हुए कहा- "वह आदि देवाधिदेव- वह देव ज्ञान स्वरूप है; सत्य है; अमृत है। वह आनन्द है, रानी। मैंने उसको देखा ही नहीं- मैं, मैं उसकी एक धारणा हूं, उसकी भूमिका-उसका कल्पा हुआ पात्र! तुम कितनी सुघड़ हो, सुन्दर, रानी!" और शंकर-अमरुक ने रानी के श्री चरणों में बैठकर सहसा रानी के चरण छूते हुए कहा- "तुम्हारी रतनार आंखों में हिमानी ज्वाला है; तुम्हारे अधरों में अग्नि से भरा मधु है; किन्तु तुम्हारे स्तनों में संजीवनी से भरा दुग्ध है।"

रानी झणझणा कर खड़ी हो गई; अंगड़ाई लेते हुए बोली- "और मेरे कटि-तट पर?"

"काल है, सुमुखी!" शंकर-अमरुक ने कहा- "काल का यह महा सर्प रमणी के असीम से कटि तट पर रेंगता ही रहता है; सच!"

"और मेरी नाभि में?" रानी ने अंगड़ाई शिथिल की।

"ब्रह्मा हैं।" शंकर-अमरुक ने ऊर्ध्व स्वांस भरते हुए कहा- "तुम्हारे उदर में कुष्मांडा शक्ति भरी है। यह अखिल निखिल विश्व उस परमेश्वरी के अगाध उदर में ही तो है। विश्व के वैश्वानर नारी के अथाह अगाध उदर में ही तो पकते हैं। अवश्य, जीवात्मा द्युलोक से उतर आकर अन्तरिक्ष में मां के उदर की प्रतीक्षा करता रहता है। मां के उदर में जब शरीर बन जाता है, प्रभु का स्मरण करते हुए जीव प्रभु की करुणा से उसमें प्रवेश करता है- अपना प्रारब्ध भोगने के लिए। यों, इस प्रकार यह जीव भव-भव की ठोकरें खाता हुआ इन्द्रियों के भोग के लिए जगत में भ्रमता रहता है- पुनरपि जन्मम्-पुनरपि जननी जठरे शयनम्।"

रानी कलावती ने सहसा शंकर-अमरुक का अर्धालिंगन करते हुए कहा- "जब जन्म लेना ही पड़ता है, तब निश्चिन्त भोग क्यों न भोगा जाय प्रिय; जन्मेंगे, मरेंगे और पुनः पुनः जन्म कर जगत के इन रसमय गहन भोगों को भोगते रहेंगे।"

शंकर-अमरुक ने सहसा गम्भीर होते हुए कहा- "वह उभय भारती भी, ऐसा ही कुछ कहने लगी थी- अपने एक मात्र सौभाग्य को सुरक्षित अखण्ड रखने के लिये वह सरस्वती स्वरूप देवी यही कहती थी-"

"कौन? उभय भारती?" रानी ने राजा को झंझोड़ते हुए पूछा- "मेरी सौत? कौन?"

कौन? उभय भारती कौन? शंकर-अमरुक ने स्वयं के चिदाकाश में समस्त ध्वनि को समेटते हुए जैसे कहा- "कौन है यह उभय भारती?" शंकर-अमरुक ने विषण्ण हास्य हंसते हुए कहा- "यह पूर्व जन्म की एक स्मृति मात्र है।"

"पूर्व जन्म?" रानी चिहुंकी-चमकी।

"बीता हुआ जन्म, स्मृति!" शंकर-अमरुक ने शान्त स्वर में कहा- "प्रत्येक स्मृति जन्म नहीं तो क्या है? उस शून्य असंग धनानन्द का 'मैं' स्वप्न ज्योतिर्विंचि की भांति आविर्भूत होता है और स्मृति दीप की भांति जल उठता है। उभय भारती? तुम्हारी सौत? यह सौत क्या होती है, प्रिय वादिनी?"

"सौत क्या होती है? तुम नहीं जानते?" रानी कलावती ने सहसा क्रोध से कांप कर कहा- "स्वैर कहीं के। क्या मुझको ज्ञात नहीं, जनपद के बड़े ग्राम्य में-प्रत्येक बड़े पुर में तुम्हारी एक न एक प्रिया है। अब चले हो जनपद के गांव-गांव, जनता तीर्थ यात्रा के लिये। पूर्व में तुम, निर्लज्ज, आखेट और अपनी प्रिय रमणियों के लिये ही शोभा-यात्रा किया करते थे। इस एकान्त सम्पन्न भुवन में मैं तुम्हें टेरती हुई रातों बैठी रही हूं-अपने भाग्य को कोसती रही हूं। कौन है यह उभय भारती?"

"उभय भारती?" कौन! शंकर-अमरुक इस दग्ध प्रश्न से अपने ही गहन में दझे। अपलक से नयनों से शंकर-अमरुक ने तनिक कांपती तथा रुष्ट क्रुद्ध रानी को देखा। शंकर को लगा, उन्हीं के चिदाकाश में एक भव्य रमणीय, शोभनीय, कमनीय नारी-मूर्ति उद्भवित होने लगी। शयन कक्ष के उस रस-संभार से भरे वायु मण्डल के मौन गगन में मानो इन्द्र धनुष के मन्द-मन्द किन्तु तीव्र रंगों से बनती और बुनी जाती उभय भारती की मुख-मुद्रा उनके अपलक नयनों के समक्ष उभर आने लगी। शंकर-अमरुक एक सिहर से तनिक हहरे और मुस्करा दिये।

रानी कलावती झमक कर तमक कर भवें तरेरती हुई बोली- "राजा तुम्हारे स्वैर ने जैसे किसी अप्सरा को स्वप्न में देख तो नहीं लिया है। यह भारती तुम्हारे पूर्व जन्मों की एक स्मृति मात्र है? झूठे कहीं के। तुम्हारी यह सद्य प्रियतमा...."

शंकर-अमरुक ने सहसा तमक कर कहा- "रानी!"

रानी कलावती सहमी; किन्तु सहम कर पुनः उग्र होते हुए बोली- "राजा!"

शंकर-अमरुक इस प्रत्युत्तर से सहसा हंस उठे- राजा, रानी। रानी; राजा! लल्लने! हमें समझ में नहीं आता, तुम उभय भारती नाम से इतनी जल उठी हो। तुम्हें राजा का तल्लीन मद चाहिये; उसका व्याकुल ओजस चाहिये-तुमको राजा का प्रगाढ़ आलिंगन चाहिये। तो क्या वह तुमको प्राप्त नहीं होता रहा? राजा राजा है-शताब्दियों से राजा क्या एक शोभनीय स्वैर चित्रित नहीं किया जाता रहा? उभय भारती देह की प्रिया नहीं है- आत्मा की प्रिया है, वह! तुम

मोहान्ध, कामान्ध कलावती नारी उभय भारती को क्या जानोगी? धरती की रत्न गर्भा उर्वरा की भांति, गगन की मधुमय शान्त पूर्णिमा के समान वायु के महाप्राण के घ्राण जैसी, तारों की-स्वर्ग-गंगा की ज्योति-सरिता सी वह उभय भारती है, देवी! पृथिवी और स्वर्ग, दोनों को आलोकित करने वाली वह आत्मा की ज्ञानमय रस-भारती है...."

"शब्दों के रमणीय जाल से तुम, अमरुक, अपनी इस सद्य छद्म प्रियतमा को मुझसे छिपा नहीं पाओगे। मैं उसको सप्त पाताल में भी खोज लूंगी। समझे! तुम मेरे थे; मेरे हो और मेरे ही रहोगे? रस लोभी कहीं के। तुमको मेरे आलिंगन से सन्तोष क्यों नहीं होता? बताओ, यह उभय भारती कौन है?"

शंकर-अमरुक ने मन्द अग्नि में सिकती हुई सी रानी को घूरा; कहा- "उभय भारती देवी है। मैंने कहा न, ललने!"

"क्यों? क्या वह स्त्री नहीं?" कलावती गर्जी सी- "क्या मेरी ही भांति उसके आंख, नाक, कान, हाथ-जंघायें नहीं हैं? नारी नारी को नहीं जान सकेगी? दम्भी वार-विलासी राजा! सुन लो, नारी ही नर और नारी को जानती है- जान सकती है। हम पूछती हैं, कौन है यह उभय भारती? कहां रहती है- कहिये, बोलिये, श्रीमन्!"

सहसा शंकर-अमरुक ने ठठा कर हंसना आरंभ किया; सिर तनिक धुन कर कहा- "उभय भारती-भारती देवताओं की वाणी है; सृष्टि की स्वर-मंगला वह है। वह सौन्दर्य की समस्त श्री, सुकृति की मधु विद्या, प्रकाश की ज्योति, इस अखिल निखिल विश्व की सरस्वती है। हमारा अन्तरात्मा, देवी!"

"तुम्हारा अन्तरात्मा?" रानी कलावती तनिक चिल्लाई- "अमरुक! तुम्हारी वाणी के छल से मैं परिचित हूं। मैं तुमको वस्त्राभूषणों से सज्जित तथा मेरे प्रगाढ़ पार्श्व में दिगम्बर-तुम्हारी मां ने जैसा तुमको जणा है, वैसा ही जानती हूं। मुझे छलने का प्रयास मत करो, राजा!"

शंकर-अमरुक ने शान्त गंभीर स्वर में कहा- "मैं माया को जानता हूं- अनादि से इस रमणीय मुह्यमान पारदर्शी श्री सौन्दर्य को मैं जानता हूं। तब भला, मैं इस माया को छलूंगा क्यों? मैं माया के रंगीन तल्लीन अन्धकार को पैरना भी जानता हूं। ललने! मैं रमणीय ललना को नहीं, मैं तो उस ललिता को जानता हूं, जो माया मोह के घने कीच में उद्भूत ज्योतिकमल पर विराजमान है; श्री विद्या-भारती रस भारती, जिसको देवता भी नमते हैं। क्रोध क्यों करती हो? मैं शुक नहीं हूं जो देह के इस पिञ्जर में बंधा तुम्हारी भृकुटि से विचलित हो जाऊँ। मैं रमणी की योनि में स्खलित होकर जन्म-जननी के विभ्रमित भवों के अंधेरे में घाटों में बहने वाला कामुक जीव नहीं हूं...."

"तब, महाशय! बताइये तो सही, तुम हो कौन?" रानी चिल्लाई- "तुम मेरे चिर परिचित राजा अमरुक, मेरे प्राण, मेरे प्रियतम, नहीं हो-तुम कौन हो?"

शंकर-अमरुक ने अर्धोन्मीलित नयनों से अपने ही शान्त गहन में डूबते हुए कहा- "मैं श्रुति-वाक्यों का अटल सार हूं, मैं धरती और आकाश में, उन क्षितिजों के परे और पार अनादि आदि चैतन्य हूं। शान्त हो जाओ।"

"शान्त!" उभय मुद्रा में हाथ उठाते हुए शंकर ने पुनः कहा- "शान्त!" शान्त शब्द-ध्वनि कक्ष के गगन को आल्होड़ कर गगन मण्डल को पैरती हुई व्योमों का विलोड़न करने लगी। सहज, स्पष्ट, सम, शान्त यह ध्वनि मानो विश्व की गति को सुल्हा कर उभय भारती को जगाने लगी। उभय भारती का समग्र तेजस अपने मन्द-मन्द स्वप्न-विलास से चमक मानो एकान्त अनन्त के पार आकृष्ट हो गया। उभय भारती अपने शयन-कक्ष में अपनी तन्वंगी रूपवान देह को निद्राधीन कर अपने अन्तरंग तेजस स्वरूप में जन्म-जन्मों की बीती हुई स्मृतियों को अन्तःकरण के अथाह से खींच-खींच कर निकाल रही थी और देख रही थी। अनादि के आदि से वह जैसे शब्द ध्वनि थी; झंकार थी; अनन्त कोटि ब्रह्माण्डों के गगन-मण्डलों में घूमती हुई परिव्राजक गीताञ्जलि थी। पिछले जन्मों की सभी स्मृतियां इस कातर भव में किसी के पादारविन्द पखार चुकी थी। भव-भवों की स्मृतियां जैसे रोते-रोते स्वयं यमुना हो गई थीं और इस भव के उदासीन मौन में मण्डन मिश्र के चरण पखार चुकी थीं। मण्डन! यह नर चेतना? वह जैसे उसकी शान्त विकल खाल थी। वह थी क्या? वह है क्या? वह एक शान्त धृति थीं; जो अनादि के आदि से मण्डन-नर को धारे हुए थी। महाप्रलय के उस तममूढ अर्णव में यह नर, मण्डन, मानो चिरञ्जीवी नर चेतना ही था। महाप्रलय की निस्पंद निविड़ मूर्च्छना में मण्डन की शाश्वत नर-चेतना ही तो सृजन के अनेक वसन्त चाहती थी, स्थितियों को अमिट पुरुषार्थों के लिये विकल यावत् जीवन के काम का यह कामेश्वर नर था, जिसने उस निराकार को आकार ग्रहण करने के लिये जैसे विवश किया था और वह उस नर की गहनाति गहन इच्छा की भांति उसके प्रीति व्याकुल अन्तराल से भभक उठी थी। उस सीमा हीन असीम अनन्त एकाकीपन के विषाद से पूर्ण अकेलेपन की मूढ व्याप्ति में जीवन की यह घनीभूत पीड़ा उत्पन्न कैसे हुई? वह आचार्य, यतीवर्य शंकर सृष्टि को ब्रह्म की एकोहम् बहु स्याम धारणा कहते हैं। उस परमात्मा के ज्ञान में यह अनेक ऐश्वर्यों का भव-भव विलासी जीवन-संगम आविर्भूत करने वाली तो ब्रह्म की यही जीवनाभिलाषा थी। अवश्य थी; और वह इसी अगाध जीवनाभिलाषा की पीड़ा थी। वह इसी महतत्व से भरी जीजिविषा की घनीभूत

अथाह रति थी। वह, वह इसी शाश्वत नर की नारायणी स्वप्नशीलता थी-थी, थी और है। शान्त।

उभय भारती चमक कर जाग गईं; कौन कह रहा है, "शान्त!" यह दूर-दूर, सुदूर किन्तु अत्यंत ही निकट गूंजती हुई शब्द-ध्वनि शान्त! शान्त? कौन शान्त? उभय भारती को लगा, एक अशान्त मूढ़ अशान्ति दिशाओं के अणु-परमाणुओं को हहरा रही है। दिक अपनी समाधियों में ही आकुल हो रहे हैं-आकाश के तारे मानो किसी की चिर-प्रतीक्षा से व्याकुल हो रहे हैं। यह चन्द्रमा? जैसे कोई विश्व के इस अशान्त अथाह में झांक रहा हो। काल के इस गूढ़ बीहड़ में, भवों के आत्यंतिक एकान्त में यह कैसी अधीर अशान्ति है? उभय भारती निद्रा में जगी हुई की भांति उठीः कौन पुकार रहा है। 'शान्त।' क्या यह शब्द-ध्वनि हिमालय की किसी अप्राप्य कंदरा से विलमाया हुआ प्रतिघोष है? किसने पुकार कर कहा हैः शान्त। किसी ऋषि ने कहा हैः शान्त हो जाओ; शान्त रहो? क्या कोई सृष्टि-विमुख मुनि ने सहसा प्रलयों के मौन को भंग कर कहाः शान्त! उभय भारती उठी और किसी रेंगते हुए आकृति हीन स्वप्न के पीछे चलने लगी। शान्त। शांति। उभय भारती ने अपने अन्तराल में झूमती हुई शब्द-ध्वनि सुनीः पृथिवी शांत! आकाश शान्त। अंतरिक्ष शान्त-द्यु शांत! शांत? सभी शांत हो जायेंगे परन्तु क्या वह शान्त हो सकती है? क्या यह गुह्य गूढ़ गहन जीवनाभिलाषा शान्त हो सकती है? यह कामेश्वर नर के वक्षस्थल को शान्त करने वाली रति-वह्नि बुझ सकती है? क्या वह शाश्वत जीवन-रति, भव-भवों की नर-पीड़ा शान्त हो सकती है? वह-भारती, रस भारती शान्त होकर उस निराकार शून्य में विलीन हो सकती है? सप्तसिन्धु भरे हुए उसके बड़रे शून्य नयन रो रहे हैं; सांसों की मन्द आंधियों में स्वप्न की धूल उड़ रही है। बिजलियों को चूम कर स्वप्नों के घन छितरा गये हैं; यह चेतना का गगन पूर्णिमाओं से उज्ज्वल होकर भी घने अन्धकारों से भरा हुआ है- अरे, सिन्धु पीकर भी यह धरा प्यासी ही रही है। धरा? वह भारती! उभय भारती! भारती!

"कौन?" भारती मन्दिर की सीढ़ियों के पास ठिठक कर खड़ी हो गई।

"यह तो मैं, मण्डन!" मण्डन मिश्र ने कहा।

"तुम? हो क्या?" भारती ने सहसा रोम-रोम में जाग्रत होते हुए कहा- "अपने ब्रह्म-चैतन्य के आकाश से क्या तुम पुनः जीवन की धरा पर उतर आये? मैं हूं? यह जगत है? तुम हो क्या मण्डन?"

"भारती!" मण्डन ने कहा- "यही तो पूछने के लिये आया हूं।"

"मुझसे यह पूछने आप श्री आये हैं?" भारती ने दग्ध व्यंग से पूछा- "अपने आचार्य-चरण उस शंकराचार्य से पूछते न?"

मण्डन ने सतार आकाश के पार देखते हुए कहा- "तुमने उनको न जाने कहां भेज दिया है? गुरुदेव गये और आचार्य शंकर अदृश्य हो गये। अवश्य, भारती! यह काल जैसे किसी अथाह अनादि शून्य में समाने के लिये ही जा रहा है; किन्तु समा नहीं पाता। काल को तट जैसे मिलता ही नहीं...."

"तट?" उभय भारती ने स्वयं से ही कहा- "मैं भी, भव-भवों से अपना तट खोजती फिरती हूं-मुझे तो तट मिल कर भी नहीं मिला। मेरे भव-तट को किसी ऐन्द्रजालिक ने छू कर दिया है, मण्डन!"

"भव-तट, तुम्हारा?" मण्डन मिश्र ने कहा।

"तुम, मेरे चिर नर! मेरी भव-प्रीति, मेरी जीवन-वेदना।" भारती ने कहा और मण्डन मिश्र को सहसा बाहुपाश में बांध लिया।

मण्डन मिश्र ने भारती के बाहुओं में सहज ही होते हुए एक क्षण के लिये भारती को देखा-निहारा; कहा- "मैं तुम्हारा भव-तट? प्रत्येक जीव महाप्रलय की निद्रा से स्वयं ही जागता है और अपूर्व अदृष्ट के संचित से अपने भव-भवों की प्रारब्ध यात्रा आरंभ करता है- तुम और मैं ऐसे ही जीव रहे। तुम मेरी कामना रही हो; अनादि के आदि से तुम मेरी भवेच्छा ही रही हो परन्तु क्या यह इच्छा पूरी हो सकी है? पूरी हो सकती है? प्रत्येक भव में तुम जैसे उसी अपूर्व अदृष्ट में सरक जाती थी और मैं? मैं सम्भ्रमित तुम्हारे पीछे भव-तट के शून्य अरण्य में घूमता रहा हूं- अंधेरे में अंधेरा ही मिलता है। मैं तुमको आत्म ज्योतिवत् खोजता रहा हूं। आत्म-ज्योति! तुमको आत्म-ज्योति मानता हूं तो जगत के साथ तुम्हारा यह रूप-रंग, यह नाम-संस्कार यह तुम्हारे मिलन स्वप्न और वियोग की स्मृतियां सब बिला जाता है। भव-भव के तटों तक जाड्यान्धकार छाया हुआ है, भारती! भय से भरा यह जीवन का अन्धकार मात्र है। हमें आत्मा का प्रकाश चाहिये- जड़ जगत हमें परम चरम सुख दे सकता है? नहीं, भारती!"

भारती ने आर्द्र अमर्ष पूर्वक कहा- "वह आत्मज्योति क्या ऋषियों की धारणा मात्र नहीं है? मुनियों की ध्यान लीढ़ कल्पना! यदि आत्मा का प्रकाश ही सब कुछ है, तो यह भव-भवों का वैभवशाली जीवनोद्भव क्यों? मण्डन मेरे! मैं तुम्हारी आत्म ज्योति हूं; जीवन रति हूं- तुम मेरी!"

"मैं शून्य हूं, भारती!" मण्डन ने सिर धुन कर कहा- "ऐसा शून्य जिसमें विषाद ही भरा है। मैं मिटना नहीं चाहता, मैं चाहता हूं सदैव के लिये पूर्ण परिपूर्ण बना रहूं- यह निरन्तर का भव-जंजाल। यह अविराम त्रिताप भरी

भव-भवों की यात्रा, यह तुम्हारा और मेरा, स्मृतिवत मिलन और मृत्यु द्वारा वियोग।"

भारती ने पुनः मण्डन का अर्धालिंगन करने की चेष्टा करते हुए कहा- "यही जगत और जीवन का स्वभाव है; प्रकृति। गीता का अनुशीलन कर चुके हो; फिर यह अर्जुन-विषाद क्यों?"

"अर्जुन-विषाद?" मण्डन मिश्र ने चौंकते हुए स्वयं से ही जैसे पूछा- "इस मण्डन मिश्र नाम वेत्ता जीव का विषाद अर्जुन का सा नहीं है, भारती! काल की अविराम गतिविधि का अचूक अपरिहार्य विधि-अन्ततोगत्वा असार कर्म गति और उसकी व्यर्थ फल श्रुति से घबरा उठा हूं, ऊब गया हूं। भव-भवों के इन भ्रमणों से मैं जन्म लेते-लेते आकण्ठ आ गया हूं; मैं मरते-मरते थक गया हूं। मैं शान्ति चाहता हूं; विराम-पूर्ण विराम चाहता हूं। यह उदासीनता है- मूढ़ तटस्थता है जीवन के पुरुषार्थ से मैं कातर नहीं हूं; मैं जीवन की अनित्य स्थिति से स्तंभित हो गया हूं। चिर चिरन्तन चैतन्य, जड़ को जीवन मानता था। इन्द्रियों के लुभावने भोगों को निर्बाध निश्चिन्त भोगते रहना मैं भव का सुख मानता था- मृत्यु लोक में तपस्या से पुण्य अर्जित कर मैं तुम्हारे साथ जैसे सदेह स्वर्ग जाना चाहता था। मैं इस अखिल-निखिल के उत्तमोत्तम लोकों में अवतरित होकर तुमको सौन्दर्यों से रंग कर भोगना चाहता था। हां तो। भारती! मैं जगत को चाटते और तुमको चखते रहने के लिये ही जन्मना चाहता था- इसीलिये मैं शास्त्रों का अध्ययन कर सभी प्रकार की विद्यायें प्राप्त करना चाहता था तथा कला द्वारा उन विद्याओं से प्राप्त ऐश्वर्य को तुम्हारे द्वारा तुम्हारे साथ भोगना चाहता था- मैं चिरन्तन यौवन, अक्षय शक्ति, अगाध कर्मविधि चाहता था। मैं पुण्य की मंगलशक्ति से पृथिवी पर मंगलमय मानव-समष्टि का विकास कर प्रत्येक को परम सुख के लिये स्वर्ग का पात्र बनाना चाहता था।"

भारती ने अन्त में धैर्य खोकर टोंका- "तो क्या वह लक्ष्य बुरा था; मण्डन! मुझको भोगने तथा जन्म-जन्मों में भोगते रहने का तुमको पूर्ण सत्व है। जीव जगत में नर-नारी रूप परस्पर भोगने तथा प्रजोत्पत्ति के लिये ही भव धारण करते हैं। तुम्हारे ब्रह्मा ने सृष्टि ही ऐसी तथा इस प्रकार बनाई है। जन्म नहीं होगा तो जीवन की आकांक्षा क्या होगी? मृत्यु नहीं होगा तो क्या पुनर्जन्म स्वरूप जीवन की आशा होगी? जीवन-चेतना आशा और अभिलाषा नहीं है तो क्या है? संयोग-वियोग से तुम उदासीन हो गये हो, क्यों? झूठ, मण्डन! मुझे, मेरे सौभाग्य और मेरे चरम सुख को ठुकरा कर तुम उस यती के चरणों में गिरे हो- उस आचार्य का कथन सच्चा है, मेरी प्रीति सच्ची नहीं है, यही न?"

"तुम्हारी प्रीति?" मण्डन मिश्र ने पूछा- "क्या जीव-जीव से प्रेम करता है? कर सकता है? संयोग से बंधा और वियोग से बिछुड़ा हुआ जीव प्रेम क्या करेगा? कैसे करेगा? प्रेम परिपूर्ण नित्य, अखण्ड, अनूप और अविनाशी से ही किया जा सकता है। जगत के प्रति मेरी ममता है; प्रीति नहीं। भव प्राणियों के प्रति मेरी सहानुभूति है-संवेदनशीलता है, प्रीति नहीं। प्रीति तो परम सत्य से ही हो सकती है। क्या मैं और तुम, जीव, परम पूर्ण सत्य हैं? क्या यह अविराम सृष्टि जैसी दिखती है, लगती है- वैसी ही है? यह यथार्थ सा सम्भ्रम है भारती!"

भारती झल्ला कर बोली- "उस यती ने तुम्हारा वशीकरण कर लिया है।"

मण्डन सहसा ठठा कर हंस उठे; बोले- "वशीकरण? अवश्य कोई चिरन्तन प्रकाश-किरण मुझे खींच रही है। जैसे दीपक की प्रज्वलित शिखा की ओर पतंग खिंचता हैं, ऐसा ही मैं खिंचा जा रहा हूं- अंधेरे शून्य से निकलता जा रहा हूं किसी एकान्त प्रकाश की ओर। यतीवर्य आचार्य शंकर ने बुद्धि का विराम दे दिया है मुझको, भारती! सृष्टि, स्थिति और प्रलय के स्वप्नों और स्मृतियों से भरी यह बुद्धि उद्भ्रान्त वन्हि-ज्वाला है। यह सहस्त्र-सहस्त्र दृष्टियों से देखती रहने वाली बुद्धि क्या जगत के रूप-भ्रम को देख कर सन्तुष्ट हो जाती है? बुद्धि प्रत्येक रूप का संबंध ढूंढती है। जगत बुद्धि और जीवन को जानती है- ज्ञान करवाती है बुद्धि; किन्तु बुद्धि का अगोचर परम नित्य शाश्वत चिरन्तन अनन्त को भांप सकती है? क्या मानव बुद्धि ने जगत के आश्चर्यों का पूरा पता लगा लिया है?"

भारती ने अकुला कर कहा- "तुम्हीं तो कहते थे मीमांसा ने जगत का पता कर लिया है; सांख्य ने जगत को जान लिया है।"

"सार क्या निकला है, भारती!" मण्डन ने दीनतापूर्वक पूछा-

भारती ने मण्डन का हाथ पकड़ कर भवन कक्ष की ओर खींचते हुए कहा- "यही कि तुम चलो और मेरी गोद में तनिक विश्राम पाओ। तुमको गहरी निश्चिन्त निद्रा की आवश्यकता है, मण्डन!"

"मैं निद्रा नहीं, जागरण चाहता हूं।" मण्डन ने भवन की ओर खिंचते हुए कहा- "मैं स्वप्नों की चमक नहीं चाहता, स्मृतियों की पीड़ा नहीं चाहता। जब सब सो रहे हैं तब मैं सोता रहना नहीं चाहता। मैं कालरात्रि में जागता रहना चाहता हूं- मैं भव में जगना तथा मृत्यु की तंद्रा में सोना नहीं चाहता। मैं काल के इस शून्य में जागते रहना चाहता हूं- जगत को देख चुका; अब शाश्वत सत्य को देखना चाहता हूं।"

"शाश्वत सत्य?" भारती ने मण्डन को खींचते हुए कहा- "है भी? इस समय तो शाश्वत सत्य मैं हूं, प्रिय मेरे!"

"नहीं, भारती! अब नहीं। गुरुदेव ने मेरे मन की आंखें खोल दी हैं।" मण्डन मिश्र ने खिंचते हुए कहा- "यह जगत, तुम सब मेरे ही गहन चैतन्य की धारणा हो। मैं स्वयं उस परम तत्व की कल्पना मात्र हूं। मैं अज्ञान से आविर्भूत अविद्या से ग्रसित, कर्म के गुह्य गूढ़ संस्कारों से बंधा जीवात्म भाव मात्र हूं। मैं अपने ही स्वप्न को देख रहा हूं- ब्रह्म? मैंने अब तक नहीं देखा; किन्तु देखने वाला मैं हूं, यह अनुभव मुझको हो रहा है। अनित्य पदार्थों के शून्य को मैं जान गया हूं। भव-संसार उन जीवों के लिये है, जो विश्व में रमना चाहते हैं, जगत में जीना और भवों के क्षुद्र और क्षल्लुक ऐश्वर्यों को भोगते रहना चाहते हैं- मुझे छोड़ दो, भारती!"

"तुमको छोड़ दूं, मैं?" भारती मानो थप्पड़ खाकर रुकी- "तुमको छोड़ कर किसको गृहूं, मण्डन मिश्र!"

"परमात्मा को, और किसको?" मण्डन मिश्र ने कहा।

"परमात्मा को?" भारती के गहन अन्तराल से चमक कर जागी हुई ध्वनि उठी। चकित सी, स्तब्ध सी बोली- "क्या कह रहे हो तुम, मण्डन!"

मण्डन मिश्र मार्ग की पाषाण शिला पर जा बैठे। भारती को सिर से पांव तक और पांव से सिर तक निहारते हुए मण्डन ने कहा- "माया क्या है, जान रहा हूं, उभय भारती! आचार्य शंकर जैसे नैष्ठि तीव्रतम सन्यासी के सामने तुम यौवन की आकांक्षा नहीं भूल सकती। काम की सम्मोहन पूर्ण कलाओं की स्मृति तुम बिसर नहीं सकी। यही तो माया का कार्य है- सिद्ध ब्रह्मचर्य को नष्ट करना। तुम्हारा काम कला का श्री शंकराचार्य को प्रश्न मुझे जैसे महा प्रलय की निद्रा से जगा गया है। स्त्री तब क्या ब्रह्म की ओर ले जाती है? स्त्री, अर्थात् माया, माया अर्थात सृष्टि।"

"मैं, माया?" भारती ने हिबता कर पूछा।

"यह सब कुछ माया ही लगता है।" मण्डन मिश्र ने उसांस भरते हुए कहा- "समझ रहा था यह अविराम काल यथार्थ है, यह व्याप्ति अनन्त चिरन्तन है। रूप-रूप क्षणिक होते हुए भी रूपत्व अनादि है। अक्षय तथा अव्यय है। यह जाड्यान्धकार विभ्रमित करने वाली मूढ चेतना से भरा हुआ है। जाड्यान्धकार की यह मूढ़ चेतना ही जैसे माया हो। कुछ है, जो आत्म-चैतन्य का विपरीत है- अनेक है; क्षणिक होते हुए भी जो नित्य प्रतीत होता है।"

"तब मैं नहीं हूं-" भारती व्यर्थ ही जैसे बोली।

"तुम हो; किन्तु तुम्हारा यह नाम-रूप रंग नहीं है।" मण्डन मिश्र ने दीर्घ स्वांस भरते हुए कहा- "गीता में श्री कृष्ण ने विषाद में डुबे हुए उस संभ्रमित अर्जुन को यही तो कहाः पण्डितों की वार्ता त्याग दो। अनेक जन्मों में आविर्भूत होने पर भी अर्जुन क्या एक क्षण के लिये भी थे? यह जन्म-मरण काल गति की सहज प्रकृति है- होता रहता है। विषाद के महाशून्य में रूप उद्भूत होकर तिरोहित होते रहते हैं। काल कुछ बोल कर पुनः पुनः मौन हो जाता है। जो है, वह अन्ततोगत्वा नहीं है और जो नहीं प्रतीत होता है, वही अन्त में है। यही सत्य है, भारती। सत्य जो विश्वरूप व्यक्त होता है, माया है। सत्य जो जीवन चेतना के स्वरूप में आविर्भूत होता है, वह ज्ञान नहीं, अज्ञान है- ऐसा आचार्य शंकर का दृढ़ मत है।"

"और यही तब वेदान्त है?" भारती ने दिग्मूढ़ सी पूछा।

"वेदान्त?" मण्डन मिश्र ने स्वयं से ही जैसे कहा- पूछा- "अज्ञान का अन्त है; ज्ञान का नहीं। शास्त्र का तार्किक आदि है; मध्य है; अन्त है। किन्तु परमात्मा की श्रुति का अन्त नहीं लगता। काल के अस्त हो जाने पर, सृष्टि के मिट जाने पर भी क्या परमात्मा की श्रुति का अन्त हो जायगा? जड़्यान्धकार को देखने, समझने और जान लेने पर यही लगता है, सृष्टि स्थिति और लय काल गति मात्र हैं- माया, भारती! यह कालगति अनन्त लगती है; किन्तु क्षणिक है। ऐसा लगता है काल के परे सत्य है; अन्धकार के परे प्रकाश ही प्रकाश है।"

भारती ने कांपते हुए अधरों से पूछा- "आत्मा का प्रत्यक्ष हो गया क्या तुम्हें?"

मण्डन मिश्र ने सहसा भारती के आर्द्र मुख-मण्डल को देखा और देखा तथा सहसा विहंसते हुए कहा- "माया का ज्ञान हो गया है भारती!"

भारती ने निसास रखते हुए पूछा- "तब मैं ही तुमको आज दिन तक बांधे रही; भव-भव में भटकाती रही, यही न?"

मण्डन मिश्र ने सिर धुन कर कहा- "कौन किसे बांधता है? कौन किसको भटकायगा? ज्ञानियों के चित्त में सृष्टि की कामना उत्पन्न करने वाली, विश्व तथा जगत के भव-संसार की अभिलाषा उद्रेकित करने वाली, एक हूं अनेक होऊं!" जीजिविषा आविर्भूत करने वाली, काल जननी उस चिति को देखना चाहता हूं। मैं जड़ से ऊब गया हूं और अपने अगाध चैतन्य का सर्वदा के लिये स्पर्श करना चाहता हूं- उस चैतन्य की आभा सी तुम, मेरे अन्तरात्मा की वन्हि हो। तुम मेरी शिवा हो, भारती!"

"और तुम मेरे शिव?" भारती बोली- "यही न?"

"शिव? वह नीलकण्ठ देवाधिदेव?" मण्डन मिश्र ने आह भरते हुए कहा- "संसार का कालकूट पचाने की शक्ति मुझ में है क्या? भारती, भव-भवों के विष को पी-पीकर मैं जल गया हूं। मैं जैसे अपना, तुम्हारा, भव-संसार का, जगत का रहा ही नहीं। मैं जैसे अदृश्य अपूर्व में लीन होती हुई एक स्मृति मात्र हूं।"

भारती का रोम-रोम कांप उठा। अथाह करुणा से उसका सिहरता हुआ हृदय भर गया। उसका चित्त अमर्ष भूल गया; उसका अहम् जैसे उस अगाध करुणा में डूबकर पिघल गया। बोली- "मण्डन!"

"एक अनाथ, दीन बंधा हुआ। भयभीत जीव! मैं, भारती!" मण्डन ने दोनों हथेलियों से मुंह ढंक लिया। सिसक-सिसक कर रोते हुए बोले- "यह अन्धकार सहा नहीं जाता। यह क्षणिक जीवन और उसका विषाद नितान्त असह्य हो गया है, प्रिये! मुझको ज्ञात हो गया है, यह जगत किसी दिन काल के अर्णव में डूब जायगा- तुम्हारे अनेक रूपों का एक दिन अन्त आ जायगा। इस अवश्यंभावि विनाश की कल्पना मुझको कंपा देती है- मैं तुमको काल के विघ्न के परे भव संसार के कर्म-बन्धनों के पार चाहता हूं- तुम्हारे साथ स्वयं को भी चाहता हूं। भारती! मुझको इस घने अन्धकार से उबार ले। तेरी निर्मल प्रीति ही मेरा इस जगत से उद्धार कर सकती है- परित्राण, मेरा परित्राण कर दे।"

भारती ने सहसा सिसकते हुए कहा- "मण्डन! प्राण!"

मण्डन मिश्र ने शान्त होते हुए प्रार्थना की- "मुझको वैराग्य दे, भारती!"

"मैं तुमको वैराग्य दूं- कैसे?" भारती ने साश्चर्य पूछा- कहा।

"बुद्धि से सब समझ में आ गया है- यह सब माया है; मिथ्या है।" मण्डन मिश्र ने ऊर्ध्व सांस भरते हुए कहा- "किन्तु तुम्हारी प्रीति का यह घनीभूत मोह नहीं छूटता। इस जगत में जैसे तुम ही मेरे जीवन का एकमात्र विश्वास हो। मैं तुम्हारे आसरे, तुम्हारे सहारे निश्चिन्त सा जीता हूं। तुम्हारी प्रीति के सम्मोहन में डूबा रह कर मैं अवश्यंभावि मृत्यु को भूलते रहना चाहता हूं। प्रिये, तुम मेरी प्राणवत् रही हो-हो, भारती!"

भारती ने मण्डन को देखा और टक देखते हुए कहा- "तो यों ही जीते रहो, प्रियतम!"

"कैसे जीता रहूं यों ही?" मण्डन मिश्र ने सिर धुनते हुए कहा- "तुम्हारा यह रूप रंग, मेरा यह देह-नाम-रूप नित्य नहीं है। हमारे भव-भव क्या वैसे ही नित्य रहे हैं? नहीं, प्रिये! काल की पगडण्डियों पर हमारे असंख्य-असंख्य चरण चिन्ह मंडे हैं। अनादि काल से होता हुआ यह जगत, आविर्भूत यह भवों-भवों का संसार बनता, बिगड़ता तथा अन्त में मिटता गया है। इन्द्रियों के भोग अन्त में

शूकरी विष्ठा ही तो ठहरते हैं। यह हमारा तुम्हारा रूपवान देह अन्त में कृमि भस्म तथा विट ही तो हो जाता है-"

भारती ने मण्डन को खींच कर पर्यंक पर लिटाते हुए कहा- "तो क्या हुआ? श्री कृष्ण ने गीता में क्या नहीं कहा, जीर्ण वस्त्र की भांति यह देह छूट जाता है और नये वस्त्र की भांति नया देह-नया जन्म होता ही रहता है। मृत्यु की मूक विस्मृति में भव-भवों की आशा और अभिलाषा से भरी काम्य स्मृतियां जो भरी हैं...."

मण्डन मिश्र शिथिल से लेट गये; बोले- "चिर निद्रा अथवा अनन्त जागरण और क्या चारा है, प्रिये! निस्संदेह यह भव स्वप्नों की लीला है- स्मृतियों की अग्नि है। यह जन्म-मरण अन्ततोगत्वा अपूर्ण तथा निस्सार है। मैं समझता था; मैं पूर्ण हूं और पूर्णतः व्यक्त हो रहा हूं-परिपूर्ण होने के लिये। मैं मानता था, नर नारी को उत्फुल्ल करता है; प्रफुल्लित कर पूर्ण करता है और नारी नर की इन्द्रियों की भोग-ज्वालाओं को अपने तन से, मन से, प्राण से, रति से शान्त करती है- यों दोनों ही एक रहते हुए जगत में प्रतिपल पूर्ण होता हुआ परिपूर्ण जीवन जीते हैं- मृत्यु जीवन के वियोग में शयन मात्र है परन्तु यह पूर्ण-पूर्ण अभिव्यक्त जीवन अनेक होते रहने की अमोघ इच्छा है, कभी पूर्ण नहीं होती।"

उभय भारती ने सिर धुनाया; कहा- "जीवन की अमोघ इच्छा क्या पूर्ण होकर शून्य में समा जाने के लिये है? जीवन से मुक्ति मांगना कातरता है, कापुरुषता है, मण्डन! जन्मो, मरो, पुनः जन्मो तथा धरती पर स्वर्ग उतार लाने का पुरुषार्थ करते रहो-यही जीवन का शौर्य है।"

मण्डन मिश्र ने नयन बन्द कर लेते हुए कहा- "जन्म धारण करते रहो; भोगते रहो- मरते और पुनः जन्मते रहो; यही क्या अविराम उद्देश्य है जीवन का? इसको तुम शौर्य कहती हो? शक्ति? सौन्दर्य? मैं भी यही समझता था- जीवन मंगल के सतत् उद्भव के लिये है; अथक कल्याण-कार्य के लिये है किन्तु आचार्य शंकर की अपलक पलकों पर तुमने काल का महाशून्य नहीं भांपा? तुमको सर्ग दिखते हैं; कल्प तुमको प्रतीत होते हैं- प्रलय, महाप्रलय नहीं? भारती! मैं शाश्वत हूं; तो शाश्वत अनुभव करना चाहता हूं- मैं ज्ञान हूं- अमृत हूं, तो उसका स्वयं कालातीत प्रत्यक्ष करना चाहता हूं-"

उभय भारती ने मण्डन के पार्श्व में लेटते हुए कहा- "तुम्हारी जो इच्छा हो, वही करो। मैं अबला और क्या कह सकती हूं!"

"आचार्य शंकर का धर्म-संकट उठा लो, भारती!" मण्डन मिश्र ने उसको अपनी सोड़ में करते हुए कहा।

भारती मण्डन के पार्श्व में दुबक कर जैसे सट गई; बोली- "आचार्य शंकर! उसका नाम मत लो; सुना! वह गूढ़-गहन निरंकार सा यती वर्य जैसे मेरे नयनों में घुस गया है। जब-जब नयन मूंदती हूं तब-तब वही युवा सन्यासी मूर्ति मेरे गहन से उबक आती है। उस ऐन्द्रजालिक योगी को क्या कोई संकट घेर सकता है? नहीं।"

"क्यों?" मण्डन मिश्र ने भारती की बिथुरी लटों पर अंगुली स्पर्श करते हुए पूछा।

"आचार्य शंकर कहीं छिपे बैठे हैं; परन्तु फिर भी वह जैसे किसी अभिनव सुन्दरी अमोघ कामिनी को देख रहे हैं; निहार रहे हैं। अंग-प्रत्यंग के दिव्य सौन्दर्य के सरस पदों को कह रहे हैं।" भारती ने कहा।

"आश्चर्य है!" मण्डन ने भारती के गद्कारे बोझ को वक्षस्थल पर अनुभव करते हुए कहा।

"यह यतीवर्य क्या कम आश्चर्य है?" भारती ने कहा- "सात वर्ष की आयु में देव योग से सन्यास की प्रतिज्ञा करने वाला, पैदल महीनों घनी घाटियों और घने अरण्यों को पार कर तरंगित नर्मदा की उत्तुंग लहरों को तैर जाने वाला, भवगत् गोविन्द पाद की गुफा में नर्मदा से घट भर देने वाला, हिमालय की व्यास गुहा में शारीरिक भाष्य लिखने वाला, यह यती नितान्त आश्चर्य नहीं तो क्या है?"

"हुं! आश्चर्य? है, तो!" मण्डन ने हुंकार भरी।

"क्या है तो!" भारती सीदती हुई बोली- "तुमको मुझसे छीन ले जायगा, यह आश्चर्य, सुना!"

मण्डन मिश्र ने सहसा हंस कर कहा- "कौन किसे किससे छीन लेता है रे! उस अनन्त अथाह अपूर्व के मूक अदृष्टों से प्राणियों के अतल संचित मानो स्वयं ही घहर उठते हैं। उस असीम चिरन्तन अव्यय संचित से ही तो प्राणियों के प्रारब्धों के भव-संसार उमड़ा करते हैं- यह जगत जैसे काल का समूचा अपूर्व है। जीव की शक्ति क्या, कितनी? जगत की महत्ता कितने कल्पों की? यह समग्र विश्व किस अनन्त अनन्त तक? भारती! यह सब बुद्धि का संभ्रम लगता है; चित्त का विकल-आकुल उद्वेग। हां अहम् की आत्म-विस्मृति!"

भारती छटक कर उठ बैठी- "तुम आचार्य की भांति ही कहने लगे हो। तुम्हारी आंखें आचार्य के नयनों की भांति अलोल होने लगी हैं।"

"मैं मूढ़ मूक स्तम्भित हो गया हूं, भारती!" मण्डन ने कहा- "मैं जैसे स्मृतियों से परे स्वयं की विस्मृति से भरता जा रहा हूं।"

"और मैं?" भारती ने बाहर के आकाश में देखते हुए कहा- "मैं?"

मण्डन मिश्र ने पार्श्व बदलते हुए पूछा- "तुम?"

"एक बिलमाया हुआ स्वप्न हो गई हूं।" भारती बोली- "ऐसा लग रहा है गगन के परे व्योमों के उस पार से कोई ध्वनि अनहद सा निनाद शान्त गुञ्जन में गूंजता आ रहा है। मण्डन, यह अनन्त ध्वनि मेरे चिदाकाश में कभी मन्द-कभी तीव्र गूंजती रहती है। निस्संदेह यह आचार्य की कूज है। आचार्य परात्पर परमेश्वरी भुवनेश्वरी का दिव्योत्तम सौन्दर्य-वर्णन जैसे छन्दोबद्ध कर रहे हों- मण्डन! आचार्य मुझे दिखते हैं।"

"अच्छा!" मण्डन ने साश्चर्य कहा- "कहां?"

"स्वप्न में।" भारती ने कहा- "आचार्य जैसे मेरे मन को पकड़ कर किसी परम धाम की ओर मोड़ना चाहते हैं। मैं दर्पण में प्रतिबिम्ब की भांति अपनी छबि देखती हूं। वन्हि ज्वालाओं सा आलोक भभक उठता है। मैं सिहर कर शान्त-शीतल सी हो जाती हूं और तुम...-"

"मैं? हां!" मण्डन ने भारती के कन्धे पर अपनी ठ्यौढ़ी टेकते हुए पूछा।

"तुम? भारती कांप कर मण्डन से चिपट गई; सहसा रो पड़ते हुए बोली- "तुम ज्योति की लौ की भांति क्षितिज के पार चले जाते हो, अदृश्य! ऐसा लगता है, कल्प-कल्पों का अन्त सन्निकट है। भव-संसार का प्रत्येक तट छूट चुका है। वह भगवती दुर्गा मुझको ढो कर संसार की अन्तिम सीमा में डाल गई है। मैं जैसे मूढ़ सुनसान में खड़ी हूं।"

"भारती! प्रिये! मण्डन मिश्र ने भारती को सहसा हृदय से चांपते हुए कहा- "मूढ़ सुनसान?"

भारती मण्डन के वक्षस्थल पर लुढ़क गई; सजल नयनों से देखती हुई आर्द्र कण्ठ से बोली- "सभी गतियां जहां थम जाती हैं, सभी विचार जहां डूब जाते हैं, सभी भावनायें जहां सूख जाती हैं और जहां सपना सर्वदा के लिये सो जाता है, स्मृतियां जल जाती हैं तथा जहां सभी सीमायें अनन्त होकर स्वयं में ही अदृश्य हो जाती हैं, वैसा सुनसान, प्राण मेरे!"

"चुप! भारती।" मण्डन ने कहा- "शान्त!"

"मण्डन!" भारती मण्डन से झूम कर रो उठी- "मण्डन! प्राण मेरे! तुम्हारे बिना मैं क्या करूंगी? कैसे जीऊंगी? मैं-मैं, मण्डन अनाथ हो जाऊंगी।"

मण्डन ने भारती की पीठ सुल्हाते हुए शान्त अविचलित स्वर में कहा- "इस जगत में सभी जीव अनाथ ही हैं। इस क्षणिक जगत का सहारा ही क्या? इस मृत्युमय भव-संसार में कोई सनाथ रह सकता है? जी सकता है? इस जगत और जीवन का विश्वास क्या?"

"तब?" भारती सिसकती हुई बोली- "तब? मृत्यु ही अन्तिम प्राप्ति है, मण्डन?"

"नहीं तो।" मण्डन ने अपने अतल गहन में जाग कर कहा- "मैं भी यही समझता था; किन्तु आचार्य की उस शान्त निर्मल दिव्य दृष्टि ने मेरे मन की विकलता जैसे थाम ली है; मेरी स्वैर बुद्धि अपना लावण्य त्याग चुकी है; मेरा चित्त उदासीन मौन से भर गया है- मैं सदैव के लिये वृद्ध हो गया हूं। प्रिये! जीवन की अन्तिम प्राप्ति मृत्यु नहीं है, मोक्ष है- मोक्ष!"

33

पद्मपाद ने आनन्द गिरि से कहा- "अवधि पूर्ण होने में ही है, बन्धु! परन्तु समाधि ज्यों की त्यों अविचल है। मुझे जैसे आगम भय तनिक सता रहा है। जैसे कुछ अमंगल घटित होने वाला है।"

आनन्द गिरि ने कहा- "कुछ सावधान व्यक्ति इधर-उधर झांकते और भांपते हुए देखे गये हैं। नगर में दबी-दबी चर्चा चल रही है-"

"क्या?" पद्मपाद ने चौंकते हुए पूछा।

"यही कि रानी को शंका हो गई है: राजा के शरीर में कोई योगी है अतः उसने गुप्त रूप से गुरुदेव का शरीर खोज कर नष्ट करने की व्यवस्था की है। चित्सुख जी यह भेद सूचना लाये हैं।"

पद्मपाद ने चिन्तित होते हुए कहा- "यही मुझे लग रहा है। इस समाधिस्थ शरीर की रक्षा कैसे करें? निहत्थे हम कर ही क्या सकेंगे?"

आनन्द गिरि ने दीर्घ सांस भरते हुए कहा- "गुरुदेव समर्थ हैं। अवश्य ही कुछ न कुछ उपाय करेंगे ही।"

"गुरुदेव इस देह में हैं, जो उपाय करेंगे?" पद्मपाद ने सोचते हुए अन्यमनस्क भाव से कहा- "इस शरीर को गुरुदेव ने अभिमंत्रित कर महाप्राण से भर एक प्रकार से बांध बिठा रखा है- स्वयं उस राजा के मृत देह में प्रविष्ट हैं। द्रष्टा इस समाधिस्थ शरीर में ध्यान-लीन है; भोक्ता ने जैसे उस अन्य शरीर को ग्रहण किया है। धन्य है योग-विद्या बन्धु! जो ऐसे चमत्कारी प्रयोग भी सम्भव हैं। गुरुदेव की स्थिति को सोच कर मैं तो अवाक् सा हो गया हूं- करुं क्या? उधर तीर्थ यात्रा जाना चाहता हूं- इधर यह असाधारण दायित्व है। गुरुदेव का इस शरीर में अब पुनः आव्वाहन करना होगा। गुरुदेव! प्रेरणा करो, क्या करूं?"

आनन्द गिरि ने अन्दर गुहा के रक्षित कोण में स्थित समाधि लीढ़ शरीर को मानो अपने अन्तःकरण में देखने की चेष्टा करते हुए कहा- "आपश्री गुरुदेव के समर्थ शिष्य हैं। आचार्य पदवी प्रदान की है- प्रसन्न तुष्ट गुरुदेव ने आपश्री को। हम तो अभी भूताकाश को भी भेद नहीं पाये हैं।"

पद्मपाद ने उदासीन हास्य हंसते हुए कहा- "गुरु कृपा, बन्धु! जप, तप, योग-क्रियाओं का अभ्यास-यम-नियम पालन सब कुछ गुरु-कृपा से ही सफल होता है।"

आनन्द गिरि ने म्लान स्वर में कहा- "न जाने हमें वह समर्थ गुरु-कृपा कब प्राप्त होगी?"

"अवश्य होगी, बन्धु!" पद्मपाद ने कहा- "गुरुदेव सा दीन बन्धु और कृपा-सिन्धु और कोई नहीं होता।"

"ईश्वर भी नहीं?" आनन्द गिरि ने पूछा।

"गुरु ही ईश्वर है, ब्रह्म! बन्धु।" पद्मपाद ने तनिक उमंग भरे स्वर में कहा- "मेरे लिये तो गुरु ही ब्रह्मा है; विष्णु है; महेश है। गुरु ही ब्रह्म है- वह परम ब्रह्म ही तो सभी प्राणियों का आदि और अन्तिम ज्ञान-दाता गुरु है। ब्रह्म विद् ब्रह्म ही हो जाता है। यह ऐसा रहस्य है जो गुरु कृपा से ही हृदयंगम होता है। मेरा अनुभव तो यही है गुरु में परमात्मा से भी अधिक विश्वास होना ही होगा।"

आनन्द गिरि ने अचकचाते हुए कहा- "सिद्ध योगीश ही तो वह है।"

"नहीं।" आनन्द गिरि को घूरते हुए पद्मपाद ने कहा- "गुरु साक्षात् ज्ञान मूर्ति है।"

"ज्ञान मूर्ति?" आनन्द गिरि ने विचारते हुए कहा- "ज्ञान? परमात्मा! निराकार है न?"

पद्मपाद ने पद्म स्वरूप गुरुदेव के श्री चरणों का तनिक ध्यान करते हुए कहा- "ब्रह्म निराकार ही है; किन्तु अपनी सर्वतंत्र स्वतंत्र सामर्थ्य से शक्ति सम्पन्न सगुण स्वरूप भी धारित करता है- ऐसा योगी, सिद्ध तथा भक्त कहते आये हैं। गुरुदेव परोक्षतः यह मानते हैं। गुरुदेव ब्रह्म को किसी भी भांति परिणामी नहीं मानते। ब्रह्म अखण्ड एक है: खण्ड-खण्ड अनेक कैसे होगा? सत्य एक लव के लिये भी क्या मिथ्या होगा-असत्य होगा? नहीं।"

आनन्द गिरि- "भास्कराचार्य आदि ब्रह्म को परिणामी कहते हैं अर्थात् ब्रह्म अनेक-खण्ड-खण्ड होता है, यही न?"

पद्मपाद ने आनन्द गिरि को पुनः घूरा-कहा- "यही। अब आया आपको कुछ-कुछ समझ में। ब्रह्म असंग रह कर, अनन्त अव्यय अनादि रह कर, अपनी

माया उत्पन्न कर, अनेक का यह प्रतिबिम्बात्मक प्रतिभास आविर्भूत करता है। ब्रह्म यह सृष्टि रचता है; पालता है; परिवर्तित आदि करता है और जीवों की धारणा करता है- अभिनय में नट की भांति।"

"ऐसा?" आनन्द गिरि ने सस्मित कहा।

"और क्या? पद्मपाद ने कहा- "बुद्धि के गोरखनाथ को समाधिस्थ कर लो, बन्धु! यह चित्र-विचित्र आश्चर्य स्वयं ही सुलझ जायगा। वह कौन आ रहे हैं?"

आनन्द गिरि ने सुदूर देख कर कहा- "हां। कोई आ रहा है। अवश्य।"

पद्मपाद ने सुदूर घूर कर देखा और कहा- "लगता तो ऐसा ही है; परन्तु अरण्य के इस घने छोर को कौन देखेगा? अश्वारोही हैं- उधर, उधर टल गये और कहां हैं? वनराजि के आवरण से कंदरा का मुंह ढंक कर हम सब को छिपना होगा-कदाचित् वह लोग फिर कर इधर निकल पड़ें।"

कंदरा के द्वार पर्णों की वनराजि के बंध से ढंक कर सभी अन्दर आचार्य के शरीर की रक्षा में सन्नद्ध बैठ गये। समत्पाणि विष्णु गुप्त और चिद् विलास तथा चित्सुख अन्तरंग गुहा के लघु द्वार को ढंक कर बैठ गये। पद्मपाद गुफा के मुख्य द्वार के बंध के पीछे चिपक कर खड़ा रहा। मूक स्तब्ध मौन छा गया। विकल शान्ति से गुहा का कोण-कोण भरने लगा। उस धुंधले आलोकमय अंधेरे में सभी मानव-आकृतियां चुपचाप जैसे कीलित होकर विजड़ित हो गईं थीं। सांसों के दौर मानो अन्धकार की वीचियों से तैरने लगे थे। अनायास ही सब अभ्यस्त जाप करने लगे। पद्मपाद बंध से चिपका नृसिंह भगवान को याद करने लगा; आनन्द गिरि मन ही मन मूक-मूक श्रीगुरु के समर्थ चरणों से रक्षा की कृपा मांगने लगा। चित्सुख मूढ़ सा भगवती मंगल ही करेगी- अपने इस सुप्त विश्वास को मानो दृढ़ करने लगा। समत्पाणि अचल मुद्रा में महावीर हनुमान तथा धनुष बाण धारी राघवेन्द्र राम को ही भजने लगा। विष्णु गुप्त धड़कते हुए हृदय को गुरुदेव की योग-विभूतियों का स्मरण कराने लगा। पद्मपाद नृसिंह भगवान का स्मरण करते हुए स्वयं से ही झुंझला उठे- "क्या अवधि पूरी करनी ही होगी? गुरुदेव क्या शीघ्र प्रत्यागमन नहीं कर सकते थे? तब क्या गुरुदेव पर भी मोहिनी फिर गई?" उसांस भर कर पद्मपाद मन ही मन स्वयं से बोले- "काम को केवल त्रिपुरारि शंकर ने ही जीता है। सुर, सिद्ध, विद्याधर, मुनि, मनुज तथा पशु-सब इस काम के हारे हुए वीर वर हैं। तब क्या गुरुदेव उस राजी के कटाक्षों से अन्त में भिद गये हैं? नहीं; नहीं-ऐसा कैसे संभव है? तब उस रमणी ने गुरुदेव को अपने सौन्दर्य-जाल में फंसा ही लिया तब? रमणी! स्त्री? राग! माया-इस जगत्पति की जगन्मोहिनी माया को कौन वश कर सका है? पुराण

ऐसी अकाट्य वार्ताओं से भरे पड़े हैं परन्तु गुरुदेव आचार्य शंकर? यह निस्संदेह उस सम्भ्रान्त राज़ी के देह-लावण्य से अभिभूत नहीं हो सकते। जिसने भगवती शिवा की परात्पर ज्योति के अकथनीय सौन्दर्य को अपने चिदाकाश में निहारा हो, वह इस रमणीय मानवी के देह की छबि से क्या कर्षित हो सकता है? काम-भाव? गुरुदेव स्वयं सिद्ध योगी हैं; यती; काम-भाव को गुरु देव ने चिदानंद अनुभव में अपनी सहज साधना से बदल दिया है। सृष्टि, स्थिति और लय की माया का सतत् आविर्भाव करने वाली उस ब्रह्माणी को गुरुदेव क्या नहीं जानते? जानते हैं; किन्तु राजा के मृत देह में प्रविष्ठ गुरुदेव क्या अपनी योग-शक्तियों का उपयोग कर सकते हैं? अवश्य, तभी तो यह देर हो रही है। गुरुदेव!!...."

अश्वों की टापें गुफा के पार्श्व से टकरा कर प्रति ध्वनि रूप दिशाओं में अरभराईं। गुहा से कुछ दूर अश्व जैसे रुके और किसी जलद-गंभीर ने कहा- "हम क्लान्त हो गये हैं- आमात्य श्री! सबको राज मन्दिर लौटना ही होगा। अरण्य के इस सघन भाग में आकर हम राज मार्ग चूक गये हैं क्या?"

"नहीं तो।" आमात्यश्री ने तनिक आश्चर्य पूर्वक कहा- "उधर जो पगडन्डी है- कई बार श्रीमानेश्वर उसी पग पंथी से अपने चपल अश्व को राज मार्ग पर ले गये हैं।"

"हम?" शंकर-अमरुक ने पूछा।

"श्रीमान् राजेश्वर ही तो।" आमात्यश्री ने कहा- "महाराज राजेश्वर सुधन्वा श्रीमान के साथ आखेट श्रीजी ने अरण्य के इसी भाग में ही तो खेली थी। छोटी-मोटी गुफाओं से अरण्य का यह भाग पटा हुआ है- सभी भयंकर वन्य पशु इधर ही अधिकांश बसते हैं।"

शंकर-अमरुक ने सहसा हंसते हुए कहा- "हम व्यर्थ की आखेट को अब पसन्द नहीं करते। मन की पैशाचिक प्रसन्नता के लिये यह आखेट जीव हत्या का धन्धा ही हो गया क्षत्रियों के लिये। क्षात्र वट धर्म-युद्ध का ही शौर्य है- जिव्हा के स्वाद के लिये की गई हत्या क्षत्रिय वट की आखेट नहीं है। आज से इस अरण्य में कोई भी आखेट नहीं खेलेगा, सुना।"

"जी, जी, श्रीमानेश्वर!" आमात्य श्री ने कहा।

"सिंह पर भगवती दुर्गा बिराजती हैं; मयूर पर विश्वरूपा सरस्वती बैठती हैं; हंस पर ब्रह्माणी सुशोभित होती हैं। ऋषि मुनियों ने मुख्य-मुख्य पशु-चेतना को परात्पर देव-चेतना का वाहन सिद्ध किया है। सहानुभूति, स्नेह तथा शौर्य हीन शक्ति जीवन के आध्यात्म से रहित उग्र पशु-भाव मात्र हैं। पशु! पशुपति का अर्थ जानते हैं आप आमात्यश्री!"

"पशुपति? महादेव? एकलिंगनाथ?" आमात्यश्री ने अनजान बनते हुए पूछा- "भगवान शंकर हैं इस जगत में। यह तो जानता हूं।"

"अच्छा?" शंकर-अमरुक ने समझते हुए कहा- "इस जगत में भगवान शंकर कहां रहते हैं, श्रीमान?"

"मैं, मैं श्रीमान? आमात्यश्री ने गद-गद होते हुए कहा- "मैं! मैं तो श्रीमानों का दासानुदास हूं- महादेवी का आज्ञांकित भृत्य!"

"तभी आप इस विपिन में किसी योगी-यती की खोज कर रहे हैं, हैं न?" शंकर-अमरुक ने सहसा पूछा।

"हैं? जी-जी! आमात्यश्री बरबस ही बोल पड़े।"

शंकर-अमरुक ने दृढ़ता पूर्वक कहा- "हम वही हैं, समझे! रानी को भ्रम हो गया है। मृत्यु की उस गूढ़ मूर्च्छा में हम जैसे इन्द्रियों के भूताकाश और चित्ताऽकाश के परे जा पहुंचे थे। आमात्यश्री, देह के बन्धन से उपरत हम किसी शान्त असीम में डूब गये थे, समझे! हमें अनन्त कोटि ब्रह्माण्डों को धरने वाला शून्य जैसे ज्ञात हुआ। शून्य! उस निरीह शून्य से हमें जैसे किसी योगी ने जगाकर पुनः भूताऽकाश में ला दिया। हम अपने इस प्रारब्ध शरीर में पुनः जाग गये- परन्तु क्या हम वही रहे?"

"नहीं तो, श्रीमानेश्वर!" आमात्यश्री ने कह दिया।

"नहीं तो? क्या नहीं तो, श्रीमन्?" शंकर-अमरुक ने कहा- "हम इस भव में तो क्या किसी भी भव में एक पल भी वैसे के वैसे, ज्यों के त्यों, उसी भांति नहीं रहे। प्रत्येक भव में हमारा भौतिक देह पंच भूतों में विकीर्ण होता रहा-धरती में गल कर अथवा अग्नि में जल कर हमारा प्रत्येक देह अणु-परमाणुओं के तम में डुल गया। हमारा सूक्ष्म देह अपने पंच भौतिक आवरण को त्याग कर अपनी ज्ञानेन्द्रियों और उनकी तन्मात्राओं के साथ अदृश्य गति बन गया। हमारी कर्मेन्द्रियां भौतिक देह के अभाव में उड़ गईं; विधि, कृति से हीन हम सूक्ष्म देह में पृथिवी से उठकर सूर्य मण्डल, चन्द्र मण्डल अन्तरिक्ष और द्युलोक में घूमते रहे हैं- आपको ज्ञात है हमने कितने जन्म लिये हैं?"

"नहीं तो, राजेश्वर!" आमात्य ने हिचकते हुए कहा- "मैं पामर जीव कैसे जान सकता हूं?"

"जीव ब्रह्म का अंशी है, ब्रह्म और जीव एक हैं। पामर नहीं है, जीव!" शंकर-अमरुक ने तीव्रता पूर्वक कहा- "देहासक्त इन्द्रियों का दास जीव ही पामर है किन्तु जो जीव इन्द्रियों पर विजय पा लेता है, जो अहर्निशि ब्रह्म चैतन्य

को मींड़ता रहता है, वह जीव ब्रह्मविद होकर अन्त में ब्रह्म स्वरूप हो जाता है। हम अब यही चाहते हैं इस जगत में ब्रह्म को देखें-समझें आप!"

"जी, जी।" आमात्यश्री ने कहा।

शंकर-अमरुक ने कहा- "हम जगत देख चुके; हम विश्व भोग चुके। सभी भवों के इन्द्रिय भोग हमें अन्त में निस्सार ही प्रतीत होते हैं- राजा का जन्म क्यों मिलता है, जानते हैं, आप!"

"जी नहीं। प्रजा-पालन के लिये ही तो।" आमात्यश्री ने कहा।

शंकर-अमरुक ने ठहा कर हंसते हुए कहा- "राजा जगत के भोगों का ज्ञान प्राप्त कर परमेश्वर को खोज सके। इसके लिये ही, इस एक मात्र उद्देश्य के लिये ही राजा, नरेश जन्मता है। राजा, नरेश, गण-ईश सब परमेश्वर के दिव्यत्व की किरण हैं। राजा सत्य दर्शन करता है। धर्म धारण कर, प्रजा का पालन कर-यह राज का राजयोग है, श्रीमन्!"

"जी, जी, है।" आमात्यश्री ने मन ही मन डरते हुए कहा।

शंकर-अमरुक ने चारों ओर देखते हुए कहा- "अनेक भांति के फूलों और फलों की वृद्धि, घटाओं की गन्धें समूची पृथिवी की गन्ध बन कर बगर रही है- है न, आमात्यश्री? चारों ओर अखण्ड शान्ति है, मौन। पंचभूतों में ऐसा ही-इससे भी अधिक घन मौन है। इस सारी सृष्टि में ऐसा ही प्रशान्त मौन है।"

"जी।" आमात्यश्री ने कहा- "तब राज-मन्दिर की ओर प्रस्थान करने का अनुग्रह किया जाय, श्रीमानेश्वर!"

शंकर-अमरुक ने पुनः चारों ओर देखाः तीसरे प्रहर की श्रम-थकी सुस्ती अरण्य की लताओं के नत भारों में भरी हुई थी। वृक्ष-घटायें मानो छप्पन-पकवान खाकर अघाई हुई निद्रा ले रही थी। चारों ओर सजग सावधान हरितिमा क्षितिज से मिलने के लिये उभरना चाहती थी। शंकर-अमरुक ने कहा- "ऐसा लगता है, मैं यहीं इसी अरण्य के भाग में किसी जन्म में पञ्छी था। यहीं मैंने कई जन्म लिये और कई मृत्यु भोगे हैं। आमात्यश्री, मृत्यु के पश्चात् क्या होता है, जानते हैं?"

"जी, पुनर्जन्म होता है।" आमात्यश्री ने कहा।

"उन जीवात्माओं का, जो परमात्मा में नहीं मानते; प्रभु में जो जीव विश्वास भी रखते हैं किन्तु जगत में भोगने के लिये ही जो विकल तथा क्षुब्ध रहते हैं- जो मुक्ति नहीं चाहते, उन्हीं को जन्म लेना होता है। आपश्री परमात्मा में विश्वास करते हैं न?"

"जी करता हूं- न करूं तो जाऊं कहां?" आमात्यश्री ने कहा।

"कहां जाना और कहां से आना है? न कहीं जाना है और न कहीं से आना।" शंकर-अमरुक ने कहा- "प्रभु सर्वत्र है; सदैव है-परमात्मा ही है, ऐसा मुझको किसी महात्मा ने कहा था। मृत्यु की उस घनी भूत मूर्च्छना में यह सब बिला गया था- केवल एक स्मृति शेष थी- मैं हूं और परमात्मा है। प्रभु।"

"जी!" आमात्यश्री ने उत्तर दिया।

"इस अरण्य के कीट, पतंग, पक्षी, पशु, उद्भिज सब को अभय होना चाहिये।" शंकर-अमरुक ने शान्त गम्भीर स्वर में कहा- "अभय! घोषणा की जाती है, हमारे राज्य में सभी को अभय होगा- है। वैदिक वर्णाश्रम धर्म का धारण करो; पालन करो। पुरुषार्थ करो, पुण्य करो, मंगल करो; धर्म भृत्य कर्म करो; किन्तु पाप मत करो। हम अब नहीं चाहते हमारी यह प्रजा पाप करे। राजा जब मंगल करेगा, प्रजा तब पुण्य करेगी। प्रजा राजा के चरित्र का अनुसरण करती है। यही, यही है न?"

आमात्यश्री ने सिर हिलाते हुए कहा- "यही राजेश्वर!"

शंकर-अमरुक ने अश्व की पीठ सुल्हाते हुए कहा- "हम भय से राज्य करना नहीं चाहते; हम अभयपूर्वक प्रजा का धारण, भरण, पोषण और पालन करना चाहते हैं। उन कारागार-निवासियों को हमने कहा भय से द्वेष, सन्देह और स्वयं रक्षार्थ अपराध करने की प्रवृत्ति उत्पन्न होती है। मानव अपराध क्यों करता है- कभी सोचा आपने?"

"जी। नहीं सोचा।" आमात्य श्री ने कहा- "राज काज तो राजनायकों की परम्परागत सिद्ध विद्या है। राजेश्वर!"

"राजविद्या नहीं है-योग है, श्रीमन्!" शंकर-अमरुक ने कहा- "ज्ञान ही सत्य है; सत्य ही राज है और राज न्याय है। लोक व्यवहार में राज समष्टिगत धर्म हो जाता है। विद्या, जगत-विद्या विभूति देती है- ऐश्वर्य किन्तु राजयोग अन्त में मोक्षमार्ग की ओर ले जाता है। राजा जनक! भूल गये, आपश्री!"

"जी नहीं।" आमात्यश्री ने कहा- "राजा जनक अवश्य, अवश्य, श्रीमन्!"

राजा जनक विदेह प्रसिद्ध हैं- पुराण प्रसिद्ध, समझे!" शंकर-अमरुक ने कहा- इसलिये नहीं कि वह सम्राट थे; किन्तु इसलिये कि वह राजयोगी थे। ब्रह्मर्षियों के दृष्टाध्यक्ष थे। भगवती सीता के पिता थे। राजकुल के जीवन मुक्त पितृ हैं, विदेह जनक! आप भूल गये, मुनिवर्य शुकदेव राजा जनक से ब्रह्म-ज्ञान प्राप्त करने गये थे।"

"जी।" अमात्यश्री ने अचकचा कर उत्तर दिया।

"हम भी देह-सुख का अनुभव प्राप्त करने के लिये दश द्वार के इस देह में जगे हैं। इस देह का बन्दी मैं चाहता हूं कि इन्द्रियों के सन्निकर्ष से उत्पन्न ज्ञान की अतल अगाध थाह नाप लूं। तन्मात्राओं से उद्दीप्त यह ज्ञानेन्द्रियां जगत को ही देखती हैं; विश्व के रमणीय बिम्बों से भरी यह ज्ञानेन्द्रियां जगत में परम सुख खोजती रहती हैं। किन्तु उनको मिलता क्या है? पंचभूतों के दिव्य प्रपंच से उत्पन्न क्षणिक सुख! जगत के ऐश्वर्य भोग की केवल एक उन्मद क्षण है; किन्तु उसकी स्मृति? सनातन है। भोग की स्मृति ही कर्म-बीज बनती है-कर्म-बन्धन कोई रस्सी नहीं है। कर्म-बन्धन अनादि अपूर्व जीवनेच्छा से ही आविर्भूत होते हैं। राजा कर्म-बन्धन को धर्म-धारण कर शिथिल करता है; आचार्य पुण्य की अग्नि से उसे जला देता है और योगी? ज्ञान की ज्वाला से उसे जला देता है-है, न?"

"जी यही।" आमात्यश्री ने कहा- शंकर-अमरुक ने कहा- "इसलिये तो अभीष्ट जनपद के खपरैलों पर यज्ञ-धूम नाचता रहे; उस हव्य-कव्य भरे धूम्र के बादल अन्तरिक्ष में उठते रहें और विद्युत उनमें स्नान कर तमके-झमके। अमृत वर से नीरवत् आमात्यश्री! हम कहते हैं- ऐसा ही हो, होगा। प्रजा के खेतों में इतना उत्पादन हो कि साधु, सन्त, ब्रह्मचारी, यती-योगी, पशु-पक्षी सब सत्र भर खाते रहें और अघाते रहें। हम चाहते हैं लोग पाटल पहिनें। जनपद की मातायें पाटलावती हों। जनपद की शक्ति स्वरूपा महिलायें कल मञ्जीर-रंजिनी हों। पट्टाम्बर परीधाना वह देवियां हों और पुरुष? शीलवान शक्तिवान, सुन्दर हों। हम चाहते हैं, भगवती लक्ष्मी जनपद पर प्रसन्न बनी रहें और प्रसीदती रहें। सरस्वती वीणा बजाती हुई जनपद के समष्टि मानस में विहरती रहें। जनपद-राज्य का उद्देश्य है- अभय, मंगल, शान्ति और अन्ततोगत्वा मोक्ष-मार्ग की यात्रा, जीवन की तीर्थ-यात्रा, समझे?"

"जी!" आमात्यश्री ने कहा।

शंकर-अमरुक ने अश्व-पीठ पर चढ़ते हुए कहा- "इस अरण्य में किसी भी भांति का विक्षेप न हो-हमारी यह आज्ञा प्रसारित कर दीजिये। अरण्य में अशान्ति हुई नहीं कि जनपद तथा पुरों और नगरों में घोर अशान्ति छाई नहीं पुरों की भूति तथा नगरों की विभूतियां अरण्य में ही उद्भवित होती हैं। अरण्य की पर्ण-कुटिया में ध्यानस्थ महामानव ने यावत् जीवन की उन्नति, अभ्युदय, शान्ति तथा परम् श्रेय के तत्वों को देखा है। पुरों, नगरों तथा घरों में तो भय का मौन संकट के समय में छा जाता है। हम चाहते हैं, हमारे सघन अरण्य में योगी, यती, मुनि, अभय के वातावरण में ध्यानस्थ रहें। शान्ति के मौन

में वह त्रिकालदर्शी यावत् जीवन के सत्य को देखें, अमृत का संग्रह करें तथा ज्ञान ज्योति को अपने हृदयाकाश में सदैव प्रज्ज्वलित रखें। हम अन्धकार नहीं, प्रकाश चाहते हैं। प्रकाश, मनुष्य की बुद्धि प्रकाशवती हो और सदैव सत्य से भरी हुई हो, समझे!"

"जी, समझ गया। ऐसा ही हो, प्रभो!" आमात्य श्री ने कहा। शंकर-अमरुक ने तनिक उच्च स्वर से कहा- "दिक्पालों! सावधान! मनुष्य को इस पृथिवी पर प्रकाश चाहिये।"

राजमन्दिर की ओर घुड़टापें टपटपाईं, सरपट दौड़ीं और एक वेगवान गति मानव वाणी से भरी आई गई। पद्मपाद ने जैसे प्राणायाम छोडा; स्वयं से ही कहा- "अमरुक के कण्ठ से गुरुदेव ही बोल रहे थे। आश्चर्य है गुरुदेव तो इस राज्य में राम-राज्य चलाना चाहते हैं। पुनः होने का कोई इंगित गुरु जी ने नहीं दिया। आश्चर्य!"

चित्सुख ने सहज होते हुए कहा- "भय! मुझको तो ऐसा भय प्रतीत हुआ कि तन जड़ीभूत हो गया। पता लगा, अभय प्राप्त करना कितना दुष्कर है?"

आनन्द गिरि ने निसास भरते हुए कहा- "चित्सुख! आज तुमने अपने मन का साक्षात् ही किया है। मन से विलग तो होना ही होगा। मैं मन नहीं हूं; मैं प्राण नहीं हूं...."

अन्य सेवक शिष्यों ने सम्मिलित स्वर में कहा- "मैं इन्द्रियां नहीं हूं; मैं बुद्धि नहीं हूं; चित्त नहीं हूं....."

आनन्द गिरि ने पूर्ण किया- "मैं अहम् नहीं हूं।"

पद्मपाद ने कहा- "मैं सत्य हूं- ज्ञान हूं! अमृत हूं!"

चिद्विलास ने निराशा के स्वर में कहा- "यह वाक्य उच्चारते हुए कितना समय व्यतीत हो गया किन्तु ज्ञान की एक किरण भी नहीं फूटी। वहीं का वहीं हूं- उल्टा भयभीत हो गया हूं। तन छूटने का भय, मन मरने का भय, प्राणों के रीते होने का भय, बुद्धि की म्लानता का भय-भय, भय और भय! जगत छोड़ने का भय- मुझको जैसे प्रति पल सताता रहता है।"

पद्मपाद ने चिद्विलास को गुफा के अंधेरे में ढली हुई मूर्ति की भांति देखा; कहा- "मुझको भी ऐसा ही भय लगता था; किन्तु तब मैं श्री गुरु के चरणारविन्दों का ध्यान करता था। मैं अभय की शरण जाता था। स्वप्न से भय लगता है क्या?"

समत्पाणि ने कहा- "स्वयं से ही भय लगता है, बन्धुवर! सच तो यह है गुरुदेव ने हम पर दया कर रखी है, दया। कृपा तो आप पर हुई है गुरुदेव की।"

पद्मपाद- "दया और कृपा का अन्तर कर तुम सब गुरुदेव की सम शान्त घनीभूत करुणा के प्रति आशंका ही व्यक्त कर रहे हो। गुरु कृपा के लिये पात्रता उत्पन्न करनी होगी। वैराग्य! इस रहस्यमय व्याकुल मनःस्थिति की कुंजी वैराग्य है। तन से विराग, जीवन से विराग-जगत से वैराग्य! यह जगत स्वयं अनासक्त संयोग-वियोग की अविराम नित्य निरन्तर अभिव्यक्ति है। विज्ञान की गतिविधि में राग नहीं है; विराग है। जगत में प्रतिक्षण भटक कर हम अपने मन का राग ही जगत से संग्रहित करना-करते रहना चाहते हैं। जगत में राग हो तो राग मिले। प्राणियों का जीवन राग है। यही राग अनन्य काम है- कामना है। प्राणियों की कामनायें जगत द्वारा पूर्ण होती हैं और वही चेतना का सुख-सन्तोष है।"

अश्व की पीठ पर तनिक उछल कर शंकर-अमरुक ने सहसा कहा- "हम चाहते हैं, प्रजा सुखी रहे; सन्तुष्ट रहे; धर्म पालन में जागरुकता पूर्वक लगी रहे। राजा मंगल मूर्ति है राज्य मंगलायतन है; राज-काज कल्याण की सतत् संस्कृति है। इस निस्सार संसार में राम-राज्य श्री राम का राज्य ही प्राणियों का अन्तिम विश्वास है; आश्रय है, आमात्य श्री!"

आमात्यश्री ने सुना; नहीं सुना- कहा- "जी!"

शंकर-अमरुक ने सुदूर से सुनाः जी! यह आमात्य हैं- एक राज्य के आमात्य! प्रजा पालन और धर्म-धारण की नीति और रीति सुझाते हैं किन्तु यह कैसा आमात्य है? सभी प्रश्नों का उत्तर हां अथवा 'ना' है। राजा कहे सो सच! राजा करे, सो न्याय। राजा शंकर अमरुक के गहन अन्तःकरण में अनायास ही टीस सी उठी। राजा और राज्य!! एक विकल सी प्रतिध्वनि शंकर-अमरुक के भूताऽकाश में उठी। तब प्रजा क्या स्वयं के व्यष्ठि और समष्ठि के योग-क्षेम का वहन नहीं कर सकती? प्रजा को राजा की यह अनिवार्य आवश्यकता ही क्यों है? प्रजा महाजन के पीछे चलती है, क्यों? शंकर-अमरुक अश्व पीठ पर सहज किन्तु गम्भीर चिन्तन में डूब गये। इस संसार में ईश्वर के सिवाय और कौन राजा हो सकता है? ईश्वर के सिवाय और कौन न्याय कर सकता है- न्याय दे सकता है? प्रभु के सिवाय कौन लोक शिक्षा प्रदान कर सकता है? किन्तु प्रभु मानवों के विभिन्न नेतृत्वों के स्वरूपों में क्या प्रगट नहीं होता? अवश्य, मानव-जाति के प्रत्येक नेतृत्व में प्रभु की गहन-गूढ़ ज्योति-किरण है। वही, वही ज्योति किरण नरेश आचार्य यती, योगी, निष्णात तथा न्यायदर्शियों में अभिव्यक्त होती है। सामान्य जन तो पृथिवी की प्रजा है। जन्मती है; जीती है; मरती है किन्तु नेतृत्व सम्पन्न मानव निस्संदेह प्रजा के विविध मंगलों के

लिये ही विशेष शौर्य, विशेष शक्ति तथा विशेष जीवन-सौन्दर्य लिये अवतरित होते हैं। इस पृथिवी पर नैतिक-अनैतिक, उचित-अनुचित, योग्य और अयोग्य-प्रकाश तथा अन्धकार-का द्वन्द्व चलता ही रहता है। इस घनघोर अज्ञान में व्यक्त होने तथा होते रहने के लिये आदि और एक तथा केवल आत्म-प्रकाश सतत् संघर्ष करता ही रहता है। मानव पृथ्वी पर जन्मता ही प्रकाश की प्राप्ति के लिये है। यावत् जीवन का यह अजर-अमर प्रकाश मानव के पुण्य कर्मों द्वारा मानो इंगित होता है। यावत् जीवन का मंगल इसी प्रकाश को प्राप्त करने की अभिलाषा से ही उद्भूत होता है। धर्म की यह दिव्य-भव्य ज्ञान-गंगा इसी आत्मप्रकाश की नारायणी धारा है। निस्संदेह।

रंग भवन में अपने कक्ष में प्रवेश करते ही सज्ज कलावती को द्वार पर ही कहा- "निस्संदेह, राज़ी!"

अपने रंगीन पाटल की अरभराहट संभालते हुए रानी कलावती उठ खड़ी हुई; तीक्ष्ण भौंहों को तनिक उंचाते हुए पूछा- "क्या निस्संदेह, प्रिय मेरे?"

शंकर-अमरुक ने पीठिका पर सहज बैठते हुए कहा- "हम अपने राज्य में राम-राज्य की स्थापना करेंगे। निस्संदेह हम इसीलिये इस देह में आये हैं। हमने रमणी के रमणीय सौन्दर्य को देखा; हमने सुन्दरियों के यौवन-घनों की घट्ट उमड़ें भी देखीं- हमने भव-संसार के रस को भी जांच लिया किंतु यह राज्य हठ से नहीं जांचा गया। लक्ष्मी सी तुम हमें मिलीं, शिवा सी तुम हमारी जंघाओं पर बैठी और जाप में हमारे साथ लीन हुईं। अनहद का डमरु हमने तुम्हारे साथ अपने गहन चिदाकाश में सुना- परंतु यह राज लक्ष्मी हमें नहीं मिली। राज लक्ष्मी ही पृथिवी पर प्राणियों की सौभाग्य दात्री है। यह राज लक्ष्मी राम-राज्य में ही बसती है। राम-राज्य! भूति, विभूति, चारों पदार्थ-सभी पुरुषार्थ राम-राज्य में पूर्ण रूपेण उल्लसित-प्रफुल्लित रहते हैं। राम-राज्य श्रेय मार्ग पर ही चलने वाला आध्यात्मिक राज्य है। प्रेम की गलियों में विवेक से हीन चलने वाला वह दस्यु-राज्य नहीं है।"

रानी कलावती शंकर-अमरुक के पास आकर खड़ी हो गईं। अपने आंचल के इन्द्र धनुषी छोर को तनिक फहरा कर बंकट कटाक्षपात पूर्वक बोली- "दस्यु राज्य? वह भला क्या होता है?"

शंकर-अमरुक ने अनायास ही रानी के आंचल से ढंके माणिक्य कुम्भों से पीन पयोधरों को अज्ञात सा देखते हुए कहा- "जो प्रजा को लूटे वह दस्यु राज्य। केवल श्रेयों के संस्कार के लिये ही नहीं सम्पूर्ण धर्म के परिपूर्ण पालन के लिये जो राज होता है, वही राम-राज्य है। शेष सभी राज-तंत्र, दस्यु-तंत्र हैं। व्यष्ठिगत

अथवा समष्ठिगत यह तंत्र प्रजा को लूटते हैं; प्रजा का दमन करते तथा ऐश्वर्य को भौगते हैं। एक स्वैरिणी सुन्दरी की भांति यह राज्य-तंत्र भोग के स्वैर-तंत्र हैं। सुमुखि! राजा तो केवल राम है, श्री रामचन्द्र!"

"और श्री कृष्ण चन्द्र?" रानी ने शंकर-अमरुक की गोद में बैठते हुए पूछा।

शंकर-अमरुक ने रानी के पृथु-नितम्बों का भार जंघाओं पर अनायास ही अनुभव करते हुए कहा- "सुन्दर सच्चिकन मांस-पिण्ड भी कितना भारी भरकम होता है?"

रानी कलावती छटक कर उठ खड़ी हुई- "मांस पिण्ड? मैं?"

"नहीं तो!" शंकर-अमरुक ने हंसते हुए कहा- "तुम नहीं देवी! तुम्हारे नितम्ब तुम्हारे स्तन, तुम्हारे अधर! यह तुम्हारा सुन्दर देह! अवश्यमेव मांस-पिण्ड ही तो हैं-जड़!"

"और आपका यह वाचाल देह?" रानी ने व्यंग किया।

"वह भी वही, जड़ मांस-पिण्ड!" शंकर-अमरुक ने कहा- "केवल एक मैं चैतन्य हूं।"

रानी कलावती ने मुंह बिचकाया; कहा- "देह जड़ है तो है; परन्तु क्या तुम और तुम्हारे जैसे वञ्चक पुरुष स्त्री-देह के अन्धे भोग को ही अपने जीवन का रमणीय लक्ष्य नहीं मानते रहे हो? छप्पन पकवान खाकर, मदिरा के उन्माद में छक कर तुम स्त्री-देह के इसी मांस को तो सुल्हाते आ रहे हो, चखते आ रहे हो।"

"प्राणी मात्र यही करता आ रहा है, देवी!" शंकर-अमरुक ने कहा- "आहार, निद्रा, भय और मैथुन सभी प्राणियों की समान आदत है। यह प्राणियों का देहस्थ स्वभाव है।"

रानी कलावती ने पूछा- "देहस्थ? क्या?"

"आत्मा, चैतन्य।" शंकर-अमरुक ने कहा- "तुमने अपने मोह से अपने इस रमणीय मांस-पिण्ड को सुन्दर बना रखा है। सौन्दर्य तुम्हारी लुब्ध दृष्टि है- हमारी भी। सच तो यह है देवी! मैं चैतन्य ही सौन्दर्य की भावना करता हूं, मैं ही रस की भावना अपने चित्त में भरता हूं...."

"आत्मा? मैं-चैतन्य! यह सब योगियों की बातें हैं!" रानी कलावती ने स्वयं को तनिक शान्त करते हुए कहा- "प्राणियों के लिये देह के उपरान्त और क्या है, राजा!"

"परमात्मा!" शंकर-अमरुक ने विहंसते हुए कहा- "चौरासी लाख भव-योनियों की मैं नहीं कहता; किन्तु मानव योनि की कहता हूं। मानव भोग के लिये नहीं,

योग के लिये ही जन्म धारण करता है और मानव का यह योग परमात्मा को पाने के लिये ही है। जन्म-जन्मों से मानव को यह जगत मिला हुआ है; यह सारी सृष्टि मानव की चेतना में है; यह समस्त विज्ञान मानव की बुद्धि में भरा है।"

"तुम यह कैसे कहते हो, अमरुक?" रानी बोली।

"तुम और मैं- यह सब प्राणी अनादि से भव धारणा करते आ रहे हैं। अनन्त काल से हम जीव प्रभु से विलग जो होते गये हैं। भव-योनि के भोग भोगने की जीव की अमोघ तृष्णा ने उसको प्रभु से अलग, विलग करना आरम्भ किया- यही काल गति है; यही कर्म-रेखा है- यही भव-संसार का जीवन-मरण है। अनादि काल से यह सृष्टि बार-बार बनती है; स्थित रहती और पुनः उस गूढ़ तम में अदृश्य हो जाती है। मैं काल की इस गहन गति को जानता हूं अवश्य!"

"तुम काल को जानते हो?" रानी ने साश्चर्य पूछा।

"काल को और कौन जानेगा? मैं चैतन्य ही तो काल को जानता हूं; जानता रहता हूं- जानूंगा।" शंकर-अमरुक ने हंस कर कहा- "अनादि से तुम मुझे जानती हो, मैं तुमको। हम सब एक-दूसरे को अनादि से जानते-मानते हैं। अनादि से देहों द्वारा हम जगत सहित जगत द्वारा परस्पर एक दूसरे को भोगते हैं और जन्मते तथा मरते रहते हैं।"

रानी ने सहसा निश्चय पूर्वक कहा- "निस्संदेह तुम कोई योगी हो। तुम अमरुक नहीं हो-तुम राजा नहीं हो। तुम-तुम कोई महाप्रेत हो।"

अभय मुद्रा में हस्त लाघव उठा कर शंकर-अमरुक ने कहा- "मैं चैतन्य हूं; आत्मा।"

रानी कलावती शंकर-अमरुक के ठीक-पास सरक खड़ी हो गई; कहा- "तुम जो भी हो। अब लौट नहीं सकते। आत्मा! आत्मा ही तो; तुम देह स्वरूप हो-देह द्वारा देह सहित हो। चैतन्य आत्मा। कौन हो, चैतन्य आत्मा?"

शंकर-अमरुक ने सहसा गंभीर स्वर में कहा- "मैं भूत, प्रेत नहीं हूं। तुम क्या इस देह की रग-रग, रोम-रोम नहीं जानती? मैं तुम्हारे इसी चिर-परिचित देह का देही हूं। अमरुक एक नाम है; एक सम्बोध! वह क्या एक रस रहता है? रहा है? तुम ही कहो देवी! शिशु बालक होता है, तो क्या एक रूप रहा? वह बड़ा होता है- युवा, वयस्क, वृद्ध-तो क्या वह एक रूप रहा? तुम शिशु थी? कन्या हुई और अब रूपवान वयस्का हो-क्या तुम्हारा रूप रंग एक वही-रहा? इस संसार में नाम तो वही रहता है; परन्तु रूप बदलता है; व्यष्टि के गुण धर्मों का प्रारब्धानुसार विकास होता ही रहता है। तुम-मैं एक नाम हैं; किन्तु निरन्तर परिवर्तित रूप

हैं। मृत्यु की मूर्च्छा के पूर्व अमरुक जो था, वह अब नहीं है- ऐसा तुम अनुभव क्यों करती हो? मैं क्या तुम्हारे रूप का रसिक दृष्टा नहीं हूं?"

"राजा अमरुक इस रूप को देखता ही नहीं रहता था", रानी ने तीव्र अमर्ष पूर्वक कहा- "वह रूप रस का निश्चन्त अबाधित भोगी था। उसे राज की पड़ी नहीं थी। प्रजा को वह कभी-कभी देख लेता था-सुन लेता था। अहर्निशि वह रूप को ही खोजता रहता था। रूप को निचोड़ कर वह उसका रस कसमसाये हुए होंठों से पीता था- उसके गहरे नख-क्षतों से विलासिनी के कोमलांग दिवसों तक सीदते रहते हैं। देखो...." रानी कलावती ने अपना गहरा लाल घाघरा कसुंबी लहरों में लहरा कर अपनी स्फटिक शिला सी जंघा उघाड़ी और कुछ गहरे चिन्हों को बताते हुए बोली- "देखो। यह नख-क्षत। यह रद-दंश! देखा! प्रिया रमणी अपने ऐसे ढीढ प्रियतम को इन क्षतों को देख-देख कर स्वप्न में भी स्मरण करती रहती है।"

शंकर-अमरुक ने हल्के पिरोजी-गुलाबी रंग की गदकारी जंघा को देखते हुए कहा- "यह बर्बरता मात्र है। क्या यह पीड़ा पहुंचाना नहीं है?"

"है क्यों नहीं?" रानी ने हंसते हुए कहा- "प्रीति मन की पीड़ा नहीं तो क्या है? इसी पीड़ा से गर्भाधान होता है- प्रसव पीड़ा यही तो पीड़ा है।"

शंकर-अमरुक ने सिर धुना कर कहा- "इसी पीड़ा से तो जीव को बचना है। यह भव-रोग की पीड़ा है, देवी! वह सर्वशक्तिवान ज्ञान-चैतन्य अपनी नित्य चेतना में घने तम की धारणा कर यह भव-रोग मोल लेता है- भव-जन्म। अन्ततोगत्वा व्यर्थ है; निरर्थक है; विषाद पूर्ण है- शून्य है।"

"होगा।" रानी ने शंकर-अमरुक को अपनी बाहुओं में बांधते हुए कहा- "भव है; जन्म है; मरण है- यही क्या बस नहीं है? यथेष्ठ नहीं है। प्रिय मेरे! जन्म-मरण की चिन्ता उन्हीं को होती है, जो पृथिवी के भोगों को नहीं जानते; जो देह-सुख की तृप्ति नहीं चाहते। जो मूढ़ हैं, मति मन्द हैं और क्लीव हैं, वही देह-सुख को अनित्य, निस्सार कह कर ठुकराते हैं किन्तु उनको मिलता क्या है?"

"आत्मा-ज्ञान!" शंकर-अमरुक ने रानी के बाहुओं में सहज ही बंधते हुए कहा- "इस समय, रानी! तुम्हीं सच लगती हो। वह विषाद पूर्ण शून्य जैसे भर गया है और विचित्र सौन्दर्य में उभर रहा है। इस पल तो तुम्हारी यह रोमाञ्चकारक देह-लता ही चरम सुख प्रदान करने वाली रमणीय वस्तु है। परन्तु..."

"परन्तु क्या?" रानी ने शंकर-अमरुक के होंठों पर अपने कुनमुनाते हुए अधर चांपते हुए कहा- "परन्तु किन्तु कुछ नहीं, प्राण मेरे।"

शंकर-अमरुक ने रानी के अधरों की गहरी मंद अग्नि का अनुभव करते हुए कहा- "जो कुछ भी नहीं है, वही सत्य और वास्तविक प्रतीत होता है, यही तो अज्ञान है। ज्ञान में राग नहीं विराग है। ज्ञान! तुमको कैसे समझाऊं? इन चर्म-चक्षुओं से नहीं, ज्ञान चक्षु से जगत और भव संसार को देखना होगा। जगत और भवों के देहों में सौन्दर्य नहीं, सौन्दर्य की छाया मात्र है। तुम, मैं, यह सब उसी परम चरम रूप निधि भुवनेश्वरी की दिव्य काया की छाया हैं।"

रानी ने अपनी सांपिन सी लाल पतली जिव्हा राजा अमरुक के मुंह में करते हुए कहा- "यह देखो, मेरी जिव्हा? तुम्हारे तालु से झरते हुए रस को पीती है- देखना।"

शंकर-अमरुक ने हंसने की व्यर्थ चेष्टा करते हुए कहा- "तुम्हारी यह जिव्हा? शिथिल चमकीली मांस की जिव्हा नहीं तो क्या है? और उस त्रिपुरसुन्दरी भुवनेश्वरी की जिव्हा? जवा कुसुम सी वह लाल जिव्हा अपने वल्लभ भुवनपति पशुपति शंकर के गुणगान करती नहीं थकती। भगवान शंकर के गुण ग्राम का पूर्ण वर्णन कर वह दिव्य माणिक्य पाटल सी जिव्हा मानो जगत के गुण धर्मों के रचयिता का ही बखान करती है। भुवनेश्वरी की जिव्हा के अग्रभाग में महादेवी सरस्वती, भारती बिराजती हैं- वह धवल मूर्ति हैं; किन्तु माणिक्य की सी हो जाती हैं।"

हार कर रानी ने कहा- "तुमको हो क्या गया है? पूर्व में तो तुम मेरे स्पर्श मात्र से सिहर उठते थे। मेरे बाहुओं में तुम जैसे स्थिर अवाक् से हो जाते थे"

शंकर-अमरुक ने रानी की चिबुक थामते हुए कहा- "पिता हिमालय शैल पुत्री की ऐसी दिव्य चिबुक सलाहते थे। और पशुपति शंकर अधर पान करने के लिये जब पार्वती की चिबुक उठाते थे, तब दर्पण सा शैल पुत्री का मुखारविन्द दमक उठता था- शिव उसमें अपनी छबि देखा करते थे, समझीं तुम!"

रानी कलावती ने अपनी ग्रीवा उझकते हुए पूछा- "और यह ग्रीवा? कण्ठ? निस्संदेह तुम्हारी उस भुवनेश्वरी की ग्रीवा इतनी सुडौल नहीं है। है?"

शंकर-अमरुक ने हंस कर कहा- "उस सर्वेश्वरी अखिलेश्वरी परमेश्वरी की ग्रीवा? उस अद्वितीय कण्ठ में राग की सम्पूर्ण चतुर गति भरी हुई है। उन ग्रीवा की रेखायें; सप्त स्वर के विवादों के लिये मानो अलिखित प्रशस्ति है। रागों के गुण धर्म इन्हीं रेखाओं में जैसे अंकित हैं। परन्तु तुम सामवेद की श्रुतियों की इन स्वर ध्वनियों के रहस्य को इन रेखाओं से क्या समझोगी? शिव-शम्भु जब हर्ष से उत्फुल्ल होकर उस ग्रीवा का बारम्बार आलिंगन सा करते हैं, तब

वह ग्रीवा अपनी रेखाओं के साथ उपस आती हैं। शिव उस उपस से रागों का उभार जान जाते और अपने डमरू की ओर देख कर मुस्करा उठते हैं।"

"हुं?" रानी कलावती ने राजा अमरुक के कण्ठ में अपनी बाहुओं को डालते हुए अपने वक्षस्थल को उभारा; कहा- "और यह, यह?"

शंकर-अमरुक ने खिसके हुए आंचल से उभर आते हुए स्तनों को सहज ही देखा। सस्मित कहा- "यह, यह? स्तन? अरे, पार्वती के उन अमृत भरे स्तनों को गणपति और कार्तिकेय ने पीया है। एक स्तन पर गजानन और दूसरे पर कार्तिकेय! तनिक नमित और मग्न शिथिल शिवा! क्या पूछती हो तुम, मानवी! उन अमृत रस से भरे स्तनों का दिव्य दुग्ध पीकर गणपति और कार्तिकेय देह सुख को सदा के लिये विसर गये। उन माणिक्य कुम्भों के समान स्तनों पर दिव्य मुक्ताहार शोभित होते हैं- मानो शिव के प्रताप की माला हों। ऐरावत के गज-मुक्ताओं की निर्दोष वह माला शिवा के लाल कान्तिवान अधर की शोभा से विभूषित अत्यन्त दिव्य लगती है, रानी!"

रानी राजा-अमरुक के कण्ठ में झूमती हुई लेटी सी हो गई। अपने उदर को तनिक स्फारित करते हुए बोली- "नाभि? देखो तो, यह नाभि! तुम्हारी अंगुली के स्पर्श मात्र से मेरी यह नाभि स्फुरित होने लगती है।"

शंकर-अमरुक ने पुखराज मणि सी नाभि को देखा और कहा- "महादेव के क्रोध की अग्नि से जला हुआ वह कामदेव भगवती शिवा की नाभि रूपी अमृत सरोवर में नहाकर शान्त और संजीवित होता है। भगवती भुवनेश्वरी की वह नाभि! जगदम्बा के स्तनों के मध्य के आकाश से भरी हुई वह नाभि? गंगा की तरंगें मानो घूमर ले रही हों। अपने तीनों नेत्रों से शंकर ने उस दिव्य नाभि को देखा-तभी वह सिद्ध हुए! सुनो। स्थिरो गंगावर्तः स्तन मुकुलन रोमावलि-लता, कुमावालं कुण्डम् कुसुम शर तेजो हुत भुज। रतेर्लीलाऽगारम् किमपि तव नामोति गिरिजे! बिल द्वारम् सिद्धेर्गिरिश नयनाम् विजयते।"

रानी झटक कर खड़ी हो गई; बोली- "अमरुक! तुमने इस शिवा को देखा है?"

शंकर-अमरुक ने सहर्ष प्रसन्न वदन से विहंसते हुए कहा- "क्यों नहीं? योगियों का ध्यान जब सघन हो जाता है, मन जब सृष्टि से खिंच कर उस परात्परा सुन्दरी की ओर एकाग्र होता है, जब सृष्टि की सृजन गति थम जाती और यह उद्भ्रान्त्र जगत उसकी छाया में लीन हो जाता है, जब मुनियों का मौन अनहद में रमने लगता है, तब वह महात्रिपुर सुन्दरी दर्शन देती है। दिव्य काम ज्योति से व्याप्त आकाश से भी निर्मल, निर्विकार सभी शोभाओं की कान्ति से

लीढ़ उसका उदर है। विश्व की रचना, स्थिति और लय के श्रम से स्वेद से भरे पार्श्व की कंचुकी मानो अस्त व्यस्त है और सुवर्ण तथा माणिक्य की कान्ति के उभार स्वरूप स्तन आर्द्र करुणा से तनिक कांपते रहते हैं। त्रिवली के बन्ध से जैसे लरजते हुए उन दिव्य स्तनों की रक्षा हो रही हो- उनको कञ्चुकी के कस में थामे रखा जाता हो- उस त्रिवेणी की धाराओं के समान त्रिवली द्वारा! मानो वासन्ती लताओं से उन ढलते-ढरकते हुए स्तनों को टेका देती हो वह तरंगिनी त्रिवली!"

"अच्छा, कविवर!" रानी ने अमर्ष पूर्वक देखते हुए कहा और अपने नितम्ब इतराये। बोली- "और उसके नितम्ब?"

"भुवनेश्वरी के नितम्ब?" शंकर अमरुक ने उल्लास पूर्वक कहा- "हिमालय का कुछ अंश लेकर विधाता ने भगवती भारती पार्वती के नितम्ब सर्जे हैं। तभी तो वह पृथिवी को स्थिर रखते हैं। पृथिवी की गति उन नितम्बों के भार से ही मानो सहज होती रहती है।"

रानी कलावती हंसी; बोली- "कल्पना मात्र! अमरुक, तुम सिद्ध स्वैर हो; निस्संदेह!"

शंकर-अमरुक ने ठठा कर कहा- "कल्पना? मूर्खे! यह जगत कल्पना है- हम तुम उस महात्रिपुरा की धारणा भर हैं। वही तो है, आद्या, एका, नेता, अनन्ता, अलक्षा, अजेया वही तो है। काल का रूप सौन्दर्य उसी दिव्यातिदिव्य तनु की छाया है। उस सुर-सुन्दरी, विश्वात्मिका महात्रिपुरा सुन्दरी सौन्दर्य की मूर्ति है। सच्चिदानंद की रूपयसि वह है। उसकी कदली और स्वर्ण स्तम्भ जैसी गदकारी जंघाओं में कालगति रमती है; उसके चरणों में वेद की ध्वनियां रीझ कर प्रतिध्वनित होती हैं। उन श्रीचरणों के लाल नख मानो संसार के शाश्वत काम-भाव के बाणों के फले हैं। भगवान शंकर उन चरणों को चूमते हैं- सुल्हाते हैं।"

"अच्छा! तुम मेरे चरण क्यों नहीं चूमते?" रानी ने निर्लज्ज होते हुए पूछा।

"तुम्हारा मेरा देह पंच भूतों का दिव्य प्रपंच मात्र है, देवी!" शंकर-अमरुक ने कहा- "तुम्हारे चरण चूम कर केवल धरती की धूलि मिलती है किन्तु उन श्रीचरणों का वन्दन करने से लक्ष्मी, विद्या, श्रीमंगल और ज्ञान की किरण प्राप्त होती है। उन चरणों के सेवन से शिव-शंकर की कृपा मिलती है- मोक्ष मिलता है, समझीं आप?"

रानी कलावती ने ठुमकते हुए तीव्र अमर्ष पूर्वक कहा- "समझ गई।"

शंकर-अमरुक ने अपूर्व उत्साह पूर्वक कहा- "उस परात्पर सुन्दरी की गति, श्री चरणों की गति राज हंस अनुकरण करते हुए थकते हैं, चिन्तामणि-गृह के

दिव्य हंस उस भुवनेश्वरी की काल का अनुसरण करते हुए उनकी चारों ओर घूमते रहते हैं। इसीलिये संसार की हंस गामिनी स्त्रियां प्रसिद्ध हैं-नामांकित हैं।"

"हुं!" रानी ने भवें तरेर कर पूछा- "और मेरी चाल कैसी है?"

शंकर-अमरुक ने हंसते हुए कहा- "अश्वनि सी।"

"अच्छा।" रानी सहसा ठहका मारकर हंस उठी; मंद-मंद मुस्कराते हुए बोली- "कूदती हूं?"

"हमारे वक्षस्थल पर।" शंकर-अमरुक ने कहा- "और वह भुवनेश्वरी शिवारूढ़ है। ब्रह्मा, विष्णु, रुद्र और इन्द्र के चार पायों के पर्यंक पर श्वेत आवरण बिछा है; उस पर सदाशिव लेटे हैं और भुवन मोहिनी त्रिपुर सुन्दरी उन पर आरूढ़ हैं। उनकी अरुणांगी आभा उस पर ब्राह्म मुहूर्त के सूर्योदय की शोभा उत्पन्न करती है। उनके केश कुण्डल नुमा हैं; लटें भ्रमरों की बिथुरी हुई पंक्तियों जैसी हैं। श्वेत स्फटिक की भांति पीन उनके उरोज हैं- उनका सम्मोहन से पूर्ण कटि-प्रदेश अत्यन्त क्षीण है और जिनके पुष्ट नितम्ब स्वर्ण काञ्ची से सुशोभित हैं। उनकी किंकणी क्वणित होती है और देवताओं द्वारा सेवित उनके चरण नूपुरों के रत्नों की कान्ति से लीढ़ हैं। सुन्दर अम्बर की उनकी नीवी है तथा उनकी दक्षिणावृत्त नाभि फुरकती रहती है- हां, देवी! वह परमेश्वरी सच्चिदानंद विग्रहा शिवा है- भुवनेश्वरी।"

और शंकर-अमरुक सहसा चुप हो गये। स्थिर, अपलक वह बाहर दिखते हुए आकाश को देखने लगे। रानी कलावती ने देखा, राजा क्रमशः ऊर्ध्व सांस लेकर सम स्वांस लेने लगे हैं और शान्त होकर मानो अपने ही गहरे मौन में डूबने लगे हैं। शंकर-अमरुक ने कक्ष के मन्द आलोक में अप्सरि सी रानी की नव-नवरंगों में उफनती हुई मूर्ति को देखा और नयन बन्द कर लिये।

बन्द नयनों का आलोकमय तम स्वयं ही एक ज्योतिर्मय वर्तुल में प्रज्वलित होने लगा। शंकर-अमरुक रानी कलावती की सौन्दर्य मूर्ति की झिलमिल स्मृति को उद्भ्रान्त छबि के रूप में देखने लगे। पार्थिव सुघड़-सुन्दर देह की यह रंग भींजी छबि बुझते हुए भभूके की भांति उनके भूताकाश में ही छितर गई- विलीन हो गई। शंकर-अमरुक को लगा एक आलोकमयी छाया भूताकाश पर छा गई है। उस मौन भरी छाया में शंकर-अमरुक रानी को खोजने लगे। रानी की देह-लता सरस स्मृति छबि होकर उनके चित्त में ही समा गई थी। शंकर-अमरुक ने मन ही मन मुस्करा कर अपने चित्ताकाश में गोता लगाया। उस सम-शान्त किन्तु विकल चित्ताकाश में शंकर-अमरुक रानी की छबिमय देह-लता को खोजने लगे। रानी, रानी, रानी-एक बिलमाई हुई ध्वनि चित्ताकाश की शून्य जाग्रत दिशाओं

से उठी। शंकर-अमरुक को लगा, उनका चित्ताकाश रानी के स्पर्शों की दग्ध स्मृति से ही तनिक कातर है। तब क्या रानी का पार्थिव देह भूताकाश में बुझी हुई अग्नि के समान लीन हो गया और यह स्मृति इधर लहर आई? अवश्य, प्रत्येक भव-योनि के शरीर की यही गति है। अग्नि सृष्टि के जठर में भरी हुई शाश्वत अग्नि ही पार्थिव अणु-परमाणुओं के संयोजन-नियोजन तथा वितरण एवं विनिमय के लिये दिव्यतम वन्हि है। शंकराचार्य राजा अमरुक के सूने चित्ताऽकाश में हंस उठे। तब देह ही प्रारब्ध का समूचा स्वरूप है; भव है; भव-बन्धन तथा भव-भोग है। शंकराचार्य राजा अमरुक के देह के बीहड़ चिदाकाश में उतर आये। उन्होंने देखा अपने ही चैतन्य से वह चिदाकाश भरा है और चित्ताकाश लहर की भांति लहर रहा है। उस चित्ताकाश की मेखला सा दग्ध भूताकाश एक जला हुआ उतार सा स्वयं ही विलोड़ित हो रहा है। एक आघात सा सहकर शंकराचार्य मानो झपक उठे और उस दग्ध उभार को अपने अनहदनाद से पैरने लगे। उनकी बन्द पलकें सिहरने लगीं- कांपने लगीं।

रानी अवाक् सी देखती खड़ी थी; चमक कर बोली- "राजा! अमरुक!"

शंकर-अमरुक ने बन्द नयनों से ही रानी की सिहरती हुई देह-लता को देखा और कहा- 'हुं? पास आओ, रानी।"

मंत्र मुग्ध सी कलावती शंकर-अमरुक के पास खिंची चली। शंकर-अमरुक ने अपनी भुजा से उसको थाम लेते हुए कहा- "अवश्य ही तुम देह को प्रिय हो।"

रानी कलावती सहम कर शंकर-अमरुक के बाहु-पाश में बंध गई। रानी की पीठ सुल्हाते हुए शंकर-अमरुक ने कहा- "तुम प्रिय हो; तुम श्री हो, सुकृति हो। उस अनादि जीवन रति की तुम प्रथम तृप्ति हो। तुम, तुम प्रिय दर्शिनी! उस भुवन मोहिनी जगदम्बा की छाया की एक मोहिनी छबि हो।"

रानी ने सजल नयनों से राजा को देखा; कहा- "तुम कौन हो? मुझे अब तुमसे भय लगता है- देखो, मेरे गात शीतल हो उठे हैं।"

शंकर-अमरुक ने रानी की चिबुक थाम कर मुंह उठाते हुए कहा- "यह पार्थिव देह चैतन्य से ही सजीव होता है; चैतन्य ही अपने मोह से देह पर रीझता है- यही काम है, सुन्दरि! हमने इस रहस्यमय रमणीय काम का अनुभव कर लिया।"

"तुम?" रानी चिहुंकी।

"हम? अनादि, शाश्वत, चिरन्तन। हम!" शंकर-अमरुक ने निसासें भरते हुए कहा- "हम इस समय राजा हैं; तुम्हारे पति, प्रेमी- तुम्हारे रसिक। हम तुम्हारे सौभाग्य को धन्य करने वाले एक पात्र हैं- तुम हमें नहीं जानतीं; नहीं जान सकतीं। हम शंकर हैं- शिव शंकर।"

"तुम शंकर हो? शिव?" रानी हड़बड़ा कर शंकर-अमरुक के शिथिल बाहुपाश से निकल आते हुए बोली- "ढोंगी, आडम्बरी कहीं के! तुम प्रेतावेशित राजा अमरुक ही हो- तुम रमणियों के कमल-वन के मत्त गज हो। स्वैर, क्या मैं तुम्हें नहीं जानती? तुम मुझे स्पर्श करते हो; चूमते हो और ध्यान रमणियों का करते हो। तुम्हारी यह भुवनेश्वरी शिवा निस्संदेह कोई सम्राज्ञी है, जो तुम्हारी आखों पर चढ़ गई है। राजा! मेरी प्रीति का तुम अन्त में यही मोल करते हो?"

शंकर-अमरुक उठ खड़े हुए; ऊर्ध्व स्वांस भर कर बोले- "आओ, इधर हमारे पास-हमारे वक्ष से चिपक जाओ। सुना! हम पार्थिव देह की कामाग्नि की दाह देख लेना चाहते हैं।"

रानी कलावती को लगा, कोई उसको खींच रहा है। थर-थर कांपते हुए बोली- "नहीं। नहीं।"

"क्या नहीं, रानी?" शंकर-अमरुक ने रानी का हाथ थाम कर अपनी ओर खींचते हुए कहा- "तुमको अपनी सुन्दर सुघड़ देह का अभिमान है; हमें अपने चैतन्य का विश्वास है। तुम्हारी देह में भरी कामाग्नि को हम प्रज्वलित करेंगे। तुम्हारी कुक्षी की उस अथाह अग्नि में हम बैठेंगे- हम जलेंगे नहीं, भस्म नहीं होंगे, सुना!"

रानी कलावती खिंचती हुई बोली- "नहीं। नहीं।"

शंकर-अमरुक ठठा कर हंसे; बोले- "कामातुरणाम्न न भयम् न लज्जा। सुन्दरि, देह-सौन्दर्य का यज्ञ वास्तव में यह सहवास है। सहवास। इन्द्रियां देह सहवास द्वारा जगत को भोगती हैं; आत्मा उस परात्पर सौन्दर्य में डूब कर अनन्त अखण्ड आनन्द का प्रगाढ़ अनुभव करता है। ध्यानस्थ योगी उसी रूप को तो देखता है; उसके अमृत रस को पीता है- वह क्या है, जानती हो? नहीं? कैसे जानोगी, तुम जगत स्वैरिणी, नारी!"

रानी कलावती बरबस ही शंकर-अमरुक के केश से भरे अरभरे वक्षस्थल से चिपक गई; फुसफुसाई- "नहीं।"

शंकर-अमरुक ने रानी को वक्षस्थल से चांपते हुए उसके सुमध्य-भाग को सहलाते हुए कहा- "उस विश्व, सृष्टि-सुन्दरी की सुमध्यमा कटि यमुना की संकड़ी तरंग के समान है और तुम्हारा यह कंटि-प्रदेश? सच्चिक्किन, कोमल अवश्य है; किन्तु स्पर्श मात्र है। यह तुम्हारे पुष्ट किन्तु तनिक शिथिल स्तन? हुं? स्तन! स्पर्श करते ही मुझे अपनी जगदम्बिका के स्तन याद हो आते हैं- लसद्वृत्त माणिक्य कुम्भोपम वह स्तन! दिव्य अरविन्द नेत्रों की वात्सल्य-

दृष्टि से दीप्त वह स्तन! अभिराम वह स्तन? जीवन-दुग्ध से भरे-विश्व पालक वह स्तन!"

रानी कांप उठी; बोली- "राजा! मुझे, मुझे भय लगता है।"

"भय? किसका?" शंकर-अमरुक ने रानी के स्तन स्पर्श करते हुए कहा- "तुम्हारे इन स्तनों और उनके गदीले पार्श्वो का भार तुम्हारा उदर वहन करता है। हां तो! किन्तु इस कोमल त्वचा के रमणीय स्पर्श को रुधिर का प्रवाह जैसे क्षुब्ध करता है। तुम्हारे स्तनों का मांस-भार हथेलियों के स्पर्श को रगमगा देता है- इन स्तनों के मर्दन में क्या सुख है? अवश्य, शिशु जब यह स्तन पीता है, तो उसको ही सुख मिलता है। मैं तुम्हारे इन स्तनों को धावूंगा। निश्चिन्त निर्भय तुम्हारी भरी गदकारी गोद में लेट- मैं इनको पीयूंगा-तुम्हारी कुक्षी की उष्म रज से तुम्हारे स्तनों का दूध निस्संदेह सुखदा, शान्तिदा है। है न, रानी!"

"नहीं।" रानी ने राजा अमरुक के कञ्चुकी खोलने के प्रयास को झटकते हुए कहा- "तुम, तुम मेरे शिशु बनोगे?"

"और क्या बनूं, देवी!" शंकर-अमरुक ने कहा- "मेढ़ से तुम्हारी कुक्षी में प्रविष्ठ हो मैं पञ्चभूतों में व्याप्त अग्नि से गरमाऊंगा और फिर जलूंगा। उन्मुक्त और उन्मद मैं देह के ओजस को स्खलित कर रीता हो जाऊंगा-चर्म-घर्षण के तनिक सुख की स्मृति तो रहेगी; किन्तु देह थकेगा; मन निराश होगा; चित्त क्षुब्ध होगा। मेरा अहम् पराजित होगा। मैं काम द्वारा सृष्टि नहीं, सच्चिदानंद प्राप्त करना चाहता हूं, शिव यही करते हैं; शिवा यही करवाती है। शिवा? कामेश्वरी, जगन्नमाता, सच्चिदानंद विग्रहा। रानी, मूलाधार में वह शक्ति कामेश्वरी है; स्तनों में वह जगदम्बिका है और ब्रह्म-रंध्र-महापद्म में वह चिदानंदमयी है।"

और शंकर-अमरुक ने रानी की कञ्चुकी खींच कर उधेड़ दी; कहा- "मैं जननी का सनातन शाश्वत शिशु ही तो हूं।"

रानी स्तब्ध अवाक् पड़ गई। शंकर-अमरुक ने अपने अधरों में एक पुष्ट पीन उभरे-भरे स्तन को लेते हुए रानी की ओर हंसौही, शान्त दृष्टि से देखा। रानी को लगा, काल सर्प का आरक्त मुख धीरे-धीरे खुला है और उसका चन्दन चर्चित स्तन कान्तिवान मांस-पिण्ड की भांति उसमें चला जा रहा है। रानी अरभरा भरभरा कर उठी; चीत्कार सा करते हुए द्वार की ओर दौड़ी-"कोई है? यह, यह महाप्रेत मुझे चूस रहा है।"

रानी सुधिहीन सी द्वार के बाहर निकल लड़खड़ाती हुई दौड़ी। शंकर-अमरुक ने देखा, भयभीत सुन्दर सुघड़ देह किसी अदृश्य अन्धकार में दौड़े जा रहा है।

स्वयं से ही विहंस कर शंकर-अमरुक ने नयन बन्द किये; बोले- "निधे नित्य स्मेरे निरवधि गुणे नीति निपुर्णे। निराघात ज्ञाने नियम पर चित्तैक निलये। नियत्या निर्मुक्ते निखिल निगमान्त स्तुति पदे। निरातंके नित्ये निगमे ममापि स्तुति मिमां।" और आचार्य शंकर राजा के संजीवन सहस्त्र दल कमल में भ्रमर के समान ध्यानस्थ समरस को पीने लगे। जगत बिला गया, रानी की अग्नि भरी प्रज्वलित देह लता चित्त के शान्त शून्य में बुझ गई। आचार्य शंकर राजा के देह के सहस्त्र दल में अखण्ड ज्योति के दीपक की भांति जल उठे। उस कोटि बाल-सूर्यों के अरुण प्रकाश में उन्होंने देखा, भगवती शिवा समाधिस्थ शंकर को पुकार रही है- "महादेव। देवाधिदेव।"

34

आमात्य श्री ने तनिक भीति भरे स्वर में कहा- "महादेवी, यही, यही निवेदन है, निस्संदेह महाराज राजेश्वर के शरीर में कोई योगी आ उतरा है- प्रविष्ठ हुआ है। मैंने, श्रीमती के विनीत सेवक ने तांत्रिक विभूति शंकर से सम्पूर्ण अनुसंधान करवा लिया है। महाराज की जन्म कुण्डली श्री मानेश्वर के जीवित रहने के किसी भी योग से वञ्चित है। विभूति शंकर ने स्पष्ट और दृढ़तापूर्वक अपना मत दिया है। महाराज तो स्वर्ग में हैं और इस मृत शरीर में पुण्य बल से किसी योगी ने ही प्रवेश किया है।"

"विभूति शंकर?" रानी कलावती ने प्रश्न पूछा।

"वही उग्र भैरव का शिष्य, जनपद का एक मात्र तांत्रिक, श्रीमती। आमात्यश्री ने कहा- "महाराज की चाल, ढाल, वाणी, विचार और वर्तन सभी कुछ तो परिवर्तित है। अपराधियों को मुक्त कर उनको साधु बनाना, गृहस्थों को अक्षुण्ण वरदान देना, राम-राज्य की सतत् वार्ता करना, वेदान्त दर्शन की कथा करते रहना और जैसा श्रीमती वद रही हैं- परात्पर परमेश्वरी भुवनेश्वरी के सौन्दर्य का वर्णन करना। यह सब इसी अकाट्य तथ्य की ओर इंगित करता है। निश्चय ही महाराज अमरुक के मृत देह में किसी सिद्ध योगी ने ही प्रवेश लिया है। प्रश्न है, क्यों?"

रानी कलावती ने गंभीरता पूर्वक कहा- "क्यों? यह मैं अब जान गई हूं। कोई सिद्ध योगी संसार में पुनः आसक्त हो गया है। आमात्य! देवता, सिद्ध, विद्याधर, योगी-यती कामिनी के मोह को त्याग सके हैं क्या? यह अनजान योगी भुवनेश्वरी के सौन्दर्य के काव्य कहता है- रमणी को छूते हुए भी जैसे नहीं छूता। भुवनेश्वरी! यह मणिद्वीप कहां है?"

आमात्य श्री ने सिर धुनकर कहा- "सेवक को पता नहीं। मणिद्वीप? हां, विभूति शंकर कहता है कि वह भू मध्य में है। यह शाक्त मणिद्वीप का ही ध्यान करते हैं।"

"तब सब समझ में आता है।" रानी कलावती ने कहा- "मुझे स्मरण हो आया, इसी विभूति शंकर ने महाराज को शाक्त मत में दीक्षा लेने के लिए कहा था किन्तु मैंने ही महाराज को बरजा था- वाम मार्ग। यह व्यभिचार भर है- आमात्य।"

"जी, जी है।" आमात्य श्री ने कहा- "कल महाराज जनपद के अरण्य के पूर्वी भाग में मनोरम सरोवर के पास सहसा रुक गये। अश्व की पीठ से उतर कर भांति-भांति की राजनीति की वार्ता करने लगे और बार-बार पास के पर्वत की ओर देखते रहे।"

रानी कलावती पीठिका से उठ खड़ी हुई- "वहीं, अवश्य, उसी पर्वत की कन्दरा में इस योगी का शरीर होना चाहिए। सत्वर उस कन्दरा को खोजो और शरीर को नष्ट कर दो-जला दो। शीघ्रतापूर्वक हमारी यह आज्ञा मानो।"

"परन्तु यह दूरारूढ़ अनुमान है, श्रीमती!" आमात्यश्री ने कहा "माहिष्मती से एक वार्ता क्षुद्रक लाये हैं। माहिष्मती के ख्यात मीमांसा पण्डित मण्डन मिश्र महोदय किसी योगी शंकर से शास्त्रार्थ में पराजित हो गये हैं और उनकी धर्म पत्नी उभय भारती ने उस युवा सन्यासी योगी से शास्त्रार्थ आरंभ किया है...."

"क्या प्रतिज्ञा है इस उभय भारती की?" रानी कलावती ने सहसा प्रकम्पित स्वर में प्रश्न किया।

आमात्य श्री ने घबराते हुए उत्तर दिया- "काम कला विषयक प्रश्न किया था। उज्जयिनी के राज राजेश्वर महाराज सुधन्वा अध्यक्ष हैं। उस युवा सन्यासी योगी ने अवधि मांगी है। काम कला का परिशीलन कर वह विदुषी उभय भारती के प्रश्न का उत्तर देगा। उग्र भैरव उस सभा मण्डप में उपस्थित थे और विभूति शंकर को उन्हीं महातांत्रिक ने यह सन्देश दिया है।"

"दर्पण की भांति सब स्पष्ट हो गया, आमात्य! एक ग्राम्य आपको प्रदान!" रानी उत्साह पूर्वक बोली- "तब यह वही योगी है। क्या नाम बताया गया है?"

"शंकर।" आमात्यश्री ने कहा।

"शंकर? शिव शंकर? रानी स्वयं से ही चिहुंकी- "हां, अवश्य यह वही युवा सन्यासी शंकर है। इस योगी के समाचार महाराज को पण्डित दिया करते थे। यह वही युवा योगी है जिसने बालपन में ही सन्यास ग्रहण किया है; जिसने महानदी नर्मदा को घट में भर दिया है और जो दक्षिणावर्त के त्रिवांकुर मण्डल

का निवासी है। अवश्य, यह वही युवा सन्यासी है जो महाराज के शरीर में प्रविष्ठ होकर हमसे काम कला का परिशीलन कर रहा है। आमात्यश्री! महाराज के पार्थिव हाथ वही हैं, किन्तु उनकी पकड़ बदल गई है। उनमें पूर्व जैसा रोमाञ्च नहीं है। महाराज की आंखें वही हैं किन्तु उनमें जैसे अनन्त आकाश ही भर गया है, महाराज का वक्षस्थल वही है, परन्तु उनकी धड़कनों में मौन निनाद है।"

"श्रीमती। महादेवी धन्य!" आमात्यश्री ने कहा।

"धन्य! अवश्य, धन्य!" श्रीमती महादेवी कलावती ने कहा "परन्तु क्या इसको मैं अपना सौभाग्य मानूं? दुर्भाग्य मान नहीं सकती और नहीं सौभाग्य! मेरा सौभाग्य तो महाराज के साथ गया। अवश्य, यह अपवाद स्वरूप धन्य भाग्य है। एक योगी अपना दिव्य अनुराग हम पर बरसा रहा है। आमात्य! यह योगी महाराज के तन से पुनः निकल नहीं सके- इसका एक मात्र उपाय है उस योगी के जन्म-शरीर को नष्ट कर दिया जाय।"

"अवश्य, अवश्य!!" आमात्यश्री ने कहा- "अभियान तुरन्त आरम्भ किया जायगा। श्रीमती विश्वस्त हों।"

"हम सब त्रिकाल के लिये कभी विश्वस्त नहीं होंगी।" रानी ने थर-थर कांपते हुए कहा- "इस योगी शंकर ने अपने स्पर्श से इस काया के रोम-रोम में अतीन्द्रिय थिरकन भर दी है। हमारे इन नयनों में किसी अकथनीय सौन्दर्य की रूप राशि घोल दी है। अपने दीर्घ संयत स्वांस से इस योगी ने हमारे तन में एक शीतल शान्ति ही पूर्ण कर दी है। यदि यह योगी चला गया तो हम सती हो जायेंगी, सुना।"

"जी, जी।" आमात्यश्री ने कहा।

रानी कलावती ने शीघ्रता पूर्वक कहा- "हम उनको संगीत सिखा रही हैं; चित्रकला का अभ्यास करवा रही हैं। विभिन्न नृत्यों से उनको घेरे रख रही हैं किन्तु हमें निष्णात संगीतज्ञ की आज और अभी आवश्यकता है। उसको खोज कर हमारे रंग भवन में उपस्थित करो- यह अत्यावश्यक है; अन्यथा यह मान सरोवर का हंस उड़ जायगा। सुना।"

"जी, सुना। संगीतज्ञ सत्वर उपस्थित होगा।" आमात्य श्री ने कहा- "नगर में पण्डित पद्मशंकर नामक कोई संगीतज्ञ आया है। विभूति शंकर की पुत्रियों को संगीत सिखा भी रहा है। मेरी पुत्री सुश्री माया भी संगीत सीखना चाहती है।"

"माया को हम संगीत सिखा देंगी।" रानी कलावती ने त्वरा पूर्वक कहा- "पण्डित पद्म शंकर को हमारे रंग भवन में ले आओ, वह हमारी सखियों को, हमको और स्वयं महाराज को संगीत सुनायगा, पात्र सिद्ध हुआ तो संगीत सिखायगा भी।

विदा, श्रीमन्! हम महाराज को एक क्षण के लिये भी आंखों से ओझल करना नहीं चाहतीं। हमारे बड़े भाग्य हैं, आमात्य! जो हम महाराज के स्वरूप में योगी को कला का भान करवा रही हैं- हम जैसे स्वर्ग की अप्सरि हो गई हैं।"

"जी, जी! यह विदा हुआ, श्रीमती!" आमात्यश्री ने कहा और सत्वर द्वार की ओर धंसे तथा बाहर हो गये।

रानी कलावती ने अपने चित्र-विचित्र कक्ष में देखा; यों ही जैसे किसी को खोज रही हो- टटोल रही हो। अवश्य यह वही योगी शंकर है? कहा भी था, 'मैं शिव-शंकर हूं।' मैं समझी नहीं। भुवनेश्वरी देवी को मानवी मान बैठी और सोतिया डाह में जलने लगी किन्तु यह सिद्ध विद्याधर योगी मुझे रिलाते रहे। रानी कलावती स्वयं से ही मानो मन में बोल उठी- मेरे अंग-अंग का सौन्दर्य वर्णन करते रहे और इस काया को परमेश्वरी शिवा के तन से सरखाते रहे। एक मास के भी ऊपर हो गया है, यह दिव्य रसानुभव का वासन्ती पर्व रंग-भवन की रजनी में उतर आया है। कैसा विलक्षण समां है? दिन भर राजा जनपद की प्रजा के अखण्ड कल्याण के लिये कार्य करते हैं। नगर और ग्रामों में भ्रमण कर प्रजा को देखते और सुनते हैं। अपराधियों का मानस बदल दिया; पण्डितों को शुद्ध उच्चारण ही नहीं, वेदों के मंत्रों का दिव्य बोध भी दिया। शास्त्र-चर्चा तो जैसे नगर और गांवों के मन्दिरों में प्रतिदिन की वार्ता हो गई है। पूजन, प्रार्थना, भजन-कीर्तन और आत्म-निवेदन से सारा जनपद गूंज रहा है। लोगों के मन बदले हैं; चित्त शुद्ध हुए हैं और स्फुर्ति एवं शिव-संकल्पों से जनपद गहगह रहा है- तब यही क्या राम-राज्य का समाज है? राम! श्री राम! इस योगी को राजा के शरीर में ही प्रलय तक रखो। ओह! कैसे रखूं इस अमोघ प्रिय को? इस योग सिद्ध कामेश्वर को? क्या करूं? रानी कलावती सहसा स्वयं से ही कह उठी- "योगी! तुमको कैसे बांध रखूं? तुम नयनों में नहीं समाते; प्राणों में नहीं घुलते। तुम रोमावलि में नहीं शमते। तुम स्पृश्य होते हुए भी अस्पृश्य हो- असंग हो, सभी संग करते हुए भी। तुम जो भी हो दिव्य हो। मैं जैसे अपनी इस काया से उठ कर तुम्हारे दिव्य प्रेम में उड़ जाती हूं- तुम प्रेम के आकाश हो क्या?"

शंकर-अमरुक ने कक्ष के पार्श्व द्वार से प्रवेश करते हुए कहा- "देखो, हमने शंकर पार्वती के ताण्डव नृत्य का यह चित्र अंकित किया है- देखो तो।"

झुनझुनाती हुई सहेलियां भी इन्द्र धनुष में कौंधती विद्युत सी धंस आईं; एक स्वर से बोलीं, हुमुसी- "प्रिय वन्दे! देखो तो, राजा जी ने कैसा अद्वितीय चित्र अंकित किया है। शिवा को तो आभूषणों से विभूषित किया है और शिव नंग-धड़ंग।"

शंकर-अमरुक ने हंसौही दृष्टि से एक-एक सहेली को आंखों में भरा और तनिक विहंसते हुए कहा- "विष्णु भूषित हैं; श्री कृष्ण विभूषित हैं; परन्तु हमारे शिव-शंकर? दिगम्बर। भस्म भूषित, धूसरित नील कण्ठ शिव! जगदम्बिका शिवा के प्राण-वल्लभ! अवश्य, शिवा अलंकृत है; भूषित-विभूषित है। शिवा श्रृंगार की छबि है, शिव ज्ञान की प्रशान्त ध्यानस्थ मूर्ति है। रानी, तुम सब की सुन्दर छबियों को मिला कर भी, तुम सब के श्रृंगारों को एक महा श्रृंगार में सजा भी दिया जाय, तब भी अरुणांगी अभिराम शिवा की एक मन्द झलक भी नहीं हो सकतीं तुम सब। हां तो।"

रानी कलावती ने शंकर-अमरुक को घूरते हुए कहा- "अवश्य प्रिय मेरे! हम सब तुम्हारी उस परम प्रेयसी की छाया मात्र हैं।"

"मेरी परम् प्रेयसी?" शंकर-अमरुक ने कहा- "नहीं, नहीं रानी! भवानी भुवनेश्वरी मेरी मां है; मैं उनका एक विरल कपूत हूं- कपूत! परम् प्रेयसी तो विष्णु के लिये लक्ष्मी है। वह नित्य रसिका विष्णु के वक्षस्थल में-हृदय में विराजमान है। विष्णु की क्षान्तिवर्धनी वही विश्व कल्याणी प्रभु की पराम् प्रेयसी है- राधा! शिवा तो जगदीश्वरी अखिलेश्वरी जगदम्बा हैं।"

रानी कलावती ने राजा अमरुक के हाथ से चित्र लेते हुए कहा- "चित्र आलेखन तो तुम सीख गये। देखूं तो! वाह! साक्षात वही छबि है, जिसके काव्य तुम रचा करते हो। राजा! पूर्व जन्म के तुम कोई भ्रष्ट योगी निकल आये।"

शंकर-अमरुक ने ठहा कर हंसते हुए कहा- "योगी कामिनी के सम्मोह से ही योग-च्युत होता है किन्तु जो वज्रौलि क्रिया जानते हैं, जिन्होंने खैचरी-मुद्रा सिद्ध की है, जो पद्मासन दृढ़ है, वह योगी कामिनी के सहवास से भी भ्रष्ट नहीं होते।"

"यह कैसे, राजन्? एक सखी ने पूछा।

"तुम जान कर क्या करोगी, विहंगिनी!" शंकर-अमरुक ने कहा- "अभी तो तुमको आगामी जन्म में रानी बनना है, किसी सम्राट की राजी होना है।"

"मुझे यह होना है?" उक्त सखी ने भौहैं बंकट करते हुए पूछा- "और हमारी प्रिय दर्शिनी महादेवी को क्या होना है?"

शंकर-अमरुक ने सहसा कहा जैसे- "आगामी जन्म में हम मनवन्तराधिप होंगे और तुम्हारी यह महादेवी हमारी राजी होगी- हम मनु स्वरूप होंगे और यह शतरूपा रूप। सुन्दरि। हमारी कथा त्यागो; अपनी चिन्ता करो।"

"क्यों?" दूसरी सखी ने पूछा और मुंह बिचकाया।

"इसलिये कि हम अखिल-निखिल के चित्रकार हो गये हैं और संगीतज्ञ होकर हम सामवेद की ऋचाओं को झंकृत करने वाले हैं। हम इस अविराम

सृष्टि के चित्र खींचेंगे। हम विश्व मानस को रंगों के उभारों में लायेंगे। जगत के पदार्थों के रूपों को हम त्रिगुणों की गहन उमड़ों में बसायेंगे। हम काल को खींच कर रख देंगे। सप्त स्वरों की श्रुति-झंकारों द्वारा हम अनहद को जगायेंगे तथा विश्व के व्योमों को अनहद नाद से भर देंगे। हम ओमकार के विविध प्रस्तारों को गायेंगे और प्रत्येक मातृका के अक्षय बीज को अनहद नाद से अभिमंत्रित कर देंगे। हम काल को बेसुध कर देंगे, सुना!"

रानी कलावती ने मन ही मन कांप कर ऊपर से ठठा कर कहा- "प्रथम मुझे ही-हमें ही बेसुध करो तब जानूं!"

शंकर-अमरुक ने भी ठठाकर कहा- "तुम सबको सुधिहीन क्यों करूं गाकर? तुमको तो देवी, मैं अगाध काम की उद्भ्रान्त तरंगों में प्रवाहित करूंगा और तुम्हारी यह सखियां? इनको मैं मुग्ध सर्पिणियों की भांति मंत्र-मुग्ध करूंगा- सुमुखि! मैं सृष्टि के मर्म को जान गया हूं।"

रानी कलावती ने मानो अन्तिम उत्तर दिया- "मैं तुम्हारे मर्म को जान गई हूं। तुम अब इस देह के बन्दी हो; हमारी पलकों के बन्दी हो-तुम अब जा नहीं सकोगे। समस्त सृष्टि के चित्र बनाओ; काल को गाया करो; किन्तु रहो मेरे नयनों के समक्ष!"

शंकर-अमरुक ने सस्मित पूछा- "क्यों? क्या मैं भाग जाऊंगा?"

रानी ने सहसा राजा अमरुक की देह का आलिंगन करते हुए कहा- "न जाने ऐसा क्यों लग रहा है कि तुम चले जाओगे और हम इस विजन राज मन्दिर में खोई-खोई सी रहेंगी।"

"विजन कौन है, प्रिय वादिनी!" शंकर-अमरुक ने कहा- "सर्वत्र सदैव वह परमात्मा व्याप्त है। उस प्रभु को प्रतिपल याद करती रहो- फिर अकेली कैसे होगी?"

रानी कलावती के बड़रे नयन आंसुओं से भर आये; बोली- आर्द्र स्वर से बोली- "इस भव में जब पूर्णरूपेण पति जैसे नहीं मिला; तब प्रभु को कैसे देख पाती? पति देव का प्रतिपल स्मरण करती रहती थी- क्योंकि राजा अमरुक सुन्दरियों के प्रेमी मात्र थे; पति तो नाम मात्र के थे।"

"थे क्यों? हैं, कहो; प्रिये!" शंकर-अमरुक ने कहा।

"अच्छा?" रानी ने सजल नयनों और हंसित अधरों से पूछा- "तब तुम जाओगे नहीं? मृत्यु की गहन मूच्छा ने जैसे हमारा प्राणेश्वर ही लील लिया। तुम हमारा वह प्रियतम, वाग्मी, रसिक शिरोमणि प्रिय प्राण हो ही नहीं।"

"तब क्या हूं, रानी?" शंकर-अमरुक ने पूछा।

"कोई हो; परन्तु राजा अमरुक नहीं।" रानी ने कहा- "राजा तो पृथिवी तल का राजस मानव था। तुम जैसे कोई योगी हो, यती! तांत्रिक।"

"तांत्रिक!" शंकर-अमरुक ठठा कर हंसे; बोले- "तब मैं वाम मार्गी हूं- वीर हूं; कौल, अवधूत?"

"मुझे नहीं ज्ञात।" रानी ने कहा- "मैं केवल इतना ही जानती हूं इस देह से अब तुम जा ही नहीं सकते।"

"देह से कौन जाना चाहता है?" राजा अमरुक-शंकर ने कहा- "प्रत्येक जीव स्वयं को देह ही मानता है, गिनता है, समझता है। प्रिय वादिनी! हमें इस देह से मोह हो गया है। तुमने हमें मोह लिया है। हम प्रजा का कल्याण करते रहेंगे और तुम्हारे नूपुरों की झंकार सुनते रहेंगे। तुम रंगों की मदिरा हो; पुष्पों का पराग हो- तुम्हारी देह लता हमें अब कंपाने लगी है। अवश्य, देवी! देह का जीव चैतन्य है। मैं वही जीव-चैतन्य हो गया हूं। ब्रह्म? एक दूरारूढ़ स्मृति प्रतीत होता है। तुमने इन कलाओं से हमारा चित्त पूर्ण-परिपूर्ण कर दिया है। सुमुखि! हमने तुम्हें देख कर जगत की कामिनी के दर्शन किये हैं, हम तुम्हारी पूजा करेंगे; सौलहों श्रृंगार से तुमको सजायेंगे। अब बस प्रसन्न हो जाओ। हंसो- हंस दो। हां, यों भवें तरेर, मुख मोड़, बंकट कटाक्ष कर हंस दो।"

रानी कलावती ने राजा को बाहु पाश में भर लिया। पास के कक्ष में वाद्य बज उठे और सखियों ने 'चिर वसन्त नृत्य' आरम्भ कर दिया। रानी ने शंकर-अमरुक को गुह्य इंगित किया और शंकर-अमरुक ने रानी को कटि प्रदेश से थाम नृत्य की प्रथम भांवरी में भ्रमाया। रानी ने नितम्ब ढरके; ढकढके और जंघायें उलाल कर कहा- "मैं रति, तुम...."

"हम काम देव।" शंकर-अमरुक ने कहा।

रानी ने शंकर-अमरुक के पीन पुष्ट कूल्हों को अपनी मृदुल हथेलियों से पकड़ा, थामा, गोदा, गदकारा और कूजती हुई नृत्य करने लगी। शंकर-अमरुक ने रानी के साथ-साथ नाचते हुए कहा- "यों ही वह शिवा-शिव नाचते हैं, हिमालय के श्रृंग-सपाट पर। हां, यों ही- इसी प्रकार आह।"

सखियों के घेरदार घाघरों की नवरंगी लहरों में शंकर-अमरुक और रानी कलावती, एक दूसरे पर अवलम्बित झुके और झूमे तालहीन किन्तु तुक पूर्ण, तुक रहित किन्तु ताल सम उझक-झझक नृत्य सा नाच रहे थे। शंकर-अमरुक मुग्ध लुब्ध दृष्टि से रानी को देख रहे थे- रानी राजा के देह को थामे और स्वयं राजा के नितम्बों के सहारे बंधी सी तन्मय नाच रही थी। वाद्य जैसे स्वयं ही बज रहे थे। निनादों की गहगह में एक ध्वनि-संकुल उठा और शंकर-अमरुक को लपेट

कर रानी की शिथिलाती हुई-ढरती हुई कबरी से प्रताड़ित हो कक्ष के वातायनों से सहसा उड़ गया। सहसा रानी रुकी; थमी और इंगित से नृत्य थामती हुई बोली- "राजा! तुम ताल पर नहीं; तुम तुक पर नहीं। तुम्हारे चरण लटपटाते हैं।"

शंकर-अमरुक थमे; हंस कर बोले- "हम नृत्य देखा करते हैं; नाचते नहीं। हम नरेश हैं; रीझने के लिये नृत्य देखते हैं; मग्न होने के लिये संगीत सुनते और देह का रोम-रोम तृप्त करने के लिये भोग करते हैं। हम राजा जो ठहरे।"

"तुमको संगीत का अभ्यास करना होगा, प्रिय मेरे!" रानी ने कहा और मुस्करा दी।

"अवश्य करेंगे।" शंकर-अमरुक ने कहा- "किन्तु तुम हमें संगीत सिखा नहीं सकती। तुम्हारे कोकिल कण्ठ को सुनते हुए हम तन्मय हो जाते हैं। तुम हमें नृत्य भी सिखा नहीं सकती- तुम स्वयं हमारे अन्तःकरण में लास करती रहती हो और यह तुम्हारी सखियां? गण-गौरी हैं और क्या?"

रानी पीठिका पर बैठते हुए बोली- "निपुण संगीतज्ञ आया है; वह यहां बुलाया गया है; पण्डित पद्म शंकर।"

"पद्म-पद्म शंकर?" शंकर-अमरुक ने सहज ही पूछा- "हमें संगीत सिखायेगा?"

"संगीत और नृत्य दोनों!" रानी ने प्रसन्न वदन से कहा- "मैं तुम्हारे साथ ताण्डव नृत्य नाचूंगी; गौरी-नृत्य भी नाचूंगी। अरण्य के मेघ भवन की आकाशी पर मैं मयूरी बन कर थनगनाऊंगी और प्राण मेरे! तुमको रिझाऊंगी। तुमको इन नयनों में बन्द रखूंगी।"

शंकर-अमरुक ने हंसते हुए कहा- "कमलिनी बन जाओ; हम भ्रमर बन कर तुम में बन्द हो जायेंगे।"

"ऐसा ही हो।" रानी ने कहा।

शंकर अमरुक पास के पर्यंक पर लेट गये। पार्श्व पर होते हुए बोले- "हम राजा ही हैं- अवश्य! हमें जैसे अपना पूर्व जन्म स्मरण हो रहा है। हम जैसे योगी थे, यती! बचपन में ही घर बाहर त्याग कर हम गुरु की खोज में चले; किन्तु मार्ग की बिहड़, प्रलयंकर महानदी में हम डूब गये, हाँ, हम डूब गये किन्तु किसी योगी ने हमें बचा लिया। योगी की बीहड़ कन्दरा में हम पड़े रहे। रानी, हमें ऐसा लगता है, हम पर किसी ने अभिमंत्रण कर दिया, अभिचार और हम मर गये। हम अन्धकार में डूबे रहे और सहसा इस राज मन्दिर के प्रकोष्ट में जाग गये। यह राजा का भव क्षेपक प्रतीत होता है, प्रिये! परन्तु हमें राज मिला है; रानी प्राप्त हुई है- हम नरेश हैं। प्रजा हमारा जय-जय कार जो करती है। हम अपने राज्य को स्वर्ग बना कर रहेंगे, रानी।"

"ईश्वर! तुझे क्या कहूं? किन छन्दों में तेरी प्रार्थना करूं!"

रानी उठी और शंकर-अमरुक के चरण थामती हुई बोली- "मेरे प्रभो। चिरञ्जीवी होकर मेरे हृदय में बसे रहो, प्रिय प्राण मेरे।"

एक-एक कर सखियों ने निर्विछावर की और मुस्कराती हुई चल दीं। उस एकान्त वातावरण में शंकर-अमरुक ने रानी के दीप्त उन्मद मुख को अपने अधरों की ओर सरकते हुए देखा। शंकर अमरुक ने रानी को सहसा अपनी भुजाओं में बांधा और उसकी शिथिल कवरी में मुंह भर कर कहा- "मेरी शिवा! मेरी त्रिपुरे!"

रानी को वक्षस्थल पर चांपते ही शंकर-अमरुक जैसे स्वयं ही स्तब्ध से हो गये- स्तम्भित से हो गये। जड़ गये। "तुम, तुम मेरी कामिनी! कामिनी!!" शंकर-अमरुक मानो चीत्कार सा कर उठे- "मेरे रोम-रोम में भर जाओ; रग-रग में बह उठो; प्राणों में रम जाओ। मन में समा जाओ; चित्त में भर जाओ, प्राण!"

रानी शंकर-अमरुक के चौड़े केश से अरभरे भुरभुरे वक्ष पर प्रसर गई। उसके पुष्ट किन्तु गदकारे उरोजों के भार से शंकर-अमरुक की छाती से दबकी और उनके स्वांस अरभरा कर तनिक घुटने लगे। एक शीतल अग्नि उनमें सिहरी और वह हिमानी आग में सिकने लगे। फुसफुसाते हुए उन्होंने कहा- "कामिनी! कामेश्वरी! मायाविनी!"

"मायाविनी!" यह हल्का सा चीत्कार उच्छवास के साथ कक्ष के वायुमण्डल में हहर कर अनन्त गगन की ओर लपका। एक कम्प शंकर अमरुक के तन में थरथराया और सहसा शंकर राजा अमरुक के देह के निस्सीम शून्य में उतर गये। उस शव के अन्तराल में ज्योतिर्मय किरणें मानो स्वयं ही बंधी हुई, रग-रग को, रोम-रोम को थामे हुए थीं। इन किरणों का स्रोत जाग्रत ब्रह्म रंध्र के सहस्र सार कमल से हो रहा था। आचार्य शंकर, द्रष्टा स्वरूप ध्यानस्थ उस महापद्म के किञ्जलक में बैठे हुए थे। शरीर में अपनी चेतना की किरणों से भरपूर किन्तु स्वयं उपरत, ब्रह्म रंध्र में ही स्थित आचार्य शंकर मानो राजा अमरुक की नाड़ियों में सहज ही रक्त का प्रवाह कर रहे थे; महाप्राण से पांचों प्राणों का उद्भव कर उस मृत शरीर को सजीव सक्रिय रख रहे थे। राजा अमरुक के शरीर के अणु-परमाणुओं को घेरकर एक छाया मंडराती रहती थी; किन्तु आचार्य की आलोकमय छबिमयता के समक्ष वह छाया जैसे स्वयं ही किसी गहनतम में विलीन होती रहती थी। राजा अमरुक के शव का यह शून्य जैसे शाश्वत जीवात्मा की शक्तियों के समन्वित सामर्थ्य से भरा हुआ था। मृत राजा का लिंग शरीर जैसे शिखा की भांति ब्रह्म रंध्र के ठीक ऊपर कीलित और

विजड़ित सा था। आचार्य शंकर ने अमरुक के लिंग शरीर को योग बल से अपनी दृष्टि से ही बांध रखा था किन्तु इस शून्य में आचार्य को पार्थिव देह की भस्म ही जैसे दिखी। अमरुक का लिंग-शरीर स्वयं ही कारण के तम मूढ़ अथाह क्षेत्र में प्रवेश करना चाहता था। राजा-अमरुक न तो प्रेत था, न देव था, न यक्ष था और नहीं ब्रह्मराक्षस अथवा पिशाच था। अमरुक अपने अनादि कारण से बंधा अपने लिंग शरीर में भी जैसे मूर्च्छित कर दिया गया था। आचार्य ने उस शून्य में लटकती हुई इस आलोक लीढ़ छाया को देखा और मुस्करा दिया। एक मौन मूक पुकार जैसे आचार्य को सुनाई पड़ी- "शरीर ले ही लिया है, तो मुझे मुक्त करो। मुझे। मैं, मैं एक दीन हीन, मंत्र हीन, क्रिया हीन, भक्ति हीन जीव मात्र हूं। मुझे गति दो-सद्गति दो; ऊर्ध्व गति।" आचार्य शंकर ने जैसे शान्त मौन वाक् द्वारा कहा- "हे जीव! तुम इतने अनाथ? इतने दीन क्यों? जीव तो ब्रह्म का ही अंश है- ब्रह्म और जीव एक हैं; फिर यह अनन्त दैन्य क्यों? यह तुम्हारी ब्रह्म-चेतना को क्या हुआ? अन्धकार के तुम्हारे सभी यह आवरण इतने घट्ट हो गये हैं कि तुम अपनी शाश्वत ज्योति देख ही नहीं पाते।"

रानी कलावती ने पुकार कर कहा- "अमरुक!"

एक प्रति ध्वनि गूंजी और आचार्य शंकर को राजा-अमरुक के शरीर में प्रताड़ित कर गई। शंकर ने अपने दिव्य चक्षु मानो काल के अनन्त में उन्मीलित किये और विधाता से निवेदन किया- "मैंने इस जीव का प्रारब्ध देह स्वच्छा से गृहण किया है। यह भव-ऋण है- मुझे उत्ऋण कर, विधने!" आचार्य शंकर की यह मूक वाक् प्रार्थना ब्रह्माण्डों के अवकाश को मथकर विश्व के आकाश में भर गई, राजा अमरुक का लिंग-देह ज्योति की एक समर्थ किरण पर आ लूमा और ऊर्ध्व गति में अनन्त के आयामों को नापने लगा। आचार्य ने कहा- उस बीहड़तम मूढ़ अनन्त की दिग दिशाओं से कहा- "कल्याण हो, जीव। अमरुक!"

रानी कलावती ने पुनः कहा- "सुनते नहीं क्या?"

आचार्य शंकर इस पुकार की प्रतिध्वनि को सुन कर मानो स्वयं में सिमट गये। 'मैं? राजा? अमरुक? मैं।' एक अवाक् प्रश्न उछल आया। मैं एक जीव? अनादि जीव? अपूर्व के अदृष्ट संचित में गड़ा, प्रारब्धों का भव-भव यात्री, मैं एक जीव? काल के क्रियमाण में चेतनाशील भुक्त भोगी जीव मैं? नहीं। एक चीत्कार सी आचार्य शंकर के गुह्य दहराकाश में गूंजी और बिखर कर निःशब्द हो गई। "मैं। मैं। मैं।।" अहम् की यह शब्द वेधी ध्वनि विश्व के पार पहुंच कर ज्योति के प्रकम्प में बदल गई। "मैं?" शंकर-अमरुक ने चमक कर कहा।

"हां, तुम।" रानी बोली- "तनिक विश्राम क्यों नहीं करते? दिवस भर यात्रा और रात्रि को अनुराग यज्ञ! राजा क्लान्त नहीं होंगे तो क्या होगा?"

'हुं।' शंकर-अमरुक ने स्वयं से ही कहा- "पार्थिव शरीर जो है। जड़, रानी! जड़ चैतन्य का संकल्प मात्र है।"

"होगा। सो जाओ। मैं...."

"तुम?" शंकर-अमरुक ने कहा- "तुम, प्राणेश्वरी! तुम!"

"हां, मैं तुम्हारी-तुम्हारी दासी।" रानी प्रसन्न होकर राजा के पास लपकी- "अब जाओगे तो नहीं?"

"कहां? नहीं।" शंकर-अमरुक ने कहा- "शून्य में ज्योति की धारणा हमसे अब कैसे होगी? प्रारब्ध ने बांध दिया है हमें तुमसे!"

"प्राणेश्वर! कामेश्वर, मेरे!" रानी ने राजा अमरुक के देह को अपने बाहुओं में बांध लिया। स्वयं ही सहज ही राजा अमरुक के शव के बाहु उठे और रानी को प्रगाढ़ आलिंगन में बांध कर शिथिल हो गये। शंकर-अमरुक ने मन्द फुसफुसाहट में कहा- "मेरी रति! पूर्णिमा मेरी!"

राजा अमरुक के देह पर आरूढ़ होते हुए रानी मदीले सुधिहीन से स्वर में चिहुंकी- "मैं, तुम्हारी वह-वह भुवनेश्वरी!"

"शी ई ई। चुप।" राजा अमरुक के सजीव शव ने कहा। युक्त संयुक्त लिपट कर राजा और रानी-दोनों काल की अविराम गति में एक नन्हें चक्र की भांति झूम उठे। रानी के केश-कलाप बिथुरे-बिखरे। मेघ मानो छिन्न-भिन्न होकर आकाश में लूमने लगे। कञ्चुकी का मुक्ताहार टूटने लगा और कसमसे कञ्चुकी-बन्ध अरभरा कर छूटने लगे। उदर की तलैया में त्रिवली स्वांस की आंधी में छटपटाने लगी और नीवी-बन्ध कटि-मेखला में खिसकने लगा। इन्द्र धनुष के आडम्बर सा घाघरा घुमड़-उमड़ कर पर्यंक पर फैल गया। शंकर-अमरुक ने रानी के चरण सुल्हाते हुए कहा- "तुम्हारे चरण! सुन्दरी! काल के गूढ़ आकर्षण से भरे यह चरण! तुम? तुम-तुम्हारे यह रगमगे नितम्ब, यह तनिक थरथराते हुए स्तन-अग्नि से भरी तुम्हारी यह सरस कुक्षी! यह-यही-यही"

"यही"! रानी ने राजा अमरुक के होठों को अपने अधरों से मानो जकड़ दिया। तभी सहस्र दल कमल के मध्य स्थित ज्योति कांपी और अधिक घनीभूत होकर ब्रह्म रंध्र के बीच सिकुड़ गई। राजा के मृत देह में पूरित चेतना जैसे बिन्दु बनकर आचार्य शंकर के ध्यानस्थ नयनों में समा गई। रात्रि-यामिनी-काल रात्रि? बेसुध सुधि? क्या? सभी प्रश्न चुप हो गये। सभी संशय थक कर सो गये। देह के उभार उमड़-उमड़ कर स्वयं ही रीते हो गये और रति के आतप से दग्ध

अणु-परमाणु आल्होड़ित होकर मौन समुद्र में लीन हो गये, सहस्र दल कमल में स्थित आचार्य शंकर ने काल रात्रि के सरस सम्मोहन को भेदकर निर्मल अनन्त-अनन्त गगन में देखा- काल सर्प को झटक कर आचार्य शंकर ने अनन्त के अनन्त में फेंका और पुकारा- "भारती! यही तुम जानना चाहती थीं? यह पंचभूतों का गूढ़ उद्वेलन? यह घर्षण? यह तथाकथित काम? यह देहाभिमान के मोह का कर्षण? यह उभार? यह उद्रेक? यही क्या काम है? क्या काम की कला है? नहीं, भारती! देवी! नहीं। काम ज्ञान की आनन्द ऊर्मि है। काम परात्पर परमेश्वरी का सृजन शील है। काम काल के भर्वों का दूहन है। सुना, भारती! काम गन्ध से रस बनता है, रस से अग्नि बनता है, अग्नि से प्राण और प्राण से अनहद ओमकार बनता है। इसी ओमकार से ज्योति के आकाश हिल्लोलित होते तथा परात्पर ज्योति-बिन्दु हो जाते हैं। काल सिमट कर एक आलोकित शून्य हो जाता है और ब्रहम चैतन्य प्रगट होता है। अमरुक! इसी काम की देहाऽभिलाषा में जीव क्रमशः जीवात्मा भाव से आलीढ़ हो जाता तथा द्यु से अन्तरिक्ष और अन्तरिक्ष से पृथिवी मण्डल में भटकने लगता है। भारती, तुम स्वयं इसी जीवन-रति से स्वयं मूर्च्छित मण्डन मिश्र के शरीरों में आसक्त हो। अवश्य, सरस्वती, तुम काम की रूपासक्ति में डूबी हुई अपने शाश्वत स्वभाव को बिसर गई हो- तुम सभी भव योनियों में लीन मूर्च्छित ज्ञान-वाक् हो। वाक् बीज से उद्भवित वेद और शास्त्र की अथाह बोध-चेतना हो। जागो, भारती! अपने विराट् दिव्यत्व में जागो- मैं तुमको भूताकाश से चित्ताकाश तथा चित्त से हृदय में ले जाऊंगा। तुम अपने शुद्ध बुद्ध हृदयाकाश में शाश्वती समां होकर झंकृत होती रहो। कल्याणी, तुमने मुझे इस रानी के सुघड़-सुन्दर देह में आसक्त करने का प्रयास किया- यही तो नारी-भाव है, यही तो जगदम्बा चैतन्य का पार्थिव आरम्भ है। मैं अवश्य ही राजा और इस रानी के देह दान के उपकार से बंध गया हूं-बंधा हूं।"

शंकर-अमरुक ने देखा, रानी कुछ दूर बैठी हुई उन्हीं को निहार रही है। शंकर अमरुक ने कहा- "हम मन्दिर जा रहे हैं- पूजा करेंगे।"

"किसकी?" रानी ने पूछा।

"नटेश्वर, रसेश्वर की।" शंकर-अमरुक ने कहा।

"अवश्य, प्राण मेरे।" रानी ने कहा और त्वरा से कक्ष के बाहर लपकी।

शंकर-अमरुक उठे और द्वार में खड़े होकर बोले- "सुनो।"

रानी रुकी; थमी बोली-मुस्करा कर बोली- "कहो।"

"तुम बैठ गईं?" शंकर अमरुक ने हंसते हुए पूछा।

"हां।" रानी ने कहा- "नर के शीतल वक्ष पर कब तक पड़ी रहती?"

"अच्छा? तब हम शीतल हैं और तुम उष्ण! हमें पिघाल क्यों नहीं दिया तुमने, रानी!" शंकर-अमरुक ने आंखें टिमकार कर कहा- पूछा।

"हिमालय को उष्ण कर सूर्य नारायण भी क्या पिघाल पाये?" रानी ने तनिक सिर धुनकर कहा- "नर के मेढ को अपनी कुक्षी में समा कर ही नारी नर को पिघाल देती है- हम पुरुष के आलिंगन में बंधी उसके ओजस को चाटती हैं, हम कोरी काम भूमि नहीं हैं, हम सफल कृत-कृत्य कामिनी हैं। हम नर को चिरन्तन रूप देती हैं। हम सन्तान से ही फलवती होती हैं।"

"जननी?" शंकर-अमरुक ने पूछा।

"हां, जननी। क्यों?" रानी ने पूछा।

"जननी।" शंकर-अमरुक ने स्वय से कहा- "रमणी! मैं तो जननी को जैसे भूल ही गया था। यह भव जननी के अमोघ वात्सल्य का ही तो परिणाम है।"

और शंकर-अमरुक उद्यान के तनिक दूर मन्दिर की ओर द्रुत वेग से चल दिये। रानी खड़ी-खड़ी राजा अमरुक को यों मन्दिर की ओर लपकते हुए देखती रही। तभी आमात्य श्री का स्वर सुनाई दिया- "श्रीमती महादेवी।"

"क्या है?" रानी ने झुंझलाते हुए पूछा।

"पता चल गया है।" आमात्य श्री ने कहा- "अपने ही अरण्य की एक कन्दरा के द्वार पर कुछ युवा सन्यासी देखे गये हैं। निश्चय ही वह अपने गुरु के समाधिस्थ शरीर की रक्षार्थ सदैव चौकन्ने रहते हैं।"

"उनको परास्त कर समाधिस्थ शरीर जला दो।" रानी ने तनिक दूर मन्दिर की सीढ़ियों के पास गुमसुम खड़े शंकर-अमरुक को देखते हुए कहा- "वह संगीतज्ञ क्या हुआ?"

"प्रातः काल उपस्थित होगा, श्रीमती!" आमात्य श्री ने कहा- "किन्तु वह केवल आप श्रीमती के सानिध्य को ही सहन करेगा। अन्य नहीं।"

"रंग-भवन में हम सब और राजा उसे सुनेंगे और उससे सीखेंगे। प्रथम हम स्वयं उसकी परीक्षा करेंगे। "रानी ने कहा- "आडम्बरी संगीतकार हम पलक में भांप लेती हैं, आप नहीं, आमात्य श्री!"

"जी, जी!" आमात्य श्री ने कहा।

रानी कलावती ने तिरछी आंखों से देखा, राजा मन्दिर की सीढ़ियों पर चढ़ रहा है, तीव्र स्वर में बोली- "उस योगी के शरीर को जला कर उसकी भस्म हमें दीजिये। हम उसको शिव पर चढ़ायेंगी- हम प्रति दिन उस पवित्र भस्म का तिलक करेंगी। शीघ्रता कीजिये; त्वरा, समझे। अन्यथा हाथ में आया राज हंस

उड़ जायेगा। उधर क्या देख रहे हैं? वह राजा, अपने सब के महाराजा अमरुक देव नहीं हैं; उनका चिर परिचित शरीर मात्र है। उसमें प्रविष्ठ निस्संदेह कोई योगी है।"

"आश्चर्य, महादेवी!" आमात्य श्री ने कहा।

"बालपन में हम मत्स्येन्द्र नाथ की ऐसी ही अद्भुत वार्ता सुना करती थीं।" रानी ने सिर धुन कर कहा- "परन्तु किसे पता था, एक दिन ऐसा ही हमारा भाग्य होगा- सौभाग्य। अधिक परामर्श की कोई आवश्यकता नहीं है। उस कंदरा को ही अग्नि ज्वालाओं से भर दीजिये। शिष्य भी जल जायें तो जल जायें, चिन्ता नहीं। जनपद के परम् कल्याण, हमारे सौभाग्य और आपके और अधिक अभ्युदय के लिये ही हम यह आज्ञा दे रही हैं..."

आमात्य श्री ने ससंकोच कहा- "महाराज श्री?"

"महाराज श्री?" महादेवी कलावती ने कहा- "क्यों?"

आमात्य श्री ने कहा- "आपकी आज्ञा पर महाराज की मुद्रा अपेक्षित है, महादेवी!"

"जनपद-राज्य की मुद्रा?" रानी कलावती ने कहा- "वह हमारे पास है। उस शरीर में राजा नहीं है; यह हम सहवास से जानती हैं। जब से हमें यह सन्देह हुआ तभी से राज्य मुद्रा हमने स्वकीय कर ली है, आमात्य! हमें ज्ञात है, राज्य का निरन्तर हित किस कर्म में है, समझे!"

"जी, जी! आमात्य श्री ने एक परिपत्र निकाल कर कहा- "मैंने महादेवी की इच्छा को सदैव ही पूर्व में ही जान लिया है। यह आज्ञा परिपत्र है; इस पर मुद्रा अंकित करें, श्रीमती! और...."

"और महाराज के हस्ताक्षर...." आमात्य श्री ने कहा और चुप हो गये। रानी कलावती ने बीच में ही कहा- "महाराज श्री के हस्ताक्षर? मुद्रांकन होने पर भी?"

"यही राज्य के प्रमाणीकरण की अटल नीति है, श्रीमती!" आमात्य श्री ने भयभीत स्वर में कहा- "यों तो मुद्रांकन हो ही सकता है; हो ही जाता है; परन्तु राजा के हस्ताक्षर से वह अमिट प्रमाण हो जाता है।"

रानी कलावती ने कम्पित स्वर में कहा- "उस महाप्रेत के हस्ताक्षर उसी के अग्नि दाह की आज्ञा पर? आमात्य श्री! कैसे संभव हो?"

आमात्य श्री ने म्लान हास्य हंसते हुए कहा- "श्रीमती सब कुछ कर सकती हैं। सच तो यह है श्रीमती ही राज्य करती आ रही हैं। महाराज तो आप श्रीमती के भ्रूभंग से ही चलते आये हैं।"

रानी कलावती ने दीर्घ स्वांस लेते हुए कहा- "परन्तु यह वह राजा नहीं है। यह तो कोई दिव्य असंग निर्लिप्त महात्मा है जो प्रारब्धवश राजा के शरीर में आया है। आमात्य, सच हमें भय लगता है, फिर भी वह दिव्य हमें अपनी ओर कर्षित करता है। हम कीच की कमलिनी की भांति सिहर उठती हैं। अद्वितीय कवि यह महात्मा हमें अपने स्पर्श मात्र से शरीर के भूताकाश में उठा देता है- हम जैसे अन्धकार के तट पर खड़ी किसी प्रकाश की रिमझिम लहर में जा पड़ती हैं- हम अपनी सुध खोने लगती हैं। ऐसे इस यती से हस्ताक्षर अग्नि दाह द्वारा मृत्यु दण्ड की आज्ञा पर? हे शिव-शंकर, कैसे हो?"

सहसा शंकर-अमरुक ने मन्दिर के बाहर आकर चारों ओर देखा। देखाः रानी दूर खड़ी आमात्य श्री से बातचीत कर रही है। द्रुत गति से सीढ़ियां उतर कर त्वरा पूर्वक आते हुए कुछ दूर से ही शंकर-अमरुक ने पुकारा- "प्रिये हम विश्वस्त हो गये। सुना। तुमसे क्या कहें? सुना?"

रानी पास लपकी; बोली- "क्या हुआ?"

शंकर-अमरुक ने पास आकर रानी का हाथ थामते हुए कहा- "होना क्या था? शिव लिंग न हिला और नहीं डुला। मन्दिर में मौन बना रहा। केवल हमारा पूजन, मानसिक पूजन चलता रहा। हमने प्रार्थना की तुम ही आत्मा हो, गिरिजा हो, मति महो- तुम प्राण हो, शरीर हो, गति हो। हम चलते हैं; वही तुम्हारी प्रदक्षिणा है। यह शरीर, प्राण, इन्द्रियां सब उस शिव शंभु का गृह है, देवी! यह नाना विषयों के नाना भोग? सब उस औघड़ चन्द्रशेखर की पूजा है; हम जो बोलते हैं, वह सब उसकी प्रार्थना के गीत हैं और यह जो हम सोते हैं, निद्रा, वही समाधि स्थिति है। यह जगत जीवन, सब कुछ उस शिव-शंभु का पूजन है; अर्चन है- कैंकर्य्य है। शिव, शक्ति-यही तो। हम शिव हैं; तुम शक्ति रूपा हो। आमात्य श्री! मनु के अनुसार ही प्रजा कर देगी- अधिक नहीं। पूर्व में मनमाना कर वसुल किया जाता रहा है किन्तु अब नहीं। यह हमारी आज्ञा है। समझे।"

"जी।" आमात्य श्री ने कहा- "राजेश्वर महाराज। कुछ कापालिक प्रजा को भयभीत कर त्रस्त कर रहे हैं। उनको कठोरतम दण्ड दिया जाना अनिवार्य हो गया है।"

"क्या?" शंकर-अमरुक ने कहा- "अवश्य, जो प्रजा को त्रस्त करे, वैदिक सनातन धर्म से च्युत करने का प्रयास करे, वह क्षम्य नहीं है परन्तु दण्ड क्या?"

रानी बोली- "अग्नि दाह द्वारा मृत्यु दण्ड, महाराज!"

"अग्नि दाह द्वारा मृत्यु? कापालिक की?" शंकर-अमरुक ने कहा- "क्यों? उस भीषण को हम राज्य-बहिष्कृत नहीं करा सकते क्या?"

आमात्य श्री ने विनय पूर्वक कहा- "कापालिक आततायी होते हैं, महाराज! प्रथम बार उन्होंने राज्य में अपना अड्डा जमाया है। उसको मृत्यु दण्ड द्वारा ही सदैव के लिये समाप्त करना होगा।"

तभी रानी ने आज्ञा परिपत्र निकाल कर शंकर-अमरुक के सामने फैलाया; बोली- "हस्ताक्षर! यहां हस्ताक्षर कीजिये, महाराज!"

शंकर-अमरुक ने हंसते हुए पूछा- "राजा कौन है? हम अथवा तुम? राजा बिना विचारे ही अपनी प्रिया के आग्रह पर यों हस्ताक्षर कर दे? अरे, तुमने तो राज-मुद्रा भी अंकित कर दी है? क्या साथ लिये रहती हो?"

रानी कलावती ने भवें तरेरते हुए कहा- "आप ही ने तो मुझको राज्ञी, महादेवी का पद प्रदान कर रखा है। राज्ञी क्या राज मुद्रा के धारण तथा सुरक्षा का कर्त्तव्य नहीं करती? महादेवी का तात्पर्य भर ही है, राजा-रानी दोनों ही, राजा!"

शंकर-अमरुक ने हंसते हुए कहा- "तब तुम ही हस्ताक्षर कर दो। मुद्रा अंकित करने वाला ही हस्ताक्षर करेगा। हम ऐसी आज्ञा कापालिक से वार्ता करने के पश्चात् ही दे सकते हैं- यदि हमें और कोई न्याय नहीं प्रतीत हुआ तो। देवी, जगत एक स्वयं परम न्याय की गति है और धर्म की विधि! राजा इसी न्याय का उन्नायक है; न्यायमूर्ति है और मानव धर्म का धारक, पालक! कापालिकों का जनपद में आने का सत्व तो है, अवश्य, वह भयंकर प्रजा को त्रस्त नहीं कर सकते। हम देखेंगे।"

रानी कलावती ने हठ पूर्वक कहा- "क्या देखेंगे, महाराज! यह कापालिक नर-बलि करते हैं। शिशुओं को श्री फल की भांति बधेरते हैं; बालकों के परिपक्व मांस से अपनी घोरा को तुष्ट करते हैं- महाराज! यह कापालिक मानव-भक्षी राक्षश नहीं तो क्या हैं। उनके प्रति आर्द्रता राजा की मानसिक दुर्बलता मात्र है।"

शंकर-अमरुक ने कहा- "मानसिक दुर्बल? हम? नहीं। हम चाहें तो हिमालय को पिघाल सकते हैं। हम चाहें तो देवताओं को पृथिवी पर उतार सकते हैं किन्तु विवेक शून्य-विवेकहीन आज्ञा हम दे नहीं सकते। हम राज धर्म से बंधे हैं, देवी!"

"तो कापालिक जनपद का सौभाग्य लीलता रहे?" रानी ने तीव्र स्वर में कहा- "हम कहती हैं, हम आपके लिये हस्ताक्षर कर देंगी।"

"क्रूरा! सुन्दरी! क्रूर हो, तुम!" शंकर-अमरुक ने कहा- "हम हस्ताक्षर नहीं करेंगे। हम? राज राजेश्वरी दुर्गा भवानी के दास हैं। हम जगदम्बा के विरल पुत्र हैं, राजा? हां, प्रत्येक जीव इस पृथिवी पर राजा है, राजा। हम सभी दण्ड दे सकते हैं; किन्तु मृत्यु दण्ड नहीं।"

"क्यों? किन्तु क्यों?" रानी भड़भड़ाई।

"इसलिये कि हम ईश्वर नहीं हैं। इस कल्प में हम एक जाग्रत जीवात्मा हैं। सृष्टि के सृजन में दत्त चित्त विश्व के सौन्दर्य से आकृष्ट, जगत के रूपों में आसक्त, हम जगत के ऐश्वर्य को भोगते रहना चाहते हैं। हम-तुम-सब-अनादि से स्वयं के सत्य में, शिव में, सौन्दर्य में जाग्रत जीव हैं- अज्ञान में डूबे, अविद्या से ग्रसे। काल-सर्प के काटे हम आत्मा हैं, देवी!"

आमात्य श्री- "महाराज, राजेश्वर!"

"हम महादेवी को जब मुद्रा दे ही चुके हैं, तो वह हस्ताक्षर भी कर ही सकती हैं।" शंकर-अमरुक ने कहा- "यह शीघ्रता क्यों, आमात्य?"

"जनपद पर सामूहिक अभिचार होने की दुर्दमनीय आशंका है, महाराज!" आमात्य श्री ने कहा- "देर हो गई तो कृत्या मुक्त हो जायेगी।"

शंकर-अमरुक ने हंस कर कहा- "ऐसा। तब तथास्तु।"

शंकर-अमरुक ने हाथ उठा कर वाद्य यंत्रों को मानो चुप करते हुए कहा- "रानी, तुम मुह्यमान हो- निस्संदेह। उधर अग्नि दाह द्वारा मृत्यु-दण्ड और इधर संगीत, नृत्य! वास्तव में स्त्री स्वयं में एक अपार रहस्य है। स्त्री! अर्थात् जगदम्बा के स्वरूप! वह परा-अपरा विद्या-स्वरूपा समस्त स्त्री रूपों में भी व्यक्त हो रही है। स्त्री को कौन पूर्णतः कह सकता है? देवता तक स्त्री को समझ नहीं पाते, प्रिये! स्त्री! रमणी, कान्ता, सखी, भगिनी, मां-जननी! स्त्री, सती, साध्वी, आर्या, जया! स्त्री? चिन्ता, रत्न प्रिया, पाटला-पाटलावती! स्त्री ही जगत की स्वरूपा-शक्ति, विश्व की स्वप्न-मोहिनी तथा भव-संसार की तारिणी तारा है!"

रानी कलावती ने भवें नचाते हुए कहा- "वाह्। महाराज! अब कामिनी दिखी; समझ में आई?"

"अवश्य, अब हमें कामिनी दिखी है; किन्तु समझ में नहीं आई। भगवान समझ में आ सकता है; उसकी यह सम्मोहिनी माया नहीं। स्त्री जीवन की अमेय विक्रमा है; क्रूरा है, घोरा है- सुन्दरी है! वह ब्राह्मी, माहेश्वरी, ऐन्द्री, कौमारी तथा वैष्णवी शक्ति है। स्त्री अग्नि ज्वाला, रौद्र मुखी और काल रात्रि तथा तपस्विनी है।"

"तपस्विनी?" रानी ने विहंसते हुए पूछा।

"आत्मा को अज्ञान से आच्छादित कर सृष्टि की काल धारा में धकेलने वाली वही तो है- वह भगवती!" शंकर-अमरुक ने कहा- "स्त्री इस जगत की सर्वार्थ साधिका कामिनी है। जीवात्म भाव? शाश्वत रमणीय कमनीय स्त्री भाव

ही है। स्त्री ही भाविनी, भाव्या, भव्याभव्या और पुरुष के लिये सदा गति है। ऐसी शाश्वती समां स्त्री को देखकर हम जैसे स्वयं को विसर गये हैं- अवश्य! विस्मृति का गहन मधुजल हमारी प्रज्ञा को डुबो गया है- एक चमत्कृत अंधकार में हम रमणी के नितम्बों आधार पर बहे जा रहे हैं।"

"राजा!" रानी कलावती ने मुस्करा कर कहा- "अब ज्ञान हुआ है तुम्हें। मृत्यु की मूर्च्छा से अब पूर्णतः जाग गये हो, राजा!"

"हुं।" शंकर अमरुक ने कहा- "अवश्य। हम अपनी प्रजा में पिता स्वरूप जगे हैं; सतत् कल्याण करने की कामना हममें जगी है।"

"और ऐश्वर्य भोग की, प्रिय मेरे!" रानी ने पूछा।

"हम तुमको देखते रहना चाहते हैं।" शंकर-अमरुक ने सस्मित कहा- "यह हम तुम्हारी कटि थाम कर धरती पर नाचते रहना चाहते हैं। तुम्हारे पुष्ट पीन उरोजों का स्पर्श कर हम जैसे काल को भूल जाना चाहते हैं। रानी, कामिनी मेरी! हम तुम्हारी कुक्षी में लीन होकर सदैव जन्मते रहना चाहते हैं। स्त्री, रमणीय वह कामिनी ही सभी भव-योनियों में सतत् जीवन की, राग भरी सुन्दर, गहन, गूढ़ जीवनेच्छा है। आत्मा? आत्म चैतन्य? वह निराकार अनन्त? वह अजन्मा, क्या? जन्म, जन्म, जन्म। देवी! हम जैसे यथार्थ को जान गये हैं, जीवन के यथार्थ को, समझी!"

द्वार पर ही आमात्य श्री ने रुक कर महादेवी को गूढ़ इंगित किया; कहा- "सब कुशल मंगल है, महादेवी।"

रानी ने तनिक स्तब्ध होते हुए पूछा- "इतना शीघ्र?"

आमात्य श्री ने अन्दर आते हुए कहा- "पूर्ववत् सारा प्रबन्ध हो गया है। केवल अग्नि के आह्वाहन की ही आवश्यकता है। मैं जब विनीत निवेदन कर रहा हूं, हमारे विश्वस्त कर्मचारी गण कन्दरा को घेर चुके हैं और वे अग्नि प्रज्वलित करने के लिये प्रयास कर रहे हैं। महादेवी! किन्तु...."

"किन्तु?" रानी ने पूछा।

"किन्तु अग्नि प्रज्वलित होती नहीं; होना नहीं चाहती।" आमात्य श्री ने कहा- "कुशल मंगल इतना ही है कि हमने पूरा पक्का पता लगा लिया है और अभेद्य घेरा डाल दिया है।"

"अच्छा!" रानी ने कहा- "तब सावधानी पूर्वक आगे बढ़िये।"

आमात्य श्री ने विनय पूर्वक कहा- "पण्डित पद्मशंकर उपस्थित हैं। महाराज के समक्ष आने की अनुमति चाहिये। मैं तो तांत्रिक को लेकर पुनः शीघ्र जा रहा हूं। हमें तंत्र-शक्ति की आवश्यकता हो सकती है। अग्नि नहीं जल रही है, स्वामिनी!"

शंकर-अमरुक ने कहा- "कापालिक स्वयं तंत्र-मूर्ति प्रतीत होता है। ठीक है; आपश्री अधिक शक्तिशाली शक्ति का प्रयोग कीजिये। यह कपालिक सिद्ध होते हैं; उनको अग्नि दाह देना सहज नहीं होता। अब आप जायें। पद्मशंकर को उपस्थित करें। हम इस अग्नि-दाह द्वारा मृत्यु-दण्ड की बात जैसे सुन नहीं सकते। हम विकल, क्लान्त, सशंकित हो उठते हैं। आज्ञा दिये आज तीन चार प्रहर हो गये। हम स्वयं को संगीत के निनादों में भुला रहे हैं जैसे। बार-बार समाचार देकर हमें अधिक व्याकुल न होने दें आमात्य श्री!"

"जी, जी!" आमात्य श्री ने झुक-झुक कर निवेदन किया- "अब ऐसा नहीं होगा- अवश्य, प्रभो!"

"प्रभो!" शंकर-अमरुक ने चिहुंकते हुए कहा- "कौन प्रभो! आमात्य! हम सब कालाधीन मरणोन्मुख प्राणी हैं। समय हमें उद्ववित करता है और समय ही हमें तिरोहित कर देता है। हम काल की भांवरी मात्र हैं। एक ऐसी व्यक्ति, अभिव्यक्ति, जो आश्चर्य है और जिसका न आदि है और न अन्त। इस रहस्यमय निगूढ़ आश्चर्य की हम क्षणिक वाचा हैं। काल के अथाह मौन की हम वाणी हैं- हम क्षणिक जीवन-स्पर्श हैं। जीव-जगत में अनाथ हैं, दीन हैं; तृष्णातुर, भयार्त भयभीत तथा बंधी हुई जीवन-चेतना है। कामिनी और काञ्चन जीव का अभीष्ट है; प्रभु नहीं।"

"जी, जी। आमात्य श्री ने झुकते हुए कहा- "महाराज की जय हो।"

शंकर-अमरुक ने हंसते हुए कहा- "महादेवी की जय कहो, आमात्य! यही सुघड़ सुन्दर लावण्य मूर्ति हमें जगत में घसीट लाई है। हम जैसे परमात्मा को भूल गये हैं। हम कामिनी के सौन्दर्य-सरोवर में डूब गये हैं। हमें संगीत, नृत्य, चित्रकला और भोगों का ऐश्वर्य विधान ही चाहिये। कौन कहता है, हम महाप्रेत हैं? योगी हैं, यती? हम राजा हैं; अपनी प्रजा का योगक्षेम चाहते हैं और अपनी राज्यलक्ष्मी को भोगते रहना चाहते हैं- अवश्य, हम मरना नहीं चाहते। हम अक्षय यौवन प्राप्त कर अपनी कामिनी को भोगते रहना चाहते हैं- राज्य? काञ्चन और कामिनी, आमात्य? विदा। हम कुछ दिन संगीत शास्त्र को हस्तामलकवत प्राप्त करना चाहते हैं- तब हम रानी के साथ ललित नृत्य करेंगे- रास रचायेंगे, समझो!"

"जी, जी आमात्य श्री ने ताली बजाई और झुकते हुए कक्ष के बाहर प्रस्थान किया। रानी ने मानो एक गूढ़ पलक से इंगित किया भस्मी भूत! पण्डित पद्मशंकर वीणा लिये कक्ष के द्वार पर आमात्य श्री से तनिक रगड़ खाकर मानो लड़खड़ाये। रानी ने नयन में ही उत्तर देते हुए आमात्य श्री को जाते हुए देखा

और पण्डित पद्मशंकर को वीणा लिये हुए द्वार में एक सौम्य, सुवर्ण दीप्त युवा कामदेव के समान जगमगाते हुए देखा; चिहुंकी- "तुम? पद्मशंकर!"

पण्डित पद्मशंकर ने सस्मित नमन करते हुए कहा- "राज्ञी का सेवक! महाराज के चरणारविन्दों का चंचरीक! एक निरीह ब्राह्मण, श्रीमती श्री!"

शंकर-अमरुक ने पद्मशंकर को द्वार में चित्रलिखित सा देखते हुए सहसा पूछा- "क्या हमने तुमको कभी देखा है?"

पण्डित पद्मशंकर ने नमन करते हुए उत्तर दिया- "पूर्व जन्म में महाराज!"

"अच्छा?" शंकर-अमरुक ने तनिक गंभीर होते हुए कहा- "किस योनि में तुमने हमें पूर्व जन्म में देखा? अन्दर आओ; बैठो- हमें अपना संगीत सुनाओ और बताओ, हमने तुमको पूर्व जन्म में कहां, कब देखा था?"

पण्डित पद्मशंकर ने अन्दर आकर राजा और रानी को नमस्कार कर वाद्यपीठ पर बैठते हुए कहा- "हिमालय में। मैं हिम-मानव था और आप श्री? रहस्यमय योगी थे। मैंने हिमानी उत्पात में आहत होकर शरीर छोड़ दिया और आप श्री ने स्वेच्छा से अपना शरीर समाधिस्थ कर राजा के स्वरूप में यहां अवतार धारण किया।"

शंकर-अमरुक ने तनिक आश्चर्य व्यक्त करते हुए कहा- "हम पूर्व जन्म में योगी थे? नहीं तो। हमारा तो जैसे रहस्यमय गूढ़ प्रारब्ध है। हम जैसे काल के प्रवाह में बहते हुए यहां आ गये हैं और राज्य-लक्ष्मी को भोग रहे हैं। तुम हिमानी मानव? यह हिम-मानव क्या है, पण्डित?"

पण्डित पद्मशंकर ने वीणा समतौलते हुए झंकार की और कहा- "गुरु की खोज में दत्त चित्त हिमालय का परिव्राजक; स्वामिन्!"

"किन्तु हम योगी थे- यह कैसे?" शंकर-अमरुक ने पूछा।

"सभी जीव आत्मा हैं; सभी आत्मायें परमात्मा हैं- ब्रह्य और जीव एक हैं- आत्मा वही परमात्मा, सच्चिदानंद! ऐसा आपश्री का पूर्व जन्म में उपदेश था।"

"आत्मा, वही परमात्मा?" शंकर-अमरुक ने स्वयं से ही जैसे पूछा- "हमें स्मृति नहीं है- युवक पण्डित! हम जैसे स्वप्न रहित एक स्मृति-विहिन शून्य हैं। हम आदि को नहीं जानते; हम जैसे अनादि को ही जानते हैं। हम आत्मा? आत्मा यह यथार्थ ही तो है। तुम, हम, रानी और उस की सखियां-यह जड़ चैतन्य जगत सब आत्मा ही तो हैं..."

"आपश्री कहा करते थे, यह सब भीति भरे भेद हैं। क्षणिक नाम रूप है, माया।" पण्डित पद्मशंकर ने वीणा के सभी तार झणझणाये- "यह नादलहरी,

प्रभो! अनहद का तरंग-संकुल है, जो आकाश को बिलो कर अवकाश में लीन हो जाता है- नाद-ब्रह्म की श्रुति-सम्मत स्वर-लहरियां हैं, प्रभो!"

"नाद-ब्रह्म!" शंकर-अमरुक ने स्वयं से ही कहा- "अवश्य; कोई योगी यह कहता था- हां, नाद-ब्रह्म? स्मरण हो आया जैसे भगवान शंकर के डमरू से उत्पन्न स्वर; शिवा की किंकणी और नूपुर से झंकृत व्यंजन-अनहद? तुमने यह विद्या सरस्वती-किस गुरु से सीखी, पण्डित!"

पण्डित पद्मशंकर ने कहा- "हमारे पूज्यपाद-गुरुदेव बड़े सिद्ध हैं; योगेश्वर हैं- साक्षात् शिव के अवतार, प्रभो! अभी विदेह हैं। वह अपलक नयनों से अथाह कृपा-दृष्टि से देखते हैं और दस महाविद्यायें आविर्भूत हो जाती हैं। उनका कोमल किन्तु कमनीय पद्मपाणि अभय मुद्रा में उठता है और शिष्य जगद्सागर तर जाता है। उनकी उन्मीलित अन्तर्दृष्टि से शिष्य के दिव्यचक्षु खुल जाते हैं। स्वयं सरस्वती उनका गुण-गान गाती रहती है।"

"वाह!" शंकर-अमरुक ने साश्चर्य कहा- "अतीव भाग्यशाली हो, पण्डित! हमें तो ऐसा गुरु स्वप्न में भी नहीं मिला। हम कितना चाहते हैं, हमें ऐसा परम गुरु प्राप्त हो परन्तु हम राजा जो ठहरे। राजा के पुण्य राज्यलक्ष्मी को मोहते भर हैं; परन्तु राजकाज पवित्र प्रायश्चित्त मात्र है। सच्चा न्याय करना, मंगलमय धर्म का मोददाता धारण करना- यही तो राजयोग है; हम भी विदेह जनक सा गुरु चाहते हैं।"

पण्डित पद्मशंकर ने साहस पूर्वक कहा- "राजा भ्रष्ट योगी ही होता है; ज्ञानोद्भ्रांत आचार्य होता है; विज्ञानमूढ़ तत्वदर्शी होता है- केवल भक्त ही गुरु होता है। मेरे गुरुदेव आचार्य, तत्ववेत्ता, योगेश्वर तथा भक्त-स्वयं साक्षात् शिव हैं।"

शंकर-अमरुक ने तनिक व्याकुल स्वर में पूछा- "वह हैं कहां?"

पण्डित पद्मशंकर ने वीणा झणझणाते हुए कहा- "आपके हृदयाकाश में-मेरे हृदय में।"

शंकर-अमरुक मौन-मूक पद्मशंकर की अंगुलियों को वीणा के तारों पर मचलते, इतरते, इठलाते, गुदगुदाते और प्रताड़ते हुए देखते रहे। पद्मशंकर का शान्त, आर्द्र, गम्भीर स्वर झणझणता हुआ उठा- "भज गोविन्दम्, भज गोविन्दम्! मूढ़ मते!..."

शंकर-अमरुक की ग्रीवा उठी, सिर हिला- "वाह! भज गोविन्दम्! सुना, रानी! पण्डित कहता है, श्री हरि का स्मरण करो, सुना!"

रानी व्यर्थ ही हंसी- "सुन लिया, देव!"

पण्डित पद्मशंकर ने आलाप पूर्वक गाया- "संप्राप्ते संनिहिते काले, न हि नहि रक्षति डुक्करणे। नारी स्तनभरनाभी देहम्, दृष्ट्वा मा गा मोहावेशम्। एतन्मोसत्वगादि विकारम्, मनसि विचिन्त्य वारंवारम्। कान्ते कान्ते? कस्ते प्रभु? संसारोऽयमतीव विचित्रः। कस्य त्वं कः कुत आयात् तत्त्वं चिन्तयतीदं भ्रातः। संगत्वे-ससंगत्वे निस्संगत्वं, निःसंगत्वे निर्मोह हत्वम्। निर्मोहे निश्चलत्वं, निश्चलत्वे जीवन्मुक्तिः।"

"जीवनमुक्ति?" शंकर-अमरुक ने सहसा सिर धुन कर कहा- "आह। आतप। त्रिताप-जीवन मुक्ति, अवश्य।"

रानी ने देखा, राजा अमरुक सिर धुन रहे हैं। पण्डित पद्मशंकर का प्लुत भेदक स्वर गहगहा- "वयसि गते कः काम विकारः शुष्के नीरे कः कासारः? क्षीणे पित्ते कः परिवासे ज्ञाते तत्वे कः संसारः। मा कुरू धन जन यौवन गर्वम्। हरति निमेषात्कालः सर्वम्। मायामय मिदमखिलम् हित्वा, ब्रह्म पदं त्वम् प्रवशि विदित्वा।"

शंकर-अमरुक ने सिर धुना कर सहसा चीत्कार सा किया- "मायामय इदम् अखिलम्-माया। ब्रह्म! ब्रह्म पद्म?"

रानी ने लपक कर धुनते हुये राजा के देह को थामा तीव्र भीत स्वर में बोली- "महाराज! यह, यह क्या?"

शंकर-अमरुक ने उसे साश्चर्य देखा; हुंकारते हुए कहा- "तुम? माया, त्रिताप, त्रिशूल। हां। मैं? मैं? मूढ़? हत्प्रभ? ज्ञान लुप्त कामुक, मैं? नहीं।"

पण्डित पद्मशंकर का स्वर स्वच्छ, स्पष्ट जलद गंभीर हुआ- "कुरते गंगा सागर गमनम्। व्रत परिपालनम् पदादानम्। ज्ञान विहीन सर्व मतेन, मुक्तिम् न भजति जन्म शतेन। योगरतो वा भोग रतो वा, संगरतो वा संग विहीनः यस्म ब्रह्मणि रमते चित्तम् नन्दति नन्दति नन्दत्येव।"

शंकर-अमरुक ने सिर धुना कर चीत्कार पूर्वक कहा- "यस्य ब्रह्माणि रमते चित्तम्। यह, यह तो हमने कहा था-हमने।"

"आपने? राजा?" रानी ने भय त्रस्त नयनों से पूछा।

"हमने ही यह कहा था, गाया था, हमने।" शंकर-अमरुक ने विस्फारित दृष्टि से पद्म शंकर को देखते हुए कहा- "हम कल्प के आदि में हैं; मध्य में हैं- अन्त और अन्त के परे हम सदैव हैं। हम नित्य हैं; अनादि हैं; अव्यय हैं। हम सगुण हैं, निर्गुण हैं। हम अखिल जगत हैं, काल हैं, कालातीत शिव-शम्भु हैं। हम, शंकर हैं।"

पण्डित पद्मशंकर ने तीव्र आर्द्र स्वर में गाया- "पुनरपि जननं, पुनरपि मरणम्-पुनरपि जननी जठरे शयनम्। इह संसारे, बहु दुस्तारे कृपाया पारे पाहि मुरारे।"

शंकर-अमरुक ने सहसा गाया- "भज गोविन्दम्, भज गोविन्दम् मूढ़ मते।"

रानी को लगा, राजा अमरुक के देह के रोम-रोम में एक अदृश्य किन्तु दृश्य आलोक भभक उठा है। वह राजा के शरीर को थामती हुई मन ही मन कांपने लगी। शंकर-अमरूक ने मानो क्षितिज के पार देखते हुए कहा- "हम जलने लगे हैं- वह देखो, कोई, हमारी कंदरा में घुस रहा है- अग्नि! अग्नि-दाह? आह। यही क्या त्रिताप है? त्रिशूल। हे अग्ने शान्त-शान्त! प्रभो!"

पण्डित पद्मशंकर ने हृदय उड़ेल कर गाना आरंभ किया- "हे शिव, शंभो! हे शंकर! हे गुरुदेव! प्रभो! आत्मा त्वम् गिरिजा मति.... सचरा राणा शरीरं गृहम्!"

शंकर-अमरुक ने दोहराया- "शिव शम्भो! आत्मांक गिरिजामति..."

पण्डित पदम् पाद का स्वर उठा- "पूजा ते विषयोऽप्योग रचना निद्रा समाधि-स्थिति...."

"समाधि। समाधि। हे शिव शम्भो!" शंकर-अमरुक ने अत्यन्त विकलता पूर्वक पुकारा।

पण्डित पद्मशंकर ने अत्यन्त आर्द्र स्वर में गाया- "संचार पद योऽपदक्षण विधि, स्त्रोताणि सर्वा गिरो, यद् यद् कर्म करोमि तद्ऽखिलम् शम्भो! तवाऽऽराधनम्।"

शंकर-अमरुक ने साश्चर्य पण्डित पद्मशंकर को देखा और विकल उच्छ्वसित स्वर में बोले- "तुम?"

पण्डित पद्मशंकर ने गुह्य इंगित करते हुए कहा- "हां। उपनिषद नेति नेति कह कर उसको मूर्त और अमूर्त पदार्थों से निषिद्ध कर उसी को जगत का अधिष्ठान बताते हैं। सारा जगत अन्ततोगत्वा स्वयं ही निषिद्ध हो जाता है, प्रभो! किन्तु सब प्राणियों का वह आत्म स्वरूप है- उसका निषेध नहीं होता।"

शंकर-अमरुक ने अवाक् सा होकर कहा- "ब्रह्म, ब्रह्म का निषेध"

पण्डित पद्म शंकर ने तीव्र किन्तु गहन स्वर में कहा- "जो ब्रह्म का निषेध करता भी है, तब भी उस निषेध का साक्षी भूत कोई अवश्य है। साक्षी रूप से वही परम तत्व सर्वत्र सर्व काल भासमान हो रहा है। प्रभो! वह परम आत्म तत्व विद्वान मनीषी कहते हैं, तुम्हीं हो-तुम वही हो-वही। आपने ही तो यह कहा है...."

"हमने कहा है? पण्डित"! शंकर-अमरुक ने ऊर्ध्व सांस लेते हुए कहा- "हमने कहा है-हमने? कब? हमने कहा है क्योंकि हम वही ब्रह्म हैं?"

पण्डित पद्मशंकर ने कहा- "चावल तुष के भीतर छिपा रहता है, गुरो! चतुर लोग उसको कूट कर भूसी से अलग कर देते हैं और चावल को निकाल लेते

हैं... प्रभो! ब्रहम साक्षात्कार की कथा इसी प्रकार की है। ब्रहम सच्चिदाऽनंद ब्रहम गुरुदेव!"

"गुरुदेव? हम?" शंकर-अमरुक ने हठात् कहा- "हम तो जीव हैं; प्राणी! मरणोन्मुख भोगी, विलासी जीवात्मा हम हैं। सुना?"

पण्डित पद्मशंकर ने शान्त धीर गंभीर स्वर में कहा- "नहीं। आप वही आत्मा हैं; ब्रहम! ब्रहम ने ही आकाश, वायु, अग्नि, जल और पृथिवी इन पञ्चभूतों को उत्पन्न किया है और वही सच्चिदानंद उनमें प्रविष्ठ हुआ है। अन्नमय, प्राणमय, मनोमय, विज्ञानमय तथा आनन्दमय-इन पञ्च कोशों के भीतर वह गुह्य रूप से छिपा हुआ है। बाह्य दृष्टि से इस अखिल निखिल सत्ता का पता नहीं चलता, प्रभो! विद्वान मनीषी युक्तियों से तत्व दर्शन कर इस आत्मतत्व का दिव्य बोध प्राप्त करते हैं- वह, वह आत्मतत्व तुम्हीं हो।"

"हम, आत्मतत्व?" शंकर-अमरुक ने रानी की ओर देखते हुए कहा- "सुना? यह बटुक क्या कह रहा है? हम राजा हैं। हमने पूर्णिमा की भांति देदीप्यमान स्फटिक शिला पर सुन्दरियों के साथ जूए के खेल खेले हैं और सुन्दरी को जीत लेने पर हमने उसको अपनी गोद में भरा है- उसके अधरों का दर्शन किया है- बार-बार उसका अधर पान किया है। कमलों से हमने अपनी रानी को प्रताड़ित किया है। हमने स्वर्ण पात्र में मद पान किया है- वह मद्य? पण्डित! रमणी के अधरों से स्पर्शित, सुगन्धित, स्वांस से अत्यन्त सुगन्धित, चन्द्र-प्रतिबिम्ब से दमकते हुए मद्य का हमने पान किया है- वैसा बेसुध सुधि उत्पन्न करने वाला मद्य हमने अपनी रानी और प्रियाओं को बारम्बार पिलाया है, सुना! ब्रहम...."

पण्डित पद्मशंकर ने जलद गंभीर स्वर में गाया- "हे जीव! तुम अज्ञान वश हो गये हो- अविद्या से ग्रसित तुम स्वयं को विसर गये हो। सब इन्द्रियों के आश्रय भूत तत्व, आत्मा तुम्हीं हो। ऊंची-नीची भूमि पर घोड़ों को कोड़े मार-मार कर चलाया जाता तथा रस्सियों से बांध कर एक स्तूप से बांध दिया जाता है। उसी प्रकार हे भद्र! हमारी यह इन्द्रियां भी हैं। विषयों के दोष दिखा कर इन्द्रियों को उनकी स्वाभाविक विषयासक्ति से थामते हैं। चित्त रूपी रस्सी से इन्द्रियों के इन अश्वों को आत्म तत्त्व के खूंटे से बांध दो-इस अज्ञानान्धकार से निकल आओ...."

शंकर-अमरुक ने ठठा कर उत्ताल स्वर में कहा- "मद्य की बेसुधि में अस्फुट अक्षर कहने वाले, स्वेद कण से झलहलित, मनोहर तथा रोमाञ्च-पुलकित सीत्कार करने वाले, लाज-लज्जित कमल मुखों को हमने चूमा है।

लज्जा वश नेत्र उन्मीलित कर अपनी लटों में अधर छिपाने वाली कोमलांगिनियों का बारम्बार चुम्बन कर हम कृत-कृत्य हुए हैं..."

पण्डित पद्मशंकर ने तनिक झुंझलाहट पूर्वक कहा- "आप विलासी कामुक रसिक सामान्य जीव नहीं हो, प्रभो। तनिक ध्यान पूर्वक चित्त की वृत्तियों का निरोध कर मुझे कृपया सुनिये। आप वह आत्मा हैं जो जाग्रत, स्वप्न और सुषुप्ति- इन तीनों अवस्थाओं में अनुस्यूत होकर भी उनसे पृथक रहता है- जल कमल वत्। जिस प्रकार पुष्प् माला का डोरा पुष्पों में बंधा होने पर भी पुष्पों से विलग है उसी प्रकार आप सच्चिदानंद घन आत्म तत्व हो। त्रिपुरावस्थाओं से पृथक कर मनीषी जिस परम तत्व को जान लेते हैं, वही ब्रह्म-आत्म तत्व, परम तत्व आप हैं, गुरु देव!"

शंकर-अमरुक ने साश्चर्य पण्डित पद्मशंकर को घूरा; हठात् कहा- "कौन? पद्मपाद? ऐं?"

पण्डित पद्मशंकर ने गुह्य इंगित पूर्वक कहा- "मैं, पण्डित पद्मशंकर-पद्मपाद कह लें, श्री गुरुचरण रत भैरव हूं; शिव हूं।"

शंकर-अमरुक ने प्रथम बार अज्ञात गहन बेसुधि से तनिक जागते हुए कहा- "हम आत्मा? परम तत्व? थे तो। हैं तो? इस समय तो हम कालाधीन जीव मात्र हो गये हैं। आह! क्या वह सूरत थी? वाणी द्वारा अकथनीय वह रति? अथाह, अगाध, गाढ़ गूढ़ रति। दन्त क्षत से घायल रानी और सुन्दरियों के अधर, खुली हुई कदली स्तम्भ सी जंघायें, मणिमय करधनियों से मधुर शब्द से अधीर वह सुरति? श्री कृष्ण का महारास भी लज्जित हो जाय, वैसी वह कमनीय रति। बटुक! यही काव्य रस है- यही रति जीवन का काव्य है। ब्रह्मानंद सहोदर! यही गहन जीवन रति उस विषाद पूर्ण एकान्त ब्रह्म में कुनमुनाई और उसने सोचा, वह एक अकेला है- हां, तभी उसने निश्चय किया, मैं एक अकेला हूं- अनेक हूंगा; होता रहूंगा, बहु स्याम।"

पण्डित पद्मशंकर ने वीणा पर अधिक शान्त चित्त से गाया- "पुरुष एदमित्यादि वेदेषु। सर्व कारण तथा यस्य सार्वानम्यम्। हाटकस्येव मुकुटाद्रितादात्म्यम्। सरस माम्नादते तत्त्वमसि तत्त्वम्। प्रभो! अपने हृदय-दहर में जागो। जो कुछ वर्तमान में है, भूत काल में था और जो भविष्य में उत्पन्न होगा-होता रहेगा, वह सब ब्रह्म ही है- ब्रह्ममय है। ब्रह्म की अमोघ इच्छा से ही इस विश्व की उत्पत्ति होती है; स्थिति रहती है और उसका लय होता है। कल्पों और प्रलयों का यह अनादि काल वह स्वयं ब्रह्ममय है, प्रभो! स्वर्ग जिस प्रकार मुकुट तथा आभूषणों का कारण है, उसी प्रकार यह आत्मा सब का कारण भूत परम तत्व

है और वह सच्चिदानन्द घन आत्मा तुम्हीं हो। जागो, गुरुदेव! इस रमणीय रहस्यमय आश्चर्य कारक परम गुह्य माया को चीर दो- अज्ञान के अन्धकार को अपने आत्म-सूर्य से नष्ट कर दो।"

"पद्मपाद!" शंकर-अमरुक ने सिर धुना कर कहा- "हम काम-कलाओं के पूर्णेन्दु स्वरूप हो गये थे। हां, अवश्य। हम रमणियों की संगति में मग्न हो गये थे। हम विधुवन कर ब्रह्मानन्द निर्गलत्व भूत हो गये थे। हां, हम योगी मिट कर राजा-कामेश्वर राजेश्वर हो गये थे- ब्रह्म! नेति-नेति। अस्ति-अस्ति।"

पण्डित पद्मशंकर ने आर्द्र कण्ठ से कहा- "गुरुदेव! आप जाग जायं; अन्यथा हम क्या करेंगे? कहां जायेंगे? आप करुणा के समुद्र हैं। आप श्री के चरण कमलों की सर्वस्व त्याग कर सेवा करने वाले आपके सेवकों, शिष्यों की इस संसार में आपके बिना क्या गति होगी? सात्विक भावना से हमने आपके चरणारविन्द की भक्ति की है। निस्संदेह हमारी यह भक्ति इन्द्रियों की जड़ता दूर करने वाली है; कल्याणकारी और नव-नव आनन्द देने वाली है। हम लोग इसी निर्मल गुरु चरण रति से प्रति निमिष जीते रहते हैं।"

"हम? ऐसे करुणा सिन्धु गुरुदेव हैं?" शंकर-अमरुक ने स्वयं-लीन स्वर में कहा- "अच्छा? देखूं तो, हम क्या हैं? यह जगत, यह देह, यह भूति-विभूति, तब हम नहीं हैं? तब हम आत्मा हैं? चित् आनन्द हैं?"

पण्डित पद्मशंकर ने आशा से भरपूर उत्साह पूर्वक कहा- "प्रभो! सफल सत्य रूपी वृक्षों के समान, योग-सम्पत्ति के वरदानों की भांति, वैदिक लक्ष्मी की शोभा के समान, शरीर धारण करने वाले तत्त्वों के निर्णय की भांति, अपने हित-लाभ की प्राप्ति से सन्तुष्ट ऐश्वर्यशाली के समान, शान्ति सुन्दरी से कुटुम्ब युक्त हुए महा पुरुष की भांति, एक अभेद और इस संसार के स्वरूप को धारण करने वाले परम तेजस्वी गुरु आप हैं। हमें अनुगृहीत कीजिये, प्रभो!"

"पद्मपाद!" सहसा राजा के शव के सहस्र सार में जाग कर शंकराचार्य ने कहा- "तुम?"

"हां, मैं! आपका चरण-चंचरीक!" पद्मपाद ने सहसा उठते हुए कहा- "दुर्जनों के अविनय को दूर करते हुए, सज्जनों की वेगवान संसार-अग्नि को शान्त करते हुए यतिराज आप ही हमारी सदा गति हैं- जय हो; गुरुदेव!"

"जय! शिव शम्भो!" शंकर-अमरुक के कण्ठ से ध्वनि गूंजी।

पद्मपाद ने वीणा आकाश में झुमाई; झंकार करते हुए कहा- "मोह और अज्ञान को दूर करने वाले आचार्य चरण! सन्यासियों ने आपको पाकर माया का तिरस्कार कर दिया है- ऐसे अपराजित ब्रह्म स्वरूप गुरुदेव! आप पुनः हमारे

संसार-मार्गों को, अपने सुधा वर्षाने वाले नेत्रों से देखें- अपनी दिव्य दृष्टि से हमें पुनः निहारें। हमें कृतार्थ करें, प्रभो!"

शंकर-अमरुक ने सिर धुनाया; कहा- "हम शरीर, देह? हम विलास वासना? नहीं, नहीं, नहीं- हम जीव नहीं हैं; सच कहा, पद्मपाद! हम वही परम तत्व सच्चिदानन्द स्वरूप हैं। चिदाऽनन्द रूपम् शिवोऽहम् शिवोऽहम्!"

दिग्मूढ़ खड़ी हुई रानी ने देखा, राजा का देह स्वयं ही पद्मासनबद्ध हो रहा है। तनिक प्रकम्पित वह राजा अमरुक का शव लड़खड़ाया और आचार्य शंकर ने अपने अथाह अनादि में जागकर अपने दिव्य प्रकाशमय लिंग देह को ब्रहम रंध्र के बाहर ऊर्ध्व गति में उत्तोलित करते हुए कहा- "ओम शिवाय नमः। ओम नमः शिवाय।"

पद्मपाद ने वीणा कक्ष में फेंकी और पुकार कर कहा- "अच्युतम् केशवम् रामनारायणम्। कृष्ण दामोदरम् वासुदेवम् हरि। श्री धरम्... माधवम्...."

रानी ने हकबका कर पुकारा- "पकड़ो! थामो। इस तांत्रिक को। राजा पर अभिमंत्रण.... पकड़ो।"

पद्मपाद ने भागते हुए गाया- "श्रीधरम् माधवम्-गोपिका वल्लभम्!"

"पकड़ो।" एक चीत्कार सी उठी।

"जानकी नायकम् राम चन्द्रम् भजे!" पद्मपाद सिर पर पांव रख कर भागा। राजा अमरुक के शव के ब्रहम रंध्र से बहिर्गत हो आचार्य शंकर ने देखा-पद्मपाद सरपट भागा जा रहा है। लोग पीछे दौड़ रहे हैं। बिथुरी बिखरी रानी कलावती कक्ष के द्वार तक आकर रुकी और चिल्लाई- "राजा! राजा। कोई है?"

थर-थर कांपती हुई रानी के साथ भृत्यों तथा सखियों ने देखा; राजा अमरुक का देह शिथिल निर्जीव पड़ गया है। एक अद्वितीय कान्ति अस्त हो गई है। मानो दिव्यातिदिव्य वसन्त की जीवन श्री सहसा लुप्त हो गई है। रानी चिल्लाई- "राजा! प्राण नाथ!" और अमरुक के शव पर मूर्च्छित ढल पड़ी।

आमात्य श्री दौड़े हुए अन्दर धंस आये- "अग्नि दाह हो गया, श्री-श्रीमती महादेवी! यह, यह क्या... क्या हुआ?"

सभी सखियां काठमारी सी खड़ी रहीं; भृत्य भयभीत दुबके से खड़े रहे। रानी राजा के शव के निस्पंद वक्षस्थल पर अचेत पड़ी थी। उसकी सचिक्कन घन कवरी बिखर गई थी। अस्त व्यस्त वसन के जड़ उभार में रानी कलावती पूर्णिमा की सोलह कलाओं से हीन एकम् की अमावस्या के अन्धकार की भांति राजा के वक्षस्थल पर उमड़ कर सारे कक्ष में छा रही थी। आमात्य श्री ने कांपते हुए स्वर में कहा- "शिव शिव! वज्रपात!"

रानी मूर्च्छना में ही बड़बड़ाई- "अमरुक! प्राण मेरे! कहां हो? कहां गये- मुझे अकेली-अकेली छोड़कर? कहां?"

आचार्य शंकर ने अन्तरिक्ष तथा द्युलोक के बीच एक क्षण स्थिर रह कर कहा- "हे अमरुक नाम धारी जीवात्मा। उधर, उधर उत्तरायण मार्ग से जाओ।"

35

पद्मपाद अरण्य की ओर लपका; लोगों के पीछे पड़ते हुए पदचाप क्रमशः कम होते गये। पद्मपाद को भूल कर लोग राज मन्दिर की ओर दौड़ पड़े। अभिचार हुआ है- अभिचार। और राजा निष्प्राण पड़ गये हैं। राजा- हमारे महाराज। लोग स्तब्ध, सुन सुन कर राज मन्दिर के प्रागंणों में भरते गये और पद्मपाद एक ही सांस में कन्दरा के पास उसके क्षत-विक्षत द्वार पर आ रुका; चिल्लाया- "गुरुदेव!" कन्दरा में लपटें कांप कर थम चुकी थीं। अग्नि की विकराल जिव्हायें लपलपा कर रह गई थीं। अर्ध-मूर्च्छित सेवक शिष्य भयत्रस्त अवाक लपटों के बुझने के मौन नृत्य को देखते हुए विजड़ित बैठे थे। उन्होंने देखा, मानो कोई अग्नि-पुंज तेजस्वी आकृति सहसा कन्दरा में उद्भूत होकर प्रत्येक लपट को झपाट रही हो। बुझती हुई लपट अपना अन्तिम लास कर धुएं में परिवर्तित होती जा रही थी। कन्दरा में धुआंधार छाया हुआ था। खिन्न और छिन्न अग्नि-ज्वालायें बरबस ही कांप-कांप कर बुझती गई थीं- मानो किसी समर्थ फूंक से वह व्याकुल होकर अपना तेज खो रही थीं- पद्मपाद ने अन्दर धंस कर पुनः पुकारा- "गुरु देव!" आचार्य शंकर के समाधिस्थ देह के मूक कण्ठ ने प्रत्युत्तर दिया- "ओम नमः शिवाय। ओम शिवाय नमः।" पद्मपाद ने शाष्टांग प्रणाम कर पुनः चीत्कार सा किया- "जय नृसिंह भगवन्! जय गुरुदेव-जय जयति, जय शिव-शम्भो!"

आचार्य शंकर ने तभी अपने बड़रे सरोज-नयन खोले, शान्त जलद गंभीर स्वर में कहा- "कल्याण हो।"

पद्मपाद सहित सभी शिष्य पुनः शाष्टांग प्रणाम करते हुए आर्द्र कण्ठ से एक स्वर में पुकार उठे- "पाहिमाम्। त्राहिमाम्। प्रभो।"

आचार्य शंकर ने चारों ओर देखा; घूरा-निहारा और कहा- "उठो। और अपना अभीष्ट प्राप्त करो, पुत्रों! हम भगवान नृसिंह के अनुग्रह से कुशल हैं।"

पद्मपाद ने रोते हुए आचार्य शंकर के श्री चरण थाम लिए; सिर रगड़-रगड़ कर कहा- "प्रभो! मेरे गुरुदेव-हमारे सर्वस्व।"

आचार्य शंकर ने विहंसते हुए कहा- "आत्मा को अग्नि जला नहीं सकती; वायु सुखा नहीं सकता; जल डुबो नहीं सकता। गीता-गीता में श्री कृष्ण नन्दनन्दन ने यही कहा है।"

पद्म पाद ने आचार्य के चरण और दृढ़ता पूर्वक पकड़े; बोला- "कहीं, कहीं अग्नि आपके देह को जला न देती, प्रभो!"

आचार्य शंकर ने सहसा पद्मासन खोल कर उठने की चेष्टा करते हुए कहा- "यह जड़ जगत आत्म-चैतन्य को विकृत नहीं कर सकता। यह पञ्च महाभूत परमात्मा के दिव्य संकल्प से उत्पन्न हुए हैं; वह ब्रह्म इनमें भरा है- चैतन्य ब्रह्म पुत्रों! शान्त हो जाओ। अपने आत्म चैतन्य में स्थितप्रज्ञ के अधीन यह जड़ जगत है। परमात्मा ही इस जगत को अपने चैतन्य स्पर्श से बना रहा है; स्थित रख रहा है। प्रभु की अमोघ इच्छा से ही कल्पों का उद्भव होता और प्रलयों का तिरोभव होता है- सर्वम् खलु इदम् ब्रह्म!"

पद्मपाद ने कहा- "राजधानी से भागता हुआ मैं प्रति निमिष भगवान नृसिंह का स्मरण कर रहा था। उन्हीं परम दयालु ने ही हम सब की रक्षा की है।"

आचार्य शंकर ने हंसकर उठ खड़े होते हुए कहा- "भगवन्! देवाधिदेव इस अनुग्रह के लिए मैं क्या कहूं?"

पद्मपाद ने भावावेश में सिर धुनाया; पुकार कर कहा- "हमने भक्त प्रहलाद का उद्धार किया था; परन्तु आचार्य, आपने सभी सन्यासियों का, योगियों का उद्धार किया है।"

आचार्य शंकर ने सहज ही पूछा- "तुमने?"

"हां, हमने-मैंने।" पद्मपाद अभिनिवेश-लीन बोला- "वह सर्वान्तर्यामी भगवान नृसिंह सर्वत्र है; मुझमें भी है। गुरुदेव! वह करुणा सिन्धु हम पर प्रसन्न है। वर मांगो, आचार्य!"

आचार्य शंकर ने दोनों आजानुभुजों से प्रणाम करते हुए कहा- "हमें ब्रह्म की शरणागति प्राप्त हो। हम जगत-कल्याण कर सकें। सृष्टि-मंगल के इस अविराम काल-पक्ष में हम आत्मा का चैतन्य पूर सकें। प्रभो! मैं मांगता हूं, हम सन्यासी जगत के जीवों को ज्ञान का आलोक दे सकें। श्रुतियों के दिव्य मंत्रों से विश्व का आकाश गहगह उठे। प्राणी अपने प्रारब्ध को शान्ति और धैर्य पूर्वक

भोगते हुए ज्ञान प्राप्त करते चलें। वैदिक वर्णाश्रम के सत्य सनातन धर्म मार्ग पर मानव चलता हुआ अपनी भव यात्रायें पूर्ण करे। हमें ज्ञान दो, भक्ति दो-"

"तथास्तु।" पद्मपाद ने कहा और मूर्च्छित सा ढल पड़ने लगा।

आचार्य शंकर ने उसको अपने बाहुओं में भर लेते हुए कहा- "वत्स पद्मपाद! आचार्य! शान्त हो जाओ। आज तुमने हमको पावन कर दिया है। तुम्हारे द्वारा भगवान नृसिंह ने जगत कल्याण का अमोघ वर दिया है।"

पद्मपाद स्वर्ण शिला के समान आचार्य शंकर के वक्षस्थल में मुंह छिपा कर रो उठा- "प्रभो! मैं, पतित, अज्ञानी, अविद्या ग्रसित, काल सर्प का डसा, मैं- आपके श्री चरणों का दास, मैं।"

"नहीं, नहीं। वत्स।" आचार्य शंकर ने पद्मपाद की पीठ सहलाते हुए कहा- "तुम, तुम वही सच्चिदाऽनंद स्वरूप हो। तुम शाश्वत आत्म-चैतन्य हो। तुम सत्य हो, चित्त हो, आनन्द हो। तुमने अपनी अद्वितीय गुरु भक्ति से योग विद्या को हस्तामलकवत प्राप्त कर लिया है। चलो, पुत्रों! हम आकाश मार्ग से शीघ्र ही माहिष्मती पहुंचेंगे। हमारी व्याकुल प्रतीक्षा हो रही है। देवी उभय भारती! तुम हमारी गुरु निकलीं! निस्संदेह तुम सरस्वती का नारी-स्वरूप हो! भगवद् गोविन्द-पाद ने हमें योग दिया; वैराग्य दिया-भक्ति दी, ज्ञान दिया और तुमने हमें संसार के रमणीय काल-सर्प के मधुर गाढ़ विष का ज्ञान करा दिया। हमारे सभी आगम समाप्त हो गये, भारती! हमारा संचित रीता होकर हमारा अदृष्ट बिला गया है- तुमने हमें अपूर्व के परे पहुंचा दिया है, भारती!"

"भारती!" आचार्य शंकर के जलद-गंभीर स्वर ने कन्दरा में झूम कर, पाषाणों को भेद कर, गगन के गगन पैरना आरम्भ किया। गगन के व्योम हहर कर मूक हो गये और 'भारती' शब्द-ध्वनि आकाश को बिलोकर माहिष्मती के व्योम में झूम उठी-झीम उठी। भारती ने सहसा चमक कर पुकारा- "कौन? कौन पुकार रहा है हमें?"

पुजारी ने विनय पूर्वक कहा- "कोई तो नहीं, देवी!"

भारती उठ खड़ी हुई, विस्फारित नेत्रों से शिव-लिंग को देखती हुई बोली- "सुनो, शिव पुकार रहे हैं- हमें! हां, शिव! भारती! भारती!! चारों दिशायें हमें पुकार रही हैं। अवश्य ही आचार्य शंकर ही हमें पुकार रहे हैं- वह आ रहे हैं।"

भारती मन्दिर के बाहर लपकी, चिल्ला कर बोली- "सुनो! आचार्य शंकर! आचार्य आ रहे हैं। मण्डन! तुम कहां हो?"

मण्डन मिश्र लपके आये; भारती को थामते हुए बोले- "मैं, हम यहां हैं। आचार्य आ रहे हैं। तुमको कैसे ज्ञात हुआ?"

भारती ने मण्डन मिश्र को घूर कर अनन्त में खो जाते हुए कहा- "शिव ने हमें कहा है, आचार्य आ रहे हैं। दिशायें कह रही हैं। धरती ने हमें पुकार कर कहा है- आचार्य अवधि पूर्ण कर पधार रहे हैं- हम हार गईं, मण्डन मिश्र! आचार्य संसार को जीत कर जीवन के विषों का अमृत बना कर हमें मुक्त करने आ रहे हैं। हमें इस देह की कारा से छुड़ाने और तुमको मोक्ष मार्ग बताने आचार्य आ रहे हैं। महाराज! राजेश्वर सुधन्वा! हम कहती हैं- आचार्य जीत गये हैं और हम हार गई हैं।"

मण्डन मिश्र ने स्तब्ध सी-अवाक् सी विजड़ित सी भारती को पुकार कर कहा- "उभय भारती! शान्त हो जाओ!"

भारती ने धीर चाल से सभा-भवन की ओर जाते हुए कहा- "अब सदैव के लिये मैं शान्त हो जाऊंगी। मिश्र जी यह वह काल घड़ी है, जब कल्पों के भवों की अशान्ति मिट जाती है; गहन अन्धकार कट जाता है और स्मृतियों से भरा यह स्वप्न कामी जीवन काल के अथाह अनन्त में चिर निद्रा में सो जाता है- आचार्य शंकर वास्तव में शिवावतार हैं; योगीश यतीवर्य सन्यासी! देखते नहीं आकाश में ज्योति छा रही है। सुदूर किन्तु सन्निकट ही आचार्य की दिव्य आकृति माहिष्मती के गगन में प्रगट हो रही है- तुम-हम, सब, यह जगत-यह जीवन यह त्रिकाल हार गया है आचार्य से। महाराज राजेश्वर को सूचना दे दो, शर्मणा। कालिन्दी! संसार-सागर से तर आत्मा के दिव्य तट पर जाने के महोत्सव के लिये सन्नद्ध हो जाओ। जाओ, सब! हम अविराम काल को अपनी एक पलक में समेट लेना चाहती हैं- भव की यह घने अन्धकार में पूर्ण यह कारा असह्य है, मण्डन! भारती ने मुक्ता के समान आंसुओं से भरे अपने अरविन्द नयन अपने पद्मपाणियों से ढंक लिये- "आचार्य! शंकराचार्य! हे दुर्गे! शिवे! हे शिव-शम्भो!"

वायुवेग से यह समाचार प्रसर गयाः आचार्य अवधि पूरी कर आ रहे हैं। द्रुत गति से सभा-मण्डप भरने लगा। सभी जैसे एक सांस में दौड़े आये। प्रभाकर ने अपना वार्तिक लिखना स्थगित कर सभा-मण्डप की ओर प्रस्थान किया। नीलकण्ठ ने अपना मौन भंग किया। भास्कराचार्य उद्विग्न से अपने आवास के बाहर आकर खड़े हो गये। आश्चर्य चकित से अभिनव- गुप्त शिष्यों सहित आ पहुंचे। उग्र भैरव हुंकारते हुए आये और चण्ड भैरव ने सिर धुनाया। विद्वानों ने अपनी कटियों पर धोती कसते हुए परस्पर आश्चर्य पूर्वक देखा। मनीषी और मीमांसा-पण्डितों ने आचार्य के आगमन के संवाद में जैसे विश्वास ही नहीं किया। महादेवी अर्पणा ने पारसीक मदिरा का रत्न जटित चषक फेंकते

हुए पास ही खड़े और आकाश में देखते हुए महाराज राजेश्वर सुधन्वा से कहा-
"हम कहती नहीं थीं कि यह युवा यतीवर्य असाधारण पुरुष है? नहीं कहा मैंने,
महाराज!"

महाराज सुधन्वा ने दीर्घ निस्वास रखते हुए कहा- "हां, तुमने कहा था।"

महादेवी अर्पणा तुनक कर पर्यंक पर बैठ गई; बोली- "यह शीतल उत्तर?
क्यों? क्या उस कालिन्दी के नूपुरों की रुनझुन अभी तक श्रीमान के कानों में
गूंज रही है?"

महाराज राजेश्वर सुधन्वा ने विहंसते हुए कहा- "हमारे कानों में तुम्हारे श्री
चरणों की क्षुब्ध आहट ही भरी रहती है। हमारे इन विकल नयनों में तुम्हारी
यह तनी भ्रूभंग ही खुभी रहती है!"

"हुं।" महादेवी अर्पणा ने सस्मित पूछा- "और क्या भरा रहता है हमारा
आपके हृदय मन्दिर में?"

"देवी अर्पणा!" महाराज सुधन्वा ने सस्मित प्रसन्न वदन से कहा- "तुमने
हमें बौद्ध बनने से रोका; तुमने हमको भट्टपाद के अग्नि दाह की ज्वालाओं का
अमृत चखाया। तुमने हमें मण्डन मिश्र के विद्या-सागर का तट बताया और
अब तुम्हीं हमें आचार्य शंकर के श्री चरणों में ले जा रही हो। निस्संदेह, यह
वन्दनीय यशोमति भारत भूमि दिव्य भूमि है। इस धर्म भूमि पर जहां गंगा,
यमुना, कृष्णा, नर्मदा और कावेरी महानदियां बहती हैं, वहां इस भारत भूमि के
आकाश में वेदों का श्रुति-संगीत होता ही रहता है। यह हमारी मातृ भूमि हमारी
जन्म-भूमि ही नहीं है, यह भारत वर्ष हमारे सनातन दिव्य पितृओं की पुराण
भूमि भी है। यहां जन्म लेकर मानव जाति ने सदैव आत्मा का सन्देश सुना है;
धर्म का मंगल प्राप्त किया है- यह भारत भूमि निस्संदेह ब्रह्म की वेदान्त भूमि
है और सत्य, ज्ञान तथा अमृत की ज्योति से भरा महतत्व है। ईश्वर ने अपने
शाश्वत सत्य का रहस्य आचार्य शंकर जैसे तेज पुंजों द्वारा युगारम्भ में सदैव
उद्घाटित किया है- चलो, सभा मण्डप चलें। उठो महादेवी, प्रिये प्रिय, वादिनी,
हमें सभा मण्डप की ओर ले चलो।"

महादेवी अर्पणा उठी और महाराज सुधन्वा के पास पार्श्व में आ खड़ी हुई;
बोली- "इस आकाश का अन्त तब नहीं है? धरती की सीमा है; जल का तट है।
महाराज! यह अनुभूत दृश्य जगत, यह स्मृति-सम्पन्न जीवन-यह सब, इदम्?"

महाराज सुधन्वा ने निसास रखते हुए कहा- "इसे समझने के लिये यावत्
जीवन का सन्यास लेना होगा। आचार्य शंकर के गहन नयनों में जो शून्य भरा
है, यह वही आकाश है, अनन्त।"

"देव? मृत्यु के पश्चात् क्या होता है?" सहसा महादेवी ने महाराज सुधन्वा को थामते हुए पूछा।

"जन्म, पुनरपि जननं।" महाराज सुधन्वा ने कहा- "किन्तु देवी आचार्य शंकर तो कहते हैं, आत्मा जन्मता नहीं, मरता नहीं। सच तो यह है, यह सम्भ्रम ही अज्ञान है। हम जन्मते भी हैं और नहीं भी जन्मते; हम मरते भी हैं और नहीं भी मरते। हम हैं भी और नहीं भी। जो हो, प्रिये!"

"प्रभु को तब प्राप्त कैसे करें? मैं जीव ही क्यों? देव क्यों नहीं? देवांगना!" राज्ञी अर्पणा ने पूछा।

अभिनवगुप्त ने कक्ष के द्वार पर खड़े रह कर पुकारा- "शिव हैं, यह अमिट विश्वास करो, महादेवी! जान लो, शिवा के सिवाय शिव नहीं हैं- शिव के सिवाय शिवा नहीं हैं। शिवा-शिव, शिव-शिवा! यतीवर्य शंकर ब्रह्म को ही मानते हैं- सगुण मात्र उनके मत में अज्ञान का अविद्या ग्रसित अध्यास भर है किन्तु सगुण ही है; तभी तो निर्गुण की धारणा है। निर्गुण ही है तो सगुण की यह धारणा हो ही नहीं सकती। हम कहते हैं, परम शिव ही शिव-शिवा स्वरूप अभिव्यक्त होते हैं- आचार्य शंकर यह नहीं मानते। यह जगत ब्रह्म की रचना है, कृति। सगुणत्व ब्रह्म का पात्र संकल्प मात्र है। ब्रह्म भेद रूप नहीं होता ऐसा इस मतिमान आचार्य का कथन है। तब हम शैव यह सप्रमाण कहते हैं- परम शिव ही शिव-शिवा स्वरूप आविर्भूत होकर सृष्टि का यह नित्य अनादि समरस करते हैं। यह जगत शिव-शिवा के परस्पर ज्ञान और आराधना की सनातन क्रीड़ा है।"

महाराज सुधन्वा ने कक्ष से बाहर आते हुए पूछा- "भास्कराचार्य का क्या मत है?"

"भास्कराचार्य!" अभिनव गुप्त ने मुंह बिचकाते हुए कहा- "वह भी यही कहते हैं-वह श्रीमद् वदते हैं ब्रह्म ही जगत और जीव के रूप-गुण तथा धर्म में परिणामित होता है- अर्थात् ब्रह्म अनेक जन्म लेता है; अनेक मरण मरता है।"

महादेवी अर्पणा- "और यह जगत?"

"ब्रह्म ने अपनी संसार-यात्राओं के लिये रचा है।" अभिनव गुप्त ने कहा- "किन्तु यह आचार्य कहता है जो अज है वह जन्म सकता ही नहीं। जो अविनाशी है, वह मर सकता ही नहीं; जो एक अभेद्य है वह अनेक तथा भेद्य हो सकता ही नहीं। शंकर कहते हैं ब्रह्म की यह लीला मात्र है- ब्रह्म तो एक, अभेद अविनाशी आदि ही है किन्तु अज्ञान स्वरूप माया का आविर्भाव कर वह जगत के रंग मंच पर नित्य ही प्राणियों के पात्र खेलता रहता है....."

महाराज सुधन्वा- "यह मर्म है, शंकराचार्य का?"

अभिनव गुप्त- "आचार्य शंकर परम्परागत वेदान्त के चिन्तन की सनातन प्रज्ञा के विपरीत हैं। शंकराचार्य स्वप्न को प्रातिभासिक यथार्थ मानते हैं। विलक्षण मत है, इस यतीवर्य का। शंकर निराकार-निर्गुण को ही पारमार्थिक सत्ता, आत्मतत्व कहते हैं- हम सगुण द्वारा निर्गुण की, श्रीमती ऐश्वर्य शालिनी ज्ञान सत्ता को मानते हैं।....."

"किन्तु भेद कहां हुआ!" महादेवी अर्पणा ने पूछा।

"जगत के प्रत्यक्ष तथा जीवन की अनुभूति के अटल यथार्थ में ही यह भेद भरा है।" आचार्य अभिनव गुप्त ने कहा- "मण्डन मिश्र, यह मीमांसक जड़ को ही सत्य मानते आये हैं और आज अन्ततोगत्वा हार गये हैं। जगत सनातन सत्य है; जीवन नित्य निरन्तर ज्ञान है। तब मीमांसक पदार्थ और अन्त-शेष परमाणु की सत्ता-सर्व समर्थ इच्छामयी सत्ता को ही मानते आये हैं। आचार्य के विलक्षण विचित्र आश्चर्यान्वित ज्ञान-चैतन्य के श्रुति-सिद्धान्त ने मीमांसा के पदार्थों को जला दिया-परमाणु के जड़ उभारों का अन्धकार बता दिया। चैतन्य, आत्मा हम भी मानते हैं; परन्तु वह जगत के यथार्थ ऐश्वर्य से सम्पन्न तथा जीवन की सम्पदाओं के सहित है- द्वारा है, हम कामेश्वरी, जगन्माता और सच्चिदानंद विग्रहा शिवा को ही ब्रह्म कहते हैं।"

महाराज सभा मण्डप की ओर मुड़े; बोले- "यह मायावाद! यह मिथ्या? न जाने क्या है?"

मण्डन मिश्र ने स्वागत करते हुए कहा- "परात्पर आत्म चैतन्य का विज्ञान, अर्थात् विभ्रम-यह माया विभ्रम विवेक है, महाराज!"

मण्डन मिश्र को प्रणाम करते हुए महाराज ने पूछा- "प्रणाम। क्या आचार्य पधार गये?"

मण्डन मिश्र ने उदासीन स्वर में कहा- "उभय भारती आकाश के क्षितिज के पार उनकी आहट सुनती हुई खड़ी है। कौन कहां जाता है, आता है? यह सब व्यावहारिक यथार्थ की मान्यता भर है। आचार्य का देह गया था- आचार्य नहीं। वह तो मेरे हृदय-दहर में प्रकाशित है..."

सहसा भारती चिहुंकी- "आचार्य! वह रहे; क्षितिज से धरती पर उतर रहे हैं। आचार्य शंकर!"

सभी ने साश्चर्य अवाक् देखा; क्षितिज की अदृश्य सी सीमा को भेद कर आचार्य शंकर शिष्यों सहित मानो व्यक्त हुए-प्रगट। वह धूमिल किन्तु प्रतिपल स्पष्ट होती हुई आकृति मानो क्षितिज को पलकों में समेट कर अब

धरती पर बहती आ रही थी। एकत्र लोग स्तब्ध से-अवाक् से उस शान्त धीर गति से चली आती आकृति को शिष्यों की लास करती हुई आकृतियों के साथ देखते रहे। तनिक धूलि उड़ने लगी और आचार्य का प्रत्येक अग्रसर होता हुआ चरण उस धूल को मानो गुदगुदाता हुआ पृथिवी पर नृत्य सा कर रहा था। आचार्य का प्रसन्न ताम्र-गुलाबी पिरोजी रंग की अद्वितीय आभा के उभार सा मुख-मण्डल वृहद् अरुण-रतनार कमल दल सा खिला हुआ था। मुख-मण्डल की आलोकमयी आभा मानो दो स्थिर अपलक से गहन नयनों के मध्य गुह्य आत्म-ज्योति का ही मन-मुखुर किरण जाल था। मानो ब्राह्म मुहूर्त के अरुणोदय की विभा के साथ-साथ शरद की पूर्णिमा का भी अभिनिवेश हुआ हो। आचार्य के गुलाबी होठों पर अंकित इन्दु-लेखा सा स्मित विहंस रहा था और उनकी शान्त मौन दृष्टि अनन्त कोटि, ब्रह्माण्डों की यात्रा से रम-सीदित अब समस्त धरती से मूक ही मौन कुछ कह रही थी। मण्डन मिश्र के ख्यात ओक सदन के ब्राह्य उद्यान के द्वार पर आकर आचार्य तनिक रुके; घूमे और सरस्वती के हंस की चाल अपनी ओर चली आती हुई उभय भारती को निहारा। भारती आचार्य की ओर खिंची जा रही थी; मण्डन मिश्र अपने पीत पीताम्बर की फड़ें संभालते हुए शीघ्र-द्रुत गति में आचार्य के श्रीचरणों को पकड़ने मानो लटपटाते हुए जा रहे थे। महाराज राजेश्वर सुधन्वा धीर-गम्भीर चाल से आचार्य की अगवानी के लिये चले और महादेवी अर्पणा ठिठकी हुई वहीं खड़ी रहीं। अभिनव गुप्त मानो कोई ज्ञात कौतुक ही देख रहे हों-यों देखते हुए अनमने से खड़े रहे। प्रभाकर ने आश्चर्यवत् आचार्य को देखा और नीलकण्ठ की ओर देख कर मुस्करा दिया। तब नीलकण्ठ ने सिर धुना कर दीर्घ ऊर्ध्व स्वांस लेते हुए कहा- "सन्यास और गृहस्थ दोनों का निर्वाह। अघटन घटना।"

उग्र भैरव ने मन्द हुंकारते हुए मन ही मन कहा- "देखो, वह कौन आ रहा है? वीर? कौल? अवधूत? कौन?"

चण्ड भैरव न दांत कचकचाते हुए कहा- "कोई नहीं, एक नाथ है और क्या? अवधूत, यह? देखते नहीं, मुंह पर विलास की आसन्न स्मृतियाँ जैसे रंगी हुई हैं।"

उग्र भैरव ने हंसकर कहा- "विलास! यह मानसिक षण्ड और चित्त का जड़ क्या विलास करेगा? यह हठी है, हठी।"

चण्ड भैरव ने पश्चात्ताप पूर्ण स्वर में कहा- "कितना शान्त मुखुर सौम्य है यह युवक यती? इसका अस्तित्व हम जैसे सहन नहीं कर सकते।"

उग्र भैरव ने दांत पीस कर कहा- "कौलों, क्षपणकों, कापालिकों का यह जन्मजात शत्रु है, गुरो! श्रीपर्वत के महाराजाधिराज तंत्रेश्वर क्रचक्र इसको कभी नहीं क्षमा करेंगे। हम कहते हैं एक दिन तांत्रिकों से भिड़कर यह यती स्वयं ही नष्ट हो जायेगा।"

चण्ड भैरव ने ऊर्ध्व स्वांस लेते हुए कहा- "गहन विश्वास से इसका रोम-रोम भरा है- देखा-हंस रहा है। इस उभय भारती, भैरवी श्री को क्या हो गया है- चरणों में पड़ रही है। आश्चर्य!"

उभय भारती अस्त-व्यस्त वसन संभालती हुई आचार्य की धरती पर पड़ती हुई छाया के पास पहुंची और शाष्टांग प्रणाम में दण्डवत् पृथिवी पर गिर पड़ी- "आचार्य शंकर! देवी!"

आचार्य शंकर ने उभय भारती को थाम कर उठाते हुए कहा- "देवी भारती! तुम्हारा शाश्वत कल्याण हो। मैं तुम्हारी किन शब्दों में वन्दना करूं! देवी भारती! तुम निस्संदेह ब्रह्म की प्रिय भार्या हो, अष्ट मूर्ति शंकर की भगिनी और नव दुर्गा की श्री हो-सुकृति हो। तुम वाणी की आद्या, चिन्मयी तथा संसार का पालन करने के लक्ष्मी, उमा आदि रूपों को धारण करने वाली देवी हो- अवश्य, माननीय श्रीमती भारती!"

"आचार्य! जगद्गुरु शंकराचार्य!" भारती ने सिसकते हुए कहा- "मैंने अपने सौभाग्य के स्वार्थवश आपको दुस्तर धर्म संकट में डाला। कामिनी की सर्पिणी के समान वेणी से बांध कर संसार के राग भरे मोह-समुद्र में धकेला किन्तु आचार्य! आप धन्य सन्यासी हैं- भुवनेश्वरी अखिलेश्वरी जगदम्बा भवानी के परात्पर सौन्दर्य का साक्षात्कार कर श्रीमद् ने संसार के भव सागर को सुखो दिया- जगत के विपद सागर को तर लिया। आप सर्वज्ञ ही नहीं, सर्व समर्थ योगीश्वर हैं, ज्ञान मूर्ति और सच्चे ब्रह्म विद् हैं- आप साक्षात् शिव हैं, आचार्य श्री!"

आचार्य शंकर ने सस्मित पूछा- "कैसे जाना यह, यह मंगल मूर्ति! तुमने श्रीमती!"

भारती प्रसन्न होकर बोली- "उस परात्पर सौन्दर्य के गान का, चिन्मय अनहद विश्व के आकाश का मन्थन कर मेरे हृदयाकाश में गूंजता रहा है- मैं स्तब्ध सुधबुध हीन सी सौन्दर्य की उन दिव्य लहरों के छन्द बोलती रही हूं और मण्डन मिश्र को रिझाने का अन्तिम प्रयास करती रही हूं। श्रीमद् ने मत्स्येन्द्र नाथ की भांति ही लोक-कल्याण करते हुए काम कला का परिशीलन किया है- सिद्ध कर दिया है कि आत्मा की परम पारमार्थिक सत्ता ही सत् है; चित् है-आनन्द है।"

आचार्य शंकर ने अभय मुद्रा में हस्त लाघव उठाया और कहा- "मैं धन्य हुआ आपके इन वर वचनों से। देवी भारती! दिव्य चक्षु से मैंने आपश्री को जान लिया है। शारदे! तुम सज्जनों के मन में सदैव निवास करती रहो; विद्वानों की आसन्न शंकाओं को काटने वाली विद्याधर बनी रहो; तुम सरस्वती! आत्मा के हंस पर आरूढ़ नीर क्षीर विवेकी पराविद्या की विवेकश्री बनी रहो। कल्याणी! काव्य लक्ष्मी भारती! तुम भारत वर्ष में सरस्वती रूप सदैव प्रतिष्ठित रहोगी। आओ, भगवती! वांगमय रूप मेरे शून्य हृदयाकाश में अमृतमयी ज्ञान-ज्योति होकर स्थित हो।"

उभय भारती ने सिर धुनाते हुए कहा- "ऐसा ही हो प्रभो!" उभय भारती सहसा मूच्छित सी ढल पड़ने लगी। मण्डन मिश्र ने थामते हुए पुकारा- "उभय भारती! सुनो तो।"

उभय भारती जाग्रत होते हुए मण्डन को छटक कर अलग खड़ी होते हुए बोली- "इस शरीर की पृथिवी मैं आचार्य शंकर के सुयश की गन्ध में मिला देती हूं। इस देह के जल को मैं आचार्य के वैराग्य के शान्त रस में घोल देती हूं। भव-भवों की इस अपराजित अग्नि को मैं ब्रह्म के ज्ञान-तेज में मिला देती हूं- अपने महाप्राण वायु को ब्रह्म के दिव्य स्तवन के पवित्र शब्द में लीन कर मैं अपने शाश्वत अहम् को अनहद के ओम् गान में डुबो देती हूं- मैं जा रही हूं, मिश्र जी! आप हार गये हैं- जड़ हारेगा ही; मैं हार गई हूं- अहमन्या हारेगी ही। आचार्य की अमोघ आराधना से आज कांचन मिट्टी हो गया है- कामिनी मिट्टी की मूर्ति हो गई है। आज कामेश्वरी जगन्माता होकर शाश्वती सच्चिदानन्द रूपा होकर प्रगट हो गई है- मैं एक उनमन अन्यमनस्क छाया, एक भ्रम, विभ्रम-मैं अपने ही मोह को तर कर आज ज्योतिर्मय अनन्त में अन्तर्ध्यान हो रही हूं...."

मण्डन मिश्र स्तब्ध से शान्त अचल दिव्य कान्ति से जगमग भारती को देखते रहे। महाराज सुधन्वा ने कहा- "देवी भारती! धैर्य, धैर्य धारण करो, श्रीमती! अभी मिश्र जी ने सन्यास नहीं लिया है।"

"मण्डन मिश्र और हम हार गये हैं।" भारती ने कहा- "प्रतिज्ञानुसार मण्डन मिश्र संन्यास लेंगे। वेद का दूसरा नाम सत्य वचन है; वह अमिट है- मिटाया नहीं जा सकता। मिश्रजी! मैं तुमको गृहस्थ से मुक्त करती हूं- वानप्रस्थ से तुम स्वयं तर गये हो- संन्यास आश्रम में प्रवेश करो, देव! मैं तुमको प्रणाम करती हूं। हे धरत्रि! मेरे इन वचनों की साक्षी दो, वसुन्धरे!"

अरण्यों, उद्यानों, कान्तरों के पुष्पों का पराग लेकर चिर वसन्त की मलयानिल से गुदगुदायी, उत्तेजित, विकल किन्तु मौन धूलि जगी और एक

मन्द बवण्डर सा उठा। मन्द सीत्कार करती हुई वायु ने उस विशाल उद्यान की धरती की धूल अपने अदृश्य हाथों में मानो भरी और उभय भारती के मेघों से आच्छादित पूर्ण चन्द्रानन पर फेंकी। उभय भारती ने कहा- "सीते! तुम धरती में समा गई थीं, जगदम्बिके! किन्तु मैं आकाशों को पार करती हुई सर्व लोक की राज राजेश्वरी भवानी भुवनेश्वरी के नयनों में लीन हो जाऊंगी। भारत भूमि! सरस्वती की यह मेरी वीणा मैं तुम्हारी दिशाओं के कर-कमलों में थमाती हूं- यह पार्थिव सूक्ष्म तथा कारण-कारणातीत देह मैं महात्रिपुरसुन्दरी की सौन्दर्य अग्नि में भस्म कर ब्रह्माणि परमेश्वरी के अनादि शाश्वत ब्रह्मचर्य में लीन करती हूं। हे ब्रह्माणी! मुझे अपने रूप में मिला दो। हे स्कंद माते! मुझे वेद के दिव्य अपौरुषेय मंत्रों के चिन्मय बोध में घोल दो। हे ज्योतिर्मय श्रुतियों! मुझे अपने साम गान का आरोह-अवरोह बना दो। हे जगत! तुम्हारा आचार्य शंकर कल्याण करते हैं- शिवे! शिव की समाधि तोड़ दो और कहा- वह पशुपति शिव मुझको अपने तीसरे नेत्र से देख ले। शिवे! सदैव के लिये यह मेरी अन्तिम प्रार्थना सुन लो।

"देवी भारती!" आचार्य शंकर जलद-गंभीर प्रगाढ़ शान्त स्वर में बोले- "तथास्तु! मुझे अपना पतित पावन मुखारविन्द देखने दो। मैं तुम्हारा ज्ञान-शिशु हूं। हे मातृके! मुझे तनिक अपना वेद-मंत्रों के प्रकाश सा मुख-मण्डल देखने दो। मुझे दर्शन दो, भगवती!"

उभय भारती जैसे सब कुछ समझ कर आचार्य शंकर के समक्ष हुई- "आचार्य शंकर आपकी सदैव जय हो।" आचार्य शंकर ने उभय भारती को शान्त स्थिर अपलक दृष्टि से देखा। भारती मुस्कुराती हुई आचार्य की गूढ़ गुह्य दिव्य दृष्टि को उन्मीलित नयनों में देखती रही। वह जैसे शरीर के गुह्य अन्धकारों को त्याग कर प्रकाश के समुद्र में लहर होती गई। शान्त मौन निनाद मुरली के स्वर सा उठा और भारती के शाश्वत हृदयाकाश में छा गया। भारती पार्थिव शरीर के भूताकाश में झूमकर चित्ताकाश में झीम उठी और दिव्य चिदाकाश के अथाह में डूबने लगी। गुण-धर्म स्वयं ही लीन होकर गूढ़ दिव्याभा में बदलने लगे और जाड्यान्धकार का घोर तम तोम तीव्र व्याकुलता से उद्वेलित होकर प्रकाश की मुंह जोही से भरता गया- भारती को लगा, अन्धकार छिन्न-भिन्न होकर किसी चिर परिचित, स्वयं अनुभूत-अनुभूयमान प्रकाश के लिए मार्ग प्रशस्त करने लगा। ज्योतिर्मय असीम अपने सभी दिगन्तों को स्वयं में लीन कर व्यक्त होने लगा और भारती के हृदय-दहर में अथाह अभयपूर्ण वेणु-वादन होने लगा- "चिदानंद! सच्चिदानंद! नन्द-नन्दन! श्री कृष्ण-हरे कृष्ण।" भारती देह

के परे और पार अमृतमयी अग्नि में डूबती गई और त्रिकाल एक अमिट पलक होकर मन्वन्तरों के परे, कल्प कल्पों के पार होकर एक शाश्वत ज्योति बिन्दु हो गया। भारती समाधिस्थ मानो चिर मुह्यमान, चिर-कांक्षित, चिर काम्य परात्पर के श्री चरणों में पड़ गई- "हे राम!" अनन्त अनहद नाम ध्वनि स्वयं ही उठी- "हे दुर्गे, शिवे।" सृष्टि की चिन्मयाभूत परात्पर ब्रह्याणि मुस्करा उठी और मानो अनादि वाक् में बोली- "पुत्री! मेरी सरस्वती! सृष्टि की काल धारा के तट पर लगो; विश्व के स्वप्नों से रीती हो जाओ। जगत के सम्मोह से छूट जाओ, कल्याणी! आओ, मेरे अगाध अमोघ नयनों में लीन होकर परम शिव को प्राप्त करो! शारदे, तेरी सदैव जय हो।"

मण्डन मिश्र अवाक् ही चिल्ला उठे- "भारती!"

उभय भारती का पार्थिव देह आचार्य शंकर के श्री चरणों में ढल पड़ा। आचार्य शंकर ने शान्त अगाध स्वर में कहा- "गई, देवी शारदे! धन्य श्री विधे!"

महाराज सुधन्वा ने स्तब्ध होते हुए पूछा- "गई? अन्तर्ध्यान?"

"हां!" आचार्य शंकर ने शान्त स्वर में कहा- "उभय भारती को आज के दिन अपने दिव्य धाम जाना ही था। यह देवी शारदा-सरस्वती हमारे कार्तिकेय स्वरूप मण्डन मिश्र को रिझाने के लिए ही अवतार धारण करती रही है। भगवती भुवनेश्वरी यह आदि वाणी की सम्पूर्ण कला है। भवानी भुवनेश्वरी के चूड़े की यह अर्ध चन्द्र इन्दु लेखा ही है। यह परा विद्या का सरस विवेक है- आत्म चैतन्य की अमृत कला है। भगवती शारदे! तुम हमारे हृदय दहर में तेजस्वी वांगमय स्वरूप सदैव विराजमान रहोगी- हम तुम्हारा अपने श्रृंगेरी मठ में आह्वान करेंगे। हम तुम्हारी प्राण प्रतिष्ठा करेंगे।" और आचार्य ने भारती का मृत देह अपने आजानुभुजों में उठा कर पुनः कहा- "नमस्ते शरण्ये शिवे! साऽनुकम्पे। नमस्ते जगद् व्यापिनी विश्व रूपे!"

दिग्मूढ़ अवाक् मेदिनी ने आचार्य को मार्ग दिया। ध्वनि उठी- "जगद् व्यापिनी विश्व रूप!"

आचार्य शंकर उभय भारती के शव को सादर थाम कर सभा मण्डप की श्री वेदी की ओर चले; उनका गहन शान्त अमोघ स्वर गूंजा "नमस्ते जगद् वंद्य पादारविन्दे! नमस्ते जगद तारिणी त्राहि दुर्गे!"

अभिनव गुप्त सहसा मार्ग के मध्य लपक आये; बोले- "आचार्य, आचार्य यती शंकर!"

शंकराचार्य ने सस्मित सिर धुनाया और गाया- "नमस्ते जगत् चिन्त्य मानस स्वरूपे! नमस्ते महा योगिनी, ज्ञान रूपे!"

भास्कराचार्य ने चिल्ला कर कहा- "यह क्या हो रहा है; श्रीमद् शंकराचार्य!"

शंकराचार्य ने भास्कराचार्य को गूढ़ दृष्टि पात करते हुए गाया- "नमस्ते, नमस्ते चिदानंद मूर्ते! नमस्ते जगत् तारिणी त्राहि दुर्गे!"

मण्डन मिश्र ने स्तब्ध स्थिति से जागते हुए कहा- "गुरुदेव! आचार्य!"

उभय भारती के शव को अपने विशाल कंधे पर झेलते हुए आचार्य ने कहा- "वत्स! उभय भारती मेरी संसार गुरु हैं। सरस्वती की अनादि वाणी झंकार होकर मेरे इस चित्ताकाश में पूर्णिमा की भांति भर गई हैं। यह पतित पावन गंगा की ज्ञान धारा है- सदैव मानवों के चित्त में बहती रहेंगी। उभय भारती मेरे लिये ललिता हैं, मीनाक्षी देवता हैं।"

शान्ति छा गई। धीर चरणों से आचार्य सभा मण्डप की शास्त्रार्थ की श्री वेदी के पास आकर खड़े हो गये और उभय भारती के शव को उन्होंने वेदी पर लिटा दिया और शान्त गहन दृष्टि से उपस्थित मेदिनी को देखते हुए कहा- "या श्रीः स्वय सुकृतिनां भवनेष्व लक्ष्मी। पापात्मनां कृतधियां हृदयेषु बुद्धिः; श्रद्धा सता कुलजन प्रभवस्य लज्जा, तां त्वां नताः स्म परिपालय देवी विश्वम्।"

और आचार्य शंकर ने नयन उन्मीलित किये। उपस्थित मानव समुदाय पर हिमालय की पूर्णिमा के समान शान्त मौन छा गया। सभी के उद्वेलित चित्त पूर्णेन्दु के ज्वार से उद्विग्न समुद्र की भांति उछले और क्रमशः शान्त हो गये। एक जाग्रत अखण्ड मौन व्याप्त हो गया। उस स्तब्ध गहन मौन में आचार्य शंकर की प्रार्थना के स्वर गूंज उठे- "कि ज्योति स्तव भानुमान हनि में रात्रौ प्रदीपादिकम्। स्यो देवम् रवि दीप दर्शन विधौ किं ज्योति राख्या हि मे। चक्षुस्तस्य निमीक्तनापि समये किं धीर्धियो दर्शने। किं तत्रा हम तो भवान्यरस्कम् ज्योतिस्तदस्मि प्रभो! हे ब्रह्म ज्योति प्रगट हो।"

उस गहन विजड़ित मौन में लोगों ने देखा, आचार्य ने प्रणाम बद्ध प्रार्थना की- "प्रणतानाम् प्रसीद त्वं देवी विश्वार्ति हरिणी। त्रैलोक्य वासिनामीड्ये लोकानाम् वरदा भव!"

"वरदा भव!" मौन ध्वनि सभी के अन्तःकरण में मचल उठी; आचार्य शंकर ने पुनः कहा- "हंस युक्त विमानस्थे ब्रह्माणि रूप धारिणी! कौशाम्भः क्षरिके देवी नारायणि नमो स्तुते। सर्वस्य बुद्धि रूपेण जनस्य हृदि संस्थिते! स्वर्गापिवर्ग दे देवी! नारायणि नमो स्तुते!"

और आचार्य के बड़रे सरोज नयनों से आंसुओं की धारा बह चली; उनका आर्द्र कूजित स्वर उठा- "सर्व मंगल मांगल्ये शिवे! सर्वार्थ साधिके! शरण्ये

त्र्यम्बके गौरि नारायणि नमोस्तु ते! सृष्टि स्थिति विनाशानाम् शक्ति भूते सनातनी! गुणाऽश्रये गुणामये नारायणि नमोस्तु ते।"

लोगों को आभास हुआ श्री वेदी में ब्राह्म मुहूर्त का अरुण प्रकाश छा रहा है- वायु मण्डल से अग्नि स्वयं ही मथित हो भभकने लगी है- उबक रही है। आचार्य शंकर ने गाया- "देवी! प्रपन्नार्ति हरे प्रसीद। प्रसीद मातृ जगतोऽखिलस्य। प्रसीदं विश्वेश्वरि पाहि विश्वम् त्वमीश्वरी देवी! चराचरस्य!"

श्री वेदी में अग्नि प्रगट हुई।

आचार्य शंकर ने अन्तिम बार मानो गाया- "नमो देव्यै महादेव्यै शिवायै सततम् नमः। नमः प्रकृत्यै भद्रायै नियताः प्रणताः स्म ताम्। रौद्रायै नमैः नित्यायै गौर्यै धात्रैे नमो नमः। ज्योत्स्नायै चेन्दु रूपिण्यै सुखायै सततम् नमः, दुर्गायै दुर्ग पारायै सारायै सर्व कारिण्यै। ख्यात्यै तथैव कृष्णायै धूमायै सततम् नमः।"

श्री वेदी में अग्नि ज्वालायें भभक उठीं- लपक उठीं। आचार्य शंकर ने कहा- "प्रणाम, देवी भारती!"

सभी के मस्तक मूक प्रणाम में स्वतः ही झुक गये।

देखते-देखते ही अग्नि की लपटें परस्पर टकरा कर घन घनीभूत हुईं। कृकल अग्नि अपनी पूर्ण क्षमता पूर्वक जाग्रत हो उठी। आचार्य ने बन्द नयनों से मानो त्रिकाल के अनन्त में निहारा। उभय भारती के देह के सभी परमाणु उस तेजस्वी गन्ध युक्त अग्नि में समा गये। लोगों को लगा आकाश कृकलाग्नि के नाचते हुए धूएं से भरकर पृथिवी पर झूमने लगा है। धरती की दिशायें चमक जागी हैं और अवकाश का महा शून्य दिव्य आलोक से भरने लगा है। लोगों को स्पष्ट प्रतीत हुआ, उभय भारती के देह की पृथिवी गन्ध होकर नारायण-अर्णव के अन्तर्हित रस में लीन हो गई है और वह सूक्ष्मातिसूक्ष्म रस तेजस्वी रसिकता होकर नारायण के शान्त नयनों में भर रहा है। सृष्टि का महाप्राण नारायण के सोहम् सांस सा स्वयं ही गहन गति में उभर रहा है और सभी व्यंजन अनादि स्वर में समा गये हैं। एक अनहद मौन ध्वनि सर्वत्र भर गई है- जगत के सभी पदार्थ और उनके पञ्चभूत मानो स्वयं ही विषम से सम हो काल के अनन्त प्रवाह में पुनः बहने लगे हैं। भस्म। उभय भारती का सुन्दर सुघड़ श्रीवान देह भगवान शिव के रमाने के लिये भस्म हो गया है। आचार्य शंकर ने उस उष्ण भस्म को अपने पद्मपाणि में भर कर अपने मस्तक पर उड़ेला और तिलक करते हुए कहा- "चिदाऽनन्द रूपम् शिवोऽहम् शिवोऽहम्।"

मण्डन मिश्र ने श्री वेदी की प्रदक्षिणा कर भस्म की चुटकी भरी और कहा- "गुरुदेव! सन्यासाश्रम ग्रहण करने के लिये आज्ञा दीजिये, इस भस्म का ललाट पर तिलक करूँ।"

आचार्य शंकर ने करुणा से थिरकती हुई दृष्टि से मण्डन मिश्र को निहारते हुए कहा- "वत्स! इस अनादि भव-संसार का तुम्हारा आदि बन्धन जल गया है। कल्प-कल्पों से सृष्टि की काल धारा में तुम विश्व के स्वप्न सेते हुए जगत में जन्मते और पुनर्जन्मते रहे हो। क्यों? पता है?"

मण्डन मिश्र ने आचार्य को शाष्टांग प्रणिपात करते हुए कहा- "परम सुख की प्राप्ति के लिये! और किस लिये, गुरुदेव!"

आचार्य शंकर ने सस्मित किन्तु गंभीर स्वर में कहा- "जन्म धारण करना और इन्द्रियों द्वारा जगत के विषय भोगते रहना ही सामान्य जीव के लिये सुख-सन्तोष है; किन्तु परम सुख लोक-लोकान्तरों में दिव्य से दिव्य जन्म धारण करने पर भी क्या प्राप्त होता है? स्वर्ग प्राप्ति भी परम-सुख, नित्य शाश्वत सन्तोष नहीं दे सकती। पुण्य के क्षय होने पर पुनः जीव को इस काल धर्मी जगत में जन्म लेना पड़ता है। जब तक आत्मा जीव के अज्ञान से आच्छादित रहता है, अविद्या से ग्रसित रहता है, तब तक परम सुख होता ही नहीं। आत्म ज्ञान द्वारा ही आनन्द मिलता है और आनन्द ही परम सुख है, ब्रह्म!"

मण्डन मिश्र ने सविनय प्रणाम पूर्वक कहा- "हे प्रभो! मैंने अब आप श्रीमद् को भली भांति जान लिया है- आप श्री गुरुदेव का मैंने अपने चित्त को निर्मल कर पूर्ण रूपेण प्रत्यक्ष कर लिया है। समता और अतिशयता को दूर करने वाले आप ज्ञान मात्र हैं। अज्ञानियों का उद्धार करने के लिये ही आप शरीरधारी आविर्भूत हुए हैं; हे यतिराज! उपनिषद! जिस एक अद्वितीय सच्चिदानंद ब्रह्म का श्रुति गान करते हैं उसके 'तत् त्वमसि' वाक्य के परिपालक आप श्रीमद् हैं....."

आचार्य शंकर ने मुस्कुराते हुए पुकारा- "वत्स मण्डन!"

मण्डन मिश्र ने झुक-झुक कर प्रणाम करते हुए पुनः कहा- "ब्रह्म ज्ञान के प्रकाशक आप हैं। आप श्री ने ही जाड्यान्धकार को भेदने की विद्या बताई है। हृदय-ग्रन्थि के सभी संशय आप श्री की अमृत वाणी से छिन्न होते हैं। विभिन्न प्रलापों और मति-भ्रमों से परम तत्व का आप श्री ने ही जैसे उद्धार किया है। मैं जगत स्वप्न से जग गया हूं- आप श्री की अमोघ करुणा दृष्टि से मेरी कल्पों और प्रलयों की गाढ़ सुषुप्ति चली गई है। मैं अपने कारण की निद्रा से भी जाग

उठा हूं- जाड्यान्धकार के घोर तम-सागर के काल तट पर गुरुदेव! आपने ही मुझे अंगुली पकड़ कर ला खड़ा किया है।"

"वत्स मण्डन! कल्याण हो।" आचार्य ने अभय वर प्रदान करते हुए कहा- "अनन्त काल की अनन्त पलों में एक पल मुक्ति की वेदना लिये आती ही है। तुम अनन्त काल की उसी अनादि पीड़ा से भर गये हो। मण्डन! कर्म का अन्त काल का अन्त है; भवेच्छा का निःसंशय विराम है; इच्छा का सर्वथा शमन है। यही वैराग्य वृत्ति है- मुमुक्ष भावना! सच, तुमने संचित रीता कर दिया है और अदृष्ट को पार कर अपूर्व के अन्तिम छोर पर आ खड़े हुए हो। आओ, वत्स! मैं तुमको मोक्ष-मार्ग पर ले जाऊँ। तुमको परमात्मा के समक्ष होने में तुम्हारी सहायता करूं। वत्स! परमात्मा ही-परम् ब्रहम ही सर्वेश्वर गुरु हैं। उन प्रभु के श्री चरणों में अपना भाग्य रख दो और प्रभु की करुणा में अपना समस्त भविष्य, समग्र कर्म, सम्पूर्ण इच्छा-सभी इदम् को मिला दो। अपना सच्चिदानन्द स्वरूप जानो-पहिचानो वत्स!"

मण्डन मिश्र ने साष्टांग प्रणाम कर कहा- "जैसी श्री गुरु की इच्छा; आज्ञा। प्रभो! अमोघ इन वचनों द्वारा चन्द्रमा की किरणों की भांति संसार दुःख का यह सन्ताप आप श्रीमद् ने दूर कर दिया है। मैं भव-कूप में गिरा हुआ था- श्री चरणों ने मेरा उद्धार कर दिया। निश्चय ही मेरे संचित पुण्यों का ही यह प्रताप है, जो मुझे ज्ञान का प्रकाश देने वाले श्री गुरु-चरण प्राप्त हुए हैं।"

आचार्य शंकर ने शान्त गंभीर स्वर में कहा- "कल्पारंभ से ही प्रत्येक जीव परमात्मा से विलग होता हुआ भी-संसार में भटकता हुआ भी प्रति पल प्रभु को ही टटोलता है; खोजता है। परमात्मा ही के कारण जीव आविर्भूत हुआ है- होता है और प्रभु द्वारा तथा प्रभु सहित ही वह प्रतिनिमिष जीता है। जीव परमात्मा में ही उद्भवित होता, बढ़ता, स्थित होता, जरा द्वारा जीर्ण होकर प्रभु में ही शयन करता है। परमात्मा ही एक और अद्वितीय चैतन्य है- हम जीव मात्र उसी परात्पर चैतन्य के प्रतिबिम्ब मात्र हैं।"

मण्डन मिश्र ने शंकराचार्य के श्री चरण और अधिक दृढ़ता से पकड़े; उच्छ्वासित स्वर में कहा- "शास्त्रों के समुद्र पैरकर मैं आपके श्री चरणों के तट पर आ लगा हूं। मैं अन्धकार में आकृति खोजता रहा हूं; गुण-धर्म टटोलता रहा हूं और कहता रहा हूं- यह मेरा तत्व दर्शन है। जगत के पदार्थों के रूप-गुण और धर्म का विवेचन जड़ बुद्धि से उसी प्रकार होता है जिस प्रकार उभय भारती के शुक और मैना मंत्र बोला करते हैं! निस्संदेह वह चैतन्य ही पञ्चभूतों का आविर्भाव कर उसमें ओतः प्रोत है- अन्यथा मैं जान कैसे सकता हूं; मान

कैसे सकता हूं- अनुभव कैसे कर सकता हूं? निस्संदेह, प्रभो! आत्म-चैतन्य ही ज्ञाता है।"

आचार्य शंकर ने मुस्करा कर कहा- "अन्धकार है नहीं, वत्स! प्रकाश ही प्रकाश है। क्योंकि यह सृष्टि ब्रह्म-शक्ति-चिति-चैतन्य का ही संकल्प है, कल्पना, धारणा इसीलिये हम चैतन्य-अंश उसको जान सकते और कर्म द्वारा भोग सकते हैं। स्वयं यह जगत स्वयं को जानता है क्या? क्या सूर्य स्वयं को देखता है? क्या चन्द्रमा अपनी पूर्णिमा में स्नान करता है? यह आकाश क्या अपने अनन्त अवकाश को जानता है? शब्द क्या नाद-ब्रह्म के बोध का अनुभव करता है? वायु स्पर्श के चैतन्य सन्तोष की प्रतीति करता है? यह दीप्तिवान अग्नि संसार के रूपों को जला कर, उनका योग्य वैज्ञानिक विनिमय कर क्या स्वयं को तत्व वेत्ता समझती है? जलधि की हिल्लोलें क्या अपनी सरसता को अनुभव करती हैं? पृथिवी अपनी गन्ध में कभी बेसुधि हुई है? यह जड़ जगत चैतन्य की संकल्पित कृति है; चैतन्य की मतिवान इच्छा का अनुभव तथा चैतन्य के क्षुब्ध चित्त का भोग है। ब्रह्म चैतन्य वत्स!"

मण्डन मिश्र को बांह पकड़ कर आचार्य शंकर ने उठाया और पुनः कहा- "देवी शारदा अन्तर्ध्यान हो गई। अब चलो मेरे साथ। काल का यह अविराम प्रवाह हमें त्यागना ही है। हमें काल धर्मी जीव की भांति कब तक जीते रहना होगा? कब तक हम बार-बार मरते और जन्म धारण करते रहेंगे? वत्स मण्डन! यह काल और उसकी कर्म गति अत्यन्त गहन है; रमणीय है; सुन्दर तथा सुघड़ है- किन्तु काल सर्प है; कर्म अन्ततोगत्वा विष है- आत्मा को विष नहीं, अमृत चाहिये। अमृत! आओ, हम असद् से सद् की ओर देखें, हम अन्धकार से प्रकाश की ओर चलें- हम जीव मात्र मृत्यु से अमृत की ओर खिंचे हां, अवश्य, वत्स!"

मण्डन मिश्र ने महाराज सुधन्वा को सम्बोधित करते हुए कहा- "महाराज राजेश्वर! यह धन-सम्पदा, गृह सब कुछ मैं आपके हाथों में अर्पित करता हूं। ब्राह्मणों को प्रदान कर दें। अवश्य, शर्मणा और उनकी स्त्री कालिन्दी को मैं यह उद्यान, मन्दिर तथा आवास अर्पित करता हूं। यह सभा-मण्डप और भारती की भस्म से भरी श्री वेदी मैं माहिष्मती के विद्वद्त समाज को समर्पित करता हूं। मैं चाहता हूं- यहां वेदान्त का ज्ञान दीप सदा जलता रहे। यहां श्रुतियों द्वारा ब्रह्म गान गाया जाता रहे। यहां जो परात्पर वन्हि उत्पन्न हुआ है, वह परम् शिव के लिये जगत तथा भव-संसार की भस्म उत्पन्न करता रहे। गुरुदेव! संकल्प पूर्वक मैं अपना यह तन, मन, बुद्धि, चित्त तथा अहम् आपश्री के चरणों में समर्पित करता तथा पूर्ण शरणागति चाहता हूं। आचार्य चरण! मुझ जीव की,

मन की आंखें आप श्री की चरण-रज के अञ्जन द्वारा खुल गई हैं; किन्तु यह जाड्यान्धकार भिदकर भी भिदा नहीं है- हृदय-ग्रन्थि के सभी सन्देह कट गये; किन्तु मृत्यु की आशंका नहीं कटी।"

आचार्य शंकर ने कहा- "सन्यास धारण करो; मृत्यु को तर जाओगे।"

मण्डन मिश्र ने समस्त सभा को मानो अन्तिम बार नयनों में भरा; उच्छ्वसित स्वर में कहा- "मान्यवरों! हम स्वीकार करते हैं, शास्त्रार्थ में हम हार गये हैं। आचार्य शंकर के अवधिगत होने पर मैं शास्त्रार्थ के निष्कर्ष पर विचार करता रहा हूं- इस अवधि में मैंने अपने पञ्च भूत-प्रपञ्च तन को देखा; प्राणों को अवगाहा; मन को निहारा। मैंने मन की उद्भ्रान्त भटक को देखा। एक क्षण के लिये यह मन जगत में चिपकता है और फिर छूट जाता है। मैं मन के द्वारा जगत के रूपों को स्पर्श कर उनके अथाह को भरना चाहता हूं किन्तु मन जगत के रहस्यमय रूप को तनिक स्पर्श मात्र कर सकता है। जगत का प्रत्येक रूप विश्व की अदृश्य बिम्ब धारा से उद्भूत होता है- अलग-विलग होते हुए भी रूप-रूप जैसे विलग नहीं है। सतत् रूपान्तरण होता ही रहता है; मन रूप के इस अनिवार्य नर्तन को अपने नयनों में भर नहीं सकता; समा नहीं सकता। वह निराश लौटा करता है अपने ही विजन में। मैंने मन को दौरने वाली बुद्धि को भी देखा। यह बुद्धि जगत से भरी, विश्व से प्रेरित तथा सृष्टि की मुह्यमान बोधिनी है। बुद्धि द्वारा ही मेरा चित्त इन्द्रियों द्वारा जगत का, जीवन का निश्चयात्मक ज्ञान प्राप्त करता तथा मेरे अहम् की इच्छा द्वारा जगत का निरन्तर भोग करता है। यह अविराम भोग मैं उपयुक्त कर्म द्वारा ही करता हूं। मुझे लगा, अपने अहम् में मैं जकड़ा हुआ हूं- बंधा और अपने गहन में मैं सदैव व्याकुल रहता हूं। यह व्याकुलता काल के प्रवाह की गति है। यह अनादि अनन्त अथाह काल कर्म की क्रीड़ा करता ही रहता है और मैं जीव इस काल-क्रीड़ा का भोक्ता बना रहता हूं। यही मेरी विधि विवशता है। मैंने पाया, यह विवशता अन्ततोगत्वा व्यर्थ बन्धन है। भव-संसार का प्रत्येक भोग रीता हो जाता है, स्वयं ही खज जाता है। मैंने पाया यह तन मेरा होते हुए भी काल का है, मेरा नहीं है। यह भव-योनियां मेरी होते हुए भी कर्म का अद्भूत प्रपञ्च हैं। कर्म! मैंने पदार्थ को जान कर कर्म का ही जीवनाश्रय गृहण किया था। समझता था, कर्म ही स्वतंत्र जीवनेच्छा की विधि है किन्तु मुझे लगा, कर्म स्वयं में अदृष्ट है- अपूर्व है। इस अनादि विधि-विक्रम से मेरा भोक्ता का ही सम्बन्ध है। कर्ता होते हुए भी मैं कर्त्ता नहीं हूं। मुझे निश्चय हो गया है मैं एक अद्वितीय चैतन्य हूं- ऐसी चिति, ऐसी चेतना जो जगत को जानती है और कर्म करती और अनुभव करती

है। मुझे ज्ञात हो गया कि मैं देह नहीं हूं, मन नहीं हूं; चित्त नहीं हूं- मैं बुद्धि और अहंकार भी नहीं हूं। मैं एक शाश्वत चैतन्य हूं- दृष्टा तथा भोक्ता हूं। यह जगत के राग-द्वेष से भरा चैतन्य क्या जगत है? जगत के राग-द्वेष हैं? क्या मेरी यह जीवात्म-चेतना नित्य निरन्तर होते हुए भी अजर है? अमर है? नहीं। मेरी यह मोहमय जीवात्म-चेतना मेरा ही अज्ञान है। मुझे लगा मैं सोया हुआ हूं- सोता रहता हूं और काल की इस अनन्त रात्रि में अपने चहेते स्वप्न देखता रहता हूं- उन स्वप्नों की क्षल्लुक स्मृतियों में जलता रहता हूं। मेरे अद्वितीय गूढ़ नयनों में यह जगत विविध प्रतिबिम्बों की भांति उद्भासित और तिरोहित होता रहता है। मैं दृष्टा स्वयं को देख नहीं पाता- मैं जगत को ही देखता रहता तथा जीवन का सुख दुःखमय अनुभव करता रहता हूं। यह जगत अभिनिश्चित कृति है और किसी दिव्यातिदिव्य आश्चर्य सम्पन्न विज्ञान का सतत् परिणाम है। इस समस्त आश्चर्य के अन्तराल में मुझे एक अद्वितीय चेतना के ही दर्शन होते हैं। इसलिए मैं कहता हूं मैं हार गया हूं- मेरा जड़ का विश्वास मूलोच्छेदित हो गया है और मेरे हृदय की ग्रन्थि कट गई है। यह हृदय-ग्रन्थि क्या है?"

आचार्य शंकर ने बीच में ही झेला- "अज्ञान!"

"अज्ञान-अवश्य अज्ञान!" मण्डन मिश्र ने कहा- "यह अज्ञान क्या है? क्या यह ज्ञान का अभाव है? नहीं। ज्ञान ही है; उसका अभाव कैसे होगा? सत् का अभाव नहीं है। सत् स्वयं स्वमेव पूर्ण-पूर्ण परिपूर्ण है। तब अज्ञान क्या है? अज्ञान ज्ञान की स्वयं को आच्छादित करने वाली धारणा-भ्रम मात्र है।"

प्रभाकर ने सहसा पुकार कर कहा- "मण्डन मिश्र!"

मण्डन मिश्र ने सिर धुनाया और कहा- "एक गुञ्जित प्रति नाम मात्र! मण्डन मिश्र का यह रूप एक क्षण का भ्रम है, गुरो। इस भ्रम में पड़ा रहा- तत्व दर्शी होने का अहम् सेवन करता रहा। तत्व? यह तत्व क्या है? उपादान है; कारण है-करण है परन्तु यह उपादान, कारण और करण क्या है? उसी चिति-चैतन्य का विभ्रम है। यह इदम् अज्ञान का भ्रम-विभ्रम है और यह जीवन? स्वप्न का विवेक और स्मृतियों का दंश मात्र है। यह जगत होता हुआ भी नहीं है। यह विविध भव-संसार उद्भूत होते हुए भी नहीं होता। गुणमय गुणाश्रित यह अद्भुत आश्चर्य प्रतीत होकर भी शम जाता है और अनन्त के निविड़ मौन में डुल जाता है।"

नीलकण्ठ ने पुकार कर कहा- "मिश्र जी, आप गये तब!"

"कहां गया?" मण्डन मिश्र ने उत्ताल स्वर में पूछा- "मैं आया कहां से था, जो वहां चला जाऊंगा? मेरा आगमन और गमन, यह आवागन केवल स्वयं

की भीति से ही उत्पन्न मेरा अपना ही कर्मार्जित भ्रम मात्र है। जगत की अद्वितीय माया में डूबा और विषयों के कीच में फैला मैं इस देह को-शरीर को ही सत्य मान लूं तो मान लूं किन्तु देह की मान्यता आकुल थकावट से जीर्ण होती रहती है। मेरी उत्पत्ति, स्थिति और लय मेरे अन्तरात्मा की यह गहन अमिट सी आकुलता ही है। मैं पूछता हूं भूति-विभूति धन ऐश्वर्य सब कुछ पाने पर भी मैं सदैव के लिये सन्तुष्ट क्यों नहीं हूं? मैं जगत के भय से भरा हूं; मैं जीवन की भीतियों से खिन्न रहता हूं। मृत्यु को चारों ओर देख कर मैं डरता रहता और मरना नहीं चाहता। तब जो जन्मता है उसका ध्रुव मृत्यु है! मैं स्वयं से ही पूछता हूं कौन जन्मता है और कौन मरता है? क्या शून्य जन्मता है? शून्य मरता है? नहीं-मेरा अहम् ही जन्मता और मेरा अहम् ही मरता है- क्या मैं आत्मा जन्मता हूं- मैं आत्मा मरता हूं? नहीं; यह जगत प्रति निमिष जन्मता है; प्रति निमिष मरता है- यह जीवनानुभूति प्रति पल वृद्ध होकर जीर्ण हो जाती है। मैं जैसे आकुल व्याकुल आसक्ति हूं- मेरी जीवनेच्छा का अनन्त है; अगाध है; किन्तु क्या यह मेरा अज्ञान नहीं है? असत्य को सत्य मान कर ही मैं इस जगत में आसक्त हुआ हूं- होता रहता हूं। यह विचित्र तथ्य है, सभी भव योनियों में जन्म और मरकर भी मैं जन्मता रहना चाहता हूं- अमरता की यह घनीभूत अनादि चाह क्या है? कौन नित्य निरन्तर अहर्निशि चाहता रहता है- मुझे अमर होना है? कौन मरना नहीं चाहता? मैं जन्म तो लेना चाहता हूं; परन्तु मरना नहीं चाहता। तब यह मैं क्या है?"

आचार्य शंकर ने प्रसन्न स्वर में कहा- "आत्मा, चैतन्य।"

नीलकण्ठ ने मानो बरबस कहा- "जड़ चैतन्य।"

आचार्य शंकर ने कहा- "जड़ ज्ञेय है, अतः कृति है; ज्ञान ही ज्ञाता है; विज्ञान ज्ञेय है। मनीषियों! शताब्दियों से हमने इस जगत को जगत स्वरूप सत्य मान कर ही, इस भव-संसार को यथार्थ मानकर ही उसकी परीक्षा की है। अवश्य, हमने पदार्थ को देखा है; कर्म को जांचा है; काल को नापा है; किन्तु हमने परम सत्य को केवल भांपा भर है। चैतन्य की प्रतिज्ञा अविनाशी चिन्तन की अमोघ प्रतिज्ञा है। मानव बुद्धि अनन्त कोटि रूपों और अनन्त अथाह गुण धर्मों का निश्चय करके भी असन्तुष्ट तथा शंकाशील बनी रहती है। क्यों? इसलिये कि हमने क्षण-स्थायी जगत और मृणमय भव-संसार को सत्य मानकर बौद्धिक ईक्षण किया है, अवश्य, यह जगत परम ब्रह्म के ईक्षण द्वारा ही उसकी सर्व समर्थ सर्व स्वतंत्र परात्पर चिति शक्ति से ही उत्पन्न हुआ है; किन्तु जो

उत्पन्न होता है, क्षणिक स्थिर रह कर बदल जाता है, जो आयु की अवस्था तथा भोग के संस्कार प्राप्त कर काल-क्रम में कर्म गति मात्र हो जाता है, वह निस्संदेह जड़ है, चैतन्य नहीं! व्यावहारिक सत्ता की जड़-चेतना प्रतीति उस परम ब्रह्म-चैतन्य की द्वैतानुभूति-प्रतीति मात्र है।"

प्रभाकर ने शान्त स्वर में कहा- "आपत्ति, आचार्य!"

आचार्य शंकर- "स्वीकार है; मैं आपके स्थान पर आकर आपश्री की आपत्ति का उत्तर दूंगा- आपका समाधान करूंगा।"

प्रभाकर ने मुस्कराते हुए कहा- "मैं भार्या-कातर एक भावुक पण्डित नहीं हूं, आचार्य! मैंने महान भट्टपाद के मत से अपनी असहमति व्यक्त की है।"

आचार्य शंकर ने सहज किन्तु तपाक से पूछा- "भट्टपाद? थे या हैं?"

"थे।" प्रभाकर ने विहंसते हुए कहा- "हम वाग्जाल से बचना जानते हैं, यतीवर्य! जगत के परे और पार सत्य की शोध करना आकाश कुसुमवत ही है मेरे मत में। अवश्य चैतन्य है; परन्तु वह आपका आत्मा नहीं होकर, हमारा अनादि शाश्वत सनातन जीवात्मा है।"

"नहीं।" मण्डन मिश्र ने प्लुत स्वर में कहा- "विगत शास्त्रार्थ में हमने विवश ही सही, स्वीकार किया है, चैतन्य ही ज्ञाता तथा कर्त्ता है। निस्संदेह हम हार गये हैं। यह हार विश्व-प्रपञ्च की चैतन्य से हार है- विज्ञान ज्ञान को क्या अन्यथा कर सकता है? नष्ट कर सकता है? पदार्थों के अनुवीक्षण में हमने जाना है, परमाणुओं के उभार घटते-बढ़ते हैं; किन्तु स्वयं अणु-परमाणु में कोई घटती-बढ़ती नहीं होती। सार-सत्व ज्यों का त्यों रहता है। इस सृष्टि का तौल सम तौल ही रहता है। पदार्थों के गुण-धर्म विभिन्न होते हुए भी एक अकथनीय अन्तर्निहित गुण-धर्मिता से ओतः प्रोत है; यह रूप की चमक-दमक नहीं है। यही वह चेतना है, जो कर्त्ता के संकल्प से उद्भूत होकर परमाणुओं में प्रविष्ट हुई है। मैं भी भ्रम में था कि अणु-परमाणु त्रिस्त्रेणु जीवाणु सब स्वयं स्वयंमेव है; इच्छा से पूर्ण तथा ज्ञान से झरता हुआ यह विचित्र विलक्षण परमाणु-उभार ही सृष्टि की अगाध अमोघ ऊर्जा है- यही जीवनेच्छा है, जीजिविषा है किन्तु आचार्य-चरण ने स्पष्ट और अचूक बता दिया है, यह सब ब्रह्म चैतन्य की ही अद्भूत साश्चर्य क्रीड़ा है। सत्य की सत्ता केवल मात्र ज्ञान ही है। ज्ञान अर्थात् सत् चितानन्द।"

पद्मपाद ने हुमसते हुए पुकारा- "साधु! साधु!!"

मण्डन मिश्र ने आचार्य शंकर को पुनः प्रणाम करते हुए कहा- "मैं संसार से निवृत्त होकर इस जाड्यान्धकार से पीड़ित एक उद्विग्न विकल

किन्तु आत्म ज्ञान लाभ करने का अब दृढ़ संकल्पी जीवात्मा हूं- मुझे प्रतिज्ञानुसार हार जाने पर आपश्री सन्यास प्रदान करें। हमें अपनी हार स्वीकार है, गुरुदेव!"

आचार्य शंकर ने गम्भीर स्वर में कहा- "सत्य की शोध में जय-पराजय नहीं है, वत्स मण्डन! अरुणोदय होने पर क्या रात्रि का अन्धकार हार जाता है? अन्धकार है ही नहीं- मैं प्रतिज्ञापूर्वक कहता हूं यह अनुभूयमान जाड्यान्धकार है नहीं। यह देह नहीं है; यह जगत नहीं है- यह इदम् कहां है? नयन बन्द करते ही जगत के रूप एक स्मृति बन जाते हैं। निद्रा में इन्द्रियां मानो सुषुप्त होकर अस्त-व्यस्त स्वप्न देखा करतीं और काल के सांस भरती रहती हैं- प्रगाढ़ निद्रा में देह सो जाता है; इन्द्रियां आत्म विस्मृत हो जाती हैं, प्रगाढ़ निद्रा में समस्त सृष्टि, स्थिति और प्रलय भूल कर केवल द्रष्टा आत्मा ही जागता रहता है- तभी तो योगेश्वर नन्दनन्दन श्री कृष्ण ने कहा है; जीव जब सोता है योगी तब जागता है। संसार की यह अहोरात्रि योगी के लिये जागरण समय है और योगी की शयन रात्रि सांसारिकों के लिये जाग्रति है- प्रभात है। योगी का यह जागरण क्या अन्धकार का जगना है? योगी का यह गूढ़ शयन क्या जड़ का मर जाना है? योगी क्रमशः भव-संसार से छूटता हुआ जगत के परे विश्व के पार सृष्टि की काल धारा के उपरान्त शुद्ध-बुद्ध आत्म-चैतन्य में ही जागता है। आत्मदर्शी सो कर भी जागता रहता है और जगत में जाग कर भी स्वयं में सोता रहता है। विज्ञान से स्वप्न, स्मृति, भोग-संस्कार तथा कर्म गति मिलती है- सुख-दुःख का विषाद पूर्ण द्वन्द्व ही प्राप्त होता है; किन्तु ज्ञान से अभय मिलता है; शान्ति प्राप्त होती है; ज्ञान मिलता तथा जगत के सम्मोह और स्वप्न बन्धन से मोक्ष मिलता है- ज्ञान से ही मुक्ति है; विज्ञान से बन्धन ही बन्धन है। क्या बन्धन मुक्ति है?"

"नहीं! नहीं!!" मण्डन मिश्र चिहुंके- "प्रकाश ही है, प्रभो! अन्धकार कहां है?"

"तुम वह अनादि अजन्मा आत्म-प्रकाश हो। आओ, वत्स! मैं तुमको सन्यास दीक्षा दूंगा। इसलिये नहीं कि जड़ हार गया है; अज्ञान पराजित हुआ है; किन्तु इसलिये कि तुम जीवात्म भाव छोड़ कर अपना स्वाभाविक आत्म स्वरूप प्राप्त करना चाहते हो। आत्म स्थित होना ही सन्यास-धर्म का धारण तथा पालन करना है। महाराज राजेश्वर सुधन्वा!"

"जी, जी, गुरुदेव!" महाराज सुधन्वा ने कहा- "अपनी प्रतिज्ञानुसार मिश्र मण्डन विधिवत् आपश्री से सन्यास ग्रहण कर आपश्री का अद्वितीय शिष्यत्व प्राप्त करें।"

मण्डन मिश्र ने आचार्य शंकर को शाष्टांग प्रणाम करते हुए कहा- "जय हो, जगद्गुरु शंकर! जय हो!!"

शर्मणा तीर की भांति आगे धंस आया; मण्डन मिश्र को कटि से थाम घुटने टेक कर चीत्कार पूर्वक बोला- "नहीं, बन्धु मेरे! मेरे आचार्य, मेरे! भाभी गईं- भस्म हो गईं और अब आप सन्यास लेने जा रहे हैं। माहिष्मती का यह आभारतीय गौरव का क्या होगा?"

मण्डन मिश्र ने उदासीन स्वर से पूछा- "क्या होगा?"

शर्मणा ने सिर धुनाते हुए कहा- "भारत वर्ष में पहिले ही अन्धकार छाया हुआ है- और गाढ़ अन्धेरा छा जायगा। सनातन वैदिक वर्णाश्रम धर्म का तिरोभाव होने लगा है। मीमांसा-शास्त्र के धार्मिक मार्ग-दर्शन के बिना यह भारत भूमि लक्ष्य हीन, उद्देश्यहीन हो जायेगी, बन्धु मेरे!"

मण्डन मिश्र ने शर्मणा के सिर पर हाथ फेरते हुए कहा- "काल का विश्वास छोड़ो- सत्य का विश्वास करो। सत्य का कभी अभाव नहीं होता। भारत का सनातन वैदिक वर्णाश्रम धर्म सत्याश्रित है, सत्यपरक् और सत्यपूर्वक है, तो वह किसी भी रूप् में बना रहेगा। मैंने जगत की चिन्ता त्याग कर ब्रह्म चिन्तन का अटल संकल्प कर लिया है।"

शर्मणा ने झुंझला कर कहा- "आपको इस संकल्प का क्या अधिकार है? आपश्री भारत की मंगल कर्म-व्यवस्था की स्थापना के लिये जन्मे हैं। मीमांसा के जड़ याज्ञिक कर्म को सत्य और शिवत्व से भर कर परम सुन्दर करने के लिये ही आपका अवतरण हुआ है।"

मण्डन मिश्र ने उदासीन हास्य हंसते हुए कहा- "प्रभु की इच्छा से ही सब प्राणी जन्मते हैं। मैं हूं ही क्या? अज्ञान वश एक भ्रम हूं- स्वयं का। जगत का विभ्रम हूं। शर्मणा इस जगत के मोह से मैं ऊब चुका हूं; भव-संसार के पुण्य बन्धन भी मुझे अब एक क्षण के लिये भी सह्य नहीं रहे। मैं शरीर की मृणमय कारा से मुक्ति चाहता हूं- प्राणों के आकर्षण से छूटना चाहता हूं। मैं मन की अविराम अविश्रान्त भटक से थक गया हूं। जगत के द्वैत-द्वन्द्वों के परे मैं शान्ति का परम अभय चाहता हूं। मैं शान्ति चाहता हूं- अभय।"

शर्मणा ने पुकार कर कहा- "अभय? क्या है यह अभय? यह शान्ति यह प्रकाश? मिश्र जी! आपको क्या हो गया है? भाभी जैसी श्रीमती आपके इस श्मशान वैराग्य से दुःखी होकर जल मरी। यह वैभव शाली सम्पदा विधवा हो गई। गहन पाण्डित्य आपने आज व्यर्थ कर दिया। अब कौन सरस्वती की अनवरत उपासना करेगा? भारत के इस सनातन पाण्डित्य का क्या होगा?

दर्शन शास्त्र की महिमा क्या होगी, मिश्र जी! गुरुदेव कुमारिल्ल भट्ट-भट्टपाद की महिमा का अन्त हो जायगा। मीमांसा-शास्त्र रुक जायगा और अन्त में खज जायगा। बादरायण व्यास क्या यही चाहते थे? क्या महर्षि जैमिनी की यही गुह्य इच्छा थी? आचार्य यतीवर्य शंकर? क्या आप श्री यही चाहते हैं, जीव का जीवन-विश्वास मूलोच्छेदित होकर एक अनन्य विषाद बन जाय? जीवों को मंगल कर्म धर्म-पालन और जगत की इस सतत् जीवन यापन के लिये अमोघ आवश्यकता क्या नहीं है?"

मिश्र मण्डन ने शर्मणा को उठाते हुए कहा- "शान्त! जीव को जगत और जीवन के परे ब्रह्म की अनिवार्य आवश्यकता है। जीव को अन्ततोगत्वा अपना आत्म चैतन्य प्राप्त करना ही है। कर्म अन्ततोगत्वा बन्धन ही है- जन्म-मरण और पुनरपि जन्म ही है तो एक धन्य पल उससे छूटना ही होगा। भेद वृत्ति ही अज्ञान है- अज्ञान कब तक आत्म स्वरूप को भ्रम में रख सकेगा? हमें, मानवों को, मृत्यु को तर कर अमृत प्राप्त करना ही है। हम चैतन्य हैं, तम को खाकर कब तक जीवित रह सकते हैं। सच्चिदानंद आत्मा, शर्मणा!"

"सच्चिदाऽनंद, आत्मा!" शर्मणा ने स्वयं से ही कहा।

"यह विशाल उद्यान, मन्दिर तथा यह विचित्र सभा-मण्डप तुम संभालो। भट्टपाद और भारती की भस्म के कलश स्थापित कर माहिष्मती के गौरव की रक्षा करते रहो। मैं तो चला श्री गुरु के श्री चरणों की ओर। गुरुदेव शंकराचार्य! मेरे नयन उन्मीलित कर दो- अज्ञान के इस तिमिरान्धकार को हटा दो, प्रभो!"

आचार्य शंकर ने नमन करते हुए मण्डन मिश्र को अपने आजानुबाहुओं में थाम लिया- "स्वागत है तुम्हारा, जगत के पार और काल के परे स्वागत है।"

महादेवी अर्पणा मानो स्वप्न से जागी- "तब क्या यह सच है मण्डन मिश्र सन्यास ले रहे हैं? देव! क्या यह सच है?"

महाराज सुधन्वा ने कहा- "यह विधाता का यथार्थ है, देवी! ब्रह्मचारी, गृहस्थ और वान प्रस्थ अन्त में जगत से विमुख और संसार से उपरत सन्यासी को ही देखते हैं। इस पृथिवी पर मानव जीवन की यथार्थ मूर्ति सन्यासी ही है, देवी!"

अभिनव गुप्त ने सिर धुना कर कहा- "सन्यासी! ओह!!"

प्रभाकर ने उसांस भर कर पुकारा- "सन्यासी नहीं, मनीषी!"

नीलकण्ठ ने विस्फारित नेत्रों से देखते हुए कहा- "कोई भी नहीं है, जो इस प्रपञ्च को भंग करे?"

भास्कराचार्य ने स्वयं से ही कहा- "हम ठीक हैं, ब्रह्म अवश्य ही परिणामी है। यह सन्यास क्या ब्रह्म की अन्तिम परिणामी वृति नहीं है?"

शंकराचार्य ने सस्मित कहा- "भास्कराचार्य! सभी कुछ ब्रह्ममय है- अयमात्मा ब्रह्म! सर्वम् खलु इदम् ब्रह्म!"

"और मैं?" भास्कराचार्य ने पूछा-

"तू? तत् त्वमसि।" आचार्य शंकर ने विहंसते हुए कहा।

"तत् त्वमसि।" मण्डन मिश्र ने यज्ञोपवीत उतारते हुए कहा- "आचार्य चरण!"

शंकराचार्य ने अभय वर में हस्त लाघव उठाते हुए कहा- "शान्त हो जाओ, आत्म स्वरूप, मण्डन नाम धारी जीवात्मा! शान्त। काल के अन्तिम छोर पर खड़े हो अपने अन्दर देखो, बाहर देखो। आदि के अनादि में तम था; तिमिरान्धकार ही था। निस्पंदित निःशब्द था। प्राण न था; जीव नहीं था। अनादि के उस तमोमय अवकाश में केवल वही था, सत्य ही था। किन्तु ब्रह्म सत् होते हुए भी चित् है; चित् होते भी स्वयं परिपूर्ण परमानंद भी है। सत् के उस अवकाश में सृजन रहित तम ही भरा था। स्थिति की गति-विधि से हीन एक महा अपार शून्य अपनी गहन मूर्च्छना में व्याप्त था। अवकाश था; आकाश नहीं था। सत् था; महतत्व नहीं था। यह त्रिकाल सृष्टि ब्रह्म की आनंद मूर्च्छना में लीन थी किन्तु वह ब्रह्म-परम ब्रह्म-जीवन और जगत की शाश्वती समां से भरपूर चिद्विलास भी है अतः वह कल्पों के स्वप्न में जागा- उसने देखा, सृष्टि रहित यह महाशून्य उसी का शयन है। शयन जागरण रहित नहीं है। निर्गुण सगुण विहीन नहीं है- निराकार आकार सहित निराकार है। निर्गुण गुण सहित तथा द्वारा निर्गुण है। वह विष्णु विष्णु महाविष्णु जागा और उसने काल के परे उस शून्यावकाश को देखा। शाश्वती जीजिविषा स्वतः ही आविर्भूत हुईः एकोऽहम् बहुस्याम। और काल का स्वतः ही उद्भव हुआ। रौद्र रूपिणी चित्शक्ति आविर्भूत हुई। उस तम के आलोकित अर्णव में महाविष्णु शयन से जागे; ब्रह्मा का अवतरण हुआ। मधु का मर्दन हुआ; कैटभ का हरण हुआ और जगत सम्मोहन का मंगलारम्भ हुआ। सृष्टि के अविराम सृजन का उद्भव हुआ-कल्प आरम्भ हुए; मन्वन्तर हिल्लोलित होने लगे और त्रिकाल लास भरने लगा। वह देवाधिदेव, वह ज्योतिषाम् ज्योति वह ब्रह्म सच्चिदानंद रूप स्वयं ही व्यक्त होने लगा। काल की महारात्रि का घोरत्व दूर हुआ और अनंत कोटि ब्रह्माण्डों के सर्ग आरम्भ हुए। अपनी सर्व समर्थ शक्ति द्वारा सृष्टि रच कर वह मतिमान ब्रह्म अनन्त कोटि जीवन-नाट्य खेलने के लिये अनन्त कोटि जीवों के पात्रों में प्रगट हुआ।"

मण्डन मिश्र ने शंकराचार्य के श्रीचरण और दृढ़ता पूर्वक पकड़ कर पुकारा-
"ज्ञान दो, गुरुदेव!"

आचार्य शंकर ने मण्डन मिश्र को उठाया और ललाट चूम कर कहा- "तत्
त्वमसि!"

5/5/1979